本书为教育部人文社会科学重点研究基地
中山大学中国非物质文化遗产研究中心成果、
教育部哲学社会科学发展报告建设（培育）项目成果、
中山大学985工程三期资助项目成果

中国非物质文化遗产保护发展报告(2013)

ANNUAL DEVELOPMENT REPORT ON
CHINESE INTANGIBLE CULTURAL HERITAGE SAFEGUARDING 2013

康保成／主编
宋俊华／执行主编

社会科学文献出版社
SOCIAL SCIENCES ACADEMIC PRESS (CHINA)

顾　　　问	董　伟　王文章　冯骥才
编委会主任	刘魁立　黄天骥
委　　　员	（以姓氏笔画为序）
	叶春生　刘魁立　刘晓春　刘　祯　向云驹
	乔晓光　祁庆富　宋俊华　陈勤建　张庆善
	欧阳光　高小康　高丙中　康保成　黄天骥
	董晓萍　朝戈金　傅　谨
主　　　编	康保成　宋俊华（执行）
副 主 编	高小康　刘晓春　林斯瑜（执行）

撰稿人名单

（按文章序列排）

宋俊华　倪彩霞　李　惠　刘鹏昱　李　杰　陈琼瑢
文　刚　王霄冰　禤　颖　周楷模　刘张杰　康玉岩
罗婉红　董上德　常祥霖　秦　彧　傅起凤　康戈武
康　涛　乔晓光　王　娜　徐艺乙　陈　熙　柳长华
王静波　刘晓春　梁　爽　高小康　钱永平　潘博成
林斯瑜　周　璇

资料助理	范亚青　董　帅　吴　帆　黄　婧　李虹霖
	徐子菁　黄姗姗　郑　娟　蒋晓晨　付　毅
	赵　谨　范楚晗　朱盈盈　周　奇　常　颖
	汪子君　杨　柳　罗子明

目　录

总报告

2012年度我国非物质文化遗产保护发展报告
　　……………… 撰稿：宋俊华　倪彩霞　李　惠　刘鹏昱
　　　　　　　　　李　杰　陈琼瑀　文　刚 / 003

分题报告

民间文学类非物质文化遗产保护发展报告
　　……………………………… 撰稿：禤　颖　审稿：王霄冰 / 071
传统音乐类非物质文化遗产保护发展报告
　　……………………………… 撰稿：刘张杰　审稿：周楷模 / 111
传统舞蹈类非物质文化遗产保护发展报告
　　……………………………… 撰稿：罗婉红　审稿：康玉岩 / 148
传统戏剧类非物质文化遗产保护发展报告
　　……………………………… 撰稿：李　惠　审稿：董上德 / 185
曲艺类非物质文化遗产保护发展报告
　　……………………………… 撰稿：秦　彧　审稿：常祥霖 / 217
传统体育、游艺与杂技类非物质文化遗产保护发展报告
　　……………………………… 撰稿：康　涛　审稿：傅起凤　康戈武 / 246
传统美术类非物质文化遗产保护发展报告
　　……………………………… 撰稿：王　娜　审稿：乔晓光 / 282

中国非物质文化遗产保护发展报告（2013）

传统技艺类非物质文化遗产保护发展报告
………………………… 撰稿：陈　熙　审稿：徐艺乙 / 315
传统医药类非物质文化遗产保护发展报告
………………………… 撰稿：王静波　审稿：柳长华 / 349
民俗类非物质文化遗产保护发展报告
………………………… 撰稿：梁　爽　审稿：刘晓春 / 391

年度热点

非物质文化遗产保护与文化产业开发
…………………… 撰稿：钱永平　潘博成　审稿：高小康 / 429

大　事　记

（整理：文刚　林斯瑜　刘鹏昱　李杰　陈琼瑀　周璇）

文化部（包括中国非物质文化遗产保护中心、中国艺术研究
　院等）……………………………………………………………… 477
全国各省区市（以下各省、直辖市、自治区按地名首字母排序）…… 480
　安　徽 ……………………………………………………………… 480
　北　京 ……………………………………………………………… 482
　重　庆 ……………………………………………………………… 483
　福　建 ……………………………………………………………… 484
　甘　肃 ……………………………………………………………… 485
　广　东 ……………………………………………………………… 487
　广　西 ……………………………………………………………… 494
　贵　州 ……………………………………………………………… 497
　海　南 ……………………………………………………………… 500
　河　北 ……………………………………………………………… 501
　河　南 ……………………………………………………………… 506

目 录

黑龙江 …… 507

湖　北 …… 508

湖　南 …… 511

吉　林 …… 512

江　苏 …… 513

江　西 …… 515

辽　宁 …… 516

内蒙古 …… 518

宁　夏 …… 520

澳　门 …… 521

青　海 …… 522

山　东 …… 524

山　西 …… 527

陕　西 …… 530

上　海 …… 533

四　川 …… 535

台　湾 …… 536

天　津 …… 537

西　藏 …… 539

香　港 …… 540

新　疆 …… 541

云　南 …… 544

浙　江 …… 550

总 报 告

2012年度我国非物质文化遗产保护发展报告

撰稿：宋俊华　倪彩霞　李　惠　刘鹏昱
　　　李　杰　陈琼瑶　文　刚*

2012年是我国非物质文化遗产保护从理论研究、宣传到具体实施的关键一年，也是非物质文化遗产保护中国经验形成与发展的重要一年。我国的非物质文化遗产保护从法律法规建设与实施、各种名录的公布与调整到传承与教育、展演与展示再到学术研究，都取得了突出的成就，大大推进了我国非物质文化遗产保护的发展。

当然，2012年我国非物质文化遗产保护依然存在一定问题，还有许多地方有待改进。本总报告拟从保护情况、研究情况、问题与对策等方面对其进行分析和总结。

---

* 宋俊华，男，1968年生，中山大学中文系教授、博士生导师（戏曲史、非物质文化遗产学专业），中山大学中国非物质文化遗产研究中心常务副主任；倪彩霞，女，1974年生，中山大学中文系副教授；李惠，女，1981年生，中山大学中国非物质文化遗产研究中心研究助理、中山大学中文系古代文学专业（戏剧史方向）2010级博士生；刘鹏昱，男，中山大学中文系非物质文化遗产学专业2012级博士生；李杰，男，中山大学中文系民俗学专业2012级博士生；陈琼瑶，女，中山大学中文系非物质文化遗产学专业（MCA）2012级硕士研究生；文刚，男，中山大学中文系非物质文化遗产学专业（MCA）2012级硕士研究生。

一 保护情况

（一）法律法规建设与实施情况

2011年6月1日《中华人民共和国非物质文化遗产法》（以下简称《非遗法》）的正式实施，是我国非物质文化遗产保护工作的里程碑，标志着我国非物质文化遗产保护正式走上了法制化道路。2012年是我国《非遗法》实施的第一年，初见成效。相关的专项法规、实施细则、地方保护条例相继出台，使立法保护工作进一步细化。《非遗法》为保护实践提供了必要的法律保障，成为非物质文化遗产保护的基本法。对《非遗法》的普法宣传，提高了民众对非物质文化遗产保护的认识，增强了依法保护的社会责任感。

1.《非遗法》正式实施后，相关的专项法规、实施细则、地方保护条例相继出台，使我国非物质文化遗产保护迈上依法保护、科学保护的新台阶

《非遗法》出台后，文化部及时完善了文化事业的"十二五"规划，对非物质文化遗产保护工作进行了适当调整，使其更加符合法律的要求。制定了《境外组织和个人在中华人民共和国境内开展非物质文化遗产调查管理的暂行办法》等配套性法规，将调查制度、代表性项目名录制度、传承与传播制度等进行细化，转化为各项长效工作机制。与财政部共同制定了《国家非物质文化遗产保护专项资金管理办法》，为规范和加强国家非物质文化遗产保护专项资金的管理，提高资金使用效益提供了法律依据。

各省（自治区）也积极完善地方配套法规建设。云南、贵州、广西、福建、江苏、浙江、宁夏、新疆、广东等省（自治区）先后出台了地方性法规。河北、山西、内蒙古、湖北等省（自治区）非物质文化遗产保护条例也已列入省（区）人大、法制办的立法计划。

（1）相关专项法规、实施细则的制订与推行情况。

2012年2月2日，文化部印发了《关于加强非物质文化遗产生产性保护的指导意见》，对非物质文化遗产生产性保护的概念、意义、原则、措施、工作机制等提出要求，为科学开展生产性保护工作提供指导。在第一批41个国家级非物质文化遗产生产性保护示范基地命名以后，文化部进一步加强了国家级非物质文化遗产生产性保护示范基地的管理工作,研究制定了《国家级非物质文化遗产生产性保护示范基地命名管理办法》,对示范基地开展非物质文化遗产生产性保护工作进行指导和检查,并实行动态管理,对惰于开展保护传承或过度开发的企业或单位,将予以撤牌处理,并向社会公告。

与此同时,各地文化厅(局)也十分注重对生产性保护工作的正确引导,取得了可喜的成绩。比如,2012年山东省评选命名了13个省级非物质文化遗产生产性保护示范基地,并且出台《山东省文化厅关于加强非物质文化遗产生产性保护的指导意见》,鼓励传承人按照文化遗产的规律开展生产,并在手工技艺项目比较集中的地区建立传承基地和生产园区。

2012年5月4日,文化部与财政部共同颁布了《国家非物质文化遗产保护专项资金管理办法》(以下简称《管理办法》),规定该项资金由中央财政设立,专用于国家非物质文化遗产管理和保护。专项资金的管理和使用坚持统一管理、分级负责、合理安排、专款专用的原则。资金分为中央本级专项资金和中央对地方专项转移支付资金,按照开支范围分为组织管理费和保护补助费,中央本级专项资金包括文化部本级组织管理费和中央部门所属单位保护补助费,中央对地方专项转移支付资金为中央财政对各省(自治区、直辖市)保护补助费。其中,保护补助费包括补助国家级非物质文化遗产代表性项目、国家级代表性传承人、国家级文化生态保护区开展调查、记录、保存、研究、传承、传播等保护性活动发生的支出。具体包括国家级非物质文化遗产代表性项目补助费、国家级代表性传承人补助费和国家级文化生态保护区补助费。《管理办法》还规定,用于补助地方的专项资金应当适当向民族地区、边远地区、贫困地区倾斜。

2012年6月8日,上海市财政局与文化广播影视管理局共同颁布了《上海市市级非物质文化遗产项目专项资金管理办法》,设立了上海非物质文化遗产保护的市级专项资金,对市级非物质文化遗产项目和项目代表性传承人将根据项目级别、濒危程度、生产性保护前景等标准,通过预算申报、专家评审等流程,陆续进行补助。这标志着从国家到省市一体的非物质文化遗产保护财政保障体系正在形成。

2012年10月16日,文化部发布了《关于对天津市红桥区回族大刀队等105个国家级非物质文化遗产代表作项目保护单位进行调整、撤销的决定》,对天津市红桥区回族大刀队等97个国家级非物质文化遗产项目保护单位进行调整,对湖南省凤凰县龙玉年苗医药诊所等2个履责不力的国家级非物质文化遗产项目保护单位提出批评与限期整改,撤销内蒙古自治区群众艺术馆等6个履责不力的国家级非物质文化遗产项目保护单位资格。这标志着文化部在对国家级非物质文化遗产项目的动态化管理上有了实质性进展。

非物质文化遗产项目保护单位退出机制的实施,目的是维护国家级非物质文化遗产代表作名录的权威性,改变当下有些地方"重申报、轻保护"的现象,使非物质文化遗产真正在当代焕发生机与活力。其实,在国家级非物质文化遗产项目保护单位实施退出机制之前,山西、江苏等地已在实践上也做了一些积极的探索。2012年7月,《山西省非物质文化遗产保护条例(草案)》提交省十一届人大常委会第三十次会议审议时,就明确提出对不认真履行义务的非物质文化遗产传承人和保护机构实行"退出"机制。2012年10月,江苏省十一届人大常委会第三十次会议在听取关于《江苏省非物质文化遗产保护条例(修订草案)》说明时与会专家就强调,对代表性传承人的工作应做定期评估,若代表性传承人无正当理由不履行传承义务的,文化主管部门可以取消其资格,重新认定该项目的代表性传承人。

(2)地方性法规建设情况。

除专项法规、实施细则外,各省(自治区、直辖市)积极完善地方性法规的建设。《非遗法》出台之前,浙江省、江苏省、内蒙古自治区、新疆维吾尔自治区、宁夏回族自治区等省、自治区已经出台了地方性非物质文化遗产保护条例。这些条例,为《非遗法》成功制定和实施奠定了基础。

《非遗法》出台之后,2012年贵州省、云南省、山西省、湖北省、重庆市等省、市相继出台具有地方特色而又符合《非遗法》精神的保护条例,对非物质文化遗产保护中的政府角色、保护资金、代表性传承人与代表性项目评价和退出机制、文化生态保护区等做出了进一步规定。具有以下几大特点。

首先,进一步明确了政府的行政责任。

2012年9月29日,湖北省第十一届人民代表大会常务委员会第三十二次会议通过了《湖北省非物质文化遗产条例》(简称《湖北条例》),并于当年12月1日开始实施。《湖北条例》第一章第六条规定:"县级以上人民政府应当加强对非物质文化遗产保护、保存工作的领导,建立完善的部门联席会议制度，协调解决工作中的重大问题；实行政府目标管理责任制，加强考核和监督检查；健全工作机构，加强队伍建设和人才培养。第七条明确规定：县级以上人民政府应当将非物质文化遗产保护、保存工作所需经费列入本级财政预算，并随着财政收入的增长而增加。"还规定："非物质文化遗产保护工作应当坚持政府主导和社会参与，与建设文化强省的战略目标相适应。""政府主导"旨在明确各级政府是保护非物质文化遗产的主体，居于主导地位，肩负着主要职责。

《重庆市非物质文化遗产条例》第八条也明确规定："市政府应当设立非物质文化遗产保护专项资金，主要用于非物质文化遗产资源的调查、濒危非物质文化遗产的抢救、非物质文化遗产的传承和传播、非物质文化遗产重大项目的研究、贫困地区和少数民族地区非物质文化遗产的保护工作、非物质文化遗产保护的奖励等重大事宜。"

其次，明确了建立文化生态保护区，重视对非物质文化遗产的整体保护。

《非遗法》第二十六条提出了非物质文化遗产的"区域性整体保护"，但没有明确"文化生态保护区"的概念。针对非物质文化遗产保护现状，结合自身实际，各地方条例进一步明确提出"文化生态保护区"的建设工作。

2012年3月30日，贵州省第十一届人民代表大会常务委员会第二十七次会议通过了《贵州省非物质文化遗产保护条例》，并于5月1日开始正式实施，其中第五章明确了文化生态保护区概念、设立条件和程序、原住民的权益等。即文化生态保护区是"非物质文化遗产资源丰富、保存较完整、特色鲜明、历史文化积淀丰厚、续存状态良好，具有重要价值和广泛群众基础的特定区域"。文化生态保护区是一个区域性概念，包括生态博物馆、民族文化村寨等。该条例第三十条规定："设立文化生态保护区，由所在地县级人民政府组织有关部门编制保护规划，听取保护区村（居）民的意见，提出申请，经上一级人民政府审核后，报省人民政府批准、公布。"

再次，进一步明确了非物质文化遗产所有者的民事权利。非物质文化遗产是指各族人民世代相传并视为其文化遗产组成部分的各种传统文化表现形式，以及与传统文化表现形式相关的实物和场所。其权利主体或权利内容或广泛、或难以确定，由此导致了近年来围绕非物质文化遗产权利主体和权利内容的纠纷不断。非物质文化遗产的地方性与文化的共享性、公共性所产生的矛盾，要求地方政府在制定法律法规的时候能够提出更为具体的解决方案。

《贵州省非物质文化遗产保护条例》在第四十二条、四十三条、四十五条对此有明确规定。如第四十二条规定："非物质文化遗产代表性项目保护责任单位和代表性传承人依法行使该非物质文化遗产代表性项目的相关权利。"第四十三条规定："单位和个人合法拥有的非物质文化遗产代表性项目的实物、资料、建筑物、场所等，其所有权或者使用权受法律保护。"第四十五条规定："在特定区域利用非物质文化遗产项目从事整体开发经营活动的，应当与该区域相关组织及村（居）民代表约定利益分配方式。"

然后，加强了对传承人和学艺者的扶持。传承人和学艺者是非物质文化遗产保护、传承的主体，常常决定着一个非物质文化遗产项目的"生死存亡"，因此加强对传承人、学艺者的扶持、鼓励势在必行。

《湖北省非物质文化遗产条例》第三十六条、四十三条规定，针对目前部分"非物质文化遗产"项目传承后继乏人的状况，县级以上人民政府对高龄或者经济困难的代表性传承人发放补贴；教育、人力资源和社会保障等部门对学艺者可以采取助学、奖学、职业培训补贴等方式，资助学艺者学习技艺。其中，第四十条还规定，增加"非物质文化遗产"知识编入中小学教材、支持大专院校设立"非物质文化遗产"专业等规定，从各个方面保证非物质文化遗产传承人和学艺者能够积极、主动地投身非物质文化遗产的传承。

最后，建立了非物质文化遗产代表性项目及代表性传承人的评价和退出机制。对非物质文化遗产实行动态化管理一直是我国非物质文化遗产保护的重要理念。为能有效促进非物质文化遗产的保护与传承，多数省份对代表性项目及代表性传承人评价和退出机制分别作了细致规定。

《重庆市非物质文化遗产条例》第四章对非物质文化遗产专家、代表性项目、代表性传承人的法律责任作了重要规定。第三十七条规定："在非物质文化遗产代表性项目、代表性传承人或者保护单位的评审中弄虚作假的，由文化主管部门给予警告；已认定为非物质文化遗产代表性项目、代表性传承人或者保护单位的，予以撤销，并责令返还项目保护经费、传承人补助费。"第三十八条对在非物质文化遗产保护、保存工作中玩忽职守、滥用职权、徇私舞弊的文化主管部门和其他有关部门也做出了处理性规定。

《贵州省非物质文化遗产保护条例》第二十八条规定，县级以上人民政府文化主管部门每两年对非物质文化遗产代表性项目代表性传承人进行考评。非物质文化遗产代表性项目代表性传承人无正当理由不履行法律规定义务，或者在传艺、展示、讲学等活动中随意改变非物质文化遗产性质谋取非法利益的，命名机关可以取消其代表性传承人资格，重新认定代表性传承人。

2. 《非遗法》实施后，我国非物质文化遗产保护的司法实践

《非遗法》是我国非物质文化遗产保护的基本法，2011年正式颁布实施后，为我国非物质文化遗产的依法保护提供了坚实的保障，也为今后的立法工作提供了出发点和基本方向。在非物质文化遗产知识产权保护问题上，《非遗法》第四十四条特别规定："使用非物质文化遗产涉及知识产权的，适用有关法律、行政法规的规定。"这是一个衔接性条款，包含了两层意思：能够适用现有法律、行政法规的，适用现有的法律、行政法规予以处理；不能适用现有法律、行政法规规定的，则可以适用将来出台的法律、行政法规的规定予以规范。

在《非遗法》法律精神指导下，2011年12月16日最高人民法院发布了《关于充分发挥知识产权审判职能作用推动社会主义文化大发展大繁荣和促进经济自主协调发展若干问题的意见》，首次提出了针对非物质文化遗产的司法保护政策。利用非物质文化遗产应尊重其形式和内涵，不得以歪曲、贬损等方式使用非物质文化遗产。坚持来源披露原则，利用非物质文化遗产应以适当方式说明信息来源。鼓励知情同意和惠益分享，非物质文化遗产利用者应尽可能取得保存者、提供者、持有者或者相关保护部门的知情同意，并以适当方式与其分享使用利益。如果不是公益性使用，获取了经济效益，应该尽量和大家分享。而且要综合运用著作权法、商标权、专利法、反不正当竞争法等多种手段，积极保护非物质文化遗产的传承和商业开发利用。非物质文化遗产包括传统文化的各种表现形式，以及各类型的传统知识，具有文化权利和知识产权的双重权利形式。最高人民法院的《意见》正是针对非物质文化遗产这一特点出台的专项法规，可以为今后非物质文化遗产的维权提供有效的法律依据。

继"安顺地戏"维权案之后，"泥人张"不正当竞争纠纷案成为《非遗法》实施后又一备受关注的非物质文化遗产维权案，后者被列入了最高人民法院公布的"2012年度知识产权司法保护十大案件"。①

"泥人张"创始人是清末道光年间天津著名的民间泥塑艺人张明山，因其于1844年塑造京剧名伶余三胜，以及众多有影响的人物而得名，至今已传至第六代。其艺术达到了极高的写实水平，取得了广泛的社会影响，被誉为"中国传统雕塑艺术的典范"。张明山晚年奉诏进京，创作了众多经典之作，并收藏于北京故宫博物院。新中国成立后，"泥人张"第三代传人张景祜于1950年调入北京，开始了"泥人张"（北京支）的艺术传承与弘扬。张景祜先后在中央美术学院、中央工艺美术学院成立"泥人张工作室"，从事创作、研究与教学工作，培养了大批的雕塑人才。1954年，毛泽东主席在中南海怀仁堂亲切接见"泥人张"第三代传人张景祜，并称赞其作品"《惜春作画》好，是艺术精品"。2006年6月"泥塑（天津泥人张）"入选第一批国家级非物质文化遗产代表作名录。②

该案原告张锠为张景祜之子，"泥人张"第四代传人，现为清华大学美术学院教授、著名雕塑家。同为"泥人张"第四代传人中还有张铭、张钺、张铜等传承人。张宏岳为张锠之子，系"泥人张"第五代传人之一。1997年8月张宏岳成立"北京泥人张"艺术开发有限责任公司，在注册时发现北京已经有两家泥人张公司。经了解，"北京泥人张"博古陶艺厂和"北京泥人张"艺术品有限公司分别于1982年11月和1994年7月成立，法定代表人均为张铁成。张铁成不仅在经营中使用"泥人张"的名称，而且注册了"www.nirenzhang.com"互联网域名。2005年10月8日登陆北京泥人张艺术品有限公司网站（www.nirenzhang.com），"公司简介"中有"'北京泥人张'始于清末道光年间，至今已有近160年的历史"和"张铁成系'北京泥人张'的第四代传人"等内容。事实上，1979年7月13日的《北京日报》才载有关于"北京泥人张"的最早报道。

2005年12月，原告张锠、张宏岳及北京泥人张艺术开发有限责任公司状告张铁成、"北京泥人张"博古陶艺厂及北京泥人张艺术品有限责任公司非法使用"泥人张"名称权、并构成不正当竞争。2006年12月20日北京市第二中级人民法院作出一审判决，判决张铁成停止使用"泥人张"

---

① 《2012年中国法院知识产权司法保护十大案件》，中国法院网，http://www.chinacourt.org/article/detail/2013/04/id/949760.shtml。
② 内容参见"中国非物质文化遗产网""互动百科"以及"百度百科"的"泥人张"词条。

名称、"nirenzhang"域名等不正当竞争行为。

被告张铁成等不服一审判决提出上诉。张铁成表示，他家的"泥人张"与天津"泥人张"无关，自家创始人是张延庆，他是第四代传人。2007年9月20日北京市高级人民法院做出二审判决，认定"北京泥人张"仿古陶艺制品与"泥人张"知名彩塑艺术品在产品种类、产品特点、制造工艺、销售渠道、消费群体上存在一定差异，不致产生市场混淆、误认。被告使用"北京泥人张"作为其企业名称、产品名称的部分内容，不构成不正当竞争行为，"北京泥人张"与"泥人张"两家可以共存。

"泥人张"传人张锠等不服二审判决，向北京市人民检察院提起抗诉，2010年7月最高人民法院决定再审。2012年2月28日，最高人民法院再审认定："泥人张"作为对张明山及其后几代人中泥塑艺人的特定称谓和他们所传承的特定技艺以及创作、生产作品的特定名称，社会知名度很高，承载着极大的商业价值。被告在明知"泥人张"知名度的情况下，将其作为商业标志使用，又不能提供充分证据证明其使用的合法合理依据，客观上足以造成公众的混淆、误认，其行为构成不正当竞争，故判决撤销二审判决，维持一审判决。

至此，备受关注的"泥人张"不正当竞争纠纷案以原告张锠等的全面胜诉而告终。判决不仅从法律的角度保护了有着一百多年历史的民间艺术"泥人张"的名称及发源地的文化专属权，而且作为《非遗法》实施后第一个成功维权的非物质文化遗产案件，其意义不言而喻。

"泥人张"不正当竞争纠纷案历时七年，最后能形成社会各界充分肯定的诉讼结果，与我国非物质文化遗产立法保护工作的进展有着密不可分的关系，是《非遗法》实施后非物质文化遗产一次重要的司法保护实践。今后关于非物质文化遗产的法律纠纷将越来越多，有了《非遗法》以及进一步出台的专项法规、实施细则，非物质文化遗产的司法保护工作必将取得更大的成绩。

3. 对《非遗法》的普法宣传，使社会民众对非物质文化遗产的司法保护有了进一步的了解和认识，增强了依法保护我国非物质文化遗产的社会责任感

《非遗法》是继《中华人民共和国文物保护法》颁布近30年来，文化领域的又一部重要法律，不仅提升了文化立法的层次和水平，而且丰富了我国法律体系的内容，在文化建设立法中具有里程碑的意义。《非遗法》

的出台，为我国非物质文化遗产保护政策的长期实施和有效运行提供了坚实保障。在非物质文化遗产保护实践中，除了进一步完善有关立法工作，加强执法检查力度，还应该广为宣传，让社会民众了解和认识《非遗法》。

2012年6月，即我国第七个"中国文化遗产日"前后，全国举办了一系列的活动，其中很重要的一项内容就是关于《非遗法》的宣传。2012年6月5日文化部在北京召开"十七大以来文化建设成就系列——非物质文化遗产保护暨第2012年文化遗产日活动新闻发布会"。[①] 在会上，文化部非物质文化遗产司司长马文辉重点介绍了《非遗法》的出台情况，深刻阐述了这一法律对我国非物质文化遗产保护的意义。

2012年6月9日至18日，由文化部主办、中国非物质文化遗产保护中心和中国国家图书馆承办的"非物质文化遗产保护讲座周"围绕着"活态传承，重在落实"的主题，在北京中国国家图书馆连续举办了10场专题讲座。为了使公众能够进一步了解《非遗法》原则和精神，并从法理、学理的角度深化对非物质文化遗产的认识，国家非物质文化遗产保护工作专家委员会副主任委员周小璞以《依法保护、科学保护非物质文化遗产》为题，回顾了《非遗法》的立法进程，对《非遗法》框架和主要内容进行了条理清晰、深入浅出的讲解和阐释。

（二）各级各类非物质文化遗产名录公布、调整情况

1. 我国非物质文化遗产入选联合国教科文组织各种名录情况

2012年联合国教科文组织没有新增人类非物质文化遗产代表作名录，同年12月4日联合国教科文组织保护非物质文化遗产政府间委员会第七次会议在法国巴黎举行，会议审议通过了中国申报的"福建木偶戏后继人才培养计划"，并被列入优秀实践名册。这使我国在联合国教科文组织优秀实践名册项目申报上实现了零的突破，充分显示了国际社会对我国非物质文化遗产保护工作的肯定。

截至2012年底，我国已有29个项目列入人类非物质文化遗产代表作名录，7项列入急需保护的非物质文化遗产名录，1项入选非物质文化遗产优秀实践名册，至此，我国入选联合国教科文组织各种名录的非物质文

---

① 内容参见文化部官网的"网上直播"栏目。

化遗产项目已达37项，总数位居世界第一。如表1：

表1

类别	公布时间	名称	中国项目数量	世界项目数量	公布会议
人类非物质文化遗产代表作名录	2001年	昆曲	1项	19项	联合国教科文组织会议
	2003年	古琴艺术	1项	28项	联合国教科文组织会议
	2005年	中国新疆维吾尔木卡姆艺术 蒙古族长调民歌（与蒙古国联合申报）	2项	43项	联合国教科文组织会议
	2009年	中国雕版印刷技艺 汉字书法 中国剪纸 中国传统木结构建筑营造技艺 中国朝鲜族农乐舞 格萨（斯）尔 侗族大歌（贵州） 花儿（民歌） 玛纳斯（新疆） 蒙古族呼麦 福建南音 热贡艺术（青海） 中国传统蚕桑丝织技艺 端午节 妈祖信俗 金石篆刻 南京云锦制造技艺 龙泉青瓷烧制技艺（浙江） 宣纸制作技艺 藏戏 西安鼓乐 粤剧	22项	76项	联合国教科文组织保护非物质文化遗产政府间委员会第四次会议

续表

类别	公布时间	名称	中国项目数量	世界项目数量	公布会议
人类非物质文化遗产代表作名录	2010 年	中医针灸	2 项	47 项	联合国教科文组织保护非物质文化遗产政府间委员会第五次会议
		京剧			
	2011 年	中国皮影戏	1 项	19 项	联合国教科文组织保护非物质文化遗产政府间委员会第六届会议
急需保护的非物质文化遗产名录	2009 年	羌族农历新年	3 项	12 项	联合国教科文组织保护非物质文化遗产政府间委员会第四次会议
		黎族传统纺染织绣技艺			
		中国传统木拱桥营造技艺			
	2010 年	中国活字印刷术	3 项	16 项	联合国教科文组织保护非物质文化遗产政府间委员会第五次会议
		中国水密隔舱福船制造技艺			
		麦西热甫			
	2011 年	赫哲族伊玛堪说唱	1 项	11 项	联合国教科文组织保护非物质文化遗产政府间委员会第六届会议
优秀实践名录	2012 年	福建木偶戏	1 项	10 项	联合国教科文组织保护非物质文化遗产政府间委员会第七次会议

2. 国家级和省（自治区、直辖市）级非物质文化遗产代表作及项目代表性传承人名录公布、调整情况

（1）国家级非物质文化遗产代表作项目保护单位调整与省（自治区、直辖市）级非物质文化遗产代表作名录公布情况。

2012 年度全国没有新增国家级非物质文化遗产代表作名录，但文化部发布了《关于对天津市红桥区回族大刀队等 105 个国家级非物质文化遗产代表作项目保护单位进行调整、撤销的决定》[①]，对国家级非物质文化遗产代表作项目保护单位进行了调整，其中调整的有 97 个，限期整改的有 2 个，撤销的有 6 个，共 105 个。具体情况见表 2。

---

① 《文化部关于对天津市红桥区回族大刀队等 105 个国家级非物质文化遗产代表性项目保护单位进行调整、撤销的决定》，文化部网，http://www.ccnt.gov.cn/xxfbnew2011/xwzx/ggtz/201210/t20121016_265555.html。

表2 调整的国家级非物质文化遗产代表作项目保护单位名单（共97个）

原因	省份	项目保护单位名称	项目名称
原保护单位不具备独立法人资格	天津	红桥区回族大刀队	回族重刀武术
	江西	万载县非物质文化遗产保护中心	唢呐艺术（万载得胜鼓）
		九江县非物质文化遗产保护中心	九江山歌
		万载县非物质文化遗产保护中心	傩戏（万载开口傩）
	广东	汕头市澄海区灯谜协会	谜语（澄海灯谜）
		东莞市中堂镇龙舟协会	龙舟制作技艺
	海南	海口市灵山镇海南八音协会	十番音乐（海南八音器乐）
		定安县斋醮科仪音乐协会	道教音乐（海南斋醮科仪音乐）
		海口市三江镇公仔戏协会	木偶戏（三江公仔戏）
		文昌县公仔戏协会	木偶戏（文昌公仔戏）
		东方市博物馆	黎族传统纺染织绣技艺
		东方市非物质文化遗产保护中心	黎族船型屋营造技艺
	四川	雅安市茶业协会	黑茶制作技艺（南路边茶制作技艺）
	贵州	盘县非物质文化遗产保护协会	彝族民歌（彝族山歌）
		赫章县非物质文化遗产保护中心	火把节（彝族火把节）
		榕江县苗学会	苗族栽岩习俗
	甘肃	西北民族大学《格萨尔》研究院	格萨（斯）尔
	青海	循化撒拉族自治县非物质文化遗产保护办公室	撒拉族篱笆楼营造技艺
因文化体制改革原机构变更或成立非物质文化遗产保护专门机构	河北	藁城市文联	耿村民间故事
		固安县非物质文化遗产保护办公室	冀中笙管乐（小冯村音乐会）
		丰宁满族自治县宣传文化中心	剪纸（丰宁满族剪纸）
	山西	太原市实验晋剧院	晋剧
	辽宁	黑山县地方戏剧团	东北二人转
	江苏	泰州市泰州盆景园	盆景技艺（扬派盆景技艺）

续表

原因	省份	项目保护单位名称	项目名称
因文化体制改革原机构变更或成立非物质文化遗产保护专门机构	浙江	开化县香火草龙保护协会	龙舞（开化香火草龙）
		衢州市婺剧团	高腔（西安高腔）
		湖州市湖剧团	湖剧
		缙云县迎罗汉活动理事会	迎罗汉
		缙云县轩辕氏祭典理事会	黄帝祭典（缙云轩辕祭典）
		缙云县张山寨七七会活动理事会	庙会（张山寨七七会）
	安徽	安徽省岳西高腔艺术中心	高腔（岳西高腔）
		黄山市歌舞剧团	徽剧
		黄山市博物馆	徽州三雕
		黄山市徽州漕溪茶厂	绿茶制作技艺（黄山毛峰）
		界首市文学艺术界联合会	界首书会
	福建	厦门市歌仔戏剧团	歌仔戏
	江西	南昌市东湖区非物质文化遗产中心	瓷板画
	湖南	常德市汉剧院	高腔（常德高腔）
		巴陵戏剧团	巴陵戏
		澧县荆河戏剧团	荆河戏
		溆浦县辰河戏剧院	目连戏（辰河目连戏）
		湖南省木偶皮影艺术剧院	皮影戏（湖南皮影戏）
		湖南省木偶皮影艺术剧院	木偶戏（湖南杖头木偶戏）
		常德市鼎城区花鼓戏剧团	花鼓戏
		邵阳市花鼓戏剧团	花鼓戏
		岳阳市岳阳县花鼓戏剧团	花鼓戏
		岳阳市临湘市花鼓戏剧团	花鼓戏（临湘花鼓戏）
		湖南省花鼓戏剧院	花鼓戏（长沙花鼓戏）
		衡州市花鼓戏剧团	花鼓戏（衡州花鼓戏）
		衡阳市湘剧团	湘剧
		湖南省湘剧院	湘剧
		桂阳县湘剧团	湘剧
		湖南省祁剧院	祁剧
		祁阳县剧团	祁剧
		衡阳市祁剧团	祁剧
		隆回县文化馆	滩头木版年画
		隆回县文化馆	挑花（花瑶挑花）

续表

原因	省份	项目保护单位名称	项目名称
因文化体制改革原机构变更或成立非物质文化遗产保护专门机构	湖南	邵阳市文化馆	竹刻（宝庆竹刻）
		醴陵市红官窑瓷业有限公司	醴陵釉下五彩瓷烧制技艺
	广东	佛山市南海区文化馆	十番音乐（佛山十番）
		广州市群众艺术馆	广东音乐
		佛山市南海区文化馆	狮舞（广东醒狮）
		佛山市群众艺术馆	粤剧
		佛山市顺德区文化馆	龙舟说唱
		佛山市群众艺术馆	佛山木版年画
		佛山市群众艺术馆	剪纸（广东剪纸）
		佛山市禅城区文化馆	石湾陶塑技艺
	四川	甘孜藏族自治州文化局格萨尔研究办公室	格萨（斯）尔
		凉山彝族自治州文化局	火把节（彝族火把节）
因行政区划变更原保护单位撤销或隶属关系发生变化	上海	南汇文化馆	琵琶艺术（浦东派）
		南汇文化馆	锣鼓书
	重庆	万盛区文化馆	吹打（金桥吹打）
	云南	玉溪市澄江县文化馆	关索戏
原保护单位为行政管理部门	北京	崇文区文化委员会	雕漆技艺
	福建	东山县文化局	歌册（东山歌册）
		武夷山市文化局	武夷岩茶（大红袍制作技艺）
	广东	韶关市乳源瑶族自治县文化广电新闻出版局	瑶族盘王节
	贵州	威宁彝族回族苗族自治县非物质文化遗产保护办公室	彝族撮泰吉
原项目保护单位与实际保护工作不相协调	天津	天津市艺术研究所	相声
	河北	安新县圈头村村民委员会	冀中笙管乐（安新县圈头村音乐会）
	山西	襄汾县文化馆	狮舞（天塔狮舞）
		长治市群众艺术馆	堆锦（上党堆锦）
	辽宁	鞍山市艺术创作研究所	高跷（海城高跷）
	上海	静安区文化馆	印泥制作技艺（上海鲁庵印泥）
	江苏	常州市工艺美术研究所有限公司	竹刻（常州留青竹刻）

续表

原因	省份	项目保护单位名称	项目名称
原项目保护单位与实际保护工作不相协调	浙江	杭州市非物质文化遗产保护中心	滩簧（杭州滩簧）
		杭州市非物质文化遗产保护中心	杭州评词
		杭州市非物质文化遗产保护中心	武林调
		永康市芝英街道办事处	锡雕
		龙泉市龙泉青瓷传统烧制技艺传承基地	龙泉青瓷烧制技艺
		龙泉市龙泉宝剑沈广隆（壬字号）剑铺	龙泉宝剑锻制技艺
		遂昌县大柘镇人民政府	农历二十四节气（班春劝农）
	安徽	黄山市文学艺术界联合会	徽州民歌
	江西	江西省文物建筑保护中心	景德镇传统瓷窑作坊营造技艺
	河南	黄河水利委员会河南黄河河务局	江河号子（黄河号子）
	湖南	通道侗族自治县雄关侗锦坊	侗锦织造技艺
	青海	囊谦县文化馆	陶器烧制技艺（藏族黑陶烧制技艺）

表3 提出批评、限期整改的国家级非物质文化遗产代表作项目保护单位名单（共2个）

原因	省份	项目保护单位	项目名称
履责不力	黑龙江	黑龙江省民族研究所	鄂伦春古伦木沓节
	湖南	凤凰县龙玉年苗医药诊所	苗医药（癫痫症疗法）

表4 撤销的国家级非物质文化遗产代表作项目保护单位名单（共6个）

原因	省份	项目保护单位	项目名称
履责不力	天津	河西区挂甲寺街道办事处	津门法鼓（挂甲寺庆音法鼓）
		河西区挂甲寺街道办事处	津门法鼓（杨家庄永音法鼓）
	内蒙古	内蒙古自治区群众艺术馆	蒙古族服饰
	江西	萍乡市上栗县黄鹤出口花炮厂	烟火爆竹制作技艺（萍乡烟花制作技艺）
	湖南	长沙市文学艺术界联合会	长沙弹词
	青海	治多县文化馆	康巴拉伊

2012年，全国部分省（直辖市、自治区）新公布了一批非物质文化遗

产代表作名录，共有662项入选，其中88项为入选扩展名录。具体情况如表5：

表5

省　份	公布时间	批　次	项目数量
河　北①	1月	第四批	111项
广　东②	2月	第四批	52项
			35项（扩展）
广　西③	5月	第四批	98项
海　南④	5月	第四批	6项
			3项（扩展）
新　疆⑤	6月	第三批	52项
		第二批	33项（扩展）
浙　江⑥	6月	第四批	202项
宁　夏⑦	6月	第三批	不详
湖　南⑧	8月	第三批	50项
			20项（扩展）

---

① 《河北省人民政府关于公布第四批省级非物质文化遗产名录项目的通知》，华夏遗产网，http://cms.smejs.com/siteRoot/zgycw/zjfy/zjfyyfyml/4921413949.htm。

② 《关于批准并公布广东省第四批省级非物质文化遗产名录的通知》，广东省人民政府网，http://zwgk.gd.gov.cn/006939748/201202/t20120229_305536.html。

③ 《广西壮族自治区人民政府关于公布第四批自治区级非物质文化遗产代表性项目名录的通知》，广西人民政府网，http://www.gxzf.gov.cn/zwgk/zfwj/zzqrmzfwj/201207/t20120705_413903.htm。

④ 《第四批海南省非物质文化遗产代表性项目名录公布》，海南省人民政府网，http://www.hainan.gov.cn/data/news/2012/05/155419/。

⑤ 《新疆：关于公布第三批自治区级非物质文化遗产名录和第二批自治区级非物质文化遗产名录扩展项目的通知》，科易网，http://zc.k8008.com/html/xinjiang/zizhiquzhengfu/2012/0618/467996.html。

⑥ 《浙江省人民政府关于公布第四批浙江省非物质文化遗产名录的通知》，浙江省政府公开信息平台，http://govinfo.nlc.gov.cn/zjsfz/xxgk/zjs/201208/t20120816_2419745.html?classid=428。

⑦ 《各地文化遗产日活动亮点频现》，新华网，http://news.xinhuanet.com/shuhua/2012-06/14/c_123284090.htm。

⑧ 《我省又添一批省级"非物质文化遗产"名录》，湖南省非物质文化遗产网络展，http://www.huaxia.com/hn-tw/xtjl/jczt/swjsjyhnsfwzwhycwlz/fygs/2012/11/3080738.html。

此外,海南省对2005年至2012年已公布的4批省级非物质文化遗产代表作名录进行了清理和调整①。山东省于12月公示了第三批省级非物质文化遗产名录推荐项目名单,共计123项,其中新入选项目109项,扩展项目14项。

(2)国家级与省(自治区、直辖市)级非物质文化遗产项目代表性传承人名录公布情况。

2012年12月20日,文化部公布了第四批国家级非物质文化遗产项目代表性传承人共498名,分别是民间文学20人,传统音乐31人,传统舞蹈49人,传统戏剧111人,曲艺34人,传统体育、游艺与杂技13人,传统美术76人,传统技艺112人,传统医药21人,民俗31人。②

截至2012年,国家级非文化遗产项目代表性传承人共有1986人,各类分布情况如表6所示:

表6

单位:人

时间 类别	2007年 (第一批)	2008年 (第二批)	2009年 (第三批)	2012年 (第四批)	合计
民间文学	32	—	25	20	77
传统音乐	—	104	96	31	231
传统舞蹈	—	72	56	49	177
传统戏剧	—	304	196	111	611
曲艺	—	66	51	34	151
传统体育、游艺与杂技	15	—	19	13	47
传统美术	72	—	83	76	231
传统技艺	78	—	136	112	326
传统医药	29	—	24	21	74
民俗	—	5	25	31	61
合计	226	551	711	498	1986

① 《海南省人民政府关于调整并公布海南省省级非物质文化遗产代表性项目名录的通知》,新华网海南频道,http://www.hq.xinhuanet.com/hngov/2013-01/06/c_114260362.htm。
② 《第四批国家级非物质文化遗产项目代表性传承人名单(共498人)》,《中国文化报》2012年12月26日第6版。

2012年，我国部分省（自治区、直辖市）新公布了一批非物质文化遗产项目代表性传承人名录，入选人数情况见表7：

表7

省　份	时　间	批　次	人　数
四川省①	6月	第五批	108人
上海市②	6月	第三批	113人
河北省③	6月	第三批	83人
陕西省④	6月	第三批	71人
湖北省	9月	第三批	153人
重庆市⑤	11月	第三批	116人
广东省⑥	12月	第三批	152人
河南省⑦	12月	第三批	189人
贵州省⑧	12月	第三批	105人
内蒙古自治区⑨	12月	第三批	76人

另外，2012年部分省还公示了新一批省级传承人推荐名录，主要有河北省（6月，第三批，83人），陕西省（6月，第三批，71人），广东省（10月，第三批，147人）。

---

① 《文化厅关于公布第五批省级非物质文化遗产项目代表性传承人的通知》，四川省人民政府，http：//www.sc.gov.cn/10462/10883/11066/2012/6/25/10215107.shtml。
② 《关于公布第三批上海市非物质文化遗产项目代表性传承人名单的通知》，上海非物质文化遗产网，http：//www.ichshanghai.cn/news/detail.php?id=1466。
③ 河北省非物质文化遗产保护中心提供。
④ 《陕西：文化遗产日将公布首批省级非物质文化遗产传承单位》，西部网，http：//news.cnwest.com/content/2012-06/07/content_6630738.htm。
⑤ 《关于公布第三批市级非物质文化遗产名录项目代表性传承人的通知》，重庆非物质文化遗产网，http：//www.cqsfyw.cn/portal/fdetailAnnouncement.shtml?announcement4Search.announcementId=3。
⑥ 广东省非物质文化遗产保护中心提供。
⑦ 《河南省文化厅关于公布第三批省级非物质文化遗产项目代表性传承人名单的通知》，河南文化网，http：//www.hawh.cn/zfxxgk/2013-01/25/content_134266.htm。
⑧ 《贵州省文化厅关于公布第三批省级非物质文化遗产名录项目代表性传承人的通知》，贵州非物质文化遗产网，http：//www.gzfwz.com/Article/ShowArticle.asp?ArticleID=1041。
⑨ 《内蒙古自治区文化厅关于公布第三批自治区级非物质文化遗产名录项目代表性传承人的通知》，内蒙古文化厅，http：//www.nmgwh.gov.cn/tzgg/201301/t20130106_92882.html。

3. 国家级非物质文化遗产生产性保护示范基地建设情况

2012年1月31日，文化部为北京市珐琅厂有限责任公司等41家企业颁发国家级非物质文化遗产生产性保护示范基地的牌匾，旨在让这些企业在非物质文化遗产生产性保护方面更好地发挥示范和带动作用，以推动我国非物质文化遗产保护与经济社会协调和可持续发展。这标志着我国非物质文化遗产生产性保护已经进入实质实施阶段。

同时，为了鼓励和引导非物质文化遗产生产性保护，文化部随后还出台了一系列文件和政策。2012年2月，文化部印发了《关于加强非物质文化遗产生产性保护的指导意见》（文非物质文化遗产发〔2012〕2号），对非物质文化遗产生产性保护的内涵、原则和方式方法作了明确规定。2012年5月10日，文化部颁布了《文化部"十二五"时期文化改革发展规划》，指出"十二五"期间，将命名一批"非物质文化遗产生产性保护示范基地"。将以探索非物质文化遗产活态保护新范式为出发点和落脚点，坚持"保护第一，合理利用；政府主导，多方参与；统筹规划，先行试点；科学管理，讲求实效"的设施建设原则，选择一些具有较高产业利用价值且迫切需要扶持的国家级非物质文化遗产名录项目，开展100所非物质文化遗产保护利用设施试点建设。

4. 国家级与省（自治区、直辖市）级文化生态保护试验区建设情况

2012年5月10日，文化部颁布了《文化部"十二五"时期文化改革发展规划》，提出了加强文化生态保护区建设几个举措：一是要研究制定《国家级文化生态保护区申报与管理暂行办法》，在充分调研和专家指导基础上考虑民族和地域特点，选择历史文化积淀丰厚、存续性良好、具有重要价值和鲜明特色的文化形态进行整体性保护，科学划定保护范围，新设立20个国家级文化生态保护区。二是要研究制定《国家级文化生态保护区总体规划编制规范》，指导新设立的国家级文化生态保护区总体规划的编制工作；依据论证、审批后的总体规划，推进文化生态保护区建设。三是加强国家级文化生态保护区建设情况的调查研究，总结、交流各个保护区的实践经验，在此基础上，探索文化生态保护区整体性保护非物质文化遗产的新范式。四是要积极推进省级文化生态保护区建设。

截至2012年，全国共设立了十二个国家级文化生态保护实验区，如表8所示：

表8

保护区名称	设立时间	属地	文化特征
闽南文化生态保护实验区	2007年6月	包括福建省闽南地区的厦门、泉州、漳州三地	该地区历史文化积淀十分深厚,非物质文化遗产资源种类丰富、特色鲜明,如南音、北管、梨园戏、木偶戏、高甲戏、歌仔戏、泉州花灯、漳州木版年画、妈祖信俗等
徽州文化生态保护实验区	2008年1月	包括安徽省黄山市、绩溪县和江西省婺源县	徽州文化所涉及的地区非物质文化遗产资源非常丰富,如徽州三雕、徽墨制作技艺、宣纸制作技艺、徽州民歌、徽剧、罗盘制作技艺、程大位珠心算等,文化生态保存良好
热贡文化生态保护实验区	2008年8月	包括青海省黄南藏族自治州全境	热贡文化融合了汉、藏、土、回、蒙古、撒拉等多个民族的优秀传统文化,以唐卡、雕塑、堆绣、剪纸、壁画、藏戏等为其重要文化表现形式,具有悠久的历史,并保存着良好的文化生态
羌族文化生态保护实验区	2008年11月	包括四川省阿坝藏族羌族自治州茂县、汶川县、理县和绵阳市北川羌族自治县,毗邻的松潘县、黑水县、平武县等羌族聚居区以及陕西省宁强县、略阳县的相关区域	羌族非物质文化遗产有羌笛演奏及制作技艺、羌族羊皮鼓舞、羌族刺绣、羌族瓦尔俄足节、羌族多声部民歌、羌年等
客家文化(梅州)文化生态保护实验区	2010年5月	包括广东省梅州市全境	广东省梅州市有"世界客都"之誉,是客家文化的主要发源地之一。梅州客家文化包括客家山歌、广东汉乐、火龙舞、席狮舞、广东汉剧、五华提线木偶等。这些非物质文化遗产与当地客家古村落、古建筑相依相存,呈现出浓厚的中华传统文化底蕴和鲜明的地方特色
武陵山区(湘西)文化生态保护实验区	2010年5月	包括湖南省湘西土家族苗族自治州全境	其地处武陵山区,为土家族、苗族聚集地。传统文化包括神话、传说、歌谣、鼓舞、织锦、刺绣、印染等,与当地自然环境、古村镇、古建筑相依相存,形成了较为完整的文化生态区域

续表

保护区名称	设立时间	属地	文化特征
海洋渔文化（象山）文化生态保护实验区	2010年6月	以浙江省宁波市象山县为中心	其海洋渔文化包括各种风俗习惯、民间文学、传统音乐、传统舞蹈及海洋知识等，它们与当地人们的生产、生活方式紧密结合、相互交融，并与当地的传统民居、古街区和海洋生态相协调，形成了典型的文化生态环境
晋中文化生态保护实验区	2010年6月	包括山西省晋中市所辖区县，太原市所辖小店、晋源、清徐、阳曲4区县，吕梁市所辖交城、文水、汾阳、孝义4县市	融合了中原农耕文化和北方游牧民族文化，体现了我国传统农耕文化的显著特征和中华文明海纳百川、多元一体的文化特征
潍水文化生态保护实验区	2010年11月	包括山东省潍坊市全境	潍水文化将传统农耕文化与海洋渔盐文化融为一体，手工业、商业发达，富有创新意识，具有海岱之间（山东省渤海至泰山之间的地带）半岛复合型文化的鲜明特征，风筝、年画、剪纸、泥塑等非物质文化遗产资源丰富
迪庆民族文化生态保护实验区	2010年11月	包括云南大理白族自治州全境	藏、傈僳、纳西等26个民族创造了丰富多彩的民族文化，形成了多元一体、和谐共融的迪庆民族文化，包括民间文学、舞蹈、音乐、戏剧、节庆、服饰、绘画、木雕、手工技艺、传统医药、饮食风俗、民间信仰等丰富多彩的非物质文化遗产及古村落、古建筑、古遗迹，形成了良好的文化生态
大理文化生态保护实验区	2011年1月	包括云南省迪庆藏族自治州全境	是我国西南边陲文明开启较早的地区之一，在以苍山洱海景观为主要代表的自然生态环境中，保存着丰厚的非物质文化遗产资源及其相关的文物古迹，民居建筑、生产生活方式等基本保持传统风貌
陕北文化生态保护实验区	2012年5月	包括陕西省延安市、榆林市	两市位于黄土高原腹地，是中华文明的重要发祥地。非物质文化遗产有花木兰传说、陕北民歌、绥米唢呐、陕北道情、安塞腰鼓、洛川蹩鼓、陕北说书、榆林小曲、陕北剪纸、黄陵面花、绥德石雕、窑洞营造技艺、丹青彩绘、黄帝陵祭典等

截至 2012 年,我国部分省、自治区也相继设立了省、自治区级的文化生态保护实验区。具体情况如表 9:

表 9

所属省份	设立时间	省级文化生态保护实验区名称
河北省	2009 年 6 月	井陉太行民俗文化生态保护实验区、永年广府古城及临洺关文化生态保护实验区、安新白洋淀文化生态保护实验区、邯郸市峰峰矿区磁州窑文化生态保护实验区、蔚县蔚州古城文化生态保护实验区、廊坊市安次区民间音乐文化生态保护实验区、吴桥县杂技文化生态保护实验区、正定古城文化生态保护实验区、魏县漳南传统棉纺织技艺文化生态保护实验区、大名县大名府故城和明城周边文化生态保护实验区、曲阳县文化生态保护实验区
广西壮族自治区	2010 年 6 月	河池铜鼓文化生态保护区、百色壮族文化生态保护区
山东省	2010 年 9 月	周村商贸民俗文化生态保护实验区、台儿庄运河文化生态保护实验区、邹鲁文化生态保护实验区
福建省	2010 年 10 月	湄洲妈祖文化生态保护实验区
湖北省	2011 年 6 月	宜昌市夷陵区文化生态保护实验区、秭归县屈原故里文化生态保护实验区、长阳土家族自治县文化生态保护实验区、郧县文化生态保护实验区、恩施市文化生态保护实验区、五峰土家族自治县渔洋关镇文化生态保护实验区、房县门古寺镇文化生态保护实验区、通城县麦市镇文化生态保护实验区、随州市曾都区洛阳镇文化生态保护实验区、利川市柏杨坝镇文化生态保护实验区、建始县长梁乡文化生态保护实验区、宣恩县沙道沟镇文化生态保护实验区、来凤县百福司镇文化生态保护实验区
江苏省	2011 年 6 月	洪泽湖渔文化生态保护实验区
	2011 年 12 月	姜堰清明习俗文化生态保护区、高淳吴楚村俗文化生态保护实验区
	2012 年 3 月	连云港山海文化生态保护实验区
河南省	2011 年 10 月	洛阳河洛文化生态保护实验区、登封少林文化生态保护实验区、滑县木版年画文化生态保护实验区、浚县民俗文化生态保护实验区、温县太极文化生态保护实验区
内蒙古自治区	2009 年	(第一批)呼伦贝尔市鄂温克族自治旗锡尼河布里亚特蒙古族文化生态保护区、呼伦贝尔市根河市敖鲁古雅鄂温克使鹿文化生态保护区、锡林郭勒盟东乌珠穆沁旗游牧文化生态保护区、鄂尔多斯市乌审蒙古族文化生态保护区、鄂尔多斯市鄂托克旗文化生态保护区、阿拉善盟额济纳旗土尔扈特蒙古族文化生态保护区

续表

所属省份	设立时间	省级文化生态保护实验区名称
内蒙古自治区	2011年4月	（第二批）呼伦贝尔市莫力达瓦达斡尔族自治旗达斡尔文化生态保护区、兴安盟科右中旗蒙古族说唱艺术文化生态保护区、赤峰市巴林右旗格斯尔文化生态保护区、通辽市库伦旗安代文化生态保护区、锡林郭勒盟阿巴嘎旗潮尔道文化生态保护区、鄂尔多斯市鄂尔多斯文化生态保护区、阿拉善盟阿左旗阿拉善和硕特蒙古族文化生态保护区、巴彦淖尔市乌拉特中旗乌拉特文化生态保护区（因鄂尔多斯市全境设立为自治区级文化生态保护区，第一批中的鄂托克旗和乌审旗两个蒙古族文化生态保护区不再单列，整体纳入鄂尔多斯文化生态保护区）
广东省	2012年1月	雷州文化生态保护实验区
山西省	2012年6月	临县碛口文化生态保护实验区
新疆维吾尔自治区	2012年12月	莎车维吾尔木卡姆文化生态保护实验区、新源哈萨克族文化生态保护实验区、察布查尔锡伯族文化生态保护实验区和塔什库尔干塔吉克族文化生态保护实验区

（三）非物质文化遗产传承、教育情况

认定和公布非物质文化遗产项目代表性传承人名录与评选优秀传承人，是确保非物质文化遗产传承与教育的重要手段。目前，我国已经建立起了从国家级到县/区级的四级传承人认定、保护体系，为传承非物质文化遗产发挥了重要作用。同时，我国开展的"中华非物质文化遗产传承人薪传奖"评选活动，是我国非物质文化遗产保护机构面向全国以及港、澳、台地区，表彰为中华非物质文化遗产传承作出杰出贡献的各级非物质文化遗产项目代表性传承人，以推动非物质文化遗产保护以及中华优秀传统文化继承和弘扬而设立的专业奖项。2012年共有梅葆玖等来自四川、云南、浙江、河北、香港、澳门等地区的60位非物质文化遗产传承人获此殊荣①。

当然，除了通过认定和评奖来推动非物质文化遗产传承和教育外，2012年我国还通过建立传习基地、开展学历教育和普及教育、举办专业培训班等形式来推动非物质文化遗产的传承、教育工作。

---

① 《60名非物质文化遗产传人获得"薪传奖"》，《北京青年报》2012年6月7日第B14版。

1. 传承基地建设情况

2012年3月5日，西藏自治区文化厅公布首批30个非物质文化遗产项目传习基地，涉及藏族天文历算、拉萨北派藏医水银洗炼法、唐卡、藏戏、藏纸、珞巴服饰等30种亟待传承的项目。① 3月20日，浙江省温岭市文广新局和教育局联合在市职技校设立温岭市非物质文化遗产传承基地，主要承担大奏鼓、道情、排街、滩簧、民间锣鼓等5个项目的传承。② 5月29日至30日，山东省文化厅在济南艺术学校、山东省工会管理干部学院设立"国家级非物质文化遗产项目传承基地"③。7月19日，上海市正式启用"上海洋泾绒绣"保护传承基地（传习所）。④ 9月22日至11月19日，广东省东莞市樟木头樟罗社区刘屋村祠堂"广东省非物质文化遗产麒麟舞传承基地"⑤、梅州市梅江区城北镇慈云宫"佛教香花文化传承基地"⑥、福永街道怀德社区的福永醒狮传承基地相继挂牌成立。⑦

同时，2012年许多中小学被命名为非物质文化遗产传承基地。4月16日泥人文化走进校园，无锡8所小学成为非物质文化遗产教学基地。6月榆县罗阳镇中心小学被命名为连云港市非物质文化遗产（刻纸）传承基地。12月7日，由大足区教委、区文广新局、大足石刻研究院主办的大足区非物质文化遗产教育传承启动仪式在双塔中学举行，宣布双塔中学成为大足区非物质文化遗产教育传承基地。

2. 学历教育情况

高校和研究机构是非物质文化遗产传承教育的重要阵地，学历教育是

---

① 《西藏公布首批非物质文化遗产传习基地》，新华网，http://news.xinhuanet.com/local/2012-03/02/c_111596524.htm。
② 《温岭非物质文化遗产传承又添新举措》，浙江省非物质文化遗产网，http://www.zjfeiyi.cn/news/detail/31-1458.html。
③ 《（图片）济南艺术学校被授予国家级非物质文化遗产项目传承基地》，济南艺术学校网站，http://www.jnyishuxx.com/news_detail.asp?classid=27&Id=878。
④ 《上海绒绣传承非物质文化遗产文化》，人民网，http://www.chinadaily.com.cn/hqcj/zxqxb/2012-07-20/content_6498188.html。
⑤ 《樟木头挂牌广东省非物质文化遗产麒麟舞传承基地》，广东新闻网，http://www.gd.chinanews.com/2012/2012-09-22/2/208137.shtml。
⑥ 《梅州成立佛教香花文化传承基地》，人民网，http://gd.people.com.cn/n/2012/1102/c218365-17669410.html。
⑦ 《宝安区福永醒狮基地正式挂牌》，深圳政府在线，http://www.sz.gov.cn/cn/xxgk/qxdt/201211/t20121119_2066165.htm。

非物质文化遗产传承与保护人才培养的重要途径之一。截至 2012 年，全国已有数十所高校开设了非物质文化遗产专业或方向的研究生学历教育，培养了一大批非物质文化遗产传承、保护与管理的高层次人才，为我国非物质文化遗产传承、保护工作发挥了重要作用。如中山大学、中央民族大学、中国艺术研究院就开设了非物质文化遗产学专业的硕士和博士培养。

此外，还有一些专业院校，也结合自己的专业优势，积极培养非物质文化遗产专业人才。如中国戏曲学院表演系 2012 年首次招收黄梅戏、梨园戏、粤剧、闽剧等 4 个本科专业，使其开设本科专业不仅涵盖昆曲、粤剧、京剧等 3 个世界级非物质文化遗产，还包括了歌仔戏、豫剧、晋剧、越剧、黄梅戏、梨园戏、闽剧等国家级非物质文化遗产。[①] 北京城市学院也从 2012 年起开设非物质文化遗产保护本科专业，把老北京传统手工艺老艺人请进学校，采取艺术家和学校联合培养的模式，努力培养出能继承传统手工艺的高素质人才。[②]

3. 举办培训班情况

举办培训班是非物质文化遗产传承与教育的另一种重要方式。

（1）保护工作培训班。

2012 年 12 月 14 日至 19 日，联合国教科文组织亚太地区非物质文化遗产国际培训中心在北京举办了"《保护非物质文化遗产公约》履约工作国际培训班"，这是亚太中心正式成立以来主办的首期国际培训活动。

文化部在 2012 年也举办了一系列非物质文化遗产培训班，包括 8 月 31 日的全国非物质文化遗产传统技艺类项目生产性保护培训班，9 月 19 日的全国非物质文化遗产防灾救灾及灾后保护培训班，10 月 29 日的国家非物质文化遗产保护专项资金申报工作培训班，12 月 17 日的中国非物质文化遗产传统医药类项目传承人培训班等，培训了一大批非物质文化遗产传承人和工作人员。

此外，各地文化部门结合自己实际，举办了各种非物质文化遗产保护培训班，培训非物质文化遗产传承与保护人才。如 2 月 11 日，乌苏市首届

---

① 《中国戏曲学院首招黄梅、梨园、粤、闽 4 剧种本科生》，新华网，http://www.jyb.cn/gk/ysyx/201112/t20111217_470234.html。
② 《2012 艺考：非物质文化遗产专业成为新"卖点"》，《北京日报》2012 年 1 月 4 日第 5 版。

"自治区级非物质文化遗产名录项目"培训班开班；5月6日至8日，中国民间工艺传承人培训班在上海举行；5月30日，《贵州省非物质文化遗产保护条例》暨保护工作培训班在贵阳开班；6月17日至19日，河南省第四期省级以上非物质文化遗产项目代表性传承人培训班在郑州举行；6月25日至27日，陕西省非物质文化遗产项目代表性传承人培训班在西安举办；8月23日，河南省非物质文化遗产管理干部培训班在郑州举办；9月20日至22日，广东省非物质文化遗产生产性保护工作培训班在潮州市举办；10月30日，青海举办了省级"非物质文化遗产"代表性传承人培训班；11月23日至24日，安徽省在合肥举办了"非物质文化遗产保护与发展"高级研修班；11月27日举办浙江省非物质文化遗产保护工作培训班。

文化部和各地组织的非物质文化遗产保护培训班，为政府官员、专家学者与传承人搭建了交流、互动的平台，既宣传了国家、地方的非物质文化遗产保护政策、法规，又为非物质文化遗产传承与发展培养了管理和传承人才。

（2）专项保护培训班。

非物质文化遗产有不同的门类，每个门类非物质文化遗产项目都有自身的独特性，在保护上都有自己的规律。因此，针对某个门类非物质文化遗产项目举办专项培训班，也是十分必要的。2012年，各地也举办了许多这样的专项培训班。最有代表性的有：3月6日至9日，西双版纳州举办的第三期国家级非物质文化遗产项目"傣族织锦技艺"传承人培训班；4月25日至27日，青海省西宁文广局和市群艺馆在西宁举办的"国家级非物质文化遗产项目青海平弦、青海汉族民间小调培训班"；5月6日至8日中国民协、中国文学艺术基金会、上海市文联在上海举办的中国民间工艺传承人培训班；5月22日青海省文化和新闻出版厅举办的"玉树州灾后重建非物质文化遗产保护工作培训班"；12月17日，在凤凰县举办的中国非物质文化遗产传统医药类项目传承人培训班等。[①]

4. 普及教育情况

普及性教育是指以向普通民众普及非物质文化遗产知识为目的的教育。普通民众是非物质文化遗产传承的群众基础，也是享用和传播非物质

---

① 《中国非物质文化遗产传统医药类项目传承人培训班在凤凰开班》，搜狐网，http://roll.sohu.com/20121222/n361235686.shtml。

文化遗产的社会主体。积极推行非物质文化遗产的普及性教育，有利于增强普通民众的文化自觉和对非物质文化遗产的认同感，使其成为非物质文化遗产的理解者、支持者、保护者、享用者和传播者。只有这样，才能为非物质文化遗产保护营造一个良好的社会氛围，也才能使非物质文化遗产得以可持续发展。

2012年，我国的非物质文化遗产普及性教育最突出的表现之一，就是非物质文化遗产进校园。非物质文化遗产进校园，除了学历教育的功能外，更重要的功能是普及教育。无论是在高校，还是在中小学，非物质文化遗产进校园最主要的目的就是让学生们了解、理解、热爱、认同和自觉保护非物质文化遗产，从而增强对国家、民族文化传统的自豪感和自信心。

因此，各地2012年举行了很多各具特色的"非物质文化遗产进校园"活动，1月，北京市小红门中心小学把国家级非物质文化遗产项目"小红门地秧歌"作为地方特色文化项目引入课堂；① 3月，湖北省省级非物质文化遗产项目"熊门拳"逐渐在京山县中小学中推广，非物质文化遗产知识讲座也被设为该县各学校的"第二课堂"；② 4月11日，山东省实验小学请"济南皮影戏"传承人李娟给学生们上了一堂皮影戏课；5月17日始，天津中医药大学等举办了主题为"让非物质文化遗产不被遗忘，让文化继续传承"的非物质文化遗产中医药大学行"五个一"系列活动；5月21日，云南艺术学院设计学院举行了第十一期"非物质文化遗产传承人进校园"活动启动仪式，国家级扎染工艺传承人张仕绅、省级银器工艺大师母炳林、省级建水紫陶工艺大师谭之凡、滇派内画工艺大师孙鸿雁、壮族刺绣工艺传承人王昌兰、珐琅银器传承人谭志平、木雕艺人杨春龙，在该学院开展为期十天的实训教学；③ 6月，浙江大学举办了"第七届浙江省非物质文化遗产节暨浙江省非物质文化遗产进校园活动季"，主题为"传统的青春，青春的传统"，包括浙江省大学生非物质文化遗产辩论赛、在杭高校大学生龙舟赛、"走

---

① 《非物质文化遗产进校园：国家级非物质文化遗产项目小红门地秧歌将走进小红门中心小学课堂》，北京市文化局网站，http://www.bjwh.gov.cn/27/2011_9_22/3_27_62023_0_0_1316646862343.html。
② 《京山启动"非物质文化遗产"传承进校园活动》，荆楚网，http://news.cnhubei.com/news/exstlyq/201203/t2004361.shtml。
③ 《设计学院第十一期"非物质文化遗产传承人进校园"活动启动》，云南艺术学院设计学院，http://sjxy.ynart.edu.cn/xygg/40850.shtml。

访传承人"、浙江省非物质文化遗产学科建设研讨会等一系列活动①；6月9日，"国家非物质文化遗产·康保二人台走进高校"在清华大学进行首场演出；6月11日，广西大学举办首届非物质文化遗产学术活动周，其中，非物质文化遗产影像展现了壮乡多个民族服饰、民俗活动等"非物质文化遗产"魅力；9月14日，重庆市渝中区人民路小学举行了"学习巴渝文化，传承文明精髓"非物质文化遗产进校园活动的启动仪式；12月以"推进传统文化传承创新，走近非物质文化遗产，爱上非物质文化遗产"为主题的两场非物质文化遗产进校园演出在河北师范大学音乐学院音乐厅、河北省科技大学一生活区艺术中心举行。

总之，2012年我国非物质文化遗产传承、教育继续保持了快速发展的态势，传承基地建设、学历教育、举办培训班和普及教育等方式的有效结合，无论是对传承人和管理干部的培训，也无论是对专业人才的培养，还是对以大中学生为主的普通民众的教育，都取得很好的效果，为我国非物质文化遗产保护工作的可持续发展既储备了人才，又营造了良好的社会氛围。但是，非物质文化遗产传承与教育如何能够做到不走形式、不走样、有实效，如何能够与现有的教育体制相衔接、规范化和可持续，则是仍有待思考的问题。目前，许多人对非物质文化遗产的认识仍多停留于表面，只重视其技术性、观赏性、工具性，而忽略了其背后的精神因素和文化内涵，即"重器轻道"等现象，是今后我国非物质文化遗产传承与教育发展要努力克服的重要问题之一。②

（四）非物质文化遗产展演、展示与传播情况

1. 国内的展演、展示

2012年6月11日，"中国非物质文化遗产推广工程"在北京启动，该工程旨在结合大学的学术资源和社会力量，协助政府推广非物质文化遗产。③ 非物质文化遗产的社会推广，主要是非物质文化遗产的展示、

---

① 《第七届浙江省非物质文化遗产节暨浙江省非物质文化遗产进校园活动季启幕》，浙江省文化厅网站，http://www.zjwh.gov.cn/dtxx/zjwh/2012-06-09/126981.htm。
② 宋俊华：《警惕非物质文化遗产保护中重器轻道的倾向》，雅昌艺术网，http://artist.artron.net/show_news.php?newid=424738。
③ 《"中国非物质文化遗产推广工程"启动》，新华网，http://news.xinhuanet.com/shuhua/2012-06/12/c_123267782.htm。

展演活动。2012年这些活动频繁举行,大型综合性的展演活动、非物质文化遗产个案的展示,国家级与省市地方的展演活动交替进行,大大促进了非物质文化遗产的传播。这些展演、展示活动可分为大型综合性展览、博览会（商业会展）、文化遗产日展览、传统节日以及其他节日展览等。

（1）大型综合性展览。

大型综合性展览主要指一般由文化部和地方政府等独办或合办的,包括多种非物质文化遗产项目,内容丰富,在全国具有广泛的影响力的展览会。

2012年2月5日,文化部在全国农业展览馆举办了"中国非物质文化遗产生产性保护成果大展",以文字、图片、代表性作品等实物资料,全面地介绍了非物质文化遗产生产性保护的理念、内容、意义及成果,展现了非物质文化遗产独特的工艺和产品,展示了非物质文化遗产丰富的文化、经济价值,向民众揭示了非物质文化遗产与日常生活、经济发展的内在关系。[1]

2月24日,文化部非物质文化遗产司联合河南省文化厅、周口市政府在淮阳举办了第四届"中原古韵——中国（淮阳）非物质文化遗产展演",吸引了河南、山东等中东部10省入选国家级非物质文化遗产项目参加展演。9月28日,文化部非物质文化遗产司与由天津市委宣传部、市文化广播影视局举办了第二届全国非物质文化遗产展览会,搭建了一个"交流、展示、保护、发展"为一体的平台,以传承人展示,观众亲身体验以及展品销售洽谈会等形式推介非物质文化遗产及其产品。[2] 11月7日至11日,文化部与安徽省人民政府联合举办了首届中国（黄山）非物质文化遗产传统技艺大展,共邀请到31个省、自治区、直辖市的237个非物质文化遗产项目、241名代表性传承人参展,传承人的精彩展演,吸引了大量群众的参与互动。[3]

---

[1] 《中国非物质文化遗产生产性保护成果大展》,中国文化传媒网,http://www.ccdy.cn/wenhuabao/sban/201202/t20120206_232342_1.htm。
[2] 《全国非物质文化遗产展示会10月2日在天津开展》,人民网,http://www.022net.com/2012/9-13/443220233071191.html。
[3] 《首届中国（黄山）非物质文化遗产传统技艺大展举办》,《中国文化报》2012年11月12日第1版。

地方政府也往往依托区域文化优势,独立举办非物质文化遗产展览会。比较有代表性的如:2012年1月12日至15日,昆明市官渡古镇举办了"昆明官渡第二届全国非物质文化遗产联展",邀请到全国各地30多个非物质文化遗产项目参展,许多国家级传承人和工艺美术大师到场展示。[1] 4月28日至29日,滨州市举行了黄河三角洲(滨州)第一届非物质文化遗产展,20余个国家、省、市级"非物质文化遗产"项目进行现场表演,还展出了各种传统手工艺品,20多位省级、市级非物质文化遗产代表性传承人现场展示其技艺,并销售作品。[2] 5月24日,有"中国民间文化艺术之乡"称号的山东省胶州市,举办了"第三届中国秧歌节暨全国非物质文化遗产制作展",除围绕秧歌节的活动外,还有全国非物质文化遗产展、全国书画名家邀请展和中国秧歌摄影展等活动。[3] 8月9日,青海省海南藏族自治州举行了首次非物质文化遗产展演活动,展演分表演、手工技艺、饮食、习俗四大类。同样,也采用了表演、展览、演示等方式,并挖掘和打造了一批除藏绣、服饰、民族歌舞等原有传统文化产业之外的民族文化新品牌。[4]

上述的大型综合性展览,大多由文化部及地方省、市级文化部门组织举办,能够集合各界的力量,汇集多种多样的非物质文化遗产,并且往往由代表性传承人现场演示,呈现给大众全面、生动的表演,其中表演类、传统技艺、民间美术类非物质文化遗产往往更受到人们的青睐。

(2)博览会(商业会展)。

在综合性展览宣传、推介非物质文化遗产的同时,各种博览会(商业会展)也十分重视非物质文化遗产展览,通过发掘非物质文化遗产商业价值来吸引了众多企业参展,取得了可观的社会、经济效益。

2012年4月6日,在第三届西部非物质文化遗产展演暨文化产业洽谈

---

[1] 《昆明官渡举办全国非物质文化遗产联展》,中国广播网,http://www.cnr.cn/newscenter/gnxw/201201/t20120112_509050030.shtml。
[2] 《黄河三角洲(滨州)第一届非物质文化遗产展开幕》,滨州传媒网,http://www.bzcm.net/news/2012-04-29/content_783723.htm。
[3] 《第三届中国秧歌节暨全国非物质文化遗产制作展在胶州开幕》,中国文艺网,http://www.cflac.org.cn/ys/mjqy/mjqyzx/201206/t20120611_138749.html。
[4] 《海南州非物质文化遗产展演活动举行》,中国日报网,http://www.chinadaily.com.cn/hqpl/yssp/2012-08-10/content_6682026.html。

会上，许多文艺、手工技艺、饮食类非物质文化遗产参加了展览，利用这个国际性博览会平台，参与文化产业、旅游、商贸等项目的签约活动，既宣传展示了自己，又创造了经济价值。[①] 4月26日至28日，第五届中国石家庄（正定）国际小商品博览会，增加了河北非物质文化遗产项目产品展示展销区，吸引了北方七省的非物质文化遗产项目参展，参与经贸洽谈。[②] 5月18日至21日，深圳举行了中国第八届国际文化产业博览会，4号展馆专为非物质文化遗产而设，从国家级、省级非物质文化遗产项目中选择有特点、市场潜力大、产业化程度高的传统手工技艺产品、传统美术产品等内容进行展示交易。[③]

一些地方性的博览会（商业会展），也吸引了非物质文化遗产项目参展。如10月26日开幕的"第五届陕西旅游商品博览会"上，有许多非物质文化遗产项目的文艺演出和民俗表演，举行了一系列宣传促销活动，与近千家旅游产品生产与经销企业参加同台展览；[④] 12月8日开幕的"2012温岭文化产品交易博览会"，在其民间工艺品及古玩收藏展示交易区组织了不少非物质文化遗产项目进行现场展示，为非物质文化遗产产品提供展示和交易合作的平台；[⑤] 12月21日举办的"首届河北省特色文化产品博览交易会"，一大批国家级非物质文化遗产登台展示，吸引了很多大型文化企业、投资商、采购商来河北参观考察、投资兴业。[⑥]

上述商品博览会和文化产业博览会，为非物质文化遗产提供了展示、交易的平台，促进了各地非物质文化遗产的交流，也为非物质文化遗产生产性保护创造了条件。如4月28日至5月2日，"2012中国（浙江）非物质文化遗产博览会"，进行了非物质文化遗产特色展演和评选活动外，组

[①] 《第三届西部非物质文化遗产展演昨在大唐西市开幕》，国际在线，http://news.xiancn.com/content/2012-04-07/content_ 2591745.htm。
[②] 《2011中国·石家庄（正定）国际小商品博览会4月举行》，人民网，http://he.people.com.cn/GB/14239655.html。
[③] 《第八届中国（深圳）国际文化产业博览会隆重开幕》，中华人民共和国中央人民政府网，http://www.gov.cn/jrzg/2012-05/18/content_ 2140557.htm。
[④] 《第五届陕西旅游商品博览会盛大开幕》，陕西省人民政府网，http://www.shaanxi.gov.cn/0/1/9/39/132600.htm。
[⑤] 《温岭2012文化产品交易博览会明开展》，中国台州网，http://www.taizhou.com.cn/news/2012-12-07/content_ 822115.htm。
[⑥] 《首届河北省特色文化产品博览交易会将开幕》，中国广播网，http://www.cnr.cn/hxcx/dffz/201212/t20121207_ 511510474.shtml。

织了非物质文化遗产产品销售,还专门推出"浙江省传统名茶展销""浙江省传统茶具展销"和"浙江省传统手工技艺和民间美术作品展销",发掘其经济价值;① 9月6日至10日,在台儿庄举行的第二届中国非物质文化遗产博览会,为传承人提供低租金的工作室和公租房,吸引全国各地的有767个非物质文化遗产项目参展;② 9月19日开幕的"中国·山西非物质文化遗产博览会",在举办非物质文化遗产展演、展示的同时,还专门举行了非物质文化遗产招商项目洽谈会。③

2012年,以同一门类的非物质文化遗产项目为主题的博览会(商业会展)或专题性会展也十分繁荣。8月10日,青海省举办了"第五届青海国际唐卡艺术与文化遗产博览会",以挖掘和展示以唐卡艺术为主的青海特色民族民间文化资源,发展特色文化旅游产业为主,达成了多项签约,取得了良好的社会效益和经济效益。④ 10月5日至8日,杭州举办了"2012中国(杭州)工艺美术精品博览会",以展示传统民间工艺类非物质文化遗产为主,为各地工艺美术大师和参展会商提供了展示、交易的舞台。⑤ 10月21日,吉林省举办了"喜迎十八大·吉林省首届非物质文化遗产生产性保护传承才艺展示博览会",持续一周的博览会,展示了300多件具有代表性的非物质文化遗产艺术品,集中展现了该省非物质文化遗产生产性保护的成果和取得的经济效益。⑥ 11月22日,广东省举办了首届广东民间工艺博览会,为岭南民间艺术家提供了工艺品展示平台,并借该平台与市场接轨,抢救濒临失传的民间工艺。⑦

---

① 《2012中国(浙江)非物质文化遗产博览会在义乌举行》,浙江省非物质文化遗产网,http://www.zjfeiyi.cn/news/detail/31-1580.html。
② 《第二届中国非物质文化遗产博览会在枣隆重开幕》,中华人民共和国国家旅游局网,http://www.cnta.gov.cn/html/2012-9/2012-9-7-11-49-24892.html。
③ 《中国·山西非物质文化遗产博览会在平遥开幕》,中国民族宗教网,http://www.mzb.com.cn/html/Home/report/331539-1.htm。
④ 《第五届青海国际唐卡艺术与文化遗产博览会隆重开幕》,人民网,http://qh.people.com.cn/n/2012/0810/c181467-17345073.html。
⑤ 《2012中国(杭州)工艺美术精品博览会开幕》,中国杭州(政府网),http://www.hangzhou.gov.cn/main/zwdt/tpxw/T417232.shtml。
⑥ 《吉林举办首届非物质文化遗产生产性保护传承才艺展示博览会》,中国日报网,http://www.chinadaily.com.cn/hqpl/zggc/2012-10-22/content_7302775.html。
⑦ 《首届广东民间工艺博览会开幕》,凤凰网,http://news.ifeng.com/gundong/detail_2012_11/23/19462086_0.shtml。

文化部以及地方举办的博览会（商业会展），在宣传、传播非物质文化遗产的同时，都注重把展览和非物质文化遗产的生产性保护相结合，发掘非物质文化遗产的经济价值，吸引众多企业参与，使传统民间技艺等非物质文化遗产备受社会关注。

（3）文化遗产日展览。

各级、各类的展览、博览会为非物质文化遗产创造了广阔的舞台，充分发挥了政府的"主导作用"和服务功能。设立"文化遗产日"，开展主题活动，同样体现了国家对非物质文化遗产保护的重视和倡导。在2012年文化遗产日当日（6月9日），各地方举办了主题多样，形式不同的非物质文化遗产展示、展演活动。

以文化遗产日主场活动形式举办的展示、展演主要有：国家文物局、河南省人民政府联合主办的2012年中国文化遗产日主场城市活动，举办了非物质文化遗产展演活动，同时举行了全国青少年文化遗产知识大赛和第四届"中国历史文化名街"授牌仪式，形式丰富多样。[①] 山东省举办了山东省暨济南市庆祝第七个文化遗产日主场活动，不但有精彩的展演，还为荣获山东省非物质文化遗产生产性保护示范基地、2011年度山东省非物质文化遗产保护工作十大亮点事项的单位、2011年度山东省非物质文化遗产保护十大模范传承人颁证、颁奖。[②]

在文化遗产日前后，举办的非物质文化遗产保护成果展的有：西藏举办了首届非物质文化遗产保护成果大展，持续7天，集中、动态地展示了手工技艺、藏医药、传承人精品唐卡以及民间歌舞等非物质文化遗产的保护成果；[③] 新疆举办了"2012新疆非物质文化遗产生产性保护成果展"，持续4天，从全区挑选了60多项在非物质文化遗产生产性保护方面取得显著成效的传统技艺、传统美术、传统医药类等项目进行展演。[④]

[①] 《文化遗产日主场城市活动在郑州举行》，《中国文化报》2012年6月11日第1版。
[②] 《山东非物质文化遗产保护十个重点项目（活动）集中启动》，人民网，http://sd.people.com.cn/n/2012/0610/c172941-17127815.html。
[③] 《西藏举办首届非物质文化遗产保护成果大展》，新华网，http://news.xinhuanet.com/politics/2012-06/09/c_112172160.htm。
[④] 《新疆举办非物质文化遗产生产性保护成果展》，新华网，http://news.xinhuanet.com/local/2012-06/10/c_112174514.htm。

需要特别指出的是，四川省以"政府主办、企业参与"的方式举办了"四川首届'文殊坊杯'非物质文化遗产手工技艺精品邀请展"系列活动，参展的非物质文化遗产手工精品均由企业出资包装、宣传、展示，通过企业的市场化运作，初步形成新型非物质文化遗产产业链，促使产生市场效益，并真正减轻政府负担。这是四川省的创举，具有借鉴意义。① 甘肃省以摄影的现代技术方式，举办了"文化记忆——甘肃省非物质文化遗产摄影展"，以丰富的摄影作品宣传、展示，让社会公众更全面、更深刻地认识非物质文化遗产，增进公众的文化自觉。②

云南省也举办了文化遗产日宣传活动，宣传《中华人民共和国非物质文化遗产法》，并出版发行了第二卷云南省非物质文化遗产名录和代表性传承人名录。③ 河北省则以文化遗产日为契机，举办了第五届河北省民俗文化节，展示了近百项省内优秀民间文化项目。④ 其他各省、自治区、直辖市都举行了形式各异、精彩纷呈的活动。

（4）传统节日展示。

作为非物质文化遗产的传统节日，又是非物质文化遗产的重要载体，具有汇聚非物质文化遗产活动、唤醒大众的文化记忆的重要力量。因此，传统节日是集中展示非物质文化遗产的重要方式之一。

春节和元宵节是中华民族传统节日，也是展示非物质文化遗产活动最重要的文化空间，2012年以春节为主题的非物质文化遗产展十分丰富。1月16日，新疆维吾尔自治区举办了"迎新春　新疆非物质文化传统美术、剪纸、刺绣"展览，其间还展出了哈萨克刺绣与苏绣相结合产生的一种新的刺绣——胡杨绣。⑤ 春节民俗文化展演还促进了两岸三地的交流合作。1月18日文化部与澳门特区、浙江以及新疆相关部门联合举办了"诗风弦韵

---

① 《四川启动首届"文殊坊杯"非物质文化遗产手工技艺精品邀请展系列活动》，四川新闻网，http://scwx.newssc.org/system/2012/06/11/013546057.shtml。
② 《"文化记忆"——甘肃省非物质文化遗产摄影展在兰州开幕》，甘肃省政府法制信息网，http://www.gsfzb.gov.cn/SDFJ/ShowArticle.asp?ArticleID=66755。
③ 《各地文化遗产日活动丰富多彩》，文化部网，http://www.ccnt.gov.cn/xxfbnew2011/xwzx/qgwhxxlb/201206/t20120611_253848.html。
④ 《河北省第五届民俗文化节开幕》，石家庄都市网，http://news.sjzcity.com/2012/27991.shtml。
⑤ 《新疆举办非物质文化遗产传统美术"剪纸""刺绣"展览》，天山网，http://www.ts.cn/news/content/2012-01/17/content_6505486_2.htm。

谱春色——浙江省、新疆维吾尔自治区春节习俗展"在澳门揭幕,至此,内地春节习俗展在澳门已连续举办了11届。[①] 2月,香港特区举办了春节专题彩灯展览"十二生肖·童玩·同乐"和"香港非物质文化遗产——龙狮扎作展览",以及系列元宵彩灯会。[②] 2月4日至8日,厦门举办了2012第二届海峡两岸民间艺术嘉年华暨厦门第八届元宵民俗文化节,吸引了海峡两岸多支民间表演队伍同台演出。[③]

清明节也是中华民族的传统节日之一。这期间,各地也开展了丰富多彩的非物质文化遗产展演活动。3月29日,河北省举办了"欢乐城乡——我们的节日·清明节",在现场展示非物质文化遗产外,还举办非物质文化遗产网络主题活动。[④] 4月1日至10日,河南省在开封举行了"2012中国(开封)清明文化节"活动。[⑤]

在传统的七夕节,也有非物质文化遗产的展示活动。如河北省于8月24日,专门在河北省非物质文化遗产保护网开辟专栏举办七夕节非物质文化遗产网络主题活动,共分"七夕传说""七夕习俗""七夕诗词""专家话七夕""七夕晚会在线欣赏"五个栏目。[⑥]

中秋节、重阳节也是非物质文化遗产展示的重要节日。福建省于9月30日至10月7日主办了"2012中秋国庆非物质文化遗产展演",以德化古瓷器精品展为主,向人们展示了德化瓷烧制技艺的发展历史及整体文化生态环境。[⑦] 10月25日,北京民俗博物馆一年一度的"我们的节日·重阳节系列文化活动"举办,以"孝老敬亲传承美德"为主题,活动当天,开展了各种民

[①] 《诗风弦韵谱春色——浙江省、新疆维吾尔自治区春节习俗展在澳门揭幕》,新华网,http://news.xinhuanet.com/shuhua/2012-01/19/c_122605401_3.htm。
[②] 《香港举行龙年首场元宵彩灯会》,新华网,http://news.xinhuanet.com/2012-02/04/c_122656572.htm。
[③] 《第二届海峡两岸民间艺术嘉年华在厦门开幕》,新华网,http://news.xinhuanet.com/tw/2012-02/04/c_111487325.htm。
[④] 《我省举办"欢乐城乡——风和日丽过清明"我们的节日·河北省非物质文化遗产系列展演活动》,中国河北,http://www.hebei.gov.cn/article/20120509/2137332.htm。
[⑤] 《2012中国(开封)清明文化节开幕》,中国文艺网,http://www.cflac.org.cn/gn/201204/t20120401_133251.html。
[⑥] 河北省非物质文化遗产保护网,http://www.hebfwzwhyc.cn/dynamic/dynamic_view.asp?viewID=632。
[⑦] 《2012中秋国庆非物质文化遗产展演在三坊七巷举办》,新华网,http://www.fj.xinhuanet.com/news/2012-10/01/c_113266515.htm。

俗文化活动，让市民了解、体验了重阳节的节日习俗和文化内涵。

（5）其他节庆展示。

除传统节日之外，各地政府结合本地区实际情况，举办了旨在宣传、传播文化遗产的文化节、艺术节之类的活动，为非物质文化遗产提供了新的展示空间。如：4月2日至7日，山东举办的2012泰山东岳庙会暨海峡两岸民俗文化交流周，在恢复和传承传统庙会活动的基础上，将台湾民俗文化更多地引入到泰山庙会，是两岸民俗文化交流有益的尝试[①]；4月5日至5月5日，台北举办了2012传统表演艺术节，已经连续举办四届，此次以"传艺·献丑"为主题，邀请海峡两岸戏曲界多位"丑角"名家，演绎经典的"丑角"喜剧；[②] 7月8日至11日，澳门特区举办了首届澳门国际武术节，邀请到德国、美国、日本及我国港澳台地区113个代表队的参加。[③] 这些活动促进了海峡两岸的文化交流。

有些民族地区还举办了以民族文化、歌会为主题的艺术节及活动。2月5日至2月8日，德宏州芒市举办了"2012中国·德宏景颇族国际目瑙纵歌节"，这期间还举行了景颇族织锦大赛、第二届景颇水酒暨八大名菜大赛等活动；[④] 3月24日，"第十九届新桥竹柳畲族三月三歌会"在莲都区丽新畲族乡举行，在过去单一的畲族歌会基础上，融入了畲族特色的文艺演出、婚嫁表演、传统趣味体育、手工艺作品展、舞蹈、篝火晚会、畲族对山歌等活动。[⑤] 7月19日至24日青海省大通县举办了"2012中国·青海第三届老爷山花儿会"。[⑥]

其他以综合展示民族文化为内容的活动有：2月4日至6日，鹤壁市

---

① 《泰山东岳庙会暨海峡两岸民俗文化交流周启会》，中国新闻网，http://www.chinanews.com/tw/2012/04-02/3794271.shtml。
② 《两岸"丑角"名家将在台湾展现传统艺术魅力》，新华网，http://news.xinhuanet.com/tw/2012-04/03/c_111734667.htm。
③ 《第一届澳门国际武术节举行》，人民网，http://sports.people.com.cn/n/2012/0713/c143319-18509212.html。
④ 《中国·德宏景颇族国际目瑙纵歌节隆重开幕》，中国文明网，http://www.wenming.cn/syjj/dfcz/201202/t20120216_505859.shtml。
⑤ 《第十七届"新桥竹柳"三月三畲族歌会昨举行》，莲都区门户网站，http://www.liandu.gov.cn/zhxx/mt/t20100421_658555.htm。
⑥ 《2012中国·青海第三届老爷山花儿会隆重开幕》，人民网，http://qh.people.com.cn/n/2012/0721/c181467-17266703.html。

主办了第四届中国鹤壁民俗文化节,展示了内容丰富的社火表演;① 11 月 23 日,梅州市举办了首届客家文化艺术节,以"融汇世界的客家,展示客家的世界"为主题,开展了客家文化艺术作品展示、客商产品展销、招商引资和世界客都旅游欢乐节等一系列活动。②

有些地方还举办某种非物质文化遗产专项展示活动。如 2012 年 6 月,河北省举办了第三届中国剪纸艺术节暨第二届蔚州国际剪纸艺术节;③ 10 月 18 日,新疆莎车则举办了第二届十二木卡姆文化艺术节,集中展示以十二木卡姆为主的少数民族文化;④ 11 月 6 日至 13 日,第六届中国西北五省区秦腔艺术节在兰州举办,在为期 8 天的艺术节上,展示了甘肃省、陕西省、宁夏回族自治区、青海省,以及新疆代表性和最新水平的秦腔剧目。⑤

有些地方把非物质文化遗产展示与举办文化旅游节相结合,如 9 月 12 日至 15 日甘肃举办了第九届中国民间艺术节暨中国·平凉崆峒文化旅游节,除展演外,还有产品展示和经贸洽谈活动。⑥ 9 月 22 日云南省举办了"第三届中国(福保)乡村文化艺术节非物质文化遗产展",以刺绣为主,穿插手工制作技艺项目和比赛作品展示,是中国首个为农民举办的文化艺术节,有利于非物质文化遗产在基层的传播。⑦

从上述有关非物质文化遗产展示、展演活动来看,非物质文化遗产生产性保护与开发利用仍是 2012 年活动的热点,博览会、综合性展览、文化节、传统节日等活动为非物质文化遗产展示提供了重要平台,也大大激发

---

① 《第四届中国鹤壁民俗文化节将于 2 月 4 日开幕》,河南省人民政府网站,http://www.henan.gov.cn/zwgk/system/2012/01/30/010288605.shtml。
② 《融汇世界的客家 展示客家的世界》,广东省旅游局官网,http://www.gdta.gov.cn/gzdt/dsdt/10965.html。
③ 《第三届中国剪纸艺术节暨第二届蔚州国际剪纸艺术节隆重开幕》,河北新闻网,http://zjk.hebnews.cn/2012-06/18/content_2733677.htm。
④ 《新疆莎车第二届十二木卡姆文化艺术节开幕》,凤凰网,http://news.ifeng.com/gundong/detail_2012_10/19/18359823_0.shtml。
⑤ 《第六届中国西北五省区秦腔艺术节兰州开幕》,人民网,http://expo.people.com.cn/n/2012/1107/c112668-19515884.html。
⑥ 《第九届中国民间艺术节暨中国·平凉崆峒文化旅游节隆重开幕》,人民网,http://gs.people.com.cn/n/2012/0912/c183283-17473975.html。
⑦ 《第三届中国(福保)乡村文化艺术节闭幕 非物质文化遗产项目获表彰》,云南网,http://yn.yunnan.cn/html/2012-09/24/content_2417874.htm。

了人们对非物质文化遗产的认识和利用。当然，如何在展示展演中，让人们在认识和利用非物质文化遗产经济价值的同时，更深刻地认识和发扬非物质文化遗产中的文化精神价值，则是今后此类展示展览有待改进的地方。

（6）比赛情况。

通过举行各类与非物质文化遗产相关的比赛活动，来激发传承人与保护单位传承保护非物质文化遗产积极性，也是2012年非物质文化遗产展示活动的一个亮点。

非物质文化遗产比赛往往以艺术类与手工技艺类非物质文化遗产为主，活动方式主要有两种，一是综合性比赛，如2013年1月，重庆市举办了国家级非物质文化遗产代表性传承人学徒技艺大赛，主要针对民间文学、传统音乐、传统舞蹈等类别的国家级非物质文化遗产项目代表性传承人及其学徒；[①] 2012年12月21日，济南市举办了第二届非物质文化遗产手工艺技能大赛开赛，吸引了来自山东、河南、江苏等地剪纸、面塑、陶艺拉坯等传统手工艺类非物质文化遗产传承人参加。[②] 二是专项比赛。如5月5日，浙江岱山举行的中华龙狮大赛（岱山站）暨2012年全国龙狮精英赛，吸引了广东、天津、上海及浙江等全国11个省市的舞龙队和舞狮队参加[③]；6月5日，四川举办了"唱响山歌——四川首届传统民歌大赛"[④]；7月24日，青海省举办的"中国·青海河湟地区第一届国际民间射箭邀请赛"；[⑤] 9月11日，天津市举办的第二届剪纸艺术擂台赛；[⑥] 10月16日，广东省江门市举办了"2012年珠中江民歌大赛总决赛"[⑦]；10月25日，云

---

① 《重庆首次开展非物质文化遗产传承成果评选活动》，中国文物网，http://www.wenwuchina.com/news/detail/201201/6/136295.shtml。
② 《山东：非物质文化遗产手工艺人泉城竞技》，和讯网，http://news.hexun.com/2012-12-23/149371240.html。
③ 《岱山举行龙狮大赛》，《新民晚报》2012年5月15日第3版。
④ 《"唱响山歌——四川首届传统民歌大赛"启动》，成都商报，http://e.chengdu.cn/html/2012-06/06/content_324329.htm。
⑤ 《2012中国青海河湟地区第一届国际民间射箭邀请赛开幕式侧记》，《青海日报》2012年7月26日第2版。
⑥ 《天津市第二届剪纸艺术擂台赛9月11日举行》，文化部，http://www.ccnt.gov.cn/xxfb-new2011/xwzx/qgwhxxlb/201209/t20120913_263476.html。
⑦ 《珠中江民歌大赛总决赛即将登场》，南都网，http://gcontent.oeeee.com/b/95/b9586664768defad/Blog/76e/15f2e2.html。

南省举办了2012首届云南民族民间手工刺绣暨十字绣大赛;[①] 11月17日至18日,广东举行了广东省首届非物质文化遗产麒麟舞大赛暨麒麟制作技艺展。[②]

2. 海外传播情况

在国外举办中国传统文化节,是我国非物质文化遗产海外传播的重要途径。2012年,我国在海外举办的文化活动主要有,2月1日,由中国常驻联合国代表团、文化部艺术服务中心、中国非物质文化遗产促进会、中国少年艺术团等单位在联合国总部举办的第二届"文化中国·中国非物质文化遗产展演"。[③] 6月7日,由马耳他中国文化中心举办的湖北省非物质文化遗产展,向马耳他观众展示了湖北省独特的荆楚文化刺绣、挑花、布贴、西兰卡普、剪纸、皮影等。[④] 8月12日,文化部艺术服务中心、澳大利亚教育学会等主办的"中澳建交四十周年——文化中国·澳大利亚行暨中国非物质文化遗产悉尼歌剧院展演",在悉尼歌剧院这一国际舞台上交流和展示了中国音乐、舞蹈、戏曲、书画等。[⑤] 9月下旬,辽宁省代表文化部在俄罗斯伊尔库茨克州举办了2012俄罗斯"中国文化节"——辽宁文化展示日活动,活动期间,包括京剧、辽西木偶戏、东北二人转等表演性、互动性较强的表演类项目及剪纸、刺绣、荷包等一批传统美术和技艺类项目参加了展演。[⑥] 9月24日,德国在萨克森州首府汉诺威市举办的德国"中国文化年·安徽周",5天时间里,开展了"魅力安徽"非物质文化遗产项目、书画、摄影展和民族管弦乐团演出。[⑦]

---

① 《2012云南民族民间手工刺绣、十字绣大赛隆重开赛》,凤凰网,http://news.ifeng.com/gundong/detail_2012_05/24/14786035_0.shtml。
② 《广东省麒麟舞大赛将在东莞举行》,广东新闻网,http://www.gd.chinanews.com/2012/2012-09-04/2/203954.shtml。
③ 《纽约联合国总部将举办第二届"文化中国·中国非物质文化遗产展演"》,联合国新闻,http://www.un.org/chinese/News/story.asp?newsID=17113。
④ 《荆楚文化走进马耳他》,人民网,http://world.people.com.cn/GB/157278/18117569.html?bsh_bid=99146716。
⑤ 《文化中国展演将亮相悉尼》,中国日报网,http://www.chinadaily.com.cn/hqgj/jryw/2012-08-14/content_6713711.html。
⑥ 《辽宁非物质文化遗产成果斐然走出国门》,辽宁省人民政府,http://www.ln.gov.cn/zfxx/tjdt/201211/t20121122_1003046.shtml。
⑦ 《德国"中国文化年·安徽周"展演成功精彩》,合肥市文化广电新闻局网,http://www.hefei.gov.cn/n1105/n32756/n175376/n176530/n176545/25813741.html。

一些国家在举办文化活动时邀请中国非物质文化遗产项目参演，也一定程度上促进了我国非物质文化遗产在海外的传播。如具有聊城特色的东昌葫芦雕刻、泼彩剪纸以及民间舞狮等，参加了韩国5月份举办的"首尔地球村庆典"活动；[①] 同样，7月在韩国丽水世博会辽宁活动周活动上，参与此活动的一些辽宁非物质文化遗产项目及作品受到了来自世界各地朋友的赞赏。[②]

二 研究情况

在我国非物质文化遗产保护工作中，学术研究一直发挥着重要的作用。学术研究，一方面有利于全面、深入地阐释非物质文化遗产的本质，揭示非物质文化遗产传承发展的规律；另一方面又能结合实践经验，形成更加合理、科学的非物质文化遗产保护思路，为保护工作提供参考和智力支持。2012年中国非物质文化遗产学术探讨和研究，取得了丰硕的成果。

（一）研讨会情况

2012年，全国各地召开了不少以非物质文化遗产为主题的研讨会，大都是由政府部门官员、学者、非物质文化遗产传承人以及新闻媒体记者共同组织或参与的，体现了政府、学术界、民间文化传承者、媒体之间的交流互动。这些研讨会既有国际性的，也有全国性的，还有地方性的。既有综合性研讨，又有专题研讨；既有理论问题研讨，又有实践问题研讨。涉及范围包括非物质文化遗产生产性保护、文化旅游开发以及民俗、传统手工艺、戏曲、曲艺、传统民间知识、口头文学等方面的内容。生产性保护、文化旅游开发是各界关注的焦点。就所搜集到的50多次论坛来说，国际会议约占19.6%，全国性会议约占33.3%，两岸交流约为7.8%，地方会议约为39.3%（2012年度非物质文化遗产研讨会见表10）。

[①] 《聊城东昌葫芦雕刻泼彩剪纸等非物质文化遗产项目走出国门》，中国民族宗教网，http://www.mzb.com.cn/html/Home/report/323098-1.htm。
[②] 《辽宁非物质文化遗产成果斐然走出国门》，辽宁省人民政府，http://www.ln.gov.cn/zfxx/tjdt/201211/t20121122_1003046.html。

1月31日,中国艺术研究院召开了"弘扬中国传统节日文化:新载体 新形式 新民俗"学术研讨会。文化部非物质文化遗产司副司长马盛德、中国非物质文化遗产保护中心副主任罗微以及田青、刘魁立、祁庆富、赵书、萧放等学者出席会议并发言,中国艺术研究院常务副院长刘茜主持会议。与会代表围绕"当代节日文化的新载体、新形式与新民俗""非物质文化遗产保护的现状与特点"等议题发表了观点,并就"非物质文化遗产生产性保护与民俗文化的发展"等内容展开了充分的讨论与交流。①

3月27日,"湖北省非物质文化遗产生产性保护专题座谈会"在湖北省非物质文化遗产中心举行。湖北省知名民俗学者、非物质文化遗产保护专家、高校艺术专业院系负责人、非物质文化遗产项目代表性传承人等就非物质文化遗产的生产性保护进行了探讨。与会的民俗专家表示,湖北的一些手工技艺,艺术价值颇高,希望能够进一步提高传承人的待遇,同时提供一些平台,让民间艺人施展才华,这样也能在一定程度上解决某些项目传承困难的问题。并且认为,传统的非物质文化遗产项目必须与时俱进,时刻保持创新精神。②

4月10日,第七届"中国文化遗产保护无锡论坛"在江苏无锡举行。论坛主题为"世界遗产:可持续发展"。论坛由国家文物局主办,无锡市人民政府和江苏省文物局承办,中国古迹遗址保护协会、中国文物报社协办。联合国教科文组织驻华代表处代表辛格,国际文化财产保护与修复研究中心理事会主席、国际古迹遗址理事会执委格莱兰·洛克等出席论坛并发言。与会专家、代表将在为期两天的论坛上深入研讨"世界遗产保护"与"可持续发展"的关系。在深入交流和充分讨论的基础上通过《世界遗产可持续发展无锡倡议》③。

5月12日,第二届"中国非物质文化遗产·淮海论坛"在徐州开幕。文化部非物质文化遗产司巡视员屈盛瑞,中国非物质文化遗产保护中心常

---

① 《如何弘扬传统节日文化 专家:挖掘节日的文化情感最重要》,人民网,http://culture.people.com.cn/GB/87423/16982727.html。
② 《湖北专题座谈非物质文化遗产生产性保护》,中国文化传媒网,http://www.ccdy.cn/wenhuabao/eb/201203/t20120330_270076.htm。
③ 《"世界遗产:可持续发展"——第七届"中国文化遗产保护无锡论坛"举行》,中央政府门户网站,http://www.gov.cn/jrzg/2012-04/10/content_2110400.htm。

务副主任张庆善，中国民俗学会会长、中国非物质文化遗产专家委员会副主任刘魁立等出席会议。本届论坛的主题是"非物质文化遗产与当代文化建设"，会议讨论认为，应努力使非物质文化遗产保护、传承工作与时代同进步，为徐州建设文化强市作出新的更大贡献。①

6月2日至3日，"从民俗表演看非物质文化遗产传承国际学术研讨"会在上海师范大学谢晋艺术学院召开。参加此次会议的有来自美国、日本、韩国、越南等国以及国内台湾地区、北京中国社会科学院及上海复旦大学、华东师范大学、上海戏剧学院等30多家单位民俗文化研究与戏剧研究领导、专家学者，三林舞龙、海派魔术及上海港码头号子等国家级非物质文化遗产传承人与相关工作者。与会专家呼吁：全民参与保护非物质文化遗产。

6月9日，由文化部主办、国家图书馆承办的"中国传拓技艺联合申报国家非物质文化遗产研讨会"举行，会上邀请专家就石刻及拓片的保护、传拓技艺、传拓种类及如何申报国家非物质文化遗产等问题进行研讨。来自全国各地的传拓专家裴建平、马国庆、王凤兰、王建平等先生进行了拓技交流。②

7月8日，"2012北京文化论坛——首都非物质文化遗产保护"论坛在北京召开，来自北京市各民主党派等统战系统、北京市高校及社会各界人士约150余人参加会议。与会专家建议，全社会都要重视对非物质文化遗产的保护和建设，要重视对"非物质文化遗产"项目的研究工作，做好非物质文化遗产的普查工作，加强"非物质文化遗产"项目的应用力度，充分利用"非物质文化遗产"资源，发展北京特色的文化产品，做好传播工作。③

7月25日至29日，"湖南省非物质文化遗产曲艺类项目传承与保护研讨班"在常德举行。本次研讨班旨在推进湖南非物质文化遗产曲艺类项目的科学保护与传承。项目保护单位或管理部门负责人就"曲艺保护的管理

---

① 《中国非物质文化遗产淮海论坛开幕》，中国江苏网，http://jsnews.jschina.com.cn/system/2012/05/13/013329153.shtml?COLLCC=1224572504&。
② 《中国拓印专家裴建平先生应邀国家图书馆作交流》，中国山东网，http://leisure.sdchina.com/show/2386761.html。
③ 《"2012北京文化论坛——首都非物质文化遗产保护"论坛召开》，中国共产党新闻网，http://theory.people.com.cn/n/2012/0709/c40534-18473890.html。

与服务"、各项目代表性传承人就"曲艺传承的实践与问题"进行了主题发言和交流讨论。①

8月29日,由中国—东盟中心、中国非物质文化遗产保护中心和联合国教科文组织亚太地区非物质文化遗产国际培训中心(亚太中心)联合举办的"中国—东盟非物质文化遗产保护研讨会"在北京召开。东盟十国驻华外交官,文化部非物质文化遗产司和外联局相关负责人,广东、广西、云南、海南等省区文化厅及非物质文化遗产中心的负责人、非物质文化遗产领域的20余位专家等出席会议。②

9月11日上午,由国家体育总局体育文化发展中心、对外体育交流中心、山东省体育局主办,临淄区人民政府承办的"亚洲区域体育非物质文化遗产及民族传统体育蹴鞠研讨会"在山东省淄博市临淄区开幕,会分为主题研讨和专题研讨两大部分。主题是"亚洲区域非物质体育文化遗产的现状与未来",专题研讨分为体育非物质文化遗产研究、古代蹴鞠文化研究和民族与民俗传统体育研究三个部分。56位专家学者,以介绍亚洲区域非物质体育文化和民族传统体育项目为主,采取论文、演讲、讨论相互结合的方式,推介亚洲区域非物质体育文化和民族传统体育项目,并与现场听众进行互动交流。③

10月20日至24日,海峡两岸文化遗产学术研讨会在厦门和漳州长泰两地举行,研讨会吸引了两岸近百位民族学人类学专家学者共同探讨海峡两岸民族文化遗产研究领域的发展动向。本次会议聚焦民族文化遗产的保护与利用,既有关于非物质文化遗产基础研究与实证研究成果的探讨与交流,也有对民间信仰与文化产业项目的实地考察。④

11月8日,"中国非物质文化遗产保护黄山论坛"在黄山举行,主题为"非物质文化遗产与当代生活"。众多民俗专家、学者,共同探讨了如

---

① 《湖南非物质文化遗产曲艺类项目传承与保护研讨班在常德举行》,中国民俗宗教网,http://www.mzb.com.cn/html/Home/report/320664-1.htm。
② 《中国—东盟非物质文化遗产保护研讨会在北京召开》,中央政府门户网站,http://www.gov.cn/gzdt/2012-08/31/content_2214399.htm。
③ 《亚洲区域体育非物质文化遗产及民族传统体育研讨会在临淄区举行》,淄博新闻网,http://www.zbnews.net/zbnews/tiyu/2012_9_12/2012_9_12/1395320.shtml。
④ 《海峡两岸民族文化遗产学术研讨会在厦门举行》,中国教育新闻网,http://www.jyb.cn/china/gat/201210/t20121023_515182.html。

何对非物质文化遗产进行更有效的保护，推进社会各界对"非物质文化遗产"保护的合作与沟通，促进"非物质文化遗产"的保护与传承。与会专家认为，非物质文化遗产应当在生活中传承；并指出当前中国特色非物质文化遗产保护体系已初步形成，主要包括设立国家级文化生态保护区，探索总结抢救性保护、生产性保护、整体性保护等一整套科学有效的保护方法体系的"中国模式"。①

11月16日至18日，由美国民俗学会、华中师范大学文化产业研究中心、中山大学非物质文化遗产中心联合主办的"第三届中美非物质文化遗产论坛：生产性保护"在华中师范大学举行。两国学者就中美两国在"非物质文化遗产的保护与开发""非物质文化遗产的传承与创新""非物质文化遗产的生产性保护与文化产业发展"等议题，以评议和互动的方式展开了深入的交流和研讨。②

11月28日，伊犁哈萨克自治州国家级非物质文化遗产项目"铁尔麦"研讨会在伊宁市呼勒佳宾馆召开，来自伊犁哈萨克自治州各地的铁尔麦研究专家、铁尔麦演唱者及收集、研究、整理哈萨克族非物质文化遗产的专家学者等100多人参加了会议，会上，大家对"铁尔麦"的传承和发展作了研讨，发言者从不同角度出发，阐释了这一优秀的民间口头文化给哈萨克族群众生活增添的色彩和给他们心灵带来的滋润。③

12月1日，中央民族大学文学与新闻传播学院与亚细亚民间叙事文学学会共同主办的"民间叙事的当代命运与非物质文化遗产保护"学术研讨会在京召开。与会学者就当前民间叙事的文化空间、民间叙事的生存环境，城镇化与旅游业对民间叙事传统的冲击，"非物质文化遗产"保护困境与传承人状况等议题进行深入探讨，提出民俗学"心怀民众，脚踏实地，开拓视野，勤勉治学"的终极目标。与会学者认为，民俗研究者应该在"非物质文化遗产"保护工作的旗帜下，抓住机遇，抛开传统思维的局限，用包容的心态面对多元的民间文化叙事，加强民俗学回应当代社会相

---

① 《中国非物质文化遗产保护黄山论坛召开》，中国民俗宗教网，http://www.mzb.com.cn/html/Home/report/344159-1.htm。
② 《第三届中美非物质文化遗产论坛在校举行 研讨生产性保护》，凤凰网教育栏目，http://edu.ifeng.com/gaoxiao/detail_ 2012_ 11/19/19301978_ 0.shtml。
③ 《伊犁州举办"铁尔麦"研讨会》，中国民俗宗教网，http://www.mzb.com.cn/html/Home/report/351316-1.htm。

关问题的研究，加强民俗学的学科定位。①

12月15日至16日，由中山大学中国非物质文化遗产研究中心主办的"中国非物质文化遗产法制建设学术研讨会"在广州中山大学召开。国家非物质文化遗产保护工作专家委员会副主任委员刘魁立等专家学者和学生70余人参加会议。为期两天的会议围绕我国《非物质文化遗产法》和国外"非物质文化遗产"保护法规进行讨论。与会专家探讨了知识产权保护与"非物质文化遗产"保护在法规方面的契合与冲突、非物质文化遗产的区域性法规建设、非物质文化遗产传承人的保护法规制定、非物质文化遗产保护法制建设的个案研究等一系列非物质文化遗产保护的热点话题。②

表10 2012年度非物质文化遗产研讨会一览表

序号	名称	类别	时间	地点	（项目）类别
	国际会议				
1	从民俗表演看非物质文化遗产传承研讨会	国际	6月2日	上海师范大学谢晋艺术学院	民俗（表演）
2	亚洲区域体育非物质文化遗产研讨会	国际	9月12日	山东省淄博市	民族传统体育
3	第三届腹针国际学术研讨会暨腹针40年研究与展望大会	国际	8月19~20日	北京市	传统医药（针灸）
4	中国—东盟非物质文化遗产保护研讨会	国际	8月31日	北京市	宏观理论
5	海峡两岸周易学术论坛暨第二十三届周易与现代化国际讨论会	国际	9月1日	河南省安阳市	传统知识
6	第三届中国（吉林）国际萨满文化论坛	国际	9月2日	吉林省长春市	民间信仰
7	徽州传统民居木文化国际研讨会	国际	9月7日	安徽省	传统建筑术
8	中原戏剧文化国际学术研讨会	国际	11月2~4日	河南大学	传统戏剧

---

① 《"民间叙事的当代命运与非物质文化遗产保护"研讨会召开》，中国社会科学在线，http://www.csstoday.net/Item/37352.aspx。
② 《中国非遗法制建设学术研讨会举办》，中国文艺网，http://www.cflac.org.cn/syfy/201301/t20130106_163608.html。

续表

序号	名称	类别	时间	地点	（项目）类别
国际会议					
9	新疆国际《玛纳斯》论坛	国际	11月13日	克孜勒苏柯尔克孜自治州	口头文学（《玛纳斯》）
10	第三届中美非物质文化遗产论坛	国际	11月17~18日	武汉市	生产性保护理论
11	中国—东盟少数民族非物质文化保护与传承研讨会	国际	12月4日	贵州大学	少数民族非物质文化遗产
全国会议					
12	"弘扬中国传统节日文化：新载体 新形式 新民俗"学术研讨会	国家	1月31日	北京市	宏观理论
13	中原民俗传承和保护论坛	国家	2月24日	河南省淮阳市	民俗文化
14	中国北方村落文化遗产保护工作论坛	国家	6月5日	山东省济南市	文化空间
15	中国传拓技艺联合申报国家非物质文化遗产研讨会	国家	6月8日	国家图书馆	传统技艺
16	2012中国蚕桑丝织民俗文化论坛	国家	6月28日	浙江省嘉兴市	民俗文化
17	首届中国《格斯（萨）尔》文化高层论坛	国家	8月6日	新疆巴林右旗	口头文学
18	2012中国玉雕上海论坛	国家	9月23日	上海市	传统技艺
19	2012全国民间龙舞文化论坛	国家	10月7日	昆山市	民俗（民间舞蹈）
20	"非物质文化遗产的生产性保护"研讨会	国家	10月20日	洛带博客小镇	宏观理论（生产性保护）
21	首届华夏中医药养生旅游节文化论坛	国家	11月1日	北京市	传统知识
22	中国非物质文化遗产保护黄山论坛	国家	11月8日	安徽省黄山市	宏观理论
23	中国陶瓷艺术高峰论坛	国家	11月27日	河北省保定市曲阳县	传统技艺
24	民间叙事的当代命运与非物质文化遗产保护	国家	12月1日	北京市	宏观理论
25	中国非物质文化遗产法制建设学术研讨会	国家	12月15~16日	中山大学	宏观理论（非物质文化遗产法律）

续表

序号	名　称	类别	时　间	地　点	（项目）类别
全国会议					
26	"北回归线文化与历法文明"学术论坛	国家	12月21日	广东省从化市	传统知识
27	第三届春节文化论坛	国家	12月27日	山东省枣庄市台儿庄区	传统节日
两岸会议					
28	海峡传统文化·北管音乐研讨会	两岸联合	4月5日	福州市	传统音乐
29	"岭南地方戏曲传承与创新"研讨会	两岸联合	5月12日	广州市	传统戏剧
30	两岸少数民族（侗族）文化传承与创新研讨会	两岸联合	7月25日	湖南省	少数民族非物质文化遗产
31	新疆．阜康第二届西王母文化论坛	两岸联合	8月27日	新疆阜康市	民间传说
地方会议					
32	湖北省非物质文化遗产生产性保护专题座谈会	地方	3月27日	湖北省非物质文化遗产中心	生产性保护
33	"中国历史刺绣与非物质文化遗产保护"研讨会	地方	4月21~22日	上海东华大学	传统技艺
34	非物质文化遗产国遗项目温州莲花艺术研讨会	地方	5月9日	温州市鹿城区	传统技艺
35	2012"中国·贵州·凯里苗族文化论坛"	地方	5月27~28日	侗族自治州凯里市	民族文化
36	江西省非物质文化遗产保护高层论坛	地方	6月10日	江西师范大学	宏观理论
37	首届藏族唐卡传承人论坛	地方	6月12日	拉萨市	传统技艺
38	第十一次民间、民俗、民族文化研讨会暨崇明土布传承创新研讨会	地方	6月12日	上海市崇明县	传统技艺
39	"侗族大歌"保护工作经验交流暨专家论坛会	地方	6月13日	侗族自治州黎平县	民间音乐
40	湖南省非物质文化遗产曲艺类项目传承与保护研讨班	地方	7月25~29日	湖南省常德市	传统曲艺
41	首届民间文化艺术传承与发展论坛	地方	7月27日	新疆塔城市	民间文化

续表

序号	名称	类别	时间	地点	(项目)类别
地方会议					
42	武陵山片区特色经济及民族文化发展学术研讨会	地方	8月	湖北省恩施市	民族民间文化
43	海南少数民族非物质文化遗产保护和开发论坛	地方	8月6日	海南省海口市	开发和利用
44	非物质文化遗产保护与开发座谈会	地方	8月30日	哈尔滨市	开发和利用
45	平阳戏曲高层论坛	地方	9月16日	临汾市尧都区	传统戏剧
46	2012年度中华丝绸文化论坛	地方	9月20日	浙江省杭州市	传统技艺
47	国家级非物质文化遗产"辰河高腔"研讨会	地方	10月15日	萍乡市芦溪县	传统戏剧
48	"振兴中医药的广东路径"高峰论坛	地方	10月25日	广州市	传统知识
49	浙江省非物质文化遗产学科与建设研讨会	地方	10月29日	浙江省杭州市	基础理论
50	国家级非物质文化遗产项目"铁尔麦"研讨会	地方	11月28日	伊犁哈萨克自治州	民间文学
51	2012广东省麒麟文化研讨会	地方	11月29日	东莞市塘厦镇	民间舞蹈

(二) 立项情况

除各类非物质文化遗产研讨会外，2012年国家社科基金与教育部人文社科基金所立项目中有大量与非物质文化遗产相关，它们是我国非物质文化遗产研究前沿问题的代表，是我国非物质文化遗产研究的风向标。鉴于各分题报告将要对所属类别非物质文化遗产研究的立项情况进行报告，此处只报告综合性研究的立项项目。具体情况如表11、表12：

表11 2012年度国家社会科学基金立项的非物质文化遗产研究项目

序号	项目类别	项目名称	学科	负责人	单位
1	一般项目	西北少数民族非物质文化遗产传承的法律保障机制研究	法学	魏清沂	甘肃政法学院
2	一般项目	非物质文化遗产文化生态及其保护模式研究	社会学	丁永祥	河南师范大学
3	一般项目	人类学视角的非物质文化遗产管理研究	民族问题研究	何向	广州大学
4	一般项目	数字化与少数民族非物质文化遗产保护研究	民族问题研究	李德元	厦门大学
5	一般项目	非物质文化遗产保护传承与旅游开发的互动研究	民族问题研究	阚如良	三峡大学
6	一般项目	基于村寨依托的少数民族非物质文化遗产保护研究	民族问题研究	张卫民	湖南师范大学
7	一般项目	少数民族非物质文化遗产教育传承研究	民族问题研究	朱祥贵	三峡大学
8	青年项目	文化旅游情境中的非物质文化遗产保护研究	民族问题研究	吴兴帜	云南民族大学
9	青年项目	蒙古族非物质文化遗产的网络传播方式研究	新闻学	达妮莎	大连理工大学
10	青年项目	我国非物质文化遗产建档标准体系研究	图书情报	戴旸	安徽大学

表12 2012年度教育部人文社会科学研究基金立项非物质文化遗产研究项目

序号	项目类别	项目名称	学科	负责人	单位
1	规划基金项目	武陵地区非物质文化遗产传承人发展困境及对策研究	交叉学科/综合研究	余继平	长江师范学院
2	青年基金项目	博物馆与非物质文化遗产保护研究	交叉学科/综合研究	王巨山	浙江师范大学
3	规划基金项目	唐宋以来的扬州雕版印刷——关于出版文化的非物质遗产研究	历史学	冯春龙	扬州大学
4	规划基金项目	少数民族非物质文化遗产教育传承研究——以云南彝族海菜腔为例	民族学与文化学	普丽春	云南民族大学

续表

序号	项目类别	项目名称	学科	负责人	单位
5	青年基金项目	边疆少数民族非物质文化遗产的教育传承模式建构与实践研究	社会学	李 萍	文山学院
6	青年基金项目	基于群体智慧的非物质文化遗产档案管理模式及其实现机制研究	图书馆、情报与文献学	戴 旸	安徽大学
7	青年基金项目	未识别民族艺术文化遗产的传承与保护研究——以贵州为例	艺术学	王 娟	贵州师范大学

从表11、表12来看，非物质文化遗产的研究，涉及法学、社会学、民族学、新闻学、图书馆情报学、历史学、艺术学等多个学科，一些问题还有交叉学科的参与；内容关涉非物质文化遗产生态、法律建设、传承与教育、保护与旅游开发、遗产管理及档案管理等。

（三）著作情况

2012年出版了大量有关非物质文化遗产研究的图录、丛书或专辑，如青海省文化和新闻出版厅编辑的《青海省非物质文化遗产名录图典》与《守望精神家园——百位青海非物质文化遗产项目代表性传承人讲述》，由南京出版社出版的《南京非物质文化遗产丛书（第一辑）》，黑龙江省文化厅编纂、黑龙江人民出版社出版的《黑龙江省非物质文化遗产名录图典》与《黑龙江省非物质文化遗产系列丛书》（一套十册），河北美术出版社出版的《河北省非物质文化遗产项目代表性传承人图志（第二辑）》，中国藏学出版社出版的非物质文化遗产系列丛书《岭国妙音》等。总体而言，2012年这类名录图典、丛书比去年明显增加，是各省更深入研究、宣传本省非物质文化遗产的结果。

此外，非物质文化遗产研究专著有安学斌的《少数民族民间信仰与非物质文化遗产保护——以云南大理、楚雄地区为例》，这部书分上下两篇，每篇五章。上篇主要从非物质文化遗产的视角对传统武术的传承进行解析；下篇围绕传承传统武术的各个方面展开了相关研究。由康保成主编、社会科学文献出版社出版的《中国非物质文化遗产保护发展报告

(2012)》，分为总报告、分题报告、热点问题分析与大事记等部分，全面系统地分析了2011年我国非物质文化遗产保护情况，并对我国非物质文化遗产保护工作中经验与教训进行分析，提出了一些有针对性地建议。

（四）论文情况

2012年非物质文化遗产研究论文保持了高速增长的态势，显示了学术界对非物质文化遗产的持续关注。以"非物质文化遗产"为关键词在"中国知网"上搜索，发现2012年共发表有关非物质文化遗产的论文约为9000多篇；以"非物质文化遗产"为篇名进行上述搜索，显示论文数量为1487篇。由于论文众多，本书以引用率和下载率为参照，简要介绍其中的一些文章，这些论文主要围绕以下问题展开研究。

1. 对非物质文化遗产基础理论的探讨

非物质文化遗产基础理论的探讨，有利于厘清各类非物质文化遗产的性质和特质，并进一步指导非物质文化遗产的保护实践。2012年，这类论文显示了从实践中发现问题，并将理论与实践相结合，解决问题的特征。

宋红娟《文化概念的发生学研究——对非物质文化遗产保护中难题的再探讨》一文认为，近来重提传统文化价值的同时，对传统文化的正名是滞后的，当人们（包括学术界和民众）还在以"迷信"指称"旧文化"时，就产生了"迷信"和"文化"的对立。该文通过对"文化"概念发生学的梳理，说明"迷信"是在文化革新运动时，新/旧二元对立的思维方式对中国传统文化的误判，我们称之为"迷信"的旧文化，实际是中国文化的有机组成部分。20世纪80年代以来的传统复兴以及当下的非物质文化遗产保护运动，表面上看是"迷信"旧文化的复活，其实应该是曾被误判的中国文化的复兴，复兴的"迷信"本来就是文化的一部分。在这个意义上，"迷信"与文化其实是同一物，并非价值相对的两极。所以，"迷信"成为"文化"仅仅是一个表面上的悖论。[①]

而娥满、李立通过对"风水"这一"迷信"申遗案例的分析，表达了类似的观点。他们认为，以是否迷信为标准来评判中国文化是不合时宜的；文化价值判断的进步/落后、精华/糟粕二元论，在非物质文化遗产的

[①] 宋红娟：《"文化"概念的发生学研究——对非物质文化遗产保护工作中难题的再探讨》，《云南师范大学学报》（哲学社会科学版）2012年1月第44卷第1期。

保护上也是不合适的。把文化当做科学来评论，本身就是一件荒唐的事。把文化中的一部分当做前科学或伪科学来评论其迷信的性质同样是荒唐的。①

向云驹探讨了非物质文化遗产的美学问题，他认为非物质文化遗产具有独特的美学范畴、形态和意义。非物质文化遗产美学是一种人类学诗学、是一种活形象美学、是一种感性美学、是一种身体美学。并指出非物质文化遗产的美学境界即费孝通先生所说的："各美其美、美人之美、美美与共、天下大同。"②

刘壮《非物质文化遗产学的研究对象、方法与知识生产》一文从非物质文化遗产学科研究的角度，提出了非物质文化遗产学与人类学、民俗学、民族学等学科的不同，认为，作为一门适应社会实践和理论研究需要的新兴学科，非物质文化遗产学的研究对象应该是超越"项目"的物化表述而指向基于人的"活态传承"；其研究方法也在一些方面越出了田野调查的边界；同时，新的研究对象和研究方法促成一种新的学术文体——遗产志的出现。③

其他如叶舒宪，以玉文化和龙文化的大传统研究为例，提出了以传世文献、出土文献、民间口传神话叙事以及考古发掘的或传世的实物、图像等四重证据为基础，重新构建中国非物质文化遗产体系的构想。④

2. 非物质文化遗产法律问题研究

非物质文化遗产相关法律问题的研究，是 2012 年学术界集中讨论的问题，虽然 2011 年 6 月，我国颁布了《非遗法》，但有关法律细则和配套法律，仍需完善。结合非物质文化遗产保护的实践，学术界对非物质文化遗产保护的法律提出了许多问题和建议，内容涉及很多方面，包括非物质文化遗产知识产权、非物质文化遗产的法律属性、民族和区域内的非物质文

---

① 娥满、李立：《迷信抑或信仰——非物质文化遗产的价值判定》，《云南师范大学学报》（哲学社会科学版）2012 年 1 月第 44 卷第 1 期。
② 向云驹：《论非物质文化遗产的美学问题》，《中央民族大学学报》（哲学社会科学版）2012 年第 2 期第 39 卷。
③ 刘壮：《非物质文化遗产学的研究对象、方法与知识生产》，《非物质文化遗产保护》2012 年第 1 期。
④ 叶舒宪：《四重证据法重建中国非物质文化遗产体系——以玉文化和龙文化的大传统研究为例》，《贵州社会科学》2012 年第 4 期。

化遗产法律以及某类型非物质文化遗产的法律保护问题。

康保成《〈中华人民共和国非物质文化遗产法〉形成的法律法规基础》一文,分析了我国《非遗法》形成的四个基础,即《宪法》及相关法律、国家行政法规、省级以下行政法规、联合国相关法律;同时也指出了我国《非遗法》存在的问题,包括:未提到非物质文化遗产保护与"文化多样性"的关系;《非遗法》第5条"禁止以歪曲、贬损等方式使用非物质文化遗产",未对"歪曲、贬损"加以具体说明;对境外组织及个人来华调查非物质文化遗产的限制条款,仍待细化①。

高轩、伍玉娣认为中国非物质文化遗产保护制度忽略了非物质文化遗产的私权性,缺失原生境人及相关权利的保护制度。《非遗法》应从规范非物质文化遗产原生境人及相关权利人的法律地位方面,确立政府主体型、集体主体型、个体主体型等三种类型的权利主体②。

杨璐源《西部地区非物质文化遗产保护的地方立法研究》一文,以西部地区非物质文化遗产保护的法律渊源为起点,探讨了云南、贵州、宁夏非物质文化遗产保护的立法与实际经验。分析了西部地区非物质文化遗产保护条例的原则和主要措施,指出完善非物质文化遗产的地方立法,有利于我国《非遗法》的实施以及推动地方地区文化立法③。

非物质文化遗产的知识产权保护,是学术界讨论的焦点。中山大学欧阳光、倪彩霞的文章,分析了电影《千里走单骑》所引起的"安顺地戏"署名权一案,阐述了我国现有的《著作权法》不适于非物质文化遗产保护的观点,并从非物质文化遗产保护的"申报认证、保护传承、发展振兴、生产性保护和产业化,以及对非物质文化遗产的侵权问题"等5个环节,提出了问题;提出了完善行政法律法规,修订现有的知识产权法,制定一部专门的非物质文化遗产知识产权保护法,加强法律宣传等方面的建议④。

---

① 康保成:《〈中华人民共和国非物质文化遗产法〉形成的法律法规基础》,《非物质文化遗产保护》2012年第1期。
② 高轩、伍玉娣:《非物质文化遗产私权性及其体现——以〈中华人民共和国非物质文化遗产法〉的缺陷为视角》,《河北学刊》2012年9月第32卷第5期。
③ 杨璐源:《西部地区非物质文化遗产保护的地方立法研究》,《法制与社会》2012年1月(上)。
④ 欧阳光、倪彩霞:《从中国文艺类非物质文化遗产保护维权第一案说起——兼论我国非物质文化遗产法律保护的现状与思考》,《文化遗产》2012年第4期。

文永辉、卫力思通过对42名少数民族非物质文化遗产传承人的调查，了解了传承人的知识产权意识、知识产权持有及保护状况，认为传承人知识产权保护与非物质文化遗产的产业化发展高度关联，保护的对象主要是知识产权所衍生的利益，很少涉及非物质文化遗产项目本身；传承人的知识产权保护，也可能带来市场垄断、传承受阻的问题[1]。张爱娥认为当前非物质文化遗产知识产权保护意识薄弱，在《非遗法》的框架下，充分利用现有的知识产权制度保护非物质文化遗产具有可行性，主要是著作权保护、商标权保护、专利权保护和商业秘密保护[2]。

李秀娜《我国非物质文化遗产使用中的知识产权保护问题》一文认为，非物质文化遗产使用中的知识产权侵权问题主要有非物质文化遗产剽窃、未经授权的改编和其他类似行为、冒犯性使用、来源声明虚假或隐瞒方式等四种情况，我国非物质文化遗产保护应在加强行政保护的同时，创建知识产权体系保护非物质文化遗产的源泉、表达和利益，调动民间积极性，真正实现活态保护[3]。

其他如雷玉秋提出了根据侵权法对权力和利益给予强弱不同的保护的思路，来弥补非物质文化遗产私法保护体系上的缺憾；魏清沂、罗艺针对民族民间文学艺术类非物质文化遗产的保护，提出了公、私法保护模式的构建。

3. 非物质文化遗产开发利用研究

作为一种新进的保护理念，非物质文化遗产的开发利用和产业化发展从一开始就受到学术界的关注；虽然，生产性保护的理念备受争议，有的学者认为"在非物质文化遗产的领域里，保护是唯一的，我们没有发展的任务[4]"，但在非物质文化遗产事业的实践上，非物质文化遗产产业化的发展进步迅速。在这方面，非物质文化遗产的旅游开发受到较高的关注，基

---

[1] 文永辉、卫力思：《少数民族非物质文化遗产传承人知识产权保护问题研究——以贵州为例》，《贵州民族研究》2012年第1期。
[2] 张爱娥：《知识产权视野下非物质文化遗产保护研究——以江苏常州为例》，《知识产权》2012年第11期。
[3] 李秀娜：《我国非物质文化遗产使用中的知识产权保护问题》，《河北法学》2012年11月第30卷第11期。
[4] 都本玲：《非物质文化遗产只能保护不能发展——田青研究员访谈录》，《晋中学院院报》2012年2月第29卷第1期。

于非物质文化遗产开发利用和产业化的实践，学术界也从理论上总结了规律，指出了问题。

中国非物质文化遗产司副司长马盛德认为，"生产性保护"主要是针对传统技艺、传统医药中的药物炮制技艺和部分传统美术类非物质文化遗产项目的保护；并指出，坚持手工制作特色是"生产性保护"的底线，非物质文化遗产生产性项目的发展需要引入现代的设计理念①。

宋俊华认为非物质文化遗产是人类实践即非物质文化遗产生产的产物，所以非物质文化遗产生产从本质上是遵循文化生产的基本原理的。让非物质文化遗产回到自身的生产中，这是确保非物质文化遗产生命力的有效途径。但是前代人从事非物质文化遗产实践活动时对非物质文化遗产的价值和消费需求，与后代传承人的价值观念和消费需求并不必然一致；同时，作为民族性、地域性很强的非物质文化遗产，在非物质文化遗产视野下，越来越凸显其作为人类文化遗产的共性，以及作为异域、异民族文化消费对象的特征，因而造成非物质文化遗产生产和消费的时空错位，产生事业性与产业性的紧张和冲突。因此，非物质文化遗产的生产性保护要遵循文化生产的法则，包括：出发点和落脚点在于保持非物质文化遗产的生命力；生产性保护的方式要因项目制宜，不能一概而论；以传承人为主体，充分尊重传承人愿望；依法进行，充分尊重遗产所有人的知识产权、发展权②。

宾玉洁、贺小荣对比了日本、韩国，以及法国、意大利、英国等国家非物质文化遗产生产性保护的现状，结合中国现状及旅游的特点，拟建了一个以当地政府为中心、传承人与居民、专家学者及旅游企业相互协作的非物质文化遗产生产性保护协调框架。在此框架下，以政府为主导，保障传承人与当地居民利益，专家学者献策，旅游企业广泛参与③。

陈勤建通过对乌泥泾棉纺织技艺、状元糕制作、匾额艺术等非物质文化遗产的分析，认为回归民众生活，让民众在现实生活中亲身体验和检

---

① 马盛德：《非物质文化遗产生产性保护中的几个问题》，《福建论坛》（人文社会科学版）2012年第2期。
② 宋俊华：《文化生产与非物质文化遗产生产性保护》，《文化遗产》2012年第1期。
③ 宾玉洁、贺小荣：《非物质文化遗产生产性保护的实施框架与策略——中外对比的视角》，《中南林业科技大学学报》（社会科学版）2012年6月第6卷第3期。

验,是非物质文化遗产保护暨生产方式保护最有效的方式之一;如果失去了民众日常生活需求和审美情趣,非物质文化遗产就会缺少消费市场,技艺没有了用武之地,再好的传承人也难以留住。①

陈志勤认为,我们对文化遗产的认识经历了三个阶段(物质文化遗产→非物质文化遗产→作为整体保护的文化生态保护区),而之后文化部提倡的生产性方式保护,不但会促使非物质文化遗产的进一步资源化,也会推进保护与利用发展关系的进一步明朗化,同时在前一阶段文化生态保护区建设中出现的问题,都将在追求经济价值的生产性方式保护的实践中突现,并且具体化。针对保护和利用、持续和发展等问题,如何进行科学的管理已经成为一个迫切需要切实探讨的课题;并结合日本的经验,提出了"适应性管理"的方法更合理地管理资源②。

4. 非物质文化遗产的学校教育研究

学校作为普及、传播知识和文化的机构,在非物质文化遗产教育和传承上理应发挥作用,2012年各地"非物质文化遗产进校园"的活动十分丰富。学术界对非物质文化遗产学校教育的研究,在不断完善理论架构的同时,开始着重于对非物质文化遗产教育中存在实际问题的探讨,提出了新的思路。

黄龙光认为,区域性大学是区域内教育、智力、人才的聚集地,是一个地区社会经济发展的强大核心内驱动力源。区域性大学拥有地缘、智知优势,应具备文化自觉意识,主动承担区域非物质文化遗产传承和保护的责任。但是强势外来文化的渗透,冲淡了民族文化的主体对本民族文化价值的认识,进而放弃自己的文化;因此,区域性大学应利用民族文化传习馆,为民族社区的青年学子搭建起文化沟通的桥梁,建立一种基于地方性知识观,尊重文化差异,倡导文化多样性的理念下的新型非物质文化传习模式,使传习者在与主流普适性知识的不断比较整合中,实现多元文化和谐共享的诉求③。

---

① 陈勤建:《当代民众日常生活需求的回归和营造非物质文化遗产保护方式暨生产性方式保护探讨》,《徐州工程学院学报》(社会科学版)2012年3月第22卷第2期。
② 陈志勤:《论作为文化资源的非物质文化遗产的利益和管理——兼及日本的经验和探索》,《江南大学学报》(人文社会科学版)2012年1月第11卷第1期。
③ 黄龙光:《民族文化传习馆:区域性大学非物质文化遗产传承新模式》,《文化遗产》2012年第1期。

龚坚分析了高校非物质文化遗产教育存在的主要问题，即理论性研究不足；非物质文化遗产专业教育"不专业"；课程建设缺乏系统性；人才培养机制不健全。并针对上述四个问题，提出了加强基础理论建设，加快非物质文化遗产学科化建设；在专业设置上，以独立学科为导向；以文化传承为目的，建立非物质文化遗产专业人才培养机制；依托地方历史文化，建立"官、学、研"合作教育等几大方面的对策和建议[①]。

5. 非物质文化遗产传承人保护研究

传承人是非物质文化遗产的传承主体，他们掌握着民间文化技艺、技术，是非物质文化遗产活态延续的载体，因此，建立合理、有效的传承人保护激励制度，帮助、扶持传承人的传承活动，是非物质文化遗产保护的重中之重。2012年非物质文化遗产传承人保护研究的文章，除上述知识产权保护的文章有所涉及外，还有非物质文化遗产传承人保护制度、理论的研究。

苑利认为，在非物质文化遗产传承中，要避免用"保护主体"取代"传承主体"，各级政府部门、学界、商界、新闻媒体等非物质文化遗产保护主体的主要职责是利用自己的行政、学术、资金、传播等优势，在政策、法律、资金等层面，扶持和保护非物质文化遗产及其传承人。制定正确的政策是调动民间社会保护非物质文化遗产积极性的关键所在，其核心思想是建立一套切实可行的激励机制。并提出了表彰、命名，减免税收，为传承人办理大病医疗统筹保险等9个方面的建议[②]。

刘晓春的文章指出，非物质文化遗产代表性传承人的最终认定，是多方力量博弈的结果；这一官方认定制度，在激发传承人文化自觉的同时，也挫伤了其他非官方认定传承人的积极性，重构了传承生态。现代社会的技术手段、信息传播、人员流动、资源交换以及消费者、市场等复杂因素，都促使传承人在坚守传统与适应创新之间做出适应现代社会变迁的选择。基于对非物质文化遗产保护的经验以及对保护的"完整性"与"活态性"的认识，"体系外的文化与体制外的文化持有者"对于完整保护非物质文化遗产的文化生态具有重要意义。因此，在具体保护过程中，要区分传承母体共享的"非物质文化遗产"与脱离传承母体的"非物质文化遗

---

① 龚坚：《高校非物质文化遗产教育中的问题及对策探讨》，《高教论坛》2012年第5期。
② 苑利：《非物质文化遗产传承人研究》，《厦门理工学院学报》2012年9月第20卷第3期。

产",应该在充分认识非物质文化遗产"活态性"的基础上理解其"本真性"①。

6. 非物质文化遗产的文化生态研究

文化生态涉及人与自然、文化与社会、文化与自然、非物质文化与物质文化等各方面的关系。目前,在实践层面上,非物质文化遗产的文化生态保护是一项体系庞大的工程,我国非物质文化遗产的文化生态保护实践还在探索中,因此,2012 年有关非物质文化遗产文化生态研究的论文较少,但提出了一些新的观点。

高丙中《关于文化生态失衡与文化生态建设的思考》一文,分析了文化生态失衡问题产生的原因,指出文化生态是社会关系的表现,当文化生态失衡时,就说明社会关系出现了问题。通过非物质文化遗产来建设中国的文化生态,就是要调整中国的文化定位和社会关系,让那些曾经被贬低的人的文化得到承认,让他们也有自主的文化自觉,从而实现整个社会的文化自觉。②

尹笑非认为大多数非物质文化遗产与传统农业社会的生产及生活方式相适应,因此在城市中很难将这些和农业社会习俗相适应的非物质文化遗产一直活态保存下来。但若将其纳入城市公共艺术领域来展示,不仅可以为非物质文化遗产的保护另辟一条路径,而且能为公共艺术的公众化乃至城市形象的树立产生积极的作用③。

丁永祥引入了生态学上"生态场"的概念,认为非物质文化遗产的发展是个有机的生态过程,在这个过程中,各种环境因素所形成的场对其发展有着重要的影响。非物质文化遗产生态保护的关键就是构建和保护适宜的生态场。并提出构建意识场,通过宣传和教育,改变人们的文化观念,营造有利于非物质文化遗产保护的意识环境;恢复生活场,恢复和保留有关生活习俗、信仰仪式等,保护非物质文化遗产的生活基础;优化文化场,保护文化的多样性,优化文化运作环境;以及改善物质场,保护自然

---

① 刘晓春:《非物质文化遗产传承人的若干理论与实践问题》,《思想战线》2012 年第 6 期。
② 高丙中:《关于文化生态失衡与文化生态建设的思考》,《云南师范大学学报》(哲学社会科学版)2012 年 1 月第 44 卷第 1 期。
③ 尹笑非:《公共艺术空间营造与城市非物质文化遗产保护的互动性策略》,《文化遗产》2012 年第 1 期。

场等几个方面的建议①。

从上述几个方面来看，2012年非物质文化遗产学术研究有了近年来的一次"爆发"，不仅在论文数量上成几倍的激增，各级、各类的学术研讨也成倍的增长，涉及的内容非常广泛，包括基础理论和实践问题，集中突出了几个焦点、难点问题。其中，非物质文化遗产的知识产权保护是学术界关注的焦点。目前，在知识产权的问题上，学术界主要有两种思路，一种是认为现有的知识产权体系可以满足非物质文化遗产的保护需要，主张在原有的知识产权法律体系下，进行修改，添加有关非物质文化遗产保护的细则和条款；另一种则认为应该制定一部专门保护非物质文化遗产的知识产权法，建立非物质文化遗产保护的知识产权体系。今后，如何既能降低立法成本，又能完善非物质文化遗产的法律保护，仍然是讨论、研究的方向。

三　问题与对策

2012年中国非物质文化遗产保护在各界的参与、努力下，取得了很多新的成绩，收获颇丰。但同时也有许多问题需要解决。第一，非物质文化遗产私权保护有待加强。第二，非物质文化遗产教育未形成有效体系。第三，非物质文化遗产传承人研究、保护力度不够。第四，在非物质文化遗产保护中，公众参与度有待提升。

关于第一个问题，具体来说，即我国非物质文化遗产知识产权保护尚比较薄弱，系统的知识产权保护制度没有建立，理论研究也相对滞后。2011年我国颁布的《非遗法》在第44条、第45条中对非物质文化遗产知识产权保护虽有涉及，但尚不系统，亟须建立非物质文化遗产知识产权保护体系。当然，对这个问题，学术界一直存在争论，有的学者认为，非物质文化遗产具有公权性质，是人类的公共文化，如果用知识产权进行私权保护，则不利于非物质文化遗产的传播、传承，与联合国教科文组织的理念相悖；而大部分学者则认为可以利用知识产权对非物质文化遗产进行私权上的保护。在具体的操作方式上，有的学者提出在原有的知识产权法律

---

① 丁永祥：《生态场：非物质文化遗产生态保护的关键》，《河南大学学报》（社会科学版）2012年5月第52卷第3期。

体系下进行修改,添加有关非物质文化遗产保护的细则和条款;另一种则认为应该制定一部专门保护非物质文化遗产的知识产权法,建立非物质文化遗产保护的知识产权体系。由于法理研究、法制建设的滞后,致使在遇到有关非物质文化遗产知识产权的具体案例时,处理起来显得棘手,往往权利主体的诉求不能得到法律上的支持;而非物质文化遗产传承人及其他权利主体,基层非物质文化遗产工作者以及社区群众的非物质文化遗产知识产权观念又很淡薄,往往是等到自身权益受到侵犯时,才会关注这个问题。

非物质文化遗产是活态传承的人类文化,是人类共同的精神财富,从这个角度讲,非物质文化遗产是一种公共文化,但是,非物质文化遗产的"活态"传承,必然要以一定的"社区、群体,有时为个人"为载体,因此,我们应该尊重这些权利主体的合法权益,同时,也能避免非物质文化遗产被盗用、滥用,甚至被歪曲、损害;才能保证非物质文化遗产的本真性和完整性。所以,我国非物质文化遗产的知识产权问题亟待解决。

第二个问题,非物质文化遗产教育仍有很多不足,非物质文化遗产学校教育体系没有建立。虽然,2012年各种非物质文化遗产进校园的活动十分频繁,高校与中小学都积极参与,但后续发展不足。有的地方学校结合本地非物质文化遗产的特点,将剪纸纳入小学美术课程、将民间音乐纳入音乐课堂,但缺乏系统的非物质文化遗产通识性教育教材,如本报告《曲艺类非物质文化遗产保护发展报告》中指出的"缺少教材成为曲艺学校教育中最大的问题"。在高校中同样存在这些情况,很多高校对保护、传播非物质文化遗产意义认识不足,存在各种问题,如从事非物质文化遗产教育的专业教师力量不足,缺少针对大学生的通识性教材,学校教育与非物质文化遗产保护实践相脱节等。

《非遗法》第34条明确规定:"学校应当按照国务院教育主管部门的规定,开展相关的非物质文化遗产教育",但是我们在2011年报告中已指出的"非物质文化遗产学"本科专业发展缓慢的问题[①],在2012年仍未得到有效解决。另外专业设置上的混乱状况也未得到根本改变,如中央美术学院文化遗产学系主任李军所说:"有些民间艺术等边缘学科,换个名号

---

① 康保成主编《中国非物质文化遗产保护发展报告(2011)》,社会科学文献出版社,2011,第49页。

成为非物质文化遗产专业,实际上换汤不换药。而有些则是向与非物质文化遗产相关的学科聚拢,赶个时髦。"因此,高校非物质文化遗产教育要解决专业设置、系统性课程建设以及健全人才培养机制等问题。

第三个问题,非物质文化遗产传承人的研究、保护力度不够。传承人作为非物质文化遗产的载体,对非物质文化遗产的保护和传承具有重要的作用。但目前非物质文化遗产传承人存在老龄化的问题,很多优秀的传承人逝世后,所掌握的项目面临传承断层,这就凸显了全面搜集、整理传承人资料的紧迫性。本书《传统舞蹈类非物质文化遗产保护发展报告》和《民间文学类非物质文化遗产保护发展报告》都指出了这一问题,但资料整理、建档工作和研究滞后,未能建立系统、动态的传承人资料库(包括未被官方认定的传承人),同时在代表性传承人的认定,传承人的权利与义务,保护与退出机制等方面的具体问题,仍未妥善解决。

我国已确立了四级代表性传承人名录制度,在代表性传承人的认定上,采取的仍是官方组织专家认定的模式,对传承人保护发挥了重要作用。但也存在一定问题,一些优秀的传承人因种种原因未被认定,在一定程度上挫伤了传承人的积极性,也导致部分民众对官方认定的权威性产生疑问。[①]

另外,对代表性传承人权利和义务有待进一步明确,对传承人政策性资助政策执行上有待加强。《非遗法》和《国家及非物质文化遗产项目代表性传承人暂行办法》都有对代表性传承人参与非物质文化遗产公益宣传的要求,那具体应该怎么参与,是否每一次展演、展示或其他宣传活动,代表性传承人都必须去参加呢?如果不去,就取消传承人资格,是否在现实中具有可行性?在政府资助上,四级名录内的传承人可以受到相应的资助,政府资金只能用在入选非物质文化遗产代表作名录的项目上,而其他非物质文化遗产项目传承人则很难获得资助,往往传承困难,甚至濒临失传。

关于第四个问题,公众对非物质文化遗产保护参与不足、关注不够。纵观2012年,全国各地举办了各类非物质文化遗产展示、展演活动和进校园、进社区活动。通过对这些活动的考察,可以发现,人们普遍感兴趣的

[①] 刘晓春:《非物质文化遗产传承人的若干理论与实践问题》,《思想战线》2012年第6期。

是传统技艺、民间美术类、表演类的非物质文化遗产，把它们当做一次工艺美术、艺术品的展览；一场杂技、舞蹈、武术表演，而对非物质文化遗产真正的精神内涵却不甚了了，"重物轻人""重技轻道"是普遍的现象，非物质文化遗产尚未真正回到民众的日常生活中，成为他们生活中的一部分。

一方面，非物质文化遗产在乡村、基层得不到有力的支持，举步维艰。或者寻求与城市经济的结合，逐渐脱离了原有的生活空间。另一方面，城市里又缺乏非物质文化遗产生存的公共文化空间，得不到社会大众的广泛认同。本书《传统戏剧类非物质文化遗产保护发展报告》《民间美术类非物质文化遗产保护发展报告》指出应培养社会大众的文化消费力，发动社会团体、民众参与到非物质文化遗产保护中，但这一问题究竟怎样解决，值得持续关注。

通过对上述问题的梳理，我们认为我国今后非物质文化遗产保护要突出以下几点。

第一，要加强非物质文化遗产知识产权教育，特别是针对基层从事非物质文化遗产保护的工作人员、传承人。要统一组织和管理非物质文化遗产知识产权保护工作，建立起切实有效的工作机制，吸引法律专业人才参与基层非物质文化遗产保护。学术界加强研究，厘清非物质文化遗产的权利主体、客体及内容，结合我国现有的知识产权法体系，以及其他法律、法规，在节省法律成本的基础上，制定有效的非物质文化遗产知识产权保护法律。

由于非物质文化遗产知识产权保护要涉及专业的法律知识，而一般基层工作者和非物质文化遗产传承人并不具备这些知识，因此要对他们进行知识产权法律知识的培训，建立合适的工作制度，使非物质文化遗产知识产权保护有章可循。另外，现有的知识产权涉及著作权、专利权、商标权、地理标志等，有些适用于知识产权保护，有些则不能涵盖，也需要法律界人士和非物质文化遗产学者相互合作，在专门法或综合保护模式上进行探索，建立我国非物质文化遗产知识产权保护体系以及适合地方实际情况的地方性法规。

第二，要编著系统的非物质文化遗产教材，涵盖中小学、大学，将非物质文化遗产基础性教育纳入现有的教学体系。除非物质文化遗产进校园之外，学校教育还应走出去，参与实践。高校加强基础理论的研究，建立系统的专业设置和课程设置，以及人才培养机制。

目前市场上缺少非物质文化遗产的基础性教材和适合广大学生的通识性读物，各层次的学校虽举办了多次非物质文化遗产进校园活动，或者邀请传承人进学校进行现场教学，但多关注于某一非物质文化遗产的技术性层面，如剪纸、舞蹈等，而缺乏非物质文化遗产的理论性教育和精神内涵教育。非物质文化遗产具有跨专业性和综合性，各学科的相互交叉和联系，更需要系统专业建设的课程设置，而目前高校的学科设置和课程设置，更倾向于某一具体的专业领域，不利于综合型人才的培养。在人才培养机制上，以研究性人才为主，本科教育缺乏，受教育人群有所局限，需要完善相应的教育体制。

第三，要加强对传承人的调查研究，特别是抓紧对濒危非物质文化遗产项目的传承人研究，利用现代化技术、手段，调查、记录传承人传承状况，建立动态的传承人资料库。建立公平、公正、公开的代表性传承人评审制度，尊重传承人群体和社区群众的意见，并为其建立表达意见的平台。明确代表性传承人的权利和责任，制定完善的细则。加大对传承人的扶植力度，补助金发放、政策性支持不能只针对代表性传承人，还应照顾其他未在名录的传承人，对濒危项目的传承人应有所倾斜，并为传承人建立社会保障制度。另外，在对代表性传承人资格的解除上应该慎重，一个项目保护失利，有多方面的原因，明确了属于传承人的责任，才能解除其资格。

目前对传承人的研究仍有不足，许多濒危项目的传承人一旦逝世，则该项目后继无人。许多不在名录上的传承人得不到政策资助，也是非物质文化遗产的保护的紧迫问题。代表性传承人的责任和义务不明确，主管部门权责的混乱，也会影响传承人传承活动和积极性。不在官方体系内的传承人难以得到资助，也极大地影响了他们对非物质文化遗产传承的积极性。代表性传承人为非物质文化遗产保护作出了突出贡献，理应获得相应的荣誉和政策支持，但是其他传承人也有相应的贡献，也应该获得扶助。

第四，要积极开展面向广大群众的非物质文化遗产基础性教育，利用电视、广播、互联网等多种手段，宣传非物质文化遗产在文化、历史、美学等方面的精神价值。支持、鼓励民间社团、协会、志愿者的非物质文化遗产活动，为其提供活动场地和空间，在城市中开辟非物质文化遗产传播的公共文化空间。鼓励传承人在社区中的传习活动，并为其提供后续支持。

《中国非物质文化遗产普查手册》指出："普及非物质文化遗产保护知识,提高全社会的非物质文化遗产保护意识"[1],但我们在这方面所做的工作仍显不足,非物质文化遗产并未与广大人民群众产生密切的联系。"宣传、弘扬"工作,也不仅仅是一次商业会展或者表现形式的展演、展示,而是对非物质文化遗产精神价值的宣传,对全社会文化自觉意识的宣传。有的学者指出"生活化"的保护[2],即是认识到非物质文化遗产回归社会生活,联系民俗精神的重要性。

通过对上述问题的梳理,我们可以发现实践中出现的问题,也为非物质文化遗产的研究提出了要求。比如对非物质文化遗产法律属性的基础研究不足、对非物质文化遗产权利主体的研究不足,造成了在非物质文化遗产知识产权保护上的问题,以及传承人保护制度上法律细则的缺失。对非物质文化遗产分类体系、价值体系等基础研究的不足,也造成了非物质文化遗产在宣传、保护上的问题,一些富含民俗精神的非物质文化遗产,往往以舞蹈、杂技、体育竞技的面貌出现在保护名录上,例如,苗族上刀山、烧火犁本属于傩戏的范畴,在一些地方的名录上称为杂技,这种情况不但不利于非物质文化遗产的整体性保护,也掩盖了非物质文化遗产的精神内涵。2012年非物质文化遗产保护中出现的一些问题,也说明了在文化自觉的道路上,我们还有很长的路要走。

---

[1] 中国艺术研究院、中国非物质文化遗产保护中心编《中国非物质文化遗产普查手册》,文化艺术出版社,第5页。
[2] 方旭红等《论非物质文化遗产的生活化保护》,《合肥工业大学学报》(社会科学版)2012年8月第26卷第4期。

分题报告

民间文学类非物质文化遗产保护发展报告

撰稿：褟 颖 审稿：王霄冰[*]

2012年，我国民间文学类非物质文化遗产的保护工作又进入了一个新的阶段。在保护实践和学术研究方面，社会各界对民间文学类非物质文化遗产都给予了更多的关注，不仅在国内开展了内容丰富、形式多样的传承和保护活动，还有保护工作者为民间文学类非物质文化遗产"走出国门"做出了积极的努力，并取得了良好的评价。同时，随着保护工作的进行，一些新的问题也随之出现。本报告将从保护情况、研究情况、成绩与问题三部分，对2012年的民间文学类非物质文化遗产保护工作做全面的总结与回顾。

一 保护情况

（一）各级各类非物质文化遗产名录入选情况

2012年，联合国教科文组织政府间保护非物质文化遗产委员会新公布的27项《人类非物质文化遗产代表作名录》项目中并无中国的非物质文化遗产项目。此前，于2009年公布的《人类非物质文化遗产代表作名录》，则将中国民间文学类非物质文化遗产，新疆的《玛纳斯》与《格萨尔》史诗列入

---

[*] 褟颖，女，1987年生，中山大学中文系民俗学专业博士研究生；王霄冰，女，1967年生，中山大学中文系教授、博士生导师（民俗学）。

其中。根据《国务院办公厅关于加强我国非物质文化遗产保护工作的意见》附件1第十八条规定："国务院每两年批准并公布一次国家级非物质文化遗产代表作名录"[①]，由于第三批国家级非物质文化遗产名录已于2011年公布，因此2012年暂未公布第四批国家级非物质文化遗产名录。部分省、自治区和直辖市则公布了第三批或第四批非物质文化遗产名录。

1. 国家级非物质文化遗产代表作名录入选情况

纵观2012年以前，第一、二、三批国家级非物质文化遗产名录共1219项，民间文学类非物质文化遗产项目共计128项（见表1），其中传说类民间文学项目成为申报热点，占据了民间文学类非物质文化遗产名录的绝大部分，2006年后申报数量更是大幅增长。其次较多的是歌谣类和故事类民间文学项目。谚语、谜语、笑话等民间文学项目在名录中数量极少。少数民族民间文学类非物质文化遗产所占比例大于汉族民间文学类非物质文化遗产的情况，在2012年度《民间文学发展报告》中已有说明，此不赘述。[②]

表1 国家级非物质文化遗产名录中民间文学类项目各亚类数量

	第一批国家级非物质文化遗产名录民间文学类项目各亚类数量	第二批国家级非物质文化遗产名录民间文学类项目各亚类数量	第三批国家级非物质文化遗产名录民间文学类项目各亚类数量	小 计
传说	8	22	24	56
故事	9	7	4	20
神话	2	3	1	6
歌谣	7	12	4	23
史诗	4	4	4	12
长诗	0	5	1	6
谚语	0	0	1	1
谜语	1	0	0	1
其他	0	2	1	3

[①] 《国务院办公厅关于加强我国非物质文化遗产保护工作的意见》（http://www.gov.cn/zwgk/2005-08/15/content_21681.htm）。

[②] 《中国非物质文化遗产保护发展年度报告（2011）》，社会科学文献出版社，2011，第59页。

2. 国家级非物质文化遗产项目代表性传承人名录入选情况

2012年12月20日，文化部公布了第四批国家级非物质文化遗产项目代表性传承人名录（见表2），共公布了498人，其中民间文学类非物质文化遗产项目传承人共20人，占4%。[①] 传承人平均年龄65岁，年龄最大的已经89岁，年龄最小的为43岁（见图1）。入选的传承人中有18人来自少数民族地区，其技艺范围涵盖史诗、歌谣、故事等。

表2 第四批国家级非物质文化遗产项目代表性传承人名单

序号	姓名	性别	民族	出生年月	项目名称	申报地区或单位
1	富育光	男	满族	1933.5	满族说部	吉林省
2	张才才	男	汉族	1930.9	耿村民间故事	河北省藁城市
3	张永联	男	汉族	1938.2	吴歌	上海市青浦区
4	谢庆良	男	仫佬族	1953.1	刘三姐歌谣	广西壮族自治区宜州市
5	巴达	男	蒙古族	1962.1	江格尔	新疆维吾尔自治区博尔塔拉蒙古自治州
6	和明远	男	藏族	1944.7	格萨（斯）尔	云南省
7	巴嘎	男	藏族	1970.7	格萨（斯）尔	西藏自治区
8	钟昌尧	男	畲族	1932.12	畲族小说歌	福建省霞浦县
9	李国新	男	土家族	1933.12	都镇湾故事	湖北省长阳土家族自治县
10	吴廷贵	男	布依族	1947.8	布依族盘歌	贵州省盘县
11	方贵生	男	彝族	1950.8	查姆	云南省双柏县
12	索克	男	蒙古族	1946.10	汗青格勒	青海省海西蒙古族藏族自治州
13	乌布力艾散·麦麦提	男	维吾尔族	1954.7	维吾尔族达斯坦	新疆维吾尔自治区
14	岩桑	男	佤族	1930.2	司岗里	云南省西盟佤族自治县
15	彭祖秀	女	土家族	1931.1	土家族哭嫁歌	湖南省古丈县
16	农凤妹	女	壮族	1965.4	坡芽情歌	云南省富宁县
17	陈兴华	男	苗族	1945.12	亚鲁王	贵州省紫云苗族布依族自治县

---

① 《第四批国家级非物质文化遗产项目代表性传承人名单（共498人）》，《中国文化报》2012年12月26日第6版。

续表

序号	姓 名	性别	民族	出生年月	项目名称	申报地区或单位
18	张桂芬	女	哈尼族	1944.11	洛奇洛耶与扎斯扎依	云南省墨江哈尼族自治县
19	何玉忠	男	彝族	1942.7	阿细先基	云南省弥勒县
20	依沙木·库尔班	男	维吾尔族	1930.8	恰克恰克	新疆维吾尔自治区伊宁市

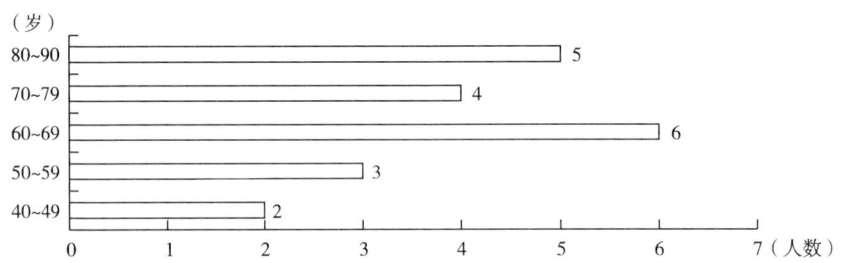

图 1　第四批国家级非物质文化遗产项目代表性传承人年龄结构

3. 省（自治区、直辖市）级非物质文化遗产代表作名录入选情况

2012 年，广东、广西、浙江、湖南、山东等省（自治区、直辖市）陆续公布了省（市）级非物质文化遗产代表作名录，共 511 项，其中民间文学项目共 46 项。上述几省、自治区新一批省级非物质文化遗产名录的共同特征是：传说类和故事类民间文学非物质文化遗产项目在名录中所占比例较大，歌谣、谜语、谚语等亚类所占比例偏小（见图 2）。

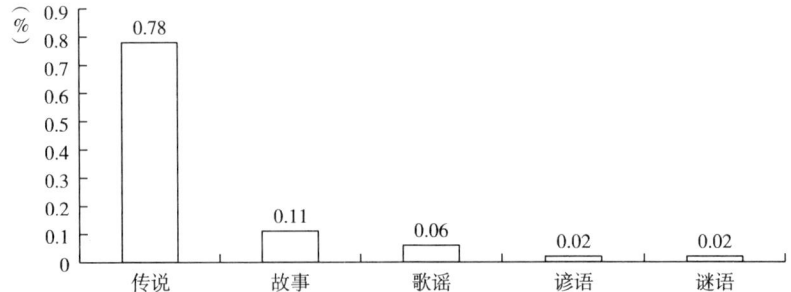

图 2　省、自治区、直辖市级民间文学类非物质文化遗产项目分类比例

2012年1月6日，河北省公布了第四批省级非物质文化遗产代表作名录，共111项，其中民间文学类新项目9项，扩展名录2项，占总项目数的8.1%，具体情况见表3：

表3

序号	项目名称	申报地区或单位	备注
1	韩信背水一战的传说	石家庄井陉县	
2	许由与尧帝的传说	石家庄行唐县	
3	刘琨的传说	石家庄无极县	
4	张果老传说	石家庄平山县	
5	魏徵的传说	石家庄晋州市	
6	杂技口艺	沧州吴桥县	
7	玉堂春传说	邯郸曲周县	
8	杨家将传说	廊坊霸州市	第三批省级名录扩展项目
	杨家将传说	廊坊永清县	第三批省级名录扩展项目
9	窦尔敦传说	承德兴隆县	

2月21日，广东省公布了第四批省级非物质文化遗产代表作名录，共52项，其中民间文学类项目4项，占总项目数的7%，具体情况见表4：

表4

序号	项目名称	申报地区或单位
1	苏六娘传说	揭阳市揭东县
2	六祖传说	云浮市新兴县
3	陈璘传说	云浮市云安县
4	陈梦吉故事	江门市新会区

5月2日，海南省公布了第四批省级非物质文化遗产代表作名录，共72项，其中民间文学类项目5项，占总项目数的6.9%。

5月30日，广西壮族自治区公布了第四批自治区级非物质文化遗产代表作名录，共98项，其中民间文学类项目10项，占总项目数的约10%。

6月8日，新疆维吾尔自治区公布了第三批自治区级非物质文化遗产代表作名录及自治区级非物质文化遗产扩展项目名录，共52项，其中民间

文学类项目3项,占总项目数的5.8%,具体情况见表5:

表5

序号	项目名称	申报地区或单位
1	维吾尔族比艺提(对诗)	哈密地区
2	哈萨克族谚语	特克斯县
3	连环谜语	奇台县

6月25日,浙江省公布了第四批省级非物质文化遗产代表作名录及省级非物质文化遗产扩展项目名录,共202项,其中民间文学类项目20项,占总项目数的10%,具体情况见表6:

表6

序号	项目名称	申报地区或单位
1	海瑞传说	淳安县
2	皋亭山传说	杭州市江干区
3	梅城传说	建德市
4	孙权传说	富阳市
5	玲珑山传说	临安市
6	上林湖传说	慈溪市
7	王十朋传说	乐清市
8	卖技(瑞安卖技)	瑞安市
9	洞头海岛气象谚语	洞头县
10	平阳童谣	平阳县
11	熊知县的故事	长兴县
12	陈霸先传说	长兴县
13	海盐钱氏传说	海盐县
14	绍兴古桥名传说	绍兴市
15	勾践传说	绍兴市
16	傅大士传说	义乌市
17	琼奴与苕郎	常山县
18	临海民间谜语	临海市
19	高机与吴三春传说	平阳县
20	刘阮传说	新昌县

8月7日，湖南省公布了第三批省级非物质文化遗产代表作名录，共50项，其中民间文学类项目7项，占总项目数的14%，具体情况见表7：

表7

序号	项目名称	申报地区或单位
1	善卷传说	常德市鼎城区文化馆
2	苗族傩歌	湘西自治州吉首市非物质文化遗产保护中心
3	苗族杨家将故事	邵阳市城步苗族自治县非物质文化遗产保护中心
4	舜帝与娥皇女英的传说（九嶷山）	永州市宁远县文化馆
5	车胤囊萤照读的故事	常德市津市市文化馆
6	蚩尤传说	湘西自治州非物质文化遗产保护中心
7	酉水船歌	湘西自治州龙山县非物质文化遗产保护中心

宁夏于2012年6月公布了第三批省级名录，因数据不详，在此不赘述。12月25日，山东省对第三批省级非物质文化遗产名录进行了公示，公示项目共109项，其中民间文学类新项目11项，扩展项目1项。

4. 省（自治区、直辖市）级非物质文化遗产项目代表性传承人名录入选情况

2012年，上海、陕西、四川、湖北、重庆、河南、贵州、内蒙古等省（区、市）相继公布了第三批省（自治区、直辖市）级非物质文化遗产项目代表性传承人名录，共计932人，其中民俗类项目代表性传承人41人，占4.3%。

2012年6月4日，上海市公布了第三批市级非物质文化遗产项目代表性传承人名录，共计113人，其中民间文学类项目代表性传承人2人，占1.8%，具体情况见表8：

表8

序号	姓名	性别	年龄	项目名称	申报地区或单位
1	郁跃峰	男	54岁	新浜山歌	松江区新浜镇
2	袁祖铭	男	50岁	杨瑟严的故事	崇明县文化馆

6月7日，河北省公布了第三批省级非物质文化遗产项目代表性传承

人名单，共计 83 人，其中民间文学类项目代表性传承人 2 人，占 2.4%，具体情况见表 9：

表 9

序号	姓　名	性别	年龄	项目名称	申报地区或单位
1	王贵良	男	67 岁	晋州魏徵的传说	石家庄晋州市
2	李延年	男	87 岁	杨家将传说	廊坊永清县

6 月 7 日，陕西省公布了第三批省级非物质文化遗产项目代表性传承人名单，共计 71 人，其中民间文学类项目代表性传承人 1 人，占 1.4%，具体情况见表 10：

表 10

序号	姓　名	性别	出生年月	项目名称	申报地区或单位
1	李树林	男	1932.3	寒窑传说	西安曲江新区、西安市非物质文化遗产保护中心

6 月 8 日，四川省公布了第五批省级非物质文化遗产项目代表性传承人名录，共计 108 人，其中民间文学类项目代表性传承人 8 人，占 7.4%，具体情况见表 11：

表 11

序号	姓　名	性别	民族	项目名称	申报地区或单位
1	张纯德	男	汉	东乡白莲教传说	达州市宣汉县文化馆
2	阿西阿茜	女	彝	阿嫫妮惹	凉山州喜德县文化馆
3	马海社教	男	彝	玛牧特依	凉山州喜德县文化馆
4	阿都伍娘	男	彝	支格阿龙	凉山州喜德县文化馆
5	吉火土日	男	彝	毕阿史拉则传说	凉山州金阳县文化馆
6	熊国秀	女	傈僳	傈僳族民间传说	凉山州德昌县文化馆
7	拉我拉贵	男	彝	阿都歌谣	凉山州布拖县文化馆
8	吉力色拉	男	彝	什喜尼支嘿	凉山州布拖县文化馆

9月14日，湖北省公布了第三批省级非物质文化遗产项目代表性传承人名录，共计153人，其中民间文学类项目代表性传承人10人，占6.5%，具体情况见表12：

表12

序号	姓名	性别	出生年月	项目名称	申报地区及单位
1	赵运龙	男	1952.5	黑暗传	神农架林区
2	李思道	男	1935.7	炎帝神农传说	神农架林区
3	曾兴敏	男	1946.4		
4	叶蔚璋	男	1963.1	木兰传说	武汉市黄陂区
5	刘为芬	女	1944.9	都镇湾故事	长阳县
6	陈沐金	男	1943.1	李时珍传说	蕲春县
7	熊远桂	男	1933.8	三国传说（荆州三国传说）	荆州市
8	张世模	男	1945.10	张居正传说	荆州市荆州区
9	梁望生	男	1923.10	五句子歌谣（兴山五句子歌谣）	兴山县
10	蔡德义	男	1949.2		

11月6日，重庆市公布了第三批市级非物质文化遗产项目代表性传承人名录，共计116人，其中民间文学类项目代表性传承人6人，占5.2%，具体情况见表13：

表13

序号	姓名	性别	年龄	项目名称	申报地区或单位
1	姜孝模	男	69岁	吴癞子的传说	江北区
2	杜志榜	男	62岁	广阳民间故事	南岸区
3	黄华清	男	71岁	善书	合川区
4	谭家兰	女	59岁	巫山神女传说	巫山县
5	骆茂生	男	65岁	巫溪民间故事	巫溪县
6	张泽本	男	78岁	酉阳古歌	酉阳县

12月3日，广东省公布了第三批非物质文化遗产项目代表性传承人名

单，共公布了152人，没有民间文学类项目代表性传承人。

12月27日，河南省公布了第三批省级非物质文化遗产项目代表性传承人名录，共计189人，其中民间文学类项目代表性传承人5人，占2.6%，具体情况见表14：

表14

序号	姓名	性别	民族	出生年月	项目名称	申报地区或单位
1	陈时云	女	汉	1953.12	花木兰传说	虞城县
2	王信卿	男	汉	1948.2	盘古神话	泌阳县
3	常松木	男	汉	1969.2	大禹神话传说	登封市
4	许四妮	女	汉	1950.7	牛郎织女传说	鲁山县
5	刘二安	男	汉	1951.12	灯谜（安阳灯谜）	安阳市

12月28日，贵州省公布了第三批省级非物质文化遗产项目代表性传承人名录，共计105人，其中民间文学类项目代表性传承人7人，占6.7%，具体情况见表15：

表15

序号	姓名	性别	民族	出生年月	项目名称	申报地区或单位
1	罗福全	男	布依	1960.10	布依竹筒歌	安顺市关岭县
2	田锦锋	男	苗族	1952.8	苗族古歌	黔东南州台江县
3	李会堂	男	苗族	1962.1	苗族口头经典"贾"	黔东南州丹寨县
4	吴通贤	男	苗族	1953.11	苗族"刻道"	黔东南州施秉县
5	杜元元	男	彝族	1969.4	彝族古歌	六盘水市盘县
6	岑天伦	男	苗族	1964.11	亚鲁王	安顺市紫云县
7	陈志品	男	苗族	1952.7	亚鲁王	安顺市紫云县

12月31日，内蒙古自治区公布了第三批自治区级非物质文化遗产项目代表性传承人名录，共计76人，其中民间文学类项目代表性传承人3人，占3.9%，具体情况见表16：

表 16

序号	传承人姓名	出生年月	民族	项目名称	申报地区或单位
1	包扎力申	1938.8	蒙古族	科尔沁叙事民歌	科尔沁左翼中旗文化研究室
2	赛音吉日嘎拉	1969.9	蒙古族	祝赞词	鄂托克前旗文化馆
3	苏木雅	1952.4	蒙古族	祝赞词（乌拉特祝赞词）	巴彦淖尔市群艺馆

（二）重大保护成果

2012 年 2 月 21 日，由中国民间文艺家协会主办的《亚鲁王》出版成果发布会在北京人民大会堂举行。《亚鲁王》于 2009 年被发现于贵州麻山地区，其发现被评为当年的"中国十大文化发现"之一，并于 2011 年入选第三批国家级非物质文化遗产保护名录。经过两年多时间的抢救、整理、翻译，《亚鲁王》全二册（分汉苗对照史诗部分、图版部分）最终正式出版。

《亚鲁王》已有近 2500 年的流传历史。其所传唱的是西部苗人创世与迁徙征战的历史，主角苗人首领亚鲁王是被苗族世代颂扬的民族英雄。长诗以铿锵有力的诗律和舒缓凝重的叙事风格，生动讲述了西部苗人的由来和迁徙过程中波澜壮阔的场景。

《亚鲁王》是继藏族《格萨尔》、蒙古族《江格尔》、柯尔克孜族《玛纳斯》"三大英雄史诗"之后，我国出版的又一部少数民族英雄史诗。《亚鲁王》的发现改写了苗族没有长篇英雄史诗的历史，其整理与出版是当代中国口头文学遗产抢救的重大成果。①

（三）展示、展演情况

2012 年围绕民间文学类非物质文化遗产举办的旅游节、文化节及展览，不仅将民间文学类非物质文化遗产与民族、区域文化建设、文化交流、文化旅游等相结合，扩大了民间文学类非物质文化遗产的知名度，同时也促进了民间文学类非物质文化遗产的活态保护和传承。

---

① 《苗族英雄史诗〈亚鲁王〉出版》，《中国文化报》2012 年 2 月 22 日第 1 版。

6月29日,新疆第五届《玛纳斯》国际文化旅游节在帕米尔高原上开幕。本次文化旅游节举办了包括文化旅游节开幕式在内的六大主题活动,开幕式上安排了由我国民间文学类非物质文化遗产,"三大史诗"《江格尔》《格萨尔》和《玛纳斯》改编的歌舞表演。史诗《江格尔》表演展示了主人公江格尔的婚礼喜庆场景,多方面反映了蒙古族独特的民俗文化;《格萨尔》歌舞诗剧《宫廷欢歌》,则反映了举国欢庆的热闹场面;史诗《玛纳斯》表演了主人公玛纳斯的婚庆场景,既让观众欣赏到了宏伟的场景,又让观众领略到了柯尔克孜族的婚庆习俗。①

7月22日至26日,"中国·贵州·剑河2012仰阿莎文化节"于贵州省黔东南苗族侗族自治州剑河县举办。《仰阿莎》是苗族神话叙事歌,也是贵州省第二批省级非物质文化遗产名录项目。本次"仰阿莎文化节"主要举办了民歌赛、民族风情巡游及展示、开幕式、文艺表演、原生态水鼓舞展演、观八郎古生物化石·品屯州民族风情游和美术书法摄影作品展等活动。②

10月19日至11月2日,名为"千年等一回"的白蛇传民间艺术精品展在浙江省杭州西湖博物馆开展。本次精品展展出与浙江省首批非物质文化遗产名录中白蛇传传说相关的内容,由"白蛇传传说"项目保护责任地镇江市和杭州市联合举办。展览分为"镇江与白蛇传""杭州与白蛇传""白蛇传与异文故事""白蛇传与剪纸""白蛇传与动漫"5个板块,共展出100余件展品。展厅中还设立了一个1米多高、30多米长的《白蛇传》异文古籍长廊,陈设了镇江民间文化艺术馆从全国各地搜集而来的《白蛇法海前世孽》《许仙三放白蛇》《白娘娘考许仙》《雄黄酒的事情》《水漫金山借兵将》等故事资料。③

(四)传承人与传承机构发展情况

1月至2月,浙江省开展了"第五个服务传承人月"活动。该活动始

---

① 《新疆第五届〈玛纳斯〉国际文化旅游节开幕》,中国新闻网,2012年6月30日(http://www.chinanews.com/cul/2012/06-30/3997996.shtml)。
② 《剑河2012仰阿莎文化节民歌赛"开唱"》,贵州非物质文化遗产网,2012年7月23日(http://www.gzfwz.com/Article/ShowArticle.asp?ArticleID=785)。
③ 《白蛇传民间艺术精品展"千年等一回"》,《中国文化报》2012年12月10日第8版。

于2008年，每年一度在元旦到元宵期间，以"对传承人进行一次走访慰问，发放一笔传承人政府补贴，召开一次传承人座谈会，组织一次传承人体检活动，举办一次传承人技艺展示活动，组织一次传承人专题采访报道，落实一项传承传习措施，制订一年传习活动计划"等"八个一"为内容，开展了丰富多彩、形式多样的为传承人服务活动。"八个一"内容之一的技艺展示活动，由上虞市非物质文化遗产保护中心组织安排，邀请浙江省省级非物质文化遗产项目虞舜传说代表性传承人吴宝炎，于2月14日走进上虞市的学校，为上虞中学的学生们带去精彩的表演。①

5月12日，中央人民广播电台"民歌采风基地"在花垣县麻栗场镇老寨村挂牌成立，中央人民广播电台平面媒体中心副主任、中国广播杂志社、广播歌选杂志社社长覃继红为"民歌采风基地"老寨村授牌，相关各级领导出席了挂牌仪式。老寨村是一个古老的苗族村落，以苗族风情浓郁而著称。曾有石成鉴、石成业等苗族艺人进京演出，受到毛泽东、周恩来等老一辈领导的接见。②

7月中旬，吴歌国家级传承人之一的张浩生在无锡市成立了"浩生法治吴歌创作传承工作室"。③ 工作室目前共有15名热衷于法治吴歌研究和保护历史文化遗产的热心爱好者自愿参与，下设创作组和传唱组，以发掘、整理、研究、创作、传承法治吴歌为主线，打造文化交流平台。

一些高龄的传承人相继离世。根据项目组的统计，截至2012年，四批国家级非物质文化遗产代表性传承人名单中，民间文学类非物质文化遗产传承人已有6人谢世，他们分别是耿村民间故事的传承人靳正新（2009）、靳景祥（2012）；走马镇民间故事的传承人魏显德（2009）；苗族古歌的传承人王安江（2010）；格萨尔传承人之一桑珠（2011），谭振山民间故事的传承人谭振山（2011）。

---

① 《传承人吴宝炎把虞舜故事带进上虞中学》，浙江省非物质文化遗产网，2012年2月20日（http://www.zjfeiyi.cn/news/detail/31-1361.html）。
② 《花垣老寨村成"民歌采风基地"》，《湖南日报》（电子版）2012年5月16日第7版（http://epaper.voc.com.cn/hnrb/html/2012-05/16/content_500198.htm?div=-1）。
③ 《"吴歌王"成立工作室传承法治吴歌》，《无锡日报》2012年7月14日（http://xcb.wuxi.gov.cn/web111/whwx/5660939.shtml）。

(五) 数据库与博物馆建设情况

1. 中国口头文学遗产数据库

继 2011 年 1 月进入实质阶段后,由中国民间文艺家协会筹建的"中国口头文学遗产数据库"已于 2012 年 11 月完成了扫描、录入的工程量,正在按照专业分类设计出较为完善的检索体系。未来的"中国口头文学遗产数据库",将使中国口头文学遗产普查资料全部实现分级、分类、分项、分词等强大的编程和检索功能。这些口头文学普查记录资料全部来源于田野调查,能真实地反映出我国各地的民间文化特色,具有极其重要的历史、文化、民俗、社会学价值。整个数字化工程计划于 2014 年完成。[①]

2. 浙江省宁波市梁祝博物馆

2012 年 5 月上旬,宁波市市委宣传部、市文化局、市文联、市博物馆、复旦大学、华东师范大学等相关部门的领导和学者出席了"中国梁祝文化博物馆陈列设计论证会",预计将博物馆的展陈空间设置为序厅,历史篇——梁祝传说源头与流布,民俗篇——梁祝民间信仰与习俗,艺术篇——绚丽多彩的梁祝艺术,传播篇——走向世界的梁祝文化,保护篇——梁祝文化研究与传承结语。博物馆整体预计于 2013 年正式完工。

3. 四川省甘孜州色达格萨尔文化艺术中心

2012 年 6 月,色达县格萨尔文化综合中心正式开工建设,中心在规划上设计了格萨尔博物馆、图书馆、文化馆、游客接待中心、非物质文化艺术保护传承中心等区域。

(六) 出版物及多媒体传承情况

在使用传统出版方式的同时,2012 年全国各地出现了较多运用报纸、电视、图书、网络等多媒体方式传承民间文学类非物质文化遗产的出版物及活动,其中以浙江、云南两省的工作最为突出,不仅在文本上对民间文学类非物质文化遗产项目进行了记录,而且还通过音像、网络扩大了民间文学类非物质文化遗产传承的广度和深度。

1 月 5 日,浙江省嘉兴市非物质文化遗产保护中心、《嘉兴广播电视

[①] 《中国口头文学遗产数据库数据加工验收会议召开》,中国文艺网,2012 年 11 月 12 日 (http://www.cflac.org.cn/ys/xwy/201211/t20121112_156100.html)。

报》联合主办的"记忆嘉兴"专栏,在《嘉兴广播电视报》"风情人物版"正式刊出。该专栏主要介绍嘉兴的风情习俗以及相关的非物质文化遗产项目,专栏刊出原则上每周一期,每期一个版面,全年约54期。内容涉及嘉兴市以及五县两区民间文学,传统音乐,传统舞蹈,传统戏剧,曲艺,传统体育、游艺与杂技,传统美术,传统技艺,传统医药,民俗等。内容丰富,形式多样,版面生动,地方特色浓郁,或以图片为主,或讲述相关的故事传说,或介绍具有传统民间技艺的人物,或介绍相关项目的历史人文,以期能唤起读者对嘉兴传统文化的记忆,让广大百姓对嘉兴的风土人情具有更为深入的认识和理解。①

1月中旬,中国首张用德昂语录制的音像制品《德昂古歌——达格达楞格莱标》,由云南音像出版社出版发行。该音乐专辑以德昂族长老口口相传的史诗《达格达楞格莱标》为主,《达格达楞格莱标》是德昂族的创世神话史诗,于2008年进入第二批国家级的非物质文化遗产保护名录。专辑收录了德昂族最富特色、最具欣赏性、最具代表性的民歌《达格达楞格莱标》《初见》《你得到了漂亮的姑娘》《我在半路上等你》《拜佛爷》《婚礼祝福》《串寨》《洗脚歌》共8首,是中国首张用德昂语演唱、汉语注解的德昂族音乐专辑。画面镜头融云南的自然风光与德昂族的人文景观、民俗文化于一体,是人口较少民族非物质文化遗产数字化记录的一个高水准范本,获得了国家民族文字出版专项资金资助。②

2月中旬,由西泠印社出版的"浙江省台州市路桥文化遗产系列丛书"正式面世。这套丛书包括《路桥十里长街》《拷绢》和《气象谚语》,其中"路桥气象谚语"为浙江省第三批非物质文化遗产名录中民间文学类项目。③

2月,《中国诚信故事》(双色插图本)由光明日报出版社出版。这是光明日报出版社开年力作"中国故事库"系列读物的第一本。《中国诚信故事》是一本面向儿童的读物,故事来源几乎涵盖全国所有省区市,还有

---

① 《"记忆嘉兴"专栏首次刊出》,浙江省非物质文化遗产网,2012年1月6日(http://www.zjfeiyi.cn/news/detail/31-1182.html)。
② 《德昂语《德昂古歌——达格达楞格莱标》出版》,《云南日报》(电子版)2012年1月17日第11版(http://yndaily.yunnan.cn/html/2012-01/17/content_528851.htm)。
③ 《路桥文化遗产系列丛书出版》,浙江省非物质文化遗产网,2012年2月11日(http://www.zjfeiyi.cn/news/detail/31-1335.html)。

许多少数民族的经典故事。《中国诚信故事》选用的近50个精彩的中国故事全部来自《中国民族民间十部文艺集成志书》中的《中国民间故事集成》。《中国民间故事集成》现已建立了强大的数据库，涵盖56个民族、31个省区市，4万个精选的中国故事。①

4月，云南省墨江县文化馆深入挖掘民族文化资源，建立了"洛奇洛耶与扎斯扎依"档案，并历时两年，创作出了"洛奇洛耶与扎斯扎依"连环画。《洛奇洛耶与扎斯扎依》为哈尼族叙事长诗，于2008年入选第二批国家级非物质文化遗产民间文学类目。"洛奇洛耶与扎斯扎依"连环画以线描为主，绘制成多页生动的画幅，配以简明的文字脚本。"洛奇洛耶与扎斯扎依"，是哈尼族同名叙事长诗中的两位青年，男为英雄智慧的化身，女为美丽纯真的代表。全诗分为十个章节：开头的歌、扎斯扎依、洛奇洛耶、赶街相会、秧田对歌、串门求亲、成家立业、领头抗租、不死的魂、结尾的歌，近2000行，涉及哈尼族生产生活、婚恋生死、原始崇拜、风俗习惯、精神信念等内容。②

6月，"2012浙江省最具地域特色文化符号（民间故事）网络评选"活动在主办方浙江省文化馆，与承办方浙江省文化馆民间艺术研究中心、浙江艺术网的联合组织下正式启动。此次活动以"传播民间故事，丰富地域文化，挖掘民族瑰宝"为主题，旨在通过网络平台，使更多的群众了解浙江的非物质文化遗产情况。活动历时半年，6~10月为参选作品的网络上传时间，全省参评民间故事64篇，10~11月为投票及评审时间，经网络投票、专家评审、评审委员会审议等环节筛选出21篇各具地域特色的民间故事。12月公布评选结果，浙江省省级非物质文化遗产保护项目《高机与吴三春传说》《徐文长故事》和《西施传说》均榜上有名。③

8月，浙江省诸暨市文化广电新闻出版局联合诸暨电视台"浣纱纪事"栏目，拍摄国家级非物质文化遗产项目《西施传说》的纪录片。该纪录片是关于诸暨市非物质文化遗产保护项目的系列专题片之一，影片以"西施

---

① 《〈中国诚信故事〉出版》，《中国文化报》2012年2月9日第5版。
② 《墨江县组织创作"洛奇洛耶与扎斯扎依"连环画》，云南非物质文化遗产保护网，2012年4月28日（http://www.ynich.cn/Article/ShowArticle.asp?ArticleID=1294）。
③ 《关于公布"浙江省最具地域特色文化符号民间故事网络评选"获奖结果的通知》，浙江艺术网，2012年12月20日（http://www.zjart.com/news_detail.asp?tid=1&id=7285）。

之谜"为线索,通过解析丰富翔实的史料、走访知名文化学者,透视西施之美,寻访西施的历史归宿,并于同年12月完成拍摄。此前,围绕西施传说的宣传保护,当地文化部门也多次借助影视传媒的力量组织拍摄有关西施传说的影视节目,举办西施题材影视剧展播,启用各种戏剧形式(越剧、京剧、黄梅戏等)展演西施;他们还邀请了66个国家和地区使节、百名记者,寻访西施故里,邀请电视节目主持人杨澜和湖南电视台"天下女人"栏目组到诸暨西施殿现场录制专题片《寻找西施》,并联合中央电视台等主流媒体拍摄大型电视系列片《话说西施》等。①

(七)利用故事会等形式传承情况

6月5日,为庆祝第七个文化遗产日,浙江省杭州市举办了民间传说少儿故事大赛。大赛由杭州市非物质文化遗产保护中心和杭州市民间文艺家协会主办,临安市非物质文化遗产保护中心、临安市衣锦小学承办,在杭州市"钱王传说"非物质文化遗产基地衣锦小学举行,来自杭州市各个县市区的19名选手参加了比赛,讲述了各自不同版本的临安"钱王传说"故事。②

9月24日,杭州市非物质文化遗产保护中心举办了杭州市"三江两岸"民间故事演讲比赛。上城区、西湖区、萧山区、桐庐县等九区、县(市)的中小学生参加比赛。"三江两岸"是"十二五"期间杭州要重点整治的区域。"三江",包括新安江、富春江、钱塘江,以及浦阳江、兰江、大源溪、分水江等主要支流。"两岸",指的是三江沿线可视范围,上游起于建德市新安江大坝,下游止于杭州经济开发区和大江东新城,其范围内涉及海瑞传说、梅城传说、孙权传说等第四批浙江省省级非物质文化遗产项目。③

11月12日,由浙江省温州市文成县文广新局、教育局、社科联主办,文成中学、文成县非物质文化遗产保护中心承办的第四届"刘伯温传说"讲故事大赛在文成中学举行。此次比赛经过了各校初选、网络预赛,最终

---

① 《浙江诸暨市拍摄"西施传说"电视纪录片》,福客民俗文化资讯网,2012年8月10日(http://news.folkw.com/www/dongtaizixun/134710467_2.html)。
② 《杭州市民间故事少儿故事大赛在临安圆满落幕》,浙江省非物质文化遗产网,2012年6月5日(http://www.zjhzart.com/scq/NewsListView.aspx?ParentID=814&CurrentID=815&ID=36957&RoleID=14)。
③ 《建德参加杭州市三江两岸民间故事演讲比赛》,浙江省非物质文化遗产网,2012年9月25日(http://www.zjfeiyi.cn/news/detail/31-2164.html)。

共有23名选手入围此次大赛决赛。所有参赛作品都是来自"刘伯温传说",此次大赛的举行主要是为了进一步继承和弘扬民族文化,促进国家级非物质文化遗产"刘伯温传说"的传承和发展,丰富学生的课外校外生活,提升学生的讲读能力和综合素养。①

11月19日,上海市民间文学类非物质文化遗产项目"新浜山歌"应江苏省文化厅邀请参加了2012年"中国·海门·东洲好家园"民间艺术节暨长三角优秀山歌民歌展演活动,在艺术节伊始表演了本地特有的民间叙事山歌《庄大姐》。这是"新浜山歌"首次走出上海,对外进行展示和交流。作为松江非物质文化遗产之一的新浜山歌,近年来得到了镇及相关部门的重视与支持,通过积极"走出去"、亮相各类重大展演活动等方式,建立了较为完善的保护与传承体系。②

(八) 调研与培训情况

扎实的调研工作与经验丰富的调查者是非物质文化遗产保护工作成功进行的基础。2012年,在国家及相关部门的大力扶植和组织下,对民间文学类非物质文化遗产的调研活动不断出现,相关培训班的开展也成为保护工作中的又一大亮点。

2月,为认真做好"普洱市非物质文化遗产丛书"中墨江哈尼族叙事长诗《洛奇洛耶与扎斯扎依》的编写出版工作,云南大学民族研究院民族学所所长马翀伟博士带领云南大学博士生、研究生到墨江县开展国家级非物质文化遗产哈尼族叙事长诗《洛奇洛耶与扎斯扎依》的田野调查。调查组一行在县文体广电局相关工作人员陪同下,先后深入联珠镇回归社区、埔佐村实地采访"洛奇洛耶与扎斯扎依"国家级传承人张桂芬和省级传承人胡飞,进一步详细了解了该长诗的历史渊源及保护传承情况。③

---

① 《文成县举办第四届刘伯温传说故事大赛》,浙江省非物质文化遗产网,2012年11月15日(http://www.zjfeiyi.cn/NEWS/detail/31-2372.html)。
② 《新浜山歌参加2012中国·海门民间艺术节暨长三角优秀山歌民歌展演活动》,上海市非物质文化遗产网,2012年11月22日(http://www.ichshanghai.cn/news/detail.php?id=1500)。
③ 《云南大学到墨江开展第二批"非物质文化遗产"项目田野调查》,云南省墨江县人民政府网,2012年2月7日(http://www.stats.yn.gov.cn/canton_model48/newsview.aspx?id=1677998)。

5月12日,为组建"坡芽合唱团",云南省文山壮族苗族自治州富宁县在县民族文化活动中心进行合唱团队员选拔活动,拟在全县范围内选拔优秀音乐人才。坡芽歌书是流传在云南省富宁县壮族地区,以原始的图画文字将壮族民歌记录于土布上的民歌集,于2011年被列入第三批国家级非物质文化遗产名录。此次选拔,是为推进"中国富宁壮族坡芽文化"品牌建设所做的工作之一。①

7月30日至8月2日,贵州省西部苗语暨苗族英雄史诗《亚鲁王》田野工作培训班在紫云举行。来自《亚鲁王》广泛流布的安顺、贵阳、黔南、毕节、黔西南等县市区的60多名学员参加培训。培训班由省文化厅和省民委共同主办,省少数民族语言文字办公室、省非物质文化遗产保护中心、紫云县人民政府联合承办。来自中国民协、三峡大学和贵州省社会科学院、贵州民族大学等的专家教授分别作了《从〈亚鲁王〉看民间文学的普查、整理》《苗族文化实地调查需要掌握苗学基础知识》《〈亚鲁王〉收集整理与研究中的几个问题》《如何用苗文来收集整理翻译〈亚鲁王〉》《民族文化的田野记录方法》《〈亚鲁王〉的架构及其流布》《亚鲁王与苗族历史文化》等专题的授课。这次培训还进行了田野现场观摩教学。由于学员具有浓厚的学习兴趣,还临时专门安排了两个晚上让学员们集中交流学习,就各地《亚鲁王》分别在婚丧嫁娶、祭祀典礼、建房造屋、节日欢庆、人生礼仪等不同场合的传唱情况进行介绍,并阐述了大家对于《亚鲁王》的不同存在形式的看法。②

10月15日至19日,云南省西双版纳州文化馆与勐海县勐遮镇文化广播电视服务中心,联合在勐遮镇举办国家级非物质文化遗产保护项目《召树屯与喃木诺娜》章哈演唱传承人培训班。来自勐遮乡辖区各个村委会的40余名学员,在傣族群众中颇有名气的章哈创作与演唱的两位民间老艺人——岩帕和岩三布外的指导下,对《召树屯与喃木诺娜》的章哈演唱技巧进行了系统练习。③

---

① 《富宁选拔优秀音乐人才组建坡芽合唱团》,文山新闻网,2012年5月15日(http://www.wsnews.com.cn/NewsView.aspx?ID=21680)。
② 《贵州省西部苗语暨〈亚鲁王〉田野工作培训班在紫云举行》,贵州非物质文化遗产网,2012年8月3日(http://www.gzfwz.com/Article/ShowArticle.asp?ArticleID=790)。
③ 《西双版纳州举办章哈演唱传承人培训班》,景洪市政务信息网,2012年12月15日(http://www.ynich.cn/Article/ShowArticle.asp?ArticleID=1388)。

二 研究情况

(一) 研讨会

2012年民间文学类非物质文化遗产相关研讨会主要围绕史诗的研究和探讨展开，我国传统"三大史诗"《格萨尔》《江格尔》和《玛纳斯》为热门研究对象。

5月26日至27日，"中国《江格尔》研究会2012年年会暨蒙古史诗传统学术讨论会"在京举行。来自新疆维吾尔自治区、内蒙古自治区、青海省、甘肃省、北京等地的三十多位学者出席本次会议，并做了学术讲座。前来参加"第四届IEL国际史诗学与口头传统研究讲习班"的俄罗斯、日本等国家的学者列席了本次会议。与会学者从学术史、史诗母题研究、宗教民俗研究、文化研究、资料学研究、史诗的传承流布及现状等诸多方面，深入探讨蒙古史诗研究中的各种问题，展开精彩的学术讨论，提出了一些新颖独到的见解。如何有效地保护史诗传统的传承和发展，是与会学者们共同关注的话题，有对过去实践的反思，也有对现状的担忧，更有对未来的展望和信心。

6月30日，百余位国内外专家学者齐聚新疆阿克陶，共同探讨、交流享誉世界的中国三大英雄史诗——藏蒙史诗《格萨（斯）尔》、蒙古族史诗《江格尔》、柯尔克孜族史诗《玛纳斯》保护、传承、发展问题。三大史诗分属我国的三个民族，在以往的研究中，专家学者都是各研究各的，没有从共性的角度加以思考。中国民协根据史诗的共同特点和中华民族多元一体的文化特质，首次促成了对三大史诗的整体研讨。与会专家一致认为，由中国民协组织的此次研讨会开创了中国史诗综合研究、比较研究、交叉研究的先例。中国民协副主席曹保明，分党组成员、副秘书长张志学，新疆文联副主席叶尔克西和来自中国民协、中国社会科学院、北京大学、西北民族大学等研究机构和高等院校的专家学者参加了研讨活动。①

7月17日至19日，由青海省委宣传部、中国社会科学院民族文学研

---

① 《中国"三大史诗"首次共议传承发展》，中国民间文艺家协会网，2012年7月11日（http://www.cflas.com.cn/_d275097392.htm）。

究所共同主办的"《格萨尔》与世界史诗国际学术论坛"在西宁召开,中国社会科学院副院长武寅,省委常委、省委宣传部部长吉狄马加,以及来自中国、美国、英国、马里等11个国家的150余名专家学者和嘉宾参加了论坛。学者们围绕《格萨尔》史诗、世界史诗、史诗的口头传统等主题,通过人类学、民俗学、民族学、宗教学等不同学科的视角和方法,深入探讨了世界史诗的研究现状、文化价值、对其的保护以及学科建设等方面的内容。①

11月17日至18日,"中国社会科学论坛(2012·文学)——2012史诗研究国际峰会"在北京举行。本次峰会议题包括"史诗传统的多样性、创造性及可持续性;口头史诗建档的方法论反思;史诗研究者、本土社区和研究机构;建立史诗研究者和专业机构的国际化学术组织"。来自近30个国家和地区的70名代表参加了会议,会议经过提议并投票,成立了"国际史诗研究学会",旨在探究史诗传统的多样性、创造性及可持续性,以更好传承和弘扬人类共同的非物质文化遗产,并推举中国社会科学院民族文学研究所所长朝戈金为会长。

此外,2012年,从事民间文学相关工作的《民族文学》与《民间文学》杂志社也围绕少数民族文字版、新故事创作等主题展开了学术探讨。

4月12日,由民族文学杂志社和中国民族语文翻译局联袂主办的《民族文学》少数民族文字版审读座谈会在京召开。中国作协党组成员、副主席、书记处书记、中国作家出版集团党委书记、管委会主任何建明,中国作协党组成员、书记处书记白庚胜,民族文学主编、中国少数民族作家学会常务副会长叶梅,中国民族语文翻译局党委书记、局长李建辉,以及来自翻译局、出版社、报刊社、高校研究机构等单位的作家、翻译家、专家、学者、编辑、记者等80多人出席会议。《民族文学》蒙古文、藏文、维吾尔文版于2009年创刊,中国民族语文翻译局配合民族文学杂志社系统承担翻译审读工作。创刊近三年来,三本刊物翻译发表了铁凝、王蒙、玛拉沁夫、吉狄马加、陈建功、张洁、贺捷生、阿来、张承志、丹增、赵丽宏、迟子建、刘庆邦、金哲、赵玫、石舒清、叶广芩、鲍尔吉·原野等30多个民族250多位作家的优秀汉文作品,还推出了蒙古族、藏族、维吾尔

---

① 《格萨尔与世界史诗国际学术论坛在西宁隆重开幕》,青海新闻网,2012年7月18日(http://www.qhnews.com/2011zt/system/2012/07/18/010830569.shtml)。

族母语作家的佳作,成为备受内蒙古、西藏和新疆等少数民族地区广大读者喜爱的精神家园。①

5月25日至27日,为纪念毛泽东同志《在延安文艺座谈会上的讲话》发表70周年,进一步推动新时期故事创作,《民间文学》杂志社在河北省石家庄市召开了"2012年新故事创作研讨会"。中国民协副秘书长吕军、石家庄文联主席周喜俊出席会议并讲话。来自北京、天津、河北的11名作者出席研讨会。《民间文学》杂志社社长、主编在会上就当前新故事创作的走向、杂志社对稿件的总体要求及杂志社未来发展趋势作了主题发言。杂志社副主编范大宇围绕如何从生活中挖掘故事创作素材及来稿中存在的问题提出了见解。与会作者结合创作经历交流了新故事创作体会,也提出了各自的意见和见解。②

值得注意的是,2012年中国民间文艺家协会与台湾学术团体"中国口传文学学会"以研讨会形式进行的互动,为两岸民间文学类非物质文化遗产保护工作提供了相互交流和经验借鉴的机会。

11月28日至12月3日,应台湾中国口传文学学会邀请,中国民间文艺家协会分党组成员、副秘书长张志学,办公室主任徐岫鹃,江苏省民间文艺家协会顾问康新民等一行赴台北市参加了"2012海峡两岸民间文学学术研讨会"。此次研讨会由台湾中国文化大学中国文学系和台湾中国口传文学学会共同主办,近百名专家学者参加了研讨活动。研讨会分七场进行。在主题为"从现场考察到类型索引——口头文学遗产的搜集、整理、保存"的首场研讨中,张志学、康新民、台湾中国口传文学学会名誉理事长、台湾中国文化大学教授金荣华、徐岫鹃、江苏镇江民间文化艺术馆副馆长金璐明分别围绕有关专题做了演讲。研讨会期间,来自台湾十几所大学的专家、教授分别宣读了自己的论文,并对中国民间文艺家协会开展的民间文化遗产抢救工程表现出极大的兴趣和热切的关注。与会代表还与中国文化大学推广部2012年度中国文学系硕士在职专业班的学员们进行了学术座谈,进一步密切了中国民间文艺家协会与台湾中国口传文学学会的关

---

① 《〈民族文学〉少数民族文字版审读座谈会召开》,搜狐网,2012年4月13日(http://book.sohu.com/20120413/n340490479.shtml)。
② 《〈民间文学〉新故事创作研讨会》,中国民间文艺家协会网,2012年6月1日(http://www.cflas.com.cn/_d274875317.htm)。

系，促进了两岸民间文学研究的发展。①

（二）著作

2012年9月，由中国社会科学出版社出版，贺学君、蔡大成、樱井龙彦主编的《中日学者中国神话研究论著目录总汇》面世。《中日学者中国神话研究论著目录总汇》是一部集科学性、实用性于一体，系统介绍近百年（1882～1998）中日学者关于中国神话的研究成果，迄今唯一的大型工具书。全书"前言"部分对中国神话研究百年历史的梳理辨析，对中日学者研究异同特点的比较评点。目录主体部分，分基础理论、专题研究、作品研究以及少数民族神话研究四大部类，内容丰富，资料齐全，共收相关专著和论文万余条；部类之下，再据作品不同内容，逐级细分，自成体系；日本学者的论著，在采用中文译文的同时，也保留日文标题与出处，以便查考；此外，内容还旁及民俗学、古典文学、美学、文化学等相关论著。②

10月，顾希佳主编的国家"十一五"重点图书、国家社科基金项目成果《中国古代民间故事长编》（套装共6册）由浙江大学出版社出版。该书以阅读文本的方式，在上述各代的诸子散文、史书方志、文人笔记、宗教典籍以及民间抄本等各类文献中辑出民间故事原文，并大致梳理了该类故事的流变轨迹。同时运用了故事主题和故事结构两种分类索引，增加了检索资料的便利，为中国民间故事在世界范围内的交流打开了有效的途径。③

11月，日本已故著名学者柳田国男所记录，中国学者吴菲翻译的《远野物语·日本昔话》由上海三联书店出版社出版。《远野物语》是流传于日本岩手县远野乡的民间传说故事集。讲述者为远野人佐佐木喜善，由柳田国男亲笔记述。初版于明治四十三年（1910）问世，堪称日本民俗学的开山之作。其文体简洁，内容醇厚，一直受到众多作家和文学爱好者的喜爱。《日本昔话》共收录日本各地口传故事一百零八篇。最早作为少儿读

---

① 《2012海峡两岸民间文学学术研讨会在台北市举行》，中国民间文艺家协会网，2012年12月5日（http：//www.cflas.com.cn/_d275723935.htm）。
② http：//www.chinesefolklore.org.cn/web/index.php? NewsID＝10874。
③ http：//www.jyb.cn/book/dskp/201302/t20130201_527225.html。

物出版于 1930 年。内容质朴而生动，保持了日本各地传说故事的原型。"昔话"即民间口头流传的传说故事。①

12 月，柳田国男著、印祖玲译的《日本怪谈录——民俗名家笔下的妖怪秘录》由重庆大学出版社出版。该书选编了日本著名民俗研究者柳田国男的《远野物语》《日本的传说》《妖怪谈义》等著作的内容，记录了姥神、山神、河童、天狗、夺衣婆等神鬼，以及弘法大师等历史人物的奇异传说，并考证了这些传说发生地的遗留痕迹。②

（三）论文

在"中国知网"上将发表时间限定在 2012 年，以主题词"非物质"+"民间文学"进行文献检索，共搜索到论文结果 77 条。以主题词"非物质"+"口承传统"，搜索到 0 篇；以主题词"非物质"+"民间叙事"，搜索到 1 篇；以主题词"非物质"+"民族文学"，搜索到 0 篇；以主题词"非物质"+"口头传统"，搜索到 12 篇。同时，由于民间文学类非物质文化遗产可以分为传说、故事、神话、史诗、长诗、歌谣、谜语、谚语 8 个亚类，因此又将主题词"非物质"与上述 8 个亚类相结合，将发表时间限定在 2012 年进行检索，最后除去重复及主题不相干的论文，共得 129 篇。这些论文从内容上又可分为以下几大类：

1. 对民间文学类非物质文化遗产保护理念与传承方式的理论探讨

刘锡诚在《非物质文化遗产保护的一个认识误区》中指出，进入非物质文化遗产保护名录的民间文学项目与 20 世纪 80 年代搜集记录的民间文学文本和民间文学实际蕴藏量极不相称，许多著名的作品没有进入国家级名录，使国家级名录的权威性受到损害，民间文学类传承人数量在非物质文化遗产传承人名录中所占比例也很小，亟待在理念上和实际工作上作出调整。③

陈映婕、张虎生的《民间文学类非物质文化遗产保护对起源地的认识误区》一文则关注到了民间文学类非物质文化遗产项目在申报时出现多地

---

① http：//book.douban.com/subject/19967320/.
② http：//book.douban.com/subject/20390302/.
③ 刘锡成：《非物质文化遗产保护的一个认识误区》，《江南大学学报》（人文社会科学版）2012 年 1 月。

"争抢"该项非物质文化遗产"起源地"的情况,提出"出现若干个民间传说的'故里'是否属正常现象?'起源地'是由什么来判定的?而在申报中获得成功的个别地方是否就意味着成为某个民间文学项目的真实合法的'起源地'"的问题,认为对"'起源地''故里'等术语的使用应持慎重态度,或可改为'传承地'"。[①]

《非物质文化遗产语境下的民间文学现状及保护困境》的作者詹娜认为,民间文学在与当下多元文化的剧烈碰撞下,其传承范围、情境、传承方式及现实功能均发生了一系列变化。尤其是在成为非物质文化遗产后,民间文学的生活属性日渐减弱、利益属性明显增强,同时,在民间文学的保护中还存在保护的不均质性、功利性和非活态性等问题[②]。

汪颖的《基于非物质文化遗产的创新设计案例研究》提出将创新设计应用于非物质文化遗产的保护与传承,其中涉及将白蛇传传说设计成兼具观赏性和游戏性的西湖旅游纪念品,并进一步提出针对民间文学类非物质文化遗产的特点在设计实践中的应用路径。[③]

李慧军等的《论迪士尼动画对民间文学的继承与创新》一文介绍了迪士尼动画中借助东西方经典民间故事元素进行创作的方式方法,对我国民间文学类非物质文化遗产也有一定的借鉴意义。[④]

2. 对民间文学类传承人情况的调查和研究

刘娟妮在其文《民间文学艺术中传承人的法律问题》中,基于对版权法保护模式的接受,探讨民间文学艺术作品保护中传承人的法律地位及相关法律问题。[⑤]

刘锡诚在《故事家及其研究的文化史地位》一文中对民间故事家及其研究在文化史上的地位提出了高度的赞扬,认为民间故事讲述人是一个民族、一个地区的民间故事的主要负载者和传承者,对故事家的认识导致了

[①] 陈映婕、张虎生:《民间文学类非物质文化遗产保护对起源地的认识误区》,《民族艺术研究》2012年第4期。
[②] 詹娜:《非物质文化遗产语境下的民间文学现状及保护困境》,《沈阳师范大学学报》,2012年1月。
[③] 汪颖:《基于非物质文化遗产的创新设计案例研究》,《包装工程》2012年第6期。
[④] 李慧军、相龙烽、耿春明:《论迪士尼动画对民间文学的继承与创新》,《齐齐哈尔大学学报》(哲学社会科学版)2012年8月。
[⑤] 刘娟妮:《民间文学艺术中传承人的法律问题》,《云南社会科学主义学院学报》,2012年1月。

由分散的搜集和纯文本的研究向新的学术取向和范式的转换，并发出在新世纪对这些传承人加大保护力度的倡议。①

在王丹的论文《民间故事价值回归的采录方法研究》中，以民间故事家刘德方的故事采录为例，分析了民间故事文本制作的多样性及其原因，阐释了不同故事文本涵括的思想与追求，提出了民间故事回归科学采录方法的路径。②

3. 对民间文学类非物质文化遗产亚类项目的保护及学理探讨

丁晓辉在论文《荒谬与合理：民间叙事的文本、语境与叙事逻辑》中对民间叙事外在形式荒谬，内在逻辑合理的特征进行了学理分析，认为这是由其自身的口头性、叙事性、实用性、文学性等诸多特征共同决定的，只有在语境中理解文本才能了解民间叙事的叙事逻辑，进一步正确认识民间文学的价值。③

叶舒宪在《四重证据法重建中国非物质文化遗产体系》一文中，以玉璜神话为例，创新提出通过四重证据法，在方法论上对中国非物质文化遗产体系建构做出了新的探索。④

林继富在《中国民间故事搜集与讲述研究的意义》中认为，民间故事的讲述研究有益于系统建构民间叙事理论，有助于民间文化资源的利用和开掘，有助于文化多样性建设。⑤

漆凌云与杨秋丽通过文献检索搜检出中国民间故事论文（1978~2010）1746篇，采用文献计量法从民间故事论文的年度分布情况、选题分布、队伍建设及报刊布局四方面分析中国民间故事研究状况，并将结果发表在《中国民间故事论文的文献计量分析》一文中。⑥

《民间故事研究之两种不同视角的探讨》的作者袁珍琴与周独奇认为，"保护"与"传承发展"的目的包含着"历史视角"与"现代视角"的矛

---

① 刘锡诚：《故事家及其研究的文化史地位》，《民俗研究》2012年第2期。
② 王丹：《民间故事价值回归的采录方法研究——以刘德方故事采录为例》，2012年4月。
③ 丁晓辉：《荒谬与合理：民间叙事的文本、语境与叙事逻辑》，《民俗研究》2012年第11期。
④ 叶舒宪：《四重证据法重建中国非物质文化遗产体系——以玉文化和龙文化的大传统研究为例》，《贵州社会科学》2012年第4期。
⑤ 林继富：《中国民间故事搜集与讲述研究的意义》，《中央民族大学学报》（哲学社会科学版），2012年9月。
⑥ 漆凌云、杨秋丽：《中国民间故事论文的文献计量分析》，《民俗研究》2012年第3期。

盾，在处理这对矛盾时应严格遵守保护原则与在传承发展工作中必要的审慎态度。①

在中国三大史诗传承与保护研讨会论文中发表的论文《史诗的民间化》提出，民间化是史诗的生活化因素，注重史诗的民间化特征，对探讨史诗的产生和传承有重要意义。②

《中国农业谚语的继承与应用》一文则考察了中国农业谚语的起源和发展过程，以及新中国成立后农业谚语的搜集、整理和出版工作，分析了中国农业谚语具有的科学性、通俗性、地域性、局限性等特点，并提出继承、发展和应用农业谚语的观点。③

4. 基于区域或民族民间文学类非物质文化遗产资源进行的探讨

王霄冰的《哈萨克阿肯阿依特斯在德国》一文，以两位哈萨克阿肯歌手在德国表演哈萨克传统口头艺术阿依特斯为例，分析了传统民族民间口头艺术在跨文化交流中，观众可能遇到的需要依靠母语研究者的"二次翻译"才能勉强理解表演内容的困境，为非物质文化遗产保护跨文化、跨国界研究提供了新的材料和视角。④

马晓琴的《论回族口承非物质文化的传承与保护》，介绍了回族口承非物质文化的表现内容、传承现状及面临的困境，提出了相应的意见和建议。⑤

王振顶的《论语言文学类非物质文化遗产及其保护利用——以河南省为例》，提出对河南省语言文学类非物质文化遗产保护应以语言为主线，以记录、整理、编译、展演为形式，与现代电子科技和创意相结合，进行生产性、产业化保护。⑥

《从田野表达到文本记录：试述新疆民间文学艺术保护现状》的作者

---

① 袁珍琴、周独奇：《民间故事研究之两种不同视角的探讨》，《重庆文理学院学报》（社会科学版），2012年9月。
② 曹保明：《史诗的民间化》，《"史诗之光——辉映中国"——中国"三大史诗"传承与保护研讨会论文及论文提要汇编》，2012年6月。
③ 张天柱、郝天民、冯志高、李睿、宋懿：《中国农业谚语的继承与应用》，《农学学报》2012年3月。
④ 王霄冰：《哈萨克阿肯阿依特斯在德国》，《民族文学研究》2012年第1期。
⑤ 马晓琴：《论回族口承非物质文化的传承与保护》，《回族研究》2012年第5期。
⑥ 王振顶：《论语言文学类非物质文化遗产及其保护利用——以河南省为例》，《河南科技大学学报》（社会科学版），2012年6月。

黄适远为读者介绍了新疆"三大史诗""十套集成"和其他民间文学艺术的保护状况。①

《论敦煌民间文学艺术表达的法律表征》一文则从法律视角对敦煌民间文学艺术进行了基础考察,提出了其在法律上的可保护性和保护范围。②

《河北省语言文化遗产保护与发展策略》一文分析了河北省少数民族语言和方言的保护状况及存在问题,进而提出了相应的策略。③

5. 针对民间文学类非物质文化遗产项目个案的研究和探讨

2012年苗族首部英雄史诗《亚鲁王》出版,再次引起了研究者们的关注。刘锡诚专门撰文《〈亚鲁王〉原始农耕文明时代的英雄史诗》,对《亚鲁王》的发现、记录和出版的历史进行了介绍,对《亚鲁王》史诗的出版给予了极高的评价。④

朝戈金也发表了《〈亚鲁王〉:"复合型史诗"的鲜活案例》,对报纸、网站等主要新闻媒体上对《亚鲁王》介绍不当的地方予以指正。⑤

《民间口头文学叙事中的"历史真实"》一文的作者吴正彪、杨龙娇,以文学人类学的多重证据法为理论观照苗族史诗《亚鲁王》的相关历史,由此说明神话叙事中的"历史真实",并以此论证和探讨《亚鲁王》在口述史研究中的价值和意义。⑥ 吴正彪的另一篇文章《苗族英雄史诗〈亚鲁王〉翻译整理问题的思考》⑦,以《亚鲁王》翻译与整理中遇到的问题为探讨对象,提出了自己的理解和思考。

其他有关进入国家和省市自治区级非物质文化遗产名录的民间文学项目的研究论文,整理如表17和表18,此不赘述。

---

① 黄适远:《从田野表达到文本记录:试述新疆民间文学艺术保护现状》,《新疆艺术学院学报》,2012年9月。
② 赵蓉、刘为民:《论敦煌民间文学艺术表达的法律表征——基于敦煌民间文学艺术表达成果权之基础考察》,《知识产权》2012年第10期。
③ 耿延宏、朱玲:《河北省语言文化遗产保护与发展策略》,《河北学刊》2012年第11期。
④ 刘锡诚:《〈亚鲁王〉原始农耕文明时代的英雄史诗》,《西北民族研究》2012年第8期。
⑤ 朝戈金:《〈亚鲁王〉:"复合型史诗"的鲜活案例》,《中国社会科学报》2012年3月。
⑥ 吴正彪、杨龙娇:《民间口头文学叙事中的"历史真实"——关于苗族英雄史诗〈亚鲁王〉中几个"史事"问题的探讨》,《百色学院学报》,2012年9月。
⑦ 吴正彪:《苗族英雄史诗〈亚鲁王〉翻译整理问题的思考》,《民族翻译》2012年第9期。

表17 关于国家级民间文学类非物质文化遗产项目的研究论文

题 名	作 者	来 源
白蛇传传说的民间美术表达	张丹	《江苏大学学报》（社会科学版）2012年11月第14卷第6期
从孟姜女传说到淄博民歌《哭长城》	李群	《大众文艺》民族民间文化研究
非物质文化遗产和徐福传说——围绕着传说的多重多样的传承主体	逖志保著，潘港译	《文化遗产》2012年第2期
非物质文化遗产视野下的徐福东渡传说	顾希佳	《浙江艺术职业学院学报》第10卷第3期
论梁祝传说的文化认同作用——兼谈南方少数民族梁祝叙事诗	晋克俭	《民族文学研究》2012年第5期
民艺旅游资源的发展前景——以沂源地区牛郎织女传说为例	武晓斐，姜小凡	《大众文艺》综合学术论坛
牛郎织女传说的在地化传承研究——以和顺县南天池村一带的牛郎织女传说为个案	李超	2012年研究生硕士学位论文
沂源牛郎织女传说的原生态保护刍议	刘强	《科技信息》2012年第20期
论口传《阿诗玛》的理想生境	黄毅	《昆明学院学报》2012年第2期
略论民间故事的文化生态——以都镇湾故事为例	谢国先	《三峡大学学报》（人文社会科学版）2010年3月第32卷第2期
满族说部复仇主题的文化阐释——满族说部叙事类型透视之一	隋丽	《民族文学研究》2012年8月
民间宝卷的抄写	陆永峰	《民俗研究》2012年第4期总第104期
神授天书与代圣立言：宝卷来源的人类学解读——以《香山宝卷》为中心的考察	李永平	《民俗研究》2012年第6期总第106期
论基础研究在布洛陀文化保护开发中的意义	陆晓芹	《广西大学学报》（哲学社会科学版）2012年6月第34卷第3期
论壮族《麽经布洛陀》的汉王祖王神话	林安宁	《广西民族大学学报》（哲学社会科学版）2012年3月第34卷第2期
壮族布洛陀"体系神话"中的伦理思想探析	唐凯兴，黄修卓	《百色学院学报》2012年3月第25卷第2期
壮族布洛陀神话叙事角色及其关系分析	李斯颖	《民族文学研究》2012年1月
《江格尔》民间文学艺术审美初探	奥音	《科技信息》2012年第7期
《摩苏昆》传承状况研究	娜敏，杜坚栋	《北方民族大学学报》（哲学社会科学版）2012年第3期
布努瑶伦理道德的史诗抒写：《密洛陀》研究	胡媛	《广西民族师范学院学报》2012年3月第2期

续表

题 名	作 者	来 源
鄂西北《黑暗传》的传承现状及策略研究	林佳焕	2012 年硕士学位论文
格萨尔口头传承与民族文化保护	杨恩洪	《青海社会科学》2012 年第 1 期
关于做好三大史诗翻译工作的思考	降边嘉措	中国民间文艺家协会官网（http：//www.cflas.com.cn/_d275109826.htm）
黑龙江柯尔克孜族与史诗《玛纳斯》	吴占柱	《黑龙江民族丛刊（双月刊）》2012 年第 5 期
活态传承 科学保护	郎樱	中国民间文艺家协会官网（http：//www.cflas.com.cn/_d275110074.htm）
简谈彝族毕摩和歌手对史诗的"演述"——以梅葛、查姆为中心	陈永香 马红惠 李得梅	《青海社会科学》2012 年第 5 期
江格尔的传承与保护	仁钦道尔吉	中国民间文艺家协会官网（http：//www.cflas.com.cn/_d275109952.htm）
拉祜族创世史诗《牡帕密帕》的思维结构解读	杨云燕	《楚雄师范学院学报》2012 年 7 月第 27 卷第 7 期
论《梅葛》中的文化数字	王小盾	《民族文学研究》2012 年第 2 期
再论《黑暗传》——《黑暗传》与敦煌写本《天地开辟已来帝王纪》	刘守华	《民俗研究》2012 年第 4 期总第 104 期
在口头与书面之间：双重文化维度中的《格萨尔》史诗演述人	李永娟	2012 年硕士学位论文
藏族祝赞词	朗润芳 贾海娥	《西藏研究》2012 年 2 月第 1 期
城镇化背景下壮族嘹歌文化的保持和传承的思考	李志强	《百色学院学报》2012 年 3 月第 25 卷第 2 期
非物质文化遗产保护视野中壮族民歌传统与诗性思维的文明史价值	章德清	《中南民族大学学报》（人文社会科学版）2012 年 11 月第 32 卷第 6 期
非物质文化遗产吴歌的保护与传承	夏美君	《大舞台》2012 年 12 月
风光旖旎哭嫁歌——对于湘西地区《土家族哭嫁歌》的非物质文化遗产考察	田文婷	《湖南农机》2012 年 3 月第 39 卷第 3 期
歌唱的生存——羊场布依族盘歌综论	吴秋林	《民族文学研究》2012 年第 2 期

续表

题　名	作者	来　源
广西壮族音乐文化资源的保护与开发策略	翁葵	《广西社会科学》2012年第4期总第202期
贵州民族民间音乐的保护与传承——以施秉苗族"刻道"为例	孙玉森	《凯里学院学报》2012年8月第30卷第4期
国家非物质文化遗产——"桐城歌"传承现状调查与思考	徐慧俊	《吉林省教育学院学报》2012年第6期第28卷总306期
论地方性知识的当代传承路径——以苗族古歌为例	陈雪英	《西南民族大学学报》（人文社会科学版）2012年第6期
苗族古歌的演唱方式	吴一文	《民族文学研究》2012年第2期
苗族古歌搜集整理与研究三十年述论	龙仙艳	《三峡论坛》2012年第3期总第250期
苗族古歌研究百年回眸	龙仙艳	《贵州社会科学》2012年第9期
闽台童谣的历史面貌与当下传承	郑伟	《西南农业大学学报》（社会科学版）2012年12月第10卷
浅析苗族古歌的传承与发展——以贵州省凯里市季刀上寨为例	向瑜 孙鹏祥 金波	《重庆科技学院学报》（社会科学版）2012年第11期
土家族哭嫁歌对女性自我构建的影响	康晓蕴	《民族艺术》2012年7月
土家族哭嫁歌英译初探	覃军	《民族翻译》2012年第1期
土家族民间歌谣的社会意义阐释	秧乐	《文学界（理论版）》2012年3月
壮族"嘹歌"歌圩生态的式微与拓展	肖文朴	《歌海》2012年1月
青林寺谜语及其传承的初步考察	王作新	《三峡论坛》2012年第1期总第246期
壮族嘹歌与苏格兰民歌中思维原型对比研究——以壮族嘹歌之《三月歌》和苏格兰民歌之（The Twa Corbies）为例	廖志恩	《百色学院学报》2012年7月第25卷第4期

表18　关于省级民间文学类非物质文化遗产项目的研究论文

题　名	作者	来　源
"东海孝妇"传说与祭祀戏剧艺术	王馗	《文化艺术研究》2012年4月第5卷第2期
柳毅：从小说人物到民间神灵	黄景春 师静涵	《民俗研究》2012年第4期总第104期
民间传说的记忆与民间信仰——以山西运城舜帝传说为例	毛巧晖 韩娜	《民俗研究》2012年第2期总第102期

续表

题　名	作者	来　源
浅析陈十四信仰的畲族民族化	孟令法	《丽水学院学报》2012年12月第34卷第6期
日本和歌咏唱中七夕传说的吸收与本土化研究	毕雪飞	《民族文学研究》2012年3期
语境视域下的同源性文本研究——以《赵氏孤儿》为例	李小玲	《民俗研究》2012年第6期总第106期
城市化进程中上海田山歌保护研究	余建华	2012年硕士学位论文
歌唱的生存——羊场布依族盘歌综论	吴秋林	《民族文学研究》2012年2期
广西金城江——龙江流域山歌文化的传承与发展	莫国酬	2012年硕士学位论文
徽州歌谣研究	逯慧	2012年硕士学位论文
刘三姐歌谣的审美文化内涵	罗相巧	《贵州大学学报》2012年3月第26卷第1期
刘三姐歌谣的文化阐释	黄桂秋	《钦州学院学报》2012年9月第27卷第5卷
民俗学视角下马山童谣的研究	谭霖	2012年硕士学位论文
南宁白话童谣的地方特色及传承保护	黄春晓	《广西师范学院学报》（哲学社会科学版）2012年4月第2期
温州童谣的"活态保护"初探	赖邱佳	《吉林省教育学院学报》2012年第9期第28卷
论民间歌谣在新农村文化建设中的作用——以孝感地区的歌谣为例	徐晶晶	2012年硕士学位论文
传播学视域中民族共同体的认同与想象——以文本《回族民间故事选》为中心的探讨	张春波	《回族研究》2012年第4期总第88期
论回族口承非物质文化的传承与保护	马晓琴	《回族研究》2012年第2期总第86期
蒙古族民间儿童故事的特点及教育价值	张伶	《内蒙古师范大学学报》（哲学社会科学版）2012年7月第41卷第4期
武当山民间故事的文化内涵研究	杨贤玉 杨荣广	《湖北经济学院学报》（人文社会科学版）2012年5月第9卷第5期
乡土道德意识的演绎——东北民间故事中的语义解构现象探析	姜亭亭 李秀云	《吉林师范大学学报》（人文社会科学版）2012年11月第6期

续表

题 名	作 者	来 源
浙江民间故事在学前儿童中的传承窘境及解决方法	章 红	《中国社会科学报》2012年5月28日第B04版
国家话语与少数民族民间文学资料搜集整理——以1949年至1966年为例	毛巧晖	《广西民族师范学院学报》2012年3月第29卷第2期
民间口头文学的著作权保护	申永敬	2012年硕士学位论文
王洪军谈赫哲族非物质文化遗产的保护	王洪军	中国民俗学网（http://www.chinesefolklore.org.cn/web/index.php?NewsID=10984）
文化意象与从善心理——从闽南民间故事看闽南人的生命追求	戴冠青	《泉州师范学院学报》2012年5月第30卷第3期
羌族民间文学中的女神崇拜与族群意识	李祥林	《文化遗产》2012年第1期
海峡两岸民间神话故事探析	陈 婕	《咸宁学院学报》2012年8月第32卷第8期
中国近代神话传说研究与民族文化问题	高有鹏	《中国人民大学学报》2012年第1期
论《格斯尔》史诗的口头叙事传统——以《圣主格斯尔可汗》的时间程式为例	秋 喜	《民族文学研究》2012年1期
青海蒙古口传《格斯尔》与北京木刻本《格斯尔》的异同	斯钦巴图	《民族文学研究》2012年5期
述论赫哲族渔猎生活——兼论赫哲族史诗《伊玛堪》的传承保护与开发	王友富	《农业考古》2012年12月
从《亚鲁王》看如何繁荣少数民族文化	黄莎莎	《当代贵州》2012年3月
论赫哲族伊玛堪保护	胡宏雁	《学理论》2012年11月
论西藏说唱艺术《格萨尔王传》的音乐史价值	贾 婕	《合肥师范学院学报》2012年1月第30卷第1期
浅析"伊玛堪"的涵义与传承	才小男	《北方文学（下半月）》2012年7月
试论柯尔克孜族英雄史诗《玛纳斯》中的马文化	斯拉依·阿赫玛特	《赤峰学院学报》（汉文哲学社会科学版）2012年4月第33卷第4期
客家谚语文化透视	张玉婷	2012年硕士学位论文
民间谜语口传教育的困境透析与对策探讨——以湖北宜都青林寺民间谜语传承为个案	张 岚	2012年硕士学位论文

（四）科研立项

2012年度立项的国家社科基金项目中，与民间文学及其亚类有关的项目共17项。2012年度立项的教育部人文社会科学研究规划基金项目中，与民间文学及其亚类有关的项目共9项。详见表19和表20。

表19　2012年度国家社科基金民间文学项目立项情况

序号	项目名称	负责人	学　科
1	中国民间文学与民族历史记忆研究	林继富	中国文学
2	民间叙事与区域史建构——辽宁满族民间文学的文化	詹　娜	中国文学
3	民族民间传说的历史人类学研究	杨文辉	民族问题研究
4	傣泰民族民间故事研究	刘　红	中国文学
5	蒙古民间魔法故事的文化人类学阐释	铁　安	民族问题研究
6	新疆卫拉特蒙古族"机智人物故事"类型研究	萨仁托雅	民族问题研究
7	蒙古文《索勒哈尔乃故事》的文化背景研究	宝　花	中国文学
8	《玛纳斯》大师居素普·玛玛依不同年代演唱异文与传统故事比较研究	依斯哈别克	中国文学
9	蒙古族史诗《江格尔》与藏族史诗《格萨尔》比较研究	齐玉花	民族问题研究
10	史诗《玛纳斯》的翻译传播与"玛纳斯学"的发展研究	梁真惠	语言学
11	格萨尔史诗中的生态文化与三江源生态环境可持续发展关系研究	南拉加	中国文学
12	羌族史诗说唱传统研究	陈安强	中国文学
13	史诗《格萨尔》"口述"中的体育文化普查与研究	巷欠才让	中国文学
14	蒙古族史诗与印度史诗比较研究	王艳凤	中国文学
15	东北三少民族史诗类型研究	汪立珍	中国文学
16	《格萨尔》史诗的国外传播研究	于　静	中国文学
17	云南少数民族迁徙史诗的文学人类学研究	王淑英	中国文学

表20 2012年度教育部人文社会科学研究规划
基金民间文学项目立项情况

序号	项目类别	项目名称	负责人	学科
1	一般项目	中国创世神话形态研究	向柏松	中国文学
2	青年项目	俗神叙事的演化逻辑：以陈靖姑传说等为例	刘秀峰	中国文学
3	青年项目	中国四大民间传说的戏剧传播研究	郭玉华	中国文学
4	青年项目	东部裕固族《格萨尔》故事收集、整理研究	安玉红	中国文学
5	青年项目	苗族史诗对东部苗疆伦理的塑造研究	龙仙艳	交叉学科/综合研究
6	青年项目	中国少数民族史诗英译与研究：以锡伯族史诗《西迁之歌》为例	苏畅	民族学与文化学
7	青年项目	《格萨尔》史诗叙事传统研究	王金芳	民族学与文化学
8	一般项目	史诗《玛纳斯》的翻译与传播研究	梁真惠	语言学
9	青年项目	活形态民族史诗《格萨尔》翻译与传播研究	王治国	语言学

资料来源：《2012年度教育部人文社会科学研究规划基金、青年基金、自筹经费项目评审结果公示一览表》，http://www.moe.cn/publicfiles/business/htmlfiles/moe/A13_gggs/201201/129396.html。

三 成绩与问题

2012年民间文学类非物质文化遗产的保护与传承取得了巨大的成绩，主要表现在：

（一）成绩

1. 民间文学类非物质文化遗产的受关注度大为提高

在第三批国家级非物质文化遗产名录中，民间文学一项所占比例为21%，民间文学项目在国家级非物质文化遗产名录中的比例首次跃居首位；各类展演活动丰富；与民间文学类非物质文化遗产相关的博物馆、数据库的建设从未间断；在研究层面，关于民间文学及其亚类的研讨会、研究论文、专著以及国家社会科学各类基金项目、教育部各类基金项目数量可观。这些都表明，民间文学在非物质文化遗产保护工作中的地位在逐年上升,受到更多、更广泛的关注。

2. 民间文学类非物质文化遗产在国内外的传播得以扩大

在历年的民间文学类非物质文化遗产保护工作中,出现了许多以民间文学类非物质文化遗产为底本或脚本,在此基础上改编或再创作而成的歌舞表演、歌舞剧、影视节目等表现形式,其中不乏精品,一定程度上扩大了民间文学类非物质文化遗产的受众群体。由青海省委宣传部、中国社会科学院民族文学研究所共同主办的"《格萨尔》与世界史诗国际学术论坛"(2012年7月),以及2012年11月在北京举行的"中国社会科学论坛(2012·文学)2012史诗研究国际峰会",为中国民间文学类非物质文化遗产走向世界和加强国际交流作出了重大贡献。此外,一些单位或个人在向海外传播民间文学艺术方面也做出了值得关注的努力。例如,借"2009/2010德中科学教育年"之机,来自德国波恩大学、柏林洪堡大学、新疆师范大学、中央民族大学、中国社会科学院文学研究所等的中德双方学者共同策划了有关"哈萨克阿肯阿依特斯:仪式、文本与表演"的研究与田野调查。这期间邀请了两位哈萨克阿肯歌手访问德国,在不同的场合向德国观众表演了阿依特斯演唱艺术。这不仅有助于研究与民间文学有关的艺术形式在不同地域环境下发生的情况,也为民间文学艺术遗产如何在海外传承传播提供了范例。[①]

3. 民间文学类非物质文化遗产保护传承形式更加趋于多样化

2012年,民间文学类非物质文化遗产的保护传承形式呈现了多元化发展的趋势。除了传统的展示、展演形式,2012年针对民间文学类非物质文化遗产的保护传承方式还有数据库、博物馆的建设、多媒体手段的运用、调研活动与培训班等。值得一提的是,浙江省各级文化部门主办的各类民间故事比赛,以及运用报纸专栏、电视节目、网络活动等多媒体手段对民间文学类非物质文化遗产进行的保护工作,有效扩展了该类非物质文化遗产的民间影响力,也为发展多元化的保护传承方式提供了借鉴。

4. 民间文学类非物质文化遗产传承人呈年轻化趋势

传承人老龄化一直是保护与研究工作中备受关注的热点问题。2012年

---

① 王霄冰:《哈萨克阿肯阿依特斯在德国》,《民族文学研究》2012年第12期。

公布的第四批国家级非物质文化遗产代表作传承人名单中,50~60岁年龄段的传承人共有15位,其中民间文学类项目传承人占了3位。对此,国家非物质文化遗产保护专家委员会副主任乌丙安指出,这些"代表性传承人与之前相比有明显年轻化的趋势",这些传承人"很多为五六十岁,年富力强,为该行业的'当家人'","说明我国的非物质文化遗产传承已经进入了实体阶段,非物质文化遗产保护工作从单纯的申报、审批转为了踏踏实实地传承"①。

回顾2012年民间文学类非物质文化遗产保护和传承情况,我们也意识到了一些问题的存在。

(二) 问题

1. 非物质文化遗产代表作名录建设方面

(1) 进入名录的民间文学类非物质文化遗产项目数量仍然偏少。

目前,三批国家级非物质文化遗产名录中含民间文学项目共125项,相对我国数量庞大的民间文学事项,进入国家级名录的民间文学项目的数量少之又少。正如刘锡诚指出的,"大量有价值和有影响的民间文学(神话、传说、故事等)","都未能进入国家保护名录"。他认为,导致这一问题出现的原因有三:首先是,"一些地方文化主管部门的主管官员在认识上的误区和决策上的错误,没有给民间文学类项目应有的地位和重视";其次,"有些地方的普查工作没有按照《非物质文化遗产普查工作手册》规定的程序和要求","没有调查采录到21世纪之初还在民间口头流传的民间文学作品,特别是珍贵作品";最后,各地文化部门的民间文学干部的断档和流失,以及前两点原因,造成了申报与保护的误区。②

(2) 民间文学类非物质文化遗产项目各亚类项目入选名录的不平衡。

无论是国家级名录还是各省、直辖市、自治区级名录,均反映出了亚类申报不均质的现象,传说、神话、歌谣、史诗、长诗等项目大批出现在名录上,故事、谜语、谚语等项目数量偏少。有学者指出,这种申

---

① 《第四批498名国家级非物质文化遗产传承人公布呈现年轻化趋势》,中国非物质文化遗产网,2012年12月26日(http://www.ihchina.cn/inc/detail.jsp?info_id=3847)。
② 刘锡诚:《非物质文化遗产保护的一个认识误区》,《江南大学学报》(人文社会科学版) 2012年1月。

报的不平衡性主要源于作品的产生和传承特征不同,神话、传说等民间文学通常依附于特定的"物质"形态实物,这种物质实物的存在,在某种程度上生发、推动并维系着神话、传说的出现及延续,备受地方政府及文化保护部门的关注,"在树立区域文化品牌、保护区域文化古迹、带动区域经济发展过程中被应用得较为广泛";① 而民间故事、谚语、谜语等形式多与农耕经济、思想相关,没有太多"物质"形态作依附,难免遭到冷待。

(3) 民间文学类非物质文化遗产项目起源地的争夺问题仍然存在。

我国的非物质文化遗产保护,在名录申报过程中,允许多地对共享的同一项目进行联合申报,其中出现了许多成功的和典型的案例,但也不乏多个地区因为地方利益竞争,争夺某一民间文学项目"起源地"的问题。针对这一现象,2012年有学者提出"使用'传播区域'或'传承地'这样的术语,而不要轻易地使用'起源地'的断论,以免出现无谓的争执"的建议,具有启发性意义。②

2. 传承人与传承方式方面存在的问题

(1) 传承人活动缺乏传播渠道。

传承人是非物质文化遗产的拥有者和顶尖表演者,也是该类非物质文化遗产得以维持发展的重要力量,但在进行2012年传承人动态信息检索时,无论是政府工作报告、报纸、网络等信息载体上,都鲜见诸如传承人是否在带徒弟、出了什么成果的相关报道;一些年纪大的传承人,是否还能够进行传承工作等信息,传承人在保护和传承非物质文化遗产过程中的作用没能很好的凸显。对认定的传承人的活动进行定时定量的报道和传播,不仅是对传承人工作的肯定,有助于提高传承人的工作热情,更能加深外界对此类非物质文化遗产的认识,扩大非物质文化遗产本身的影响力。因此,加强媒体、传承人、政府之间的有效互动,使得传承人的活动、成果和遇到的问题能够及时、完整地反馈到管理部门和民众中间,是下一步工作中值得加大力度关注的问题。

---

① 詹娜:《非物质文化遗产语境下的民间文学现状及保护困境》,《沈阳师范大学学报》2012年第1期。
② 陈映婕、张虎生:《民间文学类非物质文化遗产保护对起源地的认识误区》,《民族艺术研究》2012年第4期。

(2) 国家监督机制不完善。

除了为传承人创造良好的工作环境和舆论氛围，以提高其积极性，相应监督机制的辅助作用也不可忽视。早在 2008 年颁布的《国家级非物质文化遗产项目代表性传承人认定与管理暂行办法》，第十六条就对传承人的义务有明确规定：国家级非物质文化遗产项目代表性传承人无正当理由不履行传承义务的，经省级文化行政部门核实后，报国务院文化行政部门批准，取消其代表性传承人资格，重新认定该项目的代表性传承人。传承人需履行的义务有：①资助传承人的授徒传艺或教育培训活动；②提供必要的传习活动场所；③资助有关技艺资料的整理、出版；④提供展示、宣传及其他有利于项目传承的帮助。但目前尚无针对传承人授徒、传艺或资料的整理出版情况的统计，监督机制不完善的问题可见一斑，还有许多工作需要加强。

(3) 活态保护与传承方式仍有待探索。

正如乌丙安所言，"老一辈传承人的相继离世也给非物质文化遗产保护传承敲响了警钟"。[①] 一些宝贵的民间文学遗产随着传承人的离世而永远失传，提示我们仅仅依靠搜集、记录、存档、建博物馆、数据库等静态方式对民间文学遗产进行保护和传承还远远不够。刘锡诚在回顾了 20 世纪 80 年代对河北、湖北民间故事家们的讲述个性、艺术风格的认识后，提出给故事家们"以特别的注意，留下他们的名字、他们的形象、他们的业绩以及他们对中华文化的贡献"的倡议。还有学者认为，"在经济大潮吞没了民间说书艺人的时代，就特别需要专业作家来传承、叙述和建构具有母体文化意义和价值的民间文学"[②]。这些看法对民间文学类非物质文化遗产是否具有普适性，还需要通过进一步的工作验证。这些针对民间文学类非物质文化遗产亚类的分析，为我们探索如何进行活态保护与传承提供了新的思路，然而具体工作如何开展，还需要投入大量的精力和研究，制定相应的政策法规。

---

① 《国家级非物质文化遗产传承人公布十余位 70 后》，新华网，2012 年 12 月 24 日（http://news.xinhuanet.com/yzyd/culture/20121224/c_114131409.htm）。
② 张丽军：《民间艺人消逝的时代，谁来传承民间文艺？》，《中国艺术报》2012 年 8 月 10 日第 3 版。

（三）民间文学类非物质文化遗产如何应对现代化与全球化

2012年依旧存在对民间文学类非物质文化遗产过度改编的情况："三大史诗"被改编成了歌舞剧；民间故事被编成了连环画；各地"××民间故事比赛"进行得如火如荼。对民间文学作品进行创新改编，不失为现代化背景下非物质文化遗产取得更多关注、加强传播力度的手段，但也难免出现过度改编、过度阐释的现象。"民族的文学与艺术如何才能在全球化的语境中求得自身的生存与发展"，[①] 如何避免民间文学类非物质文化遗产被过度开发，同时又使其在全球化背景下能够继续保持生机与活力，还需要进一步的探索与实践。

---

① 王霄冰：《哈萨克阿肯阿依特斯在德国》，《民族文学研究》2012年第12期。

传统音乐类非物质文化遗产保护发展报告

撰稿：刘张杰　审稿：周楷模[*]

近年来，传统音乐的传承与保护受到政府、学者和民众的广泛重视。2012年各地政府大力推动传统音乐进校园活动，各种民间展演与比赛也十分频繁。社会各界就如何保护传统音乐的特色，如何有效地传承传统音乐进行了许多积极而富有成效的探索和讨论，传统音乐已经从"重申报"进入了"重保护"的实践阶段。

本报告将从保护情况、研究情况、问题与对策三个方面，对2012年传统音乐类非物质文化遗产保护工作进行报告，总结成绩，分析问题，展望未来发展趋势。

一　保护情况

自2011年《中华人民共和国非物质文化遗产法》颁布以来，全国各省市非物质文化遗产保护日趋规范。2012年传统音乐类非物质文化遗产保护取得了较大的进展，主要表现在非物质文化遗产代表作及项目代表性传承人的申报、法规制定与实施、展演与比赛、传承教育等方面。

---

[*] 刘张杰，女，1982年生，广州大学音乐舞蹈学院讲师，中山大学中文系中国古代文学史专业2012级博士研究生；周楷模，女，1955年生，星海音乐学院音乐人类学（民族音乐学）教授，香港中文大学哲学博士。

（一）各级各类非物质文化遗产名录入选情况

1. 国家级非物质文化遗产项目代表性传承人名录入选情况

2012年12月20日，文化部公布了第四批国家级非物质文化遗产项目代表性传承人（第四批传承人）名录，共公布了498人，其中传统音乐类项目代表性传承人31人，占6%，其中，民歌6人，宗教音乐5人，器乐20人。具体情况见表1：

表1

序号	姓名	性别	民族	出生年月	项目名称	申报地区或单位
04-1509	胡格吉勒图	男	蒙古族	1961.7	蒙古族呼麦	内蒙古自治区
04-1510	胡官美	女	侗族	1955.9	侗族大歌	贵州省榕江县
04-1511	王永昌	男	汉族	1940.6	古琴艺术（梅庵琴派）	江苏省南通市
04-1512	郑云飞	男	汉族	1939.3	古琴艺术（浙派）	浙江省杭州市
04-1513	徐晓英	女	汉族	1937.10	古琴艺术（浙派）	浙江省杭州市
04-1514	余青欣	女	汉族	1956.7	古琴艺术	中国艺术研究院
04-1515	赵家珍	女	汉族	1962.8	古琴艺术	中国艺术研究院
04-1516	丁承运	男	汉族	1944.3	古琴艺术	中国艺术研究院
04-1517	成公亮	男	汉族	1940.8	古琴艺术	中国艺术研究院
04-1518	巴彦保力格	男	蒙古族	1956.3	蒙古族四胡音乐	内蒙古自治区通辽市
04-1519	孟义达吗	男	蒙古族	1948.2	蒙古族四胡音乐	内蒙古自治区通辽市
04-1520	莫柏槐	男	汉族	1964.6	唢呐艺术（青山唢呐）	湖南省湘潭县
04-1521	李岐山	男	汉族	1945.5	唢呐艺术（绥米唢呐）	陕西省米脂县
04-1522	汪世发	男	汉族	1949.8	唢呐艺术（绥米唢呐）	陕西省绥德县
04-1523	马自刚	男	汉族	1962.6	唢呐艺术	甘肃省庆阳市
04-1524	王荣棠	男	汉族	1937.8	十番音乐（邵伯锣鼓小牌子）	江苏省江都市
04-1525	李贞煜	男	汉族	1948.8	十番音乐（闽西客家十番音乐）	福建省龙岩市
04-1526	方元往	男	汉族	1934.6	十番音乐（黄石惠洋十音）	福建省莆田市
04-1527	李广福	男	汉族	1943.2	鲁西南鼓吹乐	山东省菏泽市牡丹区
04-1528	胡国庆	男	汉族	1952.5	冀中笙管乐（屈家营音乐会）	河北省固安县

续表

序号	姓 名	性别	民族	出生年月	项目名称	申报地区或单位
04-1529	胡庆学	男	汉族	1974.6	智化寺京音乐	北京市
04-1530	果祥	男	汉族	1977.4	五台山佛乐	山西省五台县
04-1531	庄龙宗	男	汉族	1926.3	泉州北管	福建省泉州市
04-1532	奇附林	男	蒙古族	1953.11	漫瀚调	内蒙古自治区准格尔旗
04-1533	哈勒珍	女	蒙古族	1950.11	蒙古族民歌（鄂尔多斯短调民歌）	内蒙古自治区鄂尔多斯市
04-1534	秦德祥	男	汉族	1939.5	吟诵调（常州吟诵）	江苏省常州市
04-1535	释永悟	男	汉族	1968.9	佛教音乐（鱼山梵呗）	山东省东阿县
04-1536	嘉阳乐住	男	藏族	1974.6	佛教音乐（觉囊梵音）	四川省壤塘县
04-1537	吴炳志	男	汉族	1959.2	道教音乐（澳门道教科仪音乐）	澳门特别行政区
04-1538	李彩凤	女	彝族	1943.4	弥渡民歌	云南省弥渡县
04-1539	金星三	男	朝鲜族	1955.10	伽倻琴艺术	吉林省延吉市

在以上种类中，古琴艺术传承人最多，共 7 人。第四批传承人名录相比较第三批国家级非物质文化遗产项目代表性传承人（第三批传承人）名录有所不同。第三批传承人名录共 711 人，传统音乐传承人有 96 人，比例为 13%。相隔 3 年，传承人总体数量有很大减少，传统音乐传承人的比例也有所降低。在第四批传承人名录中，最令人可喜的情况在于出现了 10 余位"70 后"，成为传承人队伍中较年轻的成员。传统音乐类传承人中就有 3 位"70 后"，占传统音乐传承人总数的 9.6%；"50 后"和"60 后"共有 13 位，占约 42%，即此次传承人名录中，传统音乐类传承人 60 岁及以下的人数占总人数约 52%。在第四批传承人名录中，"50 后"及之后的传承人比例分别为：民间文学 3%；传统舞蹈 24%；传统戏剧 25%；曲艺 26%；传统体育、游艺与杂技 46%；传统美术 54%；传统技艺 47%；传统医药 38%；民俗 39%。传统美术与传统音乐传承人 60 岁以下的人数皆已超过半数，这是一个很大的比重。据国家非物质文化遗产保护专家委员会副主任乌丙安介绍，前三批国家级传承人大多是老一辈大师，他们虽技艺超群、德高望重，但年龄偏大。但第四批传承人有明显年轻化的趋势。"这说明我国的非物质文化遗产传承已经进入了实体阶段，非物质文化遗

产保护工作从单纯的申报、审批转为了踏踏实实地传承"①。

2. 省（自治区、直辖市）级非物质文化遗产代表名录入选情况

2012年，一些省（自治区、直辖市）新公布了一批省（自治区、直辖市）级非物质文化遗产代表作名录，详见表2：

表 2

地区	名录批次与项目总数	入选传统音乐项目名称及数量
河北	第四批（共111项）	桃园同乐会吹歌、冀中笙管乐、花张蒙道教音乐、冀东民歌（共4项）
广东	第四批（共52项）	大鹏山歌、高明花鼓调、龙船歌、恩平民歌、排瑶民哥、阳江山歌（共6项）
海南	第四批（共6项）	海南苗族民歌（共1项）（后将四批整合为一批，四批同时废止，音乐类共12项）
广西	第四批（共98项）	上林壮族八音、那劳山歌调、靖西壮族山歌（靖西上下甲山歌）、武鸣壮族山歌、南宁壮族哭嫁歌、京族民歌、恭城瑶族八音、凌云瑶族长号艺术、田州壮族山歌、隆林壮族山歌（隆林哥侬呵山歌）、田东瑶族噜吡咧、天峨壮族八仙（共12项）
新疆	第三批（共52项）	锡伯族民歌、维吾尔族山区民歌、巴拉曼音乐、维吾尔族萨巴依演奏艺术、维吾尔族弹拨尔艺术、新疆蒙古族图瓦民歌、俄罗斯族巴扬艺术（共7项）
浙江	第四批（共202项）	十番锣鼓（余姚十番、新桥十番）、绍兴派古琴艺术、渔工号子、畲族民歌、山歌（乐清撞歌）、吹打（丽水吹打）、道教音乐（太极祭炼音乐、天台山道教南宗洞经音乐）（共7项）
湖南	第三批（共50项）	岳北山歌、桂东客家采茶调、石门土家山歌、韶山山歌、侗族大歌（共5项）

此外，宁夏于2012年6月公布了第三批省级名录，因数据不详，在此不赘述。山东省于12月26日对第三批省级非物质文化遗产代表作名录进行公示，新增项目90种，其中新增传统音乐类项目包括古琴艺术和金氏古筝两种。因年内未见公布定稿，故表2亦未收录。

---

① 《第四批498名国家级非物质文化遗产传承人公布十余位"70后"入选，呈现年轻化趋势》，《中国文化报》2012年12月24日第1版。

3. 省（自治区、直辖市）级非物质文化遗产项目代表性传承人名录入选情况

内蒙古、河北、陕西等13个省（自治区、直辖市）陆续公布了第三、四、五批省（自治区、直辖市）级非物质文化遗产项目代表性传承人名单，见表3：

表3

地　区	批次与总人数	传统音乐传承人人数
上　海	第三批（共113人）	9人
河　北	第三批（共83人）	9人
陕　西	第三批（共71人）	不详
四　川	第五批（共108人）	18人
湖　北	第三批（共153人）	25人
重　庆	第三批（共116人）	19人
广　东	第三批（共147人）	22人
河　南	第三批（共189人）	6人
贵　州	第三批（共105人）	16人
内蒙古	第三批（共76人）	19人

（二）政策法规的颁布实施情况

2011年《中华人民共和国非物质文化遗产法》颁布是中国非物质文化遗产保护中的里程碑事件，自此，非物质文化遗产保护有法可依。早在2011年联合国教科文组织非物质文化遗产处处长、《非物质文化遗产保护公约》秘书处负责人塞西尔·杜维勒就曾对记者透露，联合国教科文组织已经存在人类非物质文化遗产代表作名录的除名机制，不过仍未启动。①我国《中华人民共和国非物质文化遗产法》第二十七条规定，国务院文化主管部门和省、自治区、直辖市人民政府文化主管部门应当对非物质文化遗产代表性项目保护规划的实施情况进行监督检查；发现保护规划未能有

---

① 《联合国教科文组织：人类非遗名录也可能启动除名机制》，新华网，2011年5月31日（news.xinhuanet.com/world/2011-05/31/c_121479987.htm）。

效实施的,应当及时纠正、处理。第三十一条规定,非物质文化遗产代表性项目代表性传承人无正当理由不履行规定义务的,文化主管部门可以取消其代表性传承人资格,重新认定该项目的代表性传承人;丧失传承能力的,文化主管部门可以重新认定该项目的代表性传承人。① 也就是说,非物质文化遗产保护不应该以"申报定终身"为其常态,这样极易导致"重申报,轻保护"的陋习。2012年,我国已完成第一次全国非物质文化遗产资源普查,文化部开展了非物质文化遗产代表性项目保护督查工作,并发布了《关于对天津市红桥区回族大刀队等105个国家级非物质文化遗产代表性项目保护单位进行调整、撤销的决定》,对97个国家级非物质文化遗产代表性项目保护单位进行调整,对2个履责不力的国家级非物质文化遗产代表性项目保护单位提出批评与限期整改(整改期6个月)并撤销了6个履责不力的国家级非物质文化遗产代表性项目保护单位资格。② 其中,传统音乐类变动较大,江西省唢呐艺术(万载得胜鼓,万载县非物质文化遗产保护中心)、九江山歌(九江县非物质文化遗产保护中心),海南省十番音乐(海南八音器乐,海口市灵山镇海南八音协会)、道教音乐(海南斋醮科仪音乐,定安县斋醮科仪音乐协会),贵州省彝族民歌(彝族山歌,盘县非物质文化遗产保护协会),河北省冀中笙管乐(小冯村音乐会,固安县非物质文化遗产保护办公室),广东省十番音乐(佛山十番,佛山市南海区文化馆)、广东音乐(广州市群众艺术馆),上海市琵琶艺术(浦东派,南汇文化馆),重庆市吹打(金桥吹打,万盛区文化馆),河北省冀中笙管乐(安新县圈头村音乐会,安新县圈头村村民委员会),安徽省徽州民歌(黄山市文学艺术界联合会),河南省江河号子(黄河号子,黄河水利委员会河南黄河河务局)等12种传统音乐的12个保护单位因不具备独立法人资格、文化体制改革等原因作出调整。天津市河西区挂甲寺街道办事处则因履责不力被撤销其津门法鼓(挂甲寺庆音法鼓、杨家庄永音法鼓)的保护单位资格。这些重要举措是传统音乐乃至整个非物质文化遗产保护的重要转折点,标志着当前非物质文化遗产保护更重视保护效果和发展前景,非物质文化遗产保护踏上了可持续发展的道路,正稳步迈进"后申遗时期"。

---

① 《中华人民共和国非物质文化遗产法》[中华人民共和国主席令第四十二号]。
② 《6个国家级非遗保护单位资格被撤销》,《中国文化报》2012年10月17日第1版。

有了中央政府的重要举措,地方政府也对非物质文化遗产的长远发展与保护十分重视,制定相关规定,监督实施。如安徽省巢湖市委下发了《关于加强巢湖民歌保护与发展工作的实施意见》,对巢湖民歌保护发展工作的指导方针、工作原则、总体目标、组织领导、具体措施、经费保障六个方面作了具体规定。规定指出,从2012年至2015年,巢湖民歌保护发展要达到如下总体目标:通过鼓励和支持巢湖民歌代表性传承人开展传习活动,培训一批年轻民歌手和少儿民歌手;加强巢湖民歌的搜集整理,采用文字、图片、录音、录像等形式进行长期保护,并出版、发行一批音像制品;加强巢湖民歌的理论研究,推出一批理论研究成果;编创以巢湖民歌代表作为主线的民歌专场节目,作为巢湖市地方特色文化保留节目对外展示。① 陕西省安康市委提出建设文化强省"八大工程",其中亦强调加大汉调二黄、紫阳民歌等非物质文化保护项目和民间民俗文化的传承、保护和开发,以彰显地方特色②。

(三) 展演与比赛情况

音乐是听觉艺术,保护传统音乐最常见的手段就是表演。各式展演也是展现和传承传统音乐的重要途径。在我国很多农村地区,传统音乐依然是当地民众生活中喜闻乐见的文化形式,在民俗活动中占据重要地位。但在城市中,传统音乐则曲高和寡,主要在音乐学府中孤芳自赏,能够被保留并发展的传统音乐种类十分有限。近年来,随着非物质文化遗产保护日益深入人心,由政府或民间所组织的传统音乐展演与比赛日益增多,这对传统音乐在城市中的保护、推广与传承将产生深远影响。

总的来说,2012年传统音乐展演主要可分为五种主要类型。第一类是传统音乐专场展演;第二类是传统音乐综合汇演,即以传统音乐为主,同时综合了其他演出;第三类是非物质文化遗产综合展演;第四类是由不同音乐元素融合或以传统音乐为主要创作元素的创新型展演;第五类是国际

---

① 《巢湖市出台民歌保护与发展实施意见》,安徽省文化厅网站,2012年5月12日 (http://www.ahwh.gov.cn/gov/tamplates/news_content.jsp?id=100101&c_class_id=1001011005&news_id=1021021001111118652)。
② 《安康市委书记:推进八大工程建设文化强省》,中国共产党新闻网,2012年2月5号 (http://cpc.people.com.cn/GB/64093/64102/17023976.html)。

交流展演。传统音乐比赛很多，大致可分两类：一类是传统音乐专场比赛，也就是某一种传统音乐的专门比赛；另一类是传统音乐综合比赛，即多种传统音乐混合比赛。

1. 传统音乐专场展演与综合会演

随着各地对传统文化的重视，传统音乐展演如雨后春笋，呈现出蓬勃气象，其中，最常见的就是传统音乐专场展演与综合会演。

已成规模的专场展演有 2012 年 5 月西安举办的第六届鼓乐艺术节[①]和 8 月青海省都兰县举办的第三届西北五省（区）花儿歌手吐谷浑故乡行演唱会[②]。新策划的专场展演则有 2012 年 9 月在国家大剧院上演的极具岭南音乐特色的"粤韵飞扬——广东民族乐团音乐会"和在合肥举行的"歌声引来万花开"巢湖民歌演唱会[③]。此外，11 月江苏和重庆各举办了一场大型专场展演，江苏省海门市举办的"2012 中国·海门'东洲好家园'民间艺术节暨长三角优秀山歌民歌展演"，吸引了来自江、浙、沪多地的新滨山歌、嘉善田歌等同台演出[④]；重庆巴南区举办了"首届木洞山歌艺术节"[⑤]，则是重庆山歌演出的一场盛会。

传统音乐综合会演主要有两种形式，一种是多种民乐（琵琶、古筝等）的综合展演，这类演出数量繁多，形式多样，如 2012 年 1 月中央民族乐团在甘肃省酒钢集团嘉峪关大剧院举办的"文化部慰问酒钢干部职工专场文艺演出"等[⑥]。另一种则以大型文艺会演为主，一般包含了不同民族、不同地区的音乐形式。如 3 月由海南省文化广电出版体育厅、海南省旅游发展委员会和海口市人民政府主办的海口金岛音乐节在北京举行启动仪式，巡演活动包括了儋州调声、临高渔歌"哩哩美"和黎族、苗族的少数

[①]《西安举办鼓乐艺术节》，《中国文化报》2012 年 5 月 15 日第 2 版。

[②]《西北五省（区）花儿歌手吐谷浑故乡行演唱会举行》，青海民族文化网，2012 年 8 月 13 日（http://www.qhwh.gov.cn/system/2012/08/11/010851988.shtml）。

[③]《歌声引来万花开》，《江淮晨报》（电子版）2012 年 9 月 29 日（http://epaper.hf365.com/jhcb/html/2012-09/29/content_609690.htm）。

[④]《新滨山歌参加 2012 中国·海门民间艺术节暨长三角优秀山歌民歌展演活动》，上海非物质文化遗产网，2012 年 11 月 22 日（http://www.ichshanghai.cn/news/detail.php?id=1500）。

[⑤]《首届木洞山歌艺术节今天举行》，新华网，2012 年 11 月 18 日（http://www.cq.xinhuanet.com/2012-11/18/c_113714873.htm）。

[⑥]《中央民族乐团慰问甘肃》，文化部网站，2012 年 1 月 10 日（http://www.ccnt.gov.cn/xxfbnew2011/xwzx/gzdt/201201/t20120110_227441.html）。

民族音乐。该活动一路南下,穿越郑州、长沙、广州等城市,最终回到海口,把海南充满热带风情和民族特色的旅游资源宣传推介到更多的城市①。此外,6月国家民委、文化部、广电总局与北京市人民政府主办的第四届全国少数民族文艺汇演②,7月青海、陕西、甘肃、宁夏、新疆五省(区)党委宣传部、省文联、省音乐家协会联合主办了2012第二届中国西北音乐节——西海音乐会③,8月呼和浩特市举办了"全国少数民族器乐演奏会"④,9月文化部组织的"大地情深"——国家公共文化示范区创建城市群众文化展演⑤等,都是传统音乐的大型汇演。

2. 非物质文化遗产综合展演

每年的"文化遗产日",各地通常都会有非物质文化遗产综合展演,其中自然少不了传统音乐演出。2012年"文化遗产日",上海举办了2012年度上海市江南丝竹比赛⑥,邀请全市业余江南丝竹团队进行展演,从中精选了《评弹》《江南丝竹》等7场演出制作专题片,在全市100家东方社区信息苑多功能影视厅举行了为期一周的"上海非物质文化遗产专题片展播",还在上海广播电视台艺术人文频道和东方卫视展播了《上海道教音乐》《泗泾十锦细锣鼓》等6部非物质文化遗产专题片⑦。江苏省举行了"音乐舞蹈类非物质文化遗产保护成果展演暨淮安市非物质文化遗产展示展演"活动,传统音乐《留左吹打乐》、天岗锣鼓、仪征民歌《做忙号

---

① 《海口金岛音乐节让民族文化走出去》,中国民族宗教网,2012年3月16日(http://www.mzb.com.cn/html/report/286744-1.htm)。
② 《第四届全国少数民族文艺会演在北京开幕》,中新网,2012年6月12日(http://www.chinanews.com/tp/hd2011/2012/06-12/107920.shtml)。
③ 《2012第二届中国西北音乐节西海音乐会盛大开幕》,青海民族文化网,2012年7月4日(http://www.qhwh.gov.cn/system/2012/07/04/010816342.shtml)。
④ 《全国少数民族器乐演奏会刮起"最炫民族风"》,新华网,2012年8月6日(http://news.xinhuanet.com/local/2012-08/06/c_112639559.htm)。
⑤ 《"大地情深"——国家公共文化示范区创建城市群众文化进京展演新闻通气会在京召开》,文化部网站,2012年9月4日(http://www.ccnt.gov.cn/sjzznew2011/shwhs/shwhs_hdwcn/201209/t20120904_262895.html)。
⑥ 《2012年度上海市江南丝竹比赛展示活动的通知》,上海非物质文化遗产网,2012年5月7日(http://www.ichshanghai.cn/news/detail.php?id=1445)。
⑦ 《2012年"中国文化遗产日"本市推出15项主题活动》,上海市人民政府网站,2012年6月6日(http://www.shanghai.gov.cn/shanghai/node2314/node2315/node17239/node18222/u21ai622879.html)。

子》等参加了展演①。湖南省龙山县举行了文化遗产日主题活动，土家族咚咚奎、土家族梯玛歌、湘西三棒鼓等传统音乐项目参加了展演②。新疆举办了"歌舞之乡遍天山"新疆传统音乐舞蹈图片展③。

此外，2012年2月，中国常驻联合国代表团、文化部艺术服务中心、中国非物质文化遗产促进会、中国少年艺术团等单位在联合国总部主办了第二届"文化中国·中国非物质文化遗产展演"，共演出了20个节目，其中包括民乐、民族舞蹈、声乐、戏曲、相声表演等多种艺术形式，其中湖南师大附中学生表演的民乐合奏《瑶族舞曲》《乡里妹子进城来》，泉州五中学生表演的南音合唱《正月闹元宵》，北京万泉小学学生表演的民乐合奏《正气歌》《高山青》，沈阳第七中学学生表演的古筝齐奏《战台风》等作品集中展现了中国传统音乐的特色④。4月文化部与陕西省政府联合主办了第三届西部非物质文化遗产项目展演暨文化产业洽谈会⑤，8月青海省海南藏族自治州在贵德县举行非物质文化遗产展演，藏族拉伊、藏族唱经调音乐、寺院唱经调等多个国家级和省级非物质文化遗产代表作项目登台表演⑥。

3. 创新型展演及其作品

2012年非物质文化遗产传统音乐值得一提的就是创新作品很多。这些创新作品中，有些是以传统音乐为原型创作了新题材的作品；有些是以原有相对简单、短小的传统音乐为基础，新创作出"以小成大"的大型音乐作品；有些是以传统音乐为主要元素，融合了现代音乐元素而成的作品；有些是将不同的传统音乐互相交融，形成新型的音乐样式；有些则是以传统音乐与现代技术或其他艺术结合而成的多元艺术作品。虽然这些创新不

---

① 《江苏省32个音乐舞蹈类"非物质文化遗产"保护成果展演》，中国新闻网，2012年6月10日（http://www.chinanews.com/cul/2012/06-10/3951969.shtml）。
② 《龙山县举行"文化遗产日"庆祝活动》，湖南非物质文化遗产网，2012年6月11日（http://www.hnfwzwhyc.c/a/ms/feiyikuaixun/2012/0611/2219.html）。
③ 《文化遗产日上的"歌舞之乡遍天山"——新疆传统音乐舞蹈图片展》，新疆文化网，2012年6月9日（http://www.xjwh.gov.cn/d9830ee9-3796-4b49-bd69-16dbbc6941e9_1.html）。
④ 《第二届非物质文化遗产展演亮相联合国总部》，《中国文化报》（电子版）2012年2月6日第1版（http://epaper.ccdy.cn/html/2012-02/06/content_65863.htm）。
⑤ 《第三届西部非物质文化遗产展演系列活动盛大开幕》，陕西省人民政府网站，2012年4月7日（http://www.shaanxi.gov.cn/0/1/9/39/119500.htm）。
⑥ 《青海展演非遗》，《人民日报海外版》电子版2012年8月10日第3版（http://paper.people.com.cn/rmrbhwb/html/2012-08/10/content_1095576.htm）。

一定都是成功的，但却是在传统音乐的传承上做出了大胆的尝试，创新的手段也日益多样化。

新题材作品以传统音乐为表现形式，与"以小成大"大型音乐作品或相交叉，如4月在北京国家大剧院首演大型民歌情景诗《桃花红》，是由太原市歌舞团倾心打造的，里面融入了脍炙人口的山西民歌，从20000多首山西民歌中精选集结了《桃花红杏花白》《交城山交城水》等20首经典曲目吸引了人们极大的兴趣。① 9月上演的大型陕北民歌剧《延河谣》，是由陕西省延安市宝塔区打造的，具有融合延安革命文化与陕北传统文化为一体的特色②。10月在江南古镇朱家角影剧院上演的首部田歌音乐剧《角里人家》，由上海朱家角镇倾力打造，将田歌与音乐剧相结合，以1953年青浦田歌唱到北京为背景，展示田歌王子根生和音乐老师叶茂因唱田歌结缘、历经曲折终成眷属的爱情故事③。同月，国家大剧院上演的大型民族歌剧《文成公主》，吸收了大量藏族原生态音乐，用现代方式演绎藏族音乐和唐代古乐是其最显著的特色。④ 11月在鲁泰纺织股份公司职工俱乐部演出的聊斋俚曲现代戏《环保卫士》，是根据全国优秀共产党员孟祥民先进事迹改编的，用山东淄博鲁泰聊斋俚曲剧的形式来演出，特色鲜明。⑤ 同月，新疆艺术剧院歌舞团演出的《天山雪莲》，以中国维吾尔十二木卡姆艺术的传承和"感动中国"人物阿里木的事迹作为两条线索，诠释了新疆独特的民族风情。⑥

将不同传统音乐元素或将传统音乐元素与现代音乐元素相融合，形成创新型演出作品的，如5月中央民族乐团与新疆艺术剧院民族乐团共同打造的大型民族音乐会"美丽新疆"，既有民歌《达坂城的姑娘》《阿拉木

---

① 《首都艺术家盛赞〈桃花红〉》，《中国艺术报》（电子版）2012年5月4日第12版（http://www.cflac.org.cn/zgysb/dz/ysb/history/20120504/）。
② 《大型陕北民歌剧〈延河谣〉在延安上演》，新华网，2012年9月29日（http://www.sd.xinhuanet.com/2012-09/29/c_113256954.htm）。
③ 《"非遗"田山歌嫁接音乐剧朱家角打造〈角里人家〉》，东方网，2012年11月6日（http://sh.eastday.com/m/20121106/u1a6974839.html）。
④ 《大型民族歌剧〈文成公主〉重现千古爱情传奇》，新华网，2012年9月27日（http://news.xinhuanet.com/ent/2012-09/27/c_123770432.htm）。
⑤ 《淄博淄川：聊斋俚曲现代戏〈环保卫士〉巡演》，新华网，2012年11月14日（http://www.sd.xinhuanet.com/sd/zb/2012-11/14/c_113690542.htm）。
⑥ 《〈天山雪莲〉大型歌舞晚会》，东方网，2012年11月12日（http://enjoy.eastday.com/e/20121112/u1a6988462.html）。

汗》等，又有琵琶独奏《天山之春》等，将两种不同民族风格的音乐融合到一起①。6月由广东省委宣传部、广东省文化厅主办，广东民族乐团演出的"万水千山总是情——流行国乐音乐会"，采用中西乐器大反串，使古老的民族音乐会充满了时尚气息②。8月中国东方演艺集团在北展剧场上演的全新音乐会"民乐也时尚"，巧妙地将电声乐队和民族乐器融合，另外还加入了拉丁美洲乐器马林巴，独特的演奏方式和舞台展现收获了现场观众一致好评，充分展示出转企改制后的中国东方演艺集团雄厚的艺术实力和精湛表现力③。

将传统音乐与现代技术结合的创新型展演，如甘肃省裕固族兄妹演唱组合"萨尔组合"推出的裕固族历史上首部歌曲定格动漫 MV《唱乡》，将古老的传统艺术文化与现代动漫结合，实景部分拍摄以祁连山和丝绸古道为背景，巧妙地应用了天鹅琴和裕固族已故老人的原生态民歌，用新民歌的方式和前卫的制作理念呼吁大家传承和保护裕固族文化④。

4. 国际和港澳台交流展演

2012年传统音乐国际交流频繁，内容丰富，有经典作品，也有新创作的作品。通过国际交流，中国传统音乐被介绍到世界各地，大大提高了中国传统音乐在国际上的影响力。

4月，应阿拉伯联合酋长国阿伊莎文化交流中心、中阿非国际贸易集团、沙特阿拉伯王国百氏特集团公司的邀请，大型原创花儿歌舞剧《回乡婚礼》剧组赴阿拉伯联合酋长国、沙特阿拉伯等中东多国开展文化交流表演，这是具有浓郁回乡风情的《回乡婚礼》首次走出国门⑤；同月，应印度文化关系委员会邀请，新疆木卡姆艺术团赴印度新德里演出，受到当地观众的热烈欢迎，近2000人观看了演出，让更多的印度民众深入了解了木

---

① 《大型民族音乐会〈美丽新疆〉全国巡演活动圆满收官》，文化部网站，2012年5月8日（http://www.ccnt.gov.cn/xxfbnew2011/xwzx/gzdt/201205/t20120508_240618.html）。
② 《〈万水千山总是情〉流行国乐音乐南雄首演》，广东省文化厅公众服务网，2012年6月7日（http://www.gdwht.gov.cn/show.php?type=20&id=27838）。
③ 《中国东方演艺集团大型音乐会〈民乐也时尚〉成功上演》，文化部网站，2012年8月28日（http://www.ccnt.gov.cn/xxfbnew2011/xwzx/gzdt/201208/t20120828_262263.html）。
④ 《甘肃：裕固族青年艺人传承文化有新招》，中国甘肃网，2012年7月4日（http://gansu.gscn.com.cn/system/2012/07/04/010118728.shtml）。
⑤ 《宁夏原创大型花儿歌舞剧〈回乡婚礼〉赴中东多国演出》，新华网，2012年4月24日（http://news.xinhuanet.com/city/2012-04/24/c_123026868.htm）。

卡姆文化①。5月台湾古典乐舞剧团"汉唐乐府"携剧场版大型南音乐舞《殷商王·后》在北京国家大剧院上演,并举办了世界华夏南音文化基金会筹办会②;同月,星海音乐学院"南亭会"粤乐演奏小组作为特邀演出嘉宾,在台北市中山堂中正厅参演《那些年我们一起玩的国乐》专题音乐会,演出《雨打芭蕉》、硬弓联奏《尼姑下山、和尚思妻、上云梯》(外江小曲、余其伟串谱)、《双声恨》等经典传统粤乐名曲。7月,星海音乐学院"南亭会"粤乐演奏小组又受中国文化部委派,参加在德国图林根州鲁多尔施塔特(Rudolstadt)举行的第二十二届"TTF"世界音乐节,举办了两场传统粤乐专场音乐会,为德国及其他从世界各地到此欣赏音乐节的观众,表演了20多首传统粤乐名曲③;同月,新疆刀郎木卡姆民间艺术团参加了德国民间音乐节④。8月贵州台江县反排多声部情歌代表贵州在德国汉堡弗洛拉大剧院唱响,推动了苗族多声部情歌走向世界⑤。9月泉州南音乐团应日本艺术文化振兴会邀请,赴日本参加"文化厅艺术节开幕盛典:传统音乐之美——聆听日中传统之音"公演活动⑥。9月底应美国华盛顿华人社区联盟邀请,被文化部命名为"侗族大歌之乡"的从江县,派出9名侗族大歌歌手参加了在华盛顿举办的第14届中国文化节⑦。11月在"世界音乐周·北京2012"——中国·印度尼西亚音乐国际研讨会上,泉州师院师生在开幕式上与印度尼西亚东方音乐基金会一起表演了泉州南音⑧。

---

① 《新疆木卡姆艺术团在新德里首演成功》,新疆文化网,2012年4月10日(http://www.xjwh.gov.cn/636594b6-7820-4543-8176-281e272e1ff9_1.html)。
② 《南音乐舞〈殷商王·后〉亮相京城》,《中国文化报》(电子版)2012年5月21日第2版(http://epaper.ccdy.cn/html/2012-05/21/content_71876.htm)。
③ 该资料来源于星海音乐学院吴迪教师的整理材料。
④ 《新疆刀郎木卡姆民间艺术团参加德国民间音乐节演出获得圆满成功》,新疆文化网,2012年7月26日(http://www.xjwh.gov.cn/e817a9b2-22ad-4f4d-b08f-14630194de5a_1.html)。
⑤ 《台江县反排多声部情歌唱响德国汉堡弗洛拉大剧院》,新华网,2012年9月10日(http://www.gz.xinhuanet.com/2012-09/10/c_112993640.htm)。
⑥ 《福建省文化厅关于同意福建省梨园戏实验剧团和泉州南音乐团29人赴日本演出的批复》,福建省文化厅网站,2012年8月22日(http://www.fjwh.gov.cn/html/9/23/39594_201297331.html)。
⑦ 《黔东南从江县九名侗族大歌歌手赴美国参加中国文化节》,黔东南信息港,2012年9月28日(http://www.qdn.cn/html/2012/qdnnews_0928/64964.shtml)。
⑧ 《2012北京世界音乐周泉州南音令人陶醉》,泉州网,2012年11月11日(http://www.qzwb.com/gb/content/2012-11/11/content_4201811.htm)。

5. 各类传统音乐比赛

2012 年传统音乐赛事很多，包括全国性、地区性和地方性比赛，层次丰富，形式多样，有的与电视、网络等媒体相结合，产生了很好的传播效果。

4 月文化部在成都市举办了"文华艺术院校奖——第四届全国青少年民族乐器演奏比赛"，由广东粤剧学校五位师生组成的"广东音乐五架头"《昭君怨》，获得了本次比赛的最高奖——"演奏奖"[1]。7 月中国民间文艺家协会、青海省文学艺术界联合会与祁连县政府联合举办了首届中国情歌（藏族拉伊）大赛[2]。8 月中共广东省委宣传部、广东省文化厅、中共潮州市委和潮州市人民政府联合在潮州举办了"开心广场·百姓舞台——2012 广东省民间潮乐大赛总决赛"[3]；由察布查尔锡伯自治县人民政府、新疆音乐家协会主办，察布查尔锡伯自治县县委宣传部、县文化体育广播影视局、县文化馆联合承办的中国首届锡伯族民歌大赛在伊犁哈萨克自治州察布查尔锡伯自治县举行，84 岁的锡伯族著名民歌演唱家丽梅获得了"中国锡伯族民歌王"称号[4]；由浙江省民族管弦乐协会琵琶专业委员会、扬琴专业委员会主办，杭州艺术学校承办的"西湖杯"浙江青少年琵琶、扬琴演奏大赛在杭州举行[5]。9 月第六届中国原生民歌大赛在湖北省武当山进行。同时，由文化部民族民间文艺发展中心主办的"中国多样性传统音乐文化的现代教育传承学术研讨会"也在武当山召开[6]；海南省儋州市举行了全市儋州调声、山歌擂台赛[7]；由自治区草原文化发展促进

---

[1] 《广东粤剧学校"广东音乐五架头"荣获文化艺术院校奖最高奖》，广东省文化厅公众服务网，2012 年 4 月 27 日（http://www.gdwht.gov.cn/show.php?type=20&id=27670）。

[2] 《首届中国藏族情歌大赛将开唱》，青海民族文化网，2012 年 5 月 19 日（http://www.qhwh.gov.cn/system/2012/05/19/010773331.shtml）。

[3] 《广东省首届民间潮乐大赛落幕》，《中国文化报》（电子版）2012 年 8 月 21 日第 12 版（http://epaper.ccdy.cn/html/2012-08/21/content_78398.htm）。

[4] 《中国首届锡伯族民歌大赛举行评选出"中国锡伯族民歌王"》，昆仑网——新疆党建网，2012 年 8 月 12 日（http://www.xjkunlun.cn/xinwen/szyw/jiangneixw/2012/2491900.htm）。

[5] 《平湖琵琶小选手赴杭参赛获佳绩》，浙江省非物质文化遗产网，2012 年 8 月 21 日（http://www.zjfeiyi.cn/news/detail/31-2060.html）。

[6] 《"原生态"传统音乐急需保护——"中国多样性传统音乐的现代教育传承学术研讨会"侧记》，《中国文化报》（电子版）2012 年 9 月 11 日第 8 版（http://epaper.ccdy.cn/html/2012-09/11/content_79992.htm）。

[7] 《9 月 20 日至 28 日儋州将举办大型调声山歌擂台赛》，儋州新闻网，2012 年 9 月 4 日（http://danzhou.hinews.cn/system/2012/09/04/014902663.shtml）。

会、巴彦淖尔市文化局、巴彦淖尔市广播电影电视局主办的蒙古"全区第二届乌拉特民歌大赛"在巴彦淖尔市举行[①]；由广东省委宣传部、省文化厅，惠州市委、市政府及广东电视台主办，惠州市委宣传部、市文广新局、省文化馆承办的2012广东省渔歌精英赛暨全国渔歌邀请赛举行[②]。9月"唱响山歌——四川首届传统民歌大赛"开赛，共有21个市州的优秀参赛选手齐聚纳溪，演唱自己的民族、地区传承数千年的传统民歌[③]。10月广东省东莞市凤岗镇举办了国内规模最大的客家山歌赛事之一，第三届"八省客家山歌邀请赛"，并同时举行全省客家山歌擂台赛，除了有全国8个主要客家省份参加比赛外，新加坡、加拿大、马来西亚等海外国家的客属侨团也带来了节目参与比赛[④]。11月吉林省珲春市举办了朝鲜族洞箫表演大赛[⑤]；福建宁化首届客家山歌大赛在新落成的世界客属文化交流中心内举行[⑥]。

传统音乐的电视比赛也层出不穷。10月，河南电视台举办"《明星有戏》寻找中国唢呐王"第三季[⑦]；中央电视台举办2012CCTV民族器乐电视大赛[⑧]；由中国民族管弦乐学会古琴专业委员会（简称为中国琴会）主办的中国琴会首届古琴网络比赛[⑨]。11月，由中央电视台主办的"2012中国民族民间音乐盛典"[⑩]；由青海省省文化新闻出版厅、青海广播电视台主

[①]《"全区第二届乌拉特民歌大赛"在巴彦淖尔市举行》，内蒙古自治区文化厅网站，2012年10月21日（http://www.nmgwh.gov.cn/qndt/201210/t20121021_91440.html）。

[②]《广东渔歌精英赛暨全国渔歌邀请赛闭幕赛事获好评》，广东省文化厅公众服务网，2012年9月27日（http://www.gdwht.gov.cn/show.php?type=21&id=28411）。

[③]《四川首届传统民歌大赛纳溪开赛》，四川文明网，2012年9月27日（http://www.scwmw.gov.cn/jj/201209/t20120927_152958.htm）。

[④]《八省四地客家山歌好手凤岗竞技海外客侨团献唱道乡思》，《东莞时报》（电子版）第A19版，2012年11月20日（http://news.timedg.com/2012-11/20/content_13036010.htm）。

[⑤]《珲春洞箫大赛落下帷幕 挖掘人才是重要工作》，珲春新闻网，2012年11月30日（http://www.hctvnet.com/News/NewsShow-3183.html）。

[⑥]《在传承中唱响的客家山歌》，中国赣州网，2012年11月22日（http://www.gndaily.com/kjqz/2012-11/22/content_979734.htm）。

[⑦]《唢呐绝技耍牙震惊全场：〈明星有戏〉第三季寻找中国唢呐王全面启动》，河南文化传播网，2012年6月27日（http://www.henanct.com/Pages/2012/06/27/0645311.aspx）。

[⑧]《2012CCTV民族器乐电视大赛》，中国网络电视台网站，2012年10月12日（http://tv.cntv.cn/videoset/C39774）。

[⑨]参考中国古曲网参赛介绍，http://guqinsai.guqu.net/。此次比赛时间为2011年11月至2012年6月，因其特殊性，仍录入。

[⑩]《苗族歌手阿娜丹参加中国民族音乐盛典》，贵州非物质文化遗产网，2012年10月27日（http://www.gzfwz.com/Article/ShowArticle.asp?ArticleID=982）。

办的青海省花儿歌手电视大奖赛①。

（四）传承教育情况②

2012年，传统音乐传承情况稳步进行，各地从传承基地、培训班、进校园等多渠道逐步推进，尤其是传统音乐进校园的活动已经在很多地区得以推行，为传统音乐的大范围传承打下基础。

6月首届中华非物质文化遗产传承人薪传奖颁奖仪式在京举行，传统音乐传承人共5人获奖③，情况见表4：

表4

姓　名	传承项目	事　　迹
刘官胜	梁平癞子锣鼓	在籁子锣鼓已濒临消亡的边缘，刘官胜破除了祖上"传内不传外"的习俗，在龙门镇中心小学建了一个籁子锣鼓传承班进行传承。梁平现已重建锣鼓队伍100多个④
后宝云	彝族海菜腔	被当地群众称为"曲子老板"，20多年来精心传艺，在民族民间艺术传习馆任教员10多年，先后培养学员300多人⑤
吴品仙	侗族大歌	40年来培养的侗歌歌手达2000多人⑥
赵庚辰	西安鼓乐	熟练掌握各种技巧，80年的艺术生涯中培养学生逾百人⑦。
温桂元	壮族三声部民歌	只有小学文化的温桂元已经整理和创作了上千首壮族三声部民歌。从2007年至今，每年在家免费开办培训班，免费招收各地热爱壮族三声部民歌的学员⑧

---

① 《全省花儿歌手电视大奖赛即将拉开帷幕　参赛者免费上电视"漫花儿"》，青海民族文化网，2012年10月11日（http：//www.qhwh.gov.cn/system/2012/10/11/010914552.shtml）。
② 由于师徒传承相对随机并很少对外广泛公开，故本部分内容以学校和社会传承为主要对象。
③ 《"中华非物质文化遗产传承人薪传奖"获奖名单》，人民网，2012年6月15日（http：//culture.people.com.cn/GB/87423/18192136.html）。
④ 《刘官胜："用奖金办传习班"》，中国文化传媒网，2012年7月18日（http：//www.ccdy.cn/wenhuabao/bb/201207/t20120718_335274.htm）。
⑤ 《彝族海菜腔传承人后宝云》，《云南日报》（电子版）2009年6月12日第11版（http：//yndaily.yunnan.cn/html/2009-06/12/content_52313.htm）。
⑥ 《40年带出2000多个徒弟》，金黔在线网，2012年7月11日（http：//culture.gog.com.cn/system/2012/07/11/011534301.shtml）。
⑦ 《西安鼓乐"活化石"致力文化传承奏响千年雅乐》，中国新闻网，2012年7月9日（http：//www.chinanews.com/cul/2012/07-09/4018257.shtml）。
⑧ 《壮家三声部天籁代代传——访国家级非物质文化遗产项目壮族三声部代表性传承人温桂元》，《南国早报》（电子版）2012年11月30日第52版（http：//ngzb.gxnews.com.cn/html/2012-11/30/content_760494.htm）。

2012年，各地传统音乐进校园活动尤其注重本地歌唱活动的推广，民间歌曲种类繁多，形式多样，流传广泛，简单易学，各地在进行传统音乐保护时操作性强。如海南省临高县第二中学学生已在10多年前就成为我国首个将民歌引入课堂的学校，2012年2月还为来自国内的一些专家学者、艺术家们表演了临高"哩哩美"歌舞①。3月，土家族打溜子项目代表性传承人田隆信受中央音乐学院邀请，举办"中央音乐学院田隆信'土家族打溜子表演艺术大师班'"，参加大师班的学生达40余人，既有中央音乐学院的博士研究生、大学生，也有中央音乐学院附中的高中、初中生，还有来自中央戏曲学院、梅兰芳京剧团、中央民族大学等单位的专家学者，采取了授课、研讨会、音乐会三种形式②。4月，由"朝霞工程"扶持创办的全国第一家"朝霞侗歌培训基地"在贵州省从江县小黄村小学挂牌，是中国文联和中国文学艺术基金会为响应国家"文化扶贫"的号召而发起的活动，它与当地教育部门联手，在小黄村培养更多的侗歌人才③；著名民歌歌唱家、安徽省非物质文化遗产（"徽州民歌"）传承人操明花老师在行知学校举行徽州民歌原生态演唱传习会，行知学校6名同学慕名拜师学习，成为徽州民歌新传人④。5月山东省聊斋俚曲艺术团演员在山东师范大学音乐厅表演聊斋俚曲戏《恩恩爱爱永相伴》⑤；四川水潦彝族乡咪苏唢呐吹进叙永县银顶小学，在咪苏唢呐传承人李禄超等的讲解中，学生们认识了入选四川省第一批非物质文化遗产名录的咪苏唢呐，领略了咪苏唢呐的多个主曲调和耍耍调⑥。6月由青海省文化馆、青海师范大学主办的"春满校园——花儿音乐歌会"在青海师范大学

---

① 《海南临高民歌"哩哩美"进入中学课堂》，新华网，2012年2月23日（http：//www.hq.xinhuanet.com/news/2012-02/23/content_ 24761053. htm）。
② 《土家族打溜子进中央音乐学院课堂》，龙山新闻网，2012年3月28日（http：//www.lsnews.net/LSNEWS/ShiZhengYaoWen/6881.html）。
③ 《"朝霞侗歌培训基地"在贵州从江挂牌》，《中国文化报》（电子版）2012年4月30日第8版（http：//epaper.ccdy.cn/html/2012-04/30/content_ 70728. htm）。
④ 《操明花演绎原生态徽州民歌得传习》，黄山新闻网，2012年4月9日（http：//www.newshs. com/a/20120409/00156. htm）。
⑤ 《山东：非遗"聊斋俚曲"亮相高校》，新华网，2012年5月11日（http：//www.sd.xinhuanet. com/news/2012-05/11/content_ 25215119. htm）。
⑥ 《咪苏唢呐吹进校园》，《四川日报》（电子版）2012年5月29日第14版（http：//sichuandaily. scol. com. cn/2012/05/29/2012052945015408247. htm）。

音乐厅举办，民间新老花儿歌手为师生献艺；① 在全国第七个"文化遗产日"来临之际，云南省玉龙县文化馆组织开展了非物质文化遗产传承人进校园活动，为学生教授纳西族民歌，900多名学生参加了课堂学习；② 为传承地方文化，江苏省兴化市市教育、文化部门组织实施民歌号子进课堂工程，编写《兴化民歌号子》乡土教材，排进课程表，兴化的不少中小学生会唱几句茅山号子，茅山中心校将其设计成上下课的音乐铃声。③ 7月浙江遂昌县实验小学的近100名学生参加了学校昆曲十番免费培训学习班，该校昆曲十番乐队十分有名。④ 9月重庆市南江县在校内首次试点开设非物质文化传习课，彰显以"巴山背二歌"为代表的国家非物质文化遗产的独特传统文化魅力；⑤ 湖南省嘉禾县举办第四届民歌文化艺术节，县领导带头传承嘉禾民歌，县委工作记录本上收录了13首经典嘉禾民歌，每位县级领导必须会唱两首以上，还把嘉禾民歌列入全县中小学生音乐课；⑥ 中山市非物质文化遗产保护中心在东凤镇东罟小学设立传承基地，举行国家级非物质文化遗产项目中山咸水歌传承基地揭牌仪式。⑦ 10月河南南阳师院"非物质文化遗产宣传周"开幕，该校提出"利用教学抢救非物质文化遗产"的教学理念，把非物质文化遗产引进本科教学，先后组织了"河南板头曲音乐会""南阳非物质文化遗产教学音乐会""南阳民歌教学实践音乐会"；⑧ 贵州省黎平县茅贡中学邀请传承人吴永峰讲授民族器乐弹唱知识，现场弹唱

---

① 《春满校园花儿飞翔》，青海民族文化网，2012年6月3日（http://www.qhwh.gov.cn/system/2012/06/01/010785552.shtml）。
② 《玉龙县开展传承人进校园活动》，云南非物质文化遗产网，2012年6月9日（http://www.ynich.cn/Article/ShowArticle.asp?ArticleID=1312）。
③ 《兴化：秧田里响起茅山号子》，新华网，2012年6月18日（http://www.js.xinhuanet.com/xin_wen_zhong_xin/2012-06/18/content_25406435.htm）。
④ 《〈我的暑假〉：继承昆曲十番在乐声中过暑假》，丽水在线网，2012年7月17日（http://www.lsol.com.cn/html/2012/lishuixinwen_0717/96851.html）。
⑤ 《非物质文化传习课首进校园南江20所学校开学一课唱民歌》，四川日报网，2012年9月3日（http://region.scdaily.cn/jrsz/content/2012-09/03/content_4053879.htm?node=3538）。
⑥ 《嘉禾传承民歌壮大文化产业》，湖南文化网，2012年9月21日（http://www.culture.hn.cn/content/1400/2012-09-21/p20120921_000000000000005031.html）。
⑦ 《中山咸水歌再添传承基地》，《南方日报》（电子版）2012年9月21日第AC02版（http://epaper.nfdaily.cn/html/2012-09/21/content_7126999.htm）。
⑧ 《南阳市南阳师院"利用教学抢救非遗"大鼓民歌进课堂非遗文化音绕梁》，中原新闻中心网，2012年10月17日（http://www.zyjjw.cn/city/ny/2012-10-17/57673.html）。

牛腿琴，使牛腿琴与侗族大歌、芦笙、琵琶一道成为当地学校民族文化教育的重要内容；① 辽宁省非物质文化遗产保护中心正式启动"2012辽宁非物质文化遗产进校园系列活动"，辽宁鼓乐等近10项国家级和市级项目，分别走进辽宁大学本山艺术学院、沈阳市外事服务学校、南宁幼儿园远洋分园、望湖路小学、沈阳市实验学校、沈阳育才学校国际部6所不同层级的学校。②

2012年，传统音乐除了进学校之外，还通过举办培训班、设立传承基地与召开各种传承会等方式进行传承、教育，如：1月，青海省西宁市群艺馆免费为农民工子女等举办艺术培训班，邀请了青海民间艺人教唱民间小调，不仅丰富了孩子们的寒假生活，同时也推广了传统民间文化。③ 2月，上海市长桥社区文化中心举行江南丝竹收徒仪式，数位江南丝竹高手喜收新徒。上海交通大学的一位教授拜在现年69岁的笛子大王蔡慈德门下，上海长桥丝竹队队长周峰拜江南丝竹演奏家刘成乙为师，小学生刘心怡拜江南丝竹高手黄关生为师，并分别签署了师徒学艺合同书。④ 3月，陕西省镇巴县举行了"民歌进机关"活动。县文广局对每个机关单位抽调的一名有音乐基础的人员进行培训，并通过他们带动全县各机关单位全体工作人员共同唱响镇巴民歌；⑤ 安徽省砀山县文化广电新闻出版局在砀山县砀城镇蒋营村，挂牌成立"砀山唢呐传习所"；⑥ "乌力吉赛罕"阿拉善民歌北部培训中心成立大会在内蒙古乌力吉苏木举行；⑦ 安徽滁州凤阳县抽调专人对重点代表性民歌进行发掘整理，已完成111首民歌采访、录音、录像、记谱工作，录音录像近

---

① 《黎平：课堂弹唱牛腿琴传承和保护民族文化》，黔东南人民网，2012年10月22日（http://www.qdnrm.com/a/dalvyou/zoujinmiaodong/20121022/87567.html）。
② 《"2012辽宁非遗进校园系列活动"在我省全面启动》，辽宁省人民政府网站，2012年10月24日（http://www.ln.gov.cn/zfxx/jrln/tpxw/201210/t20121024_984628.html）。
③ 《寒假里农民工子弟免费学唱青海民间小调》，中国广播网，2012年1月17日（http://www.cnr.cn/newscenter/gnxw/201201/t20120117_509071341.shtml）。
④ 《上海江南丝竹高手喜收徒》，中国文化传媒网，2012年2月6日（http://www.ccdy.cn/wenhuabao/qb/201202/t20120206_232377.htm）。
⑤ 《镇巴县推行"民歌进机关"活动》，古汉台网，2012年3月28日（http://news.guhantai.com/2012/0328/143220.shtml）。
⑥ 《砀山唢呐传习所挂牌成立》，安徽省文化厅网站，2012年3月29日（http://www.ahzwgk.gov.cn/xxgkweb/show GK content.aspx? xxnr_id=97682）。
⑦ 《"乌力吉赛罕"阿拉善民歌北部培训中心挂牌成立》，正北方网，2012年3月21日（http://www.northnews.cn/2012/0321/723654.shtml）。

50个小时,收录整理相关资料30篇,《凤阳民歌》将于2013年春节成书①。4月,内蒙古全区首届呼麦传承人培训班在锡林浩特市举行。锡林郭勒盟是呼麦艺术保护基地,近年来通过不断举办高层次、高水平的培训班和系列赛事活动,有效促进了呼麦艺术的传承保护②;为推进广东省非物质文化遗产保护与传承工作的开展,广东省对51个有突出贡献的保护单位授予第一批广东省非物质文化遗产传承基地称号,其中传统音乐类有"古琴艺术(岭南派)"(广东古琴研究会)、"梅州客家山歌"(梅州市文化馆)、"广东汉乐"(大埔县广东汉乐研究会)等7个基地获此殊荣③;西宁市举办青海汉族民间小调培训班等,四区三县青海平弦代表性传承人、民间艺人及青海汉族民间小调爱好者、文化馆主管(专、兼职)地方曲艺队人员及文化馆非物质文化遗产工作人员接受了培训④。江苏省苏州市第二届青年琴家音乐会在市图书馆举行,12位青年琴家现场演奏了《阳关三叠》《关雎》等经典曲目⑤。5月,失传400年重返甘肃裕固族文化生活的"天鹅琴"和根据口传挖掘整理的"牛角鼓"重现舞台⑥;新疆维吾尔自治区伊宁市青少年活动中心开办了木卡姆、赛乃姆、冬不拉、纳格尔鼓四个公益传承班,邀请维吾尔族鼓吹乐自治区级非物质文化遗产项目代表性传承人玉素甫江等授课⑦。6月,在文化遗产日期间,广州市文广新局在陈家祠广场,组织一场"非物质文化遗产传承班"的报名活动,共推出了客家山歌、古琴等16个公益传承班,主要针对青少年朋友,共设学位近400个,免费教学⑧。7

---

① 《〈凤阳民歌〉春节前将成书》,滁州政府网站,2013年1月18日(http://www.chuzhou.gov.cn/art/2013/1/18/art_29_77042.html)。
② 《全区首届呼麦传承人培训班在锡林浩特市举行》,内蒙古自治区文化厅网站,2012年4月25日(http://www.nmgwh.gov.cn/whyc/201204/t20120425_88005.html)。
③ 《关于公布第一批广东省非物质文化遗产传承基地的通知》,广东省文化馆网站,2012年4月20日(http://www.gdsqyg.com/dtxx/show.php?itemid=348)。
④ 《西宁市非物质文化遗产传承人"充电"》,《中国日报》(电子版)2012年4月27日(http://www.chinadaily.com.cn/hqpl/zggc/2012-04-27/content_5781306.html)。
⑤ 《苏州古琴爱好者已逾两千》,《中国文化报》(电子版)2012年4月30日第8版(http://epaper.ccdy.cn/html/2012-04/30/content_70731.htm)。
⑥ 《甘肃裕固族传统乐器"天鹅琴"、"牛角鼓"重现舞台》,中国新闻网,2012年5月3日(http://www.chinanews.com/cul/2012/05-03/3862958.shtml)。
⑦ 《伊宁市开办木卡姆等4个公益培训班》,新疆网,2012年5月14日(http://www.xinjiangnet.com.cn/xj/corps/201205/t20120514_2596364.shtml)。
⑧ 《弹古琴 唱山歌 免费拜名师》,中国古曲网,2012年6月9日(http://news.guqu.net/guqin/32020.html)。

月，宁夏文化馆开设非物质文化遗产传习免费培训班，对宁夏回族山花儿、口弦等进行培训[1]；海南省陵水县县文体局举办为期七天的第一期黎族民间八音队培训班，主要教授二胡、秦琴、唢呐等五种民族乐器。参加培训的学员有在校学生、乡镇文化站演奏骨干、民族器乐爱好者[2]。8月，第三届西北五省（区）花儿歌手吐谷浑故乡行演唱会在都兰县举办，西北五省区花儿演唱会组委会、省文化馆、省群众文化协会将都兰县设为"西北五省（区）花儿传承基地"[3]。9月，安徽省当涂县文化馆举办了全县当涂民歌进校园培训班，来自全县各中小学的51名音乐老师参加这次培训[4]。10月，广东省梅州市文化馆举办了青少年山歌擂台赛（青年组）参赛选手培训班开班，聘请了国家级非物质文化遗产传承人汤明哲为主课老师[5]；云南省西双版纳州国家级非物质文化遗产——布朗族音乐·布朗族弹唱培训班在勐海县打洛镇曼山村曼芽小组举办[6]；由山西省文化厅授予的"河曲民歌二人台人才培养基地"在河曲二人台艺术中心正式挂牌[7]。11月，文化部授牌的"中央民族乐团黔东南州民族音乐基地"授牌仪式暨《仰阿莎》项目合作签约仪式在黔东南州凯里举行[8]；广西隆林自治县新州镇在该镇综合文化站举办隆林壮族山歌培训班，来自社区的壮族民间老中青少山歌爱好者等40余人参加了培训[9]；海南省保亭黎族苗族自治县中等

---

[1] 《宁夏开设非遗传习免费培训班》，宁夏电视台网站，2012年7月8日（http://www.nxtv.com.cn/article/nxnews/20120708270892.html）。

[2] 《陵水：举办民乐培训》，海南省文化广电出版体育厅，2012年8月1日（http://wtt.hainan.gov.cn/swtt/zxdt/wtdt/wh/201208/t20120801_734660.html）。

[3] 《西北五省（区）花儿歌手吐谷浑故乡行演唱会举行》，青海民族文化网，2012年8月13日（http://www.qhwh.gov.cn/system/2012/08/11/010851988.shtml）。

[4] 《当涂县文化馆举办"当涂民歌进校园"培训班》，当涂县文化馆网站，2012年9月10日（http://www.dtwhg.net/index.php/whg_news/newsDetail/298/news）。

[5] 《为首届世界客家文化艺术节热身青少年山歌擂台赛参赛选手培训班开班》，广东省文化厅公众服务网，2012年10月30日（http://www.gdwht.gov.cn/show.php?type=21&id=28500）。

[6] 《勐海县举办布朗族音乐·布朗弹唱培训班》，勐海网，2012年2月17日（http://ynmh.yunnan.cn/html/2012/sydt_0217/831.html）。

[7] 《河曲民歌二人台有了人才培养基地》，《山西晚报》（电子版）2012年10月17日第14版（http://epaper.daynews.com.cn/shtml/sxwb/20121017/87672.shtml）。

[8] 《随中央民族乐团深入黔东南》，文化部网站，2012年11月27日（http://www.ccnt.gov.cn/xxfbnew2011/xwzx/gzdt/201211/t20121127_268260.html）。

[9] 《培养新生代壮族歌手》，新华网，2012年11月8日（http://www.gx.xinhuanet.com/2012-11/08/c_113640495.htm）。

职业技术学校正式开办了黎族竹木器乐班,聘请省级黎族竹木器乐传承人黄照安授课,重点学习黎族传统器乐的种类、制作特点、表现形式、艺术特征及演奏方法技巧等[①];河南省郏县文化广电新闻出版局举办了非物质文化遗产大铜器培训班,非物质文化遗产传承人为郏县大铜器展示厅布展人员讲授了大铜器基本曲牌、大铜器表演套路和大铜器表演技巧等[②]。12月,由惠州市文化馆与广东省文化馆联合举办了"客家山歌创作、演唱培训班",邀请省文化馆专业人员作培训讲座,惠州市各县区文化馆(站)业务干部及业余文艺骨干100多位学员参加了学习[③]。

在传统音乐传承与教育上,重庆市巴南区和泉州师范学院的做法也是值得重视的。为普及木洞山歌,该区采取多种举措。一是研讨并打造木洞山歌精品剧目《幸福生活蜜蜜甜》;二是走基层寻文脉,编撰成《木洞山歌集成》一书;三是首创性的把木洞山歌融入"坝坝舞"等群众活动;四是制作了《木洞山歌》歌曲光碟,向各级各部门、广大山歌爱好者免费发放了800余张;五是着力抓好木洞山歌普及,准备邀请市内外词曲作者改编10首以上易于传唱的木洞山歌,在全区社区、机关、学校进行广泛传唱。[④] 福建省泉州师范学院在原有南音专业的基础上于2012年5月成立了首个高校南音学院,专门培养既有音乐理论基础又懂得泉州南音演唱演奏的人才,就业方向是中小学南音教师,目的是让泉州南音进入中小学课堂,目前已有80多名本科生[⑤]。

2012年是电影电视与传统音乐充分结合的一年,在电影电视大量采用传统音乐的同时,传统音乐也充分利用这些传媒手段进行自我传播。电影《新红河谷》的音乐中融入了海菜腔及古老的彝语,让听众感受到电影的史诗气质和时代感[⑥];我国首部上映的数字音乐电影《月光恋》的背景音乐

---

① 《保亭黎族竹木器乐走进技校校园》,《南岛晚报》(电子版)2012年11月9日第19版(http://ndwb.hinews.cn/html/2012-11/09/content_546500.htm)。
② 《郏县举办大铜器培训班》,平顶山新闻网,2012年11月29日(http://www.pdsxww.com/misc/2012-11/29/content_1985616.htm)。
③ 《客家山歌创作、演唱培训班在惠州市成功举办》,广东省文化厅公众服务网,2012年12月25日(http://www.gdwht.gov.cn/show.php?type=21&id=28626)。
④ 《巴南区打造文化精品普及"木洞山歌"》,重庆市文化广播电视局(重庆市文物局)网站,2012年5月22日(http://www.cqcrtv.gov.cn/Html/1/wgdt/dfdt/2012-05-22/9189.html)。
⑤ 《泉州师院成立海内外首个高校南音学院》,泉州网,2012年6月3日(http://www.qzwb.com/gb/content/2011-06/03/content_3689505.htm)。
⑥ 《〈新红河谷〉主题音乐首次亮相》,《春城晚报》(电子版)2012年8月13日第A213版(http://ccwb.yunnan.cn/html/2012-08/13/content_611260.htm?div=-1)。

及多首单曲融入了凤岗客家山歌的元素，共有客家山歌18首，均为原创作品①；由内蒙古西乌旗旗委宣传部制作，由知名导演阿馨娜尔执导的3D歌舞电影《蜜河盛宴》正在拍摄，电影以内蒙著名音乐家额尔登格的音乐为主线，对于展示蒙古族的音乐等具有重要的意义②；影片《百鸟朝凤》举行了新闻发布会，导演吴天明首次透露新片《百鸟朝凤》讲述了两代唢呐艺人精神和技艺的传承故事，该片2012年8月中旬已拍摄完成，将于2013年上映③；以非物质文化遗产为主打的电视节目《文化陕西》在陕西广播电视台首播，第一期的内容便是西安鼓乐④；天堂草原公司建设了草原音乐资源多媒体数据库等民族音乐工程，抢救性搜集了面临消失的老式磁带、老式唱片1000多张，整理、录制了蒙古族长调、呼麦、马头琴、蒙古四胡等数百首绝世珍藏作品，使草原音乐走上数字化道路，并成立了音乐作品著作权维权服务部，为国内外草原音乐人提供免费维权服务⑤。

总之，相对于2011年，2012年传统音乐的传承与教育范围更广、更具深度，具有多维度的特征。

二 研究情况

学术研究是对传统音乐传承的历史规律、现实问题和未来趋势的探索过程，发源于并最终服务于传统音乐的传承与保护实践。2012年，传统音乐研究取得不少成绩，主要通过发展研究机构、举办研讨会、科研立项和学术论著发表等方面表现出来。

---

① 《音乐电影〈月光恋〉展现客家山歌魅力》，东莞阳光网，2012年10月16日（http：//news.sun0769.com/dg/video/201210/t20121016_1674364.shtml）。
② 《歌舞电影〈蜜河盛宴〉热拍 欲拯救内蒙草原音乐文化》，新华网，2012年8月10日（http：//news.xinhuanet.com/ent/2012-08/10/c_123562365.htm）。
③ 《〈百鸟朝凤〉隆重开机 曲江影视又添力作》，人民网，2012年7月4日（http：//sn.people.com.cn/n/2012/0704/c339261-17207354.html）。
④ 《鼓乐声声入耳乐社后继有人——看西安鼓乐这几年》，《中国文化报》（电子版）2012年3月23日第7版（http：//epaper.ccdy.cn/html/2012-03/23/content_68602.htm）。
⑤ 《草原音乐走上数字化道路》，《中国文化报》（电子版）2012年8月15日第2版（http：//epaper.ccdy.cn/html/2012-08/15/content_77866.htm）。

（一）研究机构发展情况

2012年传统音乐研究新增的研究机构，为传统音乐研究搭建了新的研究平台。3月，为纪念和研究古琴大师刘少椿艺术成就，陕西省富平县成立刘少椿艺术研究会，将围绕弘扬中国传统文化、传播古琴艺术、打造中国古琴富平基地的宗旨开展研究活动[1]。黎平启动了全国第一座侗族大歌馆的建设，建成后将成为侗族大歌重要的研究与传承基地[2]。6月，经国家汉办批准，中央音乐学院与丹麦皇家音乐学院合作建立了音乐孔子学院，是全球第一所以教授、宣传和展示中国音乐文化为核心内容的孔子学院[3]。8月，广东成立了"广东音乐联谊会（筹备委员会）"，是开展广东音乐研究创新、传承演出、创作推介、教育培训、作品录制传播等的重要机构，它首次将广州、港澳等岭南地区诸多曲艺社聚集起来，为继承和弘扬岭南传统民间音乐发挥积极作用[4]。西安音乐学院建成了馆藏丰富的"西安鼓乐学术馆"，其展示包含民间艺师和乐社介绍、传世古谱、乐器、已有成果以及出版的音像制品等[5]。湖北在巴东县3A级旅游景区链子溪建立了巴东长江峡江号子传承保护基地恩施链子溪训练中心，成为号子研究与传承的重要基地[6]。

（二）研讨会情况

2012年，全国各地组织的有关传统音乐传承、保护的研讨会很多，且呈多样化发展。6月，由准格尔旗文联、准格尔旗漫瀚调协会主办的准格尔旗漫瀚调乡土艺术家座谈会举行，漫瀚调乡土艺术家围绕弘扬发展漫瀚调艺术

---

[1] 《古琴大师刘少椿艺术研究会成立》，《中国文化报》（电子版）2012年3月5日第8版（http://epaper.ccdy.cn/html/2012-03/05/content_67358.htm）。
[2] 《侗族大歌生态博物馆落户黎平》，贵州日报网站，2012年9月9日（http://gzrb.gog.com.cn/system/2012/09/09/011633106.shtml）。
[3] 《中丹专家把脉音乐孔子学院》，《中国文化报》（电子版）2012年12月27日第5版（http://epaper.ccdy.cn/html/2012-12/27/content_87288.htm）。
[4] 《乐韵悠扬传承岭南传统民间音乐》，广佛都市网，2012年8月14日（http://www.citygf.com/FSNews/FS_002006/201208/t20120814_3610206.html）。
[5] 《西安鼓乐学术馆建成》，中国音乐学网，2012年9月17日（http://musicology.cn/news/news_7898.html）。
[6] 《峡江号子传承保护基地揭牌》，恩施新闻网，2012年11月24日（http://www.enshi.cn/20120719/ca256970.htm）。

这一主题,从漫瀚调的艺术内涵、牌子曲创新、剧本创作、普及发展等方面展开了热烈讨论。① 侗族大歌保护工作经验交流会暨专家论坛会与黎平侗族大歌暨贵州民族文化音乐研讨会在侗乡黎平举行,就侗族大歌的保护传承所取得的经验和今后的工作方向进行交流,共同探讨保护的最佳方式及传承的最优途径,以及如何建立侗族大歌区域交流的工作机制。② 7月,中国少数民族音乐学会第十三届年会在新疆乌鲁木齐市举行,与会专家、学者就进入21世纪以来我国少数民族音乐研究、少数民族音乐学学科构建的新进展及高等音乐艺术院校少数民族音乐教学改革研究等问题展开了探讨。③ 9月,为进一步推进舟山渔民号子的研究、保护、传承和发展工作,浙江省舟山市非物质文化遗产保护中心于舟山市文化馆召开《舟山渔民号子选集》研讨会,大家就舟山渔民号子的历史沿革、演唱特点、代表曲目等话题进行磋商和研讨。④ 10月,为促进岭南传统音乐文化的研究、传承与发展,广州大学音乐舞蹈学院在广州大学举办"2012中国广州岭南传统音乐研究与传承研讨会"。⑤ 11月,湖南佛教音乐研讨会系列活动在湘潭昭山举行,来自韩国、新加坡、印尼等国家以及我国的数百名高僧大德和几十所高校的专家学者参加。⑥ 12月,由上海市群艺馆、市群众文化学会、市非物质文化遗产保护中心联合举办的2012长三角地区江南丝竹保护工作研讨会在上海浦南文化馆召开。⑦ 由西安音乐学院主办、陕西省翻译协会协办的"第二届陕北民歌译介全国学术研讨会"在西安音乐学院召开,与会者跨学科、多角度地就陕北民歌的翻译心得

---

① 《准格尔旗漫瀚调乡土艺术家座谈会召开》,新华网,2012年7月20日(http://www.nmg.xinhuanet.com/zt/2012-07/20/content_25505350.htm)。
② 《侗族大歌暨贵州民族文化音乐研讨会在黎平举行》,2012年6月20日,贵州非物质文化遗产网(http://www.gzfwz.com/Article/ShowArticle.asp?ArticleID=763)。
③ 《在新疆感受"双重乐感"——记中国少数民族音乐学会第十三届年会》,《中国文化报》(电子版)2012年8月7日第5版(http://epaper.ccdy.cn/html/2012-08/07/content_77342.htm)。
④ 《舟山市召开舟山渔民号子选集研讨会》,浙江省非物质文化遗产网,2012年9月4日(http://www.zjfeiyi.cn/news/detail/31-2106.html)。
⑤ 《2012中国广州岭南传统音乐研究与传承学术研讨会通告》,广州大学音乐舞蹈学院网站,2012年3月13日(http://yywd.gzhu.edu.cn/article.jsp?aid=406)。
⑥ 《湘潭昭山将办湖南佛教音乐研讨会》,《中国文化报》(电子版)2012年11月21日第9版(http://epaper.ccdy.cn/html/2012-11/21/content_85047.htm)。
⑦ 《长三角地区江南丝竹保护工作研讨会举行》,中国音乐学网,2012年12月27日(http://musicology.cn/news/news_8143.html)。

及相关译介情况做了广泛的研讨和交流①；内蒙古民族音乐传承驿站首次开展"三少"（达斡尔、鄂温克、鄂伦春）民族原生态音乐抢救工作，达斡尔、鄂温克、鄂伦春民族音乐展示会暨座谈会在内蒙古大学艺术学院举行并录制了数十首"三少"民族音乐，安排师生对技艺进行传承②。在星海音乐学院岭南音乐展览馆2012年共举办六场"岭南音乐活态传习系列"的学术活动，包括《"潮"风来"习"——传统潮州大锣鼓雅集》《"吹"舞求痴：对话吹波糖——寻味当代岭南音乐人多维艺术舞台观》《神奇"乐&药"——岭南音乐与传统中医药》《"非·管不可"：岭南地区非物质文化遗产项目民间保护传承之艺术管理实践探讨》《有教"必"类：当代中小学音乐教育理论与本土传统音乐自我传承现状关系谈》《入粤随俗：violin？梵铃！——广府民间音乐中的西洋乐器民族化应用现象探讨》③。

（三）立项情况

在2012年立项国家社科基金资助项目④中有5项与传统音乐研究相关的项目。与之相比，2012年立项的教育部人文社会科学基金项目中与传统音乐研究相关课题则较多⑤，共有14项，较2011年的12项稍多⑥。

表5 2012年国家社科基金所资助与传统音乐研究有关的项目

项目类别	负责人	项目名称	学科分类	工作单位
一般项目	吴媛姣	侗族音乐文化生态及现代意义研究	民族学	贵州财经学院
一般项目	巴孟和	蒙藏诵经音乐比较研究	宗教学	内蒙古师范大学

---

① 《"第二届陕北民歌译介全国学术研讨会"开幕》，西安音乐学院网站，2012年12月8日（http://www.xacom.edu.cn/Homeinfo/201212/3315.html）。
② 《内蒙古抢救"三少"民族原生态音乐》，中国新闻网，2012年12月19日（http://www.chinanews.com/cul/2012/12-19/4418942.shtml）。
③ 资料来源于星海音乐学院吴迪教师的整理材料。
④ 《2012年国家社科基金项目评审结果公布》，中国哲学社会科学规划办公室网站，2012年5月21日（http://www.npopss-cn.gov.cn/GB/219469/17942372.html）。
⑤ 《2012年人文社科项目公布》，人大经济论坛网站，2012年1月13日（因为教育部网站中附件信息有误，故参考该网站作者发布的《教育部司局函件》）（http://bbs.pinggu.org/thread-1320306-1-1.html）。
⑥ 《2011年度教育部人文社会科学研究一般项目（规划基金项目、青年基金项目、自筹经费项目）评审结果公示一览表》，中国法学创新网，2011年8月15日（http://www.lawinnovation.com/html/xjdt/5192.shtml）。

续表

项目类别	负责人	项目名称	学科分类	工作单位
一般项目	哈斯其木格	蒙古叙事民歌的程式化研究	民族学	赤峰学院
一般项目	岑学贵	广西民歌非物质文化遗产传承与创新机制研究	民族学	广西师范大学
一般项目	杨昌国	瑶族"盘王大歌"的社会文化学研究	民族学	贵州民族学院

表6 2012年教育部人文社会科学基金所资助与传统音乐研究相关的项目

项目类别	负责人	项目名称	学科分类	工作单位
一般项目	尹学毅	湖南炎陵客家民间音乐研究	艺术学	湖南工业大学
一般项目	黄文杰	国家认同视角下海峡两岸客家音乐文化互动关系研究	艺术学	集美大学
一般项目	尚晶	南音演唱发声方法的新探索	艺术学	泉州师范学院
一般项目	赵建斌	山西音乐传承人口述史料研究	艺术学	山西师范大学
一般项目	林俊华	康巴藏族民间歌舞艺术的调查与研究	艺术学	四川民族学院
一般项目	朱江书	蜀派古琴艺术资源数据库建设	艺术学	四川音乐学院
一般项目	宋西平	川西北少数民族音乐的文化研究	艺术学	西南科技大学
青年项目	刘瑾	生态美学视域中的广东音乐	艺术学	广州大学
青年项目	苏金梅	南北侗族民歌比较研究	艺术学	怀化学院
青年项目	赵宴会	"非物质文化遗产"视野下的苏北唢呐班研究	艺术学	南京师范大学
青年项目	马晓霓	南音与昆曲关系研究	艺术学	泉州师范学院
青年项目	纪维剑	中国竹笛音乐史	艺术学	山东大学
青年项目	胡友笋	陕北民歌的文化学研究	艺术学	西安交通大学
青年项目	魏晓兰	四川省康巴、安多、嘉戎地区原生态藏族民歌艺术特征的差异化比较研究	艺术学	西南民族大学

(四) 论文情况

近年来，传统音乐日益受到音乐学界的重视，对传统音乐的研究已然成为当前音乐界学术研究的焦点。2012年见诸发表的传统音乐类学术论文很多。在中国知网以"传统音乐"为主题词可以检索到818篇论文，较2011年的400余篇[①]数量大了很多。在这些文章中，针对具体传统音乐种类进行的专门研究是最多的，且有一些博硕士论文对某些传统音乐进行了专门的、深入的研究与分析，为这些传统音乐的传承与发展提供了大量翔实的资料。这些学术论文主要可分为基于田野调查的音乐形态特性及其文化内涵研究、传统音乐类非物质文化遗产保护现状及传承研究、传统音乐与音乐教育关系的研究三种。

研究传统音乐的形态、特性和风格，是保护和活态传承传统音乐的基础，而要研究音乐的活态形态、特性和风格，则不能脱离传统音乐变化着的文化生态，所以采用深入其文化生态的田野调查方法来研究传统音乐，是当前音乐学界最常见的做法。通过对传统音乐活动现场的感受、记录和分析，可以提高对传统音乐形态、特性和风格认识的准确性和完整性，如《大埔广东汉乐的活态存在与传承中的文化自觉——大埔广东汉乐田野考察报告》[②]一文，通过对广东省梅州市大埔县广东汉乐的田野考察，分析了大埔广东汉乐的生存状态、社区精神与传承方式，探究了该地区民众文化自觉的原因，并总结了大埔广东汉乐发展对岭南音乐传承的借鉴意义：以音乐为基点进行文化建设；音乐平民化，使之成为大众娱乐；构建社区为导向的平台。《"唱歌"与"歌唱"：一个侗寨歌班组织的人类学考察》[③]一文，以贵州省从江县高增村歌班组织为对象，考察了歌班组织人群的历史、文化、家庭等生态背景，歌班组织的详细运作方式，以及不同时期活动的情况等，并围绕"歌班如何运作"和"歌班为何要唱歌"这两个主要问题，指出一方面村民的文化自觉是维持高增村侗寨歌班组织的关键环

[①] 康保成主编《中国非物质文化遗产保护发展报告（2012）》，社会科学文献出版社，2012，第92页。
[②] 曾璐莹、马达：《大埔广东汉乐的活态存在和传承中的文化自觉——大埔广东汉乐田野考察报告》，《人民音乐》2012年第8期。
[③] 吴宁谷：《"唱歌"与"歌唱"：一个侗寨歌班组织的人类学考察》，西南大学硕士学位论文，2012。

节,另一方面侗寨歌班组织的运作反过来对非血缘村民的情感维系、社区管理产生了重要影响。《民族音乐学多位网视野下的海州五大宫调》① 一文,通过历史文献与田野调查相结合的方法,对江苏"海州五大宫调"的形成历史、生态环境、音乐形态和传播与传承方式展开了深入分析与调查,并将之与近缘音乐形式的生态、传播等相比较,对海州五大宫调进行了全方位、多角度的研究,弥补了研究空白。

传统音乐类非物质文化遗产保护现状与传承的研究,是随着我国非物质文化遗产保护发展出现的研究新领域。2012年关于此类问题的研究论文很多,内容几乎涵盖了所有被列入非物质文化遗产代表作名录的传统音乐项目。如《黎族民间音乐传承的现状考察与研究》② 一文,基于对海南黎族民间音乐青黄不接的现状考察上,分析了音乐传承断层的主要原因,即社会、生活方式的变迁和民间音乐功能的丧失,并提出了传承建议:增强民族认同、发挥代表性传承人的作用和深入挖掘非代表性传承人的作用。《关于河南板头曲的保护传承研究》③ 一文,通过对邓州、镇平、内乡、南阳和泌阳等地的走访,得出了当前民间河南板头曲传承不善的结论,探讨了生活方式和审美情趣的改变、新型传媒的广泛传播对河南板头曲传承造成的影响,提出了笔者的建议:建立活态传承保护机制;建立后备力量培养机制;加强传承主体的使命感和责任感。通过这些手段达到河南板头曲的本真性、整体性、可解读性和可持续发展。《非物质文化遗产语境下聊斋俚曲的演唱与传承发展》④ 一文以"活态传承的聊斋俚曲究竟是怎样演唱的""原生态的演唱距离当代人的艺术审美有多远"设问,在田野调查的基础上,从演唱形式与伴奏、演唱风格的把握、演唱的艺术处理等方面对聊斋俚曲演唱的艺术特色进行了深入分析,并对聊斋俚曲在当地的历史传承与发展现状进行了总结。

传统音乐与音乐教育关系的研究日益受到人们的关注。该类研究主要集中在传统音乐如何与学校音乐教育相结合的问题上,如《如何让达翰尔

---

① 板俊荣:《民族音乐学多位网视野下的海州五大宫调》,南京艺术学院博士学位论文,2012。
② 刘厚宇:《黎族民间音乐传承的现状考察与研究》,《新东方》2012年第1期。
③ 冯彬彬:《关于河南板头曲的保护传承研究》,《中国音乐》2012年第1期。
④ 李群:《非物质文化遗产语境下聊斋俚曲的演唱与传承发展》,《中国音乐》2012年第3期。

族民歌真正走进中小学音乐课堂——以莫力达瓦达斡尔族自治旗为例》[1]一文以呼伦贝尔市莫力达瓦达斡尔族自治旗为例，简述了达斡尔族民歌在当地中小学的发展现状、制约达斡尔民歌发展的因素等，提出了让达斡尔族民歌真正进入中小学音乐课堂的途径：师资的选用及培养；代表性音乐素材的选择和多角度多手段配合的教学；组织保持民间音乐之民间性的固定采风活动。《赣南师范学院客家音乐教学实践研究》[2] 一文以赣南师范学院的客家音乐教学为研究对象，从教学实践实际情况得出其教学存在课程设计缺乏整体性和系统性，课程表现形式不明确，教学组织随意性较大等问题，对客家音乐文化学科的建立，客家音乐校本课程开发，客家音乐教学师资队伍建设，客家音乐教学教材编写，客家音乐教学的教学方式与教学手段和客家音乐教学艺术实践等问题进行了探讨。《科尔沁地区马头琴演奏在学校教学中的传承》[3] 一文对科尔沁艺术职业学院等学校进行了调研，总结了科尔沁地区各中小学及普通高校的马头琴教学的现状，对当前科尔沁地区马头琴教学中存在的师资缺乏、教学规范性不足以及家庭对学校音乐教育不重视等问题进行了探讨。《岭南音乐在广东高师音乐专业视唱教学中的应用探究》[4] 一文强调了高等师范院校作为文化传承的主力军，应承担继承和发扬地区传统音乐文化的重任。从课程目标、课程结构、教学实践层面的具体操作、教学体验三方面探究高师视唱练耳课程民族化、本土化的创新和改革。

（五）著作与音像作品情况

2012年，随着非物质文化遗产进校园、进社区的活动日益增多，由当地政府或民间自发组织编写的传统音乐著作和曲谱也较往年更多。1月，由广东省东莞市横沥镇民间组织整理的《渔声——横沥咸水歌》正式出版。该书分赞颂、婚嫁、劳作、生活、情歌对唱5个篇章，记录了横沥本地广为传唱的咸水歌经典曲目80余首，对咸水歌的历史渊源、历史价值以

---

[1] 鄂明晶：《如何让达斡尔族民歌真正走进中小学音乐课堂——以莫力达瓦达斡尔族自治旗为例》，《重庆三峡学院学报》2012年第4期。
[2] 黄海燕：《赣南师范学院客家音乐教学实践研究》，赣南师范学院硕士学位论文，2012。
[3] 唐高优汗：《科尔沁地区马头琴演奏在学校教学中的传承》，中央民族大学硕士学位论文，2012。
[4] 王晓燕：《岭南音乐在广东高师音乐专业视唱教学中的应用探究》，《星海音乐学院学报》2012年第2期。

及它的各个发展时期的不同特点进行了分类和阐述，还对咸水歌民间歌手及代表性传承人进行了介绍。① 5月，锡林浩特市委宣传部、市文联举行了《蒙古族"潮尔道"》作品集首发仪式。该书共分四章，结合蒙古族习俗与信仰，讲述了潮尔道的形成、发展过程和传唱范围，介绍了潮尔道演唱家基本情况、演唱技巧并收录了20多首流传的潮尔道民歌。② 同月，由汕头市文联组织编印的两部大型潮州音乐曲集《潮汕传统弦诗500首》《潮汕民歌》出版发行。两部曲集对潮汕民间歌曲和民间器乐曲进行全面、科学的梳理，基本上反映了潮州音乐的概貌，是新中国成立以来对潮汕本土音乐文化总结、搜集、整理最为系统、客观和真实的乐集。③ 6月，浙江省畲族文化研究会和丽水市畲族文化研究会根据蓝高清搜集、创作的畲族民歌，编印成《畲族民歌集》发行，其中还收录了113条畲语音字，标注汉语拼音与词语的简释，以供后人学用传唱。④ 8月，浙江省《嘉善田歌》书稿论证会在嘉善召开，该书稿以客观历史的资料为印证，注重知识性、音乐性、普及性相结合，目前共完成照片收集一百余张，文字内容近4万余字。⑤ 9月，经过一年多的搜集整理和编纂，十卷本《科尔沁叙事民歌》分蒙汉两种版本正式出版发行，该书收录了叙事民歌近千首，每首民歌均配有简谱，并对其时代背景及背后的故事进行了简要说明，是对科尔沁叙事民歌的一次抢救性挖掘和整理。⑥ 人民教育出版社在京举行《中国传统文化教育全国中小学实验教材》首发式，其中包括了传统曲艺和传统音乐欣赏等内容。⑦ 10月，甘肃省甘南藏族自治州在经过5年的收集和整理后

---

① 《〈横沥咸水歌〉出版》，《中国文化报》（电子版）2012年1月13日第8版（http://epaper.ccdy.cn/html/2012-01/13/content_64663.htm）。
② 《〈蒙古族"潮尔道"〉作品集首发》，新华网，2012年5月23日（http://www.nmg.xinhuanet.com/nmgwq/2012-05/23/content_25283500.htm）。
③ 《抢救潮汕音乐文化遗产》，中国网络电视台网站，2012年5月16日（http://news.cntv.cn/20120516/113645.shtml）。
④ 《〈畲族民歌集〉编印发行》，丽水网，2012年6月18日（http://news.lsnews.com.cn/system/2012/06/18/010309193.shtml）。
⑤ 《嘉善县召开国遗〈嘉善田歌〉书稿论证会》，浙江省非物质文化遗产网，2012年8月6日（http://www.zjfeiyi.cn/news/detail/31-2017.html）。
⑥ 《十卷本〈科尔沁叙事民歌〉出版发行》，内蒙古自治区文化厅网站，2012年9月4日（http://www.nmgwh.gov.cn//whyc/201209/t20120904_90053.html）。
⑦ 《38种曲艺曲种编入中小学教材 由姜昆等编选》，人民网，2012年9月29日（http://culture.people.com.cn/n/2012/0929/c87423-19156203.html）。

完成了对甘南藏族民歌的文字记录和谱曲工作,这一藏区独特的民间艺术从此结束了千百年来只能以口相传的历史,所选民歌都被收录到《甘南藏族民歌集》一书中。① 11月,来凤县革勒车乡革勒小学校本教材《三棒鼓》正式出版,该教材包含三棒鼓的简介、三棒鼓的历史及起源、艺术风格、表演形式、演唱内容、技艺特点、锣鼓道具、生存现状等,后面还收集整理了革勒小学教师姚全银根据学生、学校实际所收集整理的有关社会关爱学生(如贫困寄宿生生活补助、免费营养餐等)、学校发展变化、学生行为养成等唱词唱段汇编②。

音像出版主要以地方性采集录制为主。贵阳合唱团通过与作曲家方兵、指挥家杨秋鸣的合作,一年内圆满完成了无伴奏合唱贵州民歌专辑第一辑《歌飞黔岭》,该专辑收录13首不同民族风格和特色的无伴奏合唱。③ 安徽省巢湖民歌CD专辑由安徽新华音像出版社正式出版,共辑录曲目18首,包括改编民歌《姑嫂对花》《新打小船亮光光》等,及新创民歌《巢湖好》《山里头旅游精神爽》等。④ 中山市客家山歌大碟《中山白口莲山歌精选集》正式出版,将成为今后五桂山客家山歌传承基地的基础教材,为开展客家山歌进学堂创造了条件。⑤ 泉州南音乐团副团长李白燕历时三年打造了首张中小学南音音像教材,收录了《直入花园》《元宵十五》《春光明媚》等脍炙人口名曲。⑥ 音乐教育家、中国琴会副会长杨青先生主编《琴梦红楼》由人民音乐出版社正式出版,再现了1987年版《红楼梦》电视剧中12首插曲的相关古琴琴谱、文学赏析、仕女丹青、原诗书法、人物剧照、音乐唱片以及文学讲述等内容,以多维的艺术视角,展现了一种

---

① 《中国首次对甘南藏族民歌进行文字记录和谱曲》,新华网,2012年11月1日(http://news.xinhuanet.com/local/2012-11/01/c_113567599.htm)。
② 《(恩施)来凤革勒小学校本教材——〈三棒鼓〉出炉》,湖北教育新闻网,2012年11月13日(http://news.e21.cn/html/article/2012/11/20121113161813_vux8wrbmr2.html)。
③ 《袅绕黔岭的无伴奏合唱民歌》,光明网,2012年3月31日(http://culture.gmw.cn/2012-03/31/content_3882632_2.htm)。
④ 《巢湖民歌CD专辑出版发行》,安徽省文化厅网站,2012年6月7日(http://www.ahwh.gov.cn/xwzx/qswhxxlb/7344.SHTML)。
⑤ 《白口莲山歌精选集问世》,《信息时报》(电子版)2012年6月29日第G10版(http://informationtimes.dayoo.com/html/2012-06/29/content_1751130.htm)。
⑥ 《首张中小学南音音像教材出炉》,泉州晚报网站,2012年10月19日(http://szb.qzwb.com/qzwb/html/2012-10/19/content_450728.htm)。

优雅的"琴、书、诗、画"生活方式①。从陕西佳县采录制作的陕北唢呐音乐最新成果《大摆队——陕北大唢呐传统曲牌精选》由中国唱片深圳公司推出，在音响出版物中首次从学术角度对曲牌来源和音乐内涵做了解释②。12月，安徽芜湖繁昌县首张民歌CD《清韵流芳——繁昌民歌经典》发行并举办座谈会③，该CD收录了繁昌县最为优秀、最能代表民歌特色的12首歌，包括《棒槌捶在石头上》《送晚茶》等。

三　问题与对策

2012年传统音乐类非物质文化遗产保护工作在保护实践和学术研究等各方面都取得了不菲的成绩，但是仍存在有待提升和改进之处。有些在2011年报告中所提出的问题，如传统音乐创新展演对音乐本真性的偏离、传统音乐品牌项目的过度打造对地区多样性的破坏以及传统音乐学术研究尚不深入④等在2012年依然存在，同时还存在一些新问题，以下是笔者的相关建议。

（一）发展民间力量，为传承人提供平台和支持

在国家的大力提倡下，各地政府的非物质文化遗产保护力度日益增强。但许多地方政府在开展传统音乐保护时，由于对传统音乐发展规律及其文化生态认识不够，在保护中对传统音乐本真性和文化生态造成了一定程度的破坏。相对而言，一些民间组织，由于其成员本身就是传统音乐的行家，对传统音乐发展规律及文化内容有深入的研究，在传承和发展传统音乐上更注重维护其本真性和文化生态，因而应当成为传统音乐保护的重要辅助力量。

上海市崇明县的民营企业家杨刚于2009创办的阳刚民间音乐馆，是国

---

① 《〈琴梦红楼〉再掀红楼热潮》，凤凰网，2012年8月30日（http://gz.ifeng.com/wenhua/detail_2012_08/30/314667_0.shtml）。
② 《陕北唢呐音乐专辑〈大摆队〉面世》，《中国艺术报》（电子版）2012年11月9日第4版（http://www.cflac.org.cn/zgysb/dz/ysb/history/20121109/）。
③ 《繁昌首张民歌CD出版发行》，芜湖新闻网，2012年12月24日（http://www.wuhunews.cn/zhengwu/folder320/folder686/2012/12/2012-12-24479910.html）。
④ 康保成主编《中国非物质文化遗产保护发展报告（2012）》，社会科学文献出版社，2012，第95~98页。

内第一家由专家引领、政府支持的集创作、演奏、收藏为一体的民间音乐机构,主要以保护丝竹音乐为主,多年来他们举办多场展演,演奏及创作新的乐曲,参与比赛,还融合江南丝竹、崇明瀛洲古调、崇明吹打、崇明山歌等艺术形式,形成了具有崇明特色的瀛洲丝竹。此外,还建立了民乐历史和藏品的展示馆,定期无偿向社会各界展示江南丝竹历史、珍贵的曲谱创作手稿、艺术大师使用过的乐器等翔实的史料,目前展出的各类音乐资料、书籍、唱片、手稿、乐器近4000件,已接待观众近250批、4000多人次[1],是政府与民间机构合作开展传统音乐保护的一个成功案例。

蒙古族马头琴音乐的国家级代表性传承人齐·宝力高,在2011年10月成立了齐·宝力高国际马头琴学院,使马头琴走上了正规化的高等艺术教育之路。2012年9月,他在北京大学举办了《草原连着北京——齐·宝力高野马马头琴乐团音乐会》。10月,他还在中国音乐学院第三届艺术实践周"音乐艺术人生"人文大讲堂活动中作了题为《马头琴与人生》的讲座。11月,他在国家大剧院与中国国家交响乐团共同举办了《草原连着北京——齐·宝力高马头琴交响音乐会》[2]。这是一个传承人利用学校平台开展传统音乐保护的成功案例。

此外,通过民间力量成立的上海市"幽篁古韵文化会所",是一个古琴传习所,人员由一群30岁上下、具有海外留学背景又热爱传统文化的各行业精英构成,以基金会方式运营。该传习所为大众提供免费租琴服务、开办古琴音乐会、送古琴课程到学校、捐赠古琴教室给群艺馆并举办讲座,在传习所注册的爱好者就有三五千人[3]。

可见,在传统音乐保护中,民间力量是不可忽视的,各地政府部门应积极扶持具有专业背景的民间组织或个人,使其真正成为我国传统音乐保护队伍的重要成员。

---

[1] 《上海阳刚民间音乐馆传承文化遗产、弘扬民乐文化》,上海政府网站,2012年6月19日 (http://www.shanghai.gov.cn/shanghai/node2314/node2315/node18454/u21ai627903.html)。

[2] 《我是"社会音乐学院"的学生——马头琴音乐国家级传承人齐·宝力高讲述艺术人生》,《中国文化报》(电子版) 2012年10月26日第7版 (http://epaper.ccdy.cn/html/2012-10/26/content_83475.htm)。

[3] 《洋房里飘出古琴雅韵 探访以新方式运营的传统文化传习所》,中国古曲网,2012年3月24日 (http://news.guqu.net/guqin/31468.html)。

（二）合理利用是传统音乐重要的生存之道

城市化与现代化的发展，极大改变了传统音乐的生态。伴随着传统生产和生活方式的改变，一些传统音乐面临着传承人断层，继而濒临消亡的危险，最典型的如伐木号子、拉纤号子等传统音乐形式就已走向衰落了。但是，任何事情都具有两面性，传统音乐的发展仍存在新的契机。

伴随着城市化和现代化发展起来的城市旅游文化，在很大程度上为传统音乐在当代的传承与发展创造了条件，提供了新的思路。一方面，传统音乐为城市旅游文化发展提供了丰富的资源，是保持城市特色、提升城市品质的重要条件；另一方面，适当的旅游开发利用，则为传统音乐提供了展示自身和可持续发展的空间和资金，也为传统音乐真正融入现代生活提供了机会。所以，科学恰当地对传统音乐进行旅游开发利用，不仅不会有损它的传承，反而会取得与城市现代化发展双赢的结果，双赢的关键在于对传统文化的正确解读与推广。2012年已经有了一些成功的案例。

2012年4月，四川省都江堰市举办了"洞经音乐展示暨'名山的圣乐'活动"，专门邀请著名民乐组织"洞经会"，在都江堰演奏《七十二滚拂流水》等经典洞经音乐，并请专业人士现场讲解洞经音乐的历史，及其与道教音乐、青城山的渊源关系[①]，从而把洞经音乐的传承、传播与城市旅游实现了有机的结合，取得了很好的效果。

福建长泰县建设的龙人古琴文化村，也是一个把传统音乐与旅游开发相结合的成功案例。在这个村中，建设有龙人书院、古琴博物馆、古琴大师纪念馆、制作教学坊、演艺教学坊等设施，是一个集古琴文化、生态农耕文化、学术交流、旅游、度假、养生等功能于一体文化旅游胜地[②]。2012年11月，该村与福建艺术职业学院建立校企合作，联合培养古琴传承人才，使中国龙人古琴文化村成为古琴人才的重要实践教

[①] 《都江堰打造道教文化品牌"洞经古乐"》，中国旅游新闻网，2012年4月17日（http://www.cntour2.com/viewnews/2012/04/17/NSZc8fYdTAbqxXgVCXn60.shtml）。

[②] 《长泰：龙人古琴文化村已现雏形》，《中国日报》（电子版）2012年4月16日（http://www.chinadaily.com.cn/hqgj/jryw/2012-04-16/content_5689985.html）。

学和传承基地①。

重庆市綦江区的金桥吹打文化产业示范园，也是一个专门针对传统音乐文化遗产开发利用的文化空间，设有金桥民间吹打传习所，金桥民间吹打器乐、特色乐器陈列室，民间吹打表演厅，金桥唢呐制作室，民间吹打乐曲创作研究室等，是一个集吹打音乐文化传承、展示、研究、人才培养与旅游开发为一体的文化产业示范园区。对传统音乐旅游开发利用的发展具有一定的示范意义②。

（三）传统音乐进校园应慎行

2012年传统音乐进校园活动在各地十分盛行，通过组织学唱、编曲、编教材等方式融入学校音乐教育或课外活动中，为学校教育带来了一定的活力，也为传统音乐迅速、广泛地传承和传播创造了条件。但是，在传统音乐进校园的过程中，也产生了一些值得我们反思的问题。

其一，多数地方的传统音乐进校园往往以学唱为主，而对传统音乐自身的整体性重视不够，导致有些传统音乐唱、弹结合的形式无法开展；有些传统音乐的民间意义无法呈现；有些传统音乐的民间演出方式和趣味未能得到保留；有些民间歌曲中的情歌被删去或改编。

在传统音乐进校园的过程中，弹唱结合的"弹"的部分被忽略了，即使像贵州省黎平县茅贡中学那样，在传承人讲授弹唱时现场弹唱了牛腿琴③，再现了民间弹唱的形式，但是学生的"学"依然未能强调学弹这一重要形式。此外，口耳相传和即兴编唱的文化特质、传统音乐的趣味性和生活化的文化生态被过滤掉了，呈现在校园中的传统音乐变成了简单的教唱，这无疑会使学生对传统音乐在民间的生存场景产生误读。所以，在大力推进传统音乐进校园的同时，我们应保护好与音乐相关的传统民俗活动，还原传统音乐的生存环境，除了让传统音乐走进校园外，还应该让学生更多地走进传统音乐的文化空间中去感受它。

其二，正如父母无法理解孩子为什么会喜欢如此叛逆、吵闹的流行音

---

① 《福建艺术职业学院与中国龙人古琴文化村建立校企合作机制》，福建省文化厅网站，2012年11月27日（http://www.fjwh.gov.cn/html/12/56/40616_20121218334.html）。
② 《建文化产业园做大金桥吹打》，《重庆商报》（电子版）2012年5月30日第21版（http://e.chinacqsb.com/html/2012-05/30/content_267933.htm）。
③ 参见本报告"一 保护情况"的"（四）传承教育情况"部分。

乐一样，不同的音乐会在不同的人群之间划定"音乐界限"。当我们把精力过多集中于某类或某个传统音乐文化品牌的同时，会在一定程度上对其他传统音乐文化产生不利的影响，从而影响到了地方音乐文化生态的多样性存在。当某种传统音乐被作为非物质文化遗产纳入学校音乐教育中，就意味着所有学生在音乐课堂上只能接受同一种传统音乐，这对有些不同地区、不同民族的学生而言，显然是不恰当的。我们没有理由要求一个四川同学学唱粤曲而不要求广东学生去学四川民歌，同样我们也不能只要求汉族学生学习少数民族歌曲，而不要求少数民族学生学习汉族歌曲。所以，在传统音乐进校园的过程中，既要学会选择音乐，又要学会如何不破坏多样化的音乐文化生态，这是我们必须慎行的重要原因之一。

其三，学唱传统音乐，很重要的一环是首先需让学生对所学唱民歌的地域文化传统有一定的常识，不能只学声音而不知声音的文化内涵及来源，这样的传承是有其形而无其根的。民间歌曲在传唱时往往与民俗习惯、民族历史或民间传说相关，民间器乐的传承也往往与器乐传说、艺人或其家族甚至整个民族的历史相关。在很多地区，传统音乐除了娱乐之外，还发挥了教育后代、传递知识等功能，比起书本和说教，音乐来得更简单更易让人接受。当前，很多地区在传承传统音乐时，已经注意到曲谱、师资等重要问题，这是很好的现象。只是在传统音乐进校园的过程中，切不可忽略了传统音乐所承载的文化使命和所蕴涵的文化背景。即使这些背景在我们看来是迷信的、封建的，我们也应保有对民俗的尊重，而不是采取歪曲、遮掩的态度。

非物质文化遗产保护已经走过了第一个十年，我国传统音乐保护引起了各地各部门的高度重视和民众的广泛关注，也取得了许多显著的成绩。但是传统音乐传承与保护的一些基本问题仍然有待明确，一些实践操作的问题仍有待规范。展望未来，传统音乐的传承和发展前途是光明的，但道路依然是曲折的，我们依然任重而道远。

传统舞蹈类非物质文化遗产保护发展报告

撰稿：罗婉红　审稿：康玉岩*

"遗产与人类一样古老。"① 国务院《关于加强文化遗产保护工作的通知》（国发〔2005〕42号）指出："我国文化遗产蕴含着中华民族特有的精神价值、思维方式、想象力，体现着中华民族的生命力和创造力，是各民族智慧的结晶，也是全人类文明的瑰宝。"生活在中国大地上的56个民族共同创造了古老智慧、丰富多彩的舞蹈文化。

国务院已公布的三批国家级非物质文化遗产代表作名录中"传统舞蹈"共有111项，包括生活习俗舞蹈、岁时节令习俗舞蹈、人生礼仪舞蹈、宗教信仰舞蹈、生产习俗舞蹈等六类，这些传统舞蹈往往与一定的民族和地区的民众生活息息相关、形式完整、个性鲜明，具有传统的审美特征和文化属性，但由于生存环境等因素的改变而濒临消亡，需要我们及时地抢救和保护。

随着名录"退出制度"和传承人考核评审制度的相继实施，2012年的传统舞蹈保护工作迈入了实质性的保护阶段。各级政府与社会各界仍在不断探索建立有效的保护机制，希望寻找到传统舞蹈保护、传承、发展的可

---

* 罗婉红，女，1978年8月生，中山大学中文系非物质文化遗产学专业2012级博士研究生；康玉岩，男，1939年10月生，中国艺术研究院副研究员、国家非物质文化遗产保护工作专家委员会委员。

① David lowenthal, *The Heritage Crusade and the Spoils of History*, New. York, The Free Press, 1996, p. 1.

持续发展途径。本文从"保护情况""研究情况""问题与展望"三个方面，对传统舞蹈类非物质文化遗产保护工作进行回顾与报告，以期为今后的工作提供参考与借鉴。

一 保护情况

（一）各级各类非物质文化遗产名录入选情况

1. 国家级非物质文化遗产项目代表性传承人名录入选情况

2012年12月20日，文化部公布了第四批国家非物质文化遗产代表性传承人名录，共计498人。与前三批相比，第四批传承人的评选工作速度明显放慢，人数也相对减少。为了力求做到名副其实，国家级代表性传承人申报的门槛一直在不断提高，许多项目的传承人需经历一段相当长时间的自我提升，才能从县级、市级、省级，一步步成为国家级代表性传承人。

第四批国家级非物质文化遗产项目代表性传承人名录中传统舞蹈类项目传承人共有49名，占名录总人数的10%。遍及24个省、直辖市和自治区，详见表1所示。

表1

序号	姓名	性别	民族	出生年月	项目名称	申报地区或单位
1	吕翠琴	女	汉族	1950.9	京西太平鼓（怪村太平鼓）	北京市丰台区
2	赵凤岭	男	汉族	1946.10	秧歌（小红门地秧歌）	北京市朝阳区
3	秦梦雨	男	汉族	1938.10	秧歌（昌黎地秧歌）	河北省昌黎县
4	李成家	男	汉族	1957.2	龙舞（金州龙舞）	辽宁省大连市金州区
5	杨木海	男	汉族	1947.10	龙舞（骆山大龙）	江苏省溧水县
6	邓斌	男	苗族	1932.9	龙舞（地龙灯）	湖北省来凤县
7	田宗林	男	汉族	1933.6	龙舞（芷江孽龙）	湖南省芷江侗族自治县
8	丁志凡	男	苗族	1937.10	龙舞（城步吊龙）	湖南省城步苗族自治县
9	蔡沾权	男	汉族	1934.5	龙舞（六坊云龙舞）	广东省中山市
10	杨敬伟	男	汉族	1958.11	狮舞（白纸坊太狮）	北京市

续表

序号	姓 名	性别	民族	出生年月	项目名称	申报地区或单位
11	孙炳祥	男	汉族	1931.8	狮舞（马桥手狮舞）	上海市闵行区
12	谢达祥	男	汉族	1936.7	狮舞（古陂蓆狮、犁狮）	江西省信丰县
13	李金土	男	汉族	1958.1	狮舞（小相狮舞）	河南省巩义市
14	李道海	男	回族	1951.10	狮舞（槐店文狮子）	河南省沈丘县
15	文琰森	男	汉族	1941.1	狮舞（松岗七星狮舞）	广东省深圳市
16	唐守益	男	苗族	1942.9	狮舞（高台狮舞）	重庆市彭水苗族土家族自治县
17	石春彩	男	汉族	1951.12	花鼓灯（蚌埠花鼓灯）	安徽省蚌埠市
18	韩富林	男	汉族	1943.12	傩舞（寿阳爱社）	山西省寿阳县
19	汪宣智	男	汉族	1932.8	傩舞（祁门傩舞）	安徽省祁门县
20	龚茂发	男	汉族	1935.9	傩舞（邵武傩舞）	福建省邵武市
21	程金生	男	汉族	1940.5	傩舞（婺源傩舞）	江西省婺源县
22	段铁成	男	汉族	1944.4	高跷（高跷走兽）	山西省稷山县
23	郭金锁	男	汉族	1940.10	泉州拍胸舞	福建省泉州市
24	汪妙林	男	汉族	1945.9	余杭滚灯	浙江省杭州市余杭区
25	田景民	男	土家族	1943.2	土家族摆手舞（酉阳摆手舞）	重庆市酉阳土家族苗族自治县
26	白玛群久	男	藏族	1941.4	羌姆（拉康加羌姆）	西藏自治区洛扎县
27	土旦群培	男	藏族	1969.6	羌姆（曲德寺阿羌姆）	西藏自治区贡嘎县
28	陈改保	男	佤族	1939.5	木鼓舞（沧源佤族木鼓舞）	云南省沧源佤族自治县
29	班点义	男	瑶族	1948.7	铜鼓舞（田林瑶族铜鼓舞）	广西壮族自治区田林县
30	彭南京	男	土家族	1942.6	湘西土家族毛古斯舞	湖南省湘西土家族苗族自治州
31	高如常	男	汉族	1945.2	鼓舞（花钹大鼓）	北京市昌平区
32	王企仁	男	汉族	1941.4	鼓舞（万荣花鼓）	山西省万荣县
33	陈喜顺	男	汉族	1952.10	蜈蚣舞	广东省汕头市澄海区
34	道尔吉	男	蒙古族	1937.10	查玛	内蒙古自治区阿拉善盟

续表

序号	姓名	性别	民族	出生年月	项目名称	申报地区或单位
35	陈福炎	男	汉族	1933.10	鹤舞（三灶鹤舞）	广东省珠海市
36	盘振松	男	瑶族	1944.9	瑶族长鼓舞（黄泥鼓舞）	广西壮族自治区金秀瑶族自治县
37	格玛次仁	男	藏族	1930.7	得荣学羌	四川省得荣县
38	和振强	男	纳西族	1938.2	纳西族热美蹉	云南省丽江市古城区
39	罗杰	男	藏族	1945.1	宣舞（普堆巴宣舞）	西藏自治区墨竹工卡县
40	洛布曲珍	女	藏族	1935.9	拉萨囊玛	西藏自治区拉萨市
41	扎西次仁	男	藏族	1942.1	嘎尔	西藏自治区
42	扎西	男	藏族	1952.1	旦嘎甲谐	西藏自治区萨嘎县
43	道吉才让	男	藏族	1962.4	藏族螭鼓舞	青海省循化撒拉族自治县
44	那斯尔·奴苏尔	男	维吾尔族	1932.12	赛乃姆（库车赛乃姆）	新疆维吾尔自治区库车县
45	钟会龙	男	白族	1932.5	仗鼓舞（桑植仗鼓舞）	湖南省桑植县
46	钟朝良	男	黎族	1941.10	老古舞	海南省白沙黎族自治县
47	龙正福	男	哈尼族	1943.9	棕扇舞	云南省元江哈尼族彝族傣族自治县
48	桑珠	男	藏族	1959.4	协荣仲孜	西藏自治区曲水县
49	杨景艳	男	汉族	1951.1	巴当舞	甘肃省岷县

据国家非物质文化遗产保护专家委员会副主任乌丙安介绍，第四批的代表性传承人与之前相比有明显年轻化的趋势。前三批评选的传承人大多是老一辈大师，他们虽技艺超群、德高望重，但年龄偏大。而此批次的传承人很多为五六十岁，年富力强，为该行业的"当家人"。① 但纵观表1不难看出，传统舞蹈类传承人大多年迈，藏族传统舞蹈得荣学羌的传承人格

---

① 《第四批498名国家级非物质文化遗产传承人公布十余位"70后"入选，呈现年轻化趋势》，《中国文化报》2012年12月24日第1版。

玛次仁已经82岁高龄,49位传承人平均年龄接近70岁,其中八旬以上的老人有5位,占总人数的10%以上。显然,传承人老龄化仍然是困扰着传统舞蹈保护和发展的重要问题。

在国务院已公示的四批国家级非物质文化遗产代表性传承人名录中传统舞蹈传承人共有177位。他们是传统舞蹈遗产的重要承载者和传递者,各自掌握着传统舞蹈丰富的文化内涵和精湛技艺,因此,保护好代表性传承人是活态保护与活态传承的关键所在。

2. 国家级非物质文化遗产代表作名录中传统舞蹈项目的调整情况

依据《中华人民共和国非物质文化遗产法》第二十七条规定:"国务院文化主管部门和省、自治区、直辖市人民政府文化主管部门应当对非物质文化遗产代表性项目保护规划的实施情况进行监督检查;发现保护规划未能有效实施的,应当及时纠正、处理",文化部在全国范围内开展了国家级非物质文化遗产代表性项目自查和督察组结合的督查工作,对105个项目保护单位进行调整、撤销的处理,这标志着文化部对国家级非物质文化遗产代表性项目动态化管理有了实质性开端。

在被调整的97项国家级非物质文化遗产代表性项目保护单位名单中,传统舞蹈类项目有5项保护单位被调整。提出批评、限期整改或撤销的项目保护单位名单中没有传统舞蹈类项目。① 详见表2所示:

表2

原因	省份	项目保护单位名称	项目名称
因文化体制改革原机构变更或成立非物质文化遗产保护专门机构	浙江	开化县香火草龙保护协会	龙舞（开化香火草龙）
	广东	佛山市南海区文化馆	狮舞（广东醒狮）
原保护单位为行政管理部门	贵州	威宁彝族回族苗族自治县非物质文化遗产保护办公室	彝族撮泰吉
原项目保护单位与实际保护工作不相协调	山西	襄汾县文化馆	狮舞（天塔狮舞）
	辽宁	鞍山市艺术创作研究所	高跷（海城高跷）

---

① 《文化部关于对天津市红桥区回族大刀队等105个国家级非物质文化遗产代表性项目保护单位进行调整、撤销的决定》，中华人民共和国文化部网站，2012年10月24日（http://policy.cipnet.cn/BS_Portal/Information/Detail.aspx?PID=3b004e6b-8af1-4bec-9f93-5779d7501800）。

3. 省（自治区、直辖市）级非物质文化遗产代表作名录入选情况

2012年，国家级非物质文化遗产代表项目申报虽然暂缓了脚步，一些省、自治区、直辖市仍陆续公布了省级名录和代表性传承人名单。其中，海南省将已公布的四批省级非物质文化遗产代表性项目名录进行了清理和调整，废止原公布的海南省第一批、第二批、第三批、第四批省级非物质文化遗产名录和扩展名录，将名录缩减为72项。详见表3所示：

表3

地区	名　　录	传统舞蹈项目
湖南	第三批省级非物质文化遗产代表作名录	连山斗牛舞、枫坪傩狮舞、棕包脑、石羊走马灯、苗族团圆鼓舞、瑶族伞舞、桑植跳丧舞、醴陵市星子灯
	省级非物质文化遗产代表作扩展项目名录	九市稻草龙
广东	第四批省级非物质文化遗产代表作名录	锣花舞、调顺网龙、藤牌功班舞
	省级非物质文化遗产代表作扩展项目名录	潮南英歌、神泉英歌、上川黄连胜醒狮舞、五福狮舞、清溪麒麟舞、麒麟引凤、貔貅舞、瑶族小长鼓舞、凤舞
浙江	第四批省级非物质文化遗产代表作名录	车子灯、大头和尚、狮象舞、大陆花灯、五凤朝阳、红毛狮子、梓树布龙、滚花龙、郼吴金龙、横街草龙
河北	第四批省级非物质文化遗产代表作名录	南平望拉花、琅矿活帷子、跑竹马、南鱼龙灯、大头舞、跨鼓、十美图、八大怪、蹦跶会
海南	省级非物质文化遗产代表作名录	黎族打柴舞、黎族钱铃双刀舞（琼中咚铃伽、陵水钱铃双刀舞）、盅盘舞（文昌盅盘舞）、海南苗族招龙舞、黎族舂米舞、黎族共同舞、海南苗族盘皇舞、黎族面具舞、黎族老古舞、海南虎舞、海南麒麟舞
广西	第四批自治区级非物质文化遗产代表作名录	浦北舞青龙、上林壮族师公舞、仙回瑶族调马、八步瑶族长鼓舞、水口麒麟马、上林瑶族猴鼓舞、南宁傩舞、壮族麒麟舞、马山壮族踩花灯、上思舞鹿、龙胜侗族疱颈龙舞、北海耍花楼、靖西壮族舞蹈（壮族马绿舞、壮族弄腊舞、壮族田间矮人舞、舞春牛）、凌云瑶族龙凤舞、壮族铜鼓舞、壮族板鞋舞、乐业壮族龙灯舞
新疆	第三批省级非物质文化遗产代表作名录	吐鲁番纳孜库姆、叶城维吾尔族阿勒喀舞、维吾尔族石头舞、俄罗斯族踢踏舞

此外，宁夏于6月公布了第三批省级名录，因数据不详，在此不赘。山东省在年末对第三批省级非物质文化遗产名录推荐项目进行了公示，

123项省级非物质文化遗产代表作中传统舞蹈15项。

4. 省（自治区、直辖市）级非物质文化遗产项目代表性传承人名录入选情况

2012年，上海、广东、贵州等省市也陆续公布了不同批次的省级代表性传承人名单，详见表4：

表4

地 区	名录名称及总人数	传统舞蹈传承人数量
上 海	第三批市级非物质文化遗产项目代表性传承人共113人	4人
广 东	第三批省级非物质文化遗产项目代表性传承人共147人	24人
贵 州	第三批省级非物质文化遗产项目代表性传承人共105人	13人
湖 北	第三批省级非物质文化遗产项目代表性传承人共153人	14人
内蒙古	第三批自治区级非物质文化遗产项目代表性传承人共76人	6人
陕 西	第三批省级非物质文化遗产项目代表性传承人共71人	3人
河 北	第三批省级非物质文化遗产项目代表性传承人共83人	4人
四 川	第五批省级非物质文化遗产项目代表性传承人共108人	8人
河 南	第三批省级非物质文化遗产项目代表性传承人共189人	15人
重 庆	第三批市级非物质文化遗产项目代表性传承人共116人	10人

（二）政府保障工作

非物质文化遗产的保护与传承离不开政府的主导，2012年，对于传统舞蹈而言，政府的保障工作主要包括制定相关政策、制度，相应的人力、物力、财力投入，以及分层的监督工作。

1. 制度保障

以《中华人民共和国非物质文化遗产法》的出台为契机，2012年，湖北、重庆、贵州、山西等省、直辖市相继出台了非物质文化遗产保护条例，这为传统舞蹈类非物质文化遗产保护工作的长期实施和有效运行提供了坚实的制度保障，对传统舞蹈的专项制度建设也起到了推动作用。比如，云南省大理白族自治州南涧彝族自治县专门针对"南涧跳菜"艺术制定了《云南省南涧彝族自治县"跳菜"艺术传承与保护条例》，共三十条，对"跳菜"保护工作的方针原则、保护内容、经费管理、传承人的认定、义务和权利、处罚措施等方面作了具体规定。规定保护内容包括：一是

"南涧跳菜"的音乐、舞蹈、服饰、道具及其表现形式；二是具有学术、史料和艺术价值的"南涧跳菜"文稿、绘画、碑刻、雕塑及相关作品；三是"南涧跳菜"的剪纸、刺绣、乐器、工艺；四是"南涧跳菜"民族传统习俗、节庆；五是"南涧跳菜"传承人及其所掌握的知识和技艺。同时规定，自治县人民政府应当将"南涧跳菜"的传承与保护纳入国民经济和社会发展规划，其经费列入本级财政预算。任何公民、法人和其他组织侵占、损毁"南涧跳菜"民居、古建筑、特定活动场所责令无条件退还或恢复原状，并处 5000 元以上 50000 元以下罚款。①

云南是我国传统舞蹈遗产最丰富的省份之一，25 个世居民族中流传着上千种传统舞蹈，如何协调非物质文化遗产传统舞蹈各个项目的发展；传统舞蹈与其他文化遗产的发展；以及传统舞蹈与区域经济发展的关系，"跳菜"的专项立法无疑具有一定的积极意义，对于其他地区和舞蹈项目的保护也具有一定的示范和借鉴作用。

2. 基地建设

在非物质文化遗产保护工作实践中，基地建设长期以来都是政府工作的重点，2007 年，文化部启动了文化生态保护区建设，将非物质文化遗产从单纯的项目保护逐渐提升到与其依存的环境进行整体性保护，成为遵循非物质文化遗产传承和发展规律的一种重要的保护方式②。2012 年，传统舞蹈基地建设包括区域内舞蹈遗产的综合基地建设，以及对重点项目和弱势项目进行专项保护的基地建设。

进行"民间舞蹈之乡"建设是对乡一级区域内进行传统舞蹈资源整合、保护和传承的有效途径。11 月，湖北省确立宜昌太平溪镇为首个"民间舞蹈之乡"，太平溪镇民间舞蹈种类繁多，现今有 120 名优秀民间艺人传承和发展了地花鼓、狮子、龙灯、采莲船、推车舞、蚌壳舞、腰鼓舞、秧歌舞、碟子舞、莲湘舞、端公舞等 11 个民间舞蹈品种或节目。在创建湖北省"民间舞蹈之乡"过程中，太平溪镇共整理出文字资料 100 多万字，音乐乐谱 50 多首、描绘舞蹈动作的图画 200 多幅、视频 60 多小时、照片

---

① 《云南省南涧彝族自治县"跳菜"艺术传承条例》，南涧县人民政府门户网，2012 年 2 月 6 日（http：//www.ypx.gov.cn/dlnjwg/1153208477141696512/20120711/12502.html）。
② 《非物质文化遗产：大力建设中国特色保护体系》，《光明日报》2012 年 10 月 31 日第 10 版。

2000多张，出版发行了《太平溪民间舞蹈集成》一书，编辑刻录了一盘时长近2小时的民间舞蹈音乐光碟，展出了一批民间舞蹈图片，编排了一台民间舞蹈节目，制作了一部民间舞蹈文化专题片。[①] 太平镇"民间舞蹈之乡"的确立，对宜昌市甚至整个湖北省传统舞蹈发展进程具有重要里程碑意义，不仅为传统舞蹈传承与弘扬奠定了坚实的基础，也将推动该县文化和经济事业发展。

与以往重视具有市场潜力和社会认知度高的项目不同的，2012年，传统舞蹈保护工作加大了对弱势项目地扶持。根据本地区的实际条件和这些传统舞蹈项目特征，建设具有地域文化特色的传统舞蹈专项基地成为本年度传统舞蹈保护工作新的增长点。云南省各地主要建立了一批以村为中心的传统舞蹈"源头"保护基地，确立了以广南县贵马村为中心的"壮族彝族铜鼓舞"传承示范基地；[②] 新挖聋村为"彝族葫芦笙舞"传承保护活动示范基地。[③] 政府通过举行挂牌仪式等各种活动激发代表性传承人传承自我文化的自豪感和自觉性；通过硬件设施建设和发放活动经费支持群众活动的开展，培育自然地传承土壤。村是现今我国最小的行政单位，对于传统舞蹈保护而言是最重要的着力点和落脚点。这类基地的建设彰显保护工作对于保护传统舞蹈原生环境的重视，标志着保护工作正逐步开始落到实处。

3. 检查监督

为了避免非物质文化遗产保护工作中"重申报、轻保护"现象，促进传统舞蹈类非物质文化遗产保护的常态化，各项检查、验收、评估工作也在2012年持续展开。3月，浙江省文化厅核查组到坎门检查国家级非物质文化遗产代表作名录中传统舞蹈项目龙舞"坎门花龙"的保护与传承工作情况，检查组通过听取情况汇报和实地查看后，对保护工作给予了肯定。同时，还对后期传承和保护工作提出了建议。[④] 广东省文化厅非物质文化

---

① 《湖北首个"民间舞蹈之乡"在三峡坝区诞生》，光明网，2012年11月10日（http://pic.gmw.cn/channelplay/6104/631268/page_1_0/0.html）。
② 《广南县举行铜鼓舞传承活动示范点挂牌仪式》，云南非物质文化遗产保护网，2012年3月15日（http://www.ynich.cn/Article/ShowArticle.asp?ArticleID=126）。
③ 《广南为彝族葫芦笙舞挂牌》，《云南日报》2012年6月11日第10版。
④ 《省文化厅核查组来我县检查国家级非物质文化遗产项目"坎门花龙"保护工作》，玉环新闻网，2012年3月22日（http://yhnews.zjol.com.cn/xwzx/wybb/201203/t20120322_430636.htm）。

遗产项目保护检查组到化州市检查"跳花棚"项目的保护情况,检查顺利通过,检查组同时指出要努力保留"跳花棚"的原生状态,使这个珍贵的历史遗产得以完整流传。① 5月,甘肃省文化厅非物质文化遗产检查组在检查舟曲县非物质文化遗产保护工作中,对"多地舞"的保护及代表性传承人现场进行调研,并召开了"多地舞"保护工作汇报会。② 以王安奎为组长的文化部非物质文化遗产保护检查组到安徽省蚌埠市检查花鼓灯的保护传承情况。检查组到禹会区冯嘴子村,参观花鼓灯传习所、观看传承人技艺展示、灯班子表演,随后前往中国花鼓灯博物馆,了解蚌埠市花鼓灯的发展、传承和保护历史及现状。③ 12月,文化部、国家非物质文化遗产保护中心领导专家组考察陕西洛川蹩鼓,详细了解蹩鼓的保护和传承人的培养情况后,考察组参观了洛川县非物质文化遗产保护项目展览室和民俗博物馆,了解了洛川县非物质文化遗产保护和民间艺术,并与部分民间艺人面对面交流探讨。④ 文化部非物质文化遗产司保护处处长张兵一行到湖南龙山考察土家族民俗文化,其中包括摆手舞、毛古斯、梯玛神歌、咚咚喹等6项国家级非物质文化遗产。⑤

(三)展演、比赛与交流情况

传统舞蹈的"活态性"特点决定了表演是舞蹈的生命力所在,2012年大量的展演和比赛活动不但为传统舞蹈项目的表演提供了平台,更成为了重要的宣传和保护手段。在传统舞蹈日益失去其原生环境的情况下,这类活动为传统舞蹈赢得了更多的社会认同和关注,为其生存与发展拓展了新的空间。

1. 综合展演

非物质文化遗产综合展演是非物质文化遗产保护和宣传的重要手段,

---

① 《非物质文化遗产项目"跳花棚"保护工作通过省检》,央视网,2012年3月17日(http://news.cntv.cn/20120317/115635.shtml)。
② 《省文化厅来舟曲县检查国家级非物质文化遗产保护工作》,人民网,2012年5月17日(http://gs.people.com.cn/n/2012/0517/c224507-17051159.html)。
③ 《文化部来蚌检查非物质文化遗产保护》,网易新闻中心,2012年5月29日(http://news.163.com/12/0529/10/82LSLEP400014AED.html)。
④ 《文化部、国家非物质文化遗产保护中心领导专家来洛川县考察》,延安政府网,2012年12月9日(http://www.yanan.gov.cn/structure/xwzx/qxdt/zw_29877_1.htm)。
⑤ 《文化部非物质文化遗产司来龙山县考察土家民俗文化》,新浪网,2012年12月23日(http://news.sina.com.cn/o/p/2012-12-23/140925875056.shtml)。

2012 年，传统舞蹈一如既往的成为各类非物质文化遗产展演中重要内容，这为普通民众了解传统舞蹈、走进传统舞蹈打开了方便之门。2 月 5 日，在北京举行的"中国非物质文化遗产生产性保护成果展"中门头沟区《京西太平鼓》的精彩表演不仅赢得在场观众的赞誉，还受到了中央电视台、北京电视台等多家媒体的关注，《朝闻天下》《特别关注》等栏目对《京西太平鼓》进行了重点报道。① 4 月 11 日，贵州黔西举行的"中国首届彝族非物质文化遗产传承展演"中贵州彝族传统舞蹈《撮泰吉》《铃铛舞》，以及来自云南的彝族《跳菜》等传统（民间）舞蹈项目——亮相，共同展示彝族古老的文化。② 5 月 26 日，河北承德举行的"第十二届中国承德国际旅游文化节非物质文化遗产的开幕式展演"现场，演员们以不同风格、不同形式表演了"二贵摔跤""霸王鞭""狩猎舞""萨满舞""板城跑驴"传统舞蹈，具有浓郁的民族地域特色的表演得到了中外宾客的赞誉。③ 6 月 9 日，河北省秦皇岛举行的"风情神韵·魅力河北"非物质文化遗产系列展演中，"任丘大鼓""常山战鼓""二贵摔跤""井陉拉花"等传统舞蹈轮番登场，使中外观众领略到了燕赵传统舞蹈风韵。④ 6 月 10 日，江苏淮安举办的"音乐舞蹈类非物质文化遗产保护成果展演暨淮安市非物质文化遗产展示展演活动"中展演了全省 32 个非物质文化遗产保护项目，传统舞蹈凤羽龙、宝堰双推车、万绥猴灯、丁嘴跑驴等，吸引了数千人前来观看。⑤ 9 月 19 日，在平遥古城举办的山西非物质文化遗产保护成果展活动上，晋剧、祁太秧歌、左权开花调、孝义碗碗腔、孝义木偶戏、风火流星、榆社霸王鞭、万荣花鼓、天塔狮舞、晋北鼓吹等非物质文化遗产项目

---

① 《门头沟京西太平鼓参加中国非物质文化遗产生产性保护成果大展》，搜狐网，2012 年 2 月 14 日（http：//roll.sohu.com/20120214/n334722566.shtml）。
② 《中国首届彝族非物质文化遗产传承展演在黔西举行》，民族宗教网，2012 年 3 月 30 日（http：//www.mzb.com.cn/html/report/290877-1.htm）。
③ 《非物质文化遗产展演扮靓承德国际旅游文化节》，每日中国网，2012 年 5 月 27 日（http：//www.chinadaily.com.cn/micro-reading/politics/2012-05-27/content_6022681.html5）。
④ 《非物质文化遗产展演热》，北方新闻网，2012 年 6 月 10 日（http：//news.enorth.com.cn/system/2012/06/10/009410683.shtml）。
⑤ 《江苏省 32 个音乐舞蹈类"非物质文化遗产"保护成果展演》，网易新闻网，2012 年 6 月 10 日（http：//news.163.com/12/0610/20/83LQ8OG300014JB6.htmlh）。

的现场展演，让广大观众参与其间，直观感受非物质文化遗产项目的文化魅力。①

2. 主题文化艺术节

随着非物质文化遗产保护的日渐深入人心和各级政府对一些重点项目的扶持，各地纷纷打造各类以传统舞蹈为主题的文化艺术节，部分项目因沿袭已久、影响较大，形成了一定的品牌效应。2月，云南双柏举行"2012年云南·法脿彝族虎笙节"，艺术节集中展示了老虎笙、大锣笙、祭火表演和虎乡原生态"古歌、山歌"演唱等一系列原生态歌舞表演，展现了彝族独特的民族歌舞文化。② 5月，青岛胶州举行的"龙腾盛世舞秧歌"为主题的第三届中国秧歌节，来自全国各地的优秀队伍表演了高桩醒狮、山东的三大秧歌、云南女子花腰彝舞龙、河南开封秧歌、井陉拉花等众多传统舞蹈。③ 7月，湖北红椿土举办的第二届"土家族舍巴节"，艺术节中上演了"哈格啊""茅古斯""土家摆手舞""欢腾舍巴节"等传统土家族舞蹈。④ 新疆青河举行的第四届"喀拉角勒哈"文化艺术节，普通民众和专业演员一起共舞了传统的哈萨克传统舞蹈"卡拉角勒哈"舞。⑤ 8月15日至17日，西宁举办"国际原生态舞蹈暨现代舞艺术节"上，近20支国内外原生态舞蹈团队同台技艺，展现了各具特色传统舞蹈。⑥ 10月，云南弥渡举办的"花灯艺术周"中，来自云南的11支代表队创作的23段花灯小戏、10支花灯歌舞参加展演；46名青年花灯演员参加花灯表演大赛。⑦ 11月，由湖南省文化厅、益阳市政府主办，南县县委、县政府承办的湖南第二届南县地花鼓艺

---

① 《山西非物质文化遗产保护成果展举行》，网易，2012年9月20日（http://news.163.com/12/0920/08/8BR74N9700014JB6.html）。
② 《双柏县法脿镇举办2012云南·法脿彝族虎笙节》，中华人民共和国商务部，2012年2月16日（http://www.mofcom.gov.cn/aarticle/difang/yunnan/201202/20120207968181.html）。
③ 《第三届中国秧歌节盛装启幕彰显传统文化魅力》，中国新闻网，2012年5月25日（http://www.chinanews.com/df/2012/05-25/3917192.shtml）。
④ 《第二届土家族舍巴节在红椿举行》，巫山新闻网，2012年7月25日（http://wsxww.cqnews.net/html/2012-07/25/content_17904836.htm）。
⑤ 《第四届"卡拉角勒哈"文化艺术节开幕》，新疆日报网，2012年8月31日（http://www.xjdaily.com.cn/jiehui/01/777142.shtml）。
⑥ 《中国·青海西宁国际原生态舞蹈暨现代舞艺术节》，全球在线，2012年7月6日（http://gb.cri.cn/27824/2012/07/06/5951s3758282.htm）。
⑦ 《2012云南省花灯艺术周落幕》，乐云网，2012年10月27日（http://news.ynxxb.com/content/2012-10/27/N99573576079.aspx）。

术节期间,举办了湖南第二届南县地花鼓大奖赛、康顺·唯一金城南县地花鼓艺术论坛等。省内外36支地花鼓表演队参加大奖赛。① 12月,安徽凤阳举办的"第四届中国·凤阳花鼓文化旅游节"中展现"凤阳花鼓""花鼓戏""花鼓灯""权拉机""太平鼓舞"等凤阳独具特色的民间传统舞蹈。②

3. 竞赛活动

2012年,从中央到地方,各种层次和级别的传统舞蹈竞赛活动频频,这些赛事不仅注重竞技水平和表演技艺,而且注重参与性和娱乐性。2月4日,"腾飞隆尧"秧歌大赛暨乡艺汇演在河北隆尧举行,来自全国各地12支秧歌队和14支乡土文艺表演队献上了一场场精彩的秧歌大餐,近5万名群众观看了演出。3月28日,云南澜沧县举办了首届国家级非物质文化遗产代表性项目"拉祜族芦笙舞"大赛。比赛分为集体组、个人组和少儿组。国家级芦笙舞传承人李增保等担任评委。③ 4月25日,由甘肃省体育局主办、甘肃省社会体育管理中心承办的"甘肃省第四届锅庄舞大赛"在兰州大学体育馆举行,这是近年来甘肃举办的规模最大、参赛人数最多的一次民族锅庄舞大赛。民族选手参赛多,美轮美奂的锅庄舞竞技吸引了如潮的观众争相观看。④ 7月30日,2012首届中国朝鲜族农乐舞大赛在延吉开赛,大赛以"交流·保护·传承"为主题,来自吉林市、黑龙江省牡丹江市以及州内县市的10支代表队参加了比赛。经过激烈争夺,汪清县老年农乐舞代表队的《丰收乐》、安图县代表队的《踩地神》并列荣获第一名。⑤ 8月24日"中国武陵山区第二届土家摆手舞大赛"在重庆酉阳开赛,来自利川、龙山、古丈、黔江等武陵山区15支代表队表演了《摆手迎吉祥》《土家摆手舞》《舍巴人》《舍巴日》《快乐的土家人》《摆手迎吉

---

① 《南县举办第二届地花鼓节》,凤凰网,2012年11月10日(http://news.ifeng.com/gundong/detail_ 2012_ 11/10/19012626_ 0. shtml)。
② 《第四届中国·凤阳花鼓文化旅游节隆重开幕》,新华网,2012年12月2日(http://www.ah.xinhuanet.com/2012-12/02/c_ 113876916. htm)。
③ 《澜沧县举办首届拉祜族芦笙舞大赛》,云南非物质文化遗产保护网,2012年4月1日(http://www.ynich.cn/Article/ShowArticle.asp? ArticleID=1284)。
④ 《甘肃省第四届锅庄舞大赛》,中国网,2012年4月25日(http://news.china.com.cn/rollnews/2012-04/25/content_ 13901077. htm)。
⑤ 《首届中国朝鲜族农乐舞大赛开赛》,新华网,2012年7月31日(http://www.jl.xinhuanet.com/newscenter/2012-07/31/content_ 25522727. htm)。

祥》《古丈摆手舞》《沿河摆手舞》《快乐舍巴》《摆手神韵》《原生态摆手舞》等各具特色的摆手舞节目。[①] 9月2日，首届额济纳旗"萨吾尔登舞蹈大赛"在达来呼布拉开帷幕。比赛吸引了众多萨吾尔登舞蹈爱好者参与，共有来自全旗的民间社会团体、各地学校等16个团队180多人参加了舞蹈竞技。[②] 9月12日，甘肃省平凉市举行"第九届中国民间艺术节暨第十一届山花奖·民间广场歌舞"大赛，来自河北、广东、内蒙古、四川、新疆、安徽等17省及自治区的代表队参加了角逐，"昌黎县地秧歌""沙涌鳌鱼舞""海城高跷秧歌""踩亲舞"等传统舞蹈获得金奖。[③] 10月7日，"陆家杯"全国舞龙邀请赛在江苏昆山举行。来自江苏、安徽、浙江、广东、云南、上海、重庆等七省市的12支舞龙劲旅在陆家展开激烈的角逐，比赛中，"板凳龙""人龙舞""百叶龙""线龙""辫辫龙""寿昌龙""滚地龙""断龙舞"等纷纷登台亮相，最终来自广东湛江、云南石屏、重庆铜梁、浙江长兴、浙江建德和江苏陆家的6支舞龙队荣获金奖。[④] 11月10日，河北滦州古城举行了第二届秧歌大赛，来自唐山、秦皇岛74个秧歌比赛队伍，经过14天的激烈角逐，共评选出大小场赛6支比赛队伍荣获一、二、三等奖，两支队伍获优秀队伍奖，个人行当分别对丑、公子、扎、妞评选出一到四等奖。[⑤] 11月29日至30日，广东省东莞举行了首届麒麟舞大赛暨麒麟头制作技艺展，广东省各地25支代表队现场展示了精彩壮观的麒麟舞表演和独特的麒麟头制作技艺。[⑥]

4. 认证活动

2012年，一些不被人熟知的传统舞蹈项目希望通过大型的认证活动引起大众的认同和社会的关注。2月6日，2012中国·德宏国际目瑙纵歌节

[①] 《武陵山区舞者齐聚酉阳倾情演绎东方迪斯科摆手舞》，中国网，2012年8月26日（http：//www.china.com.cn/travel/txt/2012-08/26/content_26334902.htm）。
[②] 《额济纳旗首届萨吾尔登舞蹈大赛火热登场》，额济纳信息网，2012年9月5日（http：//www.ejnxx.com/Article/1345.html）。
[③] 《昌黎地秧歌喜获第九届中国民间艺术节金奖》，燕赵都市网，2012年10月14日（http：//ts.yzdsb.com.cn/system/2012/10/14/012027636.shtml）。
[④] 《"陆家杯"全国舞龙邀请赛在昆山市陆家镇开赛》，网易新闻网，2012年10月8日（http：//news.163.com/12/1008/12/8D9US58M00014AED.html）。
[⑤] 《滦州古城举行第二届冀东秧歌大赛颁奖庆祝活动》，中国日报网，2012年11月25日（http：//www.chinadaily.com.cn/hqgj/jryw/2012-11-25/content_7594242.html）。
[⑥] 《全省麒麟舞大赛在塘厦镇举行》，东莞新闻中心，2012年11月29日（http：//news.sun0769.com/town/ys/201211/t20121129_1702529.shtml）。

启动"万人狂欢舞"。在此期间进行了"世界最大规模的景颇族刀舞""世界最大规模的景颇族目瑙纵歌舞"两项属于云南德宏的世界纪录认证。5月8日,新疆察布查尔锡伯自治县逾万名群众在全县各地共同跳起锡伯族传统舞蹈贝伦舞,纪念锡伯族西迁248周年。这是迄今为止世界上人数最多的一次贝伦舞集体舞蹈,最终获得了"大世界基尼斯之最"。11月21日,"贵州册亨2012布依族文化年"活动中8036人同跳布依族"转场舞"创下了上海大世界基尼斯纪录。①

5. 走出国门

2012年,更多的传统舞蹈成为文化交流的"使者"走出了国门,农历正月,汕头市英歌艺术团作为首支参与马来西亚柔佛州新山市大型民间民俗活动的中国民俗文化表演团,其表演在当地引起了轰动。② 2月初,广东连南瑶族长鼓舞民间艺术团赴法国留尼汪开展为期15天的文化艺术交流活动。其中,在留尼汪的圣保罗、圣丹尼、圣贝尔诺、圣安特雷等城市进行13场巡回演出。刚劲有力、粗犷豪迈的连南瑶族长鼓舞表演给法国观众留下了难以忘怀的深刻印象。③ 2月9日至12日,"2012年新加坡妆艺大游行"盛会中,湛江"人龙舞"以其独特的魅力吸引了现场观众的眼球。表演结束后,新加坡总理李显龙接见了参加演出的湛江"人龙舞"代表,并称赞人龙舞非常精彩。④ 5月10日开始,铜梁竞技龙舞团在土耳其参加"2012土耳其中国文化年系列活动",进行为期26天的表演,铜梁龙舞的第一场演出开始,众多市民奔上街头,为激情四射的铜梁龙舞欢呼鼓掌。除在伊斯坦布尔外,竞技龙舞团还赴埃斯基谢希尔、萨姆松、奥尔杜、锡诺普、加济安泰普、安塔利亚、伊兹密尔7个城市开展了文化交流。⑤ 9月1日到8日,在莫斯科红场上,"2012年第五届

---

① 《8000人齐跳转场舞》,金黔新闻网,2012年11月22日(http://news.gog.com.cn/system/2012/11/22/011770874.shtml)。
② 《广东潮阳英歌舞大马新山演出引轰动》,网易,2012年3月2日(http://news.163.com/12/0302/13/7RJIMOE000014JB6.html)。
③ 《瑶族长鼓舞舞到法国》,清源政府网,2012年2月29日(http://www.gdqynews.cn/Item.aspx?id=46859&ed6029c0)。
④ 《广东湛江"人龙舞"赴新加坡演出获称赞》,中国新闻网,2012年2月6日(http://www.chinanews.com/hwjy/2012/02-06/3647081.shtml)。
⑤ 铜梁:《竞技龙舞团的演出征服土耳其观众》,新华网,2012年5月16日(http://www.cq.xinhuanet.com/2012-05/16/c_111961769.htm)。

莫斯科国际军乐节"中长兴百叶龙艺术团以极富东方风情的表演,让挑剔的莫斯科观众深深折服。①

总体上来说,这些展演活动扩大了社会对传统舞蹈的认知,有助于提高民众的遗产保护意识和文化自觉,促进传统舞蹈生存和传承环境的改善。对于一些本来就受欢迎的传统舞蹈而言,参加各类演出活动则是有效的广告宣传。展演活动给艺人带来经济收益的同时,也增强了他们传承非物质文化遗产的自豪感和荣誉感。这些展演活动一部分是政府主导的非盈利性的活动,也有部分与旅游、经贸活动嫁接,成为了地方经济发展的助推器。

(四)生产性保护

传统舞蹈要传承与发展,离不开经济的保障。传统舞蹈生产性保护是必然的发展方向。除了常见的舞蹈道具商品化和传统舞蹈展演销售外,目前,传统舞蹈的生产性保护另一种方式主要是通过政府和企业的商业运作建设以传统舞蹈为主题的综合文化旅游区。例如,安徽蚌埠的花鼓灯嘉年华就是这样的项目。2012年5月,花鼓灯嘉年华一期项目主题公园游乐部分开园迎客。花鼓灯嘉年华是皖北最大的现代旅游休闲与传统民间文化深度融合的文化产业开发的综合性文化旅游区。是以民间文化的保护为宗旨,以旅游为载体,走产业化经营之路,达到文化与经济相互结合、互为促进、共同发展的目的。项目总投资达10亿元人民币,注重吸纳地域传统文化元素,通过多种手段展示花鼓灯文化精髓,花鼓灯旅游区最重要的主题项目是二期的五星级园林式度假酒店和室内水上乐园,与一期形成互补。② 花鼓灯嘉年华的建成,将改变地区的旅游休闲产业格局,创造传统舞蹈保护、传承和发展的新型模式。

另外,生产性保护基地建设成为传统舞蹈产业化发展的新动向。比如,由兰州永宏太平鼓有限公司与皋兰县政府携手建设的兰州太平鼓传承保护基地就具有一定的代表性。该基地占地65亩,计划投资4700万元,

---

① 《百叶龙舞动军乐节 莫斯科留中华情》,新南网,2012年9月11日(http://n.cztv.com/zhejiang/2012/09/2012-09-113559353.htm?shidian20120911)。
② 《蚌埠加快花鼓灯嘉年华建设 打造皖北旅游新品牌》,和讯网,2012年1月14日(http://news.hexun.com/2013-01-14/150122249.html)。

建成后的太平鼓基地由陈列馆、表演广场、生产车间、销售大厅、多媒体展示厅等组成，集陈列、生产、销售、表演于一体，将成为国内最大的太平鼓文化"博物馆"。[1] 特别值得一提的是在建设资金方面，该项目实现了多元化方式。除了政策性资金支持和企业自筹外，还通过社会化、市场化运作，寻求合作伙伴来借力发展。这种发展方式对于众多传统舞蹈尤其是鼓舞、龙舞、狮舞等道具舞蹈具有较强示范效应，一方面，这种集产、销、藏、演于一体的文化基地建设，必将形成一条新的文化产业链，带动当地文化、经济的发展；另一方面，多方的参与对于扩大传统舞蹈的社会认知度，提升传统舞蹈的自我造血功能，进而形成良性的自我传承与发展生态圈都有着积极的促进作用。

（五）保存与展示

1. 影像记录

影像记录是对传统舞蹈进行抢救性保护的重要措施，通过影像保存濒危的传统舞蹈在2012年完成了阶段性的工作，四级名录中的传统舞蹈在相应的数据库建设中基本完成了图像采集工作。此外，由佳能（中国）有限公司发起的"白族、傣族、彝族非物质文化遗产影像数据库"也于9月建设完成，并向中国非物质文化遗产中心举行了捐赠仪式，该项目历经四年，穿行3万多公里，深入四川、贵州、云南3个省的60多个县市自治州，走访了20多位省级、国家级传承人和500多位民族文化持有人，为羌、苗、白、傣、彝5个民族的15个国家级非物质文化遗产项目留下珍贵的影像资料，拍摄照片多达7万幅，视频1000多小时。其中包括了傣族孔雀舞、彝族烟盒舞及火把节等珍贵的传统舞蹈遗产。[2] 运用数字技术保护传统舞蹈，彰显高科技的力量。

2012年，各地的传统舞蹈保护中科技含量在不断地提高。比如，广东省东莞市非物质文化遗产数据库建设中，对国家级非物质文化遗产麒麟舞影像采集就首次使用了四维技术，在记录过程中出动上百台摄像机

---

[1] 《皋兰将建国内首家太平鼓"博物馆"》，凤凰网，2012年6月4日（http://news.ifeng.com/gundong/detail_2012_06/04/15026578_0.shtml）。

[2] 《佳能捐赠白傣彝族非物质文化遗产影像数据库》，凤凰网，2012年9月14日（http://news.ifeng.com/gundong/detail_2012_09/14/17604875_0.shtml）。

进行拍摄，并在舞蹈者身上安装多个传感器，准确记录每个动作的温度、压力、频率等检测物理数据形成庞大的数据库，以便日后准确还原当时场景。①

2. 博物馆展示

除了传统的综合博物馆和政府投资修建的非物质遗产博物馆以外，2012年还出现了传承人个人出资修建的传统舞蹈专项博物馆。年初，四川越溪牛灯舞传承人吴双林个人出资兴建的"越溪牛灯舞"民俗馆在内江市建成并开馆，陈列馆内展出了各个时期牛灯舞演出图片和大量的文字资料，以及各种栩栩如生的牛头道具。② 这种展示无疑传递了一种多方参与非物质文化遗产保护的积极的信息，彰显了传承人高度的责任感和使命感。

在图片展示方面，5月，北京舞蹈学院中国舞蹈博物馆主办了"永久的记忆——羌族民俗舞蹈展"，展览了2008年"5·12大地震"之前的羌族珍贵舞蹈图影，展览中的多幅图片由于地震损毁已成为绝版的历史记录。另外还展览了20世纪80年代、2002年古羌文化学术研讨会、2006年首届古羌文化艺术节三个时间段中记录的羌族舞蹈文化情状。③ 6月，在新疆乌鲁木齐举办的"歌舞之乡遍天山——新疆非物质文化遗产传统音乐、舞蹈摄影展"中展示了非物质文化遗产保护工作者和热爱非物质文化遗产保护的各界人士提供的歌舞图片。④ 这些展览为大众开启了一扇了解传统舞蹈文化之门。

（六）教育与传承

保护传统舞蹈，传承是核心，保护传承人是关键。2012年以"重在落实"为出发点，各地通过建立传承基地、传习所、举办培训班、进校园等方式将传统舞蹈类遗产的传承和教育工作在以往的基础上进一步推进。

---

① 《东莞"非物质文化遗产"保护用四维等高科技记录麒麟舞》，人民网，2012年12月20日（http：//www.chinadaily.com.cn/hqgj/jryw/2012-12-20/content_7820839.html）。
② 《四川内江"牛灯舞"博物馆落成》，和讯新闻网，2012年1月2日（http：//news.hexun.com/2012-01-02/136899898.html）。
③ 《北京舞蹈学院中国舞蹈博物馆主办的"永久的记忆——羌族民俗舞蹈展"》，《北京舞蹈学院学报》2012年第2期79页。
④ 《文化遗产日上的"歌舞之乡遍天山"——新疆传统音乐舞蹈图片展》，新疆文化网，2012年6月9日（http：//www.xjwh.gov.cn/d9830ee9-3796-4b49-bd69-16dbbc6941e9_1.html）。

各省、直辖市、自治区以及下属的市县级文化部门对于传统舞蹈的传承各有不同的侧重点。其中，广东省重点是加紧传统舞蹈传承基地建设。3月，广东文化厅公布了广东省首批51个省级非物质文化遗产传承基地名单，其中包括"鹤舞""醒狮""麒麟舞""瑶族长鼓舞""舞火狗"等传统舞蹈，"鹤舞"的传承基地落户广州市三灶镇，"鹤舞"培训班将在三灶镇中小学中普遍开设;[1] "麒麟舞"传承基地为东莞樟木头的刘屋村，同时樟木头还将建立以中心小学、实验小学和中学为主体的麒麟艺术培训网点，计划培训人员1000人。"瑶族长鼓舞"传承基地为连南瑶族自治县油岭村。长鼓舞的传承活动以村小学为平台，邀请国家非物质文化遗产代表性传承人唐买社公、省级非物质文化遗产传承人唐桥辛二公等民间艺人做老师，开办了"瑶歌""瑶鼓"传承班，使瑶族优秀的民间传统非物质文化遗产得到了有效地保护和弘扬。[2] 而在云南，各地纷纷开办传统舞蹈培训班，为传统舞蹈的传承发展储备人才。澜沧县在全县挑选国家级、省级、市级优秀项目代表性传承人，深入各传承基地，组织为期一个月的培训。培训以国家级非物质文化遗产项目拉祜族"芦笙舞"祭祀礼仪类、劳动生产类、生活舞类、模拟动物类、欢乐情绪类等83套舞蹈动作，共培训学员434人。[3] 双柏县文化馆与法脿镇文化服务中心在小麦地冲举办"彝族老虎笙"培训班，共25人参加了培训。[4] 楚雄州在"彝族大刀舞之乡"高峰，由州文化馆牵头举办的第一期彝族大刀舞培训班，培训"大刀舞"学员80人。[5] 在内蒙古库伦旗，12月成立了首个"安代艺术传习所"，传习所落户于库伦街道，将定期举行安代舞培训，培养安代舞蹈传承人和表演人才。[6]

此外，各地政府和教育主管部门继续将各地区具有代表性的传统舞蹈

---

[1] 《国家级非物质文化遗产保护传承基地创建鹤舞进三灶中小学》，珠海新闻网，2012年3月8日（http：//www.zhnews.net/html/20120308/084943,338668.html）。
[2] 《连南油岭村入选首批广东省非物质文化遗产（瑶族长鼓舞）传承基地》，广东民族宗教网，2012年2月8日（http：//www.mzzjw.gd.gov.cn/mzjy/ShowArticle.asp？ArticleID=4950）。
[3] 《澜沧县举办"芦笙舞"和"根古"培训班》，云南非物质文化遗产网，2012年2月9日（http：//www.ynich.cn/Article/ShowArticle.asp？ArticleID=1225）。
[4] 《双柏县举办"彝族老虎笙"培训班》，云南非物质文化遗产保护网，2012年5月29日（http：//www.ynich.cn/Article/ShowArticle.asp？ArticleID=1306）。
[5] 《楚雄州彝族大刀舞传习所挂牌成立》，云南非物质遗产保护网，2012年8月2日（http：//www.ynich.cn/Article/ShowArticle.asp？ArticleID=1364）。
[6] 《库伦旗首个安代艺术传习所成立》，《内蒙古日报》2012年12月18日第7版。

引入校园，通过非物质文化遗产进校园、校本课程开发等方式宣传、普及传统舞蹈知识，培养潜在传承人。比如：从春季学期开始，河池东山小学开设瑶族文化传承班，正式把瑶族铜鼓舞传统文化艺术列入学生课程。① 2月开始，山东省聊城市冠县柳林镇在武训希望小学开展"柳林花鼓进校园"活动，利用每周一到周五课外活动时间，对有兴趣的孩子们进行免费讲授腔调、打鼓等表演基本功。② 3月，安徽蚌埠市教育局与禹会区文化馆合作共建"花鼓灯艺术特色班"。特色班在蚌埠第十二中学试点，学校从七年级两个班级中选拔男女学生共90人，利用周二、三、四下午的第三、四节课时间开展训练，邀请冯峰、吴群、冯开皖、张凌云、李雪琴等一批知名花鼓灯艺术家传授非物质文化遗产花鼓灯艺术。③ 6月，阿坝州理县"非物质文化进校园活动"正式拉开帷幕。国家级的舞蹈遗产"博巴森根"正式进入理县小学的课程体系。④ 重庆西南大学附属小学、凤林小学、蔡家小学等校的教师利用暑期，到蔡家岗镇天印村学习"草把龙"制作和舞蹈技术，为这项濒临失传传统舞蹈进入校园传承做准备。⑤ 10月开始，北京实验二小永定分校将"京西太平鼓"作为课程活动的部分，同时通过《百个故事》等生动的形式让学生了解"京西太平鼓"的发展历史，以期做到真正意义上的文化传承。⑥

与中小学普及非物质文化遗产知识和培养兴趣不同，专业院校对于传统舞蹈的保护有更高的目标和更具体的要求，科研团队的建设；教育、表演、研究和管理高级专业人才的培养，地方高校在传统舞蹈传承保护中发挥着越来越重要的作用。云南曲靖在曲靖师范学院建立少数民族音乐舞蹈传承推广基地，基地由曲靖市民宗局牵头、曲靖市文体非物质文化遗产

---

① 《让孩子学习民族舞蹈、打铜鼓、射弩、打陀螺》，《河池日报》2012年3月20日第2版。
② 《山东冠县：非物质文化遗产——柳林花鼓进校园》，光明图片，2012年10月30日（http://pic.gmw.cn/cameramanplay/161795/243942/0.html）。
③ 《蚌埠：让"非物质文化遗产"项目走进中学课堂》，新华网，2012年3月19日（http://www.ah.xinhuanet.com/hwh/2012-03/19/content_24912949.htm；http://news.163.com/12/0529/10/82LSLEP400014AED.html）。
④ 《阿坝州理县开展非物质文化进校园活动正式启动》，四川省文化厅，2012年6月5日（http://www.sccnt.gov.cn/dfwh/dtxxdfwh/201206/t20120605_9538.html）。
⑤ 《北碚：小学师生传承非物质文化遗产草把龙》，新华网，2012年6月1日（http://www.cq.xinhuanet.com/2012-06/01/c_112089410.htm）。
⑥ 《"非物质文化遗产"进小学课堂 京城小学生练习京西太平鼓》，新华网，2012年10月31日（http://www.ln.xinhuanet.com/lypd/2012-10/31/c_113560467.htm）。

局、旅游局、曲靖师范学院音乐舞蹈学院共同组建完成，基地旨在传承与保护曲靖地区的少数民族音乐舞蹈文化，促进少数民族音乐舞蹈文化的繁荣，在挖掘整理研究的基础上，推出精品、打造品牌、培养传承人，为民族音乐舞蹈产业化发展和人才培养探索新的模式。① 深圳高职院经济学院与盐田区非物质文化遗产保护办等单位合作，在中英街历史博物馆建立"非物质文化遗产文化志愿服务基地"，双方商定先以沙头角鱼灯舞作为试点开展保护与传承工作，学员在非物质文化遗产代表性传承人吴观球的指导下学习鱼灯舞。同时进行鱼灯舞传承辅导、鱼灯编扎培训、非物质文化遗产文化辅导、专题讲座、展览以及合作研究等。②

2012年，政府和社会各界都在积极探索新的传承渠道，扩展新的传承团体。浙江、江苏等地结合当地传统舞蹈现状，将传统舞蹈引进到部队，开启了一种新的传承模式。台州市玉环县坎门边防派出所邀请了当地民间的花龙队来到军营，向官兵们传授舞龙技术，官兵在驻地学习传统的舞龙，传承非物质文化遗产的同时活跃军营的文化生活。③ 无锡洛社文化站与武警8722部队达成共建，进行"凤羽龙"的传承。部队官兵们利用空闲时间学习舞"凤羽龙"，并在原来的基础上结合部队特点进行了创新，舞龙队伍也逐渐壮大，由一条龙演变成八条龙和一条200米长的大龙，为传统舞蹈的传承与发展贡献力量。④

二 研究情况

自《中华人民共和国非物质文化遗产法》颁布实施以来，非物质文化遗产保护工作进入了科学、依法保护的新阶段，科研工作的重要性在保护中更是得到各个保护单位的重视。传统舞蹈项目的保护、传承与发展离不

---

① 《曲靖成立少数民族音乐舞蹈传承推广基地》，珠江网讯，2012年3月2日（http://news.zjw.cn/html/2012/qujingxinwen_0302/107432.html）。
② 《深职非物质文化遗产文化志愿服务基地在中英街揭牌》，深圳职业技术学院网，2012年3月26日（http://www.szpt.edu.cn/xwzx/mtksz/12380.shtml）。
③ 《浙江玉环大队新兵学舞龙传承国家非物质文化遗产》，法制网，2012年4月20日（http://www.legaldaily.com.cn/police_and_frontier-defence/content/2012-04/20/content_3519028.htm?node=23291）。
④ 《无锡军民携手传承凤羽龙》，中国江苏网，2012年8月2日（http://jsnews.jschina.com.cn/system/2012/08/02/013991635.shtml）。

开的坚实深入的科学研究。集思广益的思想碰撞，科学务实的实地调研，理性深入的案例分析，均在保护传统舞蹈工作中发挥着重要作用。2012年，传统舞蹈非物质文化遗产的研究主要包括科研课题立项、研究机构成立、研讨会、讲座的开办、书籍出版、论文发表。

（一）立项情况

2012年度立项的123个国家社科基金艺术类项目中，有关传统舞蹈的项目共7项，详见表5：[1]

表5

序号	项目名称	负责人	所在单位
1	中国民族民间舞口述史研究	高 度	北京舞蹈学院
2	赣南采茶舞蹈的风格特征研究	赖 丹	赣南师范学院
3	环首都区域民族民间舞蹈资源分布与旅游开发	张冬梅	河北大学
4	河南民间舞史	刘 柳	许昌学院
5	闽台民间舞蹈的源流与嬗变	郑玉玲	漳州师范学院
6	中国维吾尔族舞蹈发展史	库来西·热介甫	新疆艺术剧院
7	云南15个特有民族舞蹈生态研究	葛树蓉	云南省民族艺术研究院

2012年度国家社科基金艺术学结项项目中有3项为传统舞蹈项目[2]，详见表6：

表6

序号	项目名称	结项名称	负责人	所在单位
1	中华舞蹈志（一期工程）	中华舞蹈志（浙江、上海、安徽、江西、河北、宁夏、广西、内蒙古、广东、福建、江苏、新疆、四川、云南、山西、陕西、黑龙江等17卷）	蓝 凡	上海大学

---

[1] 参见国家哲学社会科学规划办公室网，2012年8月14日（http://www.npopss-cn.gov.cn/n/2012/0814/c219469-18739823.html）。

[2] 参见国家哲学社会科学规划办公室网，2012年11月23日（http://www.npopss-cn.gov.cn/GB/219469/index2.html）。

续表

序号	项目名称	结项名称	负责人	所在单位
2	珠江流域少数民族铜鼓艺术与非物质文化遗产保护	珠江流域少数民族铜鼓艺术与非物质文化遗产保护	廖明君	广西民族文化艺术研究院
3	彝族哈尼族大型原生态歌舞乐套曲《垤施洛孟》的保护、传承与发展模式研究	《垤施、洛孟民族民间歌舞乐》保护、传承、发展研究	白学光	云南省民族艺术研究院

2012年度教育部人文社会科学研究规划基金、青年基金、自筹经费项目立项名单中与传统舞蹈相关的有10项（详见表7）。①

表7

序号	项目名称	主持人	项目类别
1	瑶族支系民间舞蹈艺术特征差异性及文化研究	黄小明	规划基金项目
2	吴地乐舞的历史流变与当代价值研究	符姗姗	规划基金项目
3	康巴藏族民间歌舞艺术的调查与研究	林俊华	规划基金项目
4	四川省巴塘县村落歌舞"弦子"及其社会文化研究	王 华	规划基金项目
5	羌族民间舞蹈素材的收集整理与开发研究	梅永刚	规划基金项目
6	梅兰芳戏曲舞蹈创意研究	闻慧莲	青年基金项目
7	荆楚乐舞研究	张 逸	青年基金项目
8	西南少数民族原始巫舞研究	蒋 浩	青年基金项目
9	湘西民间遗存巫傩舞蹈艺术形态研究	谭建斌	青年基金项目
10	齐国乐舞研究	王 冰	青年基金项目

（二）研讨会、讲座和研究机构情况

2012年，传统舞蹈不但在人类学、民俗学、艺术学、非物质文化遗产学等各类综合研讨会中成为热议的内容，专项舞蹈个案和舞种研讨会也有

---

① 教育部司局函件，教社科司函〔2012〕36号，中华人民共和国教育部网站，2012年2月24日（http://www.sinoss.net/2012/0229/39620.html）。

所开展。1月7日至9日由四川省藏学研究会，中共巴塘县委、县人民政府，四川省非物质文化遗产保护中心联合主办的"中国首届藏族弦子、热巴艺术高峰论坛"在成都召开。来自北京、西藏、云南以及四川的众多国内弦子与热巴艺术创作、表演及理论研究领域的专家、学者等参加了此次探讨。会议共收录相关议题六十多篇，内容涉及弦子与热巴艺术的发展沿革、表现形式、舞蹈表演流程、音乐特点、歌词内容、地域风格、创作创新、非物质文化遗产保护等议题，为弦子与热巴艺术的保护与发展提供了坚强有力的理论依据。①

展示传统舞蹈研究的前沿成果，针对专项议题进行深入的讲解与细致的分析，在互动交流中碰撞出思想火花，2012年，传统舞蹈和非物质文化遗产专家们带来了多场生动而精彩的传统舞蹈讲座。6月14日，在国家图书馆举办的"2012年非物质文化遗产保护讲座周"中国艺术研究院舞蹈研究所研究员、国家非物质文化遗产保护工作专家委员会委员康玉岩先生以《非物质文化遗产"传统舞蹈"项目的保护与传承》为题，讲述传统舞蹈丰富的文化内涵，强调传承人保护的重要性。② 7月26日至30日，云南艺术学院舞蹈学院教授曾金华受邀先后到昭通市图书馆、盐津县等地举行"昭通民族民间歌舞艺术特色探究"的专题讲座。曾教授从文化底蕴，艺术特色及当下的传统舞蹈前景展望几大方面，对昭通市的民族民间歌舞进行了全面的讲述和系统的论证，主要对昭通地区非物质文化遗产类的民间歌舞，如关河号子、打鼓草、四筒鼓舞、端公戏、彝族酒歌、苗族芦笙舞等进行了细致的讲解。不仅有理论上的解析，更有现场动作的示范。通过互动交流，图片展示，作品播放，使讲座由课堂拓展到原野，拓展到舞台，让听众在体悟理论，感受舞蹈意蕴的同时，深刻地体会到昭通民间歌舞的艺术魅力和潜在前景。③ 9月24日，中国艺术研究院舞蹈研究所副所长、硕士研究生导师江东博士，为云南艺术学院师生进行了题为《中国少数民族舞蹈创作审美趋势》专题讲座。江东博士通过大量舞蹈作品回顾了

---

① 《"中国首届藏族弦子、热巴艺术高峰论坛"在蓉召开》，龙源期刊网，2012年4月30日（http://www.qikan.com.cn/Article/rmyy/rmyy201204/rmyy20120430.html）。
② 《2012年非遗保护讲座周安排》，中国民俗学网，2012年6月6日（http://www.chinesefolklore.org.cn/web/index.php?NewsID=10271）。
③ 《"昭通民族民间歌舞特色探究"专题讲座举办》，云南非物质文化遗产保护网，2012年8月1日（http://www.ynich.cn/Article/ShowArticle.asp?ArticleID=1356）。

中国少数民族舞蹈不同时期所取得的成就,阐述了少数民族舞蹈发展脉络。同时,指出了当前少数民族舞蹈创作中值得深思的问题,并对中国少数民族舞蹈创作审美趋势做了深入细致分析。座谈会掀起了师生对民族舞蹈发展趋势深入的探讨。① 11月7日,浙江省民间艺术研究会会长、非物质文化遗产专家委员会舞蹈组组长吴露生在浙江艺术职业学院主办了浙江非物质文化遗产系列讲座中为师生作了题为《浙江传统舞蹈》的讲座,讲座围绕浙江传统舞蹈文化与非物质文化遗产保护的相关问题展开,同学结合自身文艺专业特长,与吴先生互动交流,从而加深对浙江传统舞蹈文化遗产的认识。②

随着非物质文化遗产的宣传和相关知识的普及保护意识日益深入,社会大众对非物质文化遗产的认识逐渐转入理性层面,2012年,一些自发的传统舞蹈民间学术团体的成立是这一现象有力的印证。比如,湖南南县地花鼓艺术研究者自发组织的学术性文艺团体"南县地花鼓艺术研究会"。南县地花鼓艺术研究会旨在搜集、整理、发扬、传承已有200多年湖乡文化历史的南县地花鼓艺术。全面挖掘南县地花鼓资料,加大地花鼓的研究力度,扩大地花鼓的创作队伍,并计划出版《南县地花鼓研究》会刊。③古丈县厄巴舞研究协会同样是自发组织民间机构,研究会致力厄巴舞的挖掘和整理,弘扬和保护这一民族民间文化遗产,促进厄巴舞健康发展,推动传统舞蹈遗产的传承。④

(三) 著作情况

2012年与传统舞蹈相关的书籍较为丰富,主要有个人著述、资料整理、教材等,这些都为传统舞蹈的保护和发展带来智力支持和保障。

张子伟的《湘西土家族毛古斯》,由湖南师范大学出版社出版,该书

---

① 《中国艺术研究院江东博士莅临舞蹈学院讲座》,云南艺术学院网,2012年9月27日(http://wdxy.ynart.cn/xydt/41849.shtml)。
② 《浙江艺术职业学院举办四次非物质文化遗产系列讲座》,浙江省非物质文化遗产网,2013年1月6日(http://www.zjfeiyi.cn/news/detail/31-2575.html)。
③ 《益阳南县地花鼓艺术研究会成立》,文化传播网,2012年4月5日(http://www.ccdy.cn/wenhuabao/shib/201204/t20120405_273171.htm)。
④ 《古丈成立厄巴舞研究协会》,红网,2012年5月30日(http://hn.rednet.cn/c/2012/05/30/2631368.h)。

从毛古斯的生存环境、仪式过程及构成、坛班与传承、表演与形式、特征与价值向读者介绍了这一宝贵的传统舞蹈文化遗产。

黄小明、胡晶莹的《舞祭：广西民间祭祀舞蹈文化田野考察与研究》，由广西师范大学出版社出版，作者通过长期的对广西壮族、瑶族、毛南族、仫佬族、京族的传统祭祀舞蹈进行田野调查后，在掌握大量翔实的第一手资料的基础上，运用文化人类学、民族学、舞蹈生态学、舞蹈心理学的视角和方法，对广西特有的少数民族祭祀舞蹈文化的产生、变异、功能、发展和传承的整体面貌进行梳理与研究。[1]

上海音乐出版社，出版了中国艺术研究院舞蹈研究所刘晓真撰写的专著《走向剧场的秧歌乡土身影》。本书为全国艺术科学基金"十五"规划立项课题成果，通过"鼓子秧歌"个案，以历时发展作为线索来考量民间舞蹈在当代中国社会中的传承和变迁，作者通过近十年的田野调查所获得的一手材料，探究当代中国民间舞蹈文化风貌的历史脉络、传承与变迁、社会成因，同时也涉及民族民间舞蹈的原生形态、教学形态、舞台形态三个方面。对于田野中和舞台上当代中国民间舞蹈的历史和现状都给予了关注。书中收录了大量与民间舞蹈相关的珍贵历史文献图片以及作者本人从2001 至 2011 年之间积累的民间舞蹈调查图片，共计 117 幅。[2]

林有桂主编的《浙江省非物质文化遗产代表作丛书：温岭大奏鼓》，[3]由浙江摄影出版社出版，此书从历史文化渊源，艺术特色，文化意蕴，现状与保护四个方面向读者多视角展示浙江温岭箬山渔村的传统民间舞蹈大奏鼓。同时作者充满人文关怀的对当下大量的展演中越来越舞台化的大奏鼓表示出了忧思。

刘小春主编的《广西国家级非物质文化遗产系列丛书——瑶族长鼓舞》，[4] 由北京科学技术出版社出版发行。此书是带有工具书性质的普及型读物，从"瑶族长鼓舞"的历史渊源、表演形式、与节庆民俗的关系、传

---

[1] 黄小明、胡晶莹：《舞祭——广西民间祭祀舞蹈文化田野考察与研究》，广西师范大学出版社，2012。
[2] 参见艺术研究院最新科研成果，中国艺术研究院网站，2012 年 5 月 31 日（http://www.zgysyjy.org.cn/main.jsp）。
[3] 林有桂：《浙江省非物质文化遗产代表作丛书：温岭大奏鼓》，浙江摄影出版社，2012。
[4] 刘小春：《广西国家级非物质文化遗产系列丛书——瑶族长鼓舞》，北京科学技术出版社，2012。

承与保护、变迁与发展五个方面系统全面地为大众读者介绍这一古老的艺术，引领读者欣赏其独特的魅力，感受其深厚的文化内涵。本书围绕土瑶雷神长鼓舞、坳瑶黄泥长鼓舞、盘瑶赶羊做鼓长鼓舞、过山瑶做屋长鼓舞、芦笙长鼓舞和狮子长鼓舞等表演形式，对"瑶族长鼓舞"的内容、特征、价值、形制等内容一一展开叙述。①

毕研洁、冯涛的《寻找锅庄舞：藏地锅庄的历史、社会、体育考察》，由社会科学文献出版社出版发行，锅庄舞又称"果卓""歌庄""卓"等，藏语意为圆圈歌舞，是藏民族三大民间舞蹈之一。《寻找锅庄舞》从体育文化研究者的角度来考察发掘藏民族民间舞蹈锅庄舞流派，研究民间传承过程，试图使其在现代文化空间以文化体验和体育健身的形式存续。作者坦言："希望有更多的同行者，从他们的发掘和创作中展现锅庄舞这一文化样式的特质，推动更广大场域民众参与的愿望和热情。"②

8月11日，云南省弥勒县举行《阿细跳月》非物质文化遗产书籍盛大出版首发仪式，《阿细跳月》出版工作历经一年时间，由弥勒县文广局和县文化馆从非物质文化遗产角度，将"阿细跳月"演变的整个脉络进行彻底梳理，书籍从"阿细跳月"的起源、形成、演变、舞蹈形式、艺术价值、宣传和影响、传承和保护、学术价值，并将各个历史时期的照片穿插其中，多角度、全方位地诠释了"阿细跳月"这一古老的传统舞蹈。③

另外，2012年还公开出版发行了四本与传统舞蹈相关教材：

玛依莎、陈尚勇主编《回族民间舞女班教程》（民族出版社，2012）；

谢小龙主编《舞龙舞狮教与练》（湖南大学出版社，2012）；

池福子主编《朝鲜族舞蹈教程》（中央民族大学出版社，2012）

黄小明主编《广西特有民族民间舞蹈原生元素教学》（广西师范大学出版社，2012）。

（四）论文情况

在中国知网学术文献总库以"非物质"和"舞"同为主题关键词，以

---

① 参见当当网，http：//product.dangdang.com/main/product.aspx? product_id=22853050。
② 参见当当网，http：//product.dangdang.com/main/product.aspx? product_id=22811156。
③ 《弥勒县举行〈阿细跳月〉出版发行仪式》云南非物质文化遗产保护网，2012年8月17日（http：//www.ynich.cn/Article/ShowArticle.asp? ArticleID=1360）。

"2012"年为时限，跨库检索到传统舞蹈遗产的相关论文76篇；以三批国家级非物质文化遗产名录中111项传统舞蹈项目分别作为题名，以"2012"年为时限，跨库检索到的论文共有320余篇。除去部分重复，2012年对传统舞蹈研究的论文约300余篇，论文讨论的内容主要包括：传统舞蹈历史、文化、艺术形态研究；现状、保护、传承、教育研究；文化生态；产业发展，涉及的学科相当广泛。

对传统舞蹈的历史源流、舞蹈特色、艺术形态以及文化梳理的研究，这类论文在2012年的传统舞蹈研究中所占比例较大。如：《贵州松桃苗族舞狮的起源与发展》《我国古代舞狮运动发展考述》《婺源傩舞艺术特色刍议》《广西壮族"扁担舞"探析》《许村大刀舞的文化特征及其价值》《南江流域禾楼舞的特质及文化意蕴分析》《莆田民间舞"九鲤舞"的舞蹈文化特征》《试论苗族"锦鸡舞的"群体美》《云南省文山彝族弦子舞刍议》《侗族铍舞初探》《"盅碗舞"的历史传承与发展》《古代舞龙活动的起源与发展研究》《艺术形态学视阈下的粤西傩舞研究》《湘西土家族毛古斯舞中的"傩"文化》《浅谈贵州沿河土家族摆手舞的特点》《白马藏族"池哥昼"傩舞艺术形态研究》《民俗体育奇葩：永新盾牌舞的文化研究》《广东上洞草龙舞的审美意蕴》《小金口麒麟舞的文化内涵》《论桓仁县朝鲜族"乞粒舞"的表演形式与风格特征》《藏族锅庄舞的源流与特征研究》《南澳草龙舞的民俗特色及其价值》《江西南丰傩舞的农耕文化特征》《苗族芦笙舞的稻作文化价值》《纳西族民间歌舞热美蹉的舞蹈艺术特性》等。

对于传统舞蹈的现状调查与生存反思的论文，传统舞蹈的生存发展困境和现实存在的问题依然是本年度学者们关注的焦点。比如秦炜棋、梁玉凤的《"壮族舞狮"生存环境与文化适应研究》一文指出，从目前参与壮族舞狮的人群结构看，老龄化十分明显，年轻人对于参与舞狮不能形成正确的价值观念，当下主流的审美意识与民间传统舞蹈之间的断层，导致欣赏者锐减。壮族狮舞的传承方式依然是传统的口传身授，这就决定了它不能脱离群众而单独存在，因此文化适应对壮族舞狮非常关键。必须在保持自身特点的同时不断地做出相应调适，一旦不能适应，这一传统舞蹈形式将很快退出民间的日常生活。① 徐世巍的《广东舞狮运动现状及发展思考》

---

① 秦炜棋、梁玉凤：《"壮族舞狮"生存环境与文化适应研究》，《湖北体育科技》2012年第3期。

一文指出,参与舞狮运动的人数太少、运动员队伍出现断层现象、裁判员队伍少、水平低、经费短缺等问题让广东舞狮运动陷入困境。采取有力的措施,加强人才培养,提高竞技水平,争取政府扶持,才是扭转这一局面的根本途径。[①] 吴晓明的《河北邢台非物质文化遗产"鹬蚌舞"的现状分析与保护对策研究》显示,演出市场低迷使民间艺人积极性降低,没有固定的演出场所,传承人老龄化,排练时间不能固定导致动作生疏,原有"鹬蚌舞"的魅力、神韵都大为削减,面临失传的窘迫境地。作为重要的非物质文化遗产"鹬蚌舞"的保护没有专门而有效的机构;缺乏文本记载;学术研究处于空白,这些都使这一珍贵的遗产可能成为随时湮灭的文化记忆。[②] 罗丽娜、刘华的《沧州落子的调查与研究》显示,沧州落子作为河北冀中地区流传南运河沧州县一带的一种非常具有特色的传统舞蹈形式,一直以来都是依附于各种民俗节庆在民众中直接传承。落子艺人作为传承的主体,如今的他们经济窘迫,人数不断减少,这为传统艺术的传承带来了巨大的阻碍。年轻人的放弃、娱乐功能的瓦解和缺乏创新也成为沧州落子传承和发展难以逾越的鸿沟。[③]

对传统舞蹈的保护传承和发展传播的论文。通过非物质文化遗产保护的理论视角和实践经验,探讨传统舞蹈遗产保护、传承和发展是本年度研究的重要内容。比如《浅谈非物质文化"锣花舞"的传承与保护》《对传承与发扬"土家族摆手舞"的几点思考》《浅议"朱溪灯舞"在新农村建设中的保护与传承》《论原生态民间巫舞"担经挑"的传承和发展》《浅谈我国民间艺术"莲湘舞"的传承与发展》《兰考县麒麟舞的传承与发展》等,其中吴晓东的《海南苗族盘皇舞的传承与保护调查》指出,海南苗族的"盘皇舞"虽已被列入非物质文化遗产名录,但相对于纳西东巴文化、普米韩规文化的保护模式相比较而言,海南政府所保护、传承的"盘皇舞"完全是一个脱离民间文化本来面目的空洞形式,这种展演型的"盘皇舞"只是从民间各种"盘皇舞"中抽出一些动作,再经过专业舞蹈人员编排出来的一种舞蹈。这种舞蹈与民间真正的"盘

---

① 徐世巍:《广东舞狮运动现状及发展思考》,《当代体育科技》2012年第3期。
② 吴晓明:《河北邢台非物质文化遗产"鹬蚌舞"的现状分析与保护对策研究》,《小说评论》2012年第2期。
③ 罗丽娜、刘华:《沧州落子的调查与研究》,《前沿》2012年第2期。

皇舞"并非同一概念。这种模式不利于海南"盘皇舞"文化的保护、传承与发展。① 刘轶的《非物质文化遗产视域下摆手舞的现状与发展路径》一文显示,"摆手舞"存在的问题主要表现为,城镇广场"摆手舞"的文化内涵缺失;农村的摆手舞由于年轻人的外出务工而无法开展;学校的摆手舞活动不能常态化;旅游区的摆手舞缺乏深度开发和有效管理,结合非物质文化遗产保护与传承的核心因素进行归纳和分析,作者认为传承人是摆手舞保护的前提,公众参与是摆手舞传承的基础,政府扶持是摆手舞发展的外延,并提出了构建传承人的保障机制、激发公众的文化自觉、明确政府的工作职责的发展路径。② 葛树蓉、毕华的《对阿细跳月保护发展的实践性研究》中对阿细跳月"源头"保护、"周边"保护情况作了深入调查,在仔细分析的基础上,充分认识和把握阿细跳月的舞蹈形式特征、基础结构、核心元素,并通过长期实践积累,针对现实中阿细跳月保护中的薄弱环节,以弥勒县阿细跳月艺术团为基地,编制了实验收效明显的《阿细跳月舞蹈训练组合》。在进行艺术科研与实践转换的同时,也丰富和提升了阿细跳月的传承、训练手段,拓展了保护的渠道。③

　　文化生态保护区建设是非物质文化遗产保护工作中重要的内容,对于传统舞蹈文化生态保护和建设也应该是文化生态保护区的重要实践内容之一。因此,运用文化生态学的研究视角对传统舞蹈进行研究成为新的科研增长点。例如,徐静、陈赛赛的《文化生态视阈下民俗艺术传承的影像到场——以安徽花鼓灯为例》一文,采用文化生态学的理论与影像学原理,从花鼓灯原生环境切入,分析花鼓灯传承、发展、流变过程中,不同时期所受文化生态系统中相关影响因子,指出影像到场是传承花鼓灯最佳路径选择,但仍然需要遵循的文化生态法则,从历史和现实、时间和空间的综合维度,重构文化圈;重视生态内涵,传承与保护花鼓灯的文化艺术品格。④ 苏蓉的《文化认同视阈下非物质文化遗产的生态研究——以噶丹·东竹林寺羌姆乐舞为

---

① 吴晓东:《海南苗族盘皇舞的传承与保护调查》,《广西民族师范学院学报》2012年第5期。
② 刘轶:《非物质文化遗产视域下摆手舞的现状与发展路径》,《搏击·武术科学》2012年第3期。
③ 葛树蓉、毕华、聂晓燕、薛雁:《对阿细跳月保护发展的实践性研究》,《民族艺术研究》2012年第1期。
④ 徐静、陈赛赛:《文化生态视阈下民俗艺术传承的影像到场——以安徽花鼓灯为例》,《江淮论坛》2012年第6期。

研究个案》指出，寺庙通过"格归堆姆"节日文化强化佛教徒的自我身份认同，认同感与使命感是成为延续姆仪轨乐舞的重要生态因子，而羌姆乐舞习得过程中传授双方在无形中提高了文化认同感与使命感。①

在"生产性"保护呼声的影响下，部分传统舞蹈加速市场化、产业化的发展，这种现象和存在的问题受到了学者的关注。王梦雅、章牧的《我国非物质文化遗产保护式旅游开发研究》结合民俗学、社会学、旅游学的相应理论，以深圳市"沙头角鱼灯舞"为例，针对其在保护传承方面的不足以及开发利用上的空白，认为"原真性"是实现非物质文化遗产保护与开发平衡的关键点，采取保护式旅游开发是非物质文化遗产保护必要和可行的选择。提出了进行区域旅游资源整合、深入挖掘文化内涵的保护式旅游开发技术路线，为非物质文化遗产保护及旅游业产品开发提供了新思路。②《从民间艺术到文化产业——"安代舞"产业化过程研究》指出蒙古族安代舞在文化产业化发展过程中的成功与局限，针对其地域局限、宣传力度不够、创新力度较弱等问题，提出安代舞应在传承发扬的过程中积极吸收外来文化因素，破除文化自身的局限性，在传统广场安代的表演形式之外，增加剧场安代。改变单一的表演模式，增加受众群体，并将民间艺术的舞台多元化，扩大了文化的传播力。淡化安代本身的宗教、迷信因素，将依附于仪式的诗、乐、舞综合表演形态进行拆分、重组，形成了安代舞、安代舞剧、安代舞蒙古剧、安代舞蹈诗四分天下的局面，增加了安代艺术多功能的属性。针对安代舞缺乏时尚、娱乐性，只专注于技巧的高、难，缺乏向大众娱乐、健身的转化，缺少普适性。提出培养传统安代舞的接班人，保留文化的原生形态，对安代舞艺术进行专业化，创立职业舞蹈队，实现从理论到实践的结合，做到精益求精，以保留并进一步提升安代艺术的魅力。加大安代舞的创新力度，适度加入时尚的舞蹈元素，增加其时尚性、娱乐性，增加了舞台表现力和传播性，并把大型的安代舞与篝火晚会相结合，以大型的地域民族文化展示为基点，增加文化展示的吸引力。从而更加容易推向市场，形成产业化链条，促进当地经济创收及旅

---

① 苏蓉：《文化认同视阈下非物质文化遗产的生态研究——以噶丹·东竹林寺羌姆乐舞为研究个案》，《大舞台》2012 年第 2 期。
② 王梦雅、章牧：《我国非物质文化遗产保护式旅游开发研究》，《旅游经济》2012 年第 6 期。

游业的繁荣。① 王文明《雪峰断颈龙系列灯舞文化旅游开发策略》根据雪峰断颈龙系列灯舞文化旅游资源整合之忧，域内旅游区位的遮蔽之忧及怀化交通过道之忧，在旅游开发过程中，拟采取"集""移""染""新""合"等策略。② 朱青松，孙绍宁通过实地调查等研究方法概述了融水芒蒿舞的产生、历史、特点以及传承，从融水芒蒿舞的发展现状，分析了芒蒿舞的健身和旅游开发价值，提出了芒蒿舞的开发对策与建议：走节庆日的传承方式；融入体育旅游资源发展；融入全民健身；融进更多有特色的苗族传统活动。③ 另外，有学者对民俗文化创意产业中的传统知识产权保护问题进行关注和研讨，吴一文立足于贵州省第一批非物质文化遗产项目剑河县革东镇大稿午苗寨水鼓舞基本情况、文化价值、传统知识产权问题等方面的田野调查，结合其他民俗文化创意产业有关案例，提出民俗文化创意产业开发中，必须充分重视传统知识产权保护，尊重传统知识产权所有者的感情，并使他们获取相应的惠益，才能更好地保证民俗文化产业的可持续发展。④

传统舞蹈进入校园传承，传承人的培养依然是传统舞蹈研究的热点。比如，宋晓《非物质文化遗产传承与本土课程开发——以福建师范大学〈拍胸舞〉为例》，描述了福建师大舞蹈专业通过民间艺人进课堂、教学采风、二度创作等方式将原生态"拍胸舞"引入教学体系，因地制宜，探索和建构具有鲜明地方特色的传统舞蹈遗产高校传承发展的模式。⑤ 周晓东《民族舞蹈在地方高校推广的意义》以楚雄学院推广彝族左脚舞为研究个案，认为传统舞蹈进入高校能提高学生对艺术的欣赏水平，培养学生的参与能力，满足学生对美的层次的追求，同时具有强身健体，美化身心，促进民族文化和校园文化的融合等重要功能和意义。⑥ 陈彦卿的《原生态舞

---

① 陈迎辉、魏启蒙、袁宇楠：《从民间艺术到文化产业——"安代舞"产业化过程研究》，《大连民族学院学报》2012年第6期。
② 王文明、袁灿、段悦琴：《雪峰断颈龙系列灯舞文化旅游开发策略》，《凯里学院学报》2012年第2期。
③ 朱青松、孙绍宁：《苗族融水芒蒿舞旅游资源价值开发的研究》，《甘肃联合大学学报》2012年第5期。
④ 吴一文：《民俗文化创意产业中的传统知识产权保护问题——以剑河县大稿午苗族水鼓舞为例》，《黔南民族师范学院学报》2012年第5期。
⑤ 宋晓：《非物质文化遗产传承与本土课程开发》，《西昌学院学报》2012年第1期。
⑥ 周晓俊：《民族舞蹈在地方高校推广的意义——以楚雄师范学院推广彝族规范舞为例》，《楚雄师范学院学报》，2012年5月，第87~89页。

蹈课堂传授与学院派课堂教学的差异——以非物质文化遗产进校园为例》一文指出,民间艺人所传授原生态舞蹈的组合和技巧总体而言是一种无固定的教授技法,动作也无规范的标准,完全是以民族背景文化为依托,突出自娱性。而学院派课堂的教学则是严格地按照教学计划、目的,遵循民间舞的开法儿、强化、最后整合的循序渐进的方式。但这两种教学方式并无高低优劣之分,在相互的取长补短之中共同促进了民间舞蹈的传承与发展。① 保奕帆提出《云南民族民间舞蹈传承与教学》课程的建设构想,从课程设置的必要性、课程的特点、课程的设计、课程的教学等方面,针对民间舞蹈课堂教学中的具体问题提出改善与改进的可行性意见。② 此类论文还有《中原地区非物质文化遗产中校园课程化研究——以周口"沈丘回族文狮舞"为例》《非物质文化遗产在高校传承模式的构建研究——以铜梁龙舞为例》等。

理论上"政府主导、学者指导、民众参与"构筑了传统舞蹈保护理想模式。但在现实中,由于立场和利益的不同,各种力量往往很难形成合力,常常对传统舞蹈的保护带来资源的内耗,也让非物质文化遗产陷入新的困境之中。面对工作中出现的新问题,学者们不断自省。孟玉凡的《非物质文化遗产保护的困惑——以安徽贵池荡里姚傩仪式乐舞为例》通过深描安徽贵池荡里姚傩仪式乐舞演出中各种矛盾与冲突,分析了政府、学者、媒体因素给传统舞蹈遗产所带来的各种影响。作者基于对荡里姚傩仪式乐舞的系统调查,认为这种困惑并不是孤立的现象,而是全国各地传统文化处境的缩影,带有一定的普遍性。文章指出,研究者不应该剥夺文化拥有者自己选择发展道路的权力,也不应该把自己的价值标准强加给被研究对象,应该尊重文化"局内人"自己的选择。③ 李刚的《非物质文化遗产保护工作如何可持续发展——进入"后申遗时期"的云南弥渡花灯保护问题研究》也关注了同样的论题。

---

① 陈彦卿:《原生态舞蹈课堂传授与学院派课堂教学的差异——以非物质文化遗产进校园为例》,《大舞台》2012年第1期。
② 保奕帆:《云南少数民族舞蹈非物质文化遗产高校传承方式的探索》,云南艺术学院硕士学位论文,2012年。
③ 孟玉凡:《非物质文化遗产保护的困惑——以安徽贵池荡里姚傩仪式乐舞为例》,《浙江艺术职业学院学报》2012年第4期,第120~133页。

三 问题与展望

2012年是非物质文化遗产保护工作第二个十年的起始年，回顾近十年的保护工作，我们可以欣喜地看到部分传统（民间）舞蹈项目正逐渐恢复了活力，有的走入了良性发展的道路。然而，由于大的文化环境并未得到根本改变，许多传统舞蹈仍然处于濒危的境地。

2012年，让人忧心的消息不断传来，国家级非物质文化传承人，对中国民间舞蹈的传承与发展作出很大贡献的安徽花鼓灯大师冯国佩（艺名"小金莲"，1914～2012）、陈敬芝（艺名"一条线"，1919～2012）相继离世。各地的传统舞蹈名录项目传承情况也纷纷告急，比如藏族的古格宣舞，目前，整个藏区只有国家级代表性传承人81岁的卓嘎仅仅记得"十三宣舞"中的六段。有着千年历史的宣舞面临失传的危机，作为优秀的藏族文化，宣舞的历史可追溯至3000多年前的古象雄时期。舞步中记录着藏族的历史，舞蹈表现了高原人的信仰。同时也是展示民族服饰的载体。但是，随着现代化的进程，人们的生活发生了巨大的变化，当地人对于传统的舞蹈失去了往日的热情，古老的宣舞正在淡出人们的视线。[①] 在海南三亚市崖城镇朗典村，黎族打柴舞同样面临着失传的尴尬。打柴舞最初依托于黎族民间丧葬习俗而存在，黎族地区丧葬习俗的变化对打柴舞的生存与发展影响极大，朗典村是全黎族地区唯一保留打柴舞古俗的村寨。有近1000人，但如今，真正参与传承黎族打柴舞的只有20多人，全村能够完整地将整套打柴舞跳完的只有四个人，已经74岁的传承人黄家近表示"老人们跳不动，年轻人不愿意学习，传统艺术很快就将失传了"[②]。此外，长衫龙苗族芦笙舞的整个传承现状也不容乐观，长衫龙舞由于舞姿复杂多变且对舞者的身体协调性、悟性要求比较高，学生因为学习长衫龙舞特别吃力，积极性不高，传承质量不理想，[③] 同样存在着走向消亡的风险。除了舞蹈的技艺流失，道具制作、

[①] 《西藏阿里：千年古格宣舞亟待抢救》，新华网，2012年6月1日（http://news.xinhuanet.com/local/2012-06/01/c_112089681.htm）。
[②] 《海南黎族文化面临衰落失传危险亟待保护传承》，凤凰网，2012年6月12日（http://news.ifeng.com/gundong/detail_2012_06/12/15229039_0.shtml）。
[③] 《贵定"长衫龙"苗族芦笙舞流传千年面临失传》，凤凰网，2012年6月12日（http://news.ifeng.com/gundong/detail_2012_06/12/15229039_0.shtml）。

舞蹈音乐的传承比舞蹈本身所面临的困境更大。

在传统舞蹈的保护中，政府的行为举足轻重，政府作为遗产的保护主体长时期大量的人力物力投入，使部分的传统舞蹈转危为安，其功甚伟。但保护观念上的"重物轻人"却一直未得到有效改观，主要表现在两方面：一是保护观念模糊。对为什么保护、为谁保护、靠谁保护和怎样保护传统舞蹈等重大观念问题缺乏清醒的认识，忽略了传统舞蹈文化遗产独特的价值取向和人文关怀。二是把传统舞蹈保护的症结归结为物质资本的投入。认为资金投入越多、相关设施建设得越好、民众通过舞蹈活动获得"劳务费"越多，传统舞蹈就自能保护好。由此导致传统舞蹈保护中宣传多、展演多、活动多、业绩多。然而，到底是短暂的繁荣还是真正的复兴仍然需要用一个更长的时间维度来审视。

以 2012 年的各类展演来看，不可否认，众多的展演活动为传统舞蹈提供了舞台展示机会，在一定程度上活跃了某些传统舞蹈的演出形式，带动了相关传统舞蹈的项目的产业化发展，有的项目甚至超越了地方文化影响，推动了区域经济的发展。但是，各种活动展演中的传统舞蹈为了迎合观众的需要，提高观赏性，通常不断被包装改造，这样的结果往往使传统舞蹈形式异化、内涵消解。例如彝族的老虎笙就是如此，老虎笙被称为彝族虎文化的"活化石"，其传统舞蹈形式是由男性表现老虎生活习性的 12 套虎舞和表现生产劳动的一系列舞姿，表演的时间为每年农历正月初八至十五，舞蹈内容完整、角色完备、叙事情节清晰。然而，学者在双柏县小麦地冲村调研中发现，为了舞蹈具有表演性、情趣性和观赏性，跳虎队中加入"母虎"形象。"母虎"们身穿绿色超短紧身胸衣，服装搭配堪比夏威夷"草裙舞"，模仿老虎抓扑嬉戏的动作与服装风格极不协调，佤族舞蹈动律也出现在了彝族舞蹈中。[①] 这并非是孤立存在的个案，这种现象在全国较为普遍，各种展演中传统舞蹈从动律形态、服装道具各方面都在"大胆"的革新和改造，追求外在的"漂亮"下，传统舞蹈面临着不同层面的肢解与破坏，有的是舞蹈风格的转变，有的则是民族属性的异化。这种破坏性的保护也许比传统舞蹈的自然消亡更可怕。

目前，传统舞蹈的保护中还有一个问题是"重本体、轻载体"，忽视

---

① 刘丽：《在保护中传承民族民间舞蹈促进旅游产业发展》，民族宗教网，http://www.mzb.com.cn/htm。

传统舞蹈的整体性保护。这种保护方式将传统舞蹈形态动作、姿态、步伐、动律剥离其文化语境和相关伴同物以及文化空间来进行孤立的保护。就舞蹈而言，凡通过舞体[①]作用于舞蹈，而对舞蹈的起源、功能与形态发生影响的环境因素称作舞蹈生态环境，也是传统舞蹈的主要载体。[②] 在传统舞蹈的保护中，相关人员对舞蹈载体缺乏必要的认识和保护，尤其忽视对舞蹈文化空间的建设、维护与修复，从而使保护工作失去整体性。比如海南省对于盘皇舞的保护。海南苗族盘皇舞是由苗族道公在祭祀盘皇的仪式中所跳的各种舞蹈的总称。在申遗过程中，政府只是借用了"盘皇舞"这一名称来参加申报的，而且获得了审批。政府通过举办展演和开设培训班对盘皇舞进行保护，而展演和培训班中教授的是从各种盘皇舞中抽取一些动作，重新编排成一种新型的舞蹈。这种舞蹈在民间没有任何使用价值，这种保护与传承手段完全违背了民间文化的发展与规律。[③] 这不仅使盘皇舞得不到认同，还会造成一些负面影响，让不知情的人们以为这就是真正的盘皇舞，加速了传统的盘皇舞的消亡。

2012 年，在传统舞蹈的科研方面学者们做出了大量的工作，取得了很多的研究成果。从学术论文发表的情况来看，以国家级非物质文化遗产名录中 111 项传统舞蹈项目分别为关键词，跨库检索到论文有 300 篇以上，可谓成果颇丰。但纵观这些文章，仍然存在着一些明显的不足。首先在研究项目上，主要集中在秧歌、舞龙、鼓舞、舞狮等四个传统舞蹈项目，超过论文总数的 2/3 以上，而更多传统舞蹈无人涉及或研究极少。从论文研究内容来看，非物质文化遗产视角下的传统舞蹈研究尚待深入，理论上的深层剖析和实践论证较少，国内外比较研究和原创性研究成果明显不足。尤其是关于传统舞蹈的保护、传承、发展提出整改性方案和指导性发展建议的高质量研究论文极少。因此，对传统舞蹈类非物质文化遗产项目进行更深入、完整的研究，仍需要不断地开拓、探索。

现阶段，对非物质文化遗产传统舞蹈项目保护上，保护好代表性传承人应该是工作重点，正如苑利所指出的那样"与保护方法相比，当下的非

---

① 舞体是指生活在共同的社会环境下的一群拥有共同舞种的舞蹈主体。详见资华筠、资民筠《舞蹈生态学导论》，文化艺术出版社，1991，第 32 页。
② 资华筠、资民筠：《舞蹈生态学导论》，文化艺术出版社，1991，第 36 页。
③ 吴晓东：《海南苗族盘皇舞的传承与保护调查》，《广西民族学院学报》2012 年第 5 期。

物质文化遗产保护更应该注意观念的更新与转变",① 对传统舞蹈保护，首先应树立"重物更重人"的观念。国家级传承人老龄化是困扰传统舞蹈保护和传承的关键问题，这种情况凸显了收集、整理他们的全面从艺资料并为之建档的紧迫性。有些年迈的传承人虽然不能亲自起舞示范了，但是他们还能叙说；正是他们全面掌握着与这些传统舞蹈相关的动作特点、传承脉络、规矩、套路、流派特色及演变进程；因此，一定要趁他们健在，请他们口述，舞蹈动作由他们的弟子表演，由专业人士用专业设备为他们录音、录像，事后请他们评价哪个弟子真正掌握了该舞蹈的"神韵"，这种做法将为后人留下珍贵的研究资料。其次，对传统舞蹈的保护不能仅仅停留在舞蹈本体的保护，背后完整的文化系统和生态环境同样应该得到有效的保护。另外，加强统筹规划，平衡地域、舞目发展，规范传统舞蹈的展演市场，仍然是当下保护工作中不容忽视的问题。

综上所述，2012年全国各地非物质文化遗产传统舞蹈项目的保护工作方兴未艾，大多数地区已从申报转向了保护工作；面对复杂的传统舞蹈传承保护的现实状况，我们应坚持"保护工作的重点是保护代表性传承人""保护传统舞蹈自然形态、自然生态、实现优质基因自然传承"理念，坚持"全面继承"的原则，先不急于创新，更不能急功近利，只有这样，非物质文化遗产传统舞蹈项目传承保护工作，才能一步一个脚印地踏踏实实地走下去。

---

① 苑利：《非物质文化遗产保护转变观念迫在眉睫》，《中国文化报》2012年9月7日。

传统戏剧类非物质文化遗产保护发展报告

撰稿：李　惠　审稿：董上德[*]

2012年，传统戏剧类非物质文化遗产保护工作进展顺利且有重大突破。12月5日，在法国巴黎召开的联合国教科文组织政府间保护非物质文化遗产委员会第七次会议上，"福建木偶戏传承人培养计划"入选"非物质文化遗产优秀实践名册"。联合国教科文组织设立"非物质文化遗产优秀实践名册"，旨在形成在国际上可供推广的范例，并"配合这些计划、项目和活动的实施，随时推广有关经验"。"福建木偶戏传承人培养计划"入选"非物质文化遗产优秀实践名册"，意味着其对传统戏剧类非物质文化遗产的保护和发展具有"样本"意义，其经验对其他传统艺术也具有启示作用。[①]

当然，2012年传统戏剧类非物质文化遗产保护工作依然存在着一些问题。这就需要我们正视传统戏剧类非物质文化遗产的保护现状，不断反思我们的工作，更好地保护和发展传统戏剧类非物质文化遗产。

一　保护情况

2012年，传统戏剧非物质文化遗产保护工作整体实现了从"重申报"

---

[*] 李惠，女，1981年生，中山大学中国非物质文化遗产中心研究助理，中山大学中文系古代文学专业2010级博士研究生；董上德，男，1959年生，中山大学中文系教授（古代文学）。

[①] 《非物质文化遗产如何保护和发展》，《中国文化报》2012年12月17日第5版。

向"重传承"的转变,主要体现在名录体系的建设上,从国家到地方各级的非物质文化遗产名录都把工作重点放在项目代表性传承人的认定上。

(一) 各级各类非物质文化遗产名录入选情况

2012年国家级非物质文化遗产代表作名录体系建设呈现两个特点:一是对非物质文化遗产保护政策做了微调,二是进一步完善了名录体系。截至2012年底,我国已经认定了三批国家级非物质文化遗产名录,其中包括158种传统戏剧类非物质文化遗产项目。其他现存传统戏剧类非物质文化遗产也相继被纳入到省级、市级、县级非物质文化遗产名录体系。

2012年10月26日,第四批国家级非物质文化遗产项目代表性传承人推荐名录公示,共有112位传统戏剧类项目传承人进入公示名录;12月21日,第四批国家级非物质文化遗产项目代表性传承人名录正式公布,共111位传统戏剧类项目传承人入选名录。传统戏剧类项目代表性传承人名录的变动情况如下:增加了一位山东柳子戏的中青年旦角演员迟皓文。取消了的两位分别是:人称"闽剧皇后"的胡奇明(70岁)和有"花腔女高音"之称的锡剧名家梅兰珍(85岁),两位老人都在2012年辞世。

第四批国家级非物质文化遗产项目代表性传承人名录中传统戏剧类项目传承人较前三批有较大变化,虽然入选的传承人中仍然以戏剧演员为主,但一些戏剧作曲家、演奏家明显受到重视,被选入名录之中。如昆曲作曲家、著名笛师王大元,昆剧衲谱大家周雪华,莆仙戏作曲家谢宝燊,蒲州梆子作曲家康希圣,京剧金牌作曲朱绍玉,京剧鼓王王玉璞,京胡演奏大师李祖铭等都进入了名录。这些人都是传统戏剧类非物质文化遗产传承发展中不可或缺的传承人,将他们认定为国家级传统戏剧类非物质文化遗产项目代表性传承人,是传统戏剧类非物质文化遗产保护工作更加深入细致、更注重传统戏剧自身内部传承规律的体现。

此外,入选第四批国家级非物质文化遗产项目代表性传承人名录中传统戏剧类项目的传承人年龄跨度大,传承梯队日趋合理。有耄耋、古稀之年德艺双馨的老艺术家,如章宗义(即六龄童,89岁)、翁双杰(85岁)、罗家宝(83岁)等;也有已入至境的中流砥柱,如吴亚玲、许荷英等;还有渐入佳境的"70后"徽剧新秀王丹红。但也反映出传承人保护情况不容乐观。国务院公布的前三批国家级非物质文化遗产项目代表性传承人,共有1488名,目前已去世100余位。据统计,首批226人中60岁以上(不包括60岁）的约占91%，第二批551人中60岁以上的约占71%，第三批711人中60岁以上的约占78%。其中，在第三批国家级非物质文化遗产项目代表性传承人名录中，传统戏剧类项目代表性传承人共有198位，其中60岁以下的仅有19人。[①] 在第四批国家级非物质文化遗产项目代表性传承人名录中，传统戏剧类项目代表性传承人共有111位，但60岁以下的传承人也仅有27位。

2012年，各地省级非物质文化遗产代表作与项目代表性传承人名录建设步伐相对放缓，河北、广西、广东、湖南、新疆、浙江等六省、自治区公布了非物质文化遗产名录和前一批次的扩展项目名录中包含传统戏剧项目（见表1）。

表 1

地区	名 录	传统戏剧类项目
河北	第四批新增名录	落子、小车调、高跷戏、独台戏
	扩展项目名录	乱弹（南岩乱弹）、石家庄丝弦（郭家庄东路丝弦、获鹿丝弦、南路丝弦）、秧歌戏（西调秧歌、北纪城秧歌戏）、老调（东姜老调）、评剧（唐山丰润区、秦皇岛昌黎县）、皮影戏（秦皇岛青龙满族自治县）
广西	第四批新增名录	北路壮剧、平南大安粤剧、上林壮族师公戏、防城采茶戏、临桂彩调、浦北鹩剧
广东	第四批新增名录	乐昌花鼓戏、廉江石角傩戏
	扩展项目名录	粤剧（吴川粤剧南派艺术）、木偶戏（湛江木偶戏、揭西提线木偶戏）
湖南	第三批新增名录	无新增项目
	扩展项目名录	花鼓戏（长沙、衡山）、湘剧（茶陵湘剧）、道州调子戏
新疆	第三批新增名录	木偶戏（克拉玛依市）
浙江	第四批新增名录	滑稽戏、花鼓戏、西吴高腔、徽戏、缙云杂剧、平调、姚戏（姚北滩簧）、提线木偶戏

十省、自治区、直辖市公布了非物质文化遗产项目代表性传承人名

[①]《非遗博览会 中国非遗保护呼唤"年轻血液"》，新华网（http://www.sd.xinhuanet.com/ztjn/2012-09/08/c_113006055.htm）。

录，其中传统戏剧类项目代表性传承人名录情况如表2：

表 2

地区	名录名称及总人数	传统戏剧传承人人数
上海	第三批市级非物质文化遗产项目代表性传承人名单（共计113人）	21
四川	第五批省级非物质文化遗产项目代表性传承人名单（共计108人）	6
广东	第三批省级非物质文化遗产项目代表性传承人名单（共计147人）	10
湖北	第三批省级非物质文化遗产项目代表性传承人名单（共计153人）	34
重庆	第三批市级非物质文化遗产项目代表性传承人名单（共计116人）	12
河北	第三批省级非物质文化遗产项目代表性传承人名单（共计83人）	19
河南	第三批省级非物质文化遗产项目代表性传承人名单（共计189人）	39
贵州	第三批省级非物质文化遗产项目代表性传承人名单（共计105人）	16
内蒙古	第三批自治区级非物质文化遗产项目代表性传承人（共76人）	2
陕西	第三批省级非物质文化遗产项目代表性传承人推荐名单（共计66人）	14

（二）国有院团改制与民营院团发展情况

2012年10月30日，文化部召开全国国有文艺院团体制改革经验总结交流视频会议。文化部部长蔡武发表题为《深化体制机制改革创新　开创国有文艺院团发展新局面》的讲话，他表示："按照中央确定的'线路''时间表'和'任务书'，我们已经全面完成了国有文艺院团转企改制阶段性任务，形成了演艺体制新格局，开创了演艺业发展新局面"；"全国承担改革任务的2013家国有文艺院团，已经按照'五个一批'的改革路径，完成既定改革任务，其中转企改制院团占已完成改革任务院团的比例为61%，占目前国有院团总数的比例为87%，杂技、话剧、歌舞类院团基本实现全行业转企改制。"①

根据2011年《中共中央宣传部、文化部关于加快国有文艺院团体制改革的通知》，保留了32个国有剧团，分别是6个昆剧院团，9个京剧院团，15个以各省简称为名的地方戏剧团，2个其他剧团：广西壮族自治区

---

① 《深化体制机制改革创新　开创国有文艺院团发展新局面——在全国国有文艺院团体制改革经验总结交流视频会议上的讲话》，《中国文化报》2012年11月2日第1版。

壮剧院和麻阳苗族自治县花灯戏剧团。京昆本就是传统戏剧中拥有最多观众与资源的剧种，在保留的院团中占近一半的席位，资源高度集中，是否合理，是否有利于其他剧种的保护呢？这是一个值得思考和进一步斟酌的问题。

9月12日，文化部公布调整、撤销的国家级非物质文化遗产代表性项目保护单位名单。有105个国家级非物质文化遗产项目保护单位被调整、提出批评限期整改或撤销。在97个被调整保护单位的项目中，有50个项目是"因文化体制改革原机构变更或成立非物质文化遗产保护专门机构"而导致的，其中又有26个属于传统戏剧类非物质文化遗产项目。以湖南为例，需调整的传统戏剧类非物质文化遗产保护单位就有18家，有的是直接"划转"成为"公益性的保护、研究和传承机构"，如湖南省木偶皮影艺术剧院不再保留建制，转化为湖南省木偶皮影艺术保护传承中心；有的是为了成立独立的保护传承中心，转企后的院团不再担任肩负非物质文化遗产保护的责任，如湖南省花鼓戏剧院划转为湖南省花鼓戏保护传承中心，进行公益性的演出，负责非物质文化遗产保护与传承；有的是由于建立了统一的非物质文化遗产保护中心，原来的院团转企后不再担任非物质文化遗产保护责任。如湖南各地针对花鼓戏建立市县一级保护传承中心，常德市鼎城区花鼓戏剧团、邵阳市花鼓戏剧团、岳阳市岳阳县花鼓戏剧团、岳阳市临湘市花鼓戏剧团、衡阳市花鼓戏剧团等五家单位转企后就不再肩负花鼓戏保护职责。

国有院团体制改革的一般思路是："改变财政投入的方式，通过政府购买转制院团公益性演出产品的方式，扶持转制院团的艺术生产。"剧团撤销建制，成立保护传承中心，其事业单位的性质不变，能获得财政的差额拨款。不过拨款的目的不同，"国家非物质文化遗产保护专项资金，要向承担非物质文化遗产保护任务的转制院团倾斜，鼓励生产性保护"。也就是说，保护传承中心的拨款直接与其公益性演出的数量质量相关，拨款是用来购买其公益性演出，请纳税人来观看传统戏剧演出的，从而保护和发展传统戏剧的。

就2012年与2011年的数据对比分析来看，在专项资金的支持下，公益性演出显著增加。湖南省木偶皮影艺术保护传承中心，2012年"送戏下乡、演艺惠民"活动的演出场次计划数为160场次，实际开展了189场次，完成计划的118.1%。①而这些数据在2011年分别是：计划数143，实际122，完成比例85.3%。实际增加演出67场次。在演出有了保障的情况下，他们开始了新的探索，用花鼓戏改编木偶戏《小放牛》，获得了很好的市场回响。湖南省花鼓戏保护传承中心2012年计划数为125场次，实际开展126场次，完成计划数的100.8%。这些数据2011年分别为：计划数143，实际90，完成比例62.9%。②实际增加演出36场次。

在生产过程中保护和传承非物质文化遗产，保护、传承的重心在传承人培养，这方面的优势也渐渐彰显。比如，12月12日至16日，在陕西西安举办的"金狮奖第四届全国木偶皮影中青年技艺大赛"上，湖南省木偶皮影艺术保护传承中心收获颇丰。俞涛、张岚、戴薇薇获"最佳表演奖"，彭泽科、刘建民获"指导老师奖"，周宁、邓颖琼获"优秀表演奖"，满江红、刘承帅获"表演奖"。③相较于其他传统戏剧后继无人的情况而言，木偶皮影戏传承中心多位80后、90后演员已经技艺娴熟，能挑纲作栋梁了。这类例子体现出良好的势头。

国有院团体制改革，提出了"扶上马，送一程"的要求，完善对转企改制国有文艺院团的扶持政策，加大保障落实力度，解决改革后出现的新问题，确保改革"不可逆"。12月3日，湖南省发改委发文《关于湖南省花鼓戏保护传承中心实验剧场改造项目可行性研究报告的批复》，同意实施湖南省花鼓戏传承中心实验剧场改造项目。项目总投资796.4万元，资金来源除争取部分省级专项资金外，其余由湖南省花鼓戏传承中心自筹。④"一团一场"政策是此次国有院团体制改革中对于有条件地区院团的扶持政策。湖南省花鼓戏剧院，由于长期经费不足，靠租赁自家场地给歌舞厅来弥补。现在，划转为保护传承中心，获得更多财政支持，收回、改造原有的场地，为搬演更多剧目做准备。保护传承中心，在承担公益性任务的

---

① 《2012年全省"送戏下乡、演艺惠民"演出场次统计总表》，湖南文化网，http://www.culture.hn.cn/artweb/sxxx_files/02_files/2012.html。
② 《2011年全省"送戏下乡、演艺惠民"演出场次统计总表》，湖南文化网，http://www.culture.hn.cn/artweb/sxxx_files/02_files/2011.html。
③ 《湖南在全国木偶皮影中青年技艺大赛上获佳绩》，湖南文化网，http://www.culture.hn.cn/content/1400/2012-12-17/p20121217_000000000000005321.html。
④ 《我委批复湖南省花鼓戏保护传承中心实验剧场改造项目可行性研究报告》，湖南省发展和改革委员会网站，2012年12月26日（http://www.hnfgw.gov.cn/zt/spxm/36006.html）。

同时积极开拓，面向市场，寻找资金，在保留花鼓戏基本元素的基础上改编传统剧目《刘海砍樵》，在演出中保护和传承花鼓戏。①

湖南省的国有院团改制工作较北京、江苏等地起步晚。2012年4月完成改制，一年内成果不断，充分体现了此次改制工作的必要性与及时性。我们管中窥豹，全国国有文艺院团改制工作，2012年基本上完成，改革对文艺演出市场的活跃起到了积极作用，对传统戏剧类非物质文化遗产的保护和传承影响将是深远的。

各省、直辖市、自治区都积极主动地为文化体制改革后的艺术院团服务，特别是为民营文艺院团解决人才和资金两大问题。人才方面，各地都相继出台办法解决民营文艺院团演职人员的社保、人员培训、职称评定工作。资金方面，有少数地区已经建立起民营文艺表演团体发展扶持专项资金。

2009年，浙江省财政厅、文化厅联合制定扶持政策，每年投入300万元专项资金，用于补贴民营文艺表演团体送戏下乡，并开办民营文艺表演团体负责人培训班和业务骨干培训班，至2012年已举办7期，累计培训643人次。② 2010年，江苏省苏州市成立了"民营文艺表演团体发展专项基金"，2012年，为了发展壮大民营文艺团体，该专项基金对民营文艺团体的扶持从每年20万元增加至每年80万元。③ 2011年，上海市设立了"上海市民营文艺表演团体发展扶持资金"，2012年制定了实施细则，每年提供500万元，对在剧目创作展演、赴外演出交流等方面取得突出成绩的民营文艺表演团体给予相应奖励，同时，提供200场购买场地的补贴支持。2012年，上海市获场租扶持的民营院团有29家，获创作孵化扶持的有6家，获参加重要演出扶持的民营院团有9家，并对自行申报绩效评估的院团进行评估，分"优秀""良好""达标"三级进行奖励资助。④

---

① 《花鼓戏要不停地演，才会有市场和名分》，艺术中国网，2012年7月31日（http://www.artx.cn/artx/xiqu/142393.html）。
② 《从村巷口走进大剧场 浙江举行民营文艺表演团体展演活动》，杭州网，2012年11月15日（http://ori.hangzhou.com.cn/ornews/content/2012-11/15/content_4477336.htm）。
③ 《为发展壮大民营文艺团体苏州扶持基金从20万增加到80万》，苏州新闻网，2012年10月17日（http://www.subaonet.com/2012/1017/1016315.shtml）。
④ 《2012年上海市民营文艺表演团体发展专项扶持资金名单公示》，上海市文化广播影视管理局上海市文物局网站，2012年11月22日（http://wgj.sh.gov.cn/wgj/node743/node912/node913/u1ai82729.html）。

国有传统戏剧院团改制与民营传统戏剧表演团体的健康发展,是传统戏剧类非物质文化遗产保护的重要课题,如何在取得经济效益的同时,兼顾传统戏剧的传承保护,虽然取得了一定经验,但仍需要进一步的思考和实践。

(三) 展演竞演情况

戏剧是舞台艺术,传统戏剧的保护、传承、发展都在舞台演出中进行。传统戏剧除在剧院等演出场所进行的舞台表演外,还有民间的民俗性戏剧演出作为民间民俗活动一部分传统戏剧演出是传统戏剧类非物质文化遗产的重要组成部分,但在现有条件下,这部分存在于民俗活动中的传统戏剧演出是无法进行准确统计的,故暂未列入本报告中。

2012年传统戏剧按其展演的内容和目的可以分为:一是以保护传统戏剧剧种、剧目为目的的展演活动;二是参加原有的各剧种艺术展演、各大艺术节展演;或参加传统戏剧各剧种举办的技艺竞赛、剧目竞演;三是院团改制后推动戏剧"走出去"策略;四是海峡两岸文化交流重要内容得到展演。现分别报告如下:

1. 以保护传统戏剧剧种、剧目为目的的演出

以保护传统戏剧为目的的各类演出活动大致包括:送戏下乡、送戏进社区、戏剧进校园;非物质文化遗产日的戏剧活动;其他以非物质文化遗产保护为名的各类演出。在国有艺术院团改制后,此类演出被明确的定义为公益性演出。

2012年,各级文化部门、各院团积极组织参与形式多样的非物质文化遗产保护公益性演出。4月24日,由中国戏剧家协会主办,主题为"梅花飘香满园春"的活动在昆曲故里——昆山千灯古镇举行。尚长荣先生、裴艳玲先生领着18位梅花奖得主,为江南小镇的观众奉上了《智取威虎山》(选段)《夜奔》《徐策跑城》《十八相送》《凤台关》《女驸马》《寻梦》等17个脍炙人口的戏曲唱段。[①] 10月,江苏省七位梅花奖得主与评弹艺术家黄霞芬、小品表演艺术家杨晓苇组成"梅花奖"艺术团,在张家港南丰镇献上惠民专场演出。演出剧目有戏歌《芦花吟》、

---

① 《梅花绽放千灯镇》,《人民日报》2012年5月10日第24版。

越剧对唱《柳毅传书湖滨惜别》、豫剧《花木兰》选段。① 11月，中国评剧院组织21名演员到昌平二拨子社区开展慰问演出，其中折子戏《花为媒》《刘巧儿》等受到村民的一致好评。② 2012年的1月至6月，小皇后豫剧团，由梅花奖获得者王红丽团长领队，送戏下乡。他们在六个月里演出了《风雨行宫》《三更生死缘》《五凤岭》《抬花轿》等剧目240场，观众达80多万人次。③ 县级剧团也积极开展送戏下乡活动。河南叶县豫剧团，在各乡镇新型社区、移民村进行巡演，至12月底，完成"舞台艺术送农民"200场演出任务。④ 送戏下乡、送戏进社区的活动开拓和丰富了基层文化生活，同时，也为非物质文化遗产保护、传承打下了最广泛的群众基础。

从2005年开始，教育部、文化部、财政部组织开展了高雅艺术进校园活动。活动由国家专项经费支持。2012年活动的主题是"走近大师，感受经典，陶冶情操，提高修养"，组织了近九百场次的演出活动。传统戏剧演出是该活动的重要内容，通过这个活动，提高了青年观众对传统戏剧艺术鉴赏力，培养了一批高素质的传统戏剧票友。

各地教育部门、各院团因地制宜、因材施教，各有侧重开展活动。从江西省教育厅公布的信息，可以看到2012年度江西省选择了赣剧进入高校巡演，侧重地方文化宣传。由南昌大学赣剧文化艺术中心承担的赣剧专场在南昌、新余、鹰潭和上饶四地16所大中学校演出《两全其美》和汤显祖"四梦"折子戏专场等。⑤ 上海昆剧院作为改制后依然保留的六大昆剧团之一，除了在长三角演出外，还到武汉、广州进行拓荒演出，11月27日至12月9日，携《班昭》《白蛇传》《牡丹亭》在武汉、广州两地七所高校：武汉大学、武汉音乐学院、湖北师范学院、华中师范大学、华中农

---

① 《江苏戏剧"梅花"绽放港城》，新华网，2012年10月31日（http://www.js.xinhuanet.com/2012-10/31/c_113556410.htm）。
② 《中国评剧院送戏进社区》，京华网，2012年11月29日（http://epaper.jinghua.cn/html/2012-11/29/content_1904425.htm）。
③ 《小皇后豫剧团行程万里送戏送到广大农村》，中国网，http://henan.china.com.cn/special/nc/201208/71065.html。
④ 《叶县豫剧团送戏下乡200场》，戏文网，2012年12月12日（http://www.ixiwen.net/article-11105-1.html）。
⑤ 《[省教育厅]2012年江西省高雅艺术进校园活动完满收官》，江西省人民政府网，http://www.jiangxi.gov.cn/dtxx/tjdt/201212/t20121204_825721.htm。

业大学、中山大学、华南理工大学开展戏剧知识讲座和9场演出。演出受到学生们的热捧,其官方微博也成为学生们关注的热点。① 河南省豫剧二团则根据豫剧的主要流传范围,在山东、河南两省高校巡演《清风亭》,其高校巡演的时间表为:9月8日至10日,山东曲阜师范学院;9月11日至13日,山东农业大学泰山医学院泰山学院;9月18日,河南农业大学;9月19日至20日,永城职业学院;9月21日,郑大体育学院;9月25日至26日,济源职业技术学院;9月27日,河南化工学院。② 高雅艺术进校园活动使传统戏剧有了更多的演出机会,在演出中锤炼剧本、磨炼演技、培养青年演员,保护、传承、发展了传统戏剧。高雅艺术进校园活动也使青年学子在接触、了解中,渐渐喜爱传统戏剧,成为传统戏剧潜在的观众和传承者。高校开展此类活动的同时,中小学甚至幼儿园也开展了形式多样的传统戏剧演出活动,体现了对非物质文化遗产传承从娃娃抓起的理念。

2012年6月9日是我国第七个"文化遗产日",非物质文化遗产保护活动的主题是"活态传承,重在落实",各地围绕主题开展了名师带新徒、师徒同台等形式的展演活动。北京市举办了"薪火相传——中国非物质文化遗产传承人师徒同台展演"活动。③ 山东省菏泽举办"传承优秀历史文化,振兴地方戏曲艺术——2012年文化遗产日戏曲名家演唱会",展示了山东梆子、枣梆、两夹弦、四平调、大平调、大弦子戏等七个国家非物质文化遗产剧种的经典唱段,国家级非物质文化遗产代表性传承人张文英、刘桂松、王凤云、何西良等名家均带徒共同演出。④ 上海市举办了专场戏剧演出,包括沪剧传承展演、"崇明扁担戏"进校园活动三场、上海昆剧院"昆剧'临川四梦'之《牡丹亭》解析演出"、上海越剧院《红楼梦》《碧玉簪》《梅龙镇》

---

① 《上昆年度"高雅艺术进校园"活动完成3台大戏巡演鄂粤7所高校》,中国上海网,2012年12月24日(http://www.shanghai.gov.cn/shanghai/node2314/node2315/node4411/u21ai695530.html)。
② 《河南省豫剧二团〈苏武牧羊〉〈清风亭〉巡演日程安排》,戏文网,2012年8月16日(http://www.ixiwen.net/article-8686-1.html)。
③ 《北京三大活动迎文化遗产日全部免费向公众开放》,文化中国-中国网,http://cul.china.com.cn/zt/d6gwhycr/2011-06/02/content_4241644.htm。
④ 《2012年文化遗产日专题活动戏曲名家演唱会在菏泽大剧院举行》,菏泽市人民政府网,2012年6月12日(http://www.heze.gov.cn/html/zwgk/h001/h10/1339469337d110717.html)。

《西园记》《孟丽君》《孔雀东南飞》《情探》等七场演出，全面系统的展示了上海传统戏剧的传承保护情况。① 河南省在9日晚，举办河南曲剧专场展演，其部分曲剧项目代表性传承人及其弟子将参演，演出十余名段，包括《窦娥冤》《大保国》《武家坡》《陈三两》《风雪配》《跑汴京》《屠夫状元》《秦香莲》等。10日晚，举办太康道情专场展演，演出传统剧目《王金豆借粮》。② 福建省梨园戏实验剧团演出三场新恢复的宋元古本折子戏。并邀请闽台两岸戏曲专家参与"2012年福建杂剧和南戏学术研讨会"。③

2. 参加各种剧种艺术展演竞赛、各大艺术节展演竞赛

2012年全国各剧种、各大艺术节的戏剧展演频繁呈现，颇有你方唱罢我登场之势。

4月，"甘肃地方戏曲获奖剧目演出周暨曹锐作品展"由文化部、中国戏剧家协会、甘肃省委宣传部、甘肃省文化厅主办，剧作家曹锐创作的陇剧《官鹅情歌》《苦乐村官》《西狭长歌》和秦腔《百合花开》《麦积圣歌》地域特色鲜明，艺术精湛。④

5月27日至6月3日，联合国教科文组织第21届国际木偶联合代表大会暨国际木偶节在成都举办。受益于我国木偶的悠久历史和成都博物院从2003年开始在全国征集的上万件木偶作品、20万件皮影作品，成都在2008年获得了国际木偶联合会的青睐，这个有着80多年历史的活动第一次在中国举办。⑤ 木偶节邀请29支海外木偶团队，15支国内代表队。成都主会场上演42场次，南充分会场上演59场次木偶剧。木偶节实行20元每人的惠民票务政策，并对儿童和持有效证件的老年人、军人、残疾人等相关群体实行减免优惠。

6月29日至7月7日，由文化部、江苏省人民政府共同主办的第五届

---

① 《中国"文化遗产日"上海市95项文化活动一览表》，中国上海网，2012年6月6日（http：www.shanghai.gov.cn/shanghai/node2314/node2315/node17239/nod18222/u21ai622953.html）。
② 《2012年"文化遗产日"河南省主题活动丰富多彩》，河南省人民政府网，http：//www.henan.gov.cn/zwgk/system/2012/06/08/010312241.shtml。
③ 《6月9日"文化遗产日"福建系列"非物质文化遗产"大戏本周上演》，人民网，http：//fujian.people.com.cn/n/2012/0604/c337006-17107153.html。
④ 《甘肃地方戏曲获奖剧目演出周暨曹锐作品展在兰州开幕》，新华网，http：//www.gs.xinhuanet.com/news/2012-04/17/content_25077770.htm。
⑤ 《国际木偶节作证：成都吸引了世界目光》，《四川日报》2012年5月29日第13版。

中国昆剧艺术节暨第五届中国苏州评弹艺术节举行。全国 7 个昆曲院团和有关戏曲院团、戏曲院校和来自台湾和香港地区的昆曲团体演出了 25 台昆曲剧目。全国 60 多家昆曲曲社近千名曲友参与互动交流的"虎丘曲会"。艺术节为了吸引更多的戏剧爱好者走进剧场，遵循"低票价"的惠民原则，低票价比例不少于 30%，票价不超过 50 元。①

8 月至 10 月，文化部主办的"讴歌伟大时代，艺术奉献人民——2012年全国优秀剧目展演"在京展开。相继展演的剧目有 119 台，224 场次。其中传统戏剧：京昆 12 台，地方戏 38 台。新编现代戏比重大，有：豫剧《兰考往事——焦裕禄》、秦腔《西京故事》、评剧《非常妈妈》、河北梆子《日头日头照着我》、二人台《花落花开》、上党梆子《西沟女儿》、漫瀚剧《草原阿妈》、川剧《槐花几时开》、吉剧《鹿乡姐妹》、吕剧《苦菜花》、吕剧《百姓书记》、莱芜梆子《儿行千里》、滑稽戏《顾家姆妈》、陇剧《苦乐村官》。传统剧目也有了重新整理改编，有：《清风亭》《韩玉娘》。新编历史剧取材广泛，有：越剧《狸猫换太子》、昆剧《班昭》、豫剧《苏武牧羊》、京剧《廉吏于成龙》、晋剧《大红灯笼》。革命题材历史剧不断涌现，有：湘剧《谭嗣同》、京剧《江姐》、豫剧《铡刀下的红梅》、粤剧《刑场上的婚礼》。此次展演也遵循"低票价"惠民原则，低票价比例不少于 50%，票价不超过 100 元。②

11 月，由北京市委宣传部、北京市文化局主办"庆祝党的十八大胜利召开——2012 年北京金秋优秀剧目汇报演出"集中了北京市文艺院团的最新剧目，传统戏剧有：评剧《恩怨亲家》、评剧《银杏庄》、梆子《前门前》、昆剧《续琵琶》、评剧《马本仓当官记》、京剧《云之上》、木偶剧《少年孔子》、曲剧《歌唱》、评剧《什刹海》。③ 此次展演既有驻京院团、市属及转企院团创作的作品，也有民营文艺机构以及市区两级合作创排的剧目，民营剧团的剧目占此次汇报演出的 40%。值得一提的是，《前门前》更是一出用传统戏剧敷演前门申报非物质文化遗产名录故事的梆子剧，用

---

① 《第五届中国昆剧艺术节暨第五届中国苏州评弹艺术节将在功州举行》，文化部网站，http://www.ccnt.gov.cn/xxfbnew2011/xwzx/lmsj/201206/t20120619_254833.html。
② 《2012 年全国优秀剧目展演即将启幕》，文化部网站，http://www.ccnt.gov.cn/xxfbnew2011/xwzx/lmsj/201207/t20120727_260291.html。
③ 《2012 年北京金秋优秀剧目汇报演出》，京华网，http://epaper.jinghua.cn/html/2012-10/31/content_1750981.htm。

传统戏剧手段宣传非物质文化遗产保护工作的新编剧目。

11月5日至12月9日,上海市举办了第十四届上海国际当代戏剧节,共有46台中外戏剧剧目上演,参与演出的传统戏剧剧目有:京剧《赤壁》《韩玉娘》《建安轶事》,昆剧《景阳钟变》,豫剧《苏武牧羊》《清风亭》,锡剧《二泉映月·随心曲》,木偶剧《桌子》,梨园戏《大闷》。第三届"金玉兰"上海国际木偶艺术节暨首届国际木偶艺术论坛,是戏剧节的节中会。来自欧洲6个国家的木偶艺术院团与我国的木偶艺术院团进行了交流,并为观众奉上了11台剧目20场演出。①

地方剧进京汇演。题为"上海文化中国行"的上海戏曲艺术进京展演,集合了上海京、沪、越、评弹、滑稽戏五大院团,带来京剧折子戏专场、新编历史剧《成败萧何》、新编沪剧《董梅卿》、越剧折子戏专场、越剧《梁山伯与祝英台》、评弹系列《四大美人》、滑稽戏《乌鸦与麻雀》。②江西赣南采茶歌舞戏《八子参军》两度进京展演。③

单一剧种展演更注重民间社团的参与性。第八届中国(唐山)评剧艺术节,邀请了来自全国7个省、直辖市、自治区的17个评剧院团18台优秀剧目,并组织了评剧票友大赛。④11月,第六届羊城国际粤剧节在广州举办,是粤剧成为人类非物质文化遗产后的第一个粤剧节。粤剧节盛况空前,共有来自海内外22个国家和地区114个粤剧(社)团、258个剧(节)目参加52场演出。粤剧节除专场演出,还设有"海内外粤剧社团大联展"、27场粤剧进社区、进校园的群众文化活动和三个专题展览。⑤

10月至11月,国有艺术院团改制后,戏剧演出市场活跃的苏州上演了第三届"金秋戏曲群英汇"。演出由苏州文化艺术中心策划,是专门展示传统戏曲的一年一度的系列演出活动。今年,他们邀请了黑龙江京剧院马佳、黄丽珠领衔的《红灯记》;上海京剧院史依弘、陈少云、胡璇挂帅

---

① 《力推中国好戏,激荡文化活力》,《光明日报》2012年11月21日第9版。
② 《上海五大戏曲院团进京演出》,中国文化传媒网,http://www.ccdy.cn/wenhuabao/lb/201206/t20120612_308853.htm。
③ 《大型赣南采茶歌舞剧〈八子参军〉》,中国赣州网,http://wz.gndaily.com/2012zhuanti/0605/。
④ 《第八届中国评剧艺术节河北唐山开幕名家名伶荟萃》,中国新闻网,http://www.chinanews.com/cul/2012/08-31/4150398.shtml。
⑤ 《第六届羊城国际粤剧节即将隆重举行实行赠票"艺术惠民"》,南方网,http://ent.southcn.com/8/2012-11/14/content_58135864.htm。

的《杨门女将》；上海越剧院单仰萍、皇甫少华、钱惠丽合作，市场点击率极高的《孟丽君》，还有上海越剧院保留剧目《西厢记》。① 艺术院团和剧院在转企后都以市场为导向，推出最受观众欢迎的剧目、演员投入演出。同时，这样的剧目和演员阵容在市场的千锤百炼中方能创艺术精品。

由上可见，各类展演活动中新编剧目比重很大，面对市场时，传统剧目又占绝对优势。这是现在传统戏剧保护不能回避的现实。怎样才能让新编剧不再是"政府是投资主体，领导是基本观众，得奖是主要目的，仓库是最终归宿"，依然是传统戏剧界的一大难题。

戏剧界各类竞赛竞演产生良好的社会效果。声势最大影响最广的莫过于中央电视台一年一度的"全国青年京剧演员电视大赛"。2012年，第七届"青京赛"已成为弘扬京剧艺术、发掘推出京剧人才的重要平台。为时四个月的赛事，在中央台11套黄金时段播出，成为广大电视观众了解、欣赏京剧艺术的重要途径。各省、各剧种的青年戏曲演员大赛也为传统戏剧的保护和传承作出了卓越的贡献。2012年，"新松计划"浙江省青年戏曲演员大赛、云南省第九届青年演员比赛戏剧类、首届全国青年豫剧演员电视大赛、"金狮奖"第四届全国木偶皮影中青技艺大赛等都在传统戏剧的保护，特别是推陈出新，激发青年演员的主动性、创造力方面有不可替代的作用。

3. 院团改制后推动戏剧"走出去"策略

国有文艺院团改革提出"请进来，走出去"的发展思路。传统戏剧是一直被奉为国粹，是文化交流的大使，是中国文化"软实力"的组成部分。传统戏剧在非物质文化遗产保护的视野下，重获新生，肩负着更多的使命，尤其是在中国文化"走出去"方面将会起到特殊的作用。

2005年起，文化部、财政部共同实施了《国家昆曲艺术抢救、保护和扶持工程》。该工程实施七年来，就曾资助7个昆曲院团赴瑞典、爱沙尼亚、美国、英国、北爱尔兰、俄罗斯、比利时、土库曼斯坦、日本、荷兰、希腊、法国、新加坡及中国香港和台湾地区进行对外文化交流。②

---

① 《苏州"金秋戏曲群英汇"精彩剧目大盘点》，京剧艺术网，2012年10月12日（http://www.jingju.com/news/detail/10121708448227909475.html）。
② 《第五届中国昆剧艺术节暨第五届中国苏州评弹艺术节将在功州举行》，文化部网站，http://www.ccnt.gov.cn/xxfbnew2011/xwzx/lmsj/201206/t20120619_254833.html。

2004年白先勇先生重排青春版《牡丹亭》，2007年，白先勇先生重排昆剧青春版《玉簪记》，让昆曲与古琴两项人类非物质文化遗产在一个剧目中交相辉映。两部戏巡演8年，在国内外上演过200多场，是昆曲进入人类非物质文化遗产代表作后戏剧"走出去"的典范。

白先生的两部昆剧，文化效益、社会效益甚高，但经济收益又有几何呢？国有文艺院团改革后，"走出去"真正成功的商业案例则首推苏昆的《1699·桃花扇》。此剧是江苏省演艺集团转企改制后，运用全新的产业化运作模式，重点打造的精品历史剧目。剧目不仅充分保留了昆曲艺术的传统韵味，更在继承传统的基础上对艺术表现形式、人才培养方式和推广营销模式进行创新，真正做到"以市场为参照系"。该剧同时开发国内外演出市场，拥有十个不同版本，既抓演出收入，又抓相关产品推销和后续产品开发，成功完成了国际市场商业运作。曾连续一周参加中日韩三大艺术节——BeSeTo艺术节和首尔国际公演艺术节开幕式首演以及第九届北京国际音乐节演出，成为三大艺术节最受欢迎的剧目之一，并先后参加苏黎世艺术节和第三十五届香港艺术节，引起轰动。在传播古老的昆剧表演艺术、增进国际文化交流中具有里程碑式的重要意义。[1]

传统戏剧进入西方世界并非易事。季国平在接受采访的时候指出，"走出去"最核心的是剧目问题。[2] 2011年11月，《人民日报》海外版刊登题为《中国戏剧"走出去"演绎西方经典》的文章，通过分析：2006年杭州越剧院改编自易卜生《海达·高乐》的《心比天高》，至2011年已6次到国外5个城市演出，并获邀改编易卜生《海上夫人》；上海戏剧学院京剧版《朱丽小姐》获华沙戏剧学院戏剧节集体大奖，并获邀赴作者家乡瑞典演出；浙江省京剧团改编的《王者俄狄》在美国纽约、华盛顿，希腊戏剧节上搬演；上海戏剧学院创作的《孔门弟子》系列，获保加利亚国家戏剧电影学院、美国剑桥公学与之联排，在国际剧协世界大会上演出。文章得出结论：只要找到把传统审美特色和现代精神结合起来的方法，戏曲可以成为中国文化走向世界的一条捷径，中国戏曲演西戏和古装新戏都

---

[1] 《〈1699·桃花扇〉荣获江苏对外宣传优秀奖》，江苏省演艺集团昆剧院网站，http://www.jsyanyi.cn/kjxx.aspx?IntroId=1200&IntroCateId=1637&CateId=1637。

[2] 《中国戏剧，拿什么赢得未来》，中国作家网，http://www.chinawriter.com.cn/2012/2012-08-29/139498.html。

行，关键是：形式必须尊重戏曲，内容不忘面向现代。①

2012年，传统戏剧在欧洲的演出还是集中在传统剧目。2月，江苏省演艺集团昆剧院在德国科隆歌剧院奉上了两场昆曲折子戏，剧目包括《牡丹亭·游园惊梦》《宝剑记·夜奔》《虎囊弹·山门》。② 3月，苏州大学东吴艺术团的学生们在维也纳金色大厅上演昆剧折子戏《牡丹亭·游园》，倾倒众生。③ 4月，浙江昆剧院经典版《牡丹亭》献演于莎翁故乡埃文河畔斯特拉福镇及法国巴黎教科文组织总部。④ 8月，中国京剧院由于魁智和李胜素领衔在德国石荷州音乐节献演《野猪林》。⑤ 传统戏剧"走出去"还需要在实践中不断探索。李树建领衔主演的豫剧电影《清风亭》登陆美洲大银幕，2012年洛杉矶国际家庭电影节，获得"最佳音乐剧影片奖"。⑥

4. 戏剧演出促进两岸的文化交流

传统戏剧作为重要的文化样式，一直是文化交流活动的主角。2012年，在台北举行的"两岸城市互访系列——北京文化周"，北方昆剧院搬演青春版《红楼梦》⑦，北京京剧院"唱响系列"：《龙凤呈祥》《红鬃烈马》《四郎探母》《珠帘寨》《状元媒》五台大戏⑧，台湾戏迷反响热烈。香港艺术节举办"扶风儒韵 复耀香江——马连良纪念系列"，特邀北京京剧院梅兰芳京剧团与马派传人、马家后人合作，演出三场马派经典，包括《赵氏孤儿》《十老安刘》，以及折子戏《胭脂宝褶》之《遇龙酒馆》，

---

① 《中国戏剧"走出去"演绎西方经典》，中国新闻网，http://www.chinanews.com/cul/2011/11-02/3431408.shtml。
② 《集团昆剧院折子戏惊艳柏林音乐厅》，江苏省演艺集团昆剧院网站，2012年2月6日（http://www.jsyanyi.cn/kjxx.aspx?IntroId=1201&IntroCateId=1637&CateId=1637）。
③ 《苏州大学：高雅艺术进校园"曲高""和众"》，中国江苏网，http://jsnews.jschina.com.cn/system/2013/03/11/016519229.shtml。
④ 《昆曲〈牡丹亭〉唱响莎翁故乡》，新华网，http://news.xinhuanet.com/world/2012-04/21/c_111820640.htm。
⑤ 《人民日报文艺点评：京剧"走出去"的品牌意义》，中国新闻网，http://www.chinanews.com/cul/2012/08-28/4138831.shtml。
⑥ 《豫剧电影〈清风亭〉洛杉矶获奖》，香港文汇网，http://news.wenweipo.com/2012/04/10/NN1204100002.htm。
⑦ 《北京文化周重头戏昆剧〈红楼梦〉台北盛大登台》，中国新闻网，http://www.chinanews.com/cul/2012/02-29/3705777.shtml。
⑧ 《2012年两岸城市文化互访系列——北京文化周圆满结束》，中国戏剧网，http://www.xijuen.com/html/jingju/20120312/34365.html。

《春秋笔》之《杀驿》，《宝莲灯》之《二堂舍子》，场场爆满。① 河南豫剧三团由汪荃珍领队在宝岛台湾演出现代剧《香魂女》，获得豫剧同行和戏迷的肯定。②

随着两岸经济、文化交流的日益增多，两岸同胞的文化认同感也随之提高。戏剧工作者以戏剧为媒介密切两岸同胞的亲情关系，大有可为，且具有不可估量的意义。

（四）传承教育的推进

传统戏剧的传承工作于 2012 年有了重大突破和创新。比如，2006 年开始实施的"福建木偶戏传承人培养计划"成效显著，到 2012 年底，入选"非物质文化遗产优秀实践名册"。又如，昆曲建立起"名家传戏"工程，这是首度在国家级层面上建立昆曲艺术传承的创新新机制。还有，中国戏曲学院的京剧流派班"三位一体"培养机制的形成。

不过，我们也要看到，传统戏剧传承人的教育，尚有很大缺失。传承教育集中在演员的教育上，甚至只集中在生、旦的培养上；传统戏剧各行当传承人培养很不均衡；戏剧音乐的传承问题还未得到应有的重视。

根据 2003 年 10 月 17 日举行的联合国教科文组织大会第三十二届会议审议通过的《保护非物质文化遗产公约》的规定，在国际一级协调保护的非物质文化遗产由"人类非物质文化遗产代表作名录""急需保护的非物质文化遗产名录"，以及"非物质文化遗产优秀实践名册"三个序列组成。"福建木偶戏传承人培养计划"，是我国第一次进入"非物质文化遗产优秀实践名册"。该计划，从挖掘培养从业者、潜在从业者和欣赏者三方面提高福建木偶戏的内在存续能力，改善其生存环境。计划主要措施包括：采用学校教育、师傅带徒、剧团培训等方式，培养木偶戏传承人；推进木偶戏进校园、进社区，普及木偶戏知识；编写木偶戏教材、普及读物，制作音像制品等。同时完善福建木偶戏演出场所、传习所、展示馆；开展区域间、国际间的合作；建立研究中心和信息资料中心加强木偶戏表演艺术、

---

① 《香港举办纪念马连良先生诞辰 111 周年活动》，咚咚锵中华戏曲网，http://www.dongdongqiang.com/XQ_wycz/2012/03/07/8af3ebf0-3ddf-41d6-865e-fe7b88fc6e73.html。
② 《2012 两岸秋季豫剧联演〈香魂女〉香飘台湾》，《河南日报》2012 年 9 月 21 日第 8 版。

造型艺术研究等。计划具体的实施是：剧团与上海戏剧学院等艺术院校联合培养，招收了20多位学生；与厦门大学、华侨大学等高校设立木偶戏学习基地；到50多个国家和地区演出交流，并接收其他国家和地区的学生学习福建木偶艺术。①

纵观整个计划，会发现每项措施，在每项非物质文化遗产代表作保护实施计划中都可以看到：剧团与高校联合培养，提供各种学习演出机会与学习者，传统戏剧各剧种的青年演员的培养也是因循此道的。"福建木偶传承人培养计划"怎么会成效显著，在六七年时间内解决了青年演员缺乏，后继无人，没有观众，市场萎缩的问题呢？其实不然，非物质文化遗产代表作保护实施计划，若能落到实处，掷地有声，经过六七年的系统实施，传统戏剧的生存状态，传承情况都能有一定的改善。

6月30日，昆曲"名家传戏——当代昆曲名家收徒传艺"工程启动。文化部根据7个昆剧院团的建议，选取了11位最具代表性的昆曲表演艺术家和22位优秀青年演员，以拜师收徒的形式，进行昆曲表演艺术精粹的传承，培养和造就一批德艺双馨、基础扎实、行当齐全、技艺精湛的新一代昆曲艺术家。② 此举旨在整合昆剧资源，打破了院团、地域、流派的限制，进行昆曲人才培养，也标志着昆曲培养开始向制度化、规范化、效能化迈进。③

跨剧种、跨流派、跨院团的拜师传艺活动，在2012年成为一种潮流，演员们希望通过"转益多师"的方式达到前辈们"文武昆乱不挡，六场通透"的境界。跨界收徒其中最具挑战性的是：苏州昆剧院在苏州大学范围内海选大学生昆曲演员，由昆曲名家亲自传授，力争花费一年左右的时间打造出苏州大学校园版昆曲《牡丹亭》，名之"久久流远"大学生昆曲传承工程。④ 其他跨界拜师学艺的有：4月，温州瓯剧团当家花旦蔡晓秋拜在

---

① 《非物质文化遗产如何保护和发展》，人民网，http://culture.people.com.cn/n/2012/1217/c172318-19915581.html。
② 《第五届中国昆剧艺术节暨第五届中国苏州评弹艺术节将在苏州举行》，文化部网站，http://www.ccnt.gov.cn/xxfbnew2011/xwzx/lmsj/201206/t20120619_254833.html。
③ 《当代昆曲名家收徒传艺工程启动仪式在苏州举行》，中国戏剧网，http://www.xijucn.com/html/kunqu/20120821/39185.html。
④ 《苏大携手苏昆剧院启动昆曲传承工程》，人民网，http://su.people.com.cn/n/2012/0319/c154813-16854158.html。

昆曲大师张洵澎门下。① 湖北省京剧院在 4 名京剧演员王铭、吴长福、尹章旭、袁婷分别拜著名京剧表演艺术家叶少兰、张学津、孙毓敏为师。② 8月，上海昆剧院青年演员罗晨雪行叩拜礼，拜昆剧名家张静娴为师。③ 12月，王越拜京剧"裘派"传承人李长春为师。④ 行拜师礼，仪式感强，一方面展示了梨园薪火相传，一方面加深了师徒继承发扬传统戏剧的使命感。

传统戏剧传承方法的创新，受到各方瞩目和赞许的还有京剧流派班的开办。2012 年，第五届京剧优秀演员研究生班、首届中国京剧流派班毕业了。中国戏剧学院在这批学员的教学中进行了方法创新，建立起学院统筹计划、基地实施教学、院团排练演出"三位一体"的教学机制。

"学院统筹计划"，即由中国戏曲学院统一制定办班方案，实施招生、教学、验收等教学环节。"基地实施教学"，是依托该流派传承人所在地，设立流派班教学基地，例如，麒派教学基地设在上海京剧院，梅派、马派、裘派教学基地设在北京京剧院，杨派和武生教学基地设在天津京剧院。这些院团具有本流派的历史积淀和传承优势，其配套的演员、乐队、服装舞美等，构成流派的综合资源，有利于配套教学。首届流派班共设"四院一校" 5 个教学基地，即国家京剧院、北京京剧院、天津京剧院、上海京剧院和中国戏曲学院。5 个基地承担 19 个流派的教学，并组织集中授课。"院团排练演出"，是指学员回到所在剧团，由所在院团提供排练条件，组织剧目合成、完成演出实践，使学员学一出、演一出的教学计划落到实处，将学员的学习成果和所在院团剧目建设与人才建设有机结合。这样就形成了学院—基地—院团"三位一体"有机结合的教学系统。⑤

京剧流派班，在全国各大院团挑学员、选老师，及行业全力培养新

---

① 《瓯剧团当家花旦蔡晓秋拜师昆曲大师张洵澎》，《温州日报》（电子版），http://wzrb.66wz.com/html/2012-07/21/content_1274763.htm。
② 《尹汉宁出席我省京剧演员拜师仪式》，《楚天都市报》（电子版），http://ctdsb.cnhubei.com/html/ctdsb/20120808/ctdsb1819102.html。
③ 《上海昆剧团青年演员罗晨雪拜师张静娴》，《文汇报》，http://whb.news365.com.cn/wh/201208/t20120831_650257.html。
④ 《京剧"裘派"传承人收徒拜师将再赴台演出》，中国新闻网，http://www.chinanews.com/cul/2012/12-11/4400278.shtml。
⑤ 《中国京剧流派艺术研习班背景资料》，人民网，http://culture.people.com.cn/GB/22226/242390/242392/17668780.html。

人,被赞喻为"激活流派,惠及院团"之举。

京、昆两剧种传承教育的创新,是集全国、全行业之力,培育传承人。其他的戏剧剧种可否借鉴呢?其他的传统戏剧受众不如京昆广泛,得到的资源当然天差地别。但是,在有限的范围内,整合资源,各级艺术院校与各院团合作建立"学校—基地—院团"有机结合的教学系统,培育新人,还是可能实现的。

值得欣慰的是从2008年起,中国戏曲学院就开始了"多剧种办学"。2008年是曲剧班,2009年是豫剧班,2010年是晋剧班、2011年是越剧班。这是各传统剧种借鉴京昆传承人培养体系和方法,在传承教育方面进行有益探索和尝试。

二 研究情况

(一)资料整理

传统戏剧的非物质文化遗产保护中,出版物种类繁多,选题丰富,涉及文献资料的整理和出版、普及读物推出、戏剧戏曲史研究等方面。

文献资料类整理出版品类繁多,较有代表性的是:浙江省政协文史资料委员会编纂,记录40位非物质文化遗产代表性传承人口述史料的《口述历史:我与非物质文化遗产故事》(中国社会科学出版社);上海大学出版社推出的《我在人间——越剧皇帝尹桂芳的舞台伴侣李金凤自述》,记录了李金凤老师所描述的,宣告越剧小生为台柱时代来临的尹桂芳一生的舞台传奇;王文娟老师新作《天上掉下个林妹妹——我的越剧人生》(上海大学出版社);宿州淮北花鼓戏剧团团长华立仁,拍摄并撰写《风雨花鼓情:淮北花鼓戏剧团发展历程纪实》;顾小英主编的《北路梆子唱腔精选》(上下册),由中国戏剧出版社出版;京胡大师晏诵周编著的《京剧现代戏唱腔琴谱集》(人民音乐出版社);上海越剧艺术研究中心编著的《金采风越剧唱腔精选》并附有CD三张(辽宁教育出版社);京剧演奏家张再峰先生的《怎样掌握京剧流派演唱技巧》(湖南文艺出版社)重点论述各流派运气行腔的特点;《荀派失传剧目唱腔伴奏免翻曲谱》及伴奏CD,由著名琴师周志强整理出版;《李瑞环谈京剧》(三联书店),讲述了老一代领导人对京剧的热爱以及艺术院团改革思路的形成;《海峡两岸豫剧交流访谈录》（河南文艺出版社）。

普及性读物，针对性强，受众广泛。这一方面的书籍有：按地区编排的"小橘灯"非物质文化遗产文化普及读本《每天一堂非物质文化遗产文化课：传统戏剧卷》（中国华侨出版社）；拥有英、法、日、德文对照的宣传读物，中华文化丛书系列之《京剧的魅力》（百花洲文艺出版社）；《中华文明史话》编著委员会编著《中华文明史话——戏曲史话》（中国大百科全书出版社）。此外，民族文化宫、贵州民族文化宫、国家大剧院三家合编了《中国傩戏面具艺术》（学苑出版社）。还有面向在校大学生、知识群体的读物，如王文清著《戏曲基本知识》、胡淳艳作《中国戏曲十五讲》、骆正先生著《中国京剧二十讲》（化学工业出版社）。介绍地方戏剧的有郭茂楼教授的《闽南戏曲欣赏》（厦门大学出版社），而单金发的《西溪与越剧》（杭州出版社）则介绍了杭州越剧落地唱书。

为纪念王国维先生《宋元戏剧史》写成90周年，多家出版社重版了此书。胡忌、刘致中两位先生合著的《昆剧发展史》，也由中华书局重版；郑传寅教授的《中国戏曲文化概论》也于2012年重新修订出版。戏剧研究大家以轻松的笔调谈论戏理的有：吴小如先生的《看戏一得：吴小如戏曲随笔》（北京大学出版社）和徐城北先生的《城北说戏壹：京剧这玩意》《城北说戏贰：京剧夜明珠》（中国社会科学出版社）。

学术界这一年出版的研究成果有：欧阳启名、欧阳中石两位合力之作《中国戏曲表演体系研究》（文化艺术出版社）；刘文峰著《中国传统戏曲传承保护研究》（上、下）（学苑出版社）；董德光、徐超合作的戏曲教育论著《中等戏曲教育实践初探》（学苑出版社）；魏城璧、李忠庆合作研究完成的《中国戏曲翻译初探》（南京大学出版社）；费泳关于戏曲和电视关系、戏曲传播的论著《戏曲电视研究》（上海古籍出版社）；廖奔新作《中国戏曲声腔源流史》（人民文学出版社）；吴瑞霞著《中国古代戏曲理论与批评》（中国社会科学出版社）；周涛著《民间文化与"十七"戏曲改编》（广西师范大学出版社）。

地方戏研究论著有：王馗著《粤剧》，收入王文章主编的《非物质文化遗产丛书》（浙江人民出版社）；芦柳源著《山西蒲州·中路梆子唱腔板式研究》（中国社会科学出版社）；张艳梅著《中国越剧走向何方——近20年来中国越剧研究》（浙江大学出版社）；徐宏图著《浙江昆剧史》（中国社会科学出版社）；胡颖、蒲向明合著的《甘肃傩文化研究》；唐雪莹的海派京剧研究之作《民国初期上海戏曲研究》（上海文化出版社）；陈娅玲的《绍兴戏曲文化概论》（浙江大学出版社）；还有别出心裁的研究之作，沈国平以香烟牌子上的京剧图像为研究对象著成《京剧》（上海文化出版社）。

戏剧界纪念性文集有：纪念费派琴风开创者费文治先生，国家京剧院、中国京剧艺术基金会、中国戏曲音乐学会主编，由中国戏剧出版社力推的《费文治纪念文集》。

（二）研讨会情况

2012年，戏剧界、学术界、教育界举办各种形式的研讨会，深入探讨我国传统戏剧历史与现状，为传统戏剧的传承与发展建言献策。

中国戏曲学院举办"纪念毛泽东《在延安文艺座谈会上的讲话》发表70周年"学术研讨会，学术界专家、戏剧院团领导的发言回顾历史的同时，又都集中在当下戏曲的改革与发展问题上。

艺术节和学术研讨会并行不悖，打破隔离，交流更直接，是近年来的一大进步。第五届中国昆剧艺术节召开昆曲国际学术研讨会、非物质文化遗产苏州论坛，关注昆曲及非物质文化遗产的传承与发展。"中华之声——名家名曲广东演唱会"举办期间，"岭南地方戏曲传承与创新研讨会"也在广州举办。广东戏剧界的名角与学者专家一起探讨岭南戏剧如何在遵循传统与艺术个性的同时，进行创新赢得发展。第六届羊城国际粤剧节召开"羊城国际粤剧节学术研讨会"，来自美国、新加坡和我国港台及内地的40多位专家，就"作为地域文化符号的粤剧""粤剧的海外传播""传承与发展"等主题提交28篇论文，并进行广泛的探讨。第三届"金玉兰"上海国际木偶艺术节暨首届国际木偶艺术论坛，围绕"木偶艺术的未来发展趋势""木偶艺术人才培养"展开。首届"中国戏曲表演程式创编大赛及学术研讨会"在中国戏曲学院举行，旨在运用新理念，化用旧程式，提炼新生活，创造新程式，促进戏曲表演程式的创新和发展。来自艺术学校院团的代表作带来了14个节目参赛，专家学者们在观赛后，对新编程式进行了为时两天的热烈讨论。

以"非物质文化遗产""传统戏剧"为主题的学术会议还有：在非物质文化遗产保护和戏剧改革的大背景下，探讨如何发展中原戏剧文化、河南文化产业，中山大学与河南大学联合举办的"中原戏剧文化"国际学术研讨会。为推动两岸中国戏曲艺术传承与发展、合作与交流,福建师范大学举办了"海峡两岸戏曲"学术研讨会,14所大学、研究机构、艺术院团的代表参会,主题是:"戏曲剧种的相关研究""福建与台湾戏曲的交流与发展研究""闽台歌仔戏研究""跨文化视野下的戏曲音乐研究"。"负鼓盲翁半零落 梨园透清香——首届传统音乐与当代中国学术"研讨会,设说唱戏曲音乐专场。大会收到23篇论文,对川剧《金子》、甬剧《典妻》音乐进行精品解读,就徽州目连戏、祁剧等剧种音乐进行梳理研究,更有基础理论性文章和反思戏曲音乐创作现实的力作。"高校戏曲动漫教育教学研讨会"在北京举行,与会专家学者就高校如何进行戏曲艺术传承与发展、人才培养等问题展开讨论。中国戏曲表演协会,5月在山西举办"戏曲人才培养"长治研讨会,8月在辽宁举办"地方戏的传承与发展"研讨会暨名家演唱会。西北大学、陕西省戏剧家协会联合主办,西北大学工会、西北大学新闻传播学院、《当代戏剧》杂志社、西北大学振兴秦腔研究会承办的"第二届陕西地方戏曲传播研讨会",10月13日在西北大学举行。

传统戏剧学科学术研讨会有:黑龙江大学举办的"古典戏曲辨疑与新说"学术研讨会,主要围绕"戏曲文学与文论""戏曲文献与格律"展开。"新潮演剧与新剧的发生"研讨会,议题是"新潮演剧的形态""新剧的起源"等。中国傩戏研究会与山西师大戏曲文物研究所举办的"亚洲仪式戏剧国际学术研讨会",讨论了仪式剧的起源、类型、发展及意义。第七届"亚洲戏剧教育研究国际论坛研讨会"在中央戏剧学院举行,19位来自11个国家的专家,以"世界戏剧与戏剧的民族化"为主题,展开讨论。

(三) 研究机构情况

2012年3月26日,北京第二外国语学院国家文化发展国际战略研究院与北京京剧院共同组建京剧传承与发展(国际)研究中心成立。在艺术院团改革和京剧"走出去"的大背景下,此次校企结合,强化了高校人才培养、科学研究、社会服务、文化传承的功能;加强京剧剧目、资料的翻译、对外交流,推进京剧产业化进程。[①]

---

① 《京剧传承与发展(国际)研究中心成立》,光明网,http://www.gmw.cn/xueshu/2012-03/28/content_ 3854984.htm。

4月8日,由西安交大和陕西省戏曲研究院携手创建的西安交通大学戏剧学院在陕西省戏曲研究院正式揭牌。陕西省戏曲研究院院长陈彦担任戏剧学院首任院长。西安交通大学戏剧学院与陕西省戏曲研究院实行两块牌子一套机构的联合办学模式,以"优势互补、共同发展"为原则,以专业化、规模化和可持续发展为战略目标,招收、培养戏剧专门人才,共同探索戏剧、戏曲类等专业人才培养新模式,发展戏剧创作与研究,为人才培养、学科建设、队伍建设等方面的发展作出贡献。①

11月9日,温州市越剧艺术研究会成立。

(四) 论文情况

在2012年,传统戏剧学术研究论文的主要话题大体依旧集中在以下几方面:传统戏剧整体保护、发展理念的理论探讨;传统戏剧教育、传承方式的反思与探索;剧种剧团剧场生存现状的个案的介绍与调查;传统戏剧史的研究;戏剧剧目、声腔创作和舞台表演的分析。

然而,我们也看到,某些新的话题已经引起关注,如传统戏剧的多媒介传播渐成研究热点。费泳《是电视"救"戏曲 还是戏曲"救"电视》梳理戏曲与电视相结合的历史,以"戏曲电视"为主体,以戏曲电视栏目为案例,对戏曲和电视的结合作"解剖式"研究,以探求戏曲电视的未来之路以及戏曲应如何借用现代传媒力量吸引当代观众,并再次重申中国传统戏曲必须紧密依附于时代才能得到时代回应这一理念。卢伟敏《戏曲电视剧创作中程式化表演的"破"与"立"》认为电视手段与戏曲艺术表演形式相结合,戏曲艺术特征和规律就不可避免地被不同程度地打乱。这种"乱",既蕴藏着生机,也包含着危机。放任其乱,势必导致戏曲艺术的扭曲。只有恰当地"破",巧妙地"立",才能在有效的传承中创新,从而发展戏曲艺术。张泠《两个版本昆曲电影〈牡丹亭〉中戏曲空间的电影化》,谈到传统戏剧形式与电影作为媒介传播,充满张力和实验性,电影艺术让传统戏剧在观众眼里产生陌生感,产生不同审美感受。杨燕《中国电视戏曲栏目的发展现状与分析》总体把握国内电视戏曲栏目对戏曲传播的作用和存在的问题。《音乐传播学角度

---

① 《西安交大与省戏曲研究院携手创建戏剧学院》,陕西省人民政府网站,http://www.shaanxi.gov.cn/0/1/9/39/119561.htm。

下的电视戏曲栏目〈相约花戏楼〉》探讨电视栏目对黄梅戏传播的作用。《从〈梨园春〉看豫剧文化生态的培育》，研究者认为《梨园春》成功地将传统艺术形式和现代传媒结合起来，充分利用电视等现代传播手段为河南地方戏曲在新时代的生存和发展营造了一个良好的生态环境，为其他传统戏曲在新时代的发展提供借鉴。王聪《戏曲网站生存状况调查报告》对线上的戏曲网站进行全面摸底调查，分析他们的产生背景、意义及生存状况，对弘扬戏曲所产生的作用。

《中华人民共和国非物质文化遗产法》实施一年，非物质文化遗产法制建设与传统戏剧保护实践中涌现的新问题备受关注。欧阳光、倪彩霞《从"中国文艺类非物质文化遗产保护维权第一案"说起——兼论我国非物质文化遗产法律保护的现状与思考》，分析备受社会关注的贵州安顺地戏维权、状告张艺谋一案，对原告一再败诉进行法理剖析，探讨现有国内外相关法规可提供的有限法律支持。论文从案件出发，结合田野调查资料，分析非物质文化遗产保护各环节存在的法律缺失，对非物质文化遗产法制建设提出建议。

剧种剧团剧场生存现状的个案的介绍与调查，传统戏剧流布范围较小剧种研究，主要集中在各院校文学、艺术学硕士学位论文中。2012年，这些论文的选题涉及地方戏剧种有：秦腔、永济道情、横岐调、内蒙西路二人台、邕剧、花鼓戏、采茶戏、遂昌傀儡戏、上党落子、平凉曲子戏、上海沪剧、嗨子戏、辽南皮影戏、屏南提线木偶、鹤峰柳子戏、南昌采茶戏、潮剧、粤剧、常德丝弦、评剧、黄梅戏、吕剧等近三十种剧种近八十篇。论文的角度大致有：由历史源流、音乐、剧目、流派声腔、传播等构成的剧种史研究；由班社、演出市场、保护传承等构成的现状研究；由著名剧目、艺人、剧团、剧场构成的个案研究。这些论文内容翔实，资料丰富，对戏剧戏曲史的进一步梳理建构提供了材料；传统戏剧现状进行的田野调查，对非物质文化遗产保护工作提供了情报；个案的研究，对戏剧改编创作、传承人的培养、戏剧消费市场的培养提供了重要的参考。

（五）立项情况

2012年国家社科基金项目包括后期资助项目、一般项目、青年项目、西部项目，共有20个传统戏剧科研项目立项。

表3 2012年国家社科基金后期资助项目立项名单

序号	项目名称	负责人	所在单位
1	山东戏剧史	刘淑丽	烟台大学
2	中国古典戏曲批评范畴研究	梁晓萍	山西师范大学

表4 2012年国家社科基金项目立项名单

序号	项目名称	负责人	所在单位
1	国学视阈下古代戏曲身份认同研究	骆兵	江西财经大学
2	冀皮影戏"影卷"美学研究	宋薇	河北大学
3	非物质文化保护视野中的弋阳腔研究	许爱珠	南昌大学
4	中国古典戏曲的民俗表现问题研究	彭恒礼	河南大学
5	国家非物质文化遗产池州傩研究	何根海	池州学院
6	汉唐戏剧新考	黎国韬	中山大学
7	明传奇佚曲辑录、整理与研究	陈志勇	中山大学
7	日本的中国戏曲研究史	仝婉澄	广州大学
8	西北戏曲文献综录研究	周琪	甘肃省文化艺术研究所
9	戏曲动漫研究	李建凤	湖南省艺术研究所
10	山东地方戏现状与发展调查研究	姜慧	山东省艺术研究所
11	中国戏曲剧种发展史	朱恒夫	上海大学
12	戏剧院团评估体系研究	陈曼娜	天津财经大学
13	20世纪中国戏曲理论批评研究	何玉人	中国艺术研究院
14	清末民国戏曲票友研究	武翠娟	东南大学
15	豫剧传统声腔与当代创腔艺术研究	赵培强	河南省艺术研究院
16	二十世纪昆曲研究	朱夏君	上海戏剧学院
17	川剧折子戏研究	程利辉	四川省川剧艺术研究院
18	荆州花鼓戏的历史嬗变与现状调查	吴靓	武汉大学
19	中国演艺产业运营策略研究	王玉	济南大学
20	国有文艺院团体制改革与竞争力要素研究	王相华	浙江省文化艺术研究院

三 问题与展望

2002年9月,"萧雅文化艺术有限公司"成立,成为上海地区第一个经济上自负盈亏的民间越剧团体。① 截至2012年6月,上海共有注册的民营文艺表演团体122家,演出场次年均9000场,增加27.8%。

2012年12月,浙江温岭市举办的2012年文化产品交易博览会,吸引国内戏曲类艺术院团设57个展位。一个市级文化产品交易博览会吸引众多戏曲类艺术院团。专家指出这其中的奥妙是:传统戏剧在江苏浙江福建等南方地区,以民间民俗形式存在的戏曲表演、庙会戏等文化活动还是比较多。民营剧团的戏曲市场很红火。②

"北京市演出市场统计数据"表明:2012年北京市各类营业性演出场次共计21716场,观众为1100万人次,演出总收入达15.27亿元,相比2011年同期,这三项的增幅分别为3.1%、7.2%、8.68%。演出收入增加,平均票价降低。京剧类演出的票价比往年都有大幅下降,降幅为36%。③

同时,票友活动频繁。北京、安徽、青岛、湖南、河北、新疆、河南等地纷纷举办戏剧票友大赛。校园戏剧艺术活动,传统戏剧所占比率不断上升。中山大学的岭南剧社搬演了全本京剧《锁麟囊》,苏州大学计划排演昆曲《牡丹亭》。湖北省举办首届大学生戏曲大赛,常熟理工学院校园艺术节有了戏曲专场,五剧种齐亮相。昆曲"小梅花"、豫剧"红孩儿"、"小白玉兰"等活动也引人瞩目。

种种迹象表明,传统戏剧拥有众多的戏迷,市场在进一步恢复中。

应该说当前也存在着有利条件。在非物质文化遗产保护与国有艺术院团改制的大背景下,传统戏剧类非物质文化遗产保护层次分明;保留的院团虽屈指可数,但财政拨款不减少,同时承担各种非物质文化遗产公益演

---

① 萧雅文化艺术有限公司网站,http://www.xiaoyayueju.com/。
② 《传统戏曲如何经营市场?剧目要创新观众要培养》,光明网,http://culture.gmw.cn/2012-12/12/content_5994728.htm。
③ 《2012京演出市场数据:演出收入增加平均票价降低》,新华网,http://news.xinhuanet.com/yzyd/culture/20130123/c_114464263.htm。

出任务，文化交流任务。同时，转入传统戏剧类非物质文化遗产传承保护中心的院团，承担了非物质文化遗产的保护、传承、研究工作。

不过，我们对形势的判断也不能过于乐观。目前，众多转企改革的院团，必须在市场竞争中生存下来，寻找传统戏剧发展之路。转企院团、民营院团，如何才能在市场中生存下来呢？这是不可回避的问题。

当务之急是适应民众的文化需求、引导民众的文化消费，使"恢复中"的演出市场更为健全、更有活力地发展下去。为此，以下三方面的问题需要格外关注。

（一）增强非物质文化遗产保护观念，引导观众体认传统戏剧的审美价值

我们的民众在很长时期缺乏观赏传统戏剧的机会，进而缺失传统戏剧的欣赏能力；传统戏剧院团演出票务一直由政府财政负担，加剧了传统戏剧与观众的鸿沟。改变这一状况的是：2001年昆曲进入人类非物质文化遗产代表作名录后，政府开始自上而下的非物质文化遗产代表作与项目代表性传承人名录的建设工作，保护非物质文化遗产的观念渐渐深入人心。传统戏剧在这场运动中尤为突出，昆剧、京剧、藏戏、粤剧等多项传统戏剧进入人类非物质文化遗产代表作名录。传统戏剧类非物质文化遗产保护中的传承活动、展演活动开始大规模地在各地开展，送戏下乡、进校园、进社区、各种戏剧比赛如火如荼。欣赏传统戏剧的人越来越多，也越来越明显的呈现两极化趋势，即老年观众和青少年观众是主角。

怎样让陌生的戏剧回到人们的娱乐生活中，是需要技巧、需要编排、需要精雕细琢的。怎样让观众在两三个小时的时间内感受传统戏剧的审美价值呢？在这一方面，昆剧艺术家汪世瑜老师的一份口述材料很有借鉴意义：加州大学曾请汪老师去表演，去听的人大都是外国人，而他们只给汪老师两个小时，在这么短的时间内如何有效地向外国人传授呢？具体的安排是：首先，用四十分钟，汪老师介绍《拾画叫画》这出戏；再用二十分钟化妆，让他们看看化妆的情况；然后，再做四十分钟的表演；最后，卸下戏装，进行二十分钟的提问，整整只用了两个小时的时间。这样的安排很受欢迎，虽然只是短短的两个小时，但事先的准备工作却不少。加州大学的有关人员将汪老师的台词翻译成英文；准备好一些有关昆曲的资料，事先向学生介绍；汪老师的唱词也事先打印成英文。他们分工细致，效率

甚高。听者获得了昆剧的"启蒙",也直接、感性地体验到昆剧之美,引发欣赏昆剧的兴趣。①

其实,今天的大多数中国观众,其欣赏传统戏剧的能力不会亚于汪世瑜老师口中的外国人,他们没有语言障碍,应该比外国人更容易接受。关键是,我们能否也像汪老师那样在合作团队的配合下,组织以培养观众的欣赏能力、欣赏水平为目的的演出。我们应该建立起一个理念:培育"观众",才能培育市场。观众是市场的主体,没有了主体,何来"市场"?既然可以培育外国人来做昆剧的观众,那么,为什么不可以多花一些心思来培育更容易接受传统戏剧的中国观众呢?

事实上,有些经验值得重视。比如,在这几年的舞台上,裴艳玲与林兆华合作的《寻源问道》的工作经验是可以推广的。该剧演出第一部分,以【新水令】串起《夜奔》的林冲、《探庄》的石秀、《乾元山》的哪吒、《蜈蚣岭》的武松,展示这四个层次分明的武生形象,通过对水衣、大带、剑、包头等戏曲服饰、砌末的仔细讲解和示范演出,呈现戏剧舞台中任何一件服饰、砌末对特定人物塑造的意义与作用,让观众直接地感受到好的演员是如何在行有定制、舞有定法的限制下,将服饰、砌末等使用至极致,带给观众审美愉悦。有了这一部分的铺垫,在接下来的梆子和京剧表演时,观众有了基本知识,既可以比较了"昆""乱"的不同,又领略到它们各自的美。又如,广州粤剧院的《广府华彩》,也是在普及粤剧知识方面花了心思,表演各种粤剧的功架、粤剧的"排场",以及粤剧史上各大流派的唱腔,示范性地演出粤剧的经典剧目(折子),让观众尤其是年轻人懂得一点粤剧的历史、粤剧的特色以及粤剧的传统剧目,使观众发生兴趣,从而由一般观众转变为热情的"粉丝"。

这样的演出,让观众了解到了传统戏剧的内在结构,音乐体制,表演程式,从培养观众的角度看,效果绝非一出完整剧目所能达到的。传统戏剧的推广活动若能用两个场次为一个单元进行,一个做基础知识的讲解与示范,兼用几个经典唱段,一个做完整地经典剧目展演,应该能达到更好的效果。

---

① 洪惟助:《昆曲演艺家、曲家及学者访问录》,汪世瑜口述,台北:国家出版社,2002,第195页。

（二）好剧目、低票价策略

传统戏剧演出市场的培育，还需要有好的剧目，低的票价。

好剧目、低票价看似背离市场规律，实则符合传统戏剧的生存现状。好的剧目，不是剧作家在纸上一次写就的，也不是剧团一次排定的，一定是在舞台上一边搬演一边修改的，不断锤炼，历久弥新的。低票价需要政府的大量投入。此种投入应该是以演出场次、观众人次为补贴依据的，应考虑地是投入的有限资金、更多观众受惠，改变以剧目创新为补贴依据的陈规。好剧目与低票价的组合一定能吸引到更多的观众来到剧场，也能使演员在舞台上成长，剧目在舞台上成熟。

2012年，传统戏剧演出积极推广惠民低票价，吸引更多的观众进入剧场。西安秦腔剧院有限责任公司下属易俗社，在6月举办的"易俗社百年庆典优秀传统经典剧目惠民展演月"活动中，票价定为30元和50元，中青年演员领衔担纲，演出场场爆满，有的场次竟然连站票也销售一空。①今年，各大展演都采取措施，降低票价，保证低票价比率，切实地解决观众看戏票价。观众进入剧场观剧一方面能鼓舞演职人员的信心，另一方面，拉近了戏剧与观众的距离，培养了观众对传统戏曲的文化认同与审美需求。

（三）要重视"演出空间"的中国化问题

传统戏剧类非物质文化遗产的保护和发展，最大的希冀就是让传统戏剧活在舞台上。传统戏剧活在台上，就必须尊重中国戏剧的传统，现在保护工作中，不尊重戏剧传统的现象比比皆是，需要我们认真审视。

传统的中国戏剧，搬演的空间相对狭小，传统戏剧是否真的适合在今天如此恢宏阔大的西方式的礼堂进行演出呢？许多戏剧界的前辈在很早的时候就提出这样的问题。"昆剧的观众不多，不可能一千六七百个座位天天满座，昆剧以前不是这样，就算未来也不可能如此。以前我们白天、晚上都演昆剧，情况就不是这样，一场戏观众也不过两百、三百人；现在的观众的要求高，一去剧场看剧场那么多空间，不过坐了两三

---

① 《易俗社百年庆典系列活动新闻发布会暨传统经典剧目惠民演出月活动盛大启幕》，曲江文化集团网站，http://www.qjculture.com/Article/ShowArticle.asp?ArticleID=2178。

百人,看戏的兴趣就不高。现在要将这种观念转过来,所以我也向上面反应,希望能造个雅致的小剧场,座位大概两三百个,如此台上台下很好沟通,对昆曲推广可能好一些"。① 现实的情况也是如此,在广州的传统戏剧演出市场,本地的粤剧演出最是火爆,但在大的剧院,上座率也是讳莫如深。其他剧种来穗演出,报道都是热烈火爆,实际情况是一般能坐满前十排。

国有文艺院团改制有一项措施是"扶上马,送一程"要求"一院一场",我们在新建演出场所时,能否改变观念,不再求新求大,建设几座真正符合中国传统戏剧欣赏习惯的剧场呢?这需要我们的文化部门和我们的专业院团一起努力,在发展传统戏剧时正视其自身特征,尊重和保持其艺术品质,从西方剧场回归真正的中国剧院,使得传统戏剧的"演出空间"保持中国化的特色。

当前,传统戏剧类非物质文化遗产保护还存在着一些问题,简要陈述如下:

其一,剧目问题。传统剧目深受观众喜爱,在市场演出中占绝大比重;新编剧目数量庞大,是各类展演的主角,但沉淀下来的少。造成这一现象的原因是复杂的,需要我们警惕的是:随着戏剧交流的便利和频繁,新编剧目中,传统戏剧的特征逐渐淡化,各剧种的特色逐渐淡化,话剧体制对传统戏剧的侵蚀越来越严重,有的剧目甚至成为了"话剧加唱",现代题材剧目程式简单粗略、审美功能缺失。

其二,传承人培养问题。京、昆两大剧种在传承人培养上得到了各方优待,地方小剧种的人才培养问题依然堪忧。进入到学校培养的地方剧种情况又优于依附于民俗节庆而存在的祭祀性戏剧。传承人培养又集中在"生、旦"的培养上,需要扶持培养"生、旦"以外的其他行当,需要有意识地物色、发现其他行当的传承人,培养年轻演员学习其他行当。其根源在于,要在剧本结构上打破"生、旦"绝对垄断剧情的体制,根据剧情的需要适当配置好其他行当的表演。

其三,戏剧市场运作手段的现代化问题。清末民初,戏剧演出空前繁盛,一个重要原因是:有一群为戏剧名家出谋划策的票友、演出经纪,这

---

① 洪惟助:《昆曲演艺家、曲家及学者访问录》,汪世瑜口述,台北:国家出版社,2002,第195页。

些人在报纸杂志上大量撰文鼓吹戏剧名家、评点各家优劣,对演出市场的活跃起了重要作用。今天,我们的剧团和演员只有少部分有意识地培养自己的票友和观众。如上海昆剧院建立起官方微博,将剧团、演员的动向发布在官方微博,培养票友与观众对剧团和演员的持续关注与互动,形成不小的影响力。浙江小百花越剧团,招募会员,开办杂志与越剧沙龙,培养忠实票友。综观传统戏剧界,相较于影视娱乐业,在利用现代化手段市场动作方面还是很欠缺的。

中国传统戏剧从来不是被供奉于庙堂之上的,而是一直在扎根于市场的商业运作,有的是对市场的敏锐触觉和精准反应。国有院团改制完成后,各大院团都必须在市场竞争中生存下来。这需要各院团尊重艺术和市场双重规律,发展传统戏剧,让观众看好戏爱看戏。

总之,2012年传统戏剧的非物质文化遗产保护工作精彩纷呈,成果显著,但也遗留了问题。未来,需要进一步尊重我们的戏剧传统,发展传统戏剧,培育演出市场,培养年轻观众,让传统戏剧活在舞台上、民俗中。

曲艺类非物质文化遗产保护发展报告

撰稿：秦 彧　审稿：常祥霖[*]

2012年，各曲艺类非物质文化遗产保护单位及研究机构积极响应和实施国家相关政策与法规，全面推进曲艺类非物质文化遗产保护工作。继2011年重点制定和实施了全国民族曲艺保护工程之后，2012年，曲艺类非物质文化遗产保护工作在广泛深入基层、整理保护成果、探索艺术与市场相结合的规律、树立品牌、扩大国际影响等方面取得较大发展，但也存在不少问题和困难。

本报告拟从保护情况、传承发展、科学研究、问题与思考几个方面对2012年的曲艺类非物质文化遗产保护情况进行报告。

一　保护情况

（一）各级各类非物质文化遗产名录入选情况

2012年12月20日，文化部公布了第四批国家级非物质文化遗产项目代表性传承人共498人，其中曲艺类34人，占6.8%。名单如下：

---

[*] 秦彧，女，1975年生，中山大学中国非物质文化遗产研究中心研究助理；常祥霖，男，1946年生，中华曲艺学会名誉会长，国家非物质文化遗产专家委员会委员，中国曲艺家协会理事。

表1

姓名	性别	民族	出生年月	项目名称	申报地区或单位
江文兰	女	汉族	1932.11	苏州评弹	苏州上海市书场评话、苏州弹词工作者协会
赵开生	男	汉族	1936.1	苏州评弹	苏州上海市书场评话、苏州弹词工作者协会
陈丽洁	女	汉族	1956.9	东北大鼓	辽宁省锦州市
贾幼然	男	汉族	1941.11	乐亭大鼓	河北省乐亭县
陈志雄	男	汉族	1937.10	温州鼓词	浙江省瑞安市
沈永宁	男	汉族	1948.3	贤孝（西宁贤孝）	青海省西宁市
刘士福	男	汉族	1961.11	山东琴书	山东省
朱丽华	女	汉族	1945.7	山东琴书	山东省
陈增三	男	汉族	1950.2	兰州鼓子	甘肃省兰州市
王素华	女	汉族	1954.12	锦歌	福建省漳州市
董孝芳	男	汉族	1940.8	东北二人转	吉林省
韩子平	男	汉族	1949.4	东北二人转	吉林省
高景佐	男	汉族	1933.10	山东快书	山东省
代沃德	男	蒙古族	1950.3	乌力格尔	内蒙古科尔沁右翼中旗
加玛勒	女	哈萨克族	1940.5	哈萨克族新疆维吾尔自治区汗·哈拉巴特阿依特斯	伊犁哈萨克自治州
姜　昆	男	汉族	1950.10	相声	中国广播艺术团
陆倚琴	女	汉族	1934.6	京韵大鼓	天津市曲艺团
刘春爱	女	汉族	1949.3	京韵大鼓	天津市曲艺团
张蕴华	女	满族	1948.1	单弦牌子曲（含岔曲）	北京市西城区
姚祺儿	男	汉族	1949.4	独角戏	上海市黄浦区
何忠华	女	汉族	1946.11	湖北小曲	湖北省武汉市
张巧玲	女	汉族	1960.9	徐州琴书	江苏省徐州市
陈再碧	女	汉族	1947.4	四川扬琴	重庆市曲艺团
吴卡亚	女	汉族	1950.3	四川竹琴	重庆市三峡曲艺团
刘国福	男	汉族	1955.6	四川竹琴	重庆市三峡曲艺团
张永贵	男	汉族	1933.4	四川竹琴	四川省成都艺术剧院
李静明	女	汉族	1943.6	四川清音	重庆市曲艺团
何红玉	女	汉族	1941.2	广西文场	广西壮族自治区桂林市
陈秀芬	女	汉族	1945.11	广西文场	广西壮族自治区桂林市
刘延彪	男	汉族	1942.10	青海下弦	青海省

续表

姓名	性别	民族	出生年月	项目名称	申报地区或单位
曹有元	男	汉族	1937.12	莲花落	山西省太原市
姜信子	女	朝鲜族	1941.2	盘索里	吉林省延边朝鲜族自治州
徐勍	男	汉族	1936.3	四川评书	重庆市曲艺团
吴咏梅	女	汉族	1927.10	南音说唱	澳门特别行政区

同时，2012年部分省（自治区、直辖市）也公布了新一批省（自治区、直辖市）级非物质文化遗产代表作及代表性项目传承人名录，其中，曲艺类入选情况如下。

省（自治区、直辖市）级非物质文化遗产代表作名录入选情况见表2：

表 2

地区	名录批次	项目名称及项目数
河北	第四批	道情、南口大鼓、热河二人转、铁板大鼓4项
海南	第四批	无
浙江	第四批	嘉善宣卷、浦江什锦、鼓词、绍兴莲花落、金华道情、唱新闻6项
新疆	第三批	无
广东	第四批	歌册（潮州歌册）、竹板歌（梅县竹板歌）扩展项目2项
广西	第四批	全州渔鼓、合浦公馆木鱼、德保壮族末伦、宜州渔鼓4项
湖南	第三批	澧州大鼓、单人锣鼓说唱2项
宁夏	第三批	不详

省（自治区、直辖市）级非物质文化遗产项目代表性传承人名录入选情况见表3：

表 3

地 区	名录批次	曲艺类传承人
上 海	第三批（共113人）	共11人：评弹（秦文莲、江肇焜、石一凤、陈绵福、凌建国、庞婷婷）、独角戏（刘治平、李青、钱程）、上海说唱（黄永生、顾竹君）
河 南	第三批（共189人）	共12人：河洛大鼓（李明治、赫总善）、河南坠子（胡润芝、时龙云、赵玉萍）、三弦书（王孝章）、大鼓书（高同祥、张德志）、豫东琴书［清音］（孙秀英）、蛤蟆嗡（闫生俊）、渔鼓道情（赵平、陈素枝）
河 北	第三批（共85人）	共4人：热河二人转（丁会民、黄骅）、渔鼓（王洪山）、乐亭大鼓（张旭武、魏晓英）

续表

地 区	名录批次	曲艺类传承人
内蒙古自治区	第三批（共76人）	共3人：笑嗑（刚嘎木仁）、乌力格尔（吴础古拉）、达斡尔乌春（乌钦）（金翠英）
四川	第五批（共108人）	共9人：四川清音（何玉秀、林幼陶、龚素清）、四川竹琴（郑阿莉）、相书（宣汉背篼戏）（向泽朗）、相书（四川相书）（鲁国华）、四川扬琴（康先洪、吴瑕）、四川莲箫（牟庆云）
重庆	第三批（共116人）	共11人：四川竹琴（谭华波）、荷叶（余书成）、金钱板（蒋泽光）、花鼓子（孙会松）、四川评书（曾令弟、程大琼）、车灯（彭晖、周传勋）、四川清音（刘靓靓）、四川扬琴（张绍鹏）、四川盘子（张志凤）
贵州	第三批（共105人）	共3人：安顺唱书（秦朝明）、布依八音（杨通怀）、君琵琶（姚成仁）
广东	第三批（共147人）	共4人：粤曲（梁玉嵘、陈玲玉）、竹板歌（钟柳红）、龙舟说唱（陈振球）
陕西	第三批（共66人）	共2人：陕北说书（曹伯炎）、陕西快板（刘文龙）
湖北	第三批（共153人）	共15人：湖北大鼓（付群刚、李和发）、石首跳三鼓（唐会炎）、枝江楠管（曹一福）、打锣鼓（善歌锣鼓）（杜兆芳）、三棒鼓（土家三棒鼓）（朱锦泉）、三棒鼓（天门三棒鼓）（郑芹木）、天门渔鼓（郭子亚）、当阳打鼓说书（李万尧）、善书（索河善书）（袁大昌）、善书（沔阳善书）（李洪源）、跳三鼓（江陵跳三鼓）（侯礼芳）、公安道情（杨前友）、郧阳四六句（韩发祥）、沔阳渔鼓（夏祖勤）

（二）展示与展演情况

1. 走出去

曲艺以口头语言说唱表演的本质特征，决定了它的艺术表现手法主要是口头语言或口语艺术，是一门强调听觉的表演艺术形式。因此，曲艺在向不同文化、不同语言背景的其他国家和地区传播的过程就有较大困难。近年来，围绕国家构建"大外交""大外宣"的格局，文化部和中国曲协共同探索曲艺"走出去"的方式和出路，逐渐形成一系列的品牌活动，如"巴黎中国曲艺节""国际幽默艺术周""笑语欢歌"中日友好交流活动、

"海峡两岸欢乐汇"等①。

2012年,曲艺类非物质文化遗产项目"走出去"的次数和规模较前一年有所增加,除继续开展以上品牌活动外,各演出院团和民间团体也积极走出国门、走向世界,例如,北京评书名家连丽如在美国开书场②、民间相声团体"嘻哈包袱铺"举办悉尼专场、苏州评弹首次亮相维也纳金色大厅③、上海评弹团、浙江小百花越剧团与韩国首尔剧团在中韩友好交流年开幕式上合演《春香传》④、"中国相声红星大汇演2012"赴新加坡演出⑤、星夜相声会馆英德双语相声赴奥地利巡演⑥、相声演员丁广泉率洋徒弟到夏威夷孔子学院表演讲学,现场收徒,等等⑦。

随着中国在全球影响力的逐渐增强以及海外华人数量的增多,推广中国文化、寻找中国身份、体会乡音乡情渐成趋势,也为承载着文化与乡土情感的曲艺类非物质文化遗产提供了向海外传播的契机。

2. 下基层

在中宣部等五部门开展"走基层、转文风、改作风"的总体部署下,一年来,曲艺的保护与发展工作贯彻落实"走转改"精神,接地气接民心,下基层演出、交流明显增多。曲艺团体越来越多地走进乡村、走进企业、走进社区,不仅传播普及了传统曲艺艺术,同时也以曲艺的形式传递了和谐和欢乐。如:"中国曲协送欢笑——走进幸福长沙县"文艺演出、中国文联"送欢乐下基层"演出、上海评弹团下社区演出、天津"我们一家亲"——农民工相声专场、黑龙江省曲艺团送文化下乡演出、"乐亭大鼓千场演出进百村"活动、北京曲艺团系列慰问演出、"喜迎十八大曲艺

---

① 《中国曲艺冲破语言樊篱"走出去"纪实》,《中国艺术报》2011年3月30日。
② 《连丽如:把书场开到美国》,中国曲艺网,http://www.cnquyi.com/news_detail.php?catalogid=10&&productid=43065&&version=cn。
③ 《苏州评弹海外再流芳首次亮相维也纳金色大厅》,中国曲艺网,http://www.cnquyi.com/news_detail.php?catalogid=10&&productid=42806&&version=cn。
④ 《上海评弹团创新移步不换形守住"三分唱七分说"》,中国曲艺网,http://www.cnquyi.com/news_detail.php?catalogid=10&&productid=43135&&version=cn。
⑤ 《中国相声红星大汇演把欢乐带到狮城》,中国曲艺网,http://www.cnquyi.com/news_detail.php?catalogid=10&&productid=42821&&version=cn。
⑥ 《星夜相声会馆英德双语相声走出国门受赞誉》,中国曲艺网,http://www.cnquyi.com/news_detail.php?catalogid=10&&productid=42852&&version=cn。
⑦ 《丁广泉:向孔子学习,收洋徒弟"有教无类"》,中国曲艺网,http://www.cnquyi.com/news_detail.php?catalogid=10&&productid=42865&&version=cn。

走基层"上海曲协滑稽专场、深圳曲协2012年度公益文化进社区、下基层系列活动之计划生育专场演出等。

3. 展演与演出活动

近年来,各级文化部门及非物质文化遗产保护机构,积极打造各种演出平台,通过举办各类展演、各种节庆演出活动等方式宣传、普及、引导曲艺类非物质文化遗产项目的保护和传承,取得了积极有效的成果。如前文提到的"全国曲艺非物质文化遗产交流展演",展演汇集京韵大鼓、宁夏说唱花儿、河南坠子、评弹、粤曲、相声、二人转、扬州评话、扬州清曲、山东大鼓、山东快书、山东琴书、评书等国家级曲艺类非物质文化遗产项目。再如浙江省文化厅主办,省非物质文化遗产保护中心、义乌市文广新局承办的"非物质文化遗产薪传·浙江省传统曲艺展演",几乎囊括了浙江省列入国家级非物质文化遗产保护名录的曲艺项目,如杭州滩簧、四明南词、绍兴平湖调、温州鼓词、唱新闻、金华道情、绍兴莲花落、湖州三跳、宁波走书等[1]。由山东省文化厅、滨州市人民政府主办,滨州市文化广电新闻出版局、滨州市群众艺术馆承办的扶持1000位非物质文化遗产传承人、民间艺人收徒传艺系列活动之一山东省传统曲艺传承成果展演暨第七届小品曲艺大赛12月在滨州举行[2]。山东省每年都坚持组织曲艺类非物质文化遗产传承保护成果展演活动,2012年尤其侧重于参演和参评作品要突出非物质文化遗产师徒传承、同台演出的内容和特点,突出老艺人创作的新作品和新人新作。

由中国曲协主办的第四届"全国少数民族曲艺展演"7月在贵阳市举行,来自全国15个民族近40种曲艺形式参加了展演。本届展演与往届相比,最大的亮点就是时尚化,不少节目注重创新,给人以新鲜感和时代感[3]。

由福建省文化厅、福建省文联主办的第四届福建省曲艺节12月举行。参加展演的有国家级及省级非物质文化遗产南音、评话、伬唱、锦歌、南

---

[1] 《文博会非物质文化遗产薪传系列活动圆满成功》,浙江省非物质文化遗产网,http://www.zjfeiyi.cn/zhuanti/detail/28-873.html。
[2] 《省传统曲艺传承成果展演暨第七届小品曲艺大赛在滨州举行》,中国曲艺网,http://www.cnquyi.com/news_detail.php?catalogid=10&&productid=43735&&version=cn。
[3] 《中国少数民族曲艺在继承中创新》,贵州民族文化网,http://www.gzmzwhw.cn/CulturePalace/ContentB.jspe?sp=S4028e486298c98540129f7d7b8d2008e。

词、答嘴鼓等①。第六届安徽曲艺节9月在安徽蒙城县举行，涵盖了相声、小品、亳州清音、淮北大鼓、淮河大鼓、太湖渔鼓、黄梅大鼓、评书、山东快书、河南坠子、安徽琴书、淮北琴书等近20个不同曲种。② 第七届江苏省曲艺节6月在常熟举行，共有44个作品入选，涵盖苏州评话、苏州弹词、徐州琴书、扬州评话等多个门类。此次曲艺节重点突出"新"字。作品八成以上都是原创、新创剧目，现实题材作品占很大比例，35岁以下的年轻演员占六成以上。③

山东胡集书会、河南马街书会、安徽苗湖书会，作为民间曲艺交流集散地的书会活动，自先后进入首批和第二批国家级非物质文化遗产民俗类名录之后，原已陷入没落的古老书会逐渐焕发出生机。在"政府买单，送书下乡"的政策支持下，2012年，胡集书会继续紧贴"返璞归真"的主题，广邀全国200余档艺人携30多种曲种说书献艺④；马街书会汇集全国三百多位说书艺人展演曲艺节目，主要活动有祭拜"三皇"、拜师收徒、展演、交流书艺及曲艺理论探讨等⑤；苗湖书会则有来自周边地区的40余名艺人进行了为期三天的说书献艺⑥。

此外，还有各类专场演出活动，如："越来越好"中国广播艺术团说唱团2012年相声专场全国巡演、2012元旦京津沪相声大会、"美好江苏"相声专场、上海海派相声专场、中国曲艺鼓曲艺术交流展演、首届乐亭大鼓书会、国家非物质文化遗产——杭州小热昏传承人周志华从艺50周年曲艺专场演出、锦上添花评弹专场、"幸福鼓楼，非物质文化遗产鉴赏"福州迎新春评话展演活动、四川省曲艺研究院举办的第七个"中国文化遗产日四川扬琴和四川清音展演"、山东省曲协主办的"古曲新韵百姓情·全国曲艺鼓曲艺术展演"等。

---

① 《省第四届曲艺节观摩演出在马江剧院上演》，《福建日报》，http：//fjrb.fjsen.com/fjrb/html/2012-12/05/content_375690.htm。
② 《曲艺》2012年第11期，第71页。
③ 《省曲艺节八成作品为新创》，和讯网，http：//news.hexun.com/2012-06-08/14224 3965.html。
④ 《胡集书会好戏连台》，人民网，http：//www.people.com.cn/h/2012/0206/c25408-10379 5528.html。
⑤ 《马街又响丝弦声　300多位说书艺人展演曲艺节目》，中国曲艺网，http：//www.cnquyi.com/news_detail.php?catalogid=10&&productid=42994&&version=cn。
⑥ 《安徽界首第28届苗湖书会开幕》，新华网，http：//forum.home.news.cn/thread/102683885/1.html。

4. 评奖与赛事

2012年，以政府为主导的品牌赛事活动在引导曲艺的创作、表演、保护、发展上仍起到举足轻重的作用。由中国文联、中国曲艺家协会主办的全国性曲艺专业奖项——第七届中国曲艺牡丹奖于2月至9月进行。本次中国曲艺牡丹奖全国曲艺大赛共设立四个赛区：浙江杭州赛区、天津赛区、广东东莞赛区和安徽合肥赛区。评选涵盖了65个南北曲种。呈现出名家多、新人多、节目多、创新多等特点。在这一届牡丹奖参评的276个节目中，体制外人员的比例达到14%。充分体现了牡丹奖在推动曲艺艺术传承发展和创作水平提高方面所起到的示范和推动作用。[1] 第七届牡丹奖评选还首次引入了观众评审制度，各分赛区的每场比赛都有10名随机挑选的观众为节目打分点评。将观众的接受和满意程度与评委的评审统一起来，建立起面向观众、面向市场和少而精的评奖机制，是本届大赛的一个重要改进。[2]

此外，中国·宝丰马街书会全国曲艺邀请赛、电视相声大赛、第五届全国少儿曲艺大赛、第五届中部六省曲艺大赛、首届安徽省"鼓书"曲艺大赛、第三届北京快板邀请赛、重庆市第三届曲艺大赛、第二届全国（天津）相声新作品大赛、广东省政协第九届"四洲杯"粤港澳粤曲演唱大赛等各项赛事，都为推出优秀作品、发现优秀人才、促进曲艺类非物质文化遗产项目传承发展起到了积极的引导和推动作用。

（三）"曲艺之乡"建设

"中国曲艺之乡""曲艺创作基地""曲艺培训基地"的创立，在保护和发展曲艺项目上起到了相当的积极作用。目前已有34个地区被授予"中国曲艺之乡"称号。随着非物质文化遗产保护工作的开展，曲艺之乡的建设在遗产挖掘整理、艺术传承、文化生态环境打造、人才受众培养、学术理论研究、政策法规保障、资金智力投入、文化设施建设等方面都取得了长足进展。比如：广东省现有11个中国曲艺之乡，除了专业演唱外，全省以演唱粤曲为主的文化活动空前活跃，初步形成了"广东粤曲无淡

---

[1] 《第七届中国曲艺牡丹奖评奖启动》，中国新闻网，http://www.chinanews.com/cul/2012/04-28/3852994.shtml。
[2] 《中国曲艺牡丹奖的平台创新之路》，《中国艺术报》2012年9月3日。

季,万家灯火万家弦"的景象。又比如:浙江省绍兴县、湖南省祁东县被授予中国曲艺之乡后,国家级非物质文化遗产项目绍兴莲花落和省级非物质文化遗产项目祁东渔鼓经过改革创新,赢得了当地广大听众,获得了经济效益和社会效益双丰收,为全国各地振兴基层唱曲艺术提供了有益的经验。①

2012年,积极创建中国曲艺之乡的分别有:拥有国家级非物质文化遗产项目沁州三弦书的山西沁县正努力创建山西省首个"中国曲艺之乡"②;四川省曲协组织专家组验收遂宁"中国曲艺之乡"申创工作。国家级和省级非物质文化遗产项目四川清音、四川扬琴、四川车灯、四川盘子、金钱板等在遂宁都有较好地传承和发展,并以市文化馆和新盐市街小学为基地,推广和传承四川曲艺,被分别授予"四川清音培训基地"和"四川省曲艺学校"③;上海嘉定区安亭镇创建上海首个"中国曲艺之乡"。沪书、上海说唱、沪语故事、评弹等上海市非物质文化遗产项目在安亭都拥有深厚的群众基础,曲艺团队每年创作作品超过100个,下基层巡回演出150场左右,每年为孩子们举办各种曲艺门类培训班,2011年被评为"上海市民间文化艺术之乡"。在上海市曲协的推荐下,安亭开始了申报"中国曲艺之乡"的工作④。

根据中国曲协制定的未来五年规划,在对曲艺之乡的建设和管理上,提出:加强对"中国曲艺之乡"和"曲艺创作基地"的建设和管理,每两年举办一届中国曲艺之乡建设系列活动。活动主要包括中国曲艺之乡曲艺大赛、颁奖晚会、理论研讨、教育培训、考察采风等内容,充分展现当前基层曲艺创作演出的丰硕成果和基层曲艺工作者的良好风貌。进一步完善修订《关于曲艺之乡评定与管理、服务办法》,加大扶持力度,培训曲艺骨干,创新活动载体,形成长效机制。继续做好申报"中国曲艺之乡"的

---

① 《关于创建中国曲艺之乡的理论思考》,董耀鹏,中国文艺网,http://www.cflac.org.cn/ys/qy/qydt/201202/t20120201_118453.html。
② 《沁县积极创建山西首个"中国曲艺之乡"》,中国曲艺网,http://www.cnquyi.com/news_detail.php?catalogid=10&&productid=42867&&version=cn。
③ 《四川省曲协组织专家组验收遂宁"中国曲艺之乡"申创工作》,中国曲艺网,http://www.cnquyi.com/news_detail.php?catalogid=10&&productid=42913&&version=cn。
④ 《安亭申报创建上海首个"中国曲艺之乡"》,中国曲艺网,http://www.cnquyi.com/news_detail.php?catalogid=10&&productid=42950&&version=cn。

考察、认定、命名和授牌工作,设立中国曲艺之乡发展基金,组织曲艺之乡采风团,努力把曲艺之乡真正打造成为曲艺艺术的示范基地、曲艺文化的传承基地和曲艺人才的培养摇篮。[①]

(四) 传承发展情况

1. 师徒传承与学校教育

曲艺类非物质文化遗产的保护与传承,主要依靠师徒传承和学校教育两种模式。传统"拜师收徒"是曲艺类非物质文化遗产传承的重要方式。2012年,通过传统方式收徒的曲艺类传承人主要有:京东大鼓国家级传承人董湘昆,西河大鼓天津市传承人田连章,相声名家苏文茂、侯长喜、邓继增,山东快书表演艺术家王泽利、高洪胜,快板名家郑文昆,单弦名家王毓书,乐亭大鼓演唱家赵恩潮,广东曲艺名家杨子春,上海评弹团六位前辈艺人等。

为使像乐亭大鼓这样的国家级非物质文化遗产后继有人,有效激励中老年民间艺人"以师带徒",乐亭县推行"赛徒奖师"举措,按照徒弟所获奖次同等奖励师父。2012年3月,在"中国曲艺之乡"河北乐亭县,举办了第二届"赛徒奖师"乐亭大鼓、皮影新人赛,进入决赛的22名选手平均年龄仅23岁。这项举措为传统民间艺术的传承发展探索出一条新路。[②]

在学校教育方面,从事曲艺人才培养的中专及大专层次的正规专业学校现有天津艺术职业学院、苏州评弹学校两所。2012年,为进一步推动曲艺创作与教育,中国曲协曲艺创作与教育委员会宣布正式成立,并在苏州举行了第一次工作会议。作为中国曲协成立的第十一个专业艺术委员会,曲艺创作与教育委员会2012年的工作主要是负责参与举办曲艺教育高峰论坛、第四期曲艺精品创作培训班等活动[③]。2012年3月23日,苏州评弹专业社会艺术水平考级中心举行了揭牌仪式。自此,国家级非物质文化遗产苏州评弹成为中国曲艺界第一个可以考级的门类。考级面向全国范围,分

---

① 《推动曲艺事业大发展大繁荣的重要载体——记〈中国曲艺事业五年发展规划〉》,中国文艺网,http://www.cflac.org.cn/ys/qy/qydt/201303/t20130329_179464.html。
② 《河北乐亭探索传统民间艺术传承新途径》,中国曲艺网,http://www.cnquyi.com/news_detail.php?catalogid=10&&productid=42981&&version=cn。
③ 《中国曲协曲艺创作与教育委员会正式成立》,中国曲艺网,http://www.cnquyi.com/news_detail.php?catalogid=10&&productid=43007&&version=cn。

九档三等,现阶段考试内容主要为苏州评弹的弹词演唱①。

此外,近两年渐有影响力的相声团队"嘻哈包袱铺"与天津艺术职业学院联合,面向全国招收相声专业代培班学员,学员经过3年大专或中专学习毕业后,可获得国家承认学历,成为"嘻哈包袱铺"演员②。开辟了民间演出团体与专业教育结合的招生培养模式。

7月,中国艺术研究院绍兴曲艺科研教学基地成立。这是全国第三家曲艺科研教学基地。绍兴平湖调、绍兴莲花落、绍兴词调、绍兴滩簧、绍兴宣卷五大曲种先后被列入国家级非物质文化遗产保护名录。在绍兴市非物质文化遗产保护中心设立"绍兴市非物质文化遗产传习所"和科研教学基地,将对推进和提升绍兴非物质文化遗产保护工作起到重要的支撑作用。③ 同时,为让更多市民了解、学习绍兴传统曲艺,绍兴市文化馆、绍兴市非物质文化遗产保护中心还于9月份成立了"绍兴传统曲艺普及培训班",开设绍兴平湖调、绍兴词调、绍兴滩簧三个培训课程,分别由国家级非物质文化遗产代表性传承人王玉英、宋小青,绍兴市非物质文化遗产代表性传承人沈麟授课。④

2. 走进校园与讲座普及

走进大中小学校园、从孩子抓起,一直是近年来开展曲艺类非物质文化遗产传承、传播的重要途径。随着曲艺类非物质文化遗产保护工作的推进,进校园活动也呈现出多种多样的形式。有非物质文化遗产保护部门与专业院团、传承人共同举办的展演,有在中小学设立的非物质文化遗产教学基地,有在高等院校成立的非物质文化遗产研究基地,也有各种形式的讲座、培训、授课等。2012年,这一类的演出和培训活动依然丰富多彩,比如,第七届中国曲艺牡丹奖系列活动"首届全国大学生相声优秀曲目展演"、甘肃省首批国家级非物质文化遗产"兰州鼓子"走进兰州理工大学、西安"传统相声文化进校园"活动、京城高校相声联盟巡演、吉林省曲艺团送欢笑进校园

---

① 《开创中国曲艺先河 苏州评弹也可考级》,中国曲艺网,http://www.cnquyi.com/news_detail.php?catalogid=10&&productid=42974&&version=cn。
② 《嘻哈包袱铺办相声学员班姜昆等相声名家捧场》,中国曲艺网,http://www.cnquyi.com/news_detail.php?catalogid=10&&productid=42772&&version=cn。
③ 《中国艺术研究院绍兴曲艺科研教学基地昨日成立》,绍兴网,http://www.shaoxing.com.cn/sxwyw/2012-10/24/content_778504.htm。
④ 《绍兴传统曲艺普及培训班开班》,绍兴网,http://www.shaoxing.com.cn/sxwyw/2012-10/24/content_778504.htm。

系列公益活动、北京大学《时代的笑声——纪念五四青年节相声大会》专场演出、"欢歌笑语颂南山"历年曲艺获奖精品进深圳大学专场晚会,等等。

在第七个"文化遗产日"到来之际,由文化部主办、中国非物质文化遗产保护中心和中国国家图书馆承办的"非物质文化遗产保护讲座周"围绕"活态传承,重在落实"的主题,于6月9日至18日在北京中国国家图书馆连续举办10场专题讲座。"讲座周"邀请10名在非物质文化遗产保护领域具有影响力的专家分别从工作实践、立法保护、专题研究(传统音乐、传统舞蹈、传统戏剧、曲艺、传统体育、游艺与杂技、传统美术、传统技艺、传统医药、民俗)等方面,向公众全面介绍我国非物质文化遗产保护的整体情况。[1]

此外,还有上海"聚焦曲艺,传承发展——名家谈曲艺"专题系列讲座[2]、苏州评弹走进"南山保利讲堂"[3]、天津"戏剧曲艺名家公益系列讲座"、天津市非物质文化遗产保护中心主办的"非物质文化遗产文化进校园——师大行"专场活动,邀请著名曲艺理论家、南开大学薛宝琨教授为天津师范大学学生开设"曲艺文化与相声"专题讲座等[4]。

3. 民间演出

随着非物质文化遗产保护在宣传、普及、传承、立法等方面工作的一步步开展以及曲艺名人的带动效应,民间剧场渐渐在各地诞生并兴旺起来。2012年,成都哈哈曲艺社"国虎书馆"启动,定期于每周五晚举办以评书为主的专场曲艺演出[5]。京郊最大剧场"魏三大舞台"落户顺义,剧场除主打东北二人转外,还希望能够突出文化创意,体现创新元素[6]。上海打造首个社区茶坊,为社区老人演出评弹、越剧等[7]。天津古镇剧场开

---

[1] 《2012年遗产日主题活动——"非物质文化遗产保护讲座周"》,中国民俗学网,http://www.chinesefolklore.org.cn/web/index.php?NewsID=10264。

[2] 《"名家谈曲艺"系列讲座开讲》,上海市政府网,http://www.shanghai.gov.cn/shanghai/node2314/node2315/node17239/node18222/u21ai606540.html。

[3] 《保利讲堂展示评弹魅力》,《深圳商报》2012年4月20日。

[4] 《著名曲艺理论家薛宝琨教授做客天津师范大学继之讲堂》,天津共青团网,http://www.youthtj.org.cn/jctxview.asp?id=9424。

[5] 《哈哈曲艺社"国虎书馆"启动每周五晚可听评书》,中国曲艺网,http://www.cnquyi.com/news_detail.php?catalogid=10&&productid=43120&&version=cn。

[6] 《京郊最大剧场"魏三大舞台"落户顺义》,中国曲艺网,http://www.cnquyi.com/news_detail.php?catalogid=10&&productid=43096&&version=cn。

[7] 《沪打造首个社区茶坊听评弹喝茶家门口享文化大餐》,中国曲艺网,http://www.cnquyi.com/news_detail.php?catalogid=10&&productid=43056&&version=cn。

张，相声和古彩戏法登台表演①等。

据了解，全国23个省区市大体上有400至500家曲艺小剧场（不包括自娱自乐的"票友社""私伙局"）。由于小剧场曲艺工作者流动性强，准确数据较难统计，但从各地反馈的情况来看，目前全国小剧场曲艺从业人员大约在3万人以上，其中，绝大多数是体制外曲艺工作者、自由职业者。

全国曲艺小剧场按照存在方式大致可分为三种类型：第一类是经营性小剧场。这类小剧场把从事曲艺演出作为谋生手段，以经常性演出作为主要经济来源，采取商业运作方式经营，以京津两地的相声小剧场最具代表性，如北京有嘻哈包袱铺、星夜相声会馆、德云社等民营社团30多家，从业人员近千人；天津有众友、哈哈笑、名流、高校相声社等民营社团十几家，有专营曲艺演出的谦祥益、和谐盛世、金乐茶楼等小剧场（茶馆）9家，从业人员200余人。此外还有上海品欢会馆、东北三省二人转小剧场、江浙沪部分民营评弹书场、陕西的王木犊剧场、四川哈哈曲艺社、广东粤曲音乐茶座、重庆逗乐坊等。经营性曲艺小剧场具有较强的商业性、灵活性和不稳定性，市场反应及时、管理相对松散、人员流动频繁，演员以中青年曲艺工作者为主，演出场次较多，收入与票房紧密挂钩，可以称得上是"职业"曲艺工作者。

第二类是公益性小剧场。这类小剧场不以追求商业利益和经济价值为宗旨，采取免票或低票价的方式，为社会各界观众进行公益性曲艺演出，大体分三种：一是由专业曲艺演员自发组织形成的公益性演出团体，北京周末相声俱乐部是这方面最突出的代表，长期在此演出的200多位曲艺演员多属专业艺术院团，但出于对曲艺艺术的强烈爱好和对艺术事业的不懈追求，每周六为观众进行一次低价位、非盈利性的公益演出，在管理体制上具有一定的特殊性。二是各级政府部门给予不同程度的财政补贴，由专业曲艺演员面向基层群众进行的公益性演出。以苏州评弹为例，据统计，当前江浙沪地区苏州评弹长篇书场约有127家，其中江苏省68家，浙江省9家，上海市50家；不定期书场15家，开篇书场20家。调研显示，评弹书场中有很大一部分为公益性书场，即免票或低票价的书场，由政府根据相关规定，视演出场次给予一定的财力保障。这部分公益性小剧场大多由

---

① 《北塘古镇29日开张听相声品名吃五一好去处》，中国曲艺网，http://www.cnquyi.com/news_detail.php?catalogid=10&&productid=43131&&version=cn。

社区、文化站开办，政府主导、社会参与，设施环境比较完善。三是曲艺专业院团开办的小剧场定期演出，如广东音乐曲艺团的彩虹曲苑、济南曲艺团的明湖居小剧场等，逐渐成为具有民族曲艺特色和地域文化特色的旅游剧场。

第三类是群众性小剧场。这类小剧场以自娱为主、娱人为辅，不进行商业经营，主要存在于一些经济较发达的地区和一些已经退休、衣食无忧、身体健康、闲暇充裕的人群当中。在调研中发现，大量曲艺"票友"出于对曲艺的共同爱好自发组织的曲艺社团属于这一类别，如北京的子弟八角鼓票房、广东粤曲社团等。自娱自乐是这类小剧场的显著特点，活动经费自筹、场所由个人提供、无商业目的，虽然其中不乏"80后"年轻"票友"，但人员构成还是以中老年曲艺爱好者为主体。[①]

二 研究情况

（一）论文与立项情况

在中国学术期刊网络出版总库以"曲艺"为关键词，检索2012年发表的期刊文章，共有476篇。其中，在正规学术期刊发表的从非物质文化遗产保护角度对曲艺进行研究的文章近百篇。

在科研论文当中，受到项目资助，注明为科研项目研究成果的论文见表4。

表4

序号	论文题目	项目来源及名称
1	当下民间说书艺人的生存困境及其应对策略——以胡集书会参会艺人为中心的探讨	文化部《中国节日志·胡集书会》项目
2	评书、评话表演中演员的身体	教育部人文社会科学青年基金项目《表演理论——口头艺术的诗学与社会学研究》

---

① 董耀鹏：《切实重视和引导曲艺小剧场健康发展》，《中国艺术报》2012年8月8日。

续表

序号	论文题目	项目来源及名称
3	将民间曲艺融入地方高校的文学及文化教学	教育部人文社会科学青年项目《古代佚本戏曲研究》兼徐州工程学院科研项目《邳州民间曲艺研究》
4	河西宝卷的曲牌曲调特点	国家社科基金艺术学项目《河西曲艺研究》
5	宁夏坐唱艺术传承的困境与对策	国家社科基金艺术学项目《西北少数民族地区音乐类非物质文化遗产数据库建设与研究》
6	多元文化背景下的传统抉择与革新——论台湾"表演工作坊"相声剧的美学路向	国家社会科学基金青年项目《比较文学视野下的海外华人"中国抒情传统学派"研究》
7	非物质文化遗产"四川清音"在重庆地区的传承与保护	重庆市社科规划青年项目《重庆曲艺创新研究——重庆曲艺中"四川清音"唱法的生存现状调查与保护》
8	非物质文化遗产"南阳大调曲子"的演变与传承	河南南阳大调曲子的开发与传承
9	非物质文化遗产保护与永康鼓词生态现状研究	浙江省哲社规划重点课题（文化研究工程）——《浙江金华民歌衬词衬腔的形态与意义研究》
10	从演出市场看天津曲艺的当下影响力	天津市艺术科学研究规划2010年度项目《天津曲艺说唱现状与发展对策性研究》
11	河北省语言文化遗产保护与发展策略	河北省社会科学基金项目《河北省语言文化遗产保护问题研究》
12	乐亭大鼓的传承与保护	河北省社会科学发展课题《乐亭大鼓的传承与保护》
13	河北省清河县木板书生存现状及保护研究	河北省社科基金项目《清河县木板书调查与研究》
14	传统二人转：被改造的民间文化形态	吉林省社科基金项目《当代二人转史论》
15	当前二人转演唱艺术存在的问题及其对策	辽宁省社会科学界联合会项目《当前二人转演唱艺术存在的问题及其对策》
16	媒介文化视野下传统曲艺审美空间的消解与话语重构	四川省教育厅人文社会科学重点项目《省级卫视品牌提升及四川卫视可持续发展策略研究》
17	壮族民间曲艺末伦的传统社会功能	广西教育厅课题《广西民族民间曲艺产业化开发研究——以末伦为例》
18	仪封三弦书非物质文化遗产保护问题	河南省教育厅人文社会科学2011年度调研课题

续表

序号	论文题目	项目来源及名称
19	徐州琴书节目存在类型辨识	江苏省文化科研课题《徐州琴书曲本保护与发展研究》
20	浅谈人类表演学视野下传统评弹书场文化的独特性	上海市第四期本科教育高地建设项目
21	山东琴书在济南的保护与发展综述	济南市哲学社会科学规划青年项目
22	"文"与"野"——四明南词与宁波走书审美心理比较	宁波市哲学社会科学规划课题
23	马三立相声《马虎人》经典品格探析	华南理工大学中央高校基本科研业务费专项资金资助项目
24	温州鼓词的音乐和唱词特色	温州大学教学改革一类研究项目《依托温州民间音乐的资源优势，构建地方特色的民族音乐教学模式》
25	苗湖书会曲艺传承的生态与功能	阜阳师范学院人文社科研究青年项目《现代民间乐人研究》
26	《马街书会的历史及现状》	河南师范大学（国家）大学生创新性实验计划资助《民间口头文化遗失及补救措施的研究——以河南省马街书会为例》
27	《民间口头文化遗失原因及补救措施研究——以河南省马街书会为例》	河南师范大学（国家）大学生创新性实验计划资助《民间口头文化遗失及补救措施的研究——以河南省马街书会为例》

从论文的内容来看，大致分为：①对某类非物质文化遗产曲种的介绍性文章，包括历史、表演形式、现状等，此类文章占文章总数的60%左右；②对某类非物质文化遗产曲种传承与发展的思考，此类文章占文章总数的20%左右；③对曲艺活动或表演形式整体性的介绍和思考，此类文章占文章总数的15%左右；④对某类非物质文化遗产曲种的研究综述，此类文章占文章总数的1%左右；⑤对曲艺音乐的研究，此类文章占文章总数的2%左右；其他占2%左右。其中，论文大部分集中在列入国家级或省级非物质文化遗产保护名录的曲艺项目个案的介绍和研究，涉及的曲种有二人转、南阳大调曲子、东北大鼓、四川清音、四川金钱板、青海平弦、青海贤孝、宁波走书、温岭道情、常德丝弦、徐州琴书、天津时调、永康鼓词、凤阳花鼓、乐亭大鼓、山东琴书、仪封三弦书等；小部分从当下的新形势、新技术等角度对曲种的传承发展提出意见和建议。

作为非物质文化遗产的曲艺,要在新的时代传承、发展下去,很多学者都提出了曲艺创新的观念,但在保留"原汁原味"和"变异求新"之间,则有不同看法。以二人转为例,继乌丙安、肖鹰等学者提出现在的二人转是"二人秀"之后,辽宁大学的回宝琨和果崇英通过对全国 130 名二人转演员的调查发现,能够掌握传统二人转唱腔的人数较少,而愿意深入学习的人数更少。在东北三省,几乎每个城市都有二人转剧场,但基本不再演出传统剧目。与火爆的二人转市场相比,传统唱腔和传统剧目缺失是不容忽视的现状。① 吉林市艺术研究所的黄敬文则提出,"民营二人转不管演出形式发生怎样变化,其'捧土抓地'的本质未变。所谓'捧土抓地',就是民间艺人坚持的不是师父教给我唱什么戏,而是怎样去面对现实与观众,怎样营造一种观演关系"。"关于从民营二人转艺术发展角度探讨唱正戏、不唱正戏,或唱多、唱少的问题,并不是一个准确切入点。不管是多唱正戏还是少唱正戏,甚或不唱正戏,不仅不是民间艺人关心的迫切问题,而且也不是观众关心的问题"②。

四川音乐学院的钟婷婷在论及国家级非物质文化遗产——四川金钱板的保护与传承时,以金钱板音乐剧《车耀先》为例,提出这部作品第一次打破了四川金钱板自打板自唱的单人表演形式,以"金钱板"为主要元素贯穿音乐剧的形式中,与同是非物质文化遗产保护项目的川剧、四川清音相结合,是一次全新的尝试③。浙江大学的何明燕也以台湾赖声川的相声剧为例,指出"'表演工作坊'相声剧所由诞生的特殊土壤,使其在叙事结构、角色设置等方面,体现出多元文化背景下现代台湾人身份认同的困境;在主题上则高度关切对中国文化传统的追寻与赓续,并在技术上实验多种传统艺术形式,以此作为从困境中突围的努力方向。从美学层面看待这一文化现象,不妨把相声剧视为以现代剧场观念重构和发明传统相声而产生的一个充满活力的新剧种"④。

---

① 《当前二人转演唱艺术存在的问题及其对策》,《理论界》2012 年第 12 期。
② 《"捧土抓地"不变向——二人转由"滚地包"到都市时尚娱乐的华丽转身》,《戏剧文学》2012 年第 5 期。
③ 《论四川金钱板的保护与传承——从金钱板音乐剧〈车耀先〉谈起》,《音乐时空》(理论版)2012 年第 7 期。
④ 《多元文化背景下的传统抉择与革新——论台湾"表演工作坊"相声剧的美学路向》,《福建师范大学学报》(哲学社会科学版)2012 年第 2 期。

(二) 研讨会情况

在推动曲艺的非物质文化遗产保护工作方面，以各级非物质文化遗产保护部门为主导，依托专业院团和传承人，形成各级党委和政府、文联、曲协、院团、民间团体相互支撑、共同配合的局面。2012年，全国首届曲艺类非物质文化遗产保护成果展演暨经验交流会在山东举办，来自全国的曲艺研究专家、曲艺表演艺术家、曲艺院团领导以及山东省25个曲艺项目的保护负责人、传承人参加了会议。此次会议，不仅展示了山东省在曲艺类非物质文化遗产保护工作方面的突出成绩和特色，也与其他省份进行了经验交流。这是我国开展非物质文化遗产保护工作以来，在全国范围内首次举办的曲艺类非物质文化遗产方面的保护成果展演和经验交流会，从非物质文化遗产保护的角度对曲艺的传承和发展进行深入交流和研讨。①

3月，《温州曲艺史》研讨会在温州举行。《温州曲艺史》作为《温州通史》首部专题史，已由温州著名戏曲理论家沈沉先生编著完成初稿，进入修订阶段。研讨会上，沈沉先生和与会专家、学者就该书的体例、内容和形式等方面进行了探讨。《温州曲艺史》初稿分上、下编，由温州曲艺概说和温州鼓词组成。介绍了温州曲艺的历史记载以及温州鼓词的命名与起源、名师风采与流派，收录了温州鼓词经典唱段选编和温州曲艺大事记等。②

由中国艺术研究院曲艺研究所牵头发起并与中国说唱文艺学会、《中国曲艺志》总编辑部、江苏省文学艺术界联合会、江苏省曲艺家协会、苏州市文学艺术界联合会、苏州市文化广电新闻出版局和苏州市曲艺家协会联合主办的"周良与苏州评弹研究学术研讨会"，5月在苏州举行。研讨会的宗旨为："回顾总结周良从事曲艺工作实践经验，研究探讨周良苏州评弹研究学术贡献"，借以推动曲艺学的学科建设，促进当下包括苏州评话和苏州弹词在内的整个曲艺事业的繁荣发展。③

---

① 赵艳喜：《展曲艺传承硕果 论非物质文化遗产保护经验——全国首届曲艺类非物质文化遗产保护成果展演暨经验交流会综述》，《戏剧丛刊》2012年第1期。
② 《温州通史》首部专题史初稿完成，温州市政府网，http://www.wenzhou.gov.cn/。
③ 《周良与苏州评弹研究学术研讨会在苏州举行》，中国曲艺网，http://www.cnquyi.com/news_detail.php?catalogid=10&&productid=43190&&version=cn。

7月，由中国艺术研究院曲艺研究所、湖南省文化厅、常德市人民政府主办的湖南省非物质文化遗产曲艺类项目传承与保护研讨班开班，湖南省15个省级非物质文化遗产曲艺类项目应邀参加。省级非物质文化遗产项目——湘西三棒鼓传承人肖泽贵、宁国胜、杨妙勤、唐宏盛参加了研讨班。这是湖南省首次针对专业门类非物质文化遗产项目的保护与传承所开展的培训与研讨，对于相互交流保护经验、推动湖南省曲艺类非物质文化遗产的保护工作起到了积极作用。①

在2012年全国曲艺工作会议上，中国曲协分党组书记、驻会副主席董耀鹏部署了全年工作重点：加强对外交流，推动中华曲艺走出国门、走向世界；深入持久地开展文化惠民活动；切实加大曲艺创作、理论评论、人才培养工作力度等②。在中国曲艺家协会第七次全国代表大会上，姜昆当选为中国曲艺家协会第七届主席。在中国曲艺家协会第六届三次理事会上，讨论了《中国曲艺事业（2012-2017）五年发展规划》，确定未来五年的发展目标是：曲艺创作机制不断完善，内容创新和传播能力日益增强，推出一批思想性、知识性、艺术性、观赏性有机统一的精品力作，不断满足人民群众的精神文化需求；曲艺人才队伍发展壮大，形成一支曲种齐全、结构合理、梯次分明、素质优良的曲艺工作者队伍，努力造就一批德艺双馨、人民喜爱、有社会影响的高层次、高素质曲艺领军人物和名家大师；开展具有地域特色、行业特色、民族特色和时代特色的曲艺活动，创建一批立得住、叫得响、传得开、留得下的曲艺品牌，推出1至2个中国曲艺城，使之成为一个时代的文化标志和可持续利用的文化资源；曲艺理论评论质量和学术研究水平明显提升，形成一支凝聚各方智慧和力量、充满朝气和活力的曲艺理论评论队伍，推出一批有分量、有价值、对曲艺创演实践具有重要指导作用的新成果，为推动曲艺事业繁荣发展提供科学的思想指导和有力的学术支撑；曲艺遗产保护取得更大进展，曲艺遗产保护理念在全社会更加深入人心，推出一批濒危曲种抢救整理和传承保护成果；曲艺对外民间文化交流合作迈上新台阶，拓展对外交流合作渠道，丰富对外交流合作内容，进一步推动

---

① 《湖南非物质文化遗产曲艺类项目传承与保护研讨班在常德举行》，中国曲艺网，http://www.cnquyi.com/news_detail.php?productid=43416&version=cn。
② 《2012年全国曲协工作安排》，《中国艺术报》2012年2月22日。

中华曲艺走向世界等。①

此外，各种专门类别的纪念会、交流会等也共同推动曲艺项目的保护和发展，如：11月22日北京文联举办，北京曲艺家协会承办的"京城相声传承发展研讨会"在北京举行，围绕"维护相声本真，探讨传承发展"展开讨论②；上海侨界评弹艺术沙龙召开迎春恳谈会，总结了侨界评弹艺术沙龙成立6年来，共演出49场，参与人数达2748人次③；山东省曲协与中国曲协北方鼓曲艺术专业委员会联合主办"全国曲艺鼓曲艺术交流座谈会"；5月29日至30日，"纪念骆玉笙先生逝世十周年专场演出及研讨会"在天津市文联举行等④。

12月，"第四届中国曲艺团长高峰论坛"在山东省济南举办。中国曲艺团长高峰论坛由中国艺术研究院曲艺研究所发起组织，本届的主题是"曲艺人才：培养与使用"。来自全国各曲艺表演团体、曲艺研究机构、曲艺教育机构、曲艺保护机构和曲艺家协会的60余名代表出席了论坛。代表们在为曲艺人才的极度匮乏深感忧虑的同时，提出了改善曲艺人才培养机制并关心爱护和托举使用好现有人才的诸多意见与建议。并在论坛闭幕时向社会各界发表了倡议性宣言。论坛期间，主办方还联合中国说唱文艺学会举办了两场旨在促进曲艺专业人才技艺交流、激励现有曲艺人才奋发作为的"全国曲艺类非物质文化遗产保护成果学术交流展演"。⑤

由中国文联、中国曲协、福建省文联主办的"首届全国曲艺理论学术研讨会"12月在漳平举行。研讨会围绕新形势下如何保持曲艺民族特色、繁荣曲艺节目、推动曲艺理论学术发展创新等进行了研讨和交流。⑥

---

① 《推动曲艺事业大发展大繁荣的重要载体——记〈中国曲艺事业五年发展规划〉》，中国文艺网，http://www.cflac.org.cn/ys/qy/qydt/201303/t20130329_179464.html。
② 《"京城相声传承发展研讨会"在京召开》，中国曲艺网，http://www.cnquyi.com/news_detail.php?catalogid=10&&productid=43680&&version=cn。
③ 《上海虹桥镇侨界评弹艺术沙龙举办迎新恳谈会》，中国曲艺网，http://www.cnquyi.com/news_detail.php?catalogid=10&&productid=42738&&version=cn。
④ 《纪念骆玉笙逝世十周年研讨会在天津举行》，中国新闻网，http://www.chinanews.com/cul/2012/05-31/3928754.shtml。
⑤ 《第四届中国曲艺团长高峰论坛在济南举办》，中国曲艺网，http://www.cnquyi.com/news_detail.php?catalogid=10&&productid=43719&&version=cn。
⑥ 《首届全国曲艺理论学术研讨会举行》，《中国艺术报》2012年12月24日。

(三) 著作情况

2012年，在非物质文化遗产保护工作的推动下，一批有价值的曲艺类著作问世，其中既包括在普查与资料整理基础上完成的史料性著作，也包括系统整理的工具书，既有面向大众的普及性图书，也有理论探讨的研究性著作。通过各图书网的查询，本年度出版或完成的相关著作有：

(1) 由姜昆、董耀鹏主编的《中国非物质文化遗产曲艺类名录纪实》由中国文联出版社出版。书中收录了2006年、2008年文化部相继公布的前两批国家级非物质文化遗产名录中的曲艺类曲种96项，以及第二批、第三批国家级曲艺类非物质文化遗产代表性传承人117位。全书共42万余字，配图近400张，以更加全面、细致的内容和图文并茂的方式向广大读者展示了曲艺类非物质文化遗产曲种的发生沿革、流脉传承、演出形态、艺术特色及基本现状，介绍曲艺类非物质文化遗产传承人及代表人物的风格流派、艺术成就、表演特点和传承状况等。

(2) 由薛宝琨主编的《中国曲艺文库》之《相声大词典》10月由百花文艺出版社出版。这是国内第一部相声艺术工具书，共收录词条近5500个，总计130万字，并配有珍贵照片百余幅，堪称相声艺术的百科全书。

(3) 百花文艺出版社精心组织策划的"中国曲艺文库"系列丛书第一本《中国相声史》1月出版。该书着重记录了相声的百年历史。全书分三编，并附录《北京传统相声目录》《新中国成立后相声新作目录（北京地区部分曲目)》《相声师承关系表》。

(4) 上海音乐学院教授连波编写的《中国曲艺经典唱段100首》，7月由安徽文艺出版社出版。该书以"南弹北鼓"为选编宗旨，选取23个非物质文化遗产曲种、100首唱段，通过简要的文字说明，以彰显经典，弘扬流派，倡导交流，达到传承、发展的目的。

(5) 历时一年多进行创作的《鞍山评书故事选》出版。整部书30余万字，共收录了81篇鞍山评书作品，为国家级非物质文化遗产项目鞍山评书的传承提供了表演创作的源泉。

(6) 由杨素梅编写的《"小橘灯"非物质文化遗产文化普及读本·每天一堂非物质文化遗产文化课：曲艺杂技卷》，10月由中国华侨出版社出版。书中包含全国各地上百种曲艺类非物质文化遗产，使广大青少年可以全面、生动地了解作为中国非物质文化遗产重要组成部分的传统曲艺文化精粹。

（7）中国艺术研究院曲艺研究所与苏州市文学艺术界联合会主编的《周良与苏州评弹研究论集》，11月由古吴轩出版社出版。论集对周良在苏州评弹理论研究、资料收集、撰写苏州评弹史方面的成就进行了研究和探讨。

（8）于会泳著《曲艺音乐概论》，6月由中央音乐学院出版社出版。书中讲述了曲艺音乐与语言的密切联系：旋律音调必须服从于唱词的字调；语调中的抑扬顿挫及其丰富的表情手段，乃是唱腔艺术表现的依据。

（9）张慧侬编著、韦明铧整理的《珍珠塔（扬州弹词）》，5月由江苏广陵书社有限公司出版。该书为扬州曲艺传统名篇丛书之一。

（10）由谈敬德编著的《锣鼓书入门》，11月由上海社会科学院出版社出版。该书是作者多年来为浦东新区新场镇社区学校和相关街镇的文化中心举办锣鼓书培训班、进行普及教学实践经验的艺术积淀。

（11）由上海交通大学学生李宏烨、郑钰创作的《相声的有限元》，10月由上海交通大学出版社出版。该书以上海交通大学相声协会创作、表演过的相声为研究样本，通过梳理、统计、理论建构，总结出了一整套关于相声创作和表演的数值模拟理论，是扩展的科学理论与革新的中国传统艺术一次有益的结合尝试。

（12）《骆玉笙传奇》由天津人民出版社出版，该书详尽描述了鼓曲大师骆玉笙八十年的艺术生涯，并对骆派京韵大鼓的形成、发展过程进行了梳理[1]。

（13）由年近八旬的著名曲艺词曲作家萧作如撰写的音乐理论专著《山东琴书音乐初探》一书已基本完成，该书是其撰写的曲艺音乐理论丛书之一，全书包括山东琴书的起因、沿革流派介绍；语言与音乐的关系；唱词简介及其写作应注意的问题；主要唱腔与常用曲牌介绍等[2]。

三 问题与思考

（1）从保护和传承的总体情况来看，2012年，各级政府在对列入非物

---

[1] 《津门曲坛》2012年第3期，第61页。
[2] 《津门曲坛》2012年第2期，第64页。

质文化遗产保护名录的传统曲艺项目的挖掘整理、理论探讨、传承实践等各方面形成了常规的工作体制。经过十年来的努力，确实在全社会营造了"非物质文化遗产热"的局面。就演出团体而言，曲艺专业院团与民间组织同生共长；就演出场所而言，政府支持的剧院和民营剧场交相辉映。很多原本逐渐失去受众和不为人知的曲种在列入保护名录后，得到较好的宣传和推广。同时，借助新媒体的传播平台，将整理、保存的曲艺数据资料、演出情况、民间艺人以无限扩大的传播方式与受众共享，这将势必成为推动曲艺类非物质文化遗产项目更好地被认知、认同的重要形式。

2012年，保护传承工作在"走出去"和"下基层"方面加大了力度，取得了良好效果。一方面，使得原本与乡村、市井密不可分的民间曲艺得到滋养，丰富了当地娱乐文化生活；另一方面，使得南腔北调的口头说唱艺术传播海外，让越来越多的海外华人寻觅到乡音乡情。在评奖、赛事的引导上，本年度曲艺类非物质文化遗产项目的保护与传承出现了较多的创新节目，新人新作的比例较以往有所增加。

但同时，不同曲种之间的不平衡也较为明显，既有地域上的区别，如京、津、浙、沪等地，原本在曲艺团体、人才、资源投入等方面就有相对优势；也有曲种本身的原因，如相声、评书、快板、评弹、二人转等熟悉度高，受众广泛。在市场的选择下，呈现出越来越明显的"强弱"之分。

以曲艺非物质文化遗产保护工作开展得较好的浙江省为例，刚刚在2012年获得浙江省非物质文化遗产保护专家特别贡献奖的浙江省曲协艺术顾问马来法介绍，目前浙江省列入国家级非物质文化遗产保护名录中的曲艺品种有22项，还有11项曲艺品种被列入省级非物质文化遗产保护名录。"但在这些年里，还是有不少传统的曲艺成了绝响，并且有些曲艺项目虽然申报立项了，但是一直缺少切实有效的保护，濒危状态并没有因此而改变"。浙江省文化厅非物质文化遗产处处长王淼表示，在浙江除了温州鼓词、绍兴莲花落等曲种传承人尚有经济收入，其他的传承人仅靠浙江省的一条非物质文化遗产保护政策：对于非物质文化遗产代表性传承人（民间老艺人），65周岁至69周岁的，每人每年给予3000元的补贴；70周岁以上的，每人每年给予4000元的补贴。"然而，如此'一刀切'的补贴模式，根本不能满足民间老艺人们的生活所需。因为大多传统曲种经济效益低下，地方文化部门重视不够，本来就捉襟见肘的保护经费落到曲艺保护更是少之又少，因此愿意去学曲艺的年轻人几乎没有"。

据 20 世纪 80 年代的调查统计，我国当时说唱类艺术形式共有 345 个曲种，至今仍然能够演出的不到 80 个曲种。① 对此，我们认为：

①曲艺非物质文化遗产保护工作的开展为曲艺文化工作者提供了一个大有可为的平台。保护工作要整体推进，解决区域发展不平衡的问题，工作重心要进一步向欠发达地区倾斜。欠发达地区文化资源相对丰富，原生态的区域文化相对完整，但缺乏的是工作指导和资金保障。越是相对弱势的曲种，政府和文化部门越要倾斜扶持力度，采取不同方式给予支持。对一些相对较好的曲种，可以适当鼓励民间发展、社会支持、商业策划等。

以曲艺市场较为繁荣的天津为例，根据张蕴和、刘晓娟对 2005～2010 年 15 家曲艺团营业情况的统计，天津整个曲艺市场的总票房收入每年都在 1000 万元左右，与其他文化消费相比较低。天津 4 个代表曲种——相声、鼓曲、快板、评书相比较，鼓曲、快板的票房收入和观众影响力与相声、评书相比呈下滑趋势。而这反过来又会造成进一步的演出萎缩、人才流失。因此，政府可以给予的扶植做法有：对于有一定市场影响的曲艺形式，鼓励企业、财团支持，进行商业策划等；对于曲艺团体和从艺人员收入实行税费减免，对优秀曲艺团和从业人员给予物质和精神奖励，特别是对那些在民间演艺界中有较大贡献、德高望重的演员实行政府津贴制；对于相对影响较弱的曲艺形式，加大财政拨款和政策引导，同时多方打造领军人物和明星艺人；在社区与新农村文化建设中，大量增加由政府采购或补贴的曲艺演出订单，这是个一举多得的好方法②，即政府采取公共文化服务采购形式，深入广泛和持续性地送戏下乡，培育和带动整个演出市场。

山东省在开展曲艺类非物质文化遗产的保护方面较为成功，其成功经验为：依托济南市曲艺团对四项非物质文化遗产项目分别采取不同保护措施。首先，组织老艺术家录制传统曲目音像艺术资料，记录他们用丰富的艺术经验展示本曲种的独特风格和韵味。尤其是对诸如琴书、大鼓等技艺

---

① 《73 岁马来法保护曲艺获专家特别贡献奖》，新浪网，http：//ent.sina.com.cn/j/2012-12-26/14543821271.shtml。
《345 个曲种能演出的不到 80 部分非物质文化遗产曲艺仍缺少有效保护》，人民网，http：//culture.people.com.cn/n/2013/0104/c172318-20079833.html。
② 《从演出市场看天津曲艺的当下影响力》，《艺术评论》2012 年第 2 期。

性较强的曲种，进行"存遗"性的保护方式，以便留给后人稽查、研究和借鉴。其次，多次举办山东曲艺非物质文化遗产传承保护成果展演，常年坚持明湖居等演出阵地，培育观众、培养演员。再次，通过举办各种曲艺培训班、专题晚会、曲艺专场演出、非物质文化遗产专场演出等活动，在群众中扩大曲艺非物质文化遗产项目的影响。最后，将开展曲艺非物质文化遗产保护作为科研项目，依托山东省艺术研究所，边实践边总结，边摸索边创新，按照曲艺的艺术规律，从传承保护的目的出发，实事求是地根据不同曲艺品种和不同的生存现状，采取多种样式的措施和方法，以重振济南"曲山艺海"的美誉。①

②作为说唱艺术的民间曲艺，大部分都是以方言为载体。在推广普通话的国家政策实行下，越来越多的年轻人不说甚至不懂地方方言和少数民族语言，这对传播和传承民间曲艺带来困难。在学者谈到对温州鼓词、绍兴平湖调、福州评话等的保护传承现状时，都谈到了这一点。而一些少数民族曲艺，如达斡尔族的乌钦、赫哲族的伊玛堪、布依族的八音坐唱、蒙古族的乌力格尔、瑶族谈笑等，更是面临这一困境。为此，有关方言保护的呼声高涨。广东、上海、杭州、苏州等地均就如何保护方言采取了相应举措。中国曲协副主席、著名苏州评弹表演艺术家盛小云认为，"地方曲种的个性主要来自方言，没有个性的曲种必将消亡"。守住了方言，就守住了地方曲艺的"魂"。② 当前，有些新创演的地方曲种曲目，无论文本还是演唱都竭力向普通话"靠拢"（特别是在进京演出中），地方曲种"依字行腔"的重要特点几乎完全被摈弃，使得这些曲目空有地方曲种的名称却无地方曲种的独特韵味。因此，在对曲艺保护传承的过程中切不可随意舍弃地方曲种的方言属性，在保护地方曲种的同时，要保护好地域文化的结晶和重要载体之一的方言，这也是保持民族文化多样性的重要手段。③有学者在《河北省语言文化遗产保护与发展策略》一文中专门提出："地方政府还应根据各省市具体情况补充和完善有关法律条文。目前河北省'非物质文化遗产'四级名录中没有专门独立的语言类项目，虽然通过

---

① 《济南市曲艺团：演出市场的轻骑兵》，《济南日报》2012年2月29日。
② 《盛小云：方言是地方曲种最根本的支柱》，中国曲艺网，http://www.cnquyi.com/news_detail.php?catalogid=10&&productid=42898&&version=cn。
③ 别闽生：《略谈曲艺作品中的方言与中国传统文化》，《曲艺》2010年第2期。

'非物质文化遗产'名录中的民间文学、传统戏剧、曲艺等文艺形式可以作为间接表达和传承语言的载体,但语言不等同于口头艺术,势必会导致其失去生命力。河北方言中保存着大量珍贵的历史信息,即便不能列入国家'非物质文化遗产'名录,至少应从本地保护开始,将其列入河北省级'非物质文化遗产'保护名录。"[1]

③曲艺类非物质文化遗产保护工作应考虑"退出机制"。中国曲协分党组书记董耀鹏谈到对中国曲艺之乡的建设时,提出了"要有准入准出,不搞终身制"。针对"申报伊始轰轰烈烈,命名之后死气沉沉"的个别现象,中国曲协规定:"经复核达不到要求的地区,根据具体情况,可作出商议整改、取消曲艺之乡(创作、培训基地)称号的处理。"目前全国已有3个曲艺之乡被撤销。今后每年命名曲艺之乡3至5个,不超过5个,确保精益求精。[2] 对此,在对曲艺进行非物质文化遗产保护的同时,也应考虑"退出机制",一是针对一些地区"重申报轻保护"的事实;二是针对一些曲种在当代已经完全脱离了产生和存在的历史背景和人文环境,或是完善发展为其他曲种,在做好相应的濒危抢救、保存工作外,确认确实属于慢慢淡出历史视野的,也不应强行人为恢复。根据文化部对于当前非物质文化遗产保护工作的指导精神,在非物质文化遗产保护工作已经实现良好开局的情况下,下一阶段,将由起步阶段的基础性工作转向深入进行科学保护的发展阶段。[3] 因此,在平衡发展、扶持弱势的同时,对一些项目是否"退出"的情况应有具体的研究与考虑。保护曲艺类非物质文化遗产项目,保障措施应与考核督查并行。通过考核督查,及时发现问题、解决问题、总结经验、推动工作。

(2)从传承发展的实践情况来看,落实非物质文化遗产保护的一个重点成效就是对传承人的保护。2012年,传统师承制与学校教育双管齐下,培养了一些曲种的传人。但在解决每个项目有传人的同时,还应考虑传下去以后怎么办的问题。如果不能较好地解决传人的出路,传承依然后继乏

---

[1] 耿延宏、朱玲:《河北省语言文化遗产保护与发展策略》,《河北学刊》2012年第6期。
[2] 《中国曲艺之乡废除终身制 3个曲艺之乡已被撤销》,搜狐新闻网,http://yule.sohu.com/20111227/n330419412.shtml。
[3] 《文化部:濒危"非物质文化遗产"项目将进行抢救性保护》,人民网,http://culture.people.com.cn/GB/87423/18018942.html。

人。2012年的胡集书会上,山东落子非物质文化遗产传承人张青敏表示:"山东落子传到我这里已经是第十七代了,但直到现在,我就只收了一个徒弟,实在是没人愿意学,我真怕我之后这项艺术形式灭绝了。"乐亭大鼓艺人陈再生也称只有一个徒弟:"艺人没有用武之地,很多原因导致年轻人宁肯出去打工,也不愿意学习曲艺。"首批国家级非物质文化遗产福州伬艺,自2003年起就依托福州艺术学校办了伬艺、评话曲艺班。据校长陈乃春介绍,2006年毕业的20多名毕业生只有8名还留守在曲艺岗位,其他人都改行了。自2006年后,福州艺校曾三次想办曲艺班,却因为生源不足都没有办成。① 可见,在开展曲艺非物质文化遗产保护工作时,一方面是提供场地、资金、演出机会等保障传承人收徒授课,同时也应考虑传承人弟子的出路和发展,否则依旧难以改变相当一部分曲艺类型濒临消失、后继乏人的局面。

此外,随着"非物质文化遗产保护"的热门化,还出现了一个新现象,即媒体、高校都将传承人作为采访和研究对象。一次次的记者访谈、一遍遍地田野调研,同样的问题、大量的时间,对一些传承人造成了过度骚扰,影响了其正常的传艺授徒活动。对此,相关媒体、科研机构和个人应引起注意并尽量避免。

学校教育方面,除原有两所曲艺类大专院校(天津艺术职业学院和苏州评弹学校)外,一些艺术院校开设了曲艺专业和课程,如北京大学艺术学院与中国曲艺家协会在北京合作举办第一期戏剧与影视学专业(曲艺创作表演方向)研究生课程进修班;此外,还有北京戏曲艺术职业学院曲艺专业、辽宁科技大学艺术系曲艺表演专业、南阳师范学院音乐学院曲艺专业、首都师大音乐学院开设曲艺欣赏课程等;地方中小学也有的将地方曲艺融入到中小学音乐课程当中。学校在系统性培养曲艺人才和未来观众方面起到了积极作用。但与此同时,缺少教材成为曲艺学校教育中最大的问题。"冯巩在北京电影学院相声班任教时,遇到的最大难题就是没有教材。这从另一个方面反映出曲艺学科建设的滞后,研究机构、学术阵地的缺乏都影响着曲艺表演与研究人员的培养"。②

在多元文化格局中,作为非物质文化遗产一个重要类别的曲艺,保护

---

① 《"国宝"伬艺后继乏人》,《福州晚报》2011年12月28日。
② 《曲艺界人士呼吁突破理论建设瓶颈》,《中国艺术报》2012年12月24日。

战略究竟是打"传统牌"赢得一席之地还是打"创新牌"收复"失地",一直是各界争论的问题。对于这些民间的"玩意",中国曲协副秘书长常祥霖提出:"顺时而动,适者生存,力求健康;各就各位,相互激励,共同繁荣;坚持定力,发扬传统,不断出新。"① 中国曲协副主席吴文科认为:"对于曲艺的改革和创新必须是使曲艺更具曲艺的本色与魅力,焕发曲艺的特质与光彩,包括创立新的曲种;而非嫁接衍生出别的非曲艺类型的表演形式。当然,能衍生出别的艺术样式也是好事,却不能混淆成是对曲艺的创新。这是显而易见的道理,不能偷换概念对待。"曲艺的创新,要保持曲艺艺术的本质,即语言叙述的表达美感,曲艺"说唱"的内在节奏,世道人心的思想观照,真切情感的艺术呈现。当下很多曲艺创演,丧失了曲艺从来所具有的"古事今说"和"远事近说"传统。极少人物性格鲜明、艺术形象饱满、"说唱"生动鲜活、唱腔切合优美、伴奏恰当有机、思想内容感人的精品力作。丧失了曲艺作为艺术和精神产品、给人心灵陶冶和精神提升的本真特性,无法给现实的人生带来温暖与光明。这种艺术的创演一旦违背人类起码的善良本性和建设性姿态,终究会被受众所唾弃,为社会所抛弃。②

在进行曲艺类非物质文化遗产的保护实践中,很多业内人士都指出,创新传承是推动作为非物质文化遗产的曲艺焕发生机、赢得观众的关键。对此,一方面需要非物质文化遗产保护部门提供平台,不间断地举办多种形式的学习班、研修班、学术讲座等,培养高素质、全面化的曲艺新人;一方面通过评价、奖励机制的建立,鼓励曲艺人才和佳作的成长,同时加大宣传力度,扩大曲种和艺人的影响,从而吸纳人才、留住人才。

(3) 从学术科研与保护发展的关系来看,有关部门对非物质文化遗产的重视推动了科研立项,引导学者对此关注和研究,从而催生了一些学术成果。从 2012 年的整体情况来看,在论文数量上与前一年大体持平,但论文质量和发表刊物的级别相对于其他艺术门类明显不足。目前,曲艺的研究机构主要是中国艺术研究院曲艺研究所以及部分省市的艺术研究院。曲艺类的期刊主要有中国曲协办刊的《曲艺》《曲艺月刊》,湖南省曲协办刊

---

① 常祥霖:《多元文化格局下的二人转》,《津门曲坛》2012 年第 2 期。
② 吴文科:《现实中的曲艺和曲艺所面临的现实》,中国作家网,http://www.chinawriter.com.cn/2009/2009-12-17/80513.html。

的《湖南曲艺》、天津的民办刊物《津门曲荟》等，尚没有曲艺类的专业学术期刊。在高校的学科目录中，曲艺并没有作为独立学科存在，而是涵盖在戏曲学科之内，当前高等院校中从事戏曲研究、非物质文化遗产研究或民俗研究的学者也较少专门研究曲艺方向，曲艺研究专门科研人才的培养也因此受到影响。而在涉及曲艺的研究论文中，针对非物质文化遗产保护实践的调查性文章较少，相近曲种间保护的比较性研究也比较缺乏。

学术研究本应成为曲艺创作表演与观众审美欣赏之间的理论桥梁，从而构建起良性的曲艺文化生态环境。这方面的不足，导致曲艺理论的研究与曲艺创作表演实践相脱节，缺乏有深度有视角的曲艺作品评论，对创演领域的新特点、新动向也缺乏及时关注和有效引导，未能为曲艺的保护传承提供较好的学术支撑。因此，完善曲艺学科设置，吸引更多的专家学者、文化人士从事曲艺研究、参与非物质文化遗产保护甚至创作曲艺作品，培养专门曲艺理论研究人才，当是亟须解决的问题。

传统体育、游艺与杂技类非物质文化遗产保护发展报告

撰稿：康　涛　审稿：傅起凤　康戈武[*]

《中华人民共和国非物质文化遗产法》的实施，标志着国家体制内非物质文化遗产保护工作进入日常化和规范化阶段。截止到2012年，国务院已公布三批国家级非物质文化遗产代表作和项目代表性传承人名录，2012年度，文化部又公布了第四批国家级非物质文化遗产项目代表性传承人名录。

随着相关法律法规的不断完善，传统体育、游艺与杂技类非物质文化遗产的保护工作进一步朝着规范化、常态化的方向发展。本报告分为"保护情况""研究概况"和"成绩、问题与展望"三部分，以期对2012年度传统体育、游艺与杂技类非物质文化遗产保护工作进行全面回顾和总结。

一　保护情况

（一）各级各类非物质文化遗产名录入选情况

2012年，传统体育、游艺和杂技类非物质文化遗产保护的一个表现，

---

[*] 康涛，男，1986年生，中山大学教育学院教师，中山大学武术段位制考评点秘书长。傅起凤，女，1941年生，中国文联杂技家协会编审，文化部非物质文化遗产专家委员会委员。康戈武，男，1948年生，国家体育总局武术研究院秘书长、专家委员会执行专家，研究员、教授、博士生导师。

就是一批项目及项目代表性传承人入选文化部及各省公布的名录。其中，文化部公布了第四批国家级非物质文化遗产项目代表性传承人（见表1），另有部分省（自治区、直辖市）也公布了新增、扩展的非物质文化遗产代表作名录（见表2）和新增项目代表性传承人名录（见表3）。

表1 第四批国家级非物质文化遗产项目代表性传承人名录入选情况
（共13人，约占总人数的2.6%）

序号	姓名	民族	项目名称	申报地区或单位
1	那巴特尔	蒙古族	沙力搏尔式摔跤	内蒙古自治区阿拉善左旗
2	孙志均	汉族	八卦掌	北京市西城区
3	张玉林	汉族	形意拳	河北省深州市
4	陈桂学	汉族	鹰爪翻子拳	河北省雄县
5	李洳波	汉族	心意六合拳	河南省漯河市
6	周昆民	汉族	五祖拳	福建省泉州市
7	肖桂森	汉族	戏法	天津市和平区
8	卜树权	汉族	建湖杂技	江苏省建湖县
9	李正丙	汉族	马戏（埇桥马戏）	安徽省宿州市埇桥区
10	李义军	汉族	佛汉拳	山东省东明县
11	董文焕	汉族	华佗五禽戏	安徽省亳州市
12	沈少三	回族	撂石锁	河南省开封市
13	牛玉亮	汉族	口技	北京市西城区

表2 省（自治区、直辖市）级非物质文化遗产代表作名录入选情况

地区	名录	传统体育、游艺与竞技项目
宁夏	第三批自治区级非物质文化遗产代表作名录	回族杨氏拳
新疆	第三批自治区级非物质文化遗产代表作名录	维吾尔族恰姆巴士、维吾尔族曲棍球、蒙古族搏克、赛马（蒙古族赛马）、哈萨克族库热斯、柯尔克孜族托да孜库尔阔勒（九巢棋）
湖南	第三批省级非物质文化遗产代表作名录	岩鹰拳、东安武术
	省级非物质文化遗产代表作扩展项目名录	苗家八合拳

续表

地区	名　　录	传统体育、游艺与竞技项目
广东	第四批省级非物质文化遗产代表作名录	抛锣
	省级非物质文化遗产代表作扩展项目名录	蔡李佛拳（佛山、广州北胜蔡李佛拳）、咏春拳（佛山、叶问宗支）、赛龙舟（九江传统龙舟、三人燕尾龙舟竞技、小榄赛龙艇、石岐赛龙舟、东凤五人飞艇赛、南头五人飞艇赛）
河北	第四批省级非物质文化遗产代表作名录	南花园民间戏法、梁家鹞垍拳、何庄武狮、二郎拳、迷踪拳（高氏迷踪拳）、八仙拳、阴阳八盘掌、连环绵掌、戳脚、冀州三皇炮锤、鼎棋、十字八方拳
	省级非物质文化遗产代表作扩展项目名录	梅花拳、太极拳（卢氏太极拳）、太极拳（孙式太极拳）、通臂拳（白猿通臂拳）、吴桥杂技·驯兽·驯鼠、吴桥杂技·硬气功、吴桥杂技·地摊魔术、吴桥杂技·杂技唢呐、中幡
浙江	第四批省级非物质文化遗产代表作名录	天罡拳、鹰爪功、十八般武艺、船拳、龙舟竞渡、精武拳（械）技、舞天戟、赵家拳棒、大成拳、武当太乙拳（宋氏门）、灵溪奚家拳、打油奏、小坑七心拳、菇民防身术、翻九楼、南拳（温州南拳）、线狮（草塔抖狮子）
广西	第四批自治区级非物质文化遗产代表作名录	李家拳及南蛇过垌
海南	第四批省级非物质文化遗产代表作名录	黎族传统体育和游艺（如拉乌龟、赶狗归坡等）

表3　省（自治区、直辖市）级非物质文化遗产项目代表性传承人名录入选情况

地　区	名录名称及总人数	传统体育、游艺与杂技传承人人数
广　东	第三批省级非物质文化遗产项目代表性传承人名单（共147名）	6
河　北	第三批省级非物质文化遗产项目代表性传承人名单（共83名）	15
重　庆	第三批市级非物质文化遗产项目代表性传承人名单（共116名）	4
上　海	第三批市级非物质文化遗产项目代表性传承人名单（共113名）	3

续表

地 区	名录名称及总人数	传统体育、游艺与杂技传承人人数
湖 北	第三批省级非物质文化遗产项目代表性传承人名单（共153名）	4
贵 州	第三批省级非物质文化遗产名录项目代表性传承人名单（共105名）	5
陕 西	第三批省级非物质文化遗产项目代表性传承人名单（共71名）	1
河 南	第三批省级非物质文化遗产项目代表性传承人名单（共189名）	16
四 川	第五批省级非物质文化遗产项目代表性传承人名单（共108名）	2
内蒙古	第三批自治区级非物质文化遗产项目代表性传承人名单（共76名）	8

2012年12月21日，文化部公布了第四批国家级非物质文化遗产项目代表性传承人共498人，其中，传统体育、游艺与杂技类代表性传承人13人（传统体育类9人，游艺与杂技类4人）。同时，各省、市、自治区省级非物质文化遗产名录和项目代表性传承人名单仍在继续扩充，新增、扩展传统体育、游艺与杂技类项目名录52项，新增传承人64人。另外，新设立江苏省徐州市铜山区为铜山北派少林拳保护单位。

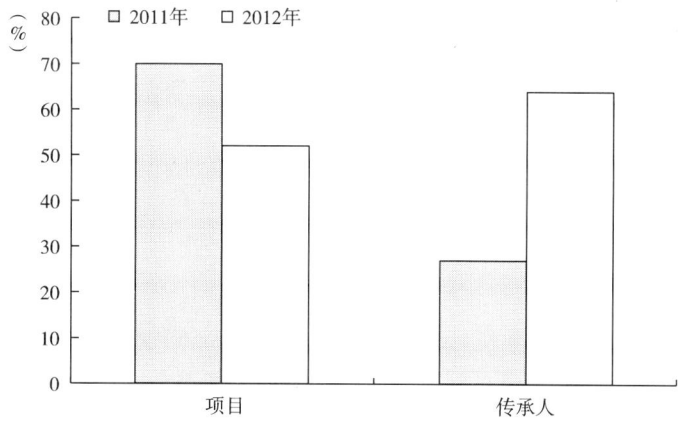

图1 2012与2011年省级新增传统体育、游艺与杂技类项目与传承人对比

通过和 2011 年进行对比（见图 1），2012 年省级新增名录增长率稍有回落，但新增传承人比例是 2011 年的一倍多，由此或可说明，在《中华人民共和国非物质文化遗产法》颁布后，各地在非物质文化遗产保护工作上更加关注传承人的"活态"保护和发展，更加重视以法律法规手段保障传承人的权益。

（二）竞赛与展演情况

2012 年度举办的传统体育、游艺与杂技类项目竞赛与展演活动，依据主题相关性可分为国际重大比赛活动、国内重大比赛活动和其他相关赛事活动等三部分。

1. 国际重大比赛、活动

2012 年度，围绕"非物质文化遗产保护"主题举行的国际重大比赛对传统体育、游艺与杂技类项目的发展起到了重要的促进作用。主要活动信息详见表 4。

表 4 国际重大赛事及展演情况表

活动名称	主办单位	时间	地点
第五届"2012 中国·保定国际空竹艺术节"①	国家体育总局群众体育司、河北省体育局	5 月 24 日至 26 日	河北省保定市
第十一届上海国际武术博览会②	中国武术协会	7 月 8 日至 10 日	上海市
第二届鄂尔多斯国际那达慕大会武术比赛③	国家体育总局、文化部、国家民族宗教事务委员会、内蒙古自治区人民政府	8 月 26 日至 30 日	内蒙古自治区鄂尔多斯市

---

① 《中外 5000 余空竹爱好者河北抖空竹 创基尼斯之最》，中国新闻网，2012 年 5 月 24 日（http://www.chinanews.com/df/2012/05-24/3913969.shtml）。
② 《国际武博会上海揭幕 咏春拳太极拳高手同场竞技》，中国新闻网，2012 年 7 月 11 日（http://www.chinanews.com/ty/2012/07-11/4025372.shtml）。
③ 《鄂尔多斯国际那达慕大会武术赛 武林盛会相约草原》，中国网，2012 年 9 月 6 日（http://news.china.com.cn/live/2012-09/06/content_16070898.htm）。

续表

活动名称	主办单位	时间	地点
第二届鄂尔多斯国际那达慕搏克比赛①	国家体育总局、文化部、国家民族宗教事务委员会、内蒙古自治区人民政府	8月28日至9月2日	内蒙古自治区鄂尔多斯市
中国阿拉善左旗第九届那达慕大会暨第二届全国沙力搏尔"金腰带"争霸赛②	国家体育总局、文化部、国家民族宗教事务委员会、内蒙古自治区人民政府	9月23日至25日	内蒙古自治区巴彦浩特
第九届中国郑州国际少林武术节③	国家体育局武术管理中心、中国武术协会	10月20日至25日	河南省郑州市
第四届世界太极拳健康大会④	国家体育总局武术运动管理中心、中国武术协会、湖北省体育局、十堰市人民政府	10月28日至11月1日	湖北省武当山
第五届世界传统武术锦标赛⑤	国际武术联合会、中国武术协会、安徽省政府主办	11月5日至11日	安徽省黄山市
首届中国北京国际魔术大会⑥	文化部、北京市政府	11月30日至12月2日	北京市

5月24日至26日，第五届"2012中国·保定国际空竹艺术节"在河北保定隆重举办。来自中国、美国、澳大利亚、泰国以及中国香港、台湾、澳门等60余个国家和地区的5000余名空竹爱好者，在此次艺术节中共同创造了"最多国籍空竹爱好者参与的抖空竹活动"的上海大世界基尼斯之最。⑦

---

① 《新闻背景：蒙古传统体育——搏克》，人民网，2012年9月1日（http://sports.people.com.cn/n/2012/0901/c22176-18892968.html）。
② 《第二届全国沙力搏尔"金腰带"争霸赛在阿左旗开幕》，人民网，2012年9月24日（http://nm.people.com.cn/n/2012/0924/c196689-17516667.html）。
③ 《郑州国际少林武术节 让世界感受中国武术》，中国武术协会网，2012年10月25日（http://wushu.sport.org.cn/home/wlkd/2012-10-25/386949.html）。
④ 《世界太极拳健康大会 赋予太极拳新的生命》，中国武术协会网，2012年11月1日（http://wushu.sport.org.cn/home/wlkd/2012-11-01/387433.html）。
⑤ 《第五届世界传统武术锦标赛开幕》，国家体育总局网站，2012年11月8日（http://www.sport.gov.cn/n16/n33193/n33223/n35139/n2319345/3559660.html）。
⑥ 《首届中国北京国际魔术大会昨晚开幕》，《北京日报》2012年12月1日第4版。
⑦ 《中外5000余空竹爱好者河北抖空竹 创基尼斯之最》，中国新闻网，2012年5月24日（http://www.chinanews.com/df/2012/05-24/3913969.shtml）。

魔术一直是深受世界人民喜爱的项目，尤其受到年轻人的追捧，6月16日，由北京市文联、北京杂技家协会主办的"首届北京大学生魔术交流大会"启动仪式暨非物质文化遗产宣传保护专场演出在北京举行。为期三个月的交流大会涵盖启动仪式、全国大学生金奖魔术汇演、高校魔术联盟冠军杯赛、魔术大师进校园——中外魔术大师艺术沙龙活动等多项内容，国内30多所首都高校的近万名大学生参与其中，为古老的魔术技艺的发展添加了更年轻、更活力的因素。

7月7日至12日，第十一届国际武术博览会在上海举行。本届博览会吸引了来自加拿大、法国、德国、西班牙、瑞士、中国香港等20余个国家和地区，近2000名武术精英报名参赛。比赛项目包括武术套路、咏春拳、太极拳等多种传统武术项目。本届武术博览会还开设武术论坛，邀请专家进行专题讲座，与参赛者和广大武术爱好者分享习武心得，挖掘武术精髓。[①] 作为此次武术博览会重要内容之一，在中日建交40周年和中韩建交20周年之际由中日韩三国武术协会联合举办的"中日韩太极拳交流大会"也同期举行，来自中、日、韩的400余名太极拳高手参加了比赛。为了让更多人更加深入地了解中国传统文化和太极拳技艺，中国太极拳界的著名专家还在比赛期间为世界太极拳爱好者举行了专题讲座[②]。

8月27日晚，草原上最盛大的体育节日、以"国际那达慕，草原狂欢节"为主旨的第二届鄂尔多斯国际那达慕大会暨内蒙古自治区首届体育大会在内蒙古鄂尔多斯市开幕。其中的武术比赛，于8月28日至29日在草原明珠鄂尔多斯市东胜区成功举行。本次那达慕大会首次将中华武术吸纳其中，希望能够以草原文化为纽带，用中华民族独有的传统体育项目与世界各国人民相互切磋、交流，达到以武会友的目的。共有来自中国、文莱、法国、挪威、古巴、刚果（布）、黎巴嫩、摩洛哥、美国、菲律宾、日本等14个国家和地区的130多名运动员参加了比赛。为了促进武术项目在全球范围内的推广，中国武术协会8月22日至25日

---

① 《国际武博会上海揭幕》，中国新闻网，2012年7月11日（http://www.chinanews.com/ty/2012/07-11/4025372.shtml）。
② 《上海中日韩太极拳交流》，中国太极拳网，2012年7月9日（http://www.cntaijiquan.com/GJXW/4820.html）。

在内蒙古自治区鄂尔多斯市恩格贝生态示范区举办了国际武术套路培训班。来自黎巴嫩、朝鲜、摩洛哥和刚果（布）的学员学习了长拳、南拳和太极拳的第三套国际推广套路。培训班结束后，所有学员全部转战鄂尔多斯国际那达慕大会武术比赛，与其他国家和地区的运动员一起分享盛会的快乐。[1]

8月28日至9月2日，年度最大规模的搏克比赛在内蒙古自治区鄂尔多斯市举行。本次搏克比赛是第二届鄂尔多斯国际那达慕的传统项目之一，有来自蒙古国、俄罗斯和中国的近150名选手和教练员参赛。[2] 9月23日至25日，又有2012中国阿拉善左旗第九届那达慕大会暨第二届全国沙力搏尔"金腰带"争霸赛在巴彦浩特镇举行。13个苏木镇500名运动员将参加赛马、赛驼等赛事，规模创历届之最。17个代表队200多名运动员将参加沙力搏尔"金腰带"争霸赛。[3]

10月21日至25日，第九届国际少林武术节在河南郑州举行。本届比赛共有73个国家和地区的195个团队1500余名运动员报名参赛，参赛队伍及人员规模都大大超过往届水平，并新增武术搏击和段位考试两项内容。除了正规武术比赛以外，此次武术节还包括了登封迎宾式、武术竞赛、论文报告会等丰富多样的活动。100多位中外知名专家学者、武术界名流就"少林武术的历史、发展和未来""少林武术与传统文化"等主题开展学术交流活动。[4]

10月29日至31日，第四届世界太极拳健康大会在湖北武当山举行。共有来自中国、美国、英国、乌克兰、俄罗斯、以色列、伊朗、古巴、澳大利亚等28个国家和地区的800余名运动员、教练员等报名参赛，本届大会不仅包括了太极拳比赛等活动，更有备受关注的太极文化高峰论坛。[5]

在国际重大比赛、活动方面，作为年度重量级"非物质文化遗产"主

---

[1] 《鄂尔多斯国际那达慕大会武术赛　武林盛会相约草原》，中国网，2012年9月6日（http://news.china.com.cn/live/2012-09/06/content_16070898.htm）。
[2] 《蒙古族传统体育项目——搏克》，人民网，http://sports.people.com.cn/n/2012/0901/c22176-18892968.html。
[3] 《第二届全国沙力搏尔"金腰带"争霸赛在阿左旗开幕》，人民网，2012年9月24日（http://nm.people.com.cn/n/2012/0924/c196689-17516667.html）。
[4] 《郑州国际少林武术节　让世界感受中国武术》，中国武术协会网，2012年10月25日（http://wushu.sport.org.cn/home/wlkd/2012-10-25/386949.html）。
[5] 《世界太极拳健康大会　赋予太极拳新的生命》，中国武术协会网，2012年11月1日（http://wushu.sport.org.cn/home/wlkd/2012-11-01/387433.html）。

题比赛活动,以"以武会友,论剑黄山"为主题的第五届世界传统武术锦标赛,于11月8日至10日在黄山市举行,共有来自50多个国家和地区的245支代表队的2865名选手参加本次大赛。其中,国际组85支代表队1232人,国内组29个省市和4个行业协会160支代表队1633人。本次比赛由国际武术联合会、中国武术协会和安徽省人民政府主办,参赛人数、赛事规模、赛事级别创造了历届之最。①

11月30日至12月2日,由文化部、中国文联和北京市政府共同主办的首届中国北京魔术大会在北京昌平举行。本届魔术大会包括开幕式暨国内外顶级魔术大师专场演出、国际魔术邀请赛、高端国际魔术论坛、国际魔术道具展和闭幕式等内容。大会吸引了来自中国、美国、法国等22个国家和地区的"魔界"高手踊跃参与,有20位世界各个赛场的金奖获得者来此进行巅峰对决,争夺大会的"金长城"奖杯。②

2. 国内重大比赛、活动

2012年度,国内组织的传统体育、游艺与杂技类项目重大比赛对非物质文化遗产保护和传统文化传播起到了重要的推动作用,表5对其中一些重要赛事、活动做了初步统计。

表5 国内重大赛事及展演情况

活动名称	主办单位	时间	地点
全国武术套路冠军赛(传统项目)③	国家体育总局武术运动管理中心	3月8日至11日	广东省广州市
首届"中国掼牛"全国邀请赛④	浙江省体育局、浙江省民族宗教事务委员会、嘉兴市政府	6月2日至3日	浙江省嘉兴市
全国传统武术比赛暨全国农民武术比赛⑤	国家体育总局武术运动管理中心	6月14日至19日	江苏省徐州市

① 《第五届世界传统武术锦标赛落幕》,中国新闻网,2012年11月12日(http://www.chinanews.com/shipin/2012/11-12/news124068.shtml)。
② 《首届中国北京魔术大会落户昌平》,《中国文化报》2012年11月16日第6版。
③ 《全国武术套路冠军赛在广州体育职业技术学院激战》,中国武术协会网,2012年3月8日(http://wushu.sport.org.cn/home/wlkd/2012-03-08/373326.html)。
④ 《武术资讯:首届"中国掼牛"赛在嘉兴举行》,中国网,2012年6月7日(http://news.china.com.cn/rollnews/2012-06/07/content_14560157.htm)。
⑤ 《继承和发展——传统武术发展绕不开的话题》,中国武术协会网,2012年6月21日(http://wushu.sport.org.cn/home/wlkd/2012-06-21/379889.html)。

续表

活动名称	主办单位	时间	地点
第九届全国"武术之乡"武术比赛①	国家体育总局武术运动管理中心、中国武术协会	7月20日至22日	重庆市
第一届国际民间射箭邀请赛②	中国射箭协会	7月23日至26日	青海省河湟地区
首届粤港澳台魔术节③	文化部艺术司、广东省文化厅、广东省文学艺术界联合会	8月10日至12日	广东省广州市
全国武术少林拳比赛④	国家体育总局武术运动管理中心	9月16日至18日	河南省登封市
2012年全国花键锦标赛⑤	国家体育总局社体中心、中国键球协会	11月16日至17日	广东省中山市

3月8日至11日,"中国体育彩票杯"2012全国武术套路冠军赛(传统项目)在广州举行。本次比赛也是由国家体育总局武术运动管理中心主办,有来自全国46个参赛单位约700名武术健儿参加了比赛。⑥

2012年全国传统武术比赛暨全国农民武术比赛,于6月14日至19日在江苏省徐州市体育馆开幕,本次赛事对报名人数有一定限制,参加比赛的2000多名传统武术爱好者和农民武术习练者参加,大部分都是来自全国各地的民间爱好者。一些平时传统武术赛场上少见的项目,如六合大枪、形意大枪、象形拳类的内容增多。另如重形大刀等项目,内容丰富,表演者技艺精湛,是本次大赛的一大亮点。⑦

---

① 《沧州武术扬威全国"武术之乡"比赛》,新华网,2012年7月23日(http://www.he.xinhuanet.com/zfwq/cangzhou/news/2012-07/23/c_112508432.htm)。
② 《乐都"南山射箭"》,新华网,2012年7月22日(http://www.qh.xinhuanet.com/hddq/hdsj/2012-07/22/c_112498453.htm)。
③ 《粤港澳台魔术师广州献艺》,《中国文化报》2012年8月13日第1版。
④ 《功夫之城 少林狂欢——记登封全国武术少林拳比赛》,《中国体育报》2012年9月20日第7版。
⑤ 《理论结合实践显成效 全国花键锦标赛展花样风采》,华奥星空网,2012年11月19日(http://news.sports.cn/other/2012-11-19/18711.html)。
⑥ 《全国武术套路冠军赛在广州体育职业技术学院激战》,中国武术协会网,2012年3月8日(http://wushu.sport.org.cn/home/wlkd/2012-03-08/373326.html)。
⑦ 《继承和发展——传统武术发展绕不开的话题》,中国武术协会网,2012年6月21日(http://wushu.sport.org.cn/home/wlkd/2012-06-21/379889.html)。

作为在国内武术界影响较大的传统武术赛事之一——全国武术之乡武术比赛,每两年举办一届,7月20日至22日,第九届全国"武术之乡"武术比赛在重庆举行。本次比赛由国家体育总局武术运动管理中心、中国武术协会和重庆市体育局主办,共设传统拳术、传统器械、对练项目和展示项目四个大项,其中传统拳术包括拳术类、太极拳类和南拳类三个项目,传统器械包括单器械、双器械和软器械三种。有河北沧州、河南登封等79个"武术之乡"的631名武术运动员参加了这次体育盛会。

除了拳术、器械等传统的武术类大项目,一些传播地域有限,从业者、爱好者数量相对较少的体育游艺类非物质文化遗产项目,也在积极努力地通过举办各级别的赛事来提升影响力,例如7月23日至26日,由中国射箭协会主办的第一届国际民间射箭邀请赛在青海举行,近90支代表队、500名队员参加,进一步扩大了河湟地区民间射箭活动的影响力;[①] 11月16日至17日,由国家体育总局社体中心、中国毽球协会主办的"金利宝杯"2012年全国花毽锦标赛在广东省中山市小榄镇举行[②],吸引了大批花毽技艺爱好者的参与。这类项目比赛目前正处于起步阶段,但若能以此为基础,不断扩大赛事规模,提升比赛水平,也会逐步提高相关体育活动在国内外的影响力,进一步弘扬民族体育文化。

3. 其他相关赛事

(1)常规性比赛。

这里的常规性比赛是指由国家权威部门定期举办的各类专项比赛,这类比赛通常是在传承基础上,加入现代创新模式发展而形成(如武术套路锦标赛、武术散打锦标赛等)。2012年,这些常规性比赛在原有基础上锐意进取、求变出新,更强调满足人们观赏、参与的热情,旨在更大程度上宣传该项目文化,扩大其影响力。主要赛事信息,详见表6所列。

---

① 《乐都"南山射箭"》,新华网,2012年7月22日(http://www.qh.xinhuanet.com/hddq/hdsj/2012-07/22/c_112498453.htm)。

② 《理论结合实践显成效 全国花毽锦标赛展花样风采》,华奥星空网,2012年11月19日(http://news.sports.cn/other/2012-11-19/18711.html)。

表6　2012年传统体育、游艺与杂技类常规性比赛表

活动名称	主办单位	时间	地点
全国武术套路锦标赛（男子赛区）①	国家体育总局武术运动管理中心	4月13日至16日	四川省南充市
全国武术套路锦标赛（女子赛区）②	国家体育总局武术运动管理中心	4月21日至24日	湖北省武汉市
全国女子武术散打锦标赛③	国家体育总局武术运动管理中心	4月25日至29日	江苏省张家港市
全国男子武术散打锦标赛④	国家体育总局武术运动管理中心	5月31日至6月6日	黑龙江省黑河市
全国青少年武术散打锦标赛⑤	国家体育总局武术运动管理中心	6月9日至12日	江西省鹰潭市
第四届海峡论坛·海峡两岸武林大赛⑥	国家体育总局武术运动管理中心	6月16日至19日	福建省漳州市
全国武术套路锦标赛（太极拳）⑦	国家体育总局武术运动管理中心	6月22日至25日	福建省厦门市
全国青少年武术套路锦标赛暨第四届世界青少年武术锦标赛选拔赛⑧	国家体育总局武术运动管理中心	7月9日至12日	广东省广州市

---

① 《全国武术套路男子锦标赛新人辈出老将神勇》，中国武术协会网，http://wushu.sport.org.cn/home/wlkd/2012-04-20/375917.html。
② 《强化细节　全国武术套路女子锦标赛引入标准化》，中国武术协会网，http://wushu.sport.org.cn/home/wlkd/2012-04-26/376383.html。
③ 《比赛更流畅　观赏性更好　散打新规则效果非常好》，中国武术协会网，http://wushu.sport.org.cn/home/wlkd/2012-05-17/377583.html。
④ 《2012年全国男子武术散打月底在黑河举行》，中国武术协会网，http://wushu.sport.org.cn/home/wlkd/2012-05-24/378107.html。
⑤ 国家体育总局武术运动管理中心：《青少年活动部2012年工作总结》，内部资料。
⑥ 国家体育总局武术运动管理中心：《2012年社会武术活动部工作总结》，内部资料。
⑦ 《形式多样不离其宗　全国武术套路锦标赛多项创新》，中国网，http://news.china.com.cn/rollnews/2012-06-28/content_14882800.htm。
⑧ 《记全国青少年武术套路锦标赛暨世青赛选拔赛》，华奥星空网，http://news.sports.cn/other/2012-07-19/10920.html。

续表

活动名称	主办单位	时间	地点
全国男子武术散打精英赛①	国家体育总局武术运动管理中心	7月9日至14日	安徽省芜湖市
全国武术健身操比赛②	国家体育总局武术运动管理中心	8月4日	山东省泰安市
第十二届全国武术学校武术套路比赛③	国家体育总局武术运动管理中心	8月4日至7日	山东省泰安市
第十二届全国武术学校武术散打比赛④	国家体育总局武术运动管理中心	8月12日至17日	山东省泰安市
第四届世界青少年武术锦标赛⑤	国际武术联合会	9月17日至25日	澳门
中国武术套路王中王争霸赛（镇江赛区）⑥	国家体育总局武术运动管理中心	10月7日至8日	江苏省镇江市
全国武术散打精英赛（决赛）⑦	国家体育总局武术运动管理中心	10月13日至15日	山东省聊城市
第六届世界杯武术散打比赛⑧	国际武术联合会、国家体育总局武术运动管理中心	10月23日至26日	武夷山
全国武术套路精英赛⑨	国家体育总局武术运动管理中心	10月27日至28日	甘肃省兰州市
全国武术对练大奖赛⑩	国家体育总局武术运动管理中心	11月10日至11日	浙江省仙居县

① 《打造独特文化品牌——散打精英赛 明天会更好》，中国武术协会网，http://wushu.sport.org.cn/home/wlkd/2012-07-19/381376.html。
② 国家体育总局武术运动管理中心：《青少年活动部2012年工作总结》，内部资料。
③ 国家体育总局武术运动管理中心：《青少年活动部2012年工作总结》，内部资料。
④ 国家体育总局武术运动管理中心：《青少年活动部2012年工作总结》，内部资料。
⑤ 国家体育总局武术运动管理中心：《青少年活动部2012年工作总结》，内部资料。
⑥ 《中国武术套路"王中王"争霸赛总决赛太仓落幕》，新华网，http://www.js.xinhuanet.com/2012-12/17/c_114046116.htm。
⑦ 《全国武术散打精英赛落幕 国家民委举办太极拳赛》，中国武术协会网，http://wushu.sport.org.cn/home/wlkd/2012-10-18/386563.html。
⑧ 《场下是朋友 世界杯武术散打赛各国高手对战武夷山》，中国武术协会网，http://wushu.sport.org.cn/home/wlkd/2012-10-25/386948.html。
⑨ 《武术精英决战兰州 前三名能够获得证书等奖励》，中国武术协会网，http://wushu.sport.org.cn/home/wlkd/2012-10-30/387330.html。
⑩ 《2012年全国武术对练大奖赛在仙居落幕》，浙江省体育局，http://www.zjsports.gov.cn/article/detail/402881833abf2e6b013af738e6a3007e.shtml。

续表

活动名称	主办单位	时间	地点
全国"市长杯"武术太极拳比赛①	国家体育总局武术运动管理中心、中国武术协会、云南省体育局、普洱市人民政府	11月23日至25日	云南省普洱市
"国弈大典"决战名山之巅峰对决暨2012全国象棋冠军挑战赛冠亚军决赛②	国家体育总局棋牌运动管理中心、中国象棋协会	11月30日	北京市
中央国家机关第二届干部职工太极拳交流大赛③	国家体育总局武术运动管理中心	12月10日	北京市
中俄武术散打对抗赛④	国家体育总局武术运动管理中心	12月22日	湖南省长沙市

非物质文化遗产的保护不仅需要广大民众的文化自觉和积极参与，更需要文化主管部门扩大宣传，调动社会各界的力量来进行非物质文化遗产项目的传承和保护，其中政府机关的领导干部也是重点培养发展的对象。2012年，一些在政府部门内部举办比赛活动，便有效地调动了领导层对传统体育项目的参与热情，如11月24日，由国家体育总局武术运动管理中心、中国武术协会、云南省体育局、普洱市人民政府主办的2012年"市长杯"武术太极拳比赛在普洱市举行。参加本次比赛的80多名选手都是来自中国其中八个省、自治区、直辖市的副厅级以上干部。这项全新的赛事，在当前丰富多彩的武术赛事活动中独辟蹊径，为广大领导干部提供了比赛和交流的舞台，同时也拓宽了推广武术太极拳的新思路。⑤ 又如12月10日，作为武术"进机关"的重要活动，中央国家机关第二届干部职工太极拳交流大赛在京举行，共有40个部委1107名干部职工报名，有5名部级领导参赛，多位部长出席开幕式并观看了比赛。⑥ 这类比赛既激发了活

---

① 国家体育总局武术运动管理中心：《2012年社会武术活动部工作总结》，内部资料。
② 《全国象棋冠军挑战赛落幕》，《中国日报》2012年12月2日（http://www.chinadaily.com.cn/micro-reading/dzh/2012-12-02/content_7652634.html）。
③ 国家体育总局武术运动管理中心：《推广培训部2012年工作总结》，内部资料。
④ 《2012年中俄散打对抗赛在中南林业科技大学打响》，新华网，http://www.hn.xinhuanet.com/2012-12/23/c_114124944.htm。
⑤ 《全国"市长杯"武术太极拳比赛在普洱市举行》，人民网，http://unn.people.com.cn/n/2012/1126/c350292-19701324.html。
⑥ 国家体育总局武术运动管理中心：《推广培训部2012年工作总结》，内部资料。

动参与者理解传统体育、传承传统技艺的兴趣,又有助于进一步提高整个社会对传统体育项目传承与发展问题的关注,为非物质文化遗产传统体育类项目的稳步发展贡献了积极力量。

(2)其他相关比赛。

除了国家举办的正式、大型比赛和活动以外,各个社会团体也纷纷以文化传承为己任,积极唱响"非物质文化遗产"保护传承主旋律,加大对该类属项目比赛活动的重视,大力开展各项活动。具体活动内容及相关信息,详见表7。

表7 2012年其他相关比赛

活动名称	主办单位	时间	地点
中国武术培训基地幼儿武术锦标赛①	中国武术培训基地、广州体育职业技术学院	6月19日	广东省广州市
第九届浙江国际传统武术比赛②	浙江省武术协会	7月13日至15日	浙江省杭州市
"健康温江·太极温江"24式太极拳比赛③	成都市温江区	7月15	四川省成都市
北京国际武术文化交流大会④	中国武术协会	7月22日至26日	北京市
北京空竹文化节暨第三届中国"广内杯"空竹邀请赛⑤	北京市文化局、体育局、台办、西城区委区政府	7月26日	北京市
贵州第二届魔术比赛⑥	贵州省杂技家协会	8月8日	贵州省贵阳市
东北亚武术大赛⑦	黑龙江省体育局	8月8日至9日	黑龙江省绥芬河市

---

① 国家体育总局武术运动管理中心:《推广培训部2012年工作总结》,内部资料。
② 国家体育总局武术运动管理中心:《2012年社会武术活动部工作总结》,内部资料。
③ 《成都温江大力挖掘太极文化助推文化发展》,中国新闻网,http://www.chinanews.com/df/2012/07-15/4033413.shtml。
④ 国家体育总局武术运动管理中心:《2012年社会武术活动部工作总结》,内部资料。
⑤ 《以空竹为主题的微电影〈空竹故事〉在京首发》,新华网,http://www.bj.xinhuanet.com/bjpd_sdzx/2012-07/12/content_25489910.htm。
⑥ 《贵州魔术比赛吸引大学生积极参与》,中国文艺网,http://www.cflac.org.cn/gn/201208/t20120808_143887.html。
⑦ 国家体育总局武术运动管理中心:《2012年社会武术活动部工作总结》,内部资料。

传统体育、游艺与杂技类非物质文化遗产保护发展报告

续表

活动名称	主办单位	时间	地点
首届粤港澳台魔术节①	文化部艺术司、广东省文化厅、广东省文学艺术界联合会	8月10日至12日	广东省广州市
亚欧大陆桥首届武术交流赛②	江苏省武术协会	9月14日至16日	江苏省连云港市
第六届山东杂技魔术大赛③	山东省委宣传部,省文联,省杂技家协会	9月25日至27日	山东省东阿县
第十届国家级非物质文化遗产项目——红拳传承人展演交流大会④	陕西省非物质文化遗产保护中心	10月3日	陕西省西安市
2012年第47届全国象棋个人锦标赛⑤	中国象棋协会	10月10日至20日	浙江省磐安县
2012年蔡李佛传统武术精英赛⑥	广东省侨联和广东省非物质文化管理中心	11月11日	广东省广州市
第25届永城杯中国围棋名人战五番棋决赛（挑战赛）⑦	人民日报社、中国围棋协会	11月16日	河南省永城市
第三届东北三省魔术比赛⑧	黑龙江省文联、吉林省文联、辽宁省文联	11月21日至22日	黑龙江省哈尔滨市
浙江省第四届曲艺杂技魔术节⑨	浙江省文化厅、省曲艺家协会、省杂技家协会	11月28日至12月3日	浙江省杭州市
"神枪杯"八极拳武术比赛⑩	吉林省武术运动协会	12月2日	吉林省长春市

---

① 《粤港澳台魔术师广州献艺》,《中国文化报》2012年8月13日第1版。
② 国家体育总局武术运动管理中心:《2012年社会武术活动部工作总结》,内部资料。
③ 《第六届山东杂技魔术大赛东阿开幕》,中国山东网,2012年9月26日（http://liaocheng.sdchina.com/show/2447634.html）。
④ 《第十届红拳展演交流大会落幕》,《中国日报》,http://www.chinadaily.com.cn/micro-reading/dzh/2012-10-09/content_7184230.html。
⑤ 《象棋个人赛北京包揽男女冠军》,新华网,http://www.bj.xinhuanet.com/bjyw/2012-10/27/c_113516812.htm。
⑥ 《广东省侨联主办2012年蔡李佛传统武术精英赛》,人民网,http://politics.people.com.cn/n/2012/1114/c242019-19575670.html。
⑦ 《中国围棋江山代有人才出 檀啸成棋界"新名人"》,体坛网,http://sports.titan24.com/qipai/2013-01-02/31421.html。
⑧ 《第三届东北三省魔术比赛在哈尔滨举办》,黑龙江文艺网,2012年12月4日（http://www.hljswl.com/web/detail/,P=0,ID=658465H5S10O41HY.shtml）。
⑨ 《浙江举办第四届曲艺杂技魔术节》,《中国文化报》2012年12月3日第2版。
⑩ 《"神枪杯"八极拳武术比赛在长春举行》,新华网,http://www.jl.xinhuanet.com/2012jlpd/2012-12/03/c_113887604.html。

续表

活动名称	主办单位	时　间	地　点
中华武术博览节、第七届全国武林大会暨贵州省首届武术运动会①	贵州省体育局、清镇市人民政府	12月9日至11日	贵州省清镇市

在非物质文化遗产国际化的大背景下,这些比赛、活动在现阶段,无论规模还是影响力均十分有限,少有外国团体参与其中,但推动本土民众对相关项目文化的了解、促进传统体育项目本土传承方面,却有十分重要的意义,同时,一些社区性比赛为丰富人民群众的精神文化生活也作出了积极贡献。如7月15日,"健康温江·太极温江"24式太极拳比赛在温江区体育馆举行,来自全区的48支队伍共计1801名选手参加了本次比赛。温江区正努力把发扬太极文化、提高全民体质健康水平,作为推动当地文化发展繁荣的一项民生工程和文化工程。经过半年的努力,温江区经常参加太极练习的人数已超过5万人,全区中小学和机关干部已基本掌握了24式太极拳这项基本健身技能。本次比赛就是对太极拳"五进(太极拳进机关、进企事业、进学校、进社区、进家庭)"前期阶段活动成果的集中展示和交流,温江区力求在不断总结太极推广活动经验教训的基础上,进一步强化政府职能,在构建均等化基本公共健身服务体系和提升社会组织的能效上下工夫,使群众真正成为太极运动的倡导者、实践者和受惠者,形成太极推广的长效机制。②

(三) 获奖情况与国际交流

1. 获奖情况

2012年,传统体育、游艺与杂技类项目屡屡在国际、国内重大活动中摘金夺银、为国争光,表8对其中一些重要赛事的获奖情况进行了统计:

---

① 《武术——第七届全国武林大会开幕》,新华网,http://www.gz.xinhuanet.com/2012-12/10/c_113965667.htm。
② 《成都温江大力挖掘太极文化助推文化发展》,中国新闻网,http://www.chinanews.com/df/2012/07-15/4033413.shtml。

表8 2012年传统体育、游艺与杂技类项目获奖情况表

活动名称	地 点	活动时间	获奖情况	
第36届蒙特卡罗国际马戏节①	摩纳哥	1月	《男子艺术造型》	金小丑奖
			《腾跃—大跳跃》	
第十届中国民间文艺山花奖②	中国海口	1月	获第十届中国民间文艺山花奖·民间艺术表演奖	
第33届法国"明日"世界杂技节③	法 国	1月29日	《双人手技》	铜奖
第一届蒙特卡洛"新一代"国际青少年马戏节④	摩纳哥	2月5日	《蹦拐顶技》	第一银奖、摩纳哥马戏之友协会特别奖
朝鲜"四月之春"友谊艺术节⑤	朝 鲜	4月9日至21日	1枚金奖、3枚银奖、功劳奖（孙晓红）	
第九届中国会展之星暨2011-2012年度中国十大品牌节庆⑥	中国上海	8月	中国吴桥国际杂技艺术节获"第九届中国会展之星暨2011-2012年度中国十大品牌节庆"大奖	
法国瓦兹河谷国际马戏节⑦	法 国	10月	《软钢丝》	铜奖
第14届意大利拉蒂那国际马戏节⑧	意大利	10月18日至22日	《比翼——男子双人技巧》	金奖
			《兄弟——三人倒立技巧》	

---

① 《上海马戏团从蒙特卡洛国际马戏节夺魁凯旋》，新华网，http://news.xinhuanet.com/yzyd/edu/20120321/c_111683631.htm。

② 《建瓯挑幡摘得"山花奖"》，东南网，http://www.fjsen.com/d/2012-01/21/content_7713061.htm。

③ 《中国杂技获法国"明日"世界杂技节铜奖》，新华网，http://news.xinhuanet.com/photo/2012-01/30/c_122630488.htm。

④ 《中国杂技获"新一代"国际青少年马戏节首奖》，中国网，http://www.china.com.cn/international/txt/2012-02/06/content_24565828.htm。

⑤ 《朝鲜第28届"四月之春"友谊艺术节开幕》，新华网，http://news.xinhuanet.com/world/2012-04/12/c_111770950.htm。

⑥ 《吴桥杂技节获"中国十大品牌节庆"大奖》，中央政府网，http://www.hebei.gov.cn/article/20120821/2273375.htm。

⑦ 《建湖杂技参赛法国际马戏节〈软钢丝〉获铜奖》，中国新闻网，http://www.js.chinanews.com/yc/news/2012/1018/23209.html。

⑧ 《中国杂技囊括意大利拉蒂那国际马戏节金奖》，中国杂技家协会网站，2012年11月2日（http://www.21caa.org/showgg.asp?ggid=45）。

2. 国际交流

2012年，传统体育、游艺与杂技类项目继续开拓国际平台，拓宽交流渠道，巩固非物质文化遗产传承阵地，为弘扬我国优秀的文化和提高"软实力"作出了积极的努力和贡献。有关的重要国际交流活动，详见表9所列。

表9　2012年传统体育、游艺与杂技类项目重要国际交流活动表

活　　　动	主办单位	时　　间	地　　点
"欢乐春节"主题国际表演	中国文化部	1月13日①	巴基斯坦
		1月27日至2月3日②	土耳其伊斯坦布尔
		1月17日至27日③	塞舌尔共和国、毛里求斯共和国
		1月20日至29日④	泰国
		1月28日至2月8日	南非⑤、赞比亚⑥、莱索托⑦

---

① 《全球共度"欢乐春节"世界共享中华文化——亚洲篇》，《中国文化报》2012年1月30日第6版，http://www.ccdy.cn/wenhuabao/lb/201201/t20120130_230038.htm。
② 《"欢乐春节"活动在伊斯坦布尔开幕》，人民网，2012年1月28日（http://world.people.com.cn/GB/157278/16953648.html）。
③ 《本报记者亲历"欢乐春节" 又是春节"欢乐"时》，《中国文化报》2012年1月30日第4版。
④ 《甘肃省杂技团赴泰国演出受到热捧》，中国文艺网，http://www.cflac.org.cn/ys/yszj/kx/201202/t20120203_121613.html。
⑤ 《"中国文化让人陶醉"——2012南非"欢乐春节·魅力北京"活动侧记》，《中国文化报》2012年1月30日第3版（http://www.culturalink.gov.cn/portal/pubinfo/050012/20120208/c08d75b993b64b00aca81287bdd2498a.html）。
⑥ 《中国杂技惊艳赞比亚》，《中国文化报》2012年2月6日第1版（http://www.ccdy.cn/wenhuabao/yb/201202/t20120206_232278.htm）。
⑦ 《2012"欢乐春节"活动走进莱索托》，《中国文化报》2012年2月8日（http://www.culturalink.gov.cn/portal/pubinfo/050012/20120208/c08d75b993b64b00aca81287bdd2498a.html）。

续表

活　　动	主办单位	时　间	地　点
中国杂技受邀奥斯卡颁奖晚会表演①	山东杂技团	2月	美国
武术代表团出国访问交流②	国家体育总局武术运动管理中心	3月至5月	新加坡、阿尔巴尼亚、文莱、波兰、瑞典
世界魔术大会③	世界魔术大会组委会	7月至9月	英国黑泽
首届欧中少林文化节④	柏林中国文化中心、河南省文化厅	9月	德国柏林
西湖国际魔术交流大会⑤	中国杂技家协会	9月	中国杭州
青年魔术师代表团赴蒙古国交流、访问⑥	中国青年代表团	9月至11月	蒙古国
中国北京国际魔术大会⑦	文化部、中国文联、北京市人民政府	11月至12月	中国北京

（四）生产性保护

1. 商业演出

商业演出是对传统体育、游艺与杂技类非物质文化遗产项目进行生产性保护的主要方式之一，2012年影响力较大的商业演出活动，详见表10所示：

---

① 《中国杂技首次受邀亮相奥斯卡颁奖晚会》，中国文艺网，http://www.cflac.org.cn/gn/201202/t20120227_129551.html。
② 《国家体育总局武术运动管理中心外事部2012年工作总结》，内部资料。
③ 《中国杂协代表团参加第25届世界魔术大会》，中国杂技家协会网，2012年7月25日（http://www.21caa.org/showgg.asp?ggid=41）。
④ 《欧洲少林文化节柏林开幕》，《中国文化报》2012年9月12日第3版。
⑤ 《第三届中国西湖国际魔术交流大会颠覆观众想象力》，中国文艺网，http://www.cflac.org.cn/ys/xwy/201209/t20120928_150765.html。
⑥ 王璐、李彦培、朱立军：《九月出访季》，《杂技与魔术》2012年第5期，第14页。
⑦ 《首届中国北京国际魔术大会昨晚开幕》，凤凰网，http://news.ifeng.com/gundong/detail_2012_12/01/19727845_0.shtml。

表10 2012年传统体育、游艺与杂技类项目主要商业演出一览表

节目名称	演出单位	地　点	上演时间
《木兰传说》①	重庆杂技团	法国	2011年11月至2012年4月
《西游记》②	广州杂技团	新加坡嘉龙剧院	4月5日至8日
		马来西亚	5月至6月
		韩国	7月至8月
独轮车手技节目组③	吴桥县杂技团	德国斯图加特市	11月至12月
《爱丽丝漫游奇境》④	天津市杂技团	法国埃尔伯夫杂技剧场	2012年11月至2013年1月

这些商业表演在节目设计、编排等方面与时俱进、推陈出新，既是美轮美奂地艺术表演，同时也是对传统杂技文化的传承与发扬。

2. 影视舞台作品

影视舞台作品是传统体育、杂技技艺新的表演和传播形式，同时也是对此类非物质文化遗产项目进行生产性保护的新方式，2012年创作出品的相关作品，主要有以下几种（见表11）：

表11 2012年传统体育、游艺与杂技类项目主要影视舞台作品一览

名　　称	主办单位	时　　间
2012年度CCTV《武林大会》⑤	中央电视台体育频道、国家体育总局武术运动管理中心、中国武术协会	1月9日
微电影《空竹故事》⑥	北京市文化局、体育局、台办、西城区委区政府	7月11日

---

① 《杂技剧〈花木兰〉：艺术创新与市场开拓并举》，《中国文化报》2012年9月27日第3版。
② 《杂技剧〈西游记〉海外显身手》，《中国文化报》2012年4月30日第3版。
③ 《吴桥杂技团11月赴德国演出》，新华网，http://www.he.xinhuanet.com/zfwq/cangzhou/news/2012-08/24/c_112840601.htm。
④ 《天津杂技剧〈爱丽丝漫游奇境〉巡演法国》，中华人民共和国文化部网站，http://www.ccnt.gov.cn/xxfbnew2011/xwzx/qgwhxxlb/201211/t20121130_268474.html。
⑤ 《天涯海角摆擂台 〈武林大会〉入三亚——2012年度CCTV〈武林大会〉走进三亚隆重举行》，《中华武术》2012年第2期第6页。
⑥ 《以空竹为主题的微电影〈空竹故事〉在京首发》，新华网，http://www.bj.xinhuanet.com/bjfs/2012-07/12/content_25489849.htm。

续表

名　　称	主办单位	时　　间
大型纪录片《少林功夫》①	国务院新闻办	7月30日
电视节目《世界不可思议的发现》（峨眉武术）②	日本TBS电视台	7月30日
电影《八卦宗师》③	导演陈树楷	11月16日
微电影《禅武心》④	河南省微电影协会、郑州市武术协会	11月21日

这批以传统体育、游艺与杂技类为题材的高质量影视舞台作品，从艺术的角度全方位、多角度呈现传统体育、游艺与杂技类项目的文化精髓，不仅很好地挖掘了项目的艺术以及人文历史底蕴，而且进一步扩大了传统体育、游艺与杂技类项目在国内外的知名度与影响力。

（五）传承与教育

传统体育、游艺与杂技类非物质文化遗产项目的传承教育，通常以民间拜师授艺、学校教育和社会传承三种形式为主。

民间传承方面，如国家级非物质文化遗产岳家拳首届全国各省地分会会长暨教练员培训班2月份在武穴市岳飞文武学校举行，岳家拳代表性传承人张业金向来自浙江、山西、重庆、河北、河南、湖北等地的68名学员传授了岳家拳各种技击套路。⑤ 又如，8月4日至8日由《中华武术》杂志、国家体育总局武术运动管理中心社会部主办的第七届中华武术大学堂太极拳名家讲堂暨第三期技击名家讲堂，在黑龙江省绥芬河市举行。"太极拳金牌教头"曾乃梁，著名陈式太极拳传人之一陈正雷，杨式太极拳名家傅声远、傅清泉父子，崔仲三，赵幼斌，以及梅花桩拳传人韩建中等非

---

① 《中、新、美合拍3D纪录片〈少林功夫〉杀青》，光明网，http://culture.gmw.cn/2012-07/30/content_4667778.htm。
② 《四川峨眉武术将亮相日本TBS电视台展中华武术风采》，四川新闻网，http://world.newssc.org/system/2012/08/01/013590048.shtml。
③ 《真功夫电影〈八卦宗师〉16日全国公映》，中国网，http://ent.china.com.cn/live/2012-11/16/content_17198431.htm。
④ 《中原首部传统武术题材系列微电影〈禅武心〉正式开拍》，新华网，http://news.xinhuanet.com/yzyd/local/20121122/c_113758217.htm。
⑤ 《国家非物质文化遗产岳家拳2012年培训班黄冈武穴开班》，黄冈新视窗网，http://www.hgitv.com/html/2012/02_21/13627.html。

物质文化遗产传承人获邀担任本期名家讲堂主讲老师，向社会各界太极拳爱好者倾囊授艺。①

学校教育方面，1月6日，由江苏省武术协会与泰州市武术协会组成考评组，泰州兴化市安丰高级中学千名学生通过了中国武术段位制一段通段考试。② 2月，韩国泰成中高等学校孔子课堂举办中国武术体操班，三个班级约150名学生参与其中，预计到年中将普及至全校2000名学生。③ 4月24日，北京市第一所"民族民俗民间文化艺术传承学校"在北京第二实验小学揭牌，校方邀请了包括空竹艺术家在内的14位民间艺术家，在学校内开展民间艺术传承和培养活动，并将空竹等5个非物质文化遗产项目列入学校艺术选修课程。④ 截至2012年4月，沧州市全面推动武术进学校工作向纵深开展，全市1803所大中小学校有1532所开展了武术教学活动，武术进学校普及率达85%，普及人数近百万⑤。又如闽南传统文化代表、第二批国家级非物质文化遗产代表作项目的五祖拳，以精心设计的健身操形式走进泉州市各中小学校，已成为学生们校园体育活动的重要内容。这套健身操下一步还将走出泉州，走进菲律宾等地，在华人华侨比较集中的华人学校和侨校推广。⑥

社会传承方面，中国武术段位制是发挥武术健身作用的主要方式和武术文化遗产传承的主要举措，2012年，由国家体育总局武术运动管理中心和中国武术协会主办的武术段位制指导员、考评员培训班先后在各省市举办十余次，培训武术段位制指导员、考评员近万名，这些培训的学员，全都是各省市武术界的骨干精英，经过全国武术段位制的系统培训后，他们将成为各地组织武术段位制培训、比赛、展演，并进一步传承和发扬传统

---

① 《传统文化传播到中俄边境 武术大学堂绥芬河开讲》，中国武术协会网，http://wushu.sport.org.cn/home/wlkd/2012-08-08/382532.html。
② 《国标武术走进校园 江苏千名学生通过初段考评》，中国武术协会网，http://wushu.sport.org.cn/home/wlkd/2012-01-12/370479.html。
③ 《韩国泰成中高等学校孔子课堂举办中国武术体操班》，中国广播网，http://www.cnr.cn/qxwtp/201202/t20120221_509189632.shtml。
④ 《图片新闻》，《中国文化报》2012年4月27日第7版。
⑤ 《资助名师进校 沧州"武术进学校"成效显著》，中国武术协会网，http://wushu.sport.org.cn/home/wlkd/2012-04-05/375131.html。
⑥ 《五祖拳健身操将走进外国华人学校》，台海网，http://www.taihainet.com/news/fujian/shms/2012-11-20/981231.html。

武术的主力。

6月12日,由文化部主办的中国非物质文化遗产保护系列讲座在国家图书馆文津堂举行。讲座周围绕"活态传承,重在落实"的主题,邀请了10名在非物质文化遗产保护领域具有影响力的专家,向公众全面介绍我国非物质文化遗产保护的整体情况。国家体育总局武术研究院专家委员会执行专家康戈武研究员应邀作了题为"武术非物质文化遗产保护与研究现状"的专题讲座。讲座以康教授自身参加国家级非物质文化遗产项目评审工作的体会和参与研究及合理运用武术非物质文化遗产项目的成果为素材,内容包括:武术非物质文化遗产项目的界定、国家级武术非物质文化遗产项目概览、准备武术非物质文化遗产项目申报材料应注意的问题、武术非物质文化遗产项目的保护和研究问题、优选一两个武术拳种和锻炼方法申报联合国非物质文化遗产项目的思考等五个方面。[①]

二 研究情况

(一) 立项情况

2012年度国家社会科学基金资助项目共3291项,有20项与传统体育相关的科研立项,[②] 具体项目,详见表12统计。

表12 2012年度国家社会科学基金——传统体育相关科研立项表

序号	项目名称
1	我国民族体育的文化拓展、国际推广与国际赛事研究
2	少数民族传统体育实现教育功能途径的研究
3	新疆竞技体育与少数民族传统体育和谐发展研究
4	中国武术思想史研究
5	蒙古族传统体育文化的价值及驱动机制研究

---

① 《"中国非物质文化遗产保护讲座周"专家讲座日程安排》,《中国文化报》2012年6月13日第2版。
② 《2012年度国家社科基金项目评审结果公布》,中国网,2012年5月22日(http://news.china.com.cn/rollnews/2012-05-22/content_14314580.htm)。

续表

序号	项目名称
6	青海藏区民族传统体育文化传承与和谐社会建设研究
7	吴越文化与民族体育文化融合研究
8	武陵山区域文化与民族传统体育发展研究
9	地域文化视域中传统武术文化多元化及发展对策研究
10	交互主体性视域下的中国武术国际化研究
11	中国武术"文化空间"的秩序调整、重组与跨越研究
12	中国武术标准化发展研究
13	我国民族传统体育网络化传承与现代建构研究
14	民族传统体育传承发展的村寨依托实证研究
15	达斡尔、鄂温克、鄂伦春族传统体育文化研究
16	西北走廊民族传统体育文化的传承与嬗变研究
17	湘鄂渝黔边区民族传统体育文化创意开发研究
18	新疆民族传统体育文化融合与发展研究
19	中国武术审美文化的现代转变及发展模式研究
20	区域武术文化的地方性知识及其运行机制研究

（二）期刊、专著与论文情况

1. 传统体育类

2012年，为满足武术事业发展的需要，满足日益增长的中国武术挖掘、整理和发展研究的多元化需求，国家体育总局武术研究院与中国体育报业总社联手打造国家武术研究院院刊《中华武术研究》，以更加权威的行业影响力和专业的视角，为中国武术的普及、提高和发展作出贡献。该刊将在全面贯彻和执行国家各项方针政策的基础上，以传播武术文化、思想和精神为主旨，以刊载优秀的学术研究成果为责任，打造具有国际影响力的武术学术期刊。

1月10日，由国家体育总局武术运动管理中心、国家武术研究院、中国武术协会组织专家学者研编、审定和发布，教育部高等教育出版社出版发行的《中国武术段位制系列教程》在北京正式推出。该书是武术锻炼者考取武术段位的规定教程，全套教程共27种，包括4种理论教程和23种技术教程，各拳种均以"打、踢、拿、靠、摔"5种技术元素递增的方式，编制成 6 个段级的技术内容。①

2 月，张山主编长篇武术著作《武林春秋》由人民体育出版社出版。这是新中国成立以来第一部对新中国武术发展历程的翔实记录与珍贵的回顾，编者积累了丰富的资料与文献，联系了 100 多位各个时期的亲历者共同撰写。全书从"与武术结缘"，到"香港国际武术节"等，共 25 章，约 70 万字，还有几百幅珍贵的历史照片。②

在论文研究方面，通过对中国知网的文献检索发现，2012 年，仅以"民间体育"和"传统体育"为主题的研究就分别有 139 篇和 1491 篇。较往年相比，数量明显增加。从一定程度上说明，传统体育类研究越来越受到学界的重视，更多的专家学者从非物质文化遗产角度关注传统体育并致力于相关研究。除了从非物质文化遗产保护和传承的视角对传统体育现状进行分析并提出对策外，多角度、多方位，跨学科、跨领域的合作研究也为 2012 年传统体育类的非物质文化遗产保护研究注入了新鲜的血液。今年传统体育类论文研究的一大特点就是围绕非物质文化遗产的主题，出现了一大批博士、硕士论文，且多为针对具体非物质文化遗产名录的项目展开深入的实地研究基础上的实证研究，如邓开民的博士学位论文《云南少数民族传统体育旅游资源开发利用研究》、刘坚的博士学位论文《云南省少数民族传统体育非物质文化遗产保护与传承研究》、刘炜的硕士学位论文《非物质文化遗产视阈下湖南省传统武术传承研究》、白林兵的硕士学位论文《非物质文化遗产视角下的临清潭腿研究》、任鑫洁的硕士学位论文《开封市民间传统武术拳种现状调查研究》等。刘坚在其博士论文中，以非物质文化遗产为研究视野，将云南省少数民族传统体育文化传承的理论与实践作为研究对象，通过历史研究法、问卷调查法、田野调查法等对少数民族传统体育文化传承问题进行深入研究，提出了少数民族传统体育文化传承策略，包括 8 个原则、2 个操作步骤、4 种传承路径。8 个原则即整体性原则、差异性原则、活态性原则、自觉性原则、原真性原则、独特性原则、发展性传承原则和适度开发原则；2 个操作步骤即普查（排查、抽

---

① 《促武术发展：〈中国武术段位制系列教程〉正式推出》，中国武术协会网，http://wushu.sport.org.cn/home/wlkd/2012-01-12/370480.html。
② 《武术著作〈武林春秋〉出版》，新华网，http://news.xinhuanet.com/politics/2012-02/24/c_122746718.htm。

样、实录、相关实物取证）和评估（时空性、独特性、完整性、濒危性）；4 种传承路径即现代体育化、非物质文化遗产申报、资料库与信息库和生活性保护（生态保护区与生态旅游）。①

另外，随着 2011 年《中华人民共和国非物质文化遗产法》的公布，传统体育的非物质文化遗产法律保护研究成为 2012 年的研究热点，如孟林盛、李建英的《民间体育非物质文化遗产的法律保护研究——以山西忻州挠羊赛为视角》，赵富斌、赵莉的《传统武术的法律保护探析》，王卓、崔乐泉的《对我国优秀民族传统体育非物质文化遗产保护与知识产权制度兼容与互动的研究》等。其中，以《传统武术的法律保护探析》一文，在剖析传统武术特性、表现形式及现状的基础上，首先对传统武术知识产权保护的客体及可行性进行了分析，其次探讨了除知识产权保护以外的其他法律保护形式。文章还通过借鉴国际非物质文化遗产保护的成功经验，从法律层面对传统武术的法律保护问题提出了建议，如政府应针对传统武术实施专门立法、出台地方法律条例、保护传统武术、依法实现传承人的利益，等等。②

2. 游艺与杂技类

2012 年 8 月，徐庄、傅起凤合著的《中国读本：中国古代幻术》正式出版（此处所谓"幻术"即魔术）。该论著在研究我国社会发展、礼乐文化、宗教文化、科技发展、民族习俗、中外文化交流等方面有很高的认识价值和学术价值，对保护和传承中国传统文化和民族精神方面亦有着十分重要的作用。③

12 月，由安作璋教授等人历经 20 余年辛勤努力、集体撰稿的我国第一部杂技艺术论著《中华杂技艺术通史》正式出版发行。"中华杂技艺术通史研究"项目是文化部"十一五"国家艺术科学规划课题，也是国家新闻出版署"十二五"重点图书出版规划项目、国家出版基金项目。该书上起远古，下迄新中国成立，按历史发展顺序，分为先秦、秦汉、魏晋南北

---

① 刘坚：《云南省少数民族传统体育非物质文化遗产保护与传承研究》，北京体育大学博士学位论文，2012。
② 赵富斌、赵莉：《传统武术的法律保护探析》，《南京体育学院学报》2012 年第 26 卷第 5 期，第 64 页。
③ 徐庄、傅起凤：《中国读本：中国古代幻术》，中国国际广播出版社，2012。

朝隋唐五代、辽宋金元、明清、近现代六编，共106万字，400余帧图片。不仅记述了中华杂技艺术的起源和发展的历史，杂技表演形式和各种技巧，还详细介绍了我国传统杂技的组织、流派和各种礼俗制度，以及杂技艺人的生活逸事等丰富的内容。该书运用综合交叉学科研究，广泛搜集历史诗文集、俾官野史、笔记小说、报刊资料以及石刻绘画中所反映的资料，是我国第一部全面、系统、科学的大型杂技艺术通史巨著，也是一项中华杂技艺术的优秀研究成果，许多方面都填补了杂技艺术研究的空白。[1]

在论文研究方面，涉及传统游艺与杂技的文章较少。通过对中国知网的检索，2012年发表的以"游艺民俗"为主题的文章共10篇。其中主要是关于少数民族传统游艺的文章。蒋星梅的《西部少数民族村寨游艺民俗的起源、类型与功能研究》指出西部独特的自然环境、生产方式、社会制度、宗教信仰是游艺民俗产生的重要原因，文章还分析认为游艺民俗除了在当地社会起到传承和维系传统文化、教育规范的作用外，也起到了娱乐放松和促进各民族社会交往的作用，少数民族地区独具特色的游艺文化，是形式多样、文化内涵丰富的民俗旅游资源。谢丽梅的《浅析蒙古族游艺民俗的旅游价值及其开发》[2]，王明霞等人合著的《满族游艺文化资源开发研究》[3] 文章，文中对蒙、满等少数民族游艺进行了深入分析，并提出相应的旅游开发设想。

从文章数量来看，杂技比传统游艺获得比较多的关注，中国知网检索到2012年以"杂技"为主题的文章共有147篇。其中有15篇关于吴桥杂技的专题论文，这与近年来吴桥杂技的产业化发展密不可分。邢慧斌、王玉成的《文化旅游产业品牌价值链整合与延伸研究——以河北吴桥杂技为例》[4] 一文，以河北吴桥杂技在开发非物质文化遗产的文化旅游价值方面的成功经验为例对如何整合与延伸文化旅游品牌价值链等问题进行了深入

---

[1] 《〈中华杂技艺术通史〉出版发行》，山东文化网，2012年12月18日（http://www.sdwht.gov.cn/html/2012/gzdt_1218/6858.html）。
[2] 谢丽梅：《浅析蒙古族游艺民俗的旅游价值及其开发》，《赤峰学院学报》（自然科学版）2012年第20期，第40页。
[3] 王明霞、王微、李寒：《满族游艺文化资源开发研究》，《黑龙江民族丛刊》2012年第6期，第140页。
[4] 邢慧斌、王玉成：《文化旅游产业品牌价值链整合与延伸研究——以河北吴桥杂技为例》，《2012中国旅游科学年会论文集》，2012，第267页。

探讨，认为吴桥杂技可以为其他非物质文化遗产项目的文化旅游开发提供借鉴。由于杂技也是一门舞台艺术，另有一些文章专门从舞美设计角度对杂技进行研究，如杨玉凤的《我对现代杂技舞美设计的理解》①、兰玲的《四川杂技舞台美术中的四川元素》②、聂翠青的《新语境下的杂技本体语言》③、吕宝宏的《音乐在杂技节目中起到烘托渲染作用》④等。这些文章通过对杂技舞美艺术的分析，强调灯光、影像、背景音乐等对杂技艺术的表现与接受起着越来越重要的作用。

（三）研讨会情况

表13　2012年传统体育、杂技与游艺类重要学术研讨情况

会议名称	举办单位	时间	地点
"挖整资料点校方案专家会议"⑤	国家体育总局武术运动管理中心	3月19日至21日	河南郑州
中国杂协第六届理事会第三次扩大会议⑥	中国杂技协会	3月20日至21日	云南省昆明市
武术短兵项目研讨会⑦	国家体育总局武术运动管理中心	7月	湖北省武汉市
第四届中国·温县和式太极拳高峰论坛⑧	国家体育总局武术运动管理中心	8月26日	河南省温县
亚洲区域体育非物质文化遗产及民族传统体育蹴鞠研讨会⑨	国家体育总局体育文化发展中心、对外体育交流中心、山东省体育局	9月11日	山东省淄博市临淄区

---

① 杨玉凤：《我对现代杂技舞美设计的理解》，《杂技与魔术》2012年第5期，第55页。
② 兰玲：《四川杂技舞台美术中的四川元素》，《四川戏剧》2012年第6期，第145页。
③ 聂翠青：《新语境下的杂技本体语言》，《杂技与魔术》2012年第5期，第43页。
④ 吕宝宏：《音乐在杂技节目中起到烘托渲染作用》，《剧影月报》2012年第5期，第70页。
⑤ 国家体育总局武术运动管理中心：《研究发展部2012年工作总结》，内部资料。
⑥ 《杂技界要积极践行文艺工作者职业道德公约——中国杂协六届三次理事扩大会倡议》，中国杂技家协会网站，2012年3月28日（http：//www.21caa.org/showgg.asp?ggid=38）。
⑦ 《湖北省武汉体育学院召开武术短兵项目研讨会》，中国武术协会网，http：//wushu.sport.org.cn/home/wlkd/2012-07-19/381375.html。
⑧ 国家体育总局武术运动管理中心：《研究发展部2012年工作总结》，内部资料。
⑨ 《60位中外专家探讨蹴鞠文化》，新浪网，http：//news.sina.com.cn/o/2012-09-15/080125179679.shtml。

续表

会议名称	举办单位	时间	地点
第九届中国·郑州国际少林武术节论坛报告会①	国家体育总局武术运动管理中心、中国武术协会	10月21日至24日	河南省郑州市
第四届世界太极拳健康大会太极文化高峰论坛②	国家体育总局武术运动管理中心、中国武术协会	10月28日至11月1日	湖北省武当山市
亚洲龙舟联合会执委会会议③	亚洲龙舟联合	11月3日	广东省佛山市
第五届世界传统武术锦标赛"武术·文化·旅游"高层论坛④	国际武术联合会、中国武术协会、国家体育总局武术研究院	11月8日	安徽省黄山市
东北三省杂技论坛⑤	中国杂技家协会与吉林省、辽宁省、黑龙江省文联	12月13日	吉林省长春市

上述诸多会议中，由国家体育总局武术运动管理中心组织的"挖整资料点校方案专家会议"是2012年有关传统体育游艺与杂技类非物质文化遗产保护事业最重要的会议之一。该会议于2012年3月19日至21日在河南郑州召开。会议首先讨论了如何开展武术挖掘整理资料后续研究工作方案等问题，确定了研究工作的总体方案、点校规范和课题组任务分工，随后分课题组进行具体的资料整理、点校工作。目前，第一批次共132本手抄本拳谱的点校工作已经初步完成，第二批次资料翻拍数字化处理工作也正在进行中。

9月11日，"亚洲区域体育非物质文化遗产及民族传统体育蹴鞠研讨会"在世界足球起源地——淄博市临淄区举行，来自亚洲多个国家的近60位专家学者对体育非物质文化遗产进行了全面深入的研讨。本次研讨会以"亚洲区域非物质体育文化遗产的现状与未来"为主题，分为主题研讨和

---

① 国家体育总局武术运动管理中心：《研究发展部2012年工作总结》，内部资料。
② 国家体育总局武术运动管理中心：《研究发展部2012年工作总结》，内部资料。
③ 《亚龙联执委会会议在佛山召开高峰论坛团结共赢》，中国日报网，http://www.chinadaily.com.cn/micro-reading/dzh/2012-11-05/content_7429618.html。
④ 国家体育总局武术运动管理中心：《研究发展部2012年工作总结》，内部资料。
⑤ 《第五届东北三省杂技论坛在长春举行》，辽宁文学艺术网，2012年12月26日（http://www.lnwlw.com/zaji-xinwen/3093.html）。

专题研讨两大部分。与会中外专家学者以介绍亚洲区域非物质体育文化和民族传统体育项目为主,采取论文、演讲、讨论相互结合的方式,对亚洲区域非物质体育文化和民族传统体育项目进行了全方位的推介。①

三 成绩、问题与展望

随着《中华人民共和国非物质文化遗产法》的颁布与实施,我国的非物质文化遗产保护已经走上依法保护的新阶段。2012年,传统体育、游艺与杂技的各项保护传承工作都有了新的进展,取得了不少的成绩,有值得推广的"亮点",当然,也存在有待思考和解决的问题。只有发扬成绩,解决问题,传统体育、游艺与杂技的保护工作才能不断走上新的台阶。

(一) 主要成绩

1. 比赛多、层次高、规模大

比赛是体育、游艺与杂技项目交流的平台、展示的窗口,更是传统体育、游艺与杂技类保护传承的主要途径。2012年,以"非物质文化遗产保护"为主题的比赛活动,呈现出规模大、人数多、级别高的特点。如第五届世界传统武术锦标赛、第十一届国际武术博览、第四届世界太极拳健康大会等赛事,其参赛人数、赛事规模、赛事级别均创历届之最。

另外,2012年度中,一些单个项目首次举办较大规模的比赛,展示出该项目的传承仍有一定良好基础,同时也为进一步扩大传统体育活动的影响力、推动项目自身的发展壮大起到了积极的宣传和推广效应。如掼牛,它是第三批国家级非物质文化遗产代表作名录的新入选项目,2012年6月在浙江嘉兴举行的首届"中国掼牛"全国邀请赛,就有来自浙江和上海、河南的5支代表队参加。比赛包括掼牛士武功绝技比赛、掼牛团体赛和个人赛。国家体育总局武术运动管理中心副主任陈国荣、国家武术研究院秘书长康戈武对比赛进行了现场考察和调研。② 又比如,作为武术的单一拳

---

① 《60位中外专家探讨蹴鞠文化》,新浪网,http://news.sina.com.cn/o/2012-09-15/080125179679.shtml。
② 《武术资讯:首届"中国掼牛"赛在嘉兴举行》,中国网,http://news.china.com.cn/rollnews/2012-06/07/content_ 14560157.htm。

种，由国家体育总局武术运动管理中心举办的全国首个单项拳术的赛事——全国武术少林拳比赛在河南省登封市举行，吸引600多名少林拳练习者参与。[①] 此外，还有作为单项武术拳种比赛开展较好的陕西红拳，10月3日在西安举行了"第十届国家级非物质文化遗产项目——红拳传承人展演交流大会"。此次活动由陕西省非物质文化遗产保护中心主办，共吸引了陕西、甘肃、重庆等地106个参赛队参与，参赛队员达到1118人，展示了红拳体系不同风格的套路有127种，各类器械170套，成为历届红拳赛事参加人数最多、规模最大的一次。[②]

2012年，传统体育、游艺与杂技类项目在以"非物质文化遗产"为主题的竞赛及展演中，国际、国内重大比赛呈现出高规格、大规模的特点，影响力和宣传效应较往年有显著提升，许多赛事的规模和影响更是创下历史之最。

2. 积极实施"审查"制度

2012年，传统体育类非物质文化遗产保护工作在稳步前行的同时，还积极探索"审查"制度，以提高代表项目的内涵和质量。国家体育总局武术运动管理中心、中国武术协会首次在全国范围内采取实地复查、函件复查和抽查三种形式进行"全国武术之乡"复查工作，1月10日，"武术之乡"实地复查工作顺利收官。[③] 此次复查旨在废除全国武术之乡荣誉终身制，实行"动态管理"，巩固和提升"全国武术之乡"的美誉度、权威性、带动力和影响力，发挥"武术之乡"在全民健身中的积极作用和在非物质文化遗产传承保护工作中的标杆效应。

3. 以研究促进保护、传承

深入研究是科学传承与发展的前提，传统体育、游艺与杂技的保护、传承离不开研究。以武术为例，国家武术研究院组织人力对传统武术遗产进行了深入的研究，从中汲取了传统武术练打结合的锻炼模式，组织以传统武术传承人占多数的《中国武术段位制系列教程》编写组，以传统武术

---

① 《全国武术少林拳比赛》，《中国体育报》2012年9月20日第7版。
② 《第十届红拳展演交流大会落幕》，《中国日报》，2012年10月9日（http://www.chinadaily.com.cn/micro-reading/dzh/2012-10-09/content_7184230.html）。
③ 《全国武术之乡复查收官 提高影响力带动全民健身》，《中国体育报》2012年2月2日第7版。

中太极拳、少林拳、八卦掌、形意拳等传统武术拳种为项目，抓住传统武术具有打、踢、拿、靠、摔 5 种技击要素、以既能单练又能对打还可以拆招实战的锻炼模式，已编制了 23 个武术段位制系列技术教程。这一继承传统武术精髓的段位制技术体系，与受西方运动竞赛项目影响、练打分离、只重动作难度高和形态美的竞技武术项目相比，显现出了浓厚的中国传统文化特色和传统武术风采，受到了武术传习者的普遍好评，对武术遗产的传承、保护作出了积极的贡献。

（二）存在问题

1. 申报材料的不规范问题

从目前所看到的武术类非物质文化遗产项目申报材料来看，主要存在渊源不清、缺乏依据、内容不够准确、保护流于形式等问题。

（1）渊源不清、缺乏依据。

在历史渊源论述上，有盲目崇古的倾向。例如，为了说明某个武术项目的历史悠久，把项目渊源与伏羲相联系，或者说传自大食国，但又没有确实的证据。还有一些把中华人民共和国成立以后才形成或编组的武术作为遗产来申报。

（2）内容不够准确。

主要表现为以地域和从习者为所申报项目命名，进而将其所涉内容，按地域或从习者所及全数包揽，造成内容过泛，特点不明，项目不清，如沧州武术、武当武术、回民重刀等，都属于此类。

（3）保护流于形式。

有一些武术类项目的申报材料比较注重历史和现状描述，缺乏保护计划或保护计划缺乏操作性、科学性和监督措施，使项目保护往往流于形式。

2. 传承保护中的商业化问题

联合国教科文组织和国家的政策法规，都鼓励对非物质文化遗产的合理利用，但要求避免过度开发，尤其反对违背非物质文化遗产传承规律的商业开发。传统体育、游艺与杂技类非物质文化遗产中的武术、棋类、球类等项目，合理的利用、开发，对其传承、保护是有益的，但若不加以引导，就很容易起到相反的效果。例如，拼七巧图是一项很有益的传统智力游戏，也是一个非物质文化遗产项目，但一些学校过分强调了它开发智力的作用，像奥数一样搞比赛，办补习班、培训班，孩子压力大了，反而不愿意玩了。归根结底，七巧板是个游戏，首先要让人们喜欢它，才能在潜移默化中启发智慧，绝不能拔苗助长、急功近利。所以，我们应该意识到，有的非物质文化遗产项目可以商业化，有的项目中的某个侧面、某一部分可以部分商业化，有的则根本无法商业化。

（三）建议与展望

1. 以"大文化"观引领非物质文化遗产保护传承

文化的力量是民族、国家综合国力和国际竞争力的主要组成部分，大力发展文化已经成为国家发展战略的重要部署。从人类历史的发展角度而言，文化竞争是一切竞争的根本。从深层意义上说，任何行为都是文化行为。我们传承保护和研究发展非物质文化遗产，就要树立"大文化"观念，从战略的高度来认识其发展。非物质文化遗产是人类共有的精神财富，需要我们对非物质文化遗产项目的保护不仅是对国家文化政策的落实，更是对民族文化以及整个人类文化的继承和发扬。

仍以武术为例，在"大文化"的概念下，武术类非物质文化遗产的内容可以分为四类：其一为传统武术拳种；其二是自成体系的武术功力锻炼和竞赛形式；其三为武术锻炼器械、用品；其四是武术文化传承空间。从文化价值角度看武术非物质文化传承，一是要看到武术的文化教育作用，即以武术为载体，将中国传统文化、传统美德、传统精神乃至传统的生活方式融入到武术的运动形态和教学过程中，通过各级各类学校的课堂，让武术在培养中华民族的后继人、中华人民共和国的接班人过程中弥补西方舶来课程不可能具备的教育功效。二是结合各国孔子学院学生喜欢武术的情况，有计划有选择地将《中国武术段位制系列教程》引入孔子学院和孔子课堂，引导外国学生在逐渐晋升段级的吸引下，循序渐进地学习武术并坚持锻炼，并通过习练武术学习汉语，也通过学习武术了解武术的文化内涵和中国人的人生观，借此弥补纯文字教育可能引起误解或者不易理解的问题。

2. 传承保护要注重社会性利用

非物质文化遗产的传承保护不仅有赖于政府各级行政部门的重视和领导，更需要民众的文化自觉和社会各界的积极参与。我们要大力宣传、动员社会各界民众了解认识非物质文化遗产，积极参与到非物质文化遗产的相关保护和传承行列中,还要开辟思路,加强保护传承和研究开发,让非物质文化遗产为丰富人民群众的文化生活和促进社会文化大繁荣、大发展作出积极贡献。

目前,武术类非物质文化遗产项目的保护和研究主要有3种形式:一是以中国武术协会和国家武术研究院监制的《中华武藏》为代表,通过音像形式,对20世纪80年代挖掘整理认定的129个拳种进行"原样保护",将当今各拳种传承人的技艺、锻炼方法等一一摄录,留待有条件时运用到教学传承和科学研究上。二是开办武校,加强武术非物质文化遗产项目的教学传播和师徒传承。武术教学,强调口传心授,趁老一辈传承人还健在,创造条件,让他们亲自传授自己的技艺,保护文化,服务社会,是实现武术项目传承的关键。如今,在全国范围内有数百家民间武术馆校以及各级武术协会下设的单项拳种研究会,他们都在积极地从事教学传播和教授弟子,为传统武术的传承与发展发挥着积极的作用。三是以段位制的体例将武术研制成循序渐进的教学内容,并逐渐推入各级各类学校和全民健身场所,中国武术段位制是把传统的武术文化整理成一整套符合社会发展和人民需要的武术习练、传承、评价体系,既保证武术遗产的传承,又发挥武术健身的作用。段位制教程突破了个人、区域的标准,将武术作为国家标准进行传承,将受西方体育思想影响的"练打分离",在回归传统风貌后,重新找回了"练打结合"的中国武术本位特色和风格,为中国武术的标准化、国际化奠定了坚实基础,有助于促进武术文化遗产的社会性利用。

3. 非物质文化遗产生产性保护道路

2012年,文化部和国家发展和改革委员会组织了一个专业团队对研究传统武术的专家开展调查,调查的核心问题之一就是如何通过盘活非物质文化遗产来支持非物质文化遗产保护事业的进一步发展。此次调查表明,对传统体育、游艺与杂技类非物质文化遗产进行生产性保护,已成为一种普遍认识和必然趋势。

从经济价值角度探讨传统体育、游艺与杂技类非物质文化遗产生产性保护道路,需要从以下方面进行产业化布局。第一,做好武术本体经济价值的开发,培育武术培训、竞赛、表演市场。在培训方面,日本、韩国以及欧美各国的柔道、空手道、跆拳道等武技项目,都将运动技术整理为段位制体系,通过段位的教学培训和考试晋升段级,收取相应的教学培训费和考试晋段费，由此解决了项目自身存活和发展的经费来源问题。我国传统武术发展和武术类非物质文化遗产项目的保护和发展，都可以借鉴这一形式。另外，运动竞赛既是宣传和推广项目的主要手段，也是积累项目发展资金的好方法，例如，现有的武术擂台赛，已经取得了很好的收益。武术表演艺术也正日益引起广泛关注，例如，与舞台艺术结合的《功夫传奇》《风中少林》等功夫剧，在国内外都有很好的票房收入。武术非物质文化遗产项目为功夫剧、功夫电影等影视提供了素材，有着广阔的市场前景。第二，做好衍生产品的开发。武术传播和传承过程中，武术器械、书刊、音像制品以及服装、场地等，形成了一条产业需求链。我们可顺应各国民众对武术文化的喜爱，选择一些武术非物质文化遗产项目推向市场、推向世界，这样既有助于以发展促保护，还能充分发挥武术在传播中华文化、加强中外交流和增强国家文化软实力等方面的积极作用。

传统美术类非物质文化遗产保护发展报告

撰稿：王 娜 审稿：乔晓光[*]

2012年1月31日，国家级非物质文化遗产生产性保护示范基地颁牌仪式在文化部举行，随着河北省衡水习三内画艺术有限公司、广东省潮州市艺葩木雕厂、四川省绵竹年画社、青海黄南藏族自治州热贡画院等14家企业和单位被正式授予第一批国家级非物质文化遗产生产性保护示范基地称号，传统美术类的非物质文化遗产，按照"保护为主、抢救第一、合理利用、传承发展"的方针，继续在生产性保护方式的道路上，积极拉开了帷幕。

在此次颁牌仪式上，文化部副部长赵少华对非物质文化遗产的生产性保护工作提出四点要求。一是坚持保护为主，合理利用，在生产、经营、流通等环节中使非物质文化遗产代表性项目得到有效、健康的保护，最终得以传承发展；二是进一步建立健全非物质文化遗产传承机制，要为代表性传承人开展生产、授徒传艺等活动提供必要的生产、展示和传习场所，帮助和支持代表性传承人设立个人工作室，为代表性传承人参加展示交流等活动创造条件、提供服务；三是保护好核心技艺和传统工艺流程，坚持核心技艺的真实性和传统工艺流程的整体性，把握好机械参与的"度"，在核心技艺和关键的工艺流程中，要坚持秉承传统，守住"手工制作特色"这一非物质文化遗产生产性保护的底线，坚决反对在市场利益的驱动

---

[*] 王娜，女，1983年生，中山大学中国非物质文化遗产研究中心研究助理；乔晓光，男，1957年生，中央美术学院非物质文化遗产研究中心主任、教授。

下大量采用机械化进行生产复制的行为;四是把社会效益放在首位,注重社会效益和经济效益的有机统一。①

这四点要求的提出,为2012年科学开展传统美术类非物质文化遗产的保护提供了指导。

一 保护情况

(一)各级各类非物质文化遗产名录入选情况

1. 国家级非物质文化遗产项目代表性传承人名录入选情况

2012年12月20日,文化部公布了第四批国家级非物质文化遗产项目代表性传承人共498人,其中传统美术76人,占15%,名单如表1所示②。

表1

序号	姓名	性别	民族	出生年月	项目名称	申报地区或单位
1	高腊梅	女	汉族	1933.12	滩头木版年画	湖南省隆回县
2	颜登泽仁	男	藏族	1954.3	藏族唐卡(噶玛嘎孜画派)	四川省甘孜藏族自治州
3	罗布斯达	男	藏族	1967.7	藏族唐卡(勉唐画派)	西藏自治区
4	希热布	男	藏族	1961.8	藏族唐卡(甘南藏族唐卡)	甘肃省夏河县
5	九麦	男	藏族	1936.6	藏族唐卡(甘南藏族唐卡)	甘肃省夏河县
6	周广	男	汉族	1955.11	剪纸(蔚县剪纸)	河北省蔚县
7	周淑英	女	汉族	1964.11	剪纸(蔚县剪纸)	河北省蔚县
8	段建珺	男	汉族	1973.6	剪纸(和林格尔剪纸)	内蒙古自治区和林格尔县
9	刘静兰	女	汉族	1955.4	剪纸(包头剪纸)	内蒙古自治区包头市
10	关淑梅	女	满族	1956.6	剪纸(新宾满族剪纸)	辽宁省新宾满族自治县

---

① 《国家级"非物质文化遗产"生产性保护基地颁牌仪式在京举行》,中国非物质文化遗产网,http://www.ihchina.cn/inc/detail.jsp?info_id=3551。
② 《中国文化报》2012年12月26日。

续表

序号	姓　名	性别	民族	出生年月	项目名称	申报地区或单位
11	倪友芝	女	汉族	1939.1	剪纸（长白山满族剪纸）	吉林省通化市
12	奚小琴	女	汉族	1956.3	剪纸（上海剪纸）	上海市徐汇区
13	程兴红	男	汉族	1971.8	剪纸（阜阳剪纸）	安徽省阜阳市
14	王朋草	女	汉族	1942.2	剪纸（灵宝剪纸）	河南省灵宝市
15	管丽芳	女	汉族	1954.3	剪纸（孝感雕花剪纸）	湖北省孝感市孝南区
16	邵梅罕	女	傣族	1963.2	剪纸（傣族剪纸）	云南省潞西市
17	高凤莲	女	汉族	1936.2	剪纸（延川剪纸）	陕西省延川县
18	余福臻	女	汉族	1942.3	苏绣	江苏省苏州市
19	张玉英	女	汉族	1935.8	苏绣	江苏省苏州市
20	蒋雪英	女	汉族	1933.1	苏绣	江苏省苏州市
21	姚惠芬	女	汉族	1967.11	苏绣	江苏省苏州市
22	张美芳	女	汉族	1946.8	苏绣	江苏省苏州市
23	柳建新	女	汉族	1951.9	湘绣	湖南省长沙市
24	江再红	女	汉族	1968.3	湘绣	湖南省长沙市
25	康惠芳	女	汉族	1948.7	粤绣（潮绣）	广东省潮州市
26	孙庆先	男	汉族	1950.6	粤绣（潮绣）	广东省潮州市
27	吴通英	女	苗族	1951.3	苗绣	贵州省台江县
28	宋水仙	女	水族	1966.6	水族马尾绣	贵州省三都水族自治县
29	韦桃花	女	水族	1964.5	水族马尾绣	贵州省三都水族自治县
30	柴慈继	男	汉族	1949.2	象牙雕刻	北京市东城区
31	李春珂	男	汉族	1949.3	象牙雕刻	北京市东城区
32	张民辉	男	汉族	1953.1	象牙雕刻	广东省广州市
33	薛春梅	女	汉族	1965.1	扬州玉雕	江苏省扬州市
34	高毅进	男	汉族	1964.11	扬州玉雕	江苏省扬州市
35	张爱廷	男	汉族	1939.2	青田石雕	浙江省青田县
36	安荣杰	男	汉族	1947.5	曲阳石雕	河北省曲阳县
37	王经民	男	汉族	1967.2	惠安石雕	福建省惠安县
38	蒯正华	男	汉族	1962.4	徽州三雕	安徽省黄山市

续表

序号	姓　名	性别	民族	出生年月	项目名称	申报地区或单位
39	曹永盛	男	汉族	1969.9	徽州三雕	安徽省黄山市
40	辜柳希	男	汉族	1954.2	潮州木雕	广东省潮州市
41	虞金顺	男	汉族	1949.8	乐清黄杨木雕	浙江省乐清市
42	高公博	男	汉族	1949.1	乐清黄杨木雕	浙江省乐清市
43	吴初伟	男	汉族	1946.3	东阳木雕	浙江省东阳市
44	张宗凡	男	汉族	1968.9	竹刻（宝庆竹刻）	湖南省邵阳市
45	聂希蔚	男	汉族	1938.9	泥塑（聂家庄泥塑）	山东省高密市
46	罗藏昂秀	男	藏族	1962.1	塔尔寺酥油花	青海省湟中县
47	杨玉榕	女	汉族	1945.1	灯彩（佛山彩灯）	广东省佛山市
48	刘嘉峰	男	汉族	1946.4	竹编（渠县刘氏竹编）	四川省渠县
49	汤凤国	男	汉族	1933.5	面人（面人汤）	北京市通州区
50	王文忠	男	汉族	1962.4	柳编（黄岗柳编）	安徽省阜南县
51	柳朝国	男	汉族	1945.3	玉雕（北京玉雕）	北京市玉器厂
52	李博生	男	汉族	1941.1	玉雕（北京玉雕）	北京市玉器厂
53	袁　耀	男	汉族	1949.2	玉雕（海派玉雕）	上海市
54	洪新华	男	汉族	1959.5	玉雕（海派玉雕）	上海市
55	翟念卫	男	汉族	1961.7	玉雕（海派玉雕）	上海市
56	杨　曦	男	汉族	1964.11	玉雕（苏州玉雕）	江苏省苏州市
57	屠　杰	男	汉族	1961.5	木雕（紫檀雕刻）	上海市
58	方文桃	男	汉族	1942.2	木雕（莆田木雕）	福建省莆田市
59	佘国平	男	汉族	1949.1	木雕（莆田木雕）	福建省莆田市
60	曾德衡	男	汉族	1943.9	木雕（澳门神像雕刻）	澳门特别行政区
61	桑格达杰	男	藏族	1972.3	藏文书法（果洛德昂洒智）	青海省果洛藏族自治州
62	韩建峰	男	汉族	1968.7	木版年画（滑县木版年画）	河南省滑县
63	陈义文	男	汉族	1929.3	木版年画（老河口木版年画）	湖北省老河口市

续表

序号	姓　名	性别	民族	出生年月	项目名称	申报地区或单位
64	弓春香	女	汉族	1942.8	堆锦（上党堆锦）	山西省长治市群众艺术馆
65	阿吉尔·赛买提	女	维吾尔族	1952.8	维吾尔族刺绣	新疆维吾尔自治区哈密地区
66	米　代	女	蒙古族	1948.4	蒙古族刺绣	新疆维吾尔自治区博湖县
67	邵成村	男	汉族	1965.5	灰塑	广东省广州市
68	吴学宝	男	汉族	1940.3	软木画	福建省福州市
69	卢芝高	男	汉族	1946.1	镶嵌（潮州嵌瓷）	广东省潮州市工艺美术研究院
70	雷显元	男	汉族	1929.7	平遥纱阁戏人	山西省平遥县
71	唐明敏	女	汉族	1958.2	上海绒绣	上海市浦东新区
72	许谨伦	男	汉族	1948.2	宁波金银彩绣	浙江省宁波市鄞州区
73	杨华珍	女	藏族	1960.6	藏族编织、挑花刺绣工艺	四川省阿坝藏族羌族自治州
74	陈显月	女	侗族	1964.4	侗族刺绣	贵州省锦屏县
75	杨秀玉	女	锡伯族	1963.9	锡伯族刺绣	新疆维吾尔自治区察布查尔锡伯自治县
76	黄才良	男	汉族	1957.7	宁波泥金彩漆	浙江省宁海县

传统美术类国家级非物质文化遗产项目代表性传承人，所涉及的项目包括年画、唐卡、剪纸、刺绣、雕刻等类型，在总名录中所占的数量一直较高且趋于稳定发展，其中在第一批名录中，排名第二；第二批为零；第三批排名第四；第四批排名第三。与前三批次的传统美术类代表性传承人相比，第四批次的女性传承人比例明显增多，为39%（第一批比例为25%，第二批为0%，第三批为19%），而且出现了两位"70后"，分别生于1972年和1971年，刚刚40出头，这是前三批国家级非物质文化遗产传统美术类项目代表性传承人中没有出现的。

截至目前，国家共公布了四批国家级非物质文化遗产项目代表性传承人名录，共有1986人入选，其中传统美术类项目代表性传承人共有231人，占总名录入选人数的12%。

2. 省级非物质文化遗产代表作名录入选情况

2012年，河北、广东、海南、湖南、新疆、广西、浙江等省、自治区、直辖市陆续公布了省（区、市）级非物质文化遗产代表作名录。具体情况见表2。

表2

地区	名称	数量	项目
河北	第四批	6	面塑、泥塑、剪纸、"南宫碑体"书法艺术、相子（纸雕）、晋州赵氏剪纸
广东	第四批	4	陶瓷微书、藤编（大沥、里水）、高州木刻画、茶山公仔
海南	第四批	5	海南椰雕、龙塘雕刻艺术、传统炭画像工艺、木雕（花瑰艺术）、海南贝雕
湖南	第三批	5	竹雕、棕编、苗族插绣、安仁元宵米塑、大布江拼布
新疆	第三批	4	剪纸、面人、微雕、毡绣和布绣
广西	第四批	3	三江农民画、石雕、木雕
浙江	第四批	12	失蜡浇铸技艺、"老虎鞋"制作技艺、鄞州竹编、温州发绣、瓯海百鸟灯工艺、民间绘画、草编工艺、米塑、根雕、剪纸、船模艺术、石雕

宁夏于2012年6月公布了第三批省级名录，因数据不详，在此不再赘述。

3. 省级非物质文化遗产项目代表性传承人名录入选情况

2012年，四川、河北、上海、陕西、湖北、广东、重庆、河南、贵州、内蒙古等省（区、市）相继公布了省（区、市）级非物质文化遗产项目代表性传承人名录，详列如下。

四川省第五批省级非物质文化遗产项目代表性传承人名录，共108人，其中传统美术类项目代表性传承人8人（表3）。

表3

序号	姓名	性别	民族	项目名称	申报地区或单位
1	石永恩	男	汉	石刻工艺（安岳石刻）	资阳市安岳县石刻艺术总公司
2	吉克伍沙	男	彝	毕摩绘画	凉山州美姑县文化馆
3	高崇洋	男	汉	棕编（新繁棕编）	成都市新都区文化馆
4	火瓦呷米	男	藏	郎卡杰唐卡传统绘画艺术	甘孜州炉霍县文化馆
5	亚玛泽仁	男	藏	藏族唐卡（噶玛嘎孜画派）	甘孜州文化馆
6	郑国君	男	汉	石雕（泸县石雕）	泸州市泸县文物管理所
7	任述斌	男	汉	石雕（苴却砚雕刻）	攀枝花市文化馆
8	阿西巫之莫	女	彝	彝族传统刺绣技艺	凉山州甘洛县文化馆

河北省第三批省级非物质文化遗产项目代表性传承人名录，共83人，其中传统美术类项目代表性传承人7人（表4）。

表4

序号	姓　名	性别	民族	年龄	项目名称	申报地区或单位
1	焦新德	男	汉	46	蔚县剪纸	张家口蔚县
2	石俊凤	女	满	47	丰宁满族剪纸	承德丰宁满族自治县
3	徐　健	男	汉	27	彩扎（永清秸秆扎刻）	廊坊永清县
4	张汝财	男	汉	60	衡水内画	衡水桃城区
5	王自勇	男	汉	42	衡水内画	衡水桃城区
6	刘恩昌	男	汉	49	衡水内画	河北省群众艺术馆
7	刘红立	男	汉	43	曲阳石雕	保定曲阳县

上海市第三批市级非物质文化遗产项目代表性传承人名录，共113人，其中传统美术类项目代表性传承人24人（表5）。

表5

序号	姓　名	性别	年龄	项目名称	申报地区或单位
1	杜伟秋	男	66	海派剪纸艺术	闵行区颛桥镇
2	陆永忠	男	42	金山农民画艺术	金山农民画院
3	邵云龙	男	67	灶花	浦东新区泥城镇
4	陈　强	男	85	月份牌年画	上海市美术家协会
5	杨建明	男	57	月份牌年画	上海市美术家协会
6	韦献青	男	56	月份牌年画	上海市美术家协会
7	张敏涛	男	69	海派玉雕	上海海派玉雕文化协会
8	赵丕成	男	60	海派玉雕	上海海派玉雕文化协会
9	袁新根	男	58	海派玉雕	上海海派玉雕文化协会
10	宋鸣放	男	55	海派玉雕	上海海派玉雕文化协会
11	刘忠荣	男	54	海派玉雕	上海海派玉雕文化协会
12	颜桂明	男	50	海派玉雕	上海海派玉雕文化协会
13	王　平	男	45	海派玉雕	上海海派玉雕文化协会
14	吴灶发	男	35	海派玉雕	上海海派玉雕文化协会
15	包炎辉	男	64	海派绒绣	上海黎辉艺术有限公司

续表

序号	姓名	性别	年龄	项目名称	申报地区或单位
16	汪振男	女	53	海派绒绣	上海黎辉艺术有限公司
17	哈琼文	男	87	上海宣传画	上海人民美术出版社
18	周瑞庄	男	82	上海宣传画	上海人民美术出版社
19	王麟坤	男	73	上海宣传画	上海人民美术出版社
20	樊星涛	男	66	上海细刻	上海天玺艺术品有限公司
21	陈恩华	男	72	上海细刻	上海工艺美术研究所
22	许四海	男	66	海派紫砂艺术	上海市收藏协会
23	张宗贤	男	62	三林瓷刻	浦东新区三林镇
24	徐华兵	男	48	奉城木雕	奉贤区奉城镇

陕西省第三批省级非物质文化遗产项目代表性传承人名录，共71人，其中传统美术类项目代表性传承人9人（表6）。

表6

序号	姓名	性别	出生年月	项目名称	申报地区或单位	从艺年限
1	苏明新	男	1943.10	汉中民间木版图画	陕西非物质文化遗产研究会	52年
2	郑进旺	男	1945.3	陕北民间匠作画艺	陕西非物质文化遗产研究会	39年
3	路晓春	女	1948	周至剪纸	周至县文化馆	57年
4	刘秀花	女	1945.1	澄城刺绣	澄城县文化馆	57年
5	刘勤肖	女	1961.11	合阳面花	合阳县非物质文化遗产保护中心	27年
6	华月秀	女	1968.4	靖边剪纸	靖边县文化馆	39年
7	郭佩珍	女	1932.11	佳县剪纸	佳县非物质文化遗产保护中心	70年
8	史宏丽	女	1957.1	定边剪纸	定边县文化馆	40年
9	缑竹梅	女	1951.4	富县熏画	富县文化馆	60年

湖北省第三批省级非物质文化遗产项目代表性传承人名录，共153人，其中传统美术类项目代表性传承人15人（表7）。

表7

序号	姓　名	性别	出生年月	项目名称	申报地区及单位
1	罗照英	男	1932.2	天门糖塑	天门市
2	杨贵方	男	1933.5	天门糖塑	天门市
3	黄春萍	女	1965.3	汉绣	武汉市江汉区
4	刘国瑞	男	1946.11	灯彩（武汉花灯扎制技艺）	武汉市汉阳区
5	易厚庆	男	1944.4	泥塑（黄陂泥塑）	武汉市黄陂区
6	彭发生	男	1944.4	泥塑（黄陂泥塑）	武汉市黄陂区
7	陈厚生	男	1944.3	木雕（荆沙榫卯木雕）	荆州市
8	叶瑞祥	男	1950.1	木雕（通山木雕）	通山县
9	熊应华	男	1951.8	木雕（通山木雕）	通山县
10	闻宜华	男	1954.7	石雕（绿松石雕刻技艺）	竹山县
11	伍佰林	男	1949.5	膏雕（应城膏雕）	应城市
12	张仕贞	女	1934.10	英山缠花	英山县
13	何　平	男	1958.5	咸丰何氏根雕	咸丰县
14	周银菊	女	1965.10	民间绣活（土家族苗族绣花鞋垫）	宣恩县
15	陈永丰	女	1953.3	民间绣活（土家族苗族绣花鞋垫）	咸丰县

广东省第三批省级非物质文化遗产项目代表性传承人名录，共147人，其中传统美术类项目代表性传承人21人（表8）。

表8

序号	姓　名	性别	年龄	项目名称	申报地区或单位
1	陆柳卿	女	67	粤绣（广绣）	广州市
2	张树妹	女	60	瑶族刺绣（连南瑶族服饰刺绣）	清远市
3	曾昭鸿	男	57	核雕（广州榄雕）	广州市
4	梁毓宜	男	70	核雕（缅茄雕刻）	茂名市
5	刘钜华	男	57	玉雕（广州玉雕）	广州市
6	陆克列	男	60	玉雕（信宜玉雕）	茂名市
7	秦宪生	男	58	潮州木雕	汕头市
8	金子松	男	56	潮州木雕	潮州市
9	王芝文	男	50	陶瓷微书	汕头市
10	郑少燕	女	44	剪纸（广东剪纸）	汕头市
11	梁达光	男	54	灯彩（佛山彩灯）	佛山市
12	沈增华	男	59	灯彩（潮州花灯）	潮州市

续表

序号	姓　名	性别	年龄	项目名称	申报地区或单位
13	方志伟	男	58	麦秆剪贴（潮州麦秆剪贴画）	潮州市
14	赵伯扶	男	67	麦秆剪贴（碣石麦秆画）	汕尾市
15	欧　武	男	35	吴川泥塑	湛江市
16	周仲富	男	68	泥塑（捷胜泥塑）	汕尾市
17	吴闻鑫	男	38	泥塑（大吴泥塑）	潮州市
18	林暖钦	男	72	茶山公仔	东莞市
19	廖正炎	男	77	阳春根雕	阳江市
20	叶美三	男	57	石雕（雷州石狗）	湛江市
21	蔡禧平	男	59	潮州彩瓷	潮州市

重庆市第三批市级非物质文化遗产项目代表性传承人及增补名录，共116人，其中传统美术类项目代表性传承人16人（表9）。

表9

序号	姓　名	性别	年龄	项目名称	申报地区或单位
1	马本银	男	62	万州石雕	万州区
2	李淑兰	女	54	蜀绣	渝中区
3	黄　敏	女	44	蜀绣	渝中区
4	周定洲	男	66	剪纸	大渡口区
5	黄继琳	女	57	剪纸	大渡口区
6	杨　玲	女	45	剪纸	九龙坡区
7	梁　素	女	64	剪纸	北碚区
8	杨　彪	男	46	南山盆景技艺	南岸区
9	杨　林	男	49	南山盆景技艺	南岸区
10	李成芝	女	47	綦江农民版画	綦江区
11	张连生	男	67	大足石雕	大足区
12	杨世华	女	86	鱼洞乱针绣	巴南区
13	陈永远	男	48	梁平竹雕	梁平县
14	赵向阳	男	42	大石竹编	垫江县
15	范远万	男	76	忠州朽木虫雕	忠县
16	唐丽娟	女	37	大宁河刺绣	巫溪县

河南省第三批省级非物质文化遗产项目代表性传承人名录，共公布了189人，其中传统美术类项目代表性传承人29人（表10）。

表10

序号	姓　名	性别	民族	出生年月	项目名称	申报地区
1	朱永敬	男	汉	1937.9	朱仙镇木版年画	开封市
2	刘存献	男	汉	1954.7	黄河澄泥砚（存献澄泥砚）	温县
3	张俊涛	男	汉	1971.9	汴京灯笼张	开封市
4	张振福	男	汉	1967.12	泥塑（郸城泥塑）	郸城县
5	赵恩民	男	汉	1962.12	泥塑（赵恩民泥塑）	郑州市管城区
6	王国庆	男	汉	1959.4	方城石猴	方城县
7	郭东成	男	汉	1938.12	民间剪纸	卢氏县
8	杨喜顺	男	汉	1948.7	民间剪纸	卢氏县
9	胡　明	女	汉	1958.2	民间剪纸	夏邑县
10	张德琰	男	汉	1945.3	卢氏木版年画	卢氏县
11	张同瑞	男	汉	1952.10	豫北木版神像画（小杨庄木版年画）	获嘉县
12	刘顺福	男	汉	1951.4	泥咕咕	浚县
13	刘双凤	女	汉	1951.8	汴绣工艺	开封市
14	王　玲	女	汉	1958.2	汴绣工艺	开封市
15	李德慧	女	汉	1939.6	香包	郑州市金水区
16	康传珍	女	汉	1968.5	顺店刺绣	禹州市
17	马谦堂	男	汉	1966.8	传统糖塑（吹糖人）	开封市
18	马金乐	男	汉	1945.8	传统糖塑（吹糖人）	滑县
19	曹艳红	女	汉	1961.2	烙画	南阳市宛城区
20	佟起来	男	满	1950.3	滕派蝶画	开封市鼓楼区
21	耿炳伦	男	汉	1942.4	登封木版年画	登封市
22	袁向立	男	汉	1971.10	黄石砚	方城县
23	张许成	男	汉	1947.9	天坛砚（盘谷砚）	济源市
24	张书碧	男	汉	1952.8	天坛砚（盘谷砚）	济源市
25	李雪层	女	汉	1939.12	刺绣（灵宝刺绣）	灵宝市
26	张会琳	女	汉	1966.2	刺绣（灵宝刺绣）	灵宝市
27	张学英	男	汉	1947.9	石雕（浚县石雕）	浚县
28	许家强	男	汉	1962.4	许氏屋兽与砖雕	兰考县
29	朱长存	男	汉	1960.11	古建筑彩绘（朱氏古建筑彩绘）	郑州市金水区

12月28日,贵州省人民政府公布了第三批省级非物质文化遗产项目代表性传承人名录,共公布了105人,其中传统美术类项目代表性传承人6人(表11)。

表11

序号	姓名	性别	民族	出生年月	项目名称	申报地区或单位
1	韦邦粉	女	水族	1954.6	水族剪纸	黔南州都匀市
2	潘小艾	女	水族	1968.7	水族马尾绣	黔南州三都县
3	韦建粉	女	布依	1962.8	布依族刺绣	黔西南州兴义市
4	张志英	女	苗族	1942.12	苗绣	黔东南州台江县
5	龙令香	女	侗族	1964.9	侗族刺绣	黔东南州锦屏县
6	姜文英	女	苗族	1971.7	苗族剪纸	黔东南州剑河县

12月31日,内蒙古自治区人民政府公布了第三批区级非物质文化遗产项目代表性传承人名录,共公布了76人,其中传统美术类项目代表性传承人6人(表12)。

表12

序号	姓名	出生年月	民族	项目名称	申报地区或单位
1	敖特根其其格(女)	1954.10	蒙古族	蒙古族刺绣(乌兰毛都刺绣)	科尔沁右翼前旗文化馆
2	郑蝴蝶(女)	1956.9	汉族	剪纸(包头剪纸)	包头市艺术研究创评中心
3	邢义忠	1936.5	汉族	剪纸(包头剪纸)	包头市艺术研究创评中心
4	戴沁	1963.11	蒙古族	扎鲁特版画	扎鲁特旗文化馆
5	金桂香(女)	1963.3	达斡尔族	达斡尔族刺绣	莫力达瓦达斡尔族自治旗文化馆
6	温丽桃(女)	1965.3	汉族	剪纸(鄂尔多斯剪纸)	鄂托克旗文化馆

（二）重要保护成果

2012年2月5日，"中国非物质文化遗产生产性保护成果大展"在北京全国农业展览馆新馆开幕。本次展览以41个第一批国家级非物质文化遗产生产性保护示范基地为主，从全国精心选取了包括中国刺绣、玉雕、石雕、木雕、剪纸等传统美术领域最能体现中华文化特色的技艺项目参展，邀请了近170名国家级非物质文化遗产项目代表性传承人和中国工艺美术大师现场展示精湛技艺。本次大展总结了我国非物质文化遗产保护的经验和做法，展示了我国非物质文化遗产的保护成果。[①]

同年4月16日，为了展示中国当代工艺美术创作的优秀成果，展现中国当代工艺美术家的精湛技艺和精神风貌，促进中国当代工艺美术的传承、创新与发展，中国艺术研究院携手工艺美术界的社会力量，策划并筹办的"中国当代工艺美术双年展"在北京中国国家博物馆隆重开幕。本次大展分八个展馆：织绣艺术馆、漆艺馆、金属艺术馆、玉雕、牙雕艺术馆、家具艺术馆、石雕艺术馆、木雕艺术馆、陶瓷艺术馆。汇集了全国各主要产区、主要流派和主要门类的精品佳作及中国工艺美术馆的部分馆藏珍品，共约1000件。诸多国家级工艺美术大师、国家级非物质文化遗产传承人、省级工艺美术大师、省级非物质文化遗产传承人以及优秀的中青年艺术家拿出他们精心创作的新作，形成了大师云集、精品荟萃的盛大场景。特别值得一提的是，本次展览不仅是当代工艺美术精品的集中展示，还是工艺美术界的一次学术盛会。作品展示与学术研讨、奖项评选相结合，呈现出展评结合、创作与批评互动的良好局面。[②]

这一年，由中国非物质文化遗产保护中心主办、中国泛海控股集团有限公司出资、全国各省、自治区、直辖市非物质文化遗产保护中心协办，设立了"中华非物质文化遗产传承人薪传奖"。共60位传承人获此殊荣，其中15位为传统美术类代表性传承人，分别是：李洪斌（阜新玛瑙雕）、

[①] 《中国非物质文化遗产生产性保护成果大展在京开幕》，中央政府门户网站，http://www.gov.cn/jrzg/2012-02/05/content_2058863.htm。

[②] 《2012年"中国当代工艺美术双年展"在京开幕》，中国非物质文化遗产网，http://www.ihchina.cn/inc/detail.jsp?info_id=3651。

林邦栋（乐清细纹刻纸）、俞有桂（徽州三雕）、郝淑萍（蜀绣）、杨栖鹤（杨氏家族泥塑）、刘静兰（包头剪纸）、卢雪（剪纸）、赵红育（无锡精微绣）、周锦云（瓯塑）、王笃纯（乐清黄杨木雕）、辜柳希（潮州木雕）、张民辉（象牙雕刻）、仵应文（水晶雕刻）、邰立平（凤翔木版年画）、娘本（热贡艺术）。[①]

最后，作为2012年传统美术类非物质文化遗产保护的重要成果，还有两件大事不得不提：一是2012年1月7日，由中国工艺美术大师、被联合国教科文组织授予"世界民间工艺美术大师"的张存世创作的世界最大砖雕《西游记》落户合肥非物质文化遗产园。整部作品高3米，总长400米，再现了《西游记》的经典人物和故事场景。接下来，《红楼梦》《水浒传》《三国演义》等三部砖雕也将陆续落户该园。[②] 二是历时10个月，走访百名非物质文化遗产项目传承人拍摄而成的50集纪录片《留住手艺》于2012年7月24日开始登陆央视。节目每集时长10分钟，关注的是以非物质文化遗产项目为主的中国传统手工艺。其中第一集播出的就是《蔚县剪纸·雕刻时光》。[③]

（三）展示与展演情况

传统美术作为民间文化的重要表现形式，在多姿多彩的民间社会生活中，几乎无时不在，无处不有。2012年以传统美术为主题的展示与展演，包含的类型多种多样。几乎在非物质文化遗产的各类展演或者民俗活动中，都能看到它的身影。以下列举的，仅是单独以传统美术这个门类进行的非物质文化遗产展示或者展演。

1月17日，由上海宝山国际民间艺术博览馆和宝山文物保护管理所联合举办的"走进家乡的民间艺术——灶画"开幕。展览通过十多座不同样式、风格迥异的灶头画模型，并配以文字、图片、画稿等形式，集中介绍了上海地区民间灶头画的发展、工艺特色和传承发展。

---

① 《"中华非物质文化遗产传承人薪传奖"获奖名单》，中国文明网，http://www.wenming.cn/wmzh_pd/fw/whyc/zxdt/201206/t20120615_709890.shtml。
② 《世界最大砖雕〈西游记〉落户合肥非物质文化遗产园》，福客民俗网，http://news.folkw.com/www/fwzwhyc/101306450_3.html。
③ 《留住手艺》第一集，福客民俗网，http://news.folkw.com/www/fwzwhyc/100517255.html。

灶画的制作是由民间艺人以乡间农家烧饭做菜用的灶头为载体,用各种颜料手工绘制在灶壁上的图案。农家在厨房灶头打好后,就为上灶、下灶粉上石灰,待石灰干爽后,请来艺人在灶面上进行绘画。画面大多选用红色、黄色、翠绿等较为喜庆的色彩,描绘各种寓意吉祥的图案,体现百姓对美好生活的向往。诸如公鸡寓意公鸡啼鸣、催人早起、勤劳持家、人财两旺;鲤鱼寓意年年有余(鱼)、鲤鱼跳龙门、生活节节高等。[①]

农民画作为我国劳动人民表达感情、美化生活的重要手段,2012年也走出了国门。6月27日,由大连市群众艺术馆、俄罗斯远东联邦大学孔子学院等单位共同主办的"大连现代民间绘画艺术展"在俄罗斯的三个城市巡展,这是中国现代民间绘画第一次在俄罗斯大规模展出。这些出自农民之手的民间绘画精美而质朴,使俄罗斯观众感受到了中国民间艺术的魅力。这些农民画家白天下地拿锄头干活,晚上在家则拿笔画画。画泥土、画花香、画农民、画渔民、画婚俗、画大海、画丰收,也画劳动场景,所有的作品均来自大地、来自泥土。此次展出的66幅绘画作品是由大连19位业余作者,主要是农民作者在业余时间创作完成的,其中多数作品出自庄河栗子房镇农民之手。[②]

无独有偶。在吉林省桦甸市,同样源自农村,充满农民生活气息的一组桦甸市民间画作品,在2012年9月参加两次大型展览时,均获得优异成绩。其中40件作品参加了由中国美协和辽源市政府联合主办的"2012中国东丰·农民画艺术节暨全国农民画展览",最后,康梅花的作品《喜迎十八大》获优秀奖,卢凤霞的《萨满神韵》、王咏梅的《关东女人》、陈淑江的《关东呐喊》等18件作品获入选奖。另外30件作品参加了南京六合第二届全国农民画展,最后陈淑江的作品《火火九月情》获三等奖,江婷婷的《大花轿》、黄杰的《天顺时和》、解威的《火火的日子》等3件作品获优秀奖。[③]

[①]《上海举办灶画艺术展 民间艺人忧心断代失传》,中国文化传媒网,http://www.ccdy.cn/meishu/zixun/201201/t20120118_229225.htm。

[②]《大连农民画到俄罗斯展出》,辽宁省文化厅网站,http://www.lnwh.gov.cn/detailjldt/26232.html。

[③]《桦甸市民间画作品参加国家级画展获得优异成绩》,吉林省人民政府网,http://www.jl.gov.cn/shfz/wh_shfz/whczyc/201209/t20120913_1275241.html。

剪纸作为一种民俗艺术，来源于生活，又美化生活，它的主要创作者是妇女，同时，广大妇女也正是它最大的传承群体，因此剪纸也被称为"女性艺术""母亲艺术"。2月18日，中国妇女儿童博物馆和中国（香港）国际剪纸协会、中国大众文学学会、中国工艺美术学会民间工艺美术委员会、南京大学文化与自然遗产研究所共同举办了"中国当代剪纸精品展"。著名诗人贺敬之为《中国当代剪纸精品展》图册题写了书名。本次展览集中展示了来自全国20多个省区市的一百多位艺术家的160幅剪纸精品。这些作者都是全国各地知名的剪纸艺术家，其中包括省级和国家级非物质文化遗产（剪纸）传承人和工艺美术（剪纸）大师。参展作品既有乡土气息浓郁的民俗作品，又有弘扬时代精神的创新力作，精品荟萃，体现了当代剪纸艺术创作的成果，充分彰显了女性艺术魅力。为了弘扬剪纸艺术，拉近这一非物质文化遗产与观众的距离，本次展览特别安排了数位著名剪纸艺术家在展览期间，现场零距离展演剪纸艺术，向观众传授剪纸技艺。其间，还举办了中国当代剪纸艺术专题学术研讨会，与会的专家、学者、艺术家共有50多位。著名民间美术研究专家杨先让、段宝林、孙健君、邱春林、陈竟、赵铁信等就中国剪纸艺术的继承、保护、创新、发展进行了发言。①

　　同年10月26日，由浙江省文化厅、中国群众文化学会主办的"2012花样年华——全国剪纸精品邀请展"暨"首届全国青年现代剪纸艺术设计大赛获奖作品展"在宁波慈溪开展。展览分为"全国剪纸精品邀请展"和"首届全国青年现代剪纸艺术设计大赛获奖作品展"两个部分。"全国剪纸精品邀请展"共展出来自全国20个省、区、市150余位剪纸艺术家的200余幅剪纸艺术精品。"首届全国青年现代剪纸艺术设计大赛获奖作品展"展示的是青年剪纸爱好者和高校设计艺术类专业青年师生的作品，这些作品将剪纸元素融入设计等领域，赋予了剪纸艺术新的生命力。②

　　作为热贡艺术的代表，唐卡有1000多年的历史，被称作西藏的百科全书，无疑是最受人关注的。6月1日，"心灵归故乡·随身携带的庙宇——

---

① 《中国当代剪纸艺术精品展开幕》，中国妇女儿童博物馆网站，http://ccwm.china.com.cn/lz/txt/2012-02/21/content_4824521.htm。
② 《全国青年现代剪纸精品宁波竞技》，文化部网站，http://www.ccnt.gov.cn/xxfbnew2011/xwzx/qgwhxxlb/201210/t20121031_266707.html。

青海热贡艺术展"在西安开幕。此次展览共有包括唐卡（金唐、彩唐、黑唐、长卷唐卡、文物唐卡）、堆绣、泥塑、木雕、石刻、铜像、法器、经文等在内的热贡艺术精品130件（组）。同时，展览内容由"实相非相见如来""一见如故观世音""度母的春天""神仙难移金刚杵""莲花诞生的香巴拉佛国""十相自在曼陀罗""一笔一画一生"等七部分组成。此次展览于7月20日闭幕，为期50天。①

同年9月，由文化部、西藏自治区人民政府联合主办的"2012中国西藏唐卡艺术展"在国家博物馆举行，这是更为大型的一次唐卡艺术展。全国人大常委会副委员长周铁农和文化部副部长王文章、西藏自治区副主席多托、国家博物馆馆长吕章申、中国藏学研究中心总干事长拉巴平措等出席了展览开幕式。其间共展出30幅珍贵文物唐卡和54位当代西藏唐卡画师新创作的各流派唐卡100余幅。30幅文物唐卡历史久远、弥足珍贵，其中唐卡《胜乐金刚坛城》、唐卡《伏魔金刚手坛城》、绢画《释迦牟尼净土》都是国家一级文物，分别藏于布达拉宫、罗布林卡和西藏博物馆。据介绍，"十二五"时期，西藏将打造"中国唐卡艺术之都"的品牌，还将加大以勉唐画派、钦孜画派、嘎玛嘎赤画派、岐乌岗画派等为主的西藏唐卡各大画派绘画大师的培养和保护力度。据不完全统计，目前在全区共有唐卡绘画技师400余名，每年绘制出精品唐卡百余幅。②

（四）其他保护活动

除展示、展演外，2012年在全国各地乃至海外举办的传统美术类非物质文化遗产的大型主题活动，无论从数量上还是规模上，都有所提高。各种论坛、博览会、艺术节，让更多普通人接触、了解到已日渐失去生存土壤的传统美术，并激起他们的热爱之情。同时，与相关学术研讨会的结合，也对传统美术类非物质文化遗产的研究迈上了一个新的台阶。

1月18日，陕西省非物质文化遗产陈列馆开馆仪式在西安举行。该馆是陕西省首个全面、系统展示全省非物质文化遗产的专业性博物馆，也将

---

① 《青海热贡艺术展西安启幕》，中国非物质文化遗产网，http://www.ihchina.cn/inc/detail.jsp?info_id=3689。
② 《百余幅西藏唐卡在京展出》，文化部网站，http://www.ccnt.gov.cn/xxfbnew2011/xwzx/lmsj/201209/t20120911_263245.html。

成为陕西省中小学优秀传统文化教育社会实践基地。它推出的"陕西省艺术馆馆藏民间美术作品展览"全部是陕西省艺术馆的同志们自20世纪五六十年代开始从民间征集收藏的。这一批作品均出自民间艺人之手,因而作品更多地保持了纯粹、质朴的原生态风貌,是研究陕西民间美术和民俗文化的珍贵实物。①

1月31日,由中国美术馆与日中友好会馆共同主办的"山花烂漫——中国美术馆藏贵州蜡染艺术精品展"在日本东京日中友好会馆美术馆隆重开幕,该展共展出82件极具民族特色的贵州蜡染艺术珍品,均是从中国美术馆收藏的400余件贵州蜡染中遴选而出的,涵盖了贵州黄平、丹寨、榕江等著名的蜡染产地,为日本人民打开了一扇了解中国西南少数民族传统文化的大门。在中国,民间美术进入国家艺术殿堂,不是新鲜事。但以国家名义进行收藏、展示和研究这些非物质文化遗产却是意义非凡的大事。美术馆的作用首先是以国家的力量进行收藏,展示给观众,让他们知道什么是最好、最美的作品,美术馆进行非物质文化遗产物品的收藏、研究和调研工作,对非物质文化遗产的保护和发展能够起到软性的宣传和推广作用。②

2012年世博会在韩国丽水举办。本次世博会以"天然的海洋及海岸:资源多样性与可持续发展"为主题,中国馆的主题是"人海相依"。应邀展出的渔民画及船模,代表传统美术类非物质文化遗产项目,充分地体现了渔民生活与广阔海洋的密切关系,与"人海相依"的主题完美融合。亮相世博会的传统美术类非物质文化遗产精品是:蒋德叶创作的渔民画作品《舟山大黄鱼》和郑红飞创作的《鱼香满岛》。还有普陀其他渔民画作家创作的部分渔民画展示在中国馆海洋文化走廊,以及100幅小幅渔民画将作为中国馆赠送给各国贵宾的礼物。③

在6月28日至7月1日举行的"上海周"活动中,上海市国家级非物质文化遗产项目"上海面人赵"和"上海剪纸"亮相丽水世博会。"上海

---

① 《陕西日报》2012年1月19日第3版。
② 《中国美术馆助推非物质文化遗产文化走向海外》,中国文化传媒网,http://www.ccdy.cn/meishu/zixun/201206/t20120611_308326.htm。
③ 《韩国丽水世博会普陀渔民画惊艳亮相》,福客民俗网,http://news.folkw.com/www/fwzwhyc/094955886_2.html。

面人赵"第三代传人陈凯峰、"上海剪纸"第四代传人李诗艺携精美作品赴韩展示,在精心制作的"上海面人赵"和"上海剪纸"高清专题片滚动播放的配合下,两位传人在三天内连续为现场观众献上七场非物质文化遗产现场表演,众多韩国观众热情观看,尤其是青少年观众踊跃与传人现场互动,请教制作技艺,深深地为中国传统文化的魅力和"上海味道"所倾倒。本次活动是2012年上海规模最大的文化"走出去"项目,也是上海非物质文化遗产"走出去"的典型,有效提升了中华优秀传统文化的影响力。①

7月5日至7日举行的"魅力海洋·蓝色广东"为主题的广东周活动,岭南味十足,由广东省工艺美术大师康惠芳担纲设计、绣制的潮绣作品《木棉》《荔枝》,作为中国馆礼品赠送给来自世界各地的政要和客人,备受青睐。这是继2010年作为上海世博会广东馆的礼品亮相之后,潮绣再次登上世博舞台。②

9月5日,第三届两岸汉字艺术节在山东枣庄开幕。第三届两岸汉字艺术节以"汉字的渊源与流变"为主题,通过举办书法、篆刻、多媒体展览,专题报告会和学术研讨会,汉唐乐府演出等活动,进一步追溯汉字发展脉络,挖掘汉字文化内涵,传承汉字艺术精髓,深入探讨了汉字在当今社会的实际作用,提升汉字文化的影响力和传播力。本届艺术节共展出书法、篆刻作品151件。书法作品主要以《论语》章句为内容,体现海峡两岸对几千年中华文化的高度认同。汉字艺术节的举办,为推动两岸文化交流,引发两岸民众对汉字艺术的深入思考和传承起到了重要作用。③

9月21日至9月25日,"第三届中国(福保)乡村文化艺术节"非物质文化遗产刺绣展示系列活动在云南省昆明市官渡区福保文化城举办。"中国(福保)乡村文化艺术节"是中国农民文化节日的品牌。本届文化艺术节,围绕"欢乐乡村、幸福金秋、科学发展、成就辉煌"的主题,突出创新性、惠民性、全国性、特色性,组织了"一会两展一街一宴两仪

---

① 《海派非物质文化遗产项目亮相2012韩国丽水世博会》,福客民俗网,http://news.folkw.com/www/fwzwhyc/15125650.html。
② 《"非遗"潮绣传承危矣日趋小众化》,福客民俗网,http://news.folkw.com/www/fwzwhyc/090757970_4.html。
③ 《第三届两岸汉字艺术节开幕》,中国非物质文化遗产网,http://www.ihchina.cn/main.jsp。

式"七大活动。其中非物质文化遗产刺绣展以"展现多彩文化，推动传承发展"为主旨，让人们直观领略朵朵非物质文化遗产奇葩的璀璨绚丽，为各省市国家级、省级传统美术类非物质文化遗产项目——刺绣，搭建了一个"宣传、交流、保护、发展"的综合性展示平台。同时，通过现场制作、实物展览和展销洽谈等多种方式，促进非物质文化遗产保护与经济发展的良性互动，实现非物质文化遗产保护的可持续发展。本次展览分为两个单元。一是精品刺绣展。邀请国家级、省级非物质文化遗产代表性名录项目刺绣作品及传承人现场展示。包括上海市（2项）：上海绒绣、上海市顾绣；江苏省（3项）：苏绣、无锡精微绣、曹氏香包；浙江省（4项）：杭州刺绣、宁波金银彩绣、浙江省温州市瓯绣、浙江黄杨木雕；湖南省（2项）：长沙市湘绣、土族盘绣；湖北省（2项）：黄梅挑花绣、武汉市江汉区汉绣；四川省（2项）：蜀绣、汶川县羌族刺绣；贵州省（4项）：苗绣、侗族刺绣、水族马尾绣、苗银制作技艺；广东省（3项）：广东瑶族刺绣、广东省粤绣（广绣、潮绣）；河南省（2项）：开封市汴绣、浚县泥咕咕；陕西省（3项）：凤翔泥塑、马勺脸谱、安塞剪纸；内蒙古自治区（2项）：蒙古族刺绣、达斡尔族刺绣；云南省（15项）：石屏花腰彝刺绣、建水紫陶、壮族刺绣、文山苗绣、纳西族刺绣、纳西族东巴画、珐琅银器制作、剑川木雕、白族刺绣、白族布扎、下关沱茶制作技艺、傣族织锦、乌铜走银、景颇族织锦、苴却砚制作。二是首届云南民族民间手工刺绣暨十字绣大赛获奖作品展。展览的同时，组织开展绣娘刺绣比赛，评出金、银、铜奖，分别颁发证书和奖金。①

（五）传承与发展

2012年3月11日，针对我国非物质文化遗产保护现状，全国政协委员、中国国家画院艺委会副主任李延声建议，应增强全社会的非物质文化遗产文化保护意识，尤其应将非物质文化遗产文化保护教育纳入国民教育体系，促进非物质文化遗产文化的传播和弘扬。"要唤醒全体国民，特别是广大青少年的文化自觉。从学校教育入手，从青少年抓起，对于文化遗产传承与繁荣发展具有极其重要的战略意义"。为使非物质文化遗产保护

---

① 《第三届"中国（福保）乡村文化艺术节"非物质文化遗产刺绣展将举办》，福客民俗网，http://news.folkw.com/www/fwzwhyc/155727687_5.html。

教育进校园真正落到实处，李延声委员提倡组织有关专家学者编写大中小学非物质文化遗产及其保护教材在全国各个学校推广使用，对各地非物质文化遗产文化进校园成功经验加以总结推广，在各地定期或不定期组织形式多样的非物质文化遗产文化保护展览、表演、宣传、教育和讲座等活动。①

走进大、中、小学校园，在青少年中间培养传承人，是传统美术非物质文化遗产传承在2012年做得卓有成效的举措。

2012年7月4日，兰州市城关区甘肃首家非物质文化遗产传承创新培训中心在兰州商学院正式揭牌成立。该培训中心成立后，主要开展兰州市非物质文化遗产传承人的选拔、培训、对民间文化遗产保护情况调查等工作。成立的第一天，该中心特别聘请了"剪纸传承人"陈宜江、"微雕葫芦传承人"阮琳等16位兰州市"非物质文化遗产"项目传承人担任该中心实践课教师，培训教学在兰州商学院艺术教学楼进行。②

10月23日，由浙江省文化厅和教育厅组成的浙江省非物质文化遗产传承教学基地验收考核小组，对宁海县泥金彩漆教学基地——宁海县第一职业中学进行了考核验收。考核小组的专家们充分肯定了宁海县第一职业中学"政府主导，校企联合，传承非物质文化遗产"的办学模式。宁海县第一职业中学自2005年被确定为非物质文化遗产传承基地，教师和非物质文化遗产传承人一起自编校本教材，因材施教，开展了泥金彩漆、清刀木雕技艺、剪纸艺术等多个项目的教学，培养了一批优秀的非物质文化遗产传承人。对朱金木雕、金银彩绣和骨木镶嵌等项目，用中职课堂教学的方式传承传统技艺，引领非物质文化遗产教学工作。对传统美术类的非物质文化遗产传承，开启了校企合作模式。③

同时，在开展非物质文化遗产传承中，吸收外国留学生，无疑是让我们的优秀文化遗产走出国门的创新尝试。2012年6月16日，来自8个国家和国内28个省、区、市的剪纸艺术大师、专家学者、国际友人齐集"中国剪

---

① 《李延声委员建议：非物质文化遗产保护教育进校园》，中国政府网，http://www.gov.cn/2012lh/content_ 2089270.htm。
② 《甘肃省首家非物质文化遗产培训中心在兰州挂牌聘请传承人任教》，福客民俗网，http://news.folkw.com/www/fwzwhyc/093352841.html。
③ 《宁海泥金彩漆教学基地接力非遗传承》，福客民俗网，http://news.folkw.com/www/fwzwhyc/09123478_ 2.html。

纸之乡"河北蔚县，6 名外国留学生"洋弟子"获得了蔚县颁发的剪纸学习结业证书。他们是世界级非物质文化遗产蔚县剪纸的首批"洋弟子"毕业生，分别来自美国、俄罗斯、多哥等国家。蔚县有 16 个乡镇 96 个村分布着剪纸专业户 1100 多户，60 岁的周广作为国家级非物质文化遗产代表性传承人，有 300 多名徒弟，这 6 名外国留学生是他收的第一批"洋弟子"[①]。

二 研究情况

（一）立项情况

2012 年度与传统美术类非物质文化遗产相关的国家社科基金获准立项的课题，约有 3 项，详见表 13[②]。

表 13

序号	项目类别	项目名称	负责人	学科
1	一般项目	唐墓壁画中的外来文化因素及其反映的民族关系研究	程旭	考古学
2	一般项目	国家非物质文化遗产白族扎染缝扎技法和纹样图案的记录、整理研究	金少萍	民族问题研究
3	一般项目	草书字体研究	李洪智	语言学

（二）论文情况

在中国学术期刊网络出版总库，以"传统美术"为关键词，检索 2012 年发表的期刊文章，共有 63 篇；以"民间美术"为关键词，共搜索文献 537 篇。两项合计，共 600 篇。

注明为科研项目研究成果的论文见表 14。

---

① 《世界级"非物质文化遗产"蔚县剪纸首批"洋弟子"出师》，福客民俗网，http：//news.folkw.com/www/fwzwhyc/092151536.html。
② 国家社科基金项目数据库，http：//gp.people.com.cn/yangshuo/skygb/sk/index.php/Index/seach。

表 14

序号	作者	论文题目	项目来源及名称
1	袁姝丽	羌族刺绣持续发展路径研究	中央高校基本科研业务费专项资金项目（项目编号：10SZYZJ08），西南民族大学2011研究生学位点建设项目（项目编号：2011XWD-S0504）
2	马知遥	非物质文化遗产保护的田野思考——中国北方民间布老虎现状反思	中国博士后科学基金资助项目"北方布老虎田野考察及研究"（项目批准号：20110490784），山东省社科基金项目"文化创意和非物质文化遗产保护"（项目批准号：09CWY205）
3	崔之进 王廷信	从缂丝唐卡《贡塘喇嘛相像》看汉藏艺术交流	国家社科基金重大项目（项目编号：11&ZD115），江苏高校哲学社会科学重点研究基地重大项目（项目编号：2010JDXM002），教育部财政部高校基本科研业务专项资金项目（项目编号：SKCX20120021），江苏省教育厅高校哲学社会科学研究项目（项目编号：2011SJD760001）
4	李元元 刘生琰	"小地方"的力量：市场化与社区建构——以青海黄南藏族自治州吾屯社区为例	2011年国家社科基金项目"青海黄南藏族自治州唐卡文化产业与民族社区发展的实证研究"（项目编号：CMZ030），"2011年兰州大学博士研究生学术新人奖"研究计划
5	程波涛	阜阳团花剪纸的民俗主题与文化寓意	国家"211三期"项目"徽学与地域文化"，教育部项目（项目编号：06JJD760001）
6	朱米娜等	徽雕艺术的数字化传承	国家社科基金艺术学项目《安徽省徽州雕刻艺术非物质文化遗产的保护与传承研究》（项目编号：08BF35），安徽省教育厅人文社会科学基地一般项目《徽雕艺术的数字化传承与创新研究——徽雕仿真动画》（项目编号：2011sk797）
7	白日·洛桑扎西	简论藏族传统金属雕刻艺术及其工艺	国家社科基金艺术学项目"早期藏式佛教美术研究"（项目编号：10EF110）
8	王小明	口述史给非物质文化遗产研究提供的新视角	2011年度国家社会科学基金重大项目（第一批）"中国木版年画数据库建设与口述方法论再研究"（项目编号：11&ZD064）
9	张超等	马尾绣原材料的开发应用研究	2011年度国家社科基金艺术学项目"贵州三都水族马尾绣艺术非物质文化遗产保护与开发研究"（项目编号：11CG126），2009年度贵州省教育厅高校人文社会科学研究专项项目（项目编号：09ZX013），2010年贵州大学人文社科校级青年项目（项目编号：GDWQ2010040）

续表

序号	作者	论文题目	项目来源及名称
10	刘冬梅等	玉树县仲达乡藏娘唐卡艺术传承现状调查	国家社科特别委托项目"西藏项目"招标课题《西藏唐卡传录入现状调查研究》（课题编号：XZ1038，2010-2012）
11	张景明 王琦	东北地区民间美术类非物质文化遗产的现状分析	2012年教育部人文社会科学研究规划基金项目"东北地区民间美术类非物质文化遗产的现状、保护与开发研究"（项目编号：12YJA760090）
12	张旗	从内画艺术的发展历程看民间美术的当代传承之路	2010年教育部人文社会科学研究艺术学青年基金项目（项目批准号：10YJC760096），北京市教委人文社会科学面上项目（项目编号：KM201111417005）
13	万剑	国家级非物质文化遗产"宁波泥金彩漆"的艺术特色与生产性保护	2012年度教育部人文社会科学研究青年基金项目《中国瓷器缠枝纹装饰艺术研究及矢量图库建设》（项目编号：12YJC60076），2012宁波市文化研究工程《宁波泥金彩漆的传承与保护研究》（项目编号W12-35）
14	占必传 臧勇	传统民间工艺美术拓展市场空间形成产业优势——以常州梳篦工艺美术产业为例	教育部人文社会科学研究专项项目"长三角地区传统民间工艺美术的发掘与保护"（项目编号：07j760005）
15	钱珏 臧勇	论羌绣艺术之美	教育部人文社会科学青年基金项目（项目编号：12YJC760062），江苏技术师范学院青年基金项目（项目编号：KYY09044）
16	宋卫哲	青海穆斯林石刻艺术考	2011年度教育部人文社会科学青年基金项目《青海民族民间石刻艺术研究》（项目批准号：11YJC760069）
17	王胜彩	河北省非物质文化遗产中民间美术资源调查研究	河北省社会科学发展研究课题之青年课题"河北民间美术的保护与传承——基于非物质文化遗产保护与传承视阈"（项目编号：201204069）
18	谭海平	河北传统民间美术在高校艺术设计教育中的传承与实践研究	河北农业大学社科基金项目"河北传统民间美术在高校艺术设计教育中的传承与实践研究"（课题编号：SK20110303）
19	赵汇鑫	民间美术造型与动漫形象设计的关系研究	河南省教育厅2011年自然科学研究计划项目（项目编号：2011C630013），河南省哲学社会科学规划项目（项目编号：2010FWX020），2010年河南省决策研究招标课题（课题编号：B764）

续表

序号	作者	论文题目	项目来源及名称
20	赵汇鑫	根植于民间美术的本土化包装设计教学实践	河南省教育厅2011年自然科学研究计划项目"家庭储藏空间设计研究"（项目编号：2011C630013）
21	梁雅明	高校艺术设计专业开设民间美术课程的意义与实践	河南科技大学校级教学改革项目"图形创意课程教学创新与实践"（项目编号：2009Y-082）
22	李茂丹	河南省地方高校应用型本科专业建设研究与实践——以黄淮学院美术学专业为例	河南省黄淮学院2012年校级教育教学改革研究指导项目"黄淮学院应用型本科专业建设研究与实践——以美术学专业建设为例"
23	李磊	传统民间美术资源的现代转型	河南省政府决策研究招标课题（课题编号：2010B052）
24	胡晓瑛	滑县与朱仙镇木版年画比较研究及生产性保护	2012年度河南省软科学研究计划项目"文化产业化背景下河南民间美术的传承与发展研究"（项目编号：122400450124）
25	黄玲	水族剪纸与黔南地区旅游纪念品的设计开发	贵州省教育厅高校人文社会科学研究自筹经费项目"水族剪纸与黔南地区旅游纪念品的设计开发研究"（项目编号：11ZC071）
26	张莎莎	贵州少数民族刺绣文化产业的开发	贵州省教育厅高校人文社会科学研究规划项目（项目编号：10GH33）
27	彭咏	苗族锡绣艺术审美探源	凯里学院贵州原生态民族文化研究课题（课题编号：2012yst06）
28	马预其	黔南民间美术融入旅游市场的战略	贵州省教育厅高等学校人文社会科学项目（项目编号：11GH022）
29	涂朝娟	高校民间美术教育课程开发刻不容缓	重庆市教育科学"十一五"规划2008年度课题"重庆民间美术在高校公共美术教育中的价值与应用"（项目编号：08-GJ-156）
30	涂朝娟	文化产业化背景下重庆民间美术资源的开发和利用	重庆市教委科学技术研究项目《重庆民间工艺美术与产业化发展研究》（项目编号：KJ111593）
31	张军军	海南"非遗"存在的问题及其地方文化承载	海南省教育厅科研项目"基于国际旅游岛背景下——海南非物质文化遗产的保护与传承问题研究"（项目编号：Hjsk2011-11）
32	李丽华	江南民间美术艺术样式的田野探寻与研究	江苏省高等教育学会"十二五"高等教育科学研究规划课题《江南民间文化积淀与当代艺术设计思维的契合》（课题编号：KT2011117）

续表

序号	作者	论文题目	项目来源及名称
33	王胜选	陕南民俗对当地民间美术观念的影响	陕西省教育厅2011年人文社会科学专项《明清移民与陕南民间美术嬗变研究》（项目编号：11JK0371）
34	张玉萍	从成都灯会看民间灯彩艺术的发展	四川省2009-2012年高等教育人才培养质量和教学改革立项课题（课题编号：P09240），四川省工业设计特色专业项目
35	陶旭泉	羌族民间美术传承与美术新课程实施互动研究——以四川省阿坝茂县为例	四川省教育厅人文社会科学重点研究基地——多元文化研究中心立项课题（课题编号：DYWH1011）
36	段艳红	天津民间美术现状和转型发展	天津市社科艺术规划项目"数字化环境下天津传统民间艺术的传承研究"（项目编号：B10066）
37	柯立红	妈祖民间美术品类及其社会功能	福建省教育厅A类社科项目"妈祖民间美术研究"（项目编号：JA09193S）
38	叶一霖 叶善青	基于民间美术传承与创新视阈下的高校人才培养模式探索——以闽北高校美术专业人才培养为例	福建省大学生创新性实验计划项目"民间美术人才培养模式创新实验研究"（项目编号SJ2011040）
39	李志宏	从刺绣与平面设计的传达方式看传统与现代的渗透	广东省哲学社会科学共建项目"传统图形艺术元素在现代设计中的传承与创新"（项目批准号：GD11XYS01）
40	张海彬	民间美术在文化旅游中的保护与开发研究——以广西为例	广西哲学社会科学"十二五"规划2011年度课题"广西与东南亚民间美术的交互与比较研究"（课题编号：11FMZ021），2010年广西教育厅科研项目"东盟艺术与广西北部湾经济区经济发展的融合与对接"（项目编号：201010LX199）
41	杨新林	宁夏回族农民画的文化发展、创新及特征——以旱塬田坤的农民画为例	宁夏大学211项目"西部地区回族文化经济社会发展"子项目"当代回族文化研究与软实力"，宁夏艺术科学规划科学研究基金资助项目"宁夏回族题材美术创作研究"（项目编号：11NXYBCF06）
42	苏晓萍	市场化：保护和传承传统美术类非物质文化遗产的出路——以金华浦江麦秆剪贴为例	2012年金华市社科联一般课题"非物质文化遗产与文化产业结合路径研究——以金华地区为例"（课题编号：167），2012年浙江省社科联研究课题"适应产业化发展需要的传统工艺人才培养研究"（课题编号：2012N127）

从论文的内容来看，大致分为以下几类：①对某一类传统美术类项目的介绍，包括特点、现状及发展思考等，其中尤以木版年画、唐卡、剪纸、刺绣这几大类为主，而对于书法、木雕、竹刻、泥塑等的关注较少；②对某一地区传统美术门类的研究；③对传统美术的生产性保护研究，包括以旅游的形式进行开发，融入动漫元素等。

但综观2012年对传统美术类非物质文化遗产的研究，立项的很多，真正具有可操作性的保护、传承和开发方式，则建议较少，或者仍有待时间的检验。

（三）著作情况

据目前所得的资料，2012年出版的有关传统美术类非物质文化遗产的专著有：

（1）中国艺术研究院主办的《中国工艺美术大师全集·吕尧臣卷》首发式于2012年4月举行。本书是中国艺术研究院策划编辑出版的一套大型学术丛书，于2007年9月正式启动，迄今为止已出版发行了《冯久和卷》《吕尧臣卷》《张同禄卷》《双起翔卷》《顾永骏卷》《汪寅仙卷》《郑益坤卷》《江春源卷》《文乾刚卷》《徐秀棠卷》《徐朝兴卷》《夏侯文卷》《黄松坚卷》《潘柏林卷》《高公博卷》《王笃纯卷》共16卷，正在编辑出版的有《毛正聪卷》等10卷。《中国工艺美术大师全集·吕尧臣卷》全面呈现了工艺美术大师吕尧臣的生平事迹、创作思想和工艺特点，所记录的口述部分生动翔实，所论所评有学术高度。该丛书的研究对象为德艺双馨的国家级工艺美术大师，定位为学术经典性、文献性、系统性，计划完成100卷以上，以人为本，涵盖十几个工艺门类上百种传统技艺，形成一部反映中国当代工艺美术历史和成就的"百科全书"。①

（2）郑丽萍著的《中国传统美术赏析》2012年1月由中国电力出版社出版。

本书以翔实的资料，力求比较全面系统地介绍和讲述中国传统美术的基本造型特征和分类，以及民间传统文化的历史流传与人文艺术特色，探寻民间美术的本质和美学特征，培养和提高学生对中国传统优秀文化艺术

---

① 《〈中国工艺美术大师全集·吕尧臣卷〉首发式及紫砂精品展在京举行》，中国非物质文化遗产网，http://www.ihchina.cn/inc/detail.jsp?info_id=3644。

的认识、鉴别和审美能力，从而为研究传统美术提供有益的借鉴。

（3）马莉萍著的《中国少数民族剪纸文化研究》2012年1月由民族出版社出版。

本书通过文献来追述、研究历史年代，通过博物馆及民间现存的考古实物来进行溯源研究，通过国家图书馆、校园图书馆、网络图书馆来查阅文献史籍与前人研究成果，通过民族省区的各级文博单位来查阅有关地方史志及查看有关文物、图片，并深入民间核实、查看私人收藏的文献文本和口头文本及剪纸的传统花样。所搜集的资料主要使用民族学调查方法，访问、参与观察法，对民间剪纸艺人访谈调查以及拍摄资料图片，收集剪纸作品。作为民族学的应用型研究，本书旨在探讨少数民族剪纸的历史渊源及在当代如何保护与传承发展，同时给遗产地的保护提出一定的建议。

（4）张晓黎主编的《绵竹年画》2012年2月由四川大学出版社出版。

本书从绵竹年画灾后重建境况、文化产业发展的需求着手，着眼于培训绵竹年画从业者的职业技能和职业能力。本书收集汇编了专门章节"绵竹年画鉴赏"。书中配有大量精美图片和作品分析，辅以绵竹年画的临摹副本和基础技法之白描，适合年画从业者了解绵竹年画历史，学习绵竹年画基础绘画及制作方法，也可作为广大爱好者了解年画知识，学习绘制年画参考使用。本书是四川省劳务品牌培训高级职业技能培训项目开发的培训教材。

（5）肖丰等编著的《民间美术与文化创意产业》2012年3月由华中师范大学出版社出版。

本书在勾勒民间美术的丰富形态与民俗根源的基础上，从转向创意产业的当代民间美术典型案例入手，分析了民间美术向产业化转变需要依赖的文化资源、消费心理和相关的产业支持，以及保障当代民间美术可持续发展的各种必要的措施和要素，描述并分析了社会转型背景下民间美术向文化创意产业转换的时代进程与发展态势。

（6）四川博物院，四川大学博物馆科研规划与研发创新中心编著的《格萨尔唐卡研究（精）汉英对照》（四川博物院四川大学博物馆法国吉美博物馆珍藏）2012年3月由中华书局出版。

该书收录了四川博物院藏的一套完整格萨尔唐卡，共11幅，描绘了藏族史诗英雄格萨尔波澜壮阔的一生，内容极其丰富。本书中所收录的唐卡是迄今保持完好为数不多的仲唐中的精品,每幅画面都有详细的题记,对画面进行解说,对正确辨识画面起到了至关重要的作用。

(7) 陈京浦主编的浙江省非物质文化遗产代表作丛书"浦江剪纸"2012年5月由浙江摄影出版社出版。

本书从自然环境、起源发端、历史沿革、艺术表现、传承谱系、文化特征、保护方式等予以全景全息式的纪录和反映浦江剪纸,图文并茂。

(8) 张加勉编著的非物质文化遗产丛书"玉雕"2012年5月由北京美术摄影出版社出版。

本书通过对北京工艺美术具有代表性的玉雕技艺的起源,以及各个历史时期的表现形式、艺术特色、技艺工序过程、传承方式和优秀作品的汇集,深入地展现了北京工艺美术的历史价值、社会价值、学术价值和工艺文化价值,凸显其非物质文化遗产的文化特质,为非物质文化遗产的保护创造出良好的文化空间和学术氛围。

(9) 广东非物质文化遗产丛书"红丹门神:佛山木版年画"2012年12月由广东教育出版社出版。

本书具体介绍了制作工艺、艺术特色和佛山年画的传人等内容。从中能够了解到南粤非物质文化遗产的历史概貌、地方风格、制作技艺和深厚的文化底蕴。

这些专著,呈现如下特点:①多是系列丛书;②仍然以唐卡、木版年画、剪纸等传统美术类大的项目为主要研究对象;③多是科普性的、介绍性的读物,严格意义上的学术研究作品较缺乏。

三 问题与思考

2012年6月15日,文化部非物质文化遗产司司长马文辉在新闻发布会上介绍了党的十七大以来非物质文化遗产保护情况,同时指出了非物质文化遗产保护中存在的几个主要问题:一些非物质文化遗产项目后继乏人、生存濒危的境况还没有得到解决,现有传承人年岁偏大,年轻人因收入偏低、掌握技艺时间长等原因对传承非物质文化遗产热情不高;重开发、轻保护的现象不同程度地存在;物质文化遗产代表性项目保护工作不够扎实、深入;有些保护的方式、方法,保护的原则性规定在实践中没有很好地得到贯彻落实；基层保护工作人员流动性大、专业基础薄弱，素质亟待提高。①

可以说，这是所有非物质文化门类近年来一直面临的主要问题。而具体到传统美术，形势更为严峻。

以年画为例。近半个世纪以来，随着社会经济形态的转型，以及人们生活方式的改变，失去实用性的年画，流失非常严重。山西临汾平度年画民间的传承已经绝迹，现在仅有父子两人，全因爱好而制作。杨柳青木版年画艺人不到5人，且5人均为高龄年画艺人。其他种类的木版画也只在过年时有一个短暂的活跃期，之后就销声匿迹了。造成我国传统美术陷入濒危状态的因素有多方面：

①技师年龄结构老化。由国家文化部评定的365位中国工艺美术大师中，已有20%去世，而在世的工艺美术大师平均年龄也达到60岁左右，其中仍在从事创作和授徒的也只有25%左右。

②年轻人嫌苦不愿学。许多优秀传统工艺美术品，需要手工制作，且工艺精细复杂、耗时过长，收益一般，许多年轻人甚至一些绝技传承人的子女，也嫌苦累而不愿学。

③学校教育出现断裂。以往各地工艺美术行业专业人才，均由中央工艺美术学院及其各地工艺美术院校输送。但1999年中央工艺美术学院并入了清华大学，"工艺美术"被"设计艺术"所取代，到2011年，《普通高等学校本科专业目录（修订二稿）》中，"工艺美术"又被提升为"设计学"一级学科下的二级学科，传统工艺美术被淡化了许多。

此外，传统工艺美术物品所用的玉石、象牙、紫砂等天然原材料短缺且价格昂贵，一些工艺美术品不适应现代文化产业发展和人们审美需求，有关鼓励传统工艺美术发展的政策欠缺等，也是造成濒危的原因。

传统美术类的非物质文化遗产，多是在农耕社会产生的，现在工业化、城市化、全球化的不断发展，动摇了其赖以生存的经济、社会基础，许多项目失去了赖以生存的土壤，如何保持其传统，变得十分困难。传统美术是以民间生活为依托的，如果失去了民间的生活土壤，传统美术也就失去了其作为一种艺术品的价值和内容。②

---

① 《人民日报》2012年6月15日第15版。
② 汤春燕：《民间美术在文化旅游中的保护与开发探究》，《旅游经济》2012年第7期。

比如广泛地存在于中国北方的布老虎文化，作为原始图腾文化的一部分，其蕴涵的文化内涵正随着市场化和产业化的诱惑而遭到破坏，其本源的民俗文化内容和手工制作技艺不断遭到削弱。作为生产性保护方式下成长起来的"公司+农户"这种方式，反映出布老虎制造初级、分散的市场环境。作为在非物质文化遗产保护工作中成长起来的艺人们已经有了一定文化自觉，知道手艺的重要性和价值所在，也在努力坚持传统工艺的维护，但却因为市场原因艰难生存。当他们作为民间艺人同时亦是商人后，他们的布老虎生产和销售就具备了一个明显的特征：市场需求大，销售看好，产量就大。临沂地区布老虎做工简单，粗糙，半手工制作，销售针对广大的周边农村，借助的是当地完好保存的虎文化生育民俗的存在。潍坊地区虎文化崇拜的痕迹已经不明显，但销量大而且价格高，主要销售外地一些经济发达地区，原因明显是借助了当地闻名的"风筝节"，挂靠会展经济，发展了市场扩大了销量。当地布老虎半手工制作，其中机器规模化生产的痕迹还不是非常明显。山西张健旺的布老虎，因为市场意识强，市场占有率大，机器化批量生产程度很高。手工制作的部分已经非常微小。可以肯定地说，市场的冲击已经让他的布老虎失去了当地独特的风格，其市场目标针对海内外高端市场，小量供应国内和附近有虎文化崇拜的地区，因而从保护的角度看，他的规模化生产已经破坏了传统。[①]

对这一岌岌可危的局面，实施抢救性保护迫在眉睫。

首先，要继续加强民众的保护意识。徐艺乙等专家曾指出，"非物质文化遗产保存在民间"，在许多非物质文化遗产保护工作做得好的国家屡见不鲜。我国应该在社会公众中广泛传播非物质文化遗产对世界、国家、人类和民族的重要意义，发动更多的社会团体、民众参与到抢救、保护非物质文化遗产活动中。

其次，"高校丰富的人文、技术、场馆等资源，理应成为传统工艺美术的发掘、整理、传承和保护的主要阵地"。邱春林、屈盛瑞等专家认为，行健职业学院将陈海龙大师引入学院，向学生传授传统象牙雕刻技艺，并腾出教学场馆，辟建传统工艺美术创意中心和艺术展示厅，既有利于培养传承祖国传统工艺美术事业的技能型、创业型年轻人才，也是高校保护、

---

① 马知遥：《非物质文化遗产保护的田野思考——中国北方民间布老虎现状反思》，《民俗研究》2012年第4期。

抢救祖国非物质文化遗产,为文化遗产传承人创作更多文化精品提供优越条件的功德无量之举。[①]

非物质文化遗产保护和利用的根本价值,在于守护精神家园,贡献社会民生。山东省坚持传承保护和开发利用并重,积极推进非物质文化遗产"融入社会、融入生活、融入群众",举行非物质文化遗产"进校园、进社区、进广场、进军营、进企业"等活动,每年有超过2300万人经常性从事或参与非物质文化遗产保护传承工作,从中感受中华传统文化的魅力,极大地提升了群众的审美观念和传统道德文化素养。同时实施"扶持1000位非物质文化遗产传承人、民间艺人收徒传艺"工程,打破以前的传承人授徒传艺,秘不外传,传亲不传外,或者传男不传女等观念,依靠院团、收徒传艺,或代代相传、家庭传承,或办班建校、集体传承,多种方式结合地培养传承人,逐渐壮大的传承人队伍成为文化遗产活态传承的重要保证。[②]

最后,以"坚持工艺流程的整体性和核心技艺的真实性"为基础,继续开展生产性保护。2012年2月23日,郑州文交所推出的权益产品"中国神话——滑县木板年画雕版"正式上线。标志着以木版年画为代表的传统美术通过郑州文化艺术品交易所这个平台,实现与资本市场的对接,为非物质文化遗产的传承与发展提供了重要支撑。[③]再以山东省为例。他们在手工技艺项目集中的地区,建立传承基地和生产园区,发挥集聚效应,变资源优势为产业和品牌优势。"柳编村""草编村""年画村"等特色村落不断涌现,再加上国家级文化生态保护实验区项目的启动,潍坊市的风筝、年画、剪纸、泥塑、嵌银漆器等传统工艺得到广泛恢复和宣传推介,涌现出了一大批非物质文化遗产项目和代表性传承人,当地群众也从中切身感受到了非物质文化遗产保护利用带来的实惠。非物质文化遗产传承人成了"红人",非物质文化遗产产品也成了"抢手货"。同时,山东省推进文化生态保护实验区与传承基地、传承设施的结合,实现了整体性保护。

---

① 《传统工艺美术半数陷濒危　高校应成"非物质文化遗产"传承阵地》,福客民俗网,http://news.folkw.com/www/fwzwhyc/093248831_3.html。
② 《第二届中国非物质文化遗产博览会6日将在山东开幕》,中央政府网站,http://www.gov.cn/gzdt/2012-09/05/content_2217216.htm。
③ 《"非物质文化遗产"与资本对接　滑县木版年画"入驻"郑州文交所》,福客民俗网,http://news.folkw.com/www/fwzwhyc/101016627.html。

目前，山东省文化生态保护实验区内，共有各类传承基地57个、各级研究机构60多个，共有各类专题博物馆、民俗博物馆、传习所312个，极大地调动了当地大众保护非物质文化遗产的积极性。"有了文化空间和文化氛围，非物质文化遗产保护传承才有了深厚土壤"，设立文化生态保护区，将非物质文化遗产从单项保护提升到对其依存的环境进行整体性保护，是遵循了非物质文化遗产保护、传承和发展规律的科学保护方式，也是有利于非物质文化遗产保护和合理发展演变的长久之计。[①]

[①] 《第二届中国非物质文化遗产博览会6日将在山东开幕》，中央政府网站，http://www.gov.cn/gzdt/2012-09/05/content_ 2217216. htm。

传统技艺类非物质文化遗产保护发展报告

撰稿：陈 熙 审稿：徐艺乙[*]

继2011年中国共产党第十七届中央委员会第六次全体会议通过《中共中央关于深化文化体制改革推动社会主义文化大发展大繁荣若干重大问题的决定》后，2012年我国的非物质文化遗产保护工作有了进一步发展。传统技艺类非物质文化遗产项目的保护也有了新的发展。

一 保护概况

2012年2月2日，我国文化部颁布《文化部关于加强非物质文化遗产生产性保护的指导意见》[①]，在肯定和推动生产性保护方式的前提下，为传统技艺等适用于生产性保护方式的非物质文化遗产项目提供了更有针对性的行政支持与监管，旨在推动此类项目的健康的活态传承。

（一）名录概况

1. 国家级名录情况

截至2012年，国务院已公布三批国家级非物质文化遗产名录（共1219项），其中传统技艺类共计212项；并且公布了三批国家级非物质文

---

[*] 陈熙，女，1978年出生，中山大学中国非物质文化遗产研究中心研究助理；徐艺乙，男，1956年出生，中国国家非物质文化遗产保护工作专家委员会委员、南京大学历史学系教授。

[①] 《文化部关于加强非物质文化遗产生产性保护的指导意见》，中华人民共和国文化部官网，2012年2月14日（http://www.ccnt.gov.cn/sjzznew2011/fwzwhycs/fwzwhycs_flfg/201202/t20120214_229512.html）。

化遗产项目代表性传承人名单（共1488人），其中传统技艺类传承人共计214人。

12月20日，文化部公布了第四批国家非物质文化遗产代表性项目传承人名单，共计498人，其中传统技艺类传承人达112人。就名单本身而言，此次的信息比之前的三批名单更为完整，能同时体现传承人的姓名、性别、民族、年龄、掌握的技能以及所属地区。与前三批相比，该批代表性传承人的年龄分层更明显，以花甲或古稀老人为主的结构正在改变，其中20世纪60年代出生的传承人有32人，70年代出生的有4人。这在一定程度上体现出传承人"年轻化"的趋势。

2. 省级名录情况

同年，各省、市、地方继续进行非物质文化遗产名录和代表性传承人体系的建设。名录方面，详见表1。

表1

地 区	名 录	传统技艺类项目数量
河 北	第四批（共计111项，子项123项）	23项，子项24项
广 东	第四批（新增52项、扩展35项）	新增20项，扩展6项
海 南	第四批（新增6项、扩展3项）	新增3项，扩展1项
广 西	第四批（98项）	24项
新 疆	第三批（新增52项、扩展33项）	新增15基，扩展无
浙 江	第四批（202项）	60项
湖 南	第三批（新增50项、扩展20项）	新增8项，扩展无
宁 夏	第三批	不详

传承人方面，详见表2。

表2

地 区	批 次	传统技艺类传承人数量
上 海	第三批（共113人）	17人
河 北	第三批（共83人）	14人
陕 西	第三批（共71人）	不详
四 川	第五批（共108人）	39人

续表

地区	批次	传统技艺类传承人数量
湖北	第三批（共153人）	27人
重庆	第三批（共116人）	34人
广东	第三批（共152人）	39人
河南	第三批（共189人）	44人
贵州	第三批（共105人）	21人
内蒙古	第三批（共76人）	12人

这些名录和名单继续展现出各省、自治区各族人民在日常生活和劳作中创造各种建筑、制造器物、绘画、艺术创作、饮食制作等传统技艺，体现了对创作者及其生活智慧与高超技艺的尊重。同时也体现出地方政府贯彻执行国家非物质文化遗产保护的法规政策，对具有地方特色的传统技艺项目进行调查、保护和传承，促进地方文化多样性传承的决心。

（二）行政法规、政策的颁布与实施

1. 自上而下的法制建设

继2011年10月18日中国共产党第十七届中央委员会第六次全体会议通过《中共中央关于深化文化体制改革推动社会主义文化大发展大繁荣若干重大问题的决定》，提出"抓好非物质文化遗产保护传承"以来，2012年2月2日，文化部颁布《文化部关于加强非物质文化遗产生产性保护的指导意见》（以下简称《指导意见》）[①]。该《指导意见》指出，虽然目前生产性保护方式仅在传统技艺、传统美术和传统医药炮制的领域内实施，但对于非物质文化遗产保护有重要作用，并且提出"坚持以人为本、活态传承原则，坚持保护传统工艺流程的整体性和核心技艺的真实性原则，坚持保护优先、开发服从保护原则，坚持把社会效益放在首位，社会效益和经济效益有机统一原则，坚持依法保护、科学保护原则"，以期更加深入推动传统技艺等类非物质文化遗产项目的保护工作。

---

① 《文化部关于加强非物质文化遗产生产性保护的指导意见》，中华人民共和国文化部官网，2012年2月14日（http://www.ccnt.gov.cn/sjzznew2011/fwzwhycs/fwzwhycs_flfg/201202/t20120214_229512.html）。

各省市也根据实际情况,从政府管理的角度,针对传统技艺类非物质文化遗产项目保护的特点推出了相关政策条例。例如,山西省调研发现,山西部分地方、部分部门存在重利用轻管理、重开发轻保护的现象,致使非物质文化遗产资源破坏比较严重。不少传统手工艺品制作技艺被机械取代,造成了对非物质文化遗产的破坏[①]。此后,9月28日,山西省十一届人大常委会第三十一次会议通过《山西省非物质文化遗产条例》(以下简称《山西条例》),于2013年1月1日起施行。该省传统技艺类非物质文化遗产项目与其他五大类非物质文化遗产项目被列入该条例,正式得到法律保护[②]。此外,12月,山西省文化厅还利用多种形式和载体,在全省范围内开展了为期一个月的主题为"依法保护、重在落实"的条例施行宣传活动[③],旨在推动宣传和贯彻《山西条例》。7月26日,重庆市第三届人民代表大会常务委员会第33次会议审议通过了《重庆市非物质文化遗产条例》(以下简称《重庆条例》),并于同年12月1日正式施行。《重庆条例》也体现了对传统技艺类非物质文化遗产项目更科学更具体的保护措施,"鼓励……开发利用具有生产性、表演性或观赏性的非物质文化遗产项目,同时强调要处理好保护传承和开发利用的关系……坚持传统工艺流程的整体性和核心技艺的真实性"。[④] 另外,较早通过并实施相关条例的省市在积累保护和传承工作经验的基础上对条例提出了修订意见。例如,2006年11月1日开始实施的《江苏省非物质文化遗产保护条例》(简称《江苏条例》)对当地非物质文化遗产范畴的界定与国家分类略有不同,它将无形与有形的文化同时纳入该条例,规定了七类范畴。其中"传统手工艺技能"作为七大类中的一类正式进入该法律保护体系。6年后,2012年,江苏省十一届人大常委会第三十次会议上提出了《江苏省非物质文化遗产保护条例(修订草案)》[⑤],对旧的《江苏条例》进行了修改,体现出

---

① 《山西拟立法保护非物质文化遗产》,《中国文化报》2012年8月22日第2版。
② 《〈山西省非物质文化遗产条例〉获通过》,山西省文化厅网站,2013年3月13日(http://www.sxwh.gov.cn/bencandy.php?fid-50-id-552-page-1.htm)。
③ 《山西非物质文化遗产保护再掀热潮》,山西省文化厅网站,2013年3月13日(http://www.sxwh.gov.cn/bencandy.php?fid-50-id-553-page-1.htm)。
④ 《〈重庆市非物质文化遗产条例〉开始实施》,《中国文化报》2012年12月4日第2版;《〈重庆市非物质文化遗产条例〉12月施行》,中国文化传媒网,http://www.ccdy.cn/wenhuabao/bb/201208/t20120813_351960.htm。
⑤ 《江苏修订非遗保护条例》,《中国文化报》2012年9月28日第7版。

旨在更为科学、整体地管理和保护当地非物质文化遗产项目的理念。例如，新《江苏条例》重新对当地非物质文化遗产进行了界定，把过去的七大类分类浓缩为六大类，"传统手工艺技能"被改为"传统技艺、医药和历法"，"相关的资料、实物和场所"不再单独列为一类进行保护。

2. 处罚机制逐步形成

过去十年的非物质文化遗产保护已形成了各种评估机制，在一定程度上鼓励并推动了非物质文化遗产发展，但也出现了一些问题。因此，政府的文化主管部门提出对国家级名录项目进行"有进有出"的动态管理措施。2012年文化部对105个国家级非物质文化遗产代表性项目保护单位进行了调整、撤销的处理。其中，传统技艺类非物质文化遗产项目保护受处理单位情况如表3①。

（1）调整的国家级非物质文化遗产代表性项目保护单位名单（共97个，其中传统技艺类项目的单位有15个）。

表3

原　因	省份	序号	项目保护单位名称	项目编号	项目名称
原保护单位不具备独立法人资格	广东	1	东莞市中堂镇龙舟协会	Ⅷ-139	龙舟制作技艺
	海南	2	东方市博物馆	Ⅷ-19	黎族传统纺染织绣技艺
		3	东方市非物质文化遗产保护中心	Ⅷ-182	黎族船型屋营造技艺
	四川	4	雅安市茶业协会	Ⅷ-152	黑茶制作技艺（南路边茶制作技艺）
	青海	5	循化撒拉族自治县非物质文化遗产保护办公室	Ⅷ-185	撒拉族篱笆楼营造技艺
因文化体制改革原机构变更或成立非物质文化遗产保护专门机构	安徽	6	黄山市徽州漕溪茶厂	Ⅷ-148	绿茶制作技艺（黄山毛峰）
	湖南	7	醴陵市红官窑瓷业有限公司	Ⅷ-95	醴陵釉下五彩瓷烧制技艺
	广东	8	佛山市禅城区文化馆	Ⅷ-3	石湾陶塑技艺

---

① 参见《文化部关于对天津市红桥区回族大刀队等105个国家级非物质文化遗产代表性项目保护单位进行调整、撤销的决定》，中华人民共和国文化部网站，2012年9月4日（http://www.ccnt.gov.cn/xxfbnew2011/xwzx/ggtz/201210/t20121016_265555.html）。

续表

原因	省份	序号	项目保护单位名称	项目编号	项目名称
原保护单位为行政管理部门	福建	9	武夷山市文化局	Ⅷ-63	武夷岩茶（大红袍制作技艺）
原项目保护单位与实际保护工作不相协调	上海	10	静安区文化馆	Ⅷ-134	印泥制作技艺（上海鲁庵印泥）
	浙江	11	龙泉市龙泉青瓷传统烧制技艺传承基地	Ⅷ-9	龙泉青瓷烧制技艺
		12	龙泉市龙泉宝剑沈广隆（壬字号）剑铺	Ⅷ-37	龙泉宝剑锻制技艺
	江西	13	江西省文物建筑保护中心	Ⅷ-29	景德镇传统瓷窑作坊营造技艺
	湖南	14	通道侗族自治县雄关侗锦坊	Ⅷ-104	侗锦织造技艺
	青海	15	囊谦县文化馆	Ⅷ-98	陶器烧制技艺（藏族黑陶烧制技艺）

（2）提出批评、限期整改的国家级非物质文化遗产代表性项目保护单位名单（共2个，传统技艺类项目单位为0个）。

（3）撤销的国家级非物质文化遗产代表性项目保护单位名单（共6个，其中传统技艺类项目单位有1个）。

表 4

原因	省份	序号	项目保护单位	项目编号	项目名称
履责不力	江西	1	萍乡市上栗县黄鹤出口花炮厂	Ⅷ-86	烟火爆竹制作技艺（萍乡烟花制作技艺）

3月19日，浙江省核查组在舟山市文广局非物质文化遗产处领导陪同下，到普陀区核评国家级非物质文化遗产项目——传统木船制造技艺保护工作情况。核查工作组听取了工作汇报，查阅了工作台账，也实地考察了岑氏木船作坊，对其保护和传承工作予以了肯定①。普查、建立名录、在

---

① 参见《省核查组到普陀区核评国遗项目保护工作》，浙江省非物质文化遗产网，2012年3月21日（http://www.zjfeiyi.cn/news/detail/31-1450.html）。

法律法规保护下进入实质性保护工作、逐渐建立监督核查机制这一系列的举措对传统技艺的有效传承提供了较好的行政保障。

(三) 生产性保护及其在地方的执行情况

生产性保护在2012年仍然保持热度。文化部相继颁布了《文化部关于加强非物质文化遗产生产性保护的指导意见》和《关于推荐第二批国家级非物质文化遗产生产性保护示范基地的通知》①。这种保护方式通过实践和反思进一步趋于完善。可以明确的是，以传统技艺等项目为主的非物质文化遗产生产性保护并不等同于文化产业化。对此，徐艺乙有清楚的说明："一些过去在人们的社会生活中必不可少的事项已经不再是人们生活之必需。没有需要就没有生产……时间一长……慢慢的成为人们的记忆，有的甚至彻底消亡……非物质文化遗产生产性保护方式所支持的生产过程之目的，不在于直接对社会产生可计量的物质财富，而是要使非物质文化遗产的项目在当前得到有效保护和传承，为将来留下能够不断创造财富（包括精神与物质）的资源，这也就是'生产性保护'与'生产'的区别之所在。所以，不能把非物质文化遗产生产性保护简单地看作是一般文化产品的生产，甚至将其等同于文化产业。"② 在实际操作中，相关政府官员、专家和保护工作实践者在具体保护方式上的意见略有不同。田青强调"在生产性保护的过程中，一定要注意维护手工艺技艺的特质，不能用现代化大生产来替代"。刘魁立不仅认为"一旦这些核心技艺被大生产替代的话，那人的情感，民族的符号体系就不存在……非物质文化遗产的文化内涵就丧失了"，而且认为"花纹样式也是一种重要的文化符号，是非物质文化遗产文化内涵不可分割的一部分，不能一味地追求时尚"，如果在保护中仅保留传统核心技艺，然后一味迎合市场，那么我们的文化内涵被改变了，"整个的传统就不复存在了"。马盛德认为只要保护好了传统核心技艺，那么并不排

---

① 详见《文化部办公厅关于推荐第二批国家级非物质文化遗产生产性保护示范基地的通知》，中华人民共和国文化部官网，2012年12月6日（http://59.252.212.6/auto255/201212/t20121213_29385.html）。
② 徐艺乙：《传承人在非物质文化遗产生产性保护中的作用》，《贵州社会科学》2012年第12期总276期。

斥机械化和现代化。① 现实生活和市场中的情况更为复杂,有的生产性保护取得了较好的预期效果,有的则偏离了保护的初衷。

1. 省、直辖市相继成立非物质文化遗产生产性保护示范基地

《指导意见》强调科学推进生产性保护工作,要求"重点培育一批国家级非物质文化遗产生产性保护示范基地……发掘东中西部地区各自优势,规划建设各具特色的非物质文化遗产生产性保护示范基地……"2011年文化部公布了第一批41个国家级非物质文化遗产生产性保护示范基地。同年,浙江、福建、山东、河南、贵州和陕西省以及上海市也分别公布了第一批省级非物质文化遗产生产性保护示范基地。2012年,山西省首次授牌16个省级非物质文化遗产生产性保护示范基地(以下简称"省级基地"),其中传统技艺类的基地大约有6个②;江西省公布了第一批10个省级基地,其中传统技艺类的有8个③;山东省公布了首批13个省级基地,其中传统技艺类的有5个;湖北省公布了第一批18个省级基地,其中传统技艺类的有6个④;四川省公布了第一批4个省级基地,其中传统技艺类的3个⑤。作为直辖市,北京和重庆分别公布了5个和20个非物质文化遗产生产性保护示范基地⑥。江苏省也开始第一批省级非物质文化遗产生产性保护示范基地的申报工作⑦。这些基

---

① 《非物质文化遗产生产性保护背后的三个"不等式"》,中国广播网,2012年2月20日(http://china.cnr.cn/zytblt/dstb/201202/t20120220_509182637.shtml)。
② 《山西授牌首批"非物质文化遗产生产性保护示范基地"》,中国新闻网,2012年6月10日(http://www.chinanews.com/cul/2012/06-10/3951372.shtml)。
③ 《关于对第一批省级非物质文化遗产生产性保护示范基地评审结果名单公示的通知》,江西省文化厅网,2012年12月12日(http://www.jxwh.gov.cn/news.asp?id=6963)。
④ 《山东省非物质文化遗产生产性保护示范基地 2011年度山东省非遗保护工作十大亮点事项 2011年度山东省非遗保护十大模范传承人评选结果》,《爱读爱看数字报刊》2012年6月15日第11版(http://news.idoican.com.cn/zgwenhuab/html/2012-06/15/content_4108339.htm?div=-1)。
⑤ 《四川省文化厅关于公示四川省级非物质文化遗产生产性保护示范基地推荐名单的公告》,四川省文化厅网,2012年10月26日(http://www.sccnt.gov.cn/fwzwh/dtxxfwzwh/201210/t20121026_10383.html)。
⑥ 《北京市开展非物质文化遗产生产性保护的实践及成果》,中国文化部网,2012年2月6日(http://www.ccnt.gov.cn/preview/special/3415/3421/201202/t20120206_228889.html);《重庆市命名一批非物质文化遗产生产性保护示范基地和传承教育基地》,重庆市人民政府网,2012年6月28日(http://www.cq.gov.cn/zwgk/zfxx/411658.htm)。
⑦ 《关于推荐第二批国家级暨第一批省级非物质文化遗产生产性保护示范基地的通知》,江苏省文化厅网,2012年12月28日(http://www.jscnt.gov.cn/zfxxgk/tzgg/201212/t20121228_15651.html)。

地将严格按照"保护为主、抢救第一、合理利用、传承发展"的方针运营。

2. 企业品牌附加值增加,产权意识增强

综观2012年,一些企业或公司有多年良好的市场份额,当他们拥有的传统技艺在被列入国家级或其他级别的非物质文化遗产项目后,提升了这些企业品牌的附加值,可谓锦上添花。传承人和企业在认识到非物质文化遗产价值的同时,积极采取措施保护和传承他们所拥有的传统技艺。例如,中国全聚德(集团)股份有限公司拥有"挂炉烤鸭制作技艺"和"仿膳(清廷御膳)制作技艺"两项国家级非物质文化遗产。8月,清廷御膳制作技艺亮相全聚德上海浦东店[①]。再如上海功德林素食在其素食制作技艺被录入第一批国家级非物质文化遗产项目之后的第四年,亦即该品牌90周年日,建立了"功德林现代素食研发中心"。在坚持手工制作的基础上,上海功德林素食有限公司抓住素食营养观念的时代机遇,积极培育第四代传人,进一步发扬中华素食文化[②]。

非物质文化遗产名录项目的殊荣增加了传统技艺产品的文化内涵和附加值,一些地区和企业更加注重保护产品的知识产权。通过对知识产权的维护,传统技艺的传承也得到更为有力的保障。例如,在当地相关政府部门的努力下,一直以来享有盛誉的"西湖龙井"在4月27日经国家工商行政管理总局商标局认定并公布为"中国驰名商标"。因为市场化得早,加之其绿茶制作技艺被录入国家级非物质文化遗产名录,当地政府、茶农或企业更加重视该茶叶的生产方式、品质和名誉,也更加看重知识产权的保护。[③]

3. 地方政府与企业的迷思

一些政府部门和企业试图借助生产性保护的机会探索非物质文化遗产的产业化。例如,1月7日至8日,由重庆市涪陵区区委、区政府主办,重庆市涪陵榨菜集团股份有限公司承办了中国首届榨菜文化美食节。期

---

① 《"非遗"传承人献艺"全聚德"》,和讯网,2012年8月29日(http://news.hexun.com/2012-08-29/145263687.html)。
② 《素食"旗舰"功德林再起航》,凤凰网,2012年4月7日(http://news.ifeng.com/gundong/detail_2012_04/07/13710636_0.shtml)。
③ 《西湖龙井荣获"中国驰名商标"》,浙商网,2012年5月14日(http://biz.zjol.com.cn/05biz/system/2012/05/14/018486179.shtml)。

间,消费者和专家们参观了该厂的进口生产线以及机械化的淘洗、自动脱盐工艺。涪陵榨菜"三腌三榨、三清三洗"的百年工艺流程得以传承,但生产方式"完全脱离了低产量、高安全隐患的传统手工作坊式生产"。"现代化生产是中国榨菜产业的必经之路"。涪陵榨菜办副主任陈林辉强调,中国榨菜产业必须……走上现代化、规模化、自动化的生产道路,最终提升中国榨菜的国际影响力①。另外,掌握宋锦织造技艺的苏州吴江鼎盛丝绸有限公司"研发宋锦织造技艺、成功开发宋锦系列产品,并实现销售额2000多万元",而且推出以宋锦为面料的多种产品,如精美的钱包、手提包、各式拉杆箱、睡衣、宋锦家纺等系列产品。这一切得益于该公司研发的宋锦大提花电子数码剑杆织机。这款电子提花机的设计符合传统宋锦织造工艺的各项技术参数,能织出的宋锦尺寸大、变化多,表现力和产量大大提高,已具备了产业化发展的素质。因此,11月,吴江鼎盛丝绸有限公司获得中国丝绸协会授予的"中国宋锦产品开发应用基地"的牌子②。又如,浙江省龙泉市委提出,龙泉青瓷将按照产业化、品牌化、高端化、国际化的方向,走高端艺术瓷、中高端工艺瓷、中高端日用瓷多元化发展新格局③。同样,河北省峰峰矿区政府也十分重视磁州窑文化产业化发展,认为"传统的陶瓷企业绝大多数缺乏自主开发核心技术的能力,产品技术含量不高,直接影响产业整体发展。为重塑昔日辉煌,研发核心技术产品拓展成长空间,已成为峰峰复兴陶瓷产业,打造'中原陶瓷之都'的必然选择"④。

值得注意的是,文化部颁布的《指导意见》提出"加强传统技艺、传统美术和传统医药药物炮制类非物质文化遗产代表性项目的生产性保护……有利于促进文化消费"。而《中华人民共和国非物质文化遗产法》

---

① 《涪陵开创中国榨菜文化美食节打造产业标准》,腾讯网,2012年1月10日(http://finance.qq.com/a/20120111/003745.htm)。
② 《传承文化遗产 开发"宋锦"精品》,中国网,2012年12月27日(http://finance.china.com.cn/roll/20121227/1212789.shtml);《鼎盛丝绸:实现"宋锦"华丽转身》,全球纺织网资讯中心,2012年12月17日(http://www.qfc.cn/quotation/detail-237268.html);《产品开发应用基地正式授牌成立 千年中国宋锦开启产业化》,慧聪纺织网,2012年11月13日(http://info.textile.hc360.com/2012/11/131031507908.shtml)。
③ 《龙泉青瓷渐成高端日用瓷新宠》,中国经济网,2012年11月30日(http://www.ce.cn/kjwh/cqty/201211/30/t20121130_23895991.shtml)。
④ 《峰峰磁州窑文化产业发展景象新》,中国经济网,2012年8月28日(http://he.ce.cn/gd/201208/28/t20120828_642634.shtml)。

第四章第三十七条指出"国家鼓励和支持发挥非物质文化遗产资源的特殊优势，在有效保护的基础上，合理利用非物质文化遗产代表性项目开发具有地方、民族特色和市场潜力的文化产品和文化服务"。因此，要严格区分保护与利用的行为：非物质文化遗产项目的保护，要严格按照《中华人民共和国非物质文化遗产法》第四条所规定的"保护非物质文化遗产，应当注重其真实性、整体性和传承性"的原则进行。而利用与开发，则要在有效保护的前提下实施。绝对不能以为利用与开发就是保护，更不能以开发取代保护。

4. 两条腿走路的新探索

与上述案例不同的是，有一些企业采取两条腿走路的方式——产业利润补贴传统技艺类非物质文化遗产项目的生产性保护，既保护了传统技艺，为企业赢得了声誉和文化附加值，又可以在经济上继续强大自己的企业。以中国四大锦之一的蜀锦为例，"使用手工织机按照传统的方式织锦，两个人不停工作8小时，才能织出7厘米"。"一幅长1.5米、宽80厘米的蜀锦《百子图》一般能卖到1.2万元，需要工人织上3个月，而每个工人的月工资在三四千元，光人工成本就超出了售价"。为了生存下去，蜀江锦院用三种机器同时开工：传统手工织机、20世纪80年代的木织机和现代数码织机。"从效果上看，木织机织出的蜀锦不如传统手工织机的精细，而数码织机生产的则更接近印刷品"。但是，只有这样才能养活企业，保护住最传统的蜀锦工艺。毫无疑问，现代数码织机更利于大规模生产和销售。企业不得不通过这种方式赢利并保护和传承蜀锦的传统手工技艺。类似做法的还有南京金箔工艺。正如周小璞所言，"非物质文化遗产生产性保护应该包括两个平台"。"第一个平台是坚持传承下来的核心技艺，同时培养更多的后继人才。在另一个平台上，则可以扩大生产规模，更好地来扩大消费、增加就业。这两个平台应该相辅相成、齐头并进"①。这也许是传统技艺类非物质文化遗产项目在当代语境下得以保护和传承的可行办法之一。此外，还有一种类似情况，与上述产业补贴保护形式略有不同，是在坚持传统技艺制造的基础上，创新营销方式。例如安徽的晟峰堂宣笔厂，"通过攀大附强、与宣纸集团强强联合，实行统一商标、统一包装、

---

① 《如何把握非遗保护与开发的度？要守住两个底线》，中国日报网，2012年2月13日（http://www.chinadaily.com.cn/hqgj/jryw/2012-02-14/content_5150997.html）。

捆绑销售，推动宣笔产业再上一个新台阶"①。河北易水砚有限公司讲究石材产地，坚持传统手工雕刻技艺，但在砚的造型上狠下工夫，不断创新，适应市场，增加企业产值，带动周边百姓致富②。

5. 个人和（或）小规模公司的探索

除了上述企业拥有的传统技艺类非物质文化遗产项目，还有许多项目存在于民间，有的为个人所拥有，有的则是中小型贸易公司的项目，它们选择了其他方式进入市场，以获取利润来对非物质文化遗产项目进行保护。"协会+传承人+公司+农村合作社"或"经销公司+经销商+农户"是其中一种形式。例如，2012年11月8日，海南省三亚市省级非物质文化遗产项目黎族原始制陶技艺展示馆，黎族原始制陶技艺传习所和黎族传统纺染织绣技艺传习所在天涯镇黑土村揭牌，宣布将正式投入使用。由于看好黎陶的前景，村民和苗圃商符日斌共同集资修建了该传习所。村民们采用传统黎族制陶技艺做出的陶器不仅销往周边村落，还渐渐引来新兴市场的关注。越来越多的宾馆饭店、知名企业都去购买。③ 制陶的人们已尝到了农活之外赢利的甜头，对于保护这项技艺积极性十足。再如，湖南通道侗族自治县的小伙子欧瑞凡于三年前创办了"呀罗耶侗锦织艺发展有限公司"，旨在保护侗锦制作传统技艺。以前的侗锦不进入市场流通，只有在出嫁等场合女性才会制作。有限的需求和复杂的制作工艺使得大部分寨子里的年轻人不会甚至不想学这门手艺。过去"……苦于没有销路，大家的积极性也不高。现在成立了公司，我们采取分散生产、统一收购的方式，集中起来对外销售"。"现在有好多年轻阿妹都从打工地回家来做侗锦了"。有的妇女仅进行侗锦织造，一年就有几万元收入。该公司的侗锦产品不仅有衣裤、背带、绑腿等传统服饰，还有适应现今潮流的床上用品、女士箱包及壁挂等装饰品。据统计，通道侗锦产品年销

---

① 《"宣笔之乡"的新活力》，中国日报网，2012年8月24日（http://www.chinadaily.com.cn/hqgj/jryw/2012-08-24/content_6811875.html）。
② 《文化创意让传统技艺焕发生机——易水砚传承之路探秘》，和讯网，2012年4月28日（http://news.hexun.com/2012-04-28/140915131.html）。
③ 《属省级非遗项目黎族制陶技艺文化村落户三亚天涯》，中国日报网，2012年11月9日（http://www.chinadaily.com.cn/hqgj/jryw/2012-11-09/content_7468309.html）；《海南三亚：黎族原始制作陶器技艺带富了黎村》，新华网，2012年10月26日（http://www.hq.xinhuanet.com/finance/2012-10-26/c_113506252.htm）。

售额近千万元。① 类似情况的还有四川汶川县的藏族传统编织挑花刺绣项目和山东临沂农民的柳编技艺的保护②。

(四) 展示、展演与评奖

展会展示和展演是"提高人民群众对文化遗产保护重要性的认识,增强全社会的文化遗产保护意识"的重要途径。评奖机制对"健全传承机制"有重要作用。

与往年类似,2012 年的传统技艺仍然主要通过各种博览会、文化博览会、非物质文化遗产展会、非物质文化遗产生产性保护成果展会、某一项传统技艺类非物质文化遗产项目展、文化节日等平台来展演技艺和展示产品。

1. 内地情况

2 月 5 日至 15 日在北京,由文化部、国家发改委、教育部、科技部等 14 个部委共同举办"中国非物质文化遗产生产性保护成果大展",全国 188 个非物质文化遗产项目参展,160 余名国家级非物质文化遗产项目代表性传承人和工艺美术大师应邀进京同台竞秀,展示各自绝技。江西景德镇手工制瓷技艺在展会的"抟泥成器篇章"展出,各项技艺代表性传承人在展会上演示了手工拉坯、青花、粉彩、陶瓷书法等技艺以及陶瓷成品,受到了众多国内外展商、游客和媒体人士的青睐。十天几乎场场爆满。③ 湖南龙山县苗儿滩镇捞车河村土家织锦技艺传习所作为第一批国家级非物质文化遗产生产性保护示范基地参加了这次展会,展示了土家织锦"四十八勾"等 10 多幅传统图案作品和拖鞋、围巾、挎包等系列产品。国家级非物质文化遗产代表性传承人刘代娥现场演绎土家织锦制作的精湛技艺,吸引了许多观众前来观看,各级媒体记者纷纷进行采访和拍摄。④ 同类展演

---

① 《中国侗锦:从寨子走向世界有多远》,新华网,2012 年 8 月 23 日 (http://news.xinhuanet.com/local/2012-08/23/c_ 112824483.htm);高剑秋:《侗锦"织出"大市场》,中国民族宗教网,2012 年 3 月 30 日 (http://www.mzb.com.cn/html/report/290770-1.htm)。
② 《触摸非物质文化遗产:让古老文化在生活中传承》,中国民族宗教网,2012 年 2 月 11 日 (http://www.mzb.com.cn/html/report/275698-2.htm)。
③ 《中国非物质文化遗产生产性保护成果大展:景德镇手工制瓷技艺好评如潮》,景德镇在线网,2012 年 2 月 24 日 (http://www.jdzol.com/2012/0224/33510.html)。
④ 《团结报:土家织锦在北京"非遗生产性保护成果大展"中大放光彩》,中华人民共和国文化部官网,2012 年 2 月 14 日 (http://www.ccnt.gov.cn/preview/special/3415/3418/201202/t20120214_ 229521.html)。

还有宜兴紫砂陶制作、海南黎锦织造、武夷岩茶制作技、宣纸传统制作技艺、铅山连四纸制作技艺、浙江瑞安木活字印刷、四川雅安南路边茶制作技艺以及海宁缂丝拉丝绵技艺，等等。

11月7日至11日，由文化部与安徽省人民政府共同主办的"首届中国（黄山）非遗传统技艺大展"在安徽省黄山市举办。本次大展是我国首次在国家级文化生态保护区（徽州文化生态保护区）内举办大型展览，大展共邀请到31个省、区、市的237个非遗项目、241名代表性传承人参展。展览中，既有传承人现场演示巧夺天工的技艺和展示经典作品，也有观众参与互动、非遗走近青少年等活动，让人们更多地了解和关注非遗①。

其他各省、市、县的各种展会竞赛、节日可谓百花齐放。这些展会中，各种传统技艺的产品更着力于"精品""传承人""大师"的展示与展演，奖项的获得。例如，宜兴紫砂陶制作技艺及其产品的展示。5月，200多把紫砂壶精品在安徽举行的"2012中国民间工艺品博览会"上参展，它们形态不一，风格多样。这些紫砂壶大部分为纯手工，很多都是出自中国工艺美术大师之手，是难得一见的精品②。再如，天津荣宝斋携百余幅木版水印力作走进鸿德艺术馆，于8月20日开始在鸿德艺术馆进行为期15天的展出。这次展出的木版水印作品除孤品《宋元画册》、齐白石《人物册》、范曾《对弈图》等作品外，还有制作金刚经的雕版和制作木版水印的工具，既有观赏价值又有收藏价值，极大地丰富了人们对木版水印这门技艺形象而深刻的了解③。又如，10月18日至22日举行的第九届瓷博会期间，景德镇举行了"国家级非物质文化遗产——手工制瓷技艺精品展"，数十位非物质文化遗产传承人携100余件作品亮相，并现场演示手工拉坯、青花、粉彩、颜色釉等独特技艺④。5月16日郑州举办钧瓷大师

---

① 乔国良：《首届中国（黄山）非遗传统技艺大展举办》，《中国文化报》2012年11月12日第1版。
② 《大师们亮相好东西不少》，北方网，2012年5月12日（http://news.enorth.com.cn/system/2012/05/12/009212868.shtml）。
③ 《木版水印孤品〈宋元画册〉将亮相》，和讯网，2012年8月8日（http://news.hexun.com/2012-08-08/144491760.html）。
④ 《100余件非遗传承人作品亮相景德镇瓷博会》，中国网，2012年10月21日（http://finance.china.com.cn/roll/20121021/1081947.shtml）。

作品联展，20名钧瓷大师作品参展，他们的作品也代表了钧瓷行业的最高水平。[1] 11月，界首彩陶艺人卢涛的陶瓷作品"喜迎十八大龙凤八仙瓶"，在第六届中国（合肥）国际文化博览会暨2012年中国工艺美术精品博览会参展并荣获金奖[2]。也有一些展示在方式上有所创新，采用现代科技媒介实现展示与互动。如，由北京非物质文化遗产保护中心、北京工艺美术行业发展促进中心、北京工艺美术行业协会等主办，北京市珐琅厂有限责任公司承办的"追本溯源——仿宫廷景泰蓝艺术展暨景泰蓝博物馆（一期）开馆仪式"，于6月6日在北京市珐琅厂有限责任公司拉开帷幕，展览持续到8月6日。馆藏展品以元明清时期制作风格的景泰蓝制品为主，同时陈设有珐琅厂自建厂以来各时期的景泰蓝精品、各位大师、老艺人的经典作品。同时，结合电子媒体、互动、触摸、网络媒介等多元展示手段，配套有手工工艺制作车间及大师工作室，融科学性、知识性、趣味性、体验性和艺术性于一体，针对广大人民群众和各阶层人士常年开放[3]。类似的展会、竞赛还在四川、海南、江苏、山西、广东、浙江、河北、天津、黑龙江、山东、湖南、安徽、广西、江西、福建、云南、贵州、重庆、宁夏等省开展，有的起到了宣传作用，有的还发挥了招商作用。

2. 台湾地区情况

台湾工艺研究发展中心成立于1954年，在历史的长河中，经历了数次更名和调整。从"南投县工艺研究班"到"台湾省手工业研究所"再到确定以"文化"为核心的"台湾工艺研究所"，最终定格在2010年改制后的"台湾工艺研究发展中心"（简称"工艺中心"）——致力于工艺文化推动、工业产业扶植。基于多年的策展经验，工艺中心于2011年10月29日到2012年3月25日在台湾南投县的工艺文化馆举办了"工艺印记——台湾百年工艺文化特展"，旨在呈现台湾百年来的工艺脉络，从常民的生活用品、殖民外销的工艺品到战后的转型变迁，一直到近代思考台湾的主体性，表现在地文化、结合新技术与创意的现代台湾工艺，让观众可以从中

---

[1] 《宋代钧瓷艺术重现大师作品联展举行》，网易网，2012年5月17日（http://news.163.com/12/0517/09/81MQI3A000014JB5_all.html）。

[2] 《界首彩陶作品参展合肥文博会》，新浪网，2012年11月22日（http://news.sina.com.cn/o/2012-11-22/171025640394.shtml）。

[3] 《追本溯源仿宫廷景泰蓝艺术展开幕》，新华网，2012年6月8日（http://news.xinhuanet.com/collection/2012-06/08/c_123255904.htm）。

体验台湾工艺文化的精神内涵①。2012年1月1日到6月10日，工艺中心举办了"猫里艺国趣——苗栗旅游工艺展"。该展结合工艺与旅游的双主题，探索大苗栗各个适合深度旅游的工艺景点。包括三义木雕、公馆陶瓷、苑里蔺草及砖雕、竹南玻璃等工艺大镇，都可在此展览中综观全局，一次欣赏大苗栗的各种特色工艺，希望带动岛内深度文化观光，充实民众美学涵养与生活情趣，也为大苗栗带来工艺市场需求与周边产值效应②。3月10日到9月9日，工艺中心举行了"工艺·科技"特展，带领民众站在工艺与科技的交会点，感受现今科技生活与工艺激荡出的火花，透过四个主题观察工艺与科技的交互、转化与突破相生③。

纤维创作者陈颖亭和陶艺家林龙杰的作品于2012年入选德国慕尼黑"Talente"竞赛，并在台湾工艺研究发展中心的安排下送抵慕尼黑展览。这两位入选者在该中心的奖助下于3月14日到3月20日亲赴德国参加颁奖典礼以及为入选者举办的欢迎会，并与他国入选者进行交流对谈，借以增长国际视野并刺激个人之创作灵感；入选作品亦将于德国展览结束后，移至工艺中心台北分馆续展④。除了协助参赛，该中心也自设评奖活动。从2007年起，台湾工艺研究发展中心举办"台湾工艺竞赛"。2012年，该中心举办了"2012台湾工艺竞赛"，此次竞赛分为"传统工艺组"及"创新设计组"，旨在鼓励工艺创作，促进全民参与工艺活动，展现传统工艺技艺并鼓励创新，让工艺之美融入生活，进而提升生活文化，促进工艺文化产业发展。2012年11月17日，台湾工艺竞赛颁奖典礼在新光三越台北信义新天地举行⑤。

3. 吸引境外目光

事实上，许多传统技艺类的非物质文化遗产项目不仅走出内地，走向

---

① 《工艺印记——台湾百年工艺文化特展》，营建网，http://caile.tw/news/52966。
② 《猫里艺国趣——苗栗旅游工艺展》，台湾工艺研究发展中心网，http://www.ntcri.gov.tw/zh-tw/Activity/Content.aspx?Para=897&Control=1&Page=1。
③ 《工艺·科技特展》，台湾工艺研究发展中心网，http://www.ntcri.gov.tw/zh-tw/Exhibition/Content.aspx?Para=276&Control=0&Page=1。
④ 《德国慕尼黑"TALENTE 2012国际竞赛特展"台湾工艺新秀入选》，台湾工艺研究发展中心网，http://www.ntcri.gov.tw/zh-tw/Exhibition/Content.aspx?Para=275&Control=0&Page=1。
⑤ 台湾工艺竞赛2012，新光三越文教基金会网站，http://culture.skm.com.tw/event/2012dreamofcraft/winner_01.html。

港澳台，还走向海外，而且开始吸引境外人士的关注和来访。例如，10月11日，钦州市人民政府、中国剪报社和广西钦州北部湾坭兴玉陶有限公司在香港举办"中国广西钦州坭兴陶·玉陶香港精品展"。此次精品展是钦州坭兴陶首次在香港展出，共有100多件坭兴陶、玉陶作品参展，吸引了包括新华社、人民日报社、大公报、香港商报在内的30多家媒体前来报道。在大师作品交流会上，参加拍卖的13件坭兴陶作品全部被高价拍走，拍出价格达429万港元。其中，由王荣泰创意设计，崔龙喜监制，为著名语言学家、文字学家、经济学家周有光先生107岁寿诞所创作的第107把《寿桃壶》，以138万港元的高价被拍走。活动还对参加精品展的坭兴陶作品进行评奖。其中，《北部湾印象壶》《高鼓花樽》《千福千寿象瓶》《凤栖壮乡瓶》等作品获金奖。[①] 又如，受澳门特别行政区政府文化局邀请，惠水枫香印染技艺传承人杨光成等人分别于9月6日至18日和12月18日至2013年1月1日赴澳门卢家大屋参加民间手工艺人展演活动。[②] 7月15日，海南黎锦传统纺染织绣国家级传承人刘香兰和容亚美在韩国丽水世博会中国馆内向世界各国的观众展示了海南的非物质文化遗产精髓黎族织锦。容亚美还现场织造了哈方言区独特的符号"万字图"。[③] 另外，11月19日至23日，应特立尼达和多巴哥共和国旅游部邀请，潍坊市风筝文化代表团一行6人，赴该国进行了潍坊风筝展览展示和放飞表演活动，取得圆满成功。活动期间，代表团先后在该国三所中小学播放了潍坊国际风筝会万人风筝放飞表演视频和历届风筝会简介幻灯片，向中小学生现场传授潍坊传统风筝制作技艺，开展了现场放飞表演教学活动，并免费向三所学校、一所儿童福利院赠送了1000多只风筝。[④] 11月8日至12日，由法国文化宣传部、法国国务秘书处和法国国家艺术行业联合会举办的"第十八届国际文化遗产展览会"在巴黎卢浮宫举行。中华陶瓷大师联盟、上海市

[①] 《钦州坭兴陶精品走红香港》，钦州政府网，2012年10月12日（http：//www.qinzhou.gov.cn/Item/18970.aspx）。

[②] 《惠水枫香印染技艺、农民画传承人受邀赴澳门参加展演》，新华网，2012年11月12日（http：//www.gz.xinhuanet.com/2012-11/12/c_113652058.htm）。

[③] 《黎锦传统技艺国家级传承人世博海南周展示织锦》，和讯网，2012年7月16日（http：//news.hexun.com/2012-07-16/143598864.html）。

[④] 《山东潍坊风筝文化代表团出国展演轰动北美岛国》，新华网，2012年12月1日（http：//www.sd.xinhuanet.com/wf/2012-12/01/c_113871869.htm）。

委宣传部组织了中国"六大窑系""五大官窑"的60多件中华民族陶艺大师作品参展。中国陶瓷设计艺术大师、国家级有突出贡献汝瓷专家、高级工艺美术师、非物质文化遗产（汝瓷烧制技艺）代表性传承人李廷怀被选中作为汝窑代表参加此次展会。同时参展的还有其他传统技艺类陶瓷产品，如龙泉青瓷、景德镇彩瓷、淄博刻瓷、洛阳三彩的华丽、苏沪紫砂、建水紫陶、台湾白瓷、湖南釉下彩瓷①。另一方面，6月19日，台湾辅仁大学民生学院织品服装学系师生一行，来到蓝印花布基地之一的南通市通州区二甲镇王振兴家，参观了解从中草药中觅得原材料、采用"小青缸"染色工序生产、民间手工印染的蓝印花布。② 上述这些境内外往来的展示、展演活动从另一个侧面反映了传统技艺制品在文化交流领域的活力。

4. 其他形式的宣传与保护

当然，除了上述展示，还有一些其他形式的宣传。最广为人知的恐怕是5月14日由中央电视台播放的美食类纪录片《舌尖上的中国》。该片涵盖了我国南北饮食，其中包括许多进入各级非物质文化遗产的饮食制作技艺，从食材、主食和菜肴与美酒的烹制等多个角度纪录和讲述了南北具有代表性的饮食文化。这部纪录片在讲美食的同时，也推广了其制作技艺，增进了南北国人对饮食异同的认识和理解。当然，除了电视媒体的助力，其他方式的推广也在同时展开。10月20日，《中国陶瓷——德化窑瓷器》特种邮票首发式在福建德化县瓷都广场举行。该特种邮票一套四枚，图案分别为第一图"德化窑瓷器·白釉夔龙纹双耳三足鼎"，第二图"德化窑瓷器·白釉象耳弦纹尊"，第三图"德化窑瓷器·白釉观音坐像"，第四图"德化窑瓷器·白釉达摩立像"。③ 邮票作为弘扬非物质文化遗产项目德化瓷窑瓷器的载体将引领人们走进并了解德化窑及其产品。另外，高科技在保存濒危传统技艺方面可发挥一定作用。由于写样的人才断档已经到了迫在眉睫的地步，国内首个"雕版字库"将由世界非物质文化遗产雕版印刷主体传承单位扬州广陵古籍刻印社和北京汉仪科印信息技术有限公司合作

---

① 《平顶山市汝瓷亮相巴黎国际文化遗产展》，河南省人民政府网，2012年11月27日（http://www.henan.gov.cn/zwgk/system/2012/11/27/010348673.shtml）。
② 《台湾辅仁大学师生来南通参观蓝印花布工艺》，中国江苏网，2012年6月22日（http://jsnews.jschina.com.cn/system/2012/06/22/013614631.shtml）。
③ 《〈中国陶瓷——德化窑瓷器〉特种邮票首发式举行》，人民网，2012年10月23日（http://expo.people.com.cn/n/2012/1023/c57922-19352881.html）。

开发。双方已于8月6日签署协议。首部"雕版字库"的母本，是康熙版《全唐诗》。所谓"雕版字库"，就是用高科技的手段，将原来雕版印刷的字体，全都扫描复制到电脑里，以便日后使用。按照计划，开发周期为2年，分为文本统计、模板字创作、一频字创作、字符集全部创作完成4个阶段。一年时间内，完成的字符量约为4000个，将《全唐诗》8877个字全部创立完成，时间约为两年。与此同时，扬州广陵古籍刻印社也并不放弃对传承人的培养[①]。此外，传统技艺进校园的各种活动也不失为一种在年轻人中间的宣传和教育。例如，6月8日，怀化市非物质文化遗产保护中心在怀化市实验小学举行了"非物质文化遗产进校园"活动，各种展演活动中也包括现场展示侗锦织造技艺[②]。这些活动加深了学生对各种非物质文化遗产项目的认识。

总体来说，2012年传统技艺类非物质文化遗产项目的展示、展演、竞赛、交流活动丰富，形式多样，从中央到地方，从境内到境外，都体现了此类非物质文化遗产项目保护的成果，同时丰富了百姓的文化生活。

（五）传承与教育

非物质文化遗产代表性传承人名单的遴选、认定工作仍然在不断建设和完善当中。正如上文"名录概况"中显示，2012年各省市、自治区、直辖市相继颁布了相应批次的传承人名单，其中都包含了传统技艺类代表性传承人的名单，为后续有针对性的保护工作奠定了基础。

1. 多方位保障传统技艺传承

代表性传承人掌握着精湛的传统技艺，激励他们继续在日常生活中维系技艺、传授后人，仍然是保护这些非物质文化遗产项目的重要方式之一。于此，政府对传承人的补贴和奖励继续发挥着重要作用。2012年，专门针对传统技艺类非物质文化遗产传承人的奖项增多。6月6日，由中国非物质文化遗产保护中心主办的"中华非物质文化遗产传承人薪传奖"颁奖仪式在京举行。20名传统技艺类国家级非物质文化遗产传承人（见表

---

① 《扬州国内首创"雕版字库"收纳8877个汉字》，江苏新闻网，2012年8月8日（http://www.js.chinanews.com/news/2012/0808/43990.html）。

② 《怀化"非遗"进校园，喜迎文化遗产日》，湖南非物质文化遗产网，2012年6月11日（http://www.hnqyg.com/a/ms/feiyikuaixun/2012/0611/2216.html）。

5) 以及来自全国的其他七类非物质文化遗产传承人（共60位）获此殊荣①。

表5 "中华非物质文化遗产传承人薪传奖"传统技艺类获奖人员名单

序号	姓　名	项　目	所属类别
1	文乾刚	雕漆技艺	传统技艺
2	郭俊陆	老陈醋制作技艺（美和居老陈醋酿制技艺）	传统技艺
3	徐朝兴	龙泉青瓷烧制技艺	传统技艺
4	汪培坤	徽墨制作技艺	传统技艺
5	陈扬龙	醴陵釉下五彩瓷烧制技艺	传统技艺
6	刘代娥	土家族织锦技艺	传统技艺
7	容亚美	黎族传统纺染织绣技艺	传统技艺
8	刘官胜	梁平癫子锣鼓	传统音乐
9	杨华珍	藏族编织、挑花刺绣工艺	传统技艺
10	热合曼·阿布都拉	民族乐器制作技艺（维吾尔族乐器制作技艺）	传统技艺
11	朱乐耕	景德镇手工制瓷技艺	传统技艺
12	周双喜	南京云锦木机妆花手工织造技艺	传统技艺
13	吴元新	南通蓝印花布印染技艺	传统技艺
14	夏侯文	龙泉青瓷烧制技艺	传统技艺
15	杨　志	钧瓷烧制技艺	传统技艺
16	田希云	土碱烧制技艺	传统技艺
17	汪寅仙	宜兴紫砂陶制作技艺	传统技艺
18	吕尧臣	宜兴紫砂陶制作技艺	传统技艺
19	周桂珍	宜兴紫砂陶制作技艺	传统技艺
20	李兴昌	普洱茶制作技艺（贡茶制作技艺）	传统技艺

"薪传奖"每年评选一次，获奖者可获得由主办方颁发的证书、奖杯及奖金人民币2万元②。1月，经安徽省工艺美术大师评审专家委员会评审和工作委员会审定，阜阳界首彩陶艺人、国家级非物质文化遗产"界首彩

---

① 《"中华非物质文化遗产传承人薪传奖"获奖名单》，人民网，2012年6月15日（http://culture.people.com.cn/GB/87423/18192136.html）。
② 《"中华非物质文化遗产传承人薪传奖"颁奖》，《民族论坛》2012年第12期，第113页。

陶烧制技艺"代表性传承人王京胜荣获第二届安徽省工艺美术大师称号①。11月22日，在首届广东民间工艺博览会开幕式上，省文联、省民间文艺家协会评出了首届"广东省民间文化技艺大师"。广东省此次新出炉的20位"广东省民间文化技艺大师"，如陶塑大师庞文忠，堪称广东民间文化技艺各领域的代表性大师。此类评奖在全国尚属首创，将每三年评选一次②。在"2012中国高峰艺术论坛暨中国《陶瓷科学与艺术》杂志年会"上，中国陶瓷工业协会理事长何天雄向河北曲阳陈氏定窑瓷业有限公司董事长兼总经理陈文增颁发"定瓷创新贡献奖"，以表彰该公司在定瓷发展、传承、创新等方面作出的突出贡献。河北省曲阳陈氏定窑瓷业有限公司是国家级非物质文化遗产"定瓷烧制技艺"保护单位和河北省文化产业示范基地③。12月22日，湖南工艺美术职业学院举行第二届学院奖颁奖典礼。此次颁奖吸引了全国8个省份近100家企业、300多名艺术家的参与。参评精品达1078件，主要涉及刺绣工艺、艺术陶瓷、工艺雕塑、其他工艺等4个类别。这些作品的传统工艺元素表现突出，在坚持传统的基础上颇有创新之处，特别是湘绣在技法、构图等方面都有很大进步，走在了四大绣品的前列。经过专家组审慎评审，《草鞋的故事》获得"学院奖"全场大奖。评出金奖作品9件、银奖作品19件、铜奖作品30件、优秀作品137件。苏州工艺美术职业技术学院、上海工艺美术职业技术学院、衡阳市工艺美术协会、怀化市工艺美术协会等单位获得优秀组织奖④。可以看出，除了政府机构设立的奖项，民间组织也积极参与到此类激励活动中来。

此外，政府主管部门开始注重对非物质文化遗产生产性保护工作人员的理论培养和管理能力的提升。8月31日至9月3日，文化部非物质文化遗产传统技艺类生产性保护培训班在山西省太原市举办。全国各省（区、市）文化厅（局）非物质文化遗产处，新疆生产建设兵团文化局文化处和各省（区、市）非物质文化遗产保护中心领导，以及第一批国家级非物质

---

① 《界首艺人王京胜荣获安徽工艺美术大师称号》，阜阳新闻网，2012年1月10日（http://www.fynews.net/article-31995-1.html）。
② 《陶塑大师庞文忠获评首届"广东省民间文化技艺大师"》，陶城网，2012年11月26日（http://www.fstcb.com/a/cerart/Culture/35962.html）。
③ 《曲阳陈氏定窑瓷业荣获"定瓷创新贡献奖"》，河北新闻网，2012年12月2日（http://bd.hebnews.cn/2012-12/02/content_2972791.htm）。
④ 《湖南工艺美术职院举行第二届学院奖颁奖典礼》，红网湖南频道，2012年12月23日（http://hn.rednet.cn/c/2012/12/23/2856461.htm）。

文化遗产生产性保护示范基地负责同志（传承人），共 100 余人参加培训。培训以科学、准确把握生产性保护方式内涵，加强非物质文化遗产理论研究，提高保护水平和实践工作能力为目的，通过理论授课、课堂答疑、实地考察、现场观摩等方式，加深对生产性保护的认识，提高实践工作能力；建立一支科学把握生产性保护内涵的保护工作队伍，将非物质文化遗产生产性保护工作推向新的水平。这次培训是全国首次传统技艺类非物质文化遗产生产性保护的培训。①

2. 传统与现代方式并行、交融的教育

具体到传统技艺的传习，2012 年仍然以建立传习所（班）和举办培训班为主。3 月 20 日，第五期国家级"非物质文化遗产保护名录"傣族织锦技艺培训班在云南省西双版纳傣族自治州勐腊县开班，来自当地的 49 名傣族妇女参加培训②。4 月 24 日上午，海南省五指山市黎族传统纺染织绣技艺传习馆开馆仪式在市图书馆举行。这标志着海南省首个以黎族传统纺染织绣技艺为主题的传习馆正式落成开馆。该传习馆总投资 45 万元，占地面积 300 平方米。该传习馆固态展示黎族传统纺染织绣技艺的同时，更加注重技艺的动态传承。自开馆之日起，传习馆每周都会邀请 2 位非物质文化遗产传承人坐馆，免费带徒授艺，讲述技艺源起历史。此外，传习馆每季度会在馆内举办全市黎族织锦培训班，每年都会组织开展一至二次的织锦竞赛③。12 月 4 日，由黑河市爱辉区文体局、新生鄂伦春族乡联合举办的鄂伦春族狍皮制作技艺传承培训班开班。培训班为期 15 天，由国家级、省级兽皮制作传承人孟兰杰、葛长云担任授课教师，为 20 位鄂伦春族学员讲解狍皮前期准备及后期制作方法。内容涉及狍皮大衣、皮套裤、手套、背兜、皮口袋、萨满服、皮靴等狍皮制品种类，使他们感受到鄂伦春族文化的无穷魅力④。2011 年，"湖南省怀化市通道侗族自治县啰耶侗锦织艺发

---

① 《文化部非遗传统技艺类生产性保护培训班举办》，云南非物质文化遗产保护网，2012 年 9 月 5 日（http://www.ynich.cn/Article/ShowArticle.asp? ArticleID=1369）。
② 《第五期国家级"非物质文化遗产保护名录"傣族织锦技艺培训班开班》，新华网，2012 年 3 月 22 日（http://www.yn.xinhuanet.com/v/2012-03/22/c_131482306.htm）。
③ 《海南首个黎族纺染织绣技艺传习馆开馆》，新华网，2012 年 4 月 25 日（http://www.hq.xinhuanet.com/fukan/2012-04/25/content_25125492.htm）。
④ 《爱辉区鄂伦春族狍皮制作技艺传承培训班开班》，东北网，2012 年 12 月 7 日（http://heihe.dbw.cn/system/2012/12/07/054426243.shtml）。

展有限公司"被评为侗锦织造技艺的生产性保护基地,同年该公司创办侗锦传习所。2012年,侗锦织造技艺的国家级代表性传承人粟田梅以及她带领的传人已在全县培训了2000多人①。

同时,一些传习所在融入现代教育理念的基础上以新面孔出现。2012年11月8日,三亚市省级非物质文化遗产项目黎族原始制陶技艺传习所和黎族传统纺染织绣技艺传习所在天涯镇黑土村委会布曲村揭牌,宣布将正式投入使用。现场,传习所内大概30名年长的黎族妇女胸前都挂着"技师"的工作牌,另外50位则挂着"实习生"的工作牌。村长解释,这样做是为了更加规范、有效地传袭黎族制陶和织锦技艺,保证技艺的薪火传承②。值得关注的是,黎族原始制陶技艺传习所是苗圃商符日斌与村民集资修建的,大家都是股东,都享受着销售的分红③。这体现了当地村民自主传承该项技艺的意愿。另外,也有资料显示,有的传习所由传承人发起并直接负责,以教授传统技艺为核心,一般内设培训室、展览馆、设计室、所长室和保管室等。同时由上级相关文化部门负责指导和监督④。

有一些项目的传承教育已较成体系和规模。例如,自2008年起,杭州市西湖区每年都开展西湖龙井手工炒制技艺的培训和考试发证工作,传承西湖龙井手工炒制技艺。据统计,迄今2012年5月,全产区已有58位高级炒茶技师、544位中级炒茶技师和165位炒茶技工获得杭州市茶叶产业协会、杭州市茶叶学会的认证资格证书⑤。

值得一提的是,还有项目在一般传承技艺的基础上提出更高要求。例如,12月21日,福建省人力资源和社会保障厅、福建省财政厅联合公布了首批99个企业(个人)工作室为"福建省技能大师工作室",有效期从2013年至2016年,并给予每个"福建省技能大师工作室"建设项目补助

---

① 《中国侗锦:从寨子走向世界有多远》,新华网,2012年8月23日(http://news.xinhuanet.com/local/2012-08/23/c_112824483.htm)。
② 《属省级非遗项目黎族制陶技艺文化村落户三亚天涯》,中国日报网,2012年11月9日(http://www.chinadaily.com.cn/hqgj/jryw/2012-11-09/content_7468309.html)。
③ 《海南三亚:黎族原始制作陶器技艺带富了黎村》,新华网,2012年10月26日(http://www.hq.xinhuanet.com/finance/2012-10/26/c_113506252.htm)。
④ 李艳芳:《土家织锦生产性保护的现状研究》,中央民族大学2012年硕士学位论文,第28~29页。
⑤ 《西湖龙井荣获"中国驰名商标"》,浙商网,2012年5月14日(http://biz.zjol.com.cn/05biz/system/2012/05/14/018486179.shtml)。

经费5万元①。这批工作室多涉猎传统技艺技能。"福建安溪铁观音集团技能大师工作室"便是其中一间，由苏兴茂、李宗垣、张木树等5名高级工程师担任"师傅"，在3年内，预计每人至少带出5名"徒弟"。此类工作室的成立，有利于高级技师把手里的绝活传授给年轻一代，培养行业的技能人才②。

（六）研究与应用的探索

2012年度，围绕传统技艺类非物质文化遗产项目的研究仍然较多源自官方或民间研究机构，以举办相关会议和发表科研成果为主。

1. 研究机构的成立

1月，安徽省绩溪县举行徽墨协会成立大会。大会通过了《工作报告》和《章程》，选举产生了协会领导机构，徽墨制作技艺国家级代表性传承人、胡开文墨业有限公司董事长汪爱军当选为会长。徽墨协会的成立，对深挖徽墨文化内涵，做实徽墨技艺原真性、生产性保护，擦亮徽墨品牌，凝聚行业力量，推动文化产业做大做强都将起到重要作用③。7月25日，清华大学美术学院廷怀汝瓷产品设计开发合作研究室在河南省汝州市挂牌成立，这标志着清华大学与廷怀汝瓷研究所正式达成战略合作，传统汝瓷工艺由此走上现代产学研一体的发展道路。清华大学美术学院在产品工艺设计等方面具有雄厚的科研实力，而廷怀汝瓷研究所是河南省非物质文化遗产示范基地，在传统汝瓷制作领域经验丰富。二者的合作能够使传统汝瓷更适应现代审美需求，增强汝瓷的实用性，提升汝瓷的市场竞争力。河南省非物质文化遗产传承人、汝瓷工艺大师李廷怀认为，"这种传统与现代的碰撞必将让传统汝瓷'更上层楼'"④。11月23日，陕西省澄城县尧头窑文化研究会正式宣告成立，是对尧头陶瓷技艺传承与发展的探索，是对于尧头窑文化的研究——重点是尧头陶瓷

---

① 《关于公布2012年99家"福建省技能大师工作室"的通知》，中国福建政府网，http://www.fujian.gov.cn/ggfwpt/rlzy/jyaz/syryzy/pxjgxx/rbt/201212/t20121221_555372.htm。
② 《安溪县茶叶协会技能大师工作室传承铁观音传统工艺》，盛京文化网，2012年4月19日（http://wenhua.syd.com.cn/content/2012-04/19/content_26158258.htm）。
③ 《绩溪县成立徽墨协会》，新浪网，2012年1月31日（http://finance.sina.com.cn/roll/20120131/000111275145.shtml）。
④ 《汝瓷产学研基地落户河南汝州》，新华网，2012年7月25日（http://news.xinhuanet.com/local/2012-07/25/c_112533132.htm）。

的保护研究①。11 月 29 日，安徽农业大学与祥源茶业股份有限公司共同建设的"祁门红茶研究中心"以及"安徽农业大学祁门红茶博士后科研基地"在安徽省祁门县的红茶产业园区内正式挂牌。目前，安徽农大和祥源茶业已在祁红茶加工技术研究、生产机械设备开发、茶园基地种植与管理研究等多方面取得卓有成效的合作成果；下阶段，该合作将进一步延伸到茶叶品质检验分析、综合利用研究、贸易与经营管理、茶文化研究等更为宽广的领域。另外，据祥源茶业负责人介绍，包括众多安徽农大毕业生在内的一批茶学、食品、生物科技专业的硕士生、本科生已加入了公司研发及生产管理团队②。

2. 研究机构与企业合作

成立于 2008 年 8 月 8 日的柒牌非物质文化遗产研究与保护基金，由福建柒牌集团有限公司在清华大学艺术与科学研究中心设立，旨在保护和传承我国丰富的非物质文化遗产，弘扬优秀的民族文化，增强企业的文化竞争力。该基金所支持的项目的主要范畴为传统服装服饰、传统手工艺和非物质文化遗产基础理论研究③。它是中国第一家民营企业为了支持非物质文化遗产研究与保护而捐款设立的基金。第一期为五年，即从 2009 年至 2013 年每年捐款 100 万元④。基金面向全国高等院校及相关研究机构、专家学者公开征集项目。通过长达 5 年的研究，柒牌与清华大学非物质文化遗产研究与保护基金取得了丰硕的成果，共支持非遗研究项目累计 60 项，遍布全国 35 个地区⑤。2011 年 4 月，首批柒牌基金项目举行了结题报告会，共有 12 个项目顺利结题。本文可查询到的公开项目⑥如表 6：

---

① 《澄城尧头窑文化研究会成立》，华山网，2012 年 11 月 24 日（http://news.hshan.com/xsnews/cc/2012/11/2409361930.html）。
② 《祥源祁红示范工厂落成祁门红茶研究中心挂牌》，西湖龙井资讯平台网，2012 年 12 月 5 日（http://www.westlaketea.com/html/2012/12/05/120515.html）。
③ 《2012 年度清华大学艺术与科学研究中心柒牌非物质文化遗产研究与保护基金项目征集通知》，《美术观察》2011 年第 10 期。
④ 《清华美院教师入选 2013 年柒牌非遗研究保护项目》，艺术中国网，2013 年 6 月 24 日（http://art.china.cn/education/2013-06/24/content_6054329.htm）。
⑤ 《柒牌非物质文化遗产研究与保护基金五年探索路》，中华网，2013 年 7 月 15 日（http://finance.china.com/fin/sxy/201307/15/9142615.html）。
⑥ 参见 http://biz.ifeng.com/huanan/special/qipaify/show10.shtml，http://biz.ifeng.com/huanan/special/qipaify/show1.shtml，http://biz.ifeng.com/huanan/special/qipaify/show3.shtml，http://biz.ifeng.com/huanan/special/qipaify/show4.shtml，http://biz.ifeng.com/huanan/special/qipaify/show7.shtml，http://biz.ifeng.com/huanan/special/qipaify/show8.shtml，http://biz.ifeng.com/huanan/special/qipaify/show9.shtml。

表6

序号	项目名称	负责人	负责人单位
1	关中蒲城土布纺织研究	赵 农	西安美术学院
2	冀鲁地区民间传统割绒纳绣手工艺研究	陈 蕾	北京服装学院
3	宜兴紫砂陶泥片成型工艺研究	吴光荣	中国美术学院
4	中国蓝印花布各地域传承人调研	吴元新	南通蓝印花布博物馆
5	昌都藏族金属工艺研究	唐绪祥	清华大学美术学院
6	土家织锦——西兰卡普的保护与开发	叶洪光	武汉纺织大学服装学院
7	《髹饰录》与中国传统漆艺研究	张 燕	东南大学

同时，本次项目的成果通过文字、图片、影像、实物等方式在美院展示[①]。

值得一提的是，在柒牌基金的赞助下，凤凰纪录片频道为该企业订制拍摄了五个微纪录片，既精要展示了五个代表性的传统技艺类非物质文化遗产项目，同时也宣传了柒牌品牌，试图推动其发展[②]。它们分别是：第1集，《传统一脉 丝丝相承——中国传统手工艺传承方式》，通过"蓝印花布"项目及其传承人吴元新的案例，阐述我国传统手工艺传承方式的主要特点，探寻非遗项目中的文化美学、价值和问题[③]；第2集，《华美漳缎 温暖岁月的襟怀——苏州漳缎》，通过专家、传承人和大众的视角，探讨对漳缎文化完整继承和发展的问题[④]；第3集，《凉山下的擦尔瓦——四川凉山彝族服饰》，展示了彝族"擦尔瓦"服饰的鲜明特点和独特的传统技艺，同时通过探讨彝族服饰文化发展压力的成因，试图寻找有效的途径[⑤]；第4集，《簪花围雕刻云水的风景——泉州蟳埔渔村女子服饰》，试图通过

---

① 《柒牌非物质文化遗产研究与保护基金首批项目结题报告及成果展示在学院举行》，清华大学美术学院网，2011年4月15日（http://www.tsinghua.edu.cn/publish/ad/2836/2011/20110415131713289830341/20110415131713289830341_.html）。
② 《柒牌——中国才是美》，凤凰网，2013年6月14日（http://biz.ifeng.com/fhyx/case/kx/2012year/detail_2013_06/14/895646_0.shtml）。
③ 《传统一脉 丝丝相承——中国传统手工艺传承方式》，凤凰视频网，2012年6月27日（http://v.ifeng.com/biz/201206/6a66334d-4cc4-4ffa-a2d9-b9e9a700b22b.shtml）。
④ 《华美漳缎 温暖岁月的襟怀——苏州漳缎》，凤凰视频网，2012年7月6日（http://v.ifeng.com/biz/201207/50d8368f-3a2e-4ccc-b6ff-f8c4a9882c51.shtml）。
⑤ 《凉山下的擦尔瓦——四川凉山彝族服饰》，凤凰视频网，2012年7月15日（http://v.ifeng.com/biz/201207/610c1322-f756-4f3f-a3cf-ebcf9802b10a.shtml）。

头饰簪花围做一个服饰文化整体保护的思考①;第5集,《天地无极秀我本色——中国传统染色工艺》,展示传统植物染色技艺的神奇曼妙,通过独具韵味的染色作品和染色技艺流程,探寻传统染色技艺独特的文化魅力②。

柒牌集团是一家以服饰研究、设计和制造为主,集销售为一体的综合性集团公司。根据它的特点和优势,该公司自愿资助并积极参与到传统技艺类非物质文化遗产保护的研究与实践活动,既推广和提升了企业形象,又为传统技艺类非物质文化遗产的保护工作提供了一条新路径。

3. 相关研究课题

2012年度,国家的相关科研基金中,传统技艺类项目的研究课题相较前两年无明显增加。具体情况见表7、表8:

表7 2012年国家社科基金后期资助项目立项名单(第一批)

序号	项目批准号	项目类别	项目名称	学科分类	立项时间	项目负责人
1	12XMZ076	西部项目	西南少数民族地区草木染传统技艺的抢救整理与研究	民族问题研究	2012/5/25	刘一萍
2	12FYS004	后期资助项目	荆风楚韵——湖北民间手工艺研究	艺术学	2012/7/1	陈日红
3	12FYS005	后期资助项目	宜兴紫砂工艺研究	艺术学	2012/7/1	杨 帆

表8 2012年度教育部人文社会科学研究规划基金、青年基金、自筹经费项目立项一览

序号	项目批准号	项目类别	学科门类	项目名称	申请人
1	12YJCZH007	青年基金项目	交叉学科/综合研究	熟宣工艺差异化研究及其对书画表现效果的影响	陈 彪
2	12YJC840009	青年基金项目	社会学	传统乡村手工技艺组织结构变迁考察	郭荣茂

---

① 《簪花围雕刻云水的风景——泉州蟳埔渔村女子服饰》,凤凰视频网,2012年7月19日(http://v.ifeng.com/biz/201207/5a05320f-c8e7-4b28-b2c4-4a5d6f9bd696.shtml)。
② 《天地无极秀我本色——中国传统染色工艺》,凤凰视频网,2012年7月27日(http://v.ifeng.com/biz/201207/8553ade1-8ccf-4d3f-96fc-784eb43738ab.shtml)。

续表

序号	项目批准号	项目类别	学科门类	项目名称	申请人
3	12YJC760050	青年基金项目	艺术学	景德镇传统制瓷工艺在工业社会的嬗变研究	刘明玉
4	12YJC760053	青年基金项目	艺术学	中国草木染染料制作传统技艺的复原与传承	刘一萍
5	12YJC760108	青年基金项目	艺术学	藏彝走廊地区民族民间传统手工艺文化遗产廊道研究	袁姝丽

4. 研讨会

根据现有资料，本年度有关传统技艺类的学术研讨会不多。2月10日，"守住生产性保护的底线——中国非物质文化遗产生产性保护座谈会"在北京召开。与会专家、领导就非物质文化遗产生产性保护、传承与发展诸问题展开了讨论[①]。6月30日，"第四届中国非物质文化遗产保护·苏州论坛"在苏州相城区开幕。本届论坛为期三天，主题为"非物质文化遗产传承人保护与传承机制建设"。参与本届论坛的文化官员、专家、非物质文化遗产传承人围绕"传承人在非物质文化遗产生产性保护中的作用""非物质文化遗产传承机制建设""传承人的认定、保护与退出机制的规范化"等问题展开了讨论[②]。11月8日，由文化部、安徽省人民政府共同主办，中国非物质文化遗产保护中心、省文化厅和黄山市人民政府共同承办的"首届中国（黄山）非物质文化遗产传统技艺大展黄山论坛"隆重举行，全国各省市自治区文化部门有关负责人、非物质文化遗产研究的专家学者、非物质文化遗产传承人等参加了论坛。黄山市市长宋国权表示，将以此次非物质文化遗产传统技艺大展为契机，虚心学习先进地区经验，通过设立一批非物质文化遗产生产展示销售区，挖掘一批非物质

---

① 《中国非物质文化遗产生产性保护座谈会速写》，新华网，2012年2月10日（http://news.xinhuanet.com/society/2012-02/10/c_111512051.htm）。

② 《第四届中国非物质文化遗产保护·苏州论坛在我区召开》，苏州相城区网，2012年7月3日（http://www.szxc.gov.cn/szxc/infodetail/?infoid=3cfefa00-aa49-46ff-a924-951ea3a73ad8&categoryNum=008003）；《第四届中国非物质文化遗产保护·苏州论坛开幕》，中国新闻网，2012年6月30日（http://www.chinanews.com/cul/2012/06-30/3998561.shtml）。

文化遗产传统技艺，打造一批非物质文化遗产传习基地，培养一批非物质文化遗产传承人才，开展一批非物质文化遗产宣传交流活动，形成一批非物质文化遗产知名品牌，全力推进徽州文化生态保护区建设①。上述会议均与传统技艺等非物质文化遗产的生产性保护有关。

12月22日，由中国印刷技术协会、扬州市委宣传部、北京印刷学院主办的"2012中国扬州雕版印刷国际学术研讨会"在扬州召开。中国印刷技术协会副理事长、秘书长兼印刷史研究委员会主任委员曲德森教授，中国印刷技术协会副秘书长李永林，中国印刷技术协会印刷史研究会副主任委员、北京大学肖东发教授，中国印刷技术协会印刷史研究委员会秘书长、北京印刷学院校长助理张养志教授，以及来自国内外印刷界的80余位专家学者和研究生齐聚扬州，围绕如何保护、传承、发展雕版印刷技艺，深入探讨雕版印刷的未来发展之路。会议由清华大学科技史暨古文献研究所所长冯立昇教授和北京印刷学院张养志教授共同主持。

英国印刷专家Phil Green博士为大会作了题为"The Development of Colour Pringting in Europe"的大会报告，深入浅出地介绍了欧洲套印技术的来源及发展历程。北京大学肖东发教授，中国人民大学宋平生研究员，故宫博物院翁连溪研究馆员，南京图书馆徐忆农研究馆员以及江苏省、扬州市有关知名专家钱锦华、冯春龙、刘向东、陈军、陈义时、蔡斌以及北京印刷学院科学技术史专业研究生郝生财同学等先后发言，从雕版印刷的传承保护方法经验等不同角度畅所欲言，就雕版印刷的发展之路提出了他们的观点。此次会议将为我国雕版印刷的传承保护起到积极推动作用②。

5. 相关出版物

根据有限的资料显示，除了作为非物质文化遗产项目套书之一的传统技艺类书籍相继出版，还有专项传统技艺的书籍出版。同时，介绍大师及其作品的著作也精彩亮相。

7月，"浙江省非物质文化遗产代表作丛书"第二辑第一批共二十五册正式出版，由普陀文广局组织编纂的《普陀传统木船制造技艺》位列其

---

① 《首届中国非遗传统技艺大展黄山论坛举行》，黄山新闻网，2012年11月11日（http://www.newshs.com/a/20121111/00184.htm）。

② 《北印主办中国扬州雕版印刷国际学术会》，必胜网，2012年12月26日（http://www.bisenet.com/article/201212/122387.htm）。

中。普陀传统木船建造工艺随着渔业作业生产方式的改变濒临失传。《普陀传统木船制造技艺》以文字、图片的形式对普陀传统木船制造技艺进行了全面、详细的梳理和展示,填补了国内传统木船制造研究专著的空白。全书分"中国与浙江舟船史源""普陀传统木船的结构与制造技艺""普陀传统木船制造技艺的传承""普陀典型传统木船的价值与影响"及"中华传统木帆船保护与创新的前景"等五章,约6万字,图片150余幅,图文并茂,装帧精美[①]。11月,泉州市首部茶史著作《铁观音——安溪乌龙茶传统制作技艺》由浙江人民出版社出版发行,该书由泉州市博物馆馆长陈建中、泉州海交馆文博研究员陈丽华两兄妹,以及中国艺术研究院庄莉共同完成,从考古、民俗角度研究安溪铁观音的"前世今生"。全书有200多页分八个章节,分别从历史、产业、栽培、制作、品饮、文化、器具、传承等方面进行研究,旨在通过对安溪乌龙茶及其铁观音制作技艺历史和现实的描述,体现其独特的历史价值、经济价值、文化价值和学术价值,帮助人们进一步了解安溪铁观音,了解中国的茶文化[②]。此外,继中国艺术研究院2007年启动《中国工艺美术大师全集》以来,迄今为止已出版发行了16卷。4月、5月和8月又分别出版发行了《中国工艺美术大师全集·吕尧臣卷》《中国工艺美术大师全集·夏侯文卷》和《中国工艺美术大师全集·潘柏林卷》,分别呈现了紫砂陶、龙泉青瓷和石湾陶塑这些传统技艺大师的生平、他们的工艺特点、艺术价值等内容[③]。

6. 相关论文

本文在"中国知网"将文献搜索范围限定在"基础科学""哲学与人文科学""社会科学1、2辑""信息科技""经济与管理科学"的范围,时间为2012年1月1日到12月31日,并且以"技艺""传统手工艺"

[①] 《〈普陀传统木船制造技艺〉出版》,普陀新闻网,2012年10月11日(http://ptnews.zjol.com.cn/putuo/system/2012/10/11/015590101.shtml)。

[②] 《〈铁观音——安溪乌龙茶传统制作技艺〉出版》,西湖龙井资讯平台,2012年11月21日(http://www.westlaketea.com/html/2012/11/21/119168.html)。

[③] 《〈中国工艺美术大师全集·吕尧臣卷〉在京首发》,凤凰网,2012年4月11日(http://culture.ifeng.com/gundong/detail_2012_04/11/13785212_0.shtml?_from_ralated);《〈中国工艺美术大师全集·夏侯文卷〉首发》,中国日报网,2012年5月25日(http://www.chinadaily.com.cn/hqgj/jryw/2012-05-25/content_6013739.html);《〈中国工艺美术大师全集·潘柏林卷〉北京首发》,凤凰网,2012年8月1日(http://news.ifeng.com/gundong/detail_2012_08/01/16460802_0.shtml)。

"手工技艺""民间工艺"为主题词搜索,查到的文章中有190篇与传统技艺类非物质文化遗产项目的研究有关。

经过对这190篇文章的筛选、分类,其中新闻报道、介绍性文章有56篇,主要涉及传统技艺类非物质文化遗产项目和代表性传承人名单的公布、对某项传统技艺的介绍或获奖的公布,以及其他与传统技艺保护有关的新闻发布。此外,有26篇论文从艺术、审美的角度、技艺本身的角度展开论述。例如,关云鹏从景德镇粉彩瓷的人物图的文化内涵、纹饰多样性以及制作工艺几个方面分析了它的审美价值[①]。陈永德对龙泉青瓷传统烧制技艺的重要组成部分拉坯工艺作了详细的论述[②]。林欢则对历史上记录的河北制墨技术及其发展状况略作梳理[③]。还有少量文章是对传统技艺类非物质文化遗产项目的市场化、商业化运作的思考。例如,吴秀梅撰文,在介绍民间传统"王星记"扇手工艺制作的基础上,提出了对其市场开拓的建议与对策[④]。陈超、陈骥江也介绍了扬州漆器、玉器、玩具、绣品、剪纸、灯彩、绒制品等手工艺制品的销售困境,并同时提出了营销创新的一些思路[⑤]。

约64篇论文从较为整体性的视角出发,从多个维度论述了传统技艺保护相关的问题。有关具体传统技艺的调查报告仍然是研究的重要部分。冯丹丹、樊嘉禄在实地考察的基础上对界首彩陶制作技艺进行调研分析,指出其生存状态及面临的问题[⑥]。其他国家的传统技艺保护经验也受到关注。陈刚介绍了20世纪70年代以来,日本对其传统手工纸(和纸)制造技术的多方位的保护实践及其取得的成效,认为这对造纸术起源地的我国,有效地保护传统造纸等手工技艺、实现可持续发展具有启示意义[⑦]。此外,较多研究是针对某一传统技艺的案例研究。雅各布·伊弗斯以四川夹江县手工造纸为例,从学理上探究了传统技术与现代中国乡村社会的变迁,服

---

① 关云鹏:《浅析粉彩人物图的审美价值》,《陶瓷美术论坛》2012年第5期。
② 陈永德:《龙泉青瓷拉坯工艺技艺探微》,《丽水学院学报》2012年第34卷第1期。
③ 林欢:《河北制墨技艺在中国古代工艺史上的地位》,《文物春秋》2012年第1期。
④ 吴秀梅:《民间传统手工艺的传承保护与市场开拓——以"王星记"扇为例》,《经营谋略》2012年第6期。
⑤ 陈超、陈骥江:《传统工艺品的营销创新——以扬州传统工艺产品为例》,《中国经贸导刊》,2012年第19期。
⑥ 冯丹丹、樊嘉禄:《界首制陶技艺调查报告》,《科技文汇》2012年第3期。
⑦ 陈刚:《日本对传统造纸技术的保护及其启示》,《文化遗产》2012年第4期。

饰与族群认同,以及地景建构(landscape construction)与帝国治边方略的问题,从不同的角度,再现物质、"技术"与认同的建构性①。也有学者则试图为传统技艺书写科技史。王洪伟希望结合陶瓷考古、历史文献、科技文献、田野实践和一线匠师技艺口述,书写一部完备的《钧窑科技史》,不仅对像钧窑这样的传统古陶瓷手工业科技史书写提供崭新的学术写作模式,也由此能够真切地直接地指导当代钧窑烧造实践②。还有较多论文在实地调查的基础上,围绕保护展开论述。林毅红以海南黎族纺染织绣工艺为例,系统分析和总结黎族传统工艺传承与保护过程中面临的困境,存在的问题及原因。从保护工艺的主体,传承的本体以及传承与保护的路径三个方面提出了可行性的对策和建议③。路宝利、赵友则通过梳理中国古代"艺徒制度",试图为现代职教模式提供经验④。基于对大理金圭寺村白族人有关羊毛祖师苏武传说故事的梳理,以及实地考察获得的资料,杨熊端思考了地方性文化传统与族群认同以及文化创新之间的关系⑤。结合田野调查,谢黎蕾对阿昌族户撒刀锻制技艺的保护与传承现状研究进行了研究。该文探究了在阿昌族非物质文化遗产保护过程中,政府、传承人和阿昌族民众所扮演的角色和所起的作用。作者认为虽然该技艺被选入非物质文化遗产名录,获得了相应的保护,但是这样是否能将这种传统文化延续下去仍然是需要关注的问题⑥。

正如前文已论及,"生产性保护"仍然是传统技艺等类非物质文化遗产项目保护的热点论题。徐艺乙在厘清对非物质文化遗产生产性保护认识的几种偏差后,提出传承人在生产性保护中的四种作用。他强调政府在保护中的某些作用。例如,不再是生活必需的技艺生产不应盲目,否则只会

---

① 雅各布·伊弗斯著《人类学视野下的中国手工业的技术定位》,胡冬雯、张洁译,肖坤冰校,《民族学刊》2012年总第10期。
② 王洪伟:《如何表述传统技艺——基于钧窑科技史述实践》,《许昌学院学报》2012年第1期。
③ 林毅红:《国际旅游岛背景下传统工艺的传承与保护研究——以海南黎族纺染织绣工艺为例》,《湖北民族学院学报(哲学社会科学版)》2012年第2期。
④ 路宝利、赵友:《艺徒制度:中国古代"工艺学校"技术传承研究》,《职业技术教育》2012年第16期。
⑤ 杨熊端:《白族羊毛毡手工技艺探寻:怀旧人类学的视野》,《北方民族大学学报(哲学社会科学版)》2012年第2期。
⑥ 谢黎蕾:《阿昌族户撒刀锻制技艺的保护与传承现状研究》,云南大学硕士学位论文,2012。

增加成本从而导致产品价格居高不下,没有销路。对这种情况,政府财政应该补贴超出应有成本的部分,使生产能顺利进行①。宋俊华则针对近几年非物质文化遗产生产性保护的情况提出生产性保护是从非物质文化遗产的生产中去探索保护方法,是一种符合非物质文化遗产本质的可持续的保护方式。但在使用这种方式时,要注意非物质文化遗产的特殊性,要因项目制宜,要尊重传承人的愿望,要充分考虑遗产产权等问题②。除了有一定高度的理论思考,越来越多进入生产性保护模式的传统技艺项目得到专业人士的关注和调研。李艳芳通过对土家织锦"西兰卡普"的调查和研究,试图为非物质文化遗产的生产性保护研究提供一个有效的个案,以逐步揭示非物质文化遗产保护的规律。作者肯定了生产性保护,认为把握好生产性保护开发与利用的"度"是维系非物质文化遗产永续生命的关键,同时传承人保护仍是重心③。桂星星在调查和研究曼暖典村傣族织锦技艺及其生产的基础上,分析生产性保护在此的可行性和优势,认同将其应用于傣族织锦技艺的保护④。王健则以景德镇陶瓷为对象,在论述了景德镇手工制瓷文化生态及其技艺的现状后,认为景德镇手工制瓷技艺适用生产性保护方式⑤。

二 问题与展望

2012 年,传统技艺类等具有"生产性"的非物质文化遗产保护在理论上更趋于理性,但是由于传统技艺本身具备的复杂性以及其他各种因素,实践中的情况显得比较复杂。

在当下,仍然具有实用价值或审美价值的传统技艺产品比较容易进入市场和百姓生活,随着生态文明建设的深入,在经济生产中重新恢复活力,甚或与其他现代化产品对擂。同时,它们得到的政府和其他领域的关

---

① 徐艺乙:《传承人在非物质文化遗产生产性保护中的作用》,《贵州社会科学》2012 年第 12 期。
② 宋俊华:《文化生产与非物质文化遗产生产性保护》,《文化遗产》2012 年第 1 期。
③ 李艳芳:《土家织锦生产性保护的现状研究》,中央民族大学硕士学位论文,2012。
④ 桂星星:《曼暖典村傣族织锦技艺生产性保护研究》,中央民族大学硕士学位论文,2012。
⑤ 王健:《基于景德镇手工制瓷技艺的生产性保护探析》,《江西科技师范大学学报》2012 年第 5 期。

注和支持也较多。然而，仅仅从前三批国家级名录中就可看出，这些技艺及其产品仅仅是名录中很少的一部分，更多的项目具有极强的地域性，已不具有大市场需求，目前仅仅是维持生产，有的甚至已濒临消失。对于这些项目，政府的保护经费，以及政府对代表性传承人的补助并不能从根本上解决问题，难以平衡制作成本和销售价格之间的矛盾，从而无法真正实施持久的技艺传承。同时，对它们的保护现况，外界也不甚了解。面对这种困境，徐艺乙建议"如果对这一部分的非物质文化遗产项目实施生产保护，那么，超出应有成本的部分可以由公共财政来进行补贴，以使生产过程中的传承顺利进行"。另外，也可以了解传承人或技艺持有者的意愿，以他们自己的方式保护传承或保存这些技艺及其产品。当然，这样的方式尚需深入调查、研究和讨论。

同样，根据上述公开资料，尽管各级名录陆续建立，各级传承人名单相继产生，但是显示各项目和传承人的现况信息并不太多。政府的文化主管部门在公开各地各年度传统技艺保护情况方面的工作需要进一步加强和完善。

当然，调查、定期回访和反映各项传统技艺项目保护状况的工作并非易事，除了相关保护部门需要尽职，研究者也应关注更多不同项目，做更为整体的研究，倾听传承人或团体的声音，为保护献计献策。从上述研究梳理来看，研究者从文化、社会等角度探究了传统技艺项目的历史和现状，以及它们具有的各种价值，但鲜有关注与其密切相关的行业组织的情况，忽略了行业组织在一些项目保护中发挥的重要作用。

总而言之，在积极保护非物质文化遗产的总趋势中，传统技艺的保护在2012年可谓更上一层楼，同时也为今后的保护工作提出了更高的要求。

传统医药类非物质文化遗产保护发展报告

撰稿：王静波　审稿：柳长华*

　　传统医药，顾名思义，与现代医药相对应，通常指历史上遗留下来的医药经验和技术，或指现代医药以前的各个历史发展阶段的医药经验和诊疗技术。作为人类认识自然与自身，用于维护自身健康的一种智慧成果，传统医药的价值早已得到世界承认。1991年12月12日，42个国家和地区的代表聚集在北京，召开国际传统医药大会，会议一致通过了以"人类健康需要传统医药"为主题的北京宣言，并建议每年的10月22日为世界传统医药日。过去，人们所重视的往往是传统医药的医用价值，而"非物质文化遗产"视角的出现，使人们开始重视传统医药的文化价值。2003年，联合国教科文组织颁布《保护非物质文化遗产公约》，它将"有关自然界和宇宙的民间传统知识和实践"作为保护非物质文化遗产的重要一类，"传统医药"无疑是这一类别的重要组成部分。而自从2006年我国国务院公布第一批国家级非物质文化遗产名录，"传统医药"便是十大门类中的一类。至今，我国已有26项传统医药类国家级非物质文化遗产，尽管与其他类别相比，其数量偏少，但已基本涵盖传统中医中重要的疗法、中药炮制方法及11种少数民族医药。自2009年起，我国颁布了《国务院关于扶持和促进中医药事业发展的若干意见》《关于在深化医药卫生体制改革工作中进一步发挥中医药作用的意见》等一系列重要文件，在中央政策文件

---

*　王静波，女，1985年生，中山大学中文系非物质文化遗产学专业2010级博士生；柳长华，男，1954年生，中国中医科学院教授，博士研究生导师。

的扶持下，在非物质文化遗产保护开展得如火如荼的大形势下，近几年来，我国的传统医药事业抓住机遇，发展迅速，非物质文化遗产保护方面的工作也卓有成效。2012年，这种良好的势头得以保持。本报告分"保护工作概况""学术研究状况""本年度传统中医药的国际化发展态势""总结、问题与展望"四个部分，对2012年传统医药保护方面的各项工作进行回顾与总结。

一 保护情况

（一）各级各类非物质文化遗产名录调整与公布情况

2011年5月，国家公布的第三批国家级名录中非物质文化遗产数量与前两批相比有所"瘦身"；6月，《中华人民共和国非物质文化遗产法》正式出台，有学者称，中国的非物质文化遗产保护由"重申报、轻保护"的"炽热期"进入了开始理性反思、科学保护的"后申遗时代"。[1] 为约束和惩治传承或保护不力的现象，《中华人民共和国非物质文化遗产法》首次明确了传承人的退出机制，而9月，文化部颁布的《关于加强国家级非物质文化遗产代表性项目保护管理工作的通知》，则明确了国家级非物质文化遗产项目也将建立退出机制。2012年10月，以上措施得到落实，文化部颁布了《关于对天津市红桥区回族大刀队等105个国家级非物质文化遗产代表性项目保护单位进行调整、撤销的决定》，针对所涉及的105个项目保护单位所面临的不同情况，采取调整、批评与限期整改、撤销三种不同措施。其中，提出批评限期整改的保护单位有2个，而苗医药癫痫症疗法项目的保护单位湖南凤凰县龙玉年苗医药诊所为其中之一。[2]

2012年12月，第四批国家级非物质文化遗产项目代表性传承人名单公布，入选传承人共498人，其中传统医药类传承人21人，他们传承的项目有葛氏捏筋拍打疗法、王氏脊椎疗法、东阿阿胶制作技艺、藏药炮制技艺、蒙医正骨疗法等，其所传承项目属于中医诊法疗法或制剂方

---

[1] 高小康：《走向"后申遗时期"的传统文化保护》，《江苏行政学院学报》2012年第2期。
[2] 中华人民共和国文化部网站，http://www.ccnt.gov.cn/xxfbnew2011/xwzx/ggtz/201210/t20121016_265555.html。

法的占 13 人，而传承藏药、蒙医、苗医、回医、彝医、维医药等少数民族诊法或制剂方法的传承人有 8 位。这一批名单中，传统医药类非物质文化遗产项目代表性传承人的数目占各类传承人总数的 4.2%，回顾前面几批国家级传承人名录情况：第一批国家级非物质文化遗产项目带代表性传承人名单中，传统医药类代表性传承人数目为 29 人，各类代表性传承人总数为 226 人，所占比例为 12.8%；按此计算，第二批所占比例为 24:711，即 3.3%；第三批为 = 0。

我们发现，传统医药类传承人的数目在国家级传承人中所占的比例一直偏低，即使将每一次申报工作重点可能不同，各类非物质文化遗产项目传承方式有所差异①的情况考虑在内，我们还是可以推断，与其他类别比较，传统医药类的处境相对弱势，可能存在更大的传承危机，政府需要予以更多关注。

2012 年，不少省、自治区、直辖市公布了所在地非物质文化遗产名录和代表性传承人名录，见表 1、表 2。

表 1

地区	名录批次	项目名称
河北	第四批	脏腑推拿术、金牛眼药、丁氏正骨、青县点穴拨穴疗法
浙江	第四批	传统中医药文化（桐君中药文化、彭祖养生文化、天目山中药文化、武义寿仙谷中药文化、沈宝山中药文化）、茶亭伤科、董氏儿科、施氏针灸、绍兴"三六九"伤科、磐五味生产加工技艺、田氏传统接骨术
湖南	第三批	小儿提风疗法、瑶族医药风湿骨痛"贴丹灵"疗法
广西	第四批	八步瑶族医药、龙胜瑶族药浴疗法、靖西壮医驳骨疗法
广东	第四批	针灸（岭南传统天灸疗法）、中医诊法（一指禅推拿）、贾氏点穴疗法、中医养生（源吉林甘和茶）
新疆	第三批	哈萨克族医药（布拉吾药浴熏蒸疗法、卧塔什正骨术、冻伤疗法、婴儿玛依斯拉吾保健术）、沙疗、王氏中医踩跷法、锡伯族拔火罐传统疗法
海南	第四批	无

---

① 如传统戏剧类非物质文化遗产项目一般为群体性传承，所以传承人所占比例较大。

表 2

地　区	批次与总人数	传统中医传承人人数
河　南	第三批（共189人）	17人
四　川	第五批（共108人）	4人
湖　北	第三批（共153人）	4人
贵　州	第三批（共105人）	4人
广　东	第三批（共147人）	7人
上　海	第三批（共113人）	20人
河　北	第三批（共83人）	4人
陕　西	第三批（共71人）	2人
重　庆	第三批（共116人）	1人
内蒙古	第三批（共76人）	4人

（二）政策与法规情况

1. 政策性文件与措施

2009年出台的《中共中央国务院关于深化医药卫生体制改革的意见》〔以下简称《意见》（2009）〕《国务院关于扶持和促进中医药事业发展的若干意见》〔以下简称《若干意见》（2009）〕与2011年通过的《中华人民共和国国民经济和社会发展第十二个五年规划纲要》〔以下简称《纲要》（2011）〕《关于在深化医药卫生体制改革工作中进一步发挥中医药作用的意见》〔以下简称《意见》（2011）〕，是指导2012年及未来数年中医药和民族医药等传统医药的发展工作的指导性文件。

《意见》（2009）专门提到了"充分发挥中医药（民族医药）在疾病预防控制、应对突发公共卫生事件、医疗服务中的作用。加强中医临床研究基地和中医院建设，组织开展中医药防治疑难疾病的联合攻关。在基层医疗卫生服务中，大力推广中医药适宜技术。采取扶持中医药发展政策，促进中医药继承和创新"。《若干意见》（2009）指出了扶持和促进中医药事业发展的重要性和紧迫性，提出了发展中医药事业的指导思想和基本原则，制定了发展中医医疗和预防保健服务、推进中医药继承与创新、加强中医药人才队伍建设、提升中药产业发展水平、加快民族医药发展、繁荣发展中医药文化、推动中医药走向世界、完善中医药事业发展保障措施等八个方面的具体方针和措施。而《纲要》（2011）第三十四章题为"完善基本医疗卫生制度"，提出"按照保基本、强基层、建机制的要求，增加财政收入，深化医药卫生体制改革，建立健全基本医疗卫生制度，加快医疗卫生事业发展，优先满足群众基本医疗卫生需求"。其中第六节以"中医药"为专题，提出通过发展中医医疗和预防保健服务、推进中医药继承与创新、重视民族医药发展等手段来"支持中医药事业发展"。《意见》（2011）提出，通过统筹做好公立中医医院改革试点工作、贯彻落实基本医疗保障制度中鼓励利用中医药服务政策、进一步加强基层中医药服务网络建设、在基本公共卫生服务中进一步发挥中医药作用、加强中医药人才培养六个方面的工作，在深化医药卫生体制改革工作中进一步发挥中医药的优势和作用。

在上述文件中，民族医药被置于"中医药"的范畴之内。它们的颁布，明确了传统医药在国民经济社会发展和医药卫生体制改革中的重要位置，及它在未来一段时间内的发展目标。

2012年3月14日，国务院以国发〔2012〕11号印发《"十二五"期间深化医药卫生体制改革规划暨实施方案》，它是医药卫生体制改革"第二季"（2012～2015年）的指导性文件。在"推进医疗资源结构优化和布局调整"这一项中，它具体地提出了中医药应该发挥的作用和需要实现的目标："充分发挥中医药在疾病预防控制和医疗服务中的作用。以城乡基层为重点加强中医医疗服务能力建设，到2015年，力争95%以上的社区卫生服务中心和90%的乡镇卫生院、70%以上的社区卫生服务站和65%以上的村卫生室能够提供中医药服务。鼓励零售药店提供中医坐堂诊疗服务。积极推广中医适宜技术。加强中药资源保护、研究开发和合理利用。"

5月，国家中医药管理局发布了《中医药事业发展"十二五"规划》。规划对我国中医药事业当前面临的形势做出了具体分析，明确了中医药事业发展指导思想、基本原则和发展目标，同时提出了未来几年我国中医药发展的十一项重点任务，并对相关保障政策和措施做了具体的阐释。根据规划，到2015年，将力争实现100%的地市建有地市级中医医院，中医医院总诊疗人次争取超过 5.5 亿人次;中医药人员增量占全国卫生人员增量的比重争取达到 18%,中医医院中医类别执业医师占执业医师比重超过 60%;正确引导群众认识中医药,让广大人民群众接受中医药文化知识科普教育。①

此外,7 月颁布的《少数民族事业"十二五"规划》,也提出"加强民族地区公共卫生服务体系建设,完善重大疾病防控、健康教育、妇幼保健等公共卫生服务网络"的目标,并指出为实现这一目标,需要"加大民族医药的保护和抢救力度,实施民族医药保护与发展工程。加强民族医药基础理论和临床应用研究,推动民族医药学科和人才队伍建设,培养高层次民族医药人才。推广民族医药适宜技术,加大乡村民族医药工作者培训力度"。

上述一系列文件,为当前我国发展传统医药事业创造了良好的政策氛围。2012 年,各地方政府也抓住这一良好契机,争取利用本地区中医药或民族特色医药,壮大医疗卫生力量,促进经济发展,各种政策性文件和措施纷纷出台。

表 3

地 区	文 件	要点或相关条款
宁夏回族自治区	关于扶持和促进回医药事业发展的意见	从回医药人才队伍建设、回药产业发展等方面,提出了今后一个时期的发展目标,包括完善回医药服务体系,加强回医药人才培养,建立名回医评选培养制度,加强回医重点专科建设,提升回医药研发水平,加强回医药标准化建设,培育和倡导回医药文化,加强国际合作与交流等
广西壮族自治区	2012 年全区中医药壮瑶医药工作要点	包括继续发挥中医药壮瑶医药在深化医改中的作用、努力提升中医药壮瑶医药服务能力、加强中医药壮瑶医药人才队伍建设等十项措施
吉林省	吉林省中医药事业发展"十二五"规划	明确了该省"十二五"中医药事业发展的基本原则;提出了发展的主要任务;确定了发展的 6 项主要指标;明确了 8 项重点任务

---

① 《〈中医药事业发展"十二五"规划〉发布》,人民网,http://health.people.com.cn/GB/18253896.html;《中医药"十二五"规划出炉 五大亮点折射民生关怀》,中华人民共和国中央人民政府网,http://www.gov.cn/jrzg/2012-05/30/content_2148339.htm。

续表

地 区	文 件	要点或相关条款
北京市	关于推进中医药文化繁荣发展开展中医药文化建设年工作的实施意见	中医药文化将被纳入北京的社会大文化当中,渗透到医院文化、企业文化、社区文化、乡村文化、校园文化、行业文化、地域文化等文化建设当中,融入到社会生活、休闲、旅游当中。今后,北京市将打造和培育一批具有时代特征、首都特色的中医药文化传播品牌。在区县开展中医文化宣传周(节)、"中医药健康文化普及生活化示范社区"建设及中医文化旅游示范基地建设等系列活动
云南省	关于建设民族团结进步边疆繁荣稳定示范区的意见	把"大力发展民族医药产业"列入实施民族经济发展示范,并要求"要大力发展民族医药产业,充分挖掘民族民间医药资源,扶持民族医药研发、药材开发和药品注册,做大做强一批民族药龙头企业"
天津市	天津市生物医药产业发展"十二五"规划	将推进传统中药产品的二次开发,实现中药产品剂型多样化。发展心脑血管治疗和清热解毒等现代中药,研制生产一批知名老中医验方中药,扶持优质饮片发展。巩固速效救心丸、复方丹参滴丸、京万红烫伤膏等传统优势产品地位,参与海外市场检验和认证,加快中药国际化步伐

此外,各地政府还积极加强合作和拓展其他渠道,来促进中医药和民族医药的保护和发展工作,或将其作为区域社会发展工作重点之一。

3月11日,国家中医药管理局和宁夏回族自治区政府在北京签署了共同促进宁夏中医药、回医药事业发展的协议,进一步明确了支持宁夏中医药、回医药事业发展的政策和措施。当天签订的合作协议包括医院和服务体系建设、帮扶平台建设、技术研发、学科建设、产业发展、文化推广以及对外交流合作等多个方面。①

1月17日,西藏自治区人民政府与四川省人民政府在成都签署战略合作框架协议。双方将在区域经济发展、区域生态保护与建设以及区域安全等方面建立长期稳定的战略合作关系,共同构建合作发展新格局。其中,"藏医药"等非物质文化遗产重点项目的保护和传承,是双方合作的重要方面之一。②

---

① 《国家中医药管理局和宁夏政府签署协议》,宁夏广播电视总台网站,http://www.nxtv.com.cn/article/nxnews/20120312256664.html。
② 《共同构建合作发展新格局》,四川新闻网,http://news.hexun.com/2012-01-18/137369421.html。

2月，甘肃省卫生厅批准天祝藏族自治县为省中医药工作示范县建设单位，建设周期自 2012 年 2 月至 2015 年 2 月，力图实现积极推进中医药服务在中医药机构、综合医疗机构、公共卫生机构和基层医疗机构的全面覆盖的目标。① 6 月，甘肃省卫生系统支援甘南藏区第二次工作会议召开。会议要求全省各地援藏单位在完成支援任务的同时，帮助甘南州县乡村医务人员培训 15 项中医适宜技术，有条件的市县中西医院要着手创建藏医科，推广藏医药技术。②

还有其他不少地区继续贯彻"十二五"期间规划或本地原有规划。如国务院常务会议批准的《"十二五"支持西藏经济社会发展建设项目规划方案》（2010 年），决定"十二五"期间重点支持西藏 226 个重点项目建设，规划项目总投资达 3305 亿元。藏医药业是规划重点支持的领域之一。③ 自治区卫生厅表示，"十二五"期间，将大力发展藏医药事业，认真贯彻落实《西藏自治区人民政府关于进一步扶持和促进藏医药事业发展的意见》，建立健全基层藏医服务体系，改善 6 个地区藏医院设施条件，提高科技含量，增强专科服务能力，把藏医药服务延伸到乡村，不断满足农牧民群众对藏医药服务的需求。④

根据 2012 年上海市中医药工作会议信息，本年度，上海的中医药工作会深入围绕贯彻《上海市人民政府关于进一步加快上海中医药事业发展的意见》《上海市进一步加快中医药事业发展三年行动计划（2010-2012）》为主线，增投入、抓传承、育人才、扬特色，重点确立进一步推进中医药医改工作、进一步加强中医医疗机构建设、进一步提升中医药服务能级、进一步加强中医药人才队伍建设等"六大任务"。⑤

---

① 甘肃省卫生厅文件《关于天祝藏族自治县创建甘肃省中医药工作示范县的批复》，http://www.gsws.gov.cn/html/2/9/28247.htm。
② 《甘肃着力推动藏医药发展》，中华人民共和国国家中医药管理局网站，http://www.satcm.gov.cn/web2010/zhengwugongkai/xingyekuaixun/gedikuaibao/2012 - 07 - 19/15943.html。
③ 《"十二五"期间西藏投资 3305 亿建设 226 个项目》，中国西藏新闻网，http://www.chinatibetnews.com/xizang/2012-01/12/content_862202.htm。
④ 《我区着力提高藏医药服务水平》，《西藏日报》，转引自网易新闻网，http://news.163.com/12/0415/10/7V4HRO6R00014AED.html。
⑤ 《2012 年上海中医药发展确立"六大重点"任务》，人民网，http://sh.people.com.cn/n/2012/0302/c138691-16806526.html。

2. 促进传统医药规范化、标准化的行政规章与措施

中医和少数民族医药医疗机构及从业人员的医疗水平参差不齐，药物缺乏统一标准，一直是限制传统医药发展的致命瓶颈。2011年国家先后出台《中医养生保健服务机构基本标准（试用稿）》及《中医药养生保健服务机构行业管理办法（试行）》，以规范从业机构。2012年3月20日，国家中医药管理局在海南海口正式启动中医养生保健服务机构准入试点，确定海口、北京市东城区等全国首批21个试点地区，将实施中医养生保健服务机构准入制度，加强行业规范及监管。①

与此同时，民族医药在探索标准化和规范化的道路上也有进展。6月29日上午，西藏自治区藏药审评认证中心在拉萨正式挂牌成立。这对于提升该区藏药审评和药品认证水平，强化食品药品安全监管，保障人民群众身体健康和生命安全，促进医药经济发展，具有重要意义。②

内蒙古自治区卫生厅颁布《2012年基本公共卫生服务蒙中医药服务和预防保健试点项目实施方案》，确定了呼和浩特市玉泉区、鄂尔多斯市准格尔旗等6个基本公共卫生服务蒙中医药服务项目试点地区和鄂尔多斯市、锡林郭勒盟2个蒙医中医预防保健服务能力建设项目试点地区。利用蒙中医的优势，开展基本公共卫生服务，重点开展儿童、孕产妇、老年人重点人群和高血压、Ⅱ型糖尿病患者中医健康管理；蒙医中医健康教育等方面的服务。试点结束后，将总结经验模式在全区推广。

3. 立法进展

2012年，我国的《中医药法》仍在酝酿出台的过程当中。

2011年底，卫生部审议通过《中华人民共和国中医药法（草案）》，上报国务院，这是立法过程取得的一个重要进展。2012年1月，国务院法制办向有关机构和专家发文征求其草案送审稿意见。依惯例，《中医药法》需经国务院常务会议通过后提请人大常委会审议，法律草案需经三读方可通过。在2012年国务院立法计划中，《中医药法》列为二档项目，这意味

---

① 《21地试点中医养生保健机构准入管理》，《健康报》，转引自新华网，http://news.xinhuanet.com/health/2012-02/02/c_122645475.htm。
② 《西藏自治区藏药审评认证中心挂牌成立》，《西藏日报》，转引自人民网，http://xz.people.com.cn/n/2012/0630/c138901-17193395.html。

着国务院通过草案仍需时日。有评论指出,作为法律,《草案送审稿》虽然对中医药的发展有重要的推动作用,但是对很多问题还没有界定清楚。①而在 1 月 10 日召开的 2012 年全国中医药工作会议上,卫生部副部长、国家中医药管理局局长王国强指出,争取立法出台,还有五项工作要做,包括要对立法中涉及的一些重点、难点问题组织开展深入研究;组织开展专题调研;进一步加强协调、争取支持;扎实推进标准化工作;加快推进中医药信息化。②

在立法调研工作方面,截至 6 月中旬,全国人大教科文卫委员会调研组赴北京、四川、贵州、云南、河南、安徽、江西等省市,就中医药、民族医药发展及立法情况进行实地考察。

(三) 展演与比赛

如果说国家及各地政府的政策、规章和措施为传统医药未来的发展提供了保障,那么当下的各种展演、比赛则如同异彩纷呈的花朵,展现了传统医药丰富的内涵,增添了我们发展它的信心和保护传承它的决心。传统医药的展演,有时作为综合类展演的一部分出现,更多的时候则被单独呈现。

1. 综合类非物质文化遗产展演中的传统医药展示

2012 年,在国家和各地举办的重要的非物质文化遗产展演活动中,都少不了传统医药类非物质文化遗产的身影。如 2 月份由文化部与国家发改委、教育部等部委举办的"中国非物质文化遗产生产性保护成果大展"(北京),设有"传统医药展区",展示了蒙医药、畲族医药、瑶族医药、中医传统制剂方法等列入国家或省级非物质文化遗产名录的传统医药制作类项目。③ 6 月份,是各地举办非物质文化遗产展览最为集中的时间。如西藏自治区举办了"首届西藏非物质文化遗产保护成果大展"(拉萨)④;北

---

① 《〈中医药法〉年内恐难出台》,《医药经济报》(电子版) 2012 年 6 月 20 日 A01 版 (http://web.yyjjb.com:8080/html/2012-06/20/content_169892.htm)。
② 《〈中医药法〉草案上报国务院》,《医药经济报》(电子版) 2012 年 1 月 13 日 A01 版 (http://web.yyjjb.com:8080/html/2012-01/13/content_159348.htm)。
③ 《4 号馆:八大展馆之非物质文化遗产馆》,奥一网站,http://www.oeeee.com/a/20120508/1054177.html。
④ 《"首届西藏非物质文化遗产保护成果大展"将于 6 月 9 日至 15 日在拉萨举行》,《西藏日报》,转引自网易新闻网,http://news.163.com/12/0606/08/83A7OKRU00014AED.html。

京举办首个"京味儿"非物质文化遗产大展（北京）①；新疆维吾尔自治区举办非物质文化遗产生产性保护成果展（乌鲁木齐）②；辽宁省举办了2012年中国·辽宁非物质文化遗产传统技艺大展（沈阳）③，在这些展览中，传统医药类非物质文化遗产项目均占有一席之地。9月，天津市举办第二届全国非物质文化遗产展示会，设八个展示平台，传统医药亦为其中一个。④

2. 专题活动与展演

传统医药在中国传承了数千年，形成了自己的文化内涵。在历史的长河中，多位名医创建了自己的医药体系，为后人留下了丰富的医学文化遗产。也有一些老字号，在经商实践过程中，形成了自己的一套文化体系。今天，不少文化活动即是围绕纪念传统医药先贤或者弘扬老字号传统而开展。

如2月9日，东汉末年医学家、中华"医圣"张仲景1862周年诞辰日，河南宛西制药集团携社会各界在中华医圣苑举办了隆重的张仲景诞辰祭拜大典。全体参加祭拜人员向医圣像行鞠躬礼、咏颂《医圣颂》。现场参拜市民亦纷纷有序地向医圣像敬香祭拜，表达对医圣的崇敬之情，祈求健康平安。⑤

2月22日至3月7日，由铜川市政府主办的陕西铜川2012年药王山二月二庙会在药王山景区举行。本次庙会围绕"弘扬药王文化，普及中医养生，传承庙会遗产，推动旅游发展"这一主题，在保留往届传统文化表演活动助兴外，增添了首次面向全球遴选"壬辰年（2012年）药王山庙会"民祭药王孙思邈仪式主祭人、陪祭人；春节团拜药王孙思邈等活动。⑥

---

① 《北京首次举办"京味儿"非物质文化遗产大展》，人民网，http：//politics. people. com. cn/GB/18109083. html。
② 《新疆举办非物质文化遗产生产性保护成果展》，新华网，http：//www. people. com. cn/h/2012/0610/c25408-1897268014. html。
③ 《阜新市10项目参加中国·辽宁非物质文化遗产传统技艺大展》，辽宁省人民政府网，http：//www. mzb. com. cn/html/Home/report/305755-1. htm。
④ 《第二届全国非物质文化遗产展示会在天津开幕》，新华网，http：//news. xinhuanet. com/local/2012-09/28/c_113248210. htm。
⑤ 《宛西制药举办医圣诞辰1862周年祭典打造中华医道精神家园》，东方网，转引自http：//www. chinadaily. com. cn/micro-reading/dzh/2012-02-14/content_5151229. html。
⑥ 《铜川2012药王山二月二庙会将于2月举行》，八百家资讯中心，http：//news. 800j. com. cn/2012/tsxw_0115/130286. html。

5月18日,来自全国各地医药界代表云集"药都"河北安国,祭拜全国唯一"皇封药王"——邳彤。公祭典礼设在全国最大的中药材交易市场——东方药城国际中药材贸易中心广场。[1]

8月5日,纪念傅山诞辰405周年暨山西省首届傅山中医药文化节在太原开幕。本届文化节的主题是"传承傅山医学,弘扬傅山文化,发展中医中药",这期间,举行了大型送医送药义诊、科普巡讲、知识竞赛、艺术展演等五个单元十余项活动。开幕式上,该省中青年中医临床领军人才还举行了培养拜师仪式。[2]

10月23日,首届中国(长清)扁鹊中医药文化节在山东中医药大学广场隆重开幕。为期七天的中国(长清)扁鹊中医药文化节以"传承发展健康"为主题,围绕扁鹊文化及中医药文化开展了高峰论坛、主题讲座、中医药及扁鹊文献展、中医药文化系列展、扁鹊历史文化展等活动。[3]

11月28日,中华老字号潘高寿迎来122周年诞辰,广州白云山潘高寿药业为此举办了一场主题为"传承拓展突破"的盛大庆典,企业上下以及潘高寿创始人后人近900人参加了这一庆典。[4]

此外,也有一些新兴的传统医药文化或展览活动,以"文化节""文化年""博览会"等形式出现,形成惯例。它们或以普及传统医药文化知识,促进群众健康为重点,或以建立平台,刺激和推动传统医药经济的发展为重点,与前述有着一定文化传统的纪念活动相互补充,更大程度上满足了民众需求和市场需求。

其中,偏重推广传统医药文化的一类活动有:

5月12日,以"健康、文化、创新"为主题的第五届北京中医药文化宣传周暨第四届地坛中医药健康文化节在北京地坛公园开幕。北京市中医

---

[1] 《安国举办药王祭礼活动弘扬中国传统中医药文化》,新华网河北频道,http://www.he.xinhuanet.com/zfwq/2012-05/21/content_25267802.htm。
[2] 《首届傅山中医药文化节将于8月5日开幕》,人民网,http://sx.people.com.cn/n/2012/0802/c189146-17311568.html。
[3] 《首届中国(长清)扁鹊中医药文化节开幕》,中国商网,http://www.cb-h.com/sd/news/sdxw/2012/10/1210241118628.html。
[4] 《潘高寿"高寿现象"注解岭南中医药养生文化》,中国网,http://www.he.xinhuanet.com/zfwq/2012-05/21/content_25267802.htm。

药管理局、北京市卫生局、北京市文化局、北京市教育委员会、北京市旅游发展委员会、北京市药品监督管理局等北京市6个委办局在开幕式上联合启动"中医药文化建设年"。本次文化节倡导"品味文化·解读健康·科学养生"三位一体健康科普模式。在5月11日至13日为期三天的活动中，12家"北京中医药文化旅游示范基地"首次向公众展示。地坛公园内举行了四大系列文化科普展览、五大模块中医文化展示、六位一体中医养生保健及十大中医药健康服务等活动。①

11月13日，为发挥中医药特色优势，探索中医膏方在预防保健服务中的作用，山东省举办第二届中医养生膏方节。养生节上，市民在济南市中医院，品尝到了现场熬制的膏方。②

12月1日，2012柳州中医药文化节暨膏方论坛在市中医院开幕。本次中医药文化节暨膏方论坛，以"国医国学进龙城，冬令膏方送健康"为主题，旨在促进该市中医药文化建设。③

偏重经济效应的活动，如4月份在玉林举行的第四届药博会。该届药博会为期四天，以"健康·发展·合作·共赢"为主题，规模宏大，内容丰富，主要分经贸、学术文化两大板块。在经贸板块，举办了包括中医药展暨交易洽谈会等的五项活动，来自国内和港台地区以及东盟等共280多家药企业申请报名参加了展览。学术文化板块分中国中药协会2012年度会长会议、南方药都论坛——道地药材发展县长论坛、2012年全国中药产业信息监测预警（玉林）大会等六项内容。④

而12月在北京举办的"第二届中国中医药文化与产业博览会"则兼顾传统中医药的文化价值和市场价值。它由北京中医药学会主办，为期三天，包括百年品牌老店中医药文化展示、中药保健产品特展览等活动。⑤

---

① 《六部门启动北京"中医药文化建设年"》，天津网，http：//www.tianjinwe.com/rollnews/kj/201205/t20120512_5690404.html。
② 《山东举办中医养生膏方节》，新华网，http：//news.xinhuanet.com/photo/2012-11/13/c_123948296.htm。
③ 《2012柳州中医药文化节暨膏方论坛开幕》，《柳州日报》，转引自http：//www.lznews.gov.cn/show-32-47665-1.html。
④ 《第四届中国（玉林）中医药博览会4月10日至13日举行》，人民网，http：//www.chinadaily.com.cn/hqgj/jryw/2012-04-09/content_5640131.html。
⑤ 《第二届中国中医药文化与产业博览会将在京举办》，《首都医药》，2012年8月，第61页。

3. 博物馆建设

前述大型展演活动，其优势在于能形成较大影响力，而短板在于持续的时间较短。那么，博物馆式的展演很好地弥补了这一不足。

2012年底，由内蒙古国际蒙医医院主办的"内蒙古国际蒙医蒙药博物馆"获内蒙古文物局批复，建馆材料送内蒙古民政厅备案。该博物馆是中国首家以蒙医蒙药文化为主题的博物馆。博物馆于2009年开始筹备，向民间征集了很多珍贵的蒙医蒙药文物。博物馆现收藏蒙医蒙药实物、文献古籍3000余件（套）。"试开放"阶段，已迎来11万人次的参观者。[①]

2012年度，广药集团授权王老吉大健康产业公司也开始筹建全球规模最大、内涵最丰富的凉茶博物馆，并从4月18日起在全球范围内征集馆里相关藏品。其目的是以该博物馆作为凉茶文化向全国甚至全球输出的载体，迎接2013年王老吉品牌185周岁。为筹办好该博物馆，12月，广药集团还举办了中国凉茶（王老吉）博物馆专家论证高峰会，组织政府部门、行业协会、大专院校、博物展览界一众专家、学者、精英，积极出谋划策。[②]

4. 传统医学技能比赛

传统医学技能比赛，不仅能将优秀的医学人才甄选出来，还能够激励从业者奋勇争先，提高其理论和技术水平，更好地继承和发扬传统医学，并在一定程度上有助于规范传统医学技术的操作。2012年较有影响力的相关比赛有两个。

10月19日至26日，陕西省首届"振东杯"针灸推拿大赛举办。此次比赛吸引了来自太原、大同、长治、运城等地的17家医疗单位，共有43个团体、129名个人参赛。经过理论、技能、临证技能等层层选拔，评选出针灸、推拿各6个团体奖和31个个人奖。[③]

---

① 《中国首家"蒙医蒙药博物馆"在呼和浩特成立》，《中国新闻网》，转引自凤凰网，http://news.ifeng.com/mainland/detail_2012_12/03/19783657_0.shtml。
② 《凉茶博物馆全球征集藏品》，《今晚报》，转引自http://www.tianjinwe.com/tianjin/tjyl/201204/t20120420_5546063.html；《王老吉凉茶博物馆高峰论坛在广州举行》，千龙网，转引自http://www.chinadaily.com.cn/micro-reading/dzh/2012-12-20/content_7822790.html。
③ 《首届全省针灸推拿大赛落幕》，太原晚报网，http://tywb.tynews.com.cn/content/2012-12/25/content_1435689.htm。

10月26日，首届全国中医药院校技能大赛——2012针灸推拿临床技能大赛在福建中医药大学举办。此次技能大赛由全国中医药高等教育学会、中国针灸学会主办，福建中医药大学承办。来自全国20多个省区市的28所院校的160多名选手，分为学生组与临床教师组，进行了为期两天的刺法、温针灸、推拿、腧穴定位等项目的角逐。[①]

（四）传承与教育

传承人的培养，是非物质文化遗产保护工作的重中之重。民俗学者冯·赛多曾经提出"积极的传统携带者"与"消极的传统携带者"的概念。[②] 前者是指能较完整地继承某种传统，并在群体中主动传播它们的传承人；后者是指仅掌握某种传统的一部分，大多数情况下只是消极地享用它，却不积极传播它的传承人。在一定情况下，后者可以转化为前者。就传统医药而言，"积极的传统携带者"是指传统医药的从业者，而"消极的传统携带者"则是对它有所了解并享用它的公众。对于保护和传承传统医药类非物质文化遗产，两类传承人都非常重要。培养从业者的教育，可以称为"职业教育"；而推广传统医药知识，使公众更好地了解和接受它的教育，可以称为"普及性教育"。

1. 职业教育

"职业教育"的方式，可以分为传统的师徒式教育、现代学历教育、短期培训班教育等。

过去，传统医药类非物质文化遗产知识和技艺主要是在小作坊内，以师带徒的方式传承。这种教育持续的时间较长，短则三五年，长则数十年。现在很多本领过硬的代表性传承人，即是通过传统的师徒式教育培养出来的。如今，虽然见诸报道者不多，但可以肯定这样的师承教育方式仍大量存在。且在新的形势下，传统的医药作坊传承模式也在发生一定的变化。8月，北京国葆堂院长、王氏脊椎疗法第十三代传人王兴治透露，由北京市中医药管理局领导建立的北京市非物质文化遗产医药类传承基地不久将落户国葆堂。

---

① 《全国针灸推拿临床技能大赛举行》，《福建日报》，转引自 http：//www.chinadaily.com.cn/hqgj/jryw/2012-10-28/content_7358843.html.

② C.W.冯·赛多：《民间故事研究与语义学：几点意见》，阿兰·邓迪斯编《世界民俗学》，陈建宪、彭海斌译，上海文艺出版社，1990，第323～324页。

国葆堂是北京市第一次建立中国传统医药类的传承基地。传承基地的项目是从全国各地挑选出来的有代表性的非物质文化遗产项目,集中到一起进行科研、开发和推广,届时老字号传统药类也会被引进到基地内。[①]

随着时代发展,学历教育和短期培训教育等更适应现代社会的教育模式越来越多地涌现出来。

传统医药的学历教育起步于20世纪50年代。至今,我国已有超过二十所具有颁布本科及以上学历资历的高等院校,见表4。

表4

学校名称	成立时间	学位授予资格
广州中医药大学	1956年	拥有硕士、博士学位授予资格
北京中医药大学	1956年	拥有硕士、博士学位授予资格
上海中医药大学	1956年(原名上海中医学院)	拥有硕士、博士学位授予资格
山东中医药大学	1958年	拥有硕士、博士学位授予资格
成都中医药大学	1956年(原名成都中医学院)	拥有硕士、博士学位授予资格
南京中医药大学	1954年	拥有硕士、博士学位授予资格
安徽中医药大学	1959年(原名安徽中医学院)	拥有硕士、博士学位授予资格
天津中医药大学	1958年	拥有硕士、博士学位授予资格
黑龙江中医药大学	1959年(原名黑龙江中医学院)	拥有硕士、博士学位授予资格
浙江中医药大学	1959年(原名浙江中医学院)	拥有硕士、博士学位授予资格
福建中医药大学	1958年(原名福建中医学院)	拥有硕士、博士学位授予资格
广西中医药大学	1956年(原名广西中医学校)	拥有硕士学位授予资格
湖南中医药大学	1934年(时名湖南国医专科学校,1960年改办为普通高等本科学校"湖南中医学院")	拥有硕士、博士学位授予资格
湖北中医药大学	1954年(原名湖北省中医进修学校)	拥有硕士、博士学位授予资格
辽宁中医药大学	1958年(原名辽宁中医学院)	拥有硕士、博士学位授予资格
长春中医药大学	1958年(原名长春中医学院)	拥有硕士、博士学位授予资格
江西中医学院	1959年	拥有硕士学位授予资格
河南中医学院	1958年	拥有硕士、博士学位授予资格
贵州中医学院	1965年	拥有硕士学位授予资格

---

① 《非物质文化遗产医药类传承基地将落户双桥》,中国网,http://finance.china.com.cn/roll/20120821/964639.shtml。

续表

学校名称	成立时间	学位授予资格
陕西中医学院	1952年（原名西北中医进修学校）	拥有硕士学位授予资格
云南中医学院	1960年	拥有硕士学位授予资格
甘肃中医学院	1978年	拥有硕士学位授予资格

目前，我国独立设置的民族医药院校不多，西藏藏医学院为其中一个。它的前身是西藏藏医学校（中专）和西藏大学藏医系；1989年9月属于西藏大学，藏医学院成为其中一个学院；1993年2月经国家教委批准独立设置为西藏藏医学院。也有一些原本独立的民族医药院校，被并入综合性大学。如原来的内蒙古蒙医学院（前身为1978年在哲里木盟卫生学校基础上建立的哲里木医学院；1980年将筹建中的内蒙古民族医学院与哲里木医学院合并，定名为内蒙古民族医学院；1987年改为内蒙古蒙医学院）于2000年与内蒙古民族师范学院、哲里木畜牧学院合并组建了内蒙古民族大学，原先独立的医学院成为属于内蒙古民族大学的蒙医药学院。

多数情况下，我国的民族医药专业或设置在综合性院校中，或为中医药大学的组成部分。如中央民族大学、贵阳医学院、成都中医药大学等院校中均设有民族医药专业，青海大学设有藏医学院等。这些高等院校为我国的传统中医药和民族医药事业输送了大量人才。

2012年，传统医药的学历教育方面也有一些重要事件。比如8月26日，西藏首届藏医药师承临床医学专业硕士、博士学位授予典礼在拉萨隆重举行，普琼次仁等3名国家名老中医药继承人获博士学位，白央等5名继承人获硕士学位，这是西藏和平解放以来藏医学术经验和技术专长方面取得的最高学位。这在藏医学历教育方面，具有里程碑式的意义。①

短期培训班，可以对师徒式传承、学历教育进行补充，同时也是对专业人才开展继续教育的一种有效手段。6月，中和亚健康服务中心与中国中医科学院研究生院共同推出的首期"中医养生保健机构高端人才培训工

---

① 《西藏有了藏医药师承临床医学专业硕士、博士》，新华网，http://news.xinhuanet.com/local/2012-08-26/c_112851166.htm。

程"开班。该工程以开办系列培训班为主,旨在规范中医养生保健服务市场,加强社会上中医养生保健服务机构的管理,作好预防保健服务体系高端专业人才的中医理论知识普及和中医传统文化的培养。①

2. 普及性教育

当前的"普及性教育",采用了进校园、开讲座、办展览等多种手段。高校和中小学学生,成为普及性教育的重要对象。

5月22日,由天津市文化广播影视局非物质文化遗产处、天津市非物质文化遗产保护中心、天津青年宫、天津中医药大学团委共同主办的"非物质文化遗产进校园"活动在中医药大学启动。本次系列活动包含"进行一场非物质文化遗产展演、开设一堂非物质文化遗产知识讲座、举办一场非物质文化遗产传习展、建立一个非物质文化遗产传习基地、承担一项非物质文化遗产调研课题"五方面内容,吸引了广大学生积极参与。在此期间,中国中医科学院教授、中国医史文献研究所所长柳长华来到中医药大学,为学子带来一场题为《传统中医药的非物质文化遗产保护能给我们带来什么》的讲座。②

9月20日,深圳市首家中医药文化展览馆正式开馆。该展馆占地500余平方米,分为和顺文化、中医中药简史、中医文物及中药标本展示、和顺"四名"、道地药材电子沙盘及和顺本草药圃六大部分。它成为中小学生中医药文化教育基地。③

3. 其他推动或规范传统医药类非物质文化遗产项目传承的措施

代表性传承人在弘扬和传承非物质文化遗产的工作中,发挥着非常重要的作用。所以,当下国家通过设立奖项,对代表性传承人进行培训等方式,促进传统医药类非物质文化遗产更好地传承。

6月6日,来自中国内地和港澳地区的60名在传统技艺方面有所建树的老艺人,获颁"中华非物质文化遗产传承人薪传奖"。"薪传奖"是中国

---

① 《中和亚健康服务中心与中国中医科学院研究生院共同推出"中医养生保健机构高端人才培训工程"暨正式签订战略合作协议》,中和亚健康服务中心网站,http://www.zhsh.org.cn/contents/8/436.html。
② 《"非物质文化遗产中医药大学行"系列活动成功举办》,新华网天津频道,http://www.tj.xinhuanet.com/news/2012-06/15/content_25396383.htm。
③ 《中医药文化展昨日坪山开馆》,《深圳商报》,http://finance.ifeng.com/roll/20120921/7065757.shtml。

非物质文化遗产保护工作机构为表彰中华非物质文化遗产传承作出杰出贡献的各级非物质文化遗产代表性传承人,以推动非物质文化遗产的保护以及中华优秀传统文化的继承和弘扬而设立的专业奖项。它对于逐步建立非物质文化遗产传承保护的社会激励机制,具有积极作用。其中,传统医药类的获奖人员有乌兰(蒙医药:赞巴拉道尔吉温针、火针疗法);尼玛(藏医药:七十味珍珠丸赛太炮制技艺);石仰山(中医正骨疗法:石氏伤科疗法);张伯礼(中医传统制剂方法);金世元(中药炮制技艺);秦玉峰(中医传统制剂方法:东阿阿胶制作技艺)六位。

12月17日,中国非物质文化遗产传统医药类项目传承人培训班在湖南省湘西土家族苗族自治州凤凰县举办,来自全国各地的80余名传统医药类项目传承人参加了培训。在三天培训时间里,来自中国中医科学院、国家中医药管理局、内蒙古鄂尔多斯市蒙医研究所的专家学者们为参训学员讲解了"传统医药类非物质文化遗产保护方法与技术""国内外传统医药的知识产权保护与现状""中医药与民族医药现行政策与法律解读""继承和发扬蒙医蒙药与非物质文化保护"等课程。[①] 这类培训的必要性,在于促进传承人传承其技艺的自觉性、责任感,并使他们掌握保护其所传承技艺的具体方法。

(五)生产性保护

2012年2月,文化部颁布《文化部关于加强非物质文化遗产生产性保护的指导意见》,体现了我国政府对于生产性保护这种手段的肯定和支持。《意见》对于"生产性保护"的定义是"指在具有生产性质的实践过程中,以保持非物质文化遗产的真实性、整体性和传承性为核心,以有效传承非物质文化遗产技艺为前提,借助生产、流通、销售等手段,将非物质文化遗产及其资源转化为文化产品的保护方式"。并指出,"目前,这一保护方式主要是在传统技艺、传统美术和传统医药药物炮制类非物质文化遗产领域实施"。可见,与其他不少类别的非物质文化遗产相比,传统医药更适于采用"生产性保护"的手段。即便与传统技艺、传统美术相比,传统医药也有其优势:它的实用性也更强,更易适应现代社会。长久以来,

---

① 《非物质文化遗产传统医药类项目传承人接受培训》,中国传媒文化网,http://www.ccdy.cn/wenhuabao/bb/201301/t20130114_528697.htm。

传统医药受到西医市场的冲击及"西医至上"的观念打压,难以喘息。近些年来,政策的鼓励,为传统医药的发展松了绑,"生产性保护"大有可为。

国家和不少地方政府采取了一些实质措施来鼓励生产性保护。1月31日,"国家级非物质文化遗产生产性保护示范基地颁牌仪式"在文化部举行。经推荐与严格评审,第一批41家国家级非物质文化遗产生产性保护示范基地于2011年10月31日选出。其中,传统医药类的示范基地有两个,为传承东阿阿胶制作技艺的山东省东阿阿胶股份有限公司和传承藏药七十味珍珠丸配伍技艺的西藏自治区藏药厂。[①] 5月17日,山西省文化厅公示首批"省级非物质文化遗产生产性保护示范基地"名单。其中传统医药类示范基地包括山西广誉远国药有限公司(龟龄集传统制作技艺)和山西黄河中药有限公司(中药传统炮制制作技艺)。[②] 6月9日,山东省文化厅公布了首批13家省级非物质文化遗产生产性保护示范基地,其中传统医药类也有两家,为山东福胶集团东阿镇阿胶有限公司和东阿阿胶股份有限公司。[③]

2012年,各地新兴生产性保护单位、项目和工程如雨后春笋般涌出,传统医药的产业化发展已成为不可阻挡的趋势。

如2012年度开工的重大建设项目有:1月12日,新疆维药工业园二期开建,拟投资1.2亿元,计划两年内竣工。建成后,预计成为全疆规模最大、生产水平达到国内领先的维药工业园。[④] 9月25日,海南省琼中黎族苗族自治县与山西华宇集团在海口签约,合作开发建设中国最大的南药园——琼中世界南药园项目,总投资额达25亿元。[⑤] 9月26日,全国最大的中药材前处理基地——北京同仁堂股份集团药材前处理分厂,在北京生

---

① 《国家级非物质文化遗产生产性保护示范基地今天颁牌》,人民网,http://culture.people.com.cn/GB/87423/16982446.html。
② 《山西16家单位上榜省级"非物质文化遗产"》,黄河新闻网,http://www.jconline.cn/Contents/Channel_7198/2012/0518/822997/content_822997.htm。
③ 《山东省公布首批非物质文化遗产生产性保护示范基地》,中国经济网,http://sd.ce.cn/jsxw/201206/15/t20120615_579828.shtml。
④ 《新疆维药工业园二期今年开建》,《乌鲁木齐晚报》,http://xj.people.com.cn/n/2012/0113/c188514-16675182.html。
⑤ 《中国最大的南药园项目落户琼中总投资约25亿》,新华网海南频道,http://www.hq.xinhuanet.com/hngov/2012-09/27/c_113222756.htm。

物工程与医药产业基地正式启动投产,该项目总投资2.2亿元。① 10月30日,由云南东骏药业集团有限公司投资的西双版纳傣药南药研发生产暨国际交易市场项目,在景洪工业园区开工建设,这标志着西双版纳州傣药南药产业在市场化、规模化、产业化上取得重大进展。②

还有一些项目刚刚签署合同,正待启动。如10月24日,在广东省推进中医药强省建设大会上,广药集团总经理李楚源与清远市长江凌代表双方正式签订战略合作协议,将共建大南药大健康产业基地,共同打造富有竞争力的涉及药材种植、提取、物流、科研等整条战略产业链。③

除上述大型建设或合作项目,一些较小规模的生产性保护单位也正在建设当中。如4月26日,全国首家以中医体质养生为特色的中医药养生技术推广基地落户山东济南。该基地定名为颐圣堂,它由中国中医药科技开发交流中心与北京颐圣康和中医科学研究院合作建成。颐圣堂以弘扬传统文化,传承创新中医养生技术为宗旨,以实物展示、文字图解、技术体验等多种形式全面展示中医传统文化精髓,能够提供专业的中医养生保健服务。④

包装传统医药类文化产品,发展旅游业,也是实现传统医药类非物质文化遗产项目生产性保护的重要手段。5月18日,在"世界针灸学鼻祖""中国古代十大名医"皇甫谧的故里——甘肃省平凉市灵台县独店镇,以"传承中国古代针灸医学文化、弘扬现代中医养生医术"为主题的文化产业园正式开园。该文化园的建立,是为了进一步研究传承和弘扬皇甫谧针灸医学文化,全力打造皇甫谧文化品牌,推进皇甫谧针灸养生。⑤

9月29日,北京市旅游发展委员会联合市中医药管理局、怀柔区区人民政府在怀柔区雁栖湖联合举办了首届北京中医药文化旅游节暨第三届中

---

① 《北京同仁堂建成全国最大中药材前处理基地》,新华网,http://www.bj.xinhuanet.com/jzzg/2012-09/26/c_113219561.htm。
② 《西双版纳傣药南药研发生产项目开工建设》,云南网,http://xsbn.yunnan.cn/html/2012-10/31/content_2466429.htm。
③ 《广东将搜集中医民间偏方》,《南方日报》,http://news.163.com/12/1025/09/8ELDB0840001124J.html。
④ 《济南:全国首家中医药养生技术推广基地落户山东》,齐鲁网,http://news.iqilu.com/shandong/yuanchuang/2012/0427/1204270.shtml。
⑤ 《皇甫谧文化园建成开园》,新华网甘肃频道,http://www.gs.xinhuanet.com/news/2012-05/18/content_25257029.htm。

医药膏方节开幕式。开幕式上孙维佳副主任为中国中医科学院中国医史博物馆、北京同仁堂中医医院等第二批"北京中医药文化旅游示范基地"颁牌;怀柔区发布了"首批中医养生旅游商品及中医养生旅游路线",这也是北京市第一批中医养生旅游商品和养生旅游路线。[①]

二 研究情况

(一)科研立项与奖励

1月12日,国家973计划"经穴效应循经特异性规律及关键影响因素基础研究"项目在成都启动。成都中医药大学为该项目第一承担单位,研究经费2800万元,汇聚中国中医科学院、广州中医药大学等单位的高水平研究人员,开展多单位联合攻关。"973计划"全称为"国家重点基础研究发展计划",为1997年中国政府开始开展的面向国家重大需求的重点基础研究。之前,2006年由梁繁荣教授担任首席科学家的973计划"基于临床的经穴特异性基础研究"项目,是我国第一个针灸领域的973计划项目。[②]

6月20日,"十二五"国家科技支撑计划——针灸疗效国际多中心临床评价研究启动。该项目共有20余家科研单位参加,将对针灸治疗功能性便秘、围绝经期综合征、女性压力性尿失禁的有效性、安全性和关键影响因素,进行多中心临床随机对照试验,并对针灸临床疗效评价共性技术与数据管理方法进行研究。[③]

2012年初,国家中医药管理局中国中医药科技开发交流中心公布了最新一批获选的中医养生保健科技成果。该评选和奖励旨在增强国家中医药继承与创新能力,引领保健品行业健康规范化发展,为百姓养生保健、提高全民身心素质作贡献。成果显示,依托名贵中药杜仲研制而成的生命方

---

① 《首届北京中医药文化旅游节暨第三届中医药膏方节开幕》,北京市旅游发展委员会,http://www.bjta.gov.cn/xwzx/xwyl/354112.htm。
② 《针灸再次入选国家973计划课题项目在蓉启动》,四川新闻网,http://news.hexun.com/2012-01-12/137207685.html。
③ 《针灸疗效国际多中心临床评价研究展开》,《健康报》,http://www.my.gov.cn/bmwz/943534908259696640/20120621/645933.html。

程系列养生保健成果备受青睐，继杜仲黄金组合、杜仲雄花茶列为科技成果之后，杜仲桑叶黄金组合与虫草杜仲黄金组合再度双双获选。与以往几届评选结果不同的是，本次评选中首次出现了减肥类科研成果——舞来细。[①]

3月25日，2011年度华夏医疗保健国际交流促进科技奖颁奖大会在北京人民大会堂举行。66项医卫成果获得奖励。山西振东制药股份有限公司的"岩舒牌复方苦参注射液研究与应用"、贵州省"苗药艾纳香、米槁多靶点功能组合物研究与'金喉健'的临床应用"等15个项目获一等奖。[②]

（二）调研与普查

2月8日，由世界中医药学会联合会、北京城乡联合消费市场调查中心共同举办的中医药国际交流合作调查活动在京启动。调查旨在团结海内外热心中医药文化的团体和人士，开发应用中医药成果，有效保护和传承中医药文化遗产，让中华传统医药的价值在全世界得到广泛传播。调查历时半年，内容包括国际中医药发展现状调研、中医药国际交流合作现状调研。计划对中医药国际学术、人才、产品等交流过程中涌现出的代表性机构、项目、人员等开展调查，以整合中医药文化、产业及其外延体系为目的，数据化地反映中医药行业国际交流合作现状，宣传中医药知识理念，树立消费者对中医药认知的正确理念，推进国际中医药事业的健康持续发展。[③]

12月5日，西藏自治区全国中（藏）药资源普查工作启动电视电话会在拉萨召开。会上，自治区卫生厅与中（藏）药资源普查项目单位签署协议。本次会议在全区七地（市）设分会场。自治区卫生厅、藏医院等相关部门负责人及专家、普查队员参加会议。此次普查的目标是弄清资源现状与动态，以便采取有效措施，有效保护、开发中（藏）药资源，实现资源

[①] 《最新国家中医养生保健科技成果公布》，凤凰中医，http://zhongyi.ifeng.com/news/yyqy/20122/141999.shtml。

[②] 《我省苗药"金喉健"研究获华夏医学科技奖一等奖》，金黔在线，http://news.ifeng.com/gundong/detail_2012_03/29/13523930_0.shtml。

[③] 《世界中联启动中医药国际交流合作调查》，《中国中医药报》，http://www.chinadaily.com.cn/micro-reading/dzh/2012-02-09/content_5121021.html。

的永续利用。①

(三) 新成立的组织机构

高校是开展传统医药科研工作的重要平台。2012年,在传统医药方面,高校的建设动态主要有:5月25日,广西中医药大学在南宁市举行揭牌庆典。它成为目前我国5个少数民族自治区中唯一一所独立建制的中医药大学。② 9月份,由国家民委、教育部共建的蒙医药重点实验室成立授牌仪式在内蒙古民族大学举行。③

政府与企业联合,或高校与企业联合,也是建立新的传统医药组织机构的重要方式。3月31日,由广东省第六批援藏工作队、西藏波密县人民政府、广药集团联合主办的"西藏林芝广药发展有限公司暨广药集团特色藏药联合研究开发中心揭牌成立仪式"在西藏林芝宾馆举行。广药集团将在最新搭建的产业与科研援藏平台上,全方位与有关各方开展涉及有关藏药的资源利用、科技研发等众多领域的合作,切实带动西藏特色资源以及藏医药产业发展的步伐,对于广药集团实施"大南药"战略的产业布局也具有重要意义。④

9月13日,宁夏"回医药协同创新中心"授牌仪式在宁夏医科大学举行。"回医药协同创新中心"是由宁夏医科大学牵头,联合第二军医大学、中国中医科学院、中国医药集团、丽珠药业集团等11家单位,搭建了"政产学研用"紧密结合、国内一流的回医药研发平台。⑤

社会团体,一直是开展传统医药保护、传承和研究的重要力量。2012年,中国民族医药学会的力量快速发展壮大,多个分会纷纷成立,现列表5。

---

① 《自治区全国中(藏)药资源普查工作启动电视电话会在拉萨召开》,新华网,http://tibet.news.cn/gdbb/2012-12/06/c_132022860.htm。
② 《我国少数民族自治区有了独立建制的中医药大学》,新华社,http://www.gov.cn/jrzg/2012-05/25/content_2145513.htm。
③ 《国家级蒙医药重点实验室在内蒙古民族大学成立》,中国网,http://news.hexun.com/2012-09-14/145870111.html。
④ 《广药集团藏药研究开发中心成立》,《华西都市报》(电子版)2012年4月4日(http://www.wccdaily.com.cn/epaper/hxdsb/html/2012-04-04/content_436339.htm)。
⑤ 《"回医药协同创新中心"正式授牌》,宁夏新闻网,http://www.nxtv.com.cn/article/nxnews/20120914277892.html。

表 5

分会名称	成立时间
中国民族医药学会教育研究分会	2012 年 4 月
中国民族医药学会土家医药分会	2012 年 7 月
中国民族医药学会维吾尔医药分会	2012 年 8 月
中国民族医药学会苗医药分会	2012 年 8 月
中国民族医药学会蒙医药分会	2012 年 9 月
中国民族医药学会畲医药分会成立大会	2012 年 10 月
中国民族医药学会朝医药分会	2012 年 11 月
中国民族医药学会芳香医药分会	2012 年 12 月
中国民族医药学会侗族医药分会	2012 年 12 月

而在陕西西安，12月8日，一个由省中医药界老教授、专家、高级知识分子自愿组成的群众性社会团体组织——陕西省中医药专家委员会成立。它隶属陕西省老年学学会。[①] 可以预见，随着大众觉悟的提高，将会有越来越多的社会力量参与到传统医药的保护工作中来。

（四）书籍与其他出版物

关于中医药养生的科普类读物，图书市场上比比皆是，然而质量良莠不齐。2012年6月，新闻出版总署、国家中医药管理局联合开展首届全国优秀中医药文化科普图书推荐活动，正式公布入选名单。两部门共推荐包括北京出版社的《中药养生堂》《黄帝内经养生堂》，人民军医出版社的《首席专家话健康》，中国中医药出版社的《国学养生丛书》《解密中国人的九种体质》等15种优秀中医药文化科普图书。[②] 对于此类优秀图书的肯定，有利于引导中医药文化科普图书市场向良性方向发展。

就笔者目及，2012年，较有分量的传统医药类书籍或出版物有如表6。

---

① 《陕西省中医药专家委员会成立传承和弘扬传统中医药文化》，中国社会科学在线，http://www.csstoday.net/Item.aspx?id=37288。
② 《全国优秀中医药文化科普图书揭晓》，中国新闻出版网，http://www.chinaxwcb.com/2012-06/26/content_245521.htm。

表6

名　　称	编著者	出版单位
中国科协学科发展研究系列报告——2011~2012中医药学学科发展报告	中国科学技术协会主编，中国医药学会编著	中国科学技术出版社
中国中医药年鉴（学术卷）	《中国中医药年鉴·学术卷》编辑委员会	上海辞书出版社
藏医药大典	青海省藏医药研究院组织编纂	民族出版社
青海省藏药炮制规范（2010年版）（藏文版）	青海省食品药品监督管理局组织编译	青海民族出版社
中华针灸宝库·贺普仁临床点评本（明清卷）	贺普仁	北京科学技术出版社
生命的长调：蒙医	色·哈斯巴根、张淑兰	广西师范大学出版社
傣医药研究	杨增明	云南科技出版社
中国传统健身养生图说	李经纬	中国中医药出版社

此外，9月，由青海、西藏、甘肃、四川、云南五省区藏医药专家，共同参与的《中华医学百科全书》藏医学卷编纂工作正式启动。12月，由广西壮族自治区卫生厅与新华社广西分社主办、以传统中医药民族医药为主要题材的32集高清纪录片《中医药民族医药探秘》，在广西南宁开拍。①

（五）研讨会情况

2012年，围绕传统医药，国内召开多次学术会议。其组织方既有相关政府部门、高校、专业学术团体，也有医院、社会团体等。围绕传统中医药，会议主题覆盖到针灸、图书信息、中药房建设与管理、慢性病防控、中药及天然药物资源、中药病理学等多个方面。而在民族医药方面，有围绕苗医、藏医、维医、蒙医、畲族医药、壮瑶医药等为主题而开展的学术会议。

---

① 《〈中医药民族医药探秘〉纪录片在广西开机拍摄》，新华网，http://www.gx.xinhuanet.com/newscenter/2012-12/15/c_114039262.htm。

表7

会议名称	主办方	时间	地点
第二届中国现代中药产业发展论坛	中国生产力学会、中国中药协会	2月	武汉
阮士怡教授学术思想研讨会	天津中医药大学、天津中医药大学第一附属医院	3月	天津
2012中医药针灸国际交流会	首都医科大学附属北京中医医院	5月	北京
全国中医药图书信息学术会议	中华中医药学会	5月	广州
国家中医药发展论坛（"珠江论坛"）第六届学术研讨会	科学技术部、国家中医药管理局、广东省人民政府	6月	广州
2012年全国藏医药学术交流与技术培训交流会	中国民族医药学会甘肃省中医药管理局	7月	甘南藏族自治州
中华中医药学会药房管理分会学术年会暨第四届全国中药房建设与管理交流大会	中华中医药学会	7月	广州
第十五次中医药文化学术会议	中华中医药学会	7月	呼和浩特
全国苗医药学术研讨会	中国民族医药学会、贵阳中医学院、省民族事务委员会、省中医药管理局	8月	贵阳
2012全国腧穴应用与研究暨针灸教育研讨会	中国针灸学会腧穴分会、中国针灸学会针灸教育专业委员会	8月	咸阳
2012年青沪·中藏药及天然药物学术研讨会	青海省药学会、上海市药学会	8月	西宁
中医药慢性病防控暨中医、中西医结合防治慢性心、肺、肾疾病学术会议	中华中医药学会	8月	郑州
2012海峡两岸暨CSNR全国第十届中药及天然药物资源学术研讨会	中国自然资源学会天然药物资源专业委员会、中国药材GAP研究促进会（香港）、甘肃省人民政府	8月	兰州
第四届国家973平衡针灸临床骨干高层论坛	中国老年学会平衡针灸学委员会	9月	延吉
首届中国西部穴位埋线学术交流大会暨第二届甘肃省针灸学会穴位埋线学术年会	甘肃省针灸学会穴位注射埋线专业委员会、中国埋线医学网、兰州中医药大学	9月	兰州
第二届中西医与维医等民族医学国际学术大会暨第十二次全国中西医结合防治呼吸系统疾病学术研讨会	新疆医科大学、复旦大学附属华山医院、中国中西医结合学会呼吸病专业委员会	9月	乌鲁木齐

续表

会议名称	主办方	时间	地点
内蒙古自治区蒙医优势病种疗法暨地产蒙药、品牌蒙成药学术研讨会	内蒙古蒙医药学会内科专业委员会、蒙药专业委员会	10月	呼和浩特
中国畲族医药学术研讨会暨中国民族医药学会畲医药分会成立大会	中国民族医药学会、浙江省中医药管理局、市人民政府	10月	丽水
首届全国民间中医药开发工程大会	中国民间中医药研究开发协会	10月	北京
2012年首届中医药职业发展广州论坛	湖南中医药大学广东校友会	11月	广州
2012上海中医药国际论坛	上海市中医药学会和上海中医药大学	11月	上海
2012年全国中药药理学会联合会学术交流大会	世界中医药联合会中药药理专业委员会、中华中医药学会中药实验药理分会、中国药理学会中药药理专业委员会	11月	南京
河南省针灸学会第四届二次会议暨针灸学术交流大会	河南省针灸学会	12月	郑州
广西壮医医院建院十周年总结会暨壮瑶医药学术研讨会	广西壮医医院	12月	南宁

上述会议，多为探讨专业知识和技术的业内研讨会，然而传统医药的继承和发展，需要多学科、多研究角度的共同参与，比如从文化角度入手探讨传统医药哲学思想与内涵、从法律角度探讨其知识产权、从经济角度探讨其发展、从理化角度探讨其标准化问题，及从非物质文化遗产角度来探讨其传承与保护等。我们期待，将来对于传统医药的学术研讨会能呈现更为宽阔的视野，融合更多学科，以更为丰富的面貌出现。

（六）论文情况

2013年3月6日，笔者以"传统中医药"为主题在中国知网期刊库进行搜索，可得论文180篇；以"民族医药"为关键词进行搜索，可得论文387篇。其中，绝大多数论文就医学领域的专业问题及传统医药如何解决这些问题展开探讨，其余论文则与传统医药的保护和发展话题相关，笔者将后者分为以下几类议题进行简要介绍。

(1) 传统医药保护与开发模式探索。如邹大光、潘卫三在《传统中药产业发展影响因素研究和理论分析》一文中，对传统中药产业发展影响因素研究现状进行了分析，提出资源、文化、制度和知识四个主要影响因素。发现随着传统中医药的国际影响力不断提高，传统中药产业得到了长足的发展。但是，国内外对传统中药产业发展规律的研究严重不足，而且在理论和方法的选择上存在一定的片面性、零散性。结论是应结合新的产业组织理论和药品管制理论，建立新的传统中药产业发展研究理论框架。[①] 李丽的《试析青海藏医药产业开发模式及其问题》一文，概括了青海藏医药的三类开发运营模式：企业产权重组的集团化发展模式、实验基地+连锁门诊模式、"公司+农户"综合发展的开发模式，并指出发展面临的主要问题，包括：药材资源与藏药产业化发展的矛盾突出；企业经营理念落后，知名品牌稀少；科研投入不足，产品研发受阻；藏药产业总量未形成规模优势等。[②]

(2) 人才培养机制与学校教育体制探讨。如邓鑫在《新形势下广西医学硕士研究生教育探讨》中，提出加强国际交流，丰富教学形式；多途径引导医学研究生科研创新等建议。[③] 而洪宗国的《药学院专业方向与课程设置思考》一文，则对中南民族大学药学院专业设置、定位、学生培养方案等进行了更为细致的思考。[④]

(3) 知识产权保护与品牌专利问题。如潘全英等以贵州省黎平县风湿草药"泻酸灵"品牌创始人个案为例，探讨了苗医药持有人的知识产权困境与期望的问题。欧沛修医师经历了"久病成医→治愈周边民众确认疗效及增强信心→着力转变非法为合法行医→扩大知名度→市场推广"的历程，如今却在为"泻酸灵"申请专利过程中因遇到难以承受的经济成本、时间耗费、技术难题攻克、验方公开的风险等问题而放弃。由此，作者提出加强对苗医药持有人的知识产权能力建设等对策性建议。[⑤] 另如吐火加

[①] 邹大光、潘卫三：《传统中药产业发展影响因素研究和理论分析》，《中国药事》2012年第26卷第3期。

[②] 李丽：《试析青海藏医药产业开发模式及其问题》，《中央民族大学学报》（哲学社会科学版）2012年第1期。

[③] 邓鑫：《新形势下广西医学硕士研究生教育探讨》，《广西中医学院学报》2012年第15卷第1期。

[④] 洪宗国：《药学院专业方向与课程设置思考》，《教育教学论坛》2012年第26期。

[⑤] 潘全英、郑伟：《苗医药持有人的知识产权困境与期望调查报告——以贵州省黎平县风湿草药"泻酸灵"品牌创始人个案为例》，《贵州师范学院学院报》2012年第2期。

《论哈萨克族传统医药的知识产权保护》等文。①

（4）传统医药传承与发展现状调查研究。如孙志蓉等通过座谈、访问、现场调查等方法，调查挖掘四川平武白马藏区的药物资源和防治疾病的方法，发现当地的风湿病、胃病等常见病与当地气候、饮食、生活习惯等有关，白马人用药具有就地取材、单味简用的特色，擅长使用"冷水药"和"鼻吸药粉"等。但受汉文化的影响，白马藏族的文化正在逐渐消失。② 另如梁正海《土家族传统医药知识及其现代利用》③ 等文。

（5）传统医药发掘整理现状及对策。在这方面，有《民族医药文献发掘整理现状及对策研究》④《云南少数民族医药发掘整理研究概述》⑤《广西苗医药发掘整理研究概况》⑥ 等文。

（6）传统医药参与新型农村合作医疗途径探讨。如朱文轶等在《中医药参与新型农村合作医疗制度的政策分析》一文中，分析了现行中医药参与新农合的政策，指出虽然中医药在基层卫生服务中有特殊优势，各地方政府的倾斜、优惠政策为其提供了有利依托。但当前尚且存在中医院医疗模式逐步向西医院靠拢；诊断与治疗的双重标准，中医诊断与西医诊断并重；抗生素的使用甚至超过中药的使用量；农村地区中医药服务网络不健全，合理提供中医药服务的能力低下等问题。同类文章还有莫永进等撰写的《中医药纳入新型农村合作医疗的路径探讨》等。⑦

此外，2012年也有《中药知识产权保护》⑧《中医药参与新农合的途径与模式研究》⑨《传统中药产业发展影响因素分析》⑩ 等博硕士论文问世。

总的来说，相关论文研究成果从不同学科、不同角度入手，较好地把握住了传统医药传承、保护与发展所面临的形势和问题，也提出了一些对

---

① 吐火加：《论哈萨克族传统医药的知识产权保护》，《中国卫生法制》2012年3月第20卷第2期。
② 孙志蓉等：《四川平武白马藏族医药的初步调查》，《中国中药杂志》，2012年第23期。
③ 梁正海：《土家族传统医药知识及其现代利用》，《湖北民族学院学报》（哲学社会科学版）2012年第2期。
④ 诸国本：《民族医药文献发掘整理现状及对策研究》，《中国民族医药杂志》2012年第1期。
⑤ 杨玉琪等：《云南少数民族医药发掘整理研究概述》，《中国民族医药杂志》2012年第3期。
⑥ 王柏灿等：《广西苗医药发掘整理研究概况》，《中国民族医药杂志》2012年5月第5期。
⑦ 莫永进：《中医药纳入新型农村合作医疗的路径探讨》，《医学与社会》，2012年12月。
⑧ 张建芳：《中药知识产权保护》，山东大学硕士学位论文，2012。
⑨ 王绚璇：《中医药参与新农合的途径与模式研究》，湖北中医药大学硕士学位论文，2012。
⑩ 邹大光：《传统中药产业发展影响因素分析》，沈阳药科大学博士学位论文，2012。

策性建议，但是解决如何促进传统医药与社会新形势相适应这样全面而重大的问题，很难一蹴而就。这需要更多的实践和摸索，还需要学术界进一步的观察和思考。

三 国际化发展趋势

前文主要论述传统医药在国内的发展情况，实际上，作为一种实用型的知识和技术体系，我国的传统医药，特别是中医药，已受到国际社会的广泛关注和重视，近年来它的国际化发展态势也令人瞩目。本部分着重介绍2012年传统医药的国际化发展态势和对外交流状况。

在2012年4月26日国新办举办的新闻发布会上，卫生部副部长、国家中医药管理局局长王国强指出："中医药对外交流与合作已形成了全方位、多层次、宽领域的发展格局。"主要表现为：当前，我国的传统中医药已经传播到世界160多个国家和地区。60多个国家和地区的200多个团体会员加入了总部设在中国的世界针灸学会联合会（1987年成立）和世界中医药学会联合会（2003年成立）。我国与外国政府及有关国际组织已签订了含有中医药合作内容的双边政府间协议96个，专门的中医药合作协议49个。2009年，世界卫生组织第62届世界卫生大会通过了由中国政府提议的《传统医学决议》，鼓励和敦促发展传统医学。同年，国际标准化组织中医药技术委员会已经成立，秘书处落户中国。2010年，中国申报项目"中医针灸"被列入"人类非物质文化遗产代表作名录"。2011年，联合国教科文组织世界记忆工程国际咨询委员会（IAC）批准中国申报的中医古籍文献《黄帝内经》《本草纲目》列入《世界记忆名录》等。[①]

2012年，传统中医药在国际层面的发展，也取得了一些重要突破。

在中医的国际标准化方面，自2008年起，世界卫生组织开始组织编写国际疾病分类的第11个版本（ICD-11），版本决定将传统医学纳入其中。此次纳入ICD标准的传统医学，是指起源于中医药的传统医学，以中国、日本和韩国3个国家为主。至2012年，版本初步完成，进入网络上线测试阶段。

---

① 《王国强：中医药已传播到160多个国家》，人民网，http://finance.eastmoney.com/news/1355，20120426202895060.html。

中国在这项工作中发挥了重要作用，经全国中医药专家的共同努力，有 140 个中医常见疾病和 253 个常见证型提交了世界卫生组织。新版国际疾病分类的实施，将推动传统医学国际标准化的统计口径，促进传统医学的发展和研究。①

在立法方面，一些发达国家早已意识到中医药在医疗保健方面的作用，试图通过立法承认其法律地位并规范管理。过去，美国一些州已为中医针灸立法、保障中医针灸合法使用。然而，澳大利亚卫生执业者管理局率先在官网宣布，从 2012 年 7 月 1 日开始，只有进行了正式注册的中医、中药师，才能够在澳大利亚合法行医。这使得澳大利亚成为第一个以立法方式承认中医合法地位的西方国家。②

2012 年，中国与东盟国家在传统中医药方面互动非常频繁。首先，中医文化教育纳入了中国与东盟共同体建设项目。9 月 23 日，中国—东盟教育培训中心落户成都中医药大学，成为我国对东盟教育培训的 10 大基地之一。该培训中心的目标是以中医药为特色、重点，传播中医药知识，培养东盟各国急需的中医药人才，扩大中医药文化在各国的影响力。③ 其实，早在几年前，成都中医药大学已经开始了对于个别东盟国家的传统中医药方面的培训。如 2012 年 6 月，由成都中医药大学与泰国卫生部合作举办的中医针灸基础培训班结业典礼在成都举行，这已是双方合作举办的第五届培训班。④ 当月，第二届"中医药东盟行"活动开展，由成都中医药大学副校长梁繁荣率领的访问团到达泰国、越南、老挝三国，进行了为期 12 天的访问。与当地中医药管理部门、重点中医院、中医药学院等开展交流洽谈，并举办近 20 场学术讲座。⑤ 而广西也正在积极实施面向东盟的合作项目，该省"十二五"规划纲要提出，到 2020 年，广西要成为全国中医药

---

① 《传统医学首次纳入国际疾病分类》，《健康报》，http://www.iiyi.com/i/news/2012/0319/26408.html。
② 《澳洲中医纳入法治管理轨道在西方国家首次被承认合法》，北青网，http://bjyouth.ynet.com/3.1/1207/20/7303069.html。
③ 《中医文化纳入东盟共同体建设项目》，《北京商报》，http://news.hexun.com/2012 - 10 - 10/146576495.html。
④ 《泰国中医针灸基础培训班四川成都圆满结业》，中国新闻网，http://news.ifeng.com/gundong/detail_ 2012_ 06/21/15479665_ 0.shtml。
⑤ 《第二届中医药东盟行圆满结束》，和讯网，http://tech.hexun.com/2012 - 07 - 12/143470296.html。

民族医药面向东盟对外合作交流的新高地。①

2012年，我国的知名传统医药企业，迈出了向海外市场进军的重要一步。9月8日，北京同仁堂国药有限公司和马来西亚海鸥企业有限公司签署合作意向书，双方将共同投资开办北京同仁堂马来西亚中医养生保健中心。该养生保健中心将开设中医坐堂、针灸、推拿按摩、中药配方调剂、中国御膳等养生医疗服务项目。这是同仁堂历史上第一次开办海外中医养生保健中心。公司高层希望将来可以将在马来西亚的成功经验推广到其他国家。②

此外，在世界中医药学会联合会等机构的组织下，2012年，一些围绕传统中医药的重要国际性学术会议得以开展，见表8。

表8

名　　称	举办方	时　间	地　点
"首届中非中医药国际合作与发展论坛"③	世界中医药学会联合会、南非西开普敦大学、南非中医针灸学会	3月	开普敦
2012国际中医药学术交流大会④	美国加州执照针灸医师公会	3月	旧金山
马来西亚2012国际针灸与中医药学术研讨会⑤	世界针灸学会联合会	4～5月	马来西亚
世界中医药学会联合会中医手法专业委员会成立大会暨首届中医手法与人类健康发展论坛⑥	世界中医药学会联合会	6月	吉　林

---

① 《广西与东盟传统医药合作：当传统医药遇上"自贸区"》，广西新闻网，http://news.gxnews.com.cn/staticpages/20120306/newgx4f5541c4-4783219.shtml。
② 《同仁堂将在马来西亚开办中医养生保健中心》，新华网，http://news.xinhuanet.com/overseas/2012-09/08/c_123689988.htm。
③ 《中医药在非洲的机遇与挑战》，百拇医药，http://www.100md.com/html/201205/0721 2605.htm。
④ 《2012国际中医药学术交流大会》，会议频道，http://meeting.bimtdoctor.com/meeting! 4759.html。
⑤ 《世界针联搭建特色中医针灸平台》，《科技日报》2012年5月24日，http://www.stdaily.com/big5/kjrb/content/2012-05/24/content_472396.htm。
⑥ 《中医药联合会中医手法委员会昨成立王儒林出席》，吉和网，http://news.365jilin.com/guonei/20120623/255429.html。

续表

名称	举办方	时间	地点
第二届中欧中医药论坛①	世界中医药学会联合会、德国慕尼黑工业大学医学院附属医院补充医学和自然疗法研究中心	7月	慕尼黑
第三届腹针国际学术研讨会暨腹针40年研究与展望大会	中国针灸学会腹针专业委员会	8月	北京
第九届世界中医药大会②	世界中医药学会联合会	11月	马来西亚
"系统和网络生物学与中医药学"学术大会③	中华中医药学会、澳大利亚阿德莱德大学	11月	澳大利亚
首届世界中联美洲中医药国际合作与发展论坛④	世界中医药学会联合会	9月	墨西哥
"第十届东盟中医药学术大会暨第三届亚洲针灸高层论坛"⑤	新加坡中医师公会、中国针灸学会、台湾中华针灸医学会	12月	新加坡

由表8看出，国际会议举办的范围和地点遍及亚、欧、非、北美、南美五大洲，说明我国的传统中医药已经成为世界关注和合作的重要内容。

此外，2012年6月4日至8日，在法国巴黎的联合国教科文组织总部召开的《保护非物质文化遗产公约》缔约国大会第四届会议上，政府间委员会提请本届大会进行认证复核的非政府组织共有59个。⑥ 其中，属于我国的两个非政府组织获得了向保护非物质文化遗产政府间委员会提供咨询意见的资格，为总部设在北京的世界中医药学会联合会和中国民俗学会。⑦

---

① 《中欧中医药论坛聚焦代谢综合征防治》，《中国中医药报》，http://www.chinadaily.com.cn/zy/ws/174/201208/67261.html。
② 《中医药促进人与自然和谐发展》，《北京商报》，http://money.163.com/12/1114/01/8G82TBE000253B0H.html。
③ 《振东中澳分子中医药学研究中心在澳揭牌》，《山西日报》，http://sx.people.com.cn/n/2012/1119/c189146-17736653.html。
④ 《首届世界中联美洲中医药国际合作与发展论坛举行》，国际在线，http://gb.cri.cn/27824/2012/09/24/2225s3862535.htm。
⑤ 《"第十届东盟中医药学术大会"下月新加坡举行》，《中国日报》，http://www.chinadaily.com.cn/hqpl/zggc/2012-11-12/content_7484579.html。
⑥ 根据联合国《保护非物质文化遗产公约》的要求，政府间委员会向缔约国大会提出认证在非物质文化遗产领域确有专长的非政府组织具有向委员会提供咨询意见地位的建议。
⑦ 《中国民俗学会与国际非物质文化遗产合作》，中国文明网，http://www.wenming.cn/wmzh_pd/fw/whyc/zxdt/201207/t20120707_747206.shtml。

四　问题与展望

可以说，2012年是传统医药事业蓬勃发展的一年。中央、地方政府纷纷为其提供政策性支持；各地宣传、展演、比赛活动如火如荼；中医药和民族医药产业吸引了大批资金，得到了市场青睐，产业化发展态势良好。社会各界越来越认识到传统医药的医用、经济、文化等多层面的价值，学术界也通过会议、调查、论文等形式，讨论和反思当前存在的问题，推进传统医药事业向健康有序的方向发展。此外，我国的传统中医药得到越来越多国家的认可，在国际上的影响力日益加强。然而，在高兴之余，我们仍需要冷静反思制约传统医药保护和发展的瓶颈。在2011年的《传统医药保护发展报告》中，作者柳长华、陈玉芳已经指出传统医药类非物质文化遗产面对的一些问题，包括"传统医药的知识立法缺失""传统医药的学术、传承环境不容乐观""传统医药的保护政策机制失效""传统医药的保护语境陷入两个极端""传统民间医药面临生存困境"等，并提出对策性建议。[①] 下文也将结合2012年的形势，着重谈以下几点问题。

（一）中医现代化的问题

在西医进入之前，中医曾在中国占据大一统的地位。而当西医进入之后，中医节节败退，并遭遇了自身定位的困惑。特别是20世纪初，中医被视为"封建"文化的组成部分，受到了很多文化进步人士的怀疑和诘责。直至今天，关于中医"不可信""是伪科学"的议论之声不绝于耳。不可否认，与中医相比，西医有着直达病灶、见效快等优势。青霉素的发明和使用，更是在世界医疗史上占据举足轻重的地位。然而，西医并非包治百病，中医也有其特殊优势。比如中医符合生物—心理—社会医学模式；中医药属自然疗法，资源丰富；中医提出"治未病"；中医在整体思维的引导下的诊疗行为和用药方式；价格低廉；拥有广泛的群众基础等。[②] 所以，

[①] 柳长华、陈玉芳：《传统医药发展报告》，康保成主编《中国非物质文化遗产保护发展报告（2012）》，社会科学文献出版社，2012。

[②] 郭通道等：《中医药在新型农村合作医疗中的价廉优势评价研究》，《中国卫生经济》2007年第26期。

近一百年来,中医都处于被排挤,却始终没有退出医药领地的边缘地位。

新中国成立以来,我国的中医药政策经历了四个发展阶段,即:"中医科学化"阶段、"西医学习中医"阶段、"中西医结合"阶段和"中西医并重"阶段。[①] 近二三十年来,"中医现代化"的说法逐渐被中国话语体系所采纳,政府出台的相关文件有1996年1月国家科技部向国家新药协调领导小组提出的《中药现代化科技产业行动计划》、2002年八部委联合发布的《中药现代化发展纲要》等。"中药现代化"是指将传统中药的特色和精髓融入现代科学技术、现代学术思想、现代科学文化中,按照国际认可的标准规范GLP、GCP及GMP等对中药进行研究、开发、生产、管理,并适应当今社会发展需求。简而言之,就是传承创新,融汇科学,迈向现代。[②] 尽管与"西化"相比,"现代化"是一个更加中性和价值中立的概念,[③] 但无论如何,自从与西医相遇,中医便再不能摆脱西医的影子,不被承认其独立的价值。倘若中医不能为现代西方科学体系所解释,那么它便不足为信,这是时下许多人对于中医的看法。

中医"现代化"面对的第一个难题,是"标准化"的问题。作为一种经验哲学基础上建立起来的医疗体系,中医对于一些诊疗方法和医药的解释,与西方医学对于标准化和精确化的要求格格不入。国家药监局药品质量公告显示,中药饮片不合格率一直高于西药和中成药。药品稽查查出的案件中,48%涉及中药饮片。其不合格原因,除去掺杂作假等恶性因素,标准本身也存在问题。长期以来,我国中药饮片执行的《中国药典》《全国中药饮片炮制规范》《各省市中药饮片炮制规范》三级标准并不完全统一,缺乏约束力和权威性。相同药材有多种炮制方法,在生产、经营、使用、检验上没有明确规定,操作性不强。[④] 中医评价标准的模糊,也造成了难以评价从业医师和从业机构水平的情况。这也是中医无法得到社会一致认可的最主要原因之一。

---

① 占宏霞:《中医进社区卫生服务可行性分析及现实意义的探讨》,《社区医学杂志》2007年第15期。
② 笪舫芳等:《中药现代化之路:向左走,向右转》,《中医中药》2012年6月第9卷第16期。
③ 杨宏雨:《现代化与西化关系辩证》,《复旦学报》(社会科学版)2006年第6期。
④ 《中药质量堪忧国家标准仅3%药材明确炮制标准》,中国新闻网,http://www.chinahightech.com/html/739/2012/0213/100105.html。

当下中医"现代化"走入的误区，是放弃了中医本位。有专家指出，目前，中药大多主要采用西药研究的模型，这也是中药研究利用的一个盲点。中药现代化的研究，变成了在传统中药资源中寻找有效成分或通过化学手段来改造结构获取新的化学药物，如此，制成的是西药而非中药，甚至连中药原有的精髓也丢掉了。[①] 可以说，西方"标准化"的外套并不适合传统中医药。诚然，不合格的医师和药物，可能给患者的身体健康带来损害。但也有不少药物，未得到正规许可，却有实际疗效；一些富有经验的中医医师，却难以考取合法营业执照。

笔者并不主张，我们要退回到没有评价体系的阶段，或者民族主义情绪高涨，认为中医的一切都是好的。中医规范化的道路是必需的，但是，"西医中心主义"的观点已经过时，因中医不够"科学化"而将其一棍子打死的做法是过激的。我们需要停止从"他者的眼光"来看自己，而要充分尊重中医药的独立地位，在继承的基础上，研究其规律，建立适合于中医药的评价体系。在西医长久占据霸权话语、中国人深受理性和科学思维影响的今天，我们也特别需要一些中医理论研究方面的专业人才，建起古代中医阐释体系与现代人思维方式之间的桥梁，使得中医更易为人了解和信任。

当下，国家政策提倡"中西医并重"，主张通过医改，更好地发挥传统中医药和民族医药在医疗卫生体制中的作用，这意味着中医药和民族医药地位的提升，对于二者也是绝好的发展契机。那么，从外在条件看，如何将一系列措施更好地落实；从内在条件看，中医药和民族医药如何能够从理论和实践上实现"自强"，真正扭转人们的"偏见"，是影响传统医药未来发展的关键。

（二）知识产权问题

2012年，知识产权界的最热门话题，是"中国商标第一案"——凉茶品牌王老吉与加多宝的商标争夺战。至7月16日，终审判决公布，加多宝败北，广药集团胜诉，收回鸿道集团红色罐装王老吉商标权。[②]

[①] 笪舫芳等：《中药现代化之路：向左走，向右转》，《中医中药》2012年6月第9卷第16期。
[②] 《王老吉商标案终结加多宝无奈转攻包装装潢权争夺》，《证券日报》，http://news.hexun.com/2012-07-17/143639206.html. 事件始末可参见：《王老吉"红 vs 绿"之争》专题，新浪财经，http://finance.sina.com.cn/focus/2010wlj/。

早在 2006 年，由广东省文化厅、香港特别行政区政府民政事务局、澳门特别行政区政府文化局共同申报的粤港澳 21 家凉茶生产企业拥有的 18 个品牌 54 个秘方及术语，已被认定为首批国家级非物质文化遗产。其时，广州王老吉药业股份有限公司、广东加多宝饮料食品有限公司均名列 21 家凉茶生产企业。① 王老吉与加多宝作为资金雄厚的企业，围绕商标使用的争议问题，尚且要经历耗时耗力的诉讼程序。这提醒我们传统医药的知识产权问题值得重视，而对一些面对知识产权问题，无法为自己的权益而抗争的弱势群体和对象更应予以关注和关怀。

其实，当前传统中医药自身也处于"失语者"的地位。近年来，大批的"洋中药"频频抢占中国市场，日本、韩国、德国等国家的药品企业利用中药方和从中国进口的中药材生产"洋中药"并销往中国市场，对中国的中药产业构成了冲击。据统计，国内大约 90% 以上的中药都没有申请专利。专家分析，这主要是因为很多中药缺乏足够的临床试验数据，很难证明其疗效，申请专利的难度较大，并且很多中药都是作为秘方存在，虽然疗效显著，但机理是什么却说不清楚。②

现行知识产权保护法律制度的不合体，还体现在其他方面。比如，"传统医药理论知识由于不具备工业实用性，不能作为专利保护的对象；传统医药知识的大量文献记载和国际广泛传播使得大量的传统医药知识已经处于对公众的公开状态，从专利法角度讲这些知识已经进入公有领域。而专利权的另一特征是具备新颖性，传统医药知识的公开状态使得其失去了寻求专利保护的可能性"③。传统医药知识由于其自身具有的"发明者或创造者不明确""保护期限不确定"的特性，使其很难简单套用现有知识产权保护制度得到保护。④

正是由于上述原因，中国的中药配方大量流失。知识产权保护问题已经成为困扰中国传统医药企业的重要难题。而与传统中医药相比，少数民族传统医药的知识产权状况更是不容乐观。如同前文提到的贵州省黎平县

---

① 《凉茶入选非物质文化遗产》，食品商务网，http://www.21food.cn/html/zhuanti/liangcha/。
② 林华：《洋中药搅动中国市场》，《华人时刊》2012 年 8 月。
③ 郑永锋：《传统医药的知识产权保护》，《世界科学技术——中医药现代化》2005 年第 2 期。
④ 田晟：《传统医药的知识产权保护》，华中科技大学博士学位论文，2008。

风湿草药"泻酸灵"品牌创始人欧沛修所经历的知识产权困境的事例,在少数民族医药界,应不在少数。

这要求我们,要在充分了解和利用现行知识产权保护相关法律的基础上,有所突破,制定更适合我国传统医药实际情况的知识产权的法律条款。

(三)传统医药资源匮乏的问题

2012年2月,从事活熊取胆的福建药企"归真堂"谋求在国内创业板上市,引起社会强烈反响。福建归真堂药业作为国内规模较大的熊胆粉生产企业,其养殖熊的胆汁提取方式方法遭到了以动物保护组织为首的一大批社会人士的广泛质疑。有报道称,"归真堂事件或将传统中医药逼上绝路"。[1]

归真堂事件,揭示的是传统医药资源攫取过程中遭遇的伦理和价值冲突问题。"取熊胆汁制药"的价值取向是"治病救人",而动物保护组织的价值取向是"保护动物",对于两者之间的冲突,卫生部部长陈竺持这样的观点:"人类对于自然资源的利用要遵循可持续原则,也要注意保护生物的多样性。我们有伦理原则,人与自然要和谐相处,动物,包括实验动物都应有严格保护。在二者利益有冲突的时候,两害相权取其轻,两利相权取其重。"[2]

其实,"将传统中医药逼上绝路"的,并非归真堂事件,而是作为传统医药药材主要来源的动植物资源日益匮乏的问题。最近一次全国中药材资源调查统计显示,我国有1.28万种中药材资源,其中有1.114万种植物,占中药材资源87%;1580多种动物,占中药材资源12%。[3] 目前我国的野生中药材资源不容乐观。调查表明,甘草、羌活、单叶蔓荆、黄皮树、肉苁蓉、银柴胡、紫草等100多种植物药材资源量普遍下降;八角莲、见血封喉、野生人参、黑节草、重楼等30多种药材已处于濒危灭绝边缘。

---

[1] 赵一帆:《"归真堂事件"或将传统中医药逼上绝路》,《首都医药》2012年第5期(上)。

[2] 2012年3月4日,卫生部部长陈竺在全国"两会"上接受专访时的回答。转引自赵一帆《"归真堂事件"或将传统中医药逼上绝路》,《首都医药》2012年第5期(上)。

[3] 《中药材大量采挖隐患:严重破坏生态环境》,《中国环境报》,http://hj.ce.cn/news/2012-03-02/7775_3.html。

有业内专家调查,长白山作为野山参的唯一产区,产量已经很稀少;三七的产区云南文山,近30年来野生三七竟然一株难求;野生当归甚至在我国境内已经宣告绝迹,采药大军和药商已经将目光瞄准了俄罗斯等邻国;羚羊角、穿山甲等一些动物药更是基本完全依赖进口。近几年中药材市场价格的疯涨,人们耳熟能详的"药你命",也间接地反映出了原料药资源匮乏的现状。[1]

在前文中,我们看到传统医药产业发展如火如荼,药材市场生意红火。那么,上文算是给我们敲响了一记警钟。有报道指出,"中医中药诞生于地广人稀、生态环境优良的传统农业社会,而现在迅速崛起的中药产业,正在以工业化社会的胃口消耗着已经被规模化农业和城市化蚕食无几的自然资源。近乎于'竭泽而渔'的药用植物采挖方式已经对生物多样性及生态环境造成了严重破坏"。"以甘草为例,我国1年要消耗4万吨以上,其中85%来自野生。虽然人工种植甘草技术已经成熟,但需5年成长期和成本投入,而收购价格与野生甘草一样,显然不如去挖野生甘草来钱快。像甘草这种非常大众化的药用植物由于过度采挖,数量骤减,蕴藏量由20世纪50年代的200多万吨减至目前不足35万吨,出现了濒危的可能"[2]。

正如陈竺部长所说,在推进传统医药事业发展的过程中,我们必须要遵循"可持续发展"的原则。生物多样性与传统医药的发展,是相辅相成的关系。所以,在发展传统医药的同时,我们必须采取措施,对相关动植物资源进行保护和合理的开发利用。比如,应该发展对于珍稀濒危药用植物的人工繁殖和培育,加强对于野生药用植物的采集利用监管,还应该采用法律手段来规范濒危动植物的经营利用和保护管理。

人与动物、人与自然之间的关系,是我们在发展传统医药过程中,始终需要认真思考和妥善解决的问题。

(四) 传统医药类非物质文化遗产保护工作的定位与关怀

前文用词,一般是"传统医药事业",而没有特别指称"传统医药类

---

[1] 赵一帆:《"归真堂事件"或将传统中医药逼上绝路》,《首都医药》2012年第5期(上)。
[2] 《中药材大量采挖隐患:严重破坏生态环境》,《中国环境报》,http://hj.ce.cn/news/2012-03-02/7775_3.html。

非物质文化遗产"。与后者相比，前者的范围更大。笔者没有将二者严格区分，是因为只要传统医药事业发展得好，那么传统医药类非物质文化遗产的保护工作便有了良好的大环境。但是，我们需要明确的是，传统医药事业的发展工作和传统医药类非物质文化遗产的保护工作的定位，还是有所区别：前一项工作的主要实施者是医学界和政府，关注传统医药的医用价值、经济价值等，而后一项工作的实施者包括文化界、学术界、非物质文化遗产保护相关机构等，关注传统医药的文化价值。那么，在传统医药事业发展如火如荼的今天，非物质文化遗产保护工作的从业者需要保持格外的冷静，应从文化价值的角度出发去考虑，还有哪些工作需要我们去做。

在《民族医药文献发掘整理现状及对策研究》一文中，诸国本对民族医药文献的发掘整理进行了梳理，将其分为三类：第一类，藏、蒙、维、傣、朝、彝、回、满、哈、纳西等民族医药的文献整理全面开展，动手较早，质量较高。目前，其经典著作和重要著作基本上整理完毕。部分重要著作和一般著作尚待继续整理。第二类，传统医药全凭口传心授而又资源丰富或比较丰富的壮、苗、瑶、土家、侗、羌、畲等14种民族医药，经过近30年的发掘整理，他们记录、整理、编写、出版了本民族医药的概论、医学史、药物学和医技方药，使口碑医药从无形成为有形，从口传成为文传，从零散成为系统，从草根走向殿堂。第三类，我国有22个少数民族人口在10万人以下，它们被称为人口较少少数民族。这22个民族，其传统医药的家底如何，基本上还不清楚。广西环江毛南族自治县对毛南医药作了调查，编写出版了《毛南族医药》（谭恩广主编，2007年）。据了解，正在发掘整理的有布朗、德昂、怒、阿昌、鄂温克、京等6个民族，还有撒拉、普米、塔吉克等15个少数民族的传统医药资料尚待调查。[1]

挖掘、抢救和记录，应是各类非物质文化遗产保护工作的第一步。只有在抢救和记录的基础上，我们才谈得上非物质文化遗产的活态传承。由上，我们看到传统医药类非物质文化遗产保护工作的工作资源分布也很不均衡。人口较少少数民族的传统医药，基本被忽略于人们的视线之外。每一种民族医药，都是一个文化的基因库。在快速全球化的今天，倘若不对

---

[1] 诸国本：《民族医药文献发掘整理现状及对策研究》，《中国民族医药杂志》2012年1月第1期。

它们进行及时的搜集整理,我们终会为这些文化宝藏的渐次失去而扼腕叹息。此外,在搜集整理的基础上,我们应当尽量创造条件,使传统医药能够吸引到和培养出更多年轻一代的传承人,这是非物质文化遗产保护工作更高一层的目标。

上文提到中医现代化、知识产权、传统医药资源的匮乏与保护的必要性、传统医药类非物质文化遗产保护工作的定位与关怀四个问题。其实,传统医药的发展事业是一个整体,各个问题也密切相关。比如,做好了民族医药的文献发掘整理工作,我们则更清楚拥有和应该保护哪些医疗知识和医药资源。摸清了家底,知识产权保护工作也更容易开展。而真正尊重中医和各民族医药作为医疗体系的独立性和作为生命哲学观的独特性,能够从根本上端正我们开展各项工作的态度,也只有这样,我国的传统医药才能谋求长远的发展。

民俗类非物质文化遗产保护发展报告

撰稿：梁　爽　审稿：刘晓春[*]

近年来，随着国家对民俗类非物质文化遗产保护力度逐年加大，民众回归、参与传统民俗活动的积极性不断提高。在这种大好形势下，2012年民俗类非物质文化遗产保护工作稳步推进，较2011年有了新的进展。同时，也出现了一些新的问题。

本报告将从保护情况、研究情况、问题与趋势三个方面，总结2012年民俗类非物质文化遗产保护工作的成绩，分析问题，展望未来发展趋势。

一　保护情况

2012年民俗类非物质文化遗产保护工作，主要根据民俗的特点以及2012年国家和地方非物质文化遗产保护工作的总体部署，在非物质文化遗产代表作及项目代表性传承人的申报、民俗风情展示展演、民俗影视制作等方面都有体现。

（一）各级各类非物质文化遗产名录入选情况

1. 国家级非物质文化遗产项目代表性传承人名录入选情况

2012年12月20日，文化部公布了第四批国家级非物质文化遗产项目代表性传承人名录，共498人入选，其中民俗类项目代表性传承人31人，

---

[*] 梁爽，女，1984年生，中山大学中文系民俗学专业2012级博士研究生；刘晓春，男，1966年生，中山大学中文系教授、博士生导师（民俗学），中国非物质文化遗产研究中心副主任。

占 6.22%。具体情况见表 1：

表 1 第四批国家级民俗类非物质文化遗产项目代表性传承人名录

序号	姓　名	性别	民族	出生年月	项目名称	申报地区或单位
1	陈其才	男	汉族	1942.12	七夕节（石塘七夕习俗）	浙江省温岭市
2	陈德辉	男	汉族	1946.12	中秋节（大坑舞火龙）	香港特别行政区
3	普顺发	男	彝族	1937.11	火把节（彝族火把节）	云南省楚雄彝族自治州
4	赵有福	男	瑶族	1946.8	瑶族盘王节	广西壮族自治区贺州市
5	谭三岗	男	毛南族	1959.10	毛南族肥套	广西壮族自治区环江毛南族自治县
6	王卫东	男	蒙古族	1952.8	成吉思汗祭典	内蒙古自治区鄂尔多斯市
7	林金榜	男	汉族	1949.3	妈祖祭典	福建省莆田市
8	当曾本	男	藏族	1970.4	热贡六月会	青海省同仁县
9	夏吾才让	男	藏族	1978.2	热贡六月会	青海省同仁县
10	梁炳光	男	苗族	1941.4	苗族系列坡会群	广西壮族自治区融水苗族自治县
11	艾力·依布拉音	男	维吾尔族	1928.4	新疆维吾尔族麦西热甫（维吾尔族却日库木麦西热甫）	阿克苏市
12	李俊芳	男	汉族	1929.3	民间社火（洋县悬台社火）	陕西省洋县
13	董思明	男	土族	1963.9	土族婚礼	青海省互助土族自治县
14	韩占祥	男	撒拉族	1942.7	撒拉族婚礼	青海省循化撒拉族自治县
15	陶美元	女	苗族	1965.4	苗族服饰	云南省保山市
16	何静华	女	汉族	1934.10	女书习俗	湖南省江永县
17	白有厚	男	汉族	1946.6	元宵节（柳林盘子会）	山西省柳林县
18	陈永清	男	汉族	1958.2	元宵节	甘肃省永昌县
19	胡文相	男	汉族	1931.6	庙会（张山寨七七会）	浙江省缙云县
20	关章训	男	汉族	1941.1	庙会（当阳关陵庙会）	湖北省当阳市

续表

序号	姓　名	性别	民族	出生年月	项目名称	申报地区或单位
21	陈范兴	男	汉族	1952.8	抬阁	湖南省汨罗市
22	谭浩彬	男	汉族	1945.12	抬阁	广东省中山市
23	公孙馨	男	汉族	1949.1	抬阁	云南省通海县
24	李富先	男	汉族	1963.3	抬阁	青海省湟中县
25	艾克木山·马达力汗	男	塔吉克族	1969.9	塔吉克族婚俗	新疆维吾尔自治区山马达力汗什库尔干塔吉克自治县
26	斯庆巴拉木	女	蒙古族	1941.1	蒙古族服饰	内蒙古自治区
27	米的可	女	蒙古族	1945.9	蒙古族服饰	新疆维吾尔自治区博湖县
28	旦增多杰	男	藏族	1946.11	藏族服饰	青海省玉树藏族自治州
29	柯璀玲	女	裕固族	1962.1	裕固族服饰	甘肃省肃南裕固族自治县
30	汪素秋	女	汉族	1979.10	珠算	安徽省黄山市
31	安福成	男	裕固族	1943.12	婚俗（裕固族传统婚俗）	甘肃省张掖市

在此次公布的第四批国家级非物质文化遗产项目代表性传承人名录中，民俗类项目代表性传承人入选情况出现了一些新变化：其一，此次民俗类项目代表性传承人所占名录总人数的比例在历次中最高，为6.22%（第一批比例为0%，第二批为0.91%，第三批为3.52%）；其二，此批民俗类项目代表性传承人中女性传承人所占比例增高，为19.3%（其中男性25人，女性6人），而前三批均无女性；其三，出现了以香港特别行政区为申报地区/单位的传承人1人，这也是以往三批没有出现的情况；其四，民俗类项目代表性传承人所涉及的项目包括传统节日、传统仪式、文化空间及生产、生活习俗等类型，且代表性传承人数量比较均衡。

截至目前，国家公布了四批国家级非物质文化遗产项目代表性传承人名录，共有1986人入选，其中民俗类项目代表性传承人共有61人，占总人数的3%。

2. 省（自治区、直辖市）级非物质文化遗产代表作名录入选情况

2012年，河北、广东、海南、湖南、浙江、广西、新疆等省、自治区、直辖市陆续公布了省（自治区、直辖市）级非物质文化遗产代表作名录，共公布646项，其中民俗类项目共132项，占20.80%。

1月6日，河北省人民政府公布了第四批省级非物质文化遗产名录，共公布了108项，其中民俗类项目23项，包括2项第一批省级名录扩展项目和1项第三批省级名录扩展项目，占总项目数的20.72%。具体情况见表2：

表2 河北省第四批省级非物质文化遗产名录中的民俗类项目

序号	项目名称	保护单位	备注
1	五道古火会	石家庄赵县	
2	九曲黄河灯	石家庄赞皇县	第三批省级名录扩展项目
3	南冶脸子会	石家庄平山县	
4	联庄会	石家庄井陉矿区	
5	通天河花会	石家庄鹿泉市	
6	云盘山人祖祭典	石家庄井陉县	
7	台头邓彤祭典	石家庄井陉县	
8	南王庄转黄河	石家庄井陉县	
9	虎皮庄天下太平灯	石家庄井陉县	
10	土山诚会	邯郸武安市	
11	抬五龙	邯郸成安县	
12	崔府君出巡仪式及传说	邯郸磁县	
13	火神会	邢台柏乡县	
14	冰神祭祀	邢台平乡县	
15	三皇祭典	邢台沙河市	
16	火神信仰习俗	廊坊霸州市	
17	河灯习俗	俗廊坊霸州市	第一批省级名录扩展项目
18	河灯习俗	承德宽城满族自治县	第一批省级名录扩展项目
19	马桥	张家口张北县	
20	和顺圣会	承德滦平县	
21	黄旗武会	承德丰宁满族自治县	
22	抡花	承德滦平县	
23	逛楼	秦皇岛抚宁县	

2月21日,广东省人民政府公布了第四批省级非物质文化遗产代表作名录和扩展名录,其中代表作名录项目共52项,民俗类项目8项,占15.38%;扩展名录项目共35项,其中民俗类项目6项,占17.14%。

表3 广东省第四批省级非物质文化遗产代表作名录中的民俗类项目

序号	项目名称	保护单位
1	元宵节（舞火篮）	云浮市新兴县
2	七月三十装路香	珠海市斗门区
3	关公磨刀节	湛江市麻章区
4	横沥牛墟	东莞市横沥镇
5	雷州风筝节	湛江雷州市
6	年例（茂名年例）	茂名市
7	兴宁罗家通书推算法	梅州兴宁市
8	婚俗（过山瑶婚礼）	清远市连山壮族瑶族自治县

表4 广东省省级非物质文化遗产代表作扩展名录中的民俗类项目

序号	项目名称	申报地区或单位
1	飘色（连滩飘色）	云浮市郁南县
2	庙会（坡头罗侯王庙会、潮州青龙庙会、禾谷醮）	湛江市坡头区,潮州市湘桥区,云浮罗定市
3	民间信仰（博美妈祖信仰、冼夫人信仰）	汕尾陆丰市,茂名市
4	中秋节（中秋对歌会）	珠海市高新区
5	七夕节（七夕贡案）	东莞市道滘镇
6	端午节（盐步老龙礼俗）	佛山市南海区

5月2日,海南省人民政府公布了第四批省级非物质文化遗产代表作名录,共6项,其中民俗类项目2项,占50%;扩展名录3项,其中民俗类项目1项,占33%。具体情况见表5。

表5a 海南省第四批省级非物质文化遗产代表作名录中的民俗类项目

序号	项目名称	保护单位
1	天后祀奉	海口市妈祖文化交流协会
2	海南春节习俗（鲤鱼灯闹春，乐城岛闹元宵）	琼海市文化馆

表5b 海南省省级非物质文化遗产代表作扩展名录中的民俗类项目

序号	项目名称	保护单位
1	军坡节	海口市群众艺术馆、海口市龙华区文化馆、定安县文化馆、澄迈县文化馆、屯昌县文化馆

5月30日，广西壮族自治区人民政府公布了第四批自治区级非物质文化遗产代表作名录，共98项，其中民俗类项目20项，占20.41%。具体情况见表6。

表6 广西壮族自治区第四批自治区级非物质文化遗产代表作名录中的民俗类项目

序号	项目名称	申报地区或单位
1	宾阳三娘乖习俗	宾阳县
2	横县云表壮族歌圩	横县
3	上林壮族万寿节	上林县
4	军山庙会	南宁市青秀区
5	柳江客家上花灯	柳江县
6	大连城武圣庙会	凭祥市
7	灵川姑娘节	灵川县
8	龙胜瑶族长发习俗	龙胜各族自治县
9	灵山丰塘炮期习俗	灵山县
10	德保壮族歌圩	德保县
11	凌云泗城壮族夜婚习俗	凌云县
12	隆林仡佬族拜树节	隆林各族自治县
13	西林壮族欧贵婚俗	西林县
14	平果壮族歌圩	平果县
15	那坡彝族祈雨节	那坡县
16	壮族抛绣球习俗	靖西县

续表

序号	项目名称	申报地区或单位
17	靖西扮台阁	靖西县
18	象州甘王庙会	来宾市
19	仫佬族走坡节	罗城仫佬族自治县
20	仫佬族婚俗	罗城仫佬族自治县

6月8日，新疆维吾尔自治区人民政府公布了第三批自治区级非物质文化遗产代表作名录，共52项，其中民俗类项目8项，占15.38%。具体情况见表7。

表7 新闻维吾尔自治区第三批自治区级非物质文化遗产代表作目录中的民俗类项目

序号	项目名称	申报地区或单位
1	维吾尔族居宛托依仪式	策勒县
2	维吾尔族服饰	麦盖提县
3	哈萨克族巴塔	富蕴县
4	回族婚俗	乌鲁木齐市达坂城区
5	回族服饰	焉耆县
6	乌孜别克族婚俗	伊宁市
7	柯尔克孜族服饰	乌恰县
8	打花	巴里坤哈萨克自治县

6月25日，浙江省人民政府公布了第四批省级非物质文化遗产代表作名录，共168项，其中民俗类项目48项，占28.57%。具体情况见表8。

表8 浙江省第四批省级非物质文化遗产代表作名录中的民俗类项目

序号	项目名称	申报地区或单位
1	三月三（新叶三月三、泽国三月三、畲族三月三）	建德市、温岭市、泰顺县
2	龙门九月初一庙会	富阳市
3	"活金死刘"习俗	富阳市
4	十六回切家宴	桐庐县
5	传统婚礼（水乡婚礼、奉化婚礼）	杭州市余杭区、奉化市

续表

序号	项目名称	申报地区或单位
6	过半年	临安市
7	太阳东平王庙会	临安市
8	灵峰寺葛仙翁信俗	宁波市北仑区
9	象山七月半	象山县
10	鄞江它山贤德庙会	宁波市鄞州区
11	西岙行大龙	宁海县
12	迎头鬃	洞头县
13	刘伯温春秋二祭	苍南县
14	金乡清明祭	苍南县
15	太平龙迎新春	苍南县
16	苍南宗谱编修习俗	苍南县
17	舞阳侯会	德清县
18	做社	平湖市
19	潮神祭祀	海宁市
20	嘉善淡水捕捞习俗	嘉善县
21	护国随粮王信俗会	嘉善县
22	七月七香桥会	嘉兴市秀洲区
23	乌镇香市	桐乡市
24	曹娥庙会	上虞市
25	绍兴艺兰	绍兴市
26	浦桥潮神节	嵊州市
27	永康迎花烛	永康市
28	婺州南宗祭孔典礼	磐安县
29	高姥山七夕节	磐安县
30	女儿节	衢州市柯城区
31	清明祭祖灯会	龙游县
32	大溪边祈水节	开化县
33	保苗节	开化县
34	祭海	舟山市普陀区
35	温岭洞房经	温岭市
36	撒梁皇	仙居县

续表

序号	项目名称	申报地区或单位
37	三门讨小海习俗	三门县
38	云和讨火种习俗	云和县
39	端午走桥习俗	庆元县
40	太平庙会	丽水市莲都区
41	迎关公案	缙云县
42	迎花树	金华市金东区
43	十里红妆	诸暨市
44	抬阁（李村抬阁、遂昌抬阁）	建德市、遂昌县
45	陈十四信俗	泰顺县
46	菇民习俗	庆元县
47	畲族服饰（畲族刺绣）	苍南县
48	妈祖信俗	苍南县

8月7日，湖南省人民政府公布了第三批省级非物质文化遗产代表作名录与扩展名录，其中代表作名录共50项，民俗类项目11项，占22.00%；扩展名录16项，民俗类项目1项，占6.25%（表9）。

表9 湖南省第三批省级非物质文化遗产代表作名录中民俗类项目

序号	项目名称	申报地区或单位
1	花瑶婚俗	邵阳市隆回县非物质文化遗产保护中心
2	苗族接龙	湘西自治州吉首市非物质文化遗产保护中心
3	洗泥节	永州市江永县文化馆
4	土家糊仓习俗	张家界市永定区文化馆
5	六月六尝新节	邵阳市武冈市非物质文化遗产保护中心
6	望星楼通书习俗	邵阳市隆回县非物质文化遗产保护中心
7	八部大王祭	湘西自治州保靖县非物质文化遗产保护中心
8	长沙陶公庙会	长沙市长沙县文化馆
9	云阳山南岳宫庙会	株洲市茶陵县文化馆
10	南岳朝圣	衡阳市南岳区非物质文化遗产传习所
11	永兴县汉"三侯"祠重阳庙会	郴州市永兴县文化馆

表 10 湖南省省级非物质文化遗产代表作扩展名录中的民俗类项目

序号	项目名称	申报地区或单位
1	盘王节(宜章莽山瑶族盘王节)(奏铛)	郴州市宜章县非物质文化遗产保护中心 永州市江华县非物质文化遗产保护中心

宁夏于 2012 年 6 月公布了第三批省级名录，因数据不详，在此不赘述。2012 年，在已公布的省（区）级非物质文化遗产项目名录中，民俗类项目所占比例整体都有了很大提高，其中比例最高的省份是浙江省，民俗类项目所占比例为 28.57%。就目前已公布的项目看，传统节日、仪礼、民间信仰等内容均有所涉及。

3. 省（自治区、直辖市）级非物质文化遗产项目代表性传承人名录

2012 年，上海、陕西、四川、河北、湖北、广东、重庆、河南、贵州、内蒙古等省（自治区、直辖市）相继公布了第三批省（自治区、直辖市）级非物质文化遗产项目代表性传承人名录，共公布了 1163 人，其中民俗类项目代表性传承人 77 人，占 6.62%。

6 月 4 日，上海市人民政府公布了第三批市级非物质文化遗产项目代表性传承人名录，共 113 人，其中民俗类项目代表性传承人 2 人，占 1.77%。具体情况见表 11。

表 11 上海市第三批市级民俗类非物质文化遗产项目代表性传承人名录

序号	姓名	性别	年龄	项目名称	申报地区或单位
1	郑志学	男	80	端午节（熏中药、挂香袋习俗）	华东医院
2	朱惠宝	女	61	阿婆茶	青浦区金泽镇

6 月 7 日，陕西省人民政府公布了第三批省级非物质文化遗产项目代表性传承人名录，共 71 人，其中民俗类项目代表性传承人 8 人，占 11.27%。具体情况见表 12。

表 12 陕西省第三批省级民俗类非物质文化遗产项目代表性传承人名录

序号	姓名	性别	出生年月	项目名称	申报地区或单位
1	郑忠胜	男	1945.2	陈炉窑神庙春秋祭祀礼仪	陈炉镇人民政府
2	张家明	男	1955.1	宁陕城隍庙庙会	宁陕县城隍庙会管委会

续表

序号	姓 名	性别	出生年月	项目名称	申报地区或单位
3	王印才	男	1941.6	西安大白杨社火芯子	未央区文化馆
4	张绒竹	女	1941.9	大荔乞巧节	大荔县文化馆
5	耿如亮	男	1951.1	绥德定仙墕娘娘庙花会	绥德县文化馆
6	释园慧	女	1942.10	无量山莲云寺庙会	黄龙县文化馆
7	刘世宝	男	1937.12	延川小程村原生态民俗文化	延川县文化馆
8	李建中	男	1966.1	洋县悬台社火	洋县文化馆

6月7日，河北省人民政府公布了第三批省级非物质文化遗产项目代表性传承人名录，共83人，其中民俗类项目代表性传承人8人，占9.64%。具体情况见表13。

表13　河北省第三批省级民俗类非物质文化遗产项目代表性传承人名录

序号	姓 名	性别	民族	年龄	项目名称	申报地区或单位
1	杨凤申	男	汉族	74	赵县五道古火会	石家庄赵县
2	王增军	男	汉族	64	赞皇腊八船	石家庄赞皇县
3	许堤	男	汉族	61	井陉台头邳肜祭典	石家庄井陉县
4	刘秀宅	女	汉族	65	井陉云盘山人祖祭典	石家庄井陉县
5	王明亮	男	汉族	65	平山南冶脸子会	石家庄平山县
6	尹金良	男	满族	43	和顺圣会	承德滦平县
7	牛俊启	男	汉族	46	胜芳灯会	廊坊霸州市
8	梁志福	男	汉族	41	抢花	承德滦平县

6月8日，四川省人民政府公布了第五批省级非物质文化遗产项目代表性传承人名录，共108人，其中民俗类项目代表性传承人6人，占5.56%。具体情况见表14。

表14　四川省第五批省级民俗类非物质文化遗产项目代表性传承人名录

序号	姓 名	性别	民族	项目名称	申报地区或单位
1	熊献青	男	仡佬族	仡佬族送年节	攀枝花市盐边县文化馆
2	杨发高	男	苗族	苗族绷鼓仪式	攀枝花市盐边县文化馆
3	杨昌荣	男	汉族	抬阁（晏场高台）	雅安市雨城区文化馆

续表

序号	姓　名	性别	民族	项目名称	申报地区或单位
4	杨德胜	男	藏族	还山鸡节（尔苏藏族还山鸡节）	凉山州甘洛县文化馆
5	王付花	女	藏族	藏族服饰（尔苏藏族服饰）	凉山州甘洛县文化馆
6	韩金莲	女	苗族	苗族服饰	凉山州木里县文化馆

9月14日，湖北省人民政府公布了第三批省级非物质文化遗产项目代表性传承人名录，共153人，其中民俗类项目代表性传承人5人，占3.27%。具体情况见表15。

表15　湖北省第三批省级民俗类非物质文化遗产项目代表性传承人名录

序号	姓　名	性别	出生年月	项目名称	申报地区或单位
1	向富昌	男	1951.5	端午节（屈原故里端午习俗）	秭归县
2	李从龙	男	1933.8	端午节（汉江龙船会）	郧县
3	龚传茂	男	1963.2	端午节（汉江龙船会）	郧县
4	刘桂生	男	1947.10	端午节（泽林旱龙舟）	鄂州市
5	安富云	女	1937.2	七夕习俗	郧西县

11月27日，重庆市人民政府公布了第三批市级非物质文化遗产项目代表性传承人及增补名录，共116人，其中民俗类项目代表性传承人3人，占2.59%。具体情况见表16。

表16　重庆市第三批市级民俗类非物质文化遗产项目代表性传承人名录

序号	姓　名	性别	年龄	项目名称	申报地区或单位
1	刘锡前	男	78	旱码头龙舟歌会	江津区
2	彭家胜	男	53	盐运民俗	石柱县
3	杨正斌	男	62	秀山花灯	秀山县

12月3日，广东省人民政府公布了第三批省级非物质文化遗产项目代表性传承人名录，共147人，其中民俗类项目代表性传承人14人，占9.52%。具体情况见表17。

表17 广东省第三批省级民俗类非物质文化遗产项目代表性传承人名录

序号	姓名	性别	年龄	项目名称	申报地区或单位
1	黎汉明	男	66	飘色（沙湾飘色）	广州市
2	黄炎兴	男	65	装泥鱼习俗	珠海市
3	郭幸福	男	68	汉族传统婚俗（斗门水上婚嫁习俗）	珠海市
4	唐贻程	男	85	中秋节（中秋对歌会）	珠海市
5	叶汉钟	男	49	茶艺（潮州功夫茶艺）	潮州市
6	陈二熙	男	57	茶艺（揭阳功夫茶艺）	揭阳市
7	陈汉昭	男	62	贵屿街路棚	汕头市
8	罗岳	男	79	兴宁罗家通书推算法	梅州市
9	卢升拔	男	64	关公磨刀节	湛江市
10	卢公平	男	68	关公磨刀节	湛江市
11	谢元卿	男	44	雷祖崇拜	湛江市
12	吴羽江	男	48	雷州风筝节	湛江市
13	张元河	男	56	庙会（坡头罗侯王庙庙会）	湛江市
14	陈仁明	男	55	饶平彩青习俗	潮州市

12月27日，河南省人民政府公布了第三批省级非物质文化遗产项目代表性传承人名录，共189人，其中民俗类项目代表性传承人6人，占3.17%。具体情况见表18。

表18 河南省第三批省级民俗类非物质文化遗产项目代表性传承人名录

序号	姓名	性别	民族	出生年月	项目名称	申报地区或单位
1	孙书林	男	汉族	1937.4	浚县民间社火	浚县
2	关邦群	男	汉族	1940.10	地坑院民俗	陕县
3	李文德	男	汉族	1943.1	老子生日祭典	鹿邑县
4	朱清山	男	汉族	1931.5	禹州药会	禹州市
5	张文祥	男	汉族	1954.7	九流渡添仓会	浚县
6	段志文	男	汉族	1922.9	王海鳌山灯会	濮阳县

12月28日，贵州省人民政府公布了第三批省级非物质文化遗产项目代表性传承人名录，共105人，其中民俗类项目代表性传承人13人，占12.38%。具体情况见表19。

表19 贵州省第三批省级民俗类非物质文化遗产项目代表性传承人名录

序号	姓名	性别	民族	出生年月	项目名称	申报地区或单位
1	王菁	女	布依族	1971.3	布依族服饰	黔西南州兴义市
2	王大英	女	苗族	1946.11	苗族服饰	贵阳市开阳县
3	杨少珍	女	苗族	1942.10	苗族服饰	贵阳市修文县
4	黄国林	男	汉族	1946.1	清镇瓜灯节	贵阳市清镇市
5	罗建方	女	苗族	1971.8	苗族服饰	安顺市关岭县
6	杨文琴	女	苗族	1964.9	苗族服饰	安顺市西秀区
7	封万明	男	汉族	1950.1	说春	铜仁市石阡县
8	闵树民	男	苗族	1954.1	新化舞狮	黔东南州锦屏县
9	廖学文	男	革家	1953.2	哥蒙的"哈冲"	黔东南州黄平县
10	杨代梅	女	侗族	1968.9	侗族北部方言歌会	黔东南州锦屏县
11	苏世龙	男	彝族	1966.6	彝族咪古	毕节市赫章县
12	江化远	男	汉族	1938.9	隆里花脸龙	黔东南州锦屏县
13	杨老猫	女	侗族	1955.11	榕江侗族服饰	黔东南州榕江县

12月31日，内蒙古自治区人民政府公布了第三批区级非物质文化遗产项目代表性传承人名录，共76人，其中民俗类项目代表性传承人13人，占17.11%。具体情况见表20。

表20 内蒙古自治区第三批自治区级民俗类非物质文化遗产项目代表性传承人名录

序号	姓名	性别	出生年月	民族	项目名称	申报地区或单位
1	巴燕吉尔嘎勒	女	1941.6	蒙古族	鄂尔多斯服饰	乌审旗文化馆
2	恩和	男	1942.7	蒙古族	翁根毛都祭祀	巴林右旗文化馆
3	恩和巴图	男	1933.6	蒙古族	祭火	巴林右旗文化馆
4	浪腾苏布德	女	1948.11	蒙古族	鄂尔多斯服饰	鄂尔多斯市群艺馆
5	李清云	男	1962.1	汉族	灯游会	鄂尔多斯市东胜区文化馆
6	敖仁其其格（乌日娜）	女	1951.6	蒙古族	巴尔虎服饰	陈巴尔虎旗文化馆
7	达利玛	女	1955.12	蒙古族	布里亚特服饰	鄂温克旗锡尼河西苏木文化站
8	斯庆嘎	女	1961.2	蒙古族	乌拉特服饰	内蒙古群艺馆

续表

序号	姓 名	性别	出生年月	民族	项目名称	申报地区或单位
9	迪瓦	女	1937.7	蒙古族	喀尔喀服饰	阿右旗文化图书馆
10	保勒	女	1950.12	蒙古族	祭神树	额济纳旗文化馆
11	嘎拉登道尔吉	男	1937.3	蒙古族	祭敖包	锡盟民族民俗文化协会
12	青 佈	男	1938.12	蒙古族	祭敖包	锡盟民族民俗文化协会
13	特木吉勒图	男	1968.10	蒙古族	梅日更召信俗	包头市九原区文化馆

相对于2012年部分省（自治区）公布的省级非物质文化遗产民俗类项目数量的大幅提高，2012年部分省（自治区、直辖市）所公布的省级非物质文化遗产民俗类项目代表性传承人的增长速度相对缓慢。

（二）非物质文化遗产展示、展演情况

展示、展演是非物质文化遗产宣传的重要途径，也是非物质文化遗产活态保护的重要方式。2012年，在国家及相关部门的大力扶持、组织及各类民间组织的积极配合下，围绕民族传统节日、仪式等举办的各种民俗文化节、民俗展览、民俗交流等成为民俗类非物质文化遗产展示、展演的重要形式，使民俗类非物质文化遗产展示、展演与民族、区域文化建设、文化交流、文化旅游等相结合，成为2012年民俗类非物质文化保护的一大亮色。

1. 境内的展示、展演活动

政府部门和民间组织围绕传统节日、仪式或传统商贸活动，举办各类民俗类非物质文化遗产展示、展演活动，大体可以分为传统节日、传统仪式两大类。

（1）传统节日类。

春节

春节是民俗活动最为集中的传统节日之一。每年春节各地政府和民间都会举办各种民俗展示、展演活动，以活跃节日气氛，弘扬民族文化传统。以北京东岳庙春节文化庙会、陕西西安大明宫异域风情庙会与山西吕梁年俗文化节为例。

2012年1月23日至28日（农历壬辰年正月初一至初六），第十一届北京民俗文化节暨第十四届北京东岳庙春节文化庙会在北京东岳庙隆重举

行。整个活动以"龙舞春开兴文化,家和国盛促和谐"为主题,由"幡鼓齐动十三档、祈福迎祥过大年、非物质文化遗产项目展绝活、民俗展览忆往昔、祭祀仪式祈祥瑞、传统曲艺大舞台、儿童游艺大荟萃、东岳论坛话'礼仪'、东岳讲堂传礼仪、龙年妙笔送春联"等十大版块组成。作为国家级非物质文化遗产代表作之一的北京东岳春节文化庙会,在这次活动中把非物质文化遗产展示与传统祈福活动、儿童庙会活动、曲艺大舞台、东岳讲堂相结合,既保留了传统特色,又突出了新特点。相比往年,2012年的北京东岳春节文化庙会的"文化味"更浓、影响更大。①

1月23日至29日(农历壬辰年正月初一至初七),几乎与北京东岳春节文化庙会同时,陕西西安大明宫国家遗址公园举办了题为"万邦来朝,福纳天下——2012西安·大明宫异域风情大庙会"。庙会除了通过各种扮演再现大唐盛世百国聚首、万人朝贺的恢弘景象外,还重现了盛唐民间市井百态,将民俗文化与异域风情相结合,既真实再现了唐代西安庙会的历史风貌,又为传统西安庙会现代发展注入新鲜血液,使其呈现出历史与现实相结合的新特点。②

1月31日(农历壬辰年正月初九),山西吕梁的汾阳、孝义、柳林、离石等地共同举办以"弘扬年俗文化,传承黄河文明"为主题的吕梁第二届年俗文化节,内容包括民间工艺品博览交易会、年俗文化观摩、年俗文化论坛、冰雕剪纸、迎春灯展和市区群众性文化活动等七项活动。③

12月28日,国内首次举办以"年"和"年文化"为主题的首届中国春节旅游产品博览会在素有"东方古水城"之称的山东台儿庄古城开幕。来自法国、澳大利亚、新西兰、韩国、中国台湾等十多个国家和地区的企业参展,集中展示了具有中国地方特色的春节文化产品、年节民俗和海外优质文化旅游产品。为期五天的年博会以"多彩年文化,欢乐过大年"为

---

① 北京市朝阳文化委:《第十一届北京民俗文化节暨第十四届东岳庙春节文化庙会圆满闭幕》,北京文化热线,2012年1月28日(http://www.bjwh.gov.cn/64/2012_1_30/3_64_65484_0_0_1327889972796.html)。
② 曲晓燕:《大明宫国家遗址公园将办春节大庙会》,《中国文化报》2012年1月18日第6版。
③ 王晋军、贾志渝:《山西吕梁举办第二届年俗文化节》,《中国文化报》2012年2月15日第2版。

主题，弘扬年文化、打造传统中国年品牌，使更多的人了解了中国"年"和"年文化"对于中华民族的意义。①

清明节

清明节是以祭祖为核心的传统民俗节日。2012年，围绕清明节，各地都举办了不同形式的民俗展示宣传活动。其中最有代表性的是北京民俗博物馆的"感恩思源，传承文化"的清明文化活动。

2012年4月1日，北京民俗博物馆"感恩思源，传承文化"的清明系列文化活动在日坛公园举办。此次活动由中共朝阳区委宣传部、朝阳区精神文明建设委员会办公室、朝阳区文化委员会举办，朝外街道办事处、北京民俗博物馆、日坛公园承办。该活动为游客设置了放风筝、抖空竹、踢毽子、跳房子、跳绳、拔河等多项愉悦身心的民俗体验活动。同时，还邀请多位民间工艺大师现场展演绝活。②

端午节

6月21日至23日，由国家体育总局、中国龙舟协会、汨罗市委和市政府主办，湖南省体育局、省龙舟协会、中国东方演艺集团协办的第八届中国汨罗江国际龙舟节在湖南省汨罗市举办。"汨罗江畔端午习俗"是人类非物质文化遗产——中国端午节的重要组成部分。龙舟节举办了一系列民俗主题活动和群众喜闻乐见的节庆形式，如赛龙舟、包粽子等。③ 由国家文化部和浙江省人民政府主办，浙江省文化厅和嘉兴市委、市政府承办的2012中国·嘉兴端午民俗文化节于6月21日至24日举行，民俗文化节立足嘉兴本地，举办了一系列端午民俗主体活动。④

中秋节

9月30日晚，西城区在月坛公园举办中秋特色活动。活动由北京非物质文化遗产保护中心和北京市西城区文化委员会主办，包括"朝花夕月"

---

① 张岩:《首届中国年博会在枣庄开幕 台湾产品受追捧》，人民网——山东频道，2012年12月29日（http://sd.people.com.cn/n/2012/1229/c166192-17939245.html）。
② 北京市朝阳文化委:《北京民俗博物馆举办"感恩思源传承文化"——我们的节日·清明系列文化活动》，北京文化热线，2012年4月1日（http://www.bjwh.gov.cn/64/2012_4_6/3_64_67944_0_0_1333671465968.html）。
③ 黄松柏:《汨罗举办国际龙舟节》，《中国文化报》2012年6月27日第9版。
④ 马思伟:《2012中国·嘉兴端午民俗文化节将办》，中华人民共和国文化部官网，2012年5月31日（http://www.ccnt.gov.cn/xxfbnew2011/xwzx/lmsj/201205/t20120531_252685.html）。

传统戏曲演出，汇集黄梅戏、评剧等传统戏曲名作，呈现民族艺术之瑰宝；"皓月千秋"月坛月文化及中秋传统习俗图文展，介绍中华民族传统月文化、中秋民俗传统及月坛历史沿革；"夕月盛典"祭月演礼，搭置仿古的"月坛祭台"，表演皇家中秋祭月礼仪；"兔儿爷山"和"国泰民安"民间祈福活动，使民众可以请到大大小小憨态可掬的"兔儿爷"，并通过"团圆祈福树"寄托家庭和美、四季平安的美好愿望等。① 9月30日上午，由中山市非物质文化遗产保护中心和孙中山故居纪念馆共同组织在孙中山故居纪念馆的"我们的节日——中秋节传统文化体验日"活动，包括非物质文化遗产馆范围中秋节传统灯笼布置、传承人传统月饼制作技艺现场展示、免费请游客品尝中秋月饼等。②

其他节庆

"二月二，龙抬头；大仓满，小仓流。"二月二龙抬头是我国传统农耕文化典型的节庆活动，它预示着大地复苏，万象更新。2月23日，北京民俗博物馆、高碑店乡政府、高碑店村委会在位于通惠河畔的高碑店村漕运文化广场举办了"高碑店村二月二龙抬头首届通惠河福龙节"，福龙节举办了主体民俗活动，包括祈龙赐福、保佑风调雨顺、五谷丰登等二月二古老习俗。同时北京民俗博物馆的"龙年话民俗之龙生肖展"通过几十件质地各异、造型生动的展品展示龙文化；舞龙、舞狮、跑旱船、空竹（小飞龙）、盘鼓等花会表演亮相高碑店。③

（2）传统仪式类。

仪式是传统民俗活动的一种重要的表现方式，也是民俗自我展示的主要方式之一。2012年许多地方通过举办民俗仪式来展示当地的民俗活动，对宣传和保护民俗发挥了重要作用。以福建的陈靖姑祭祀、天津皇会、香港的"抢包山"和辽宁的"敖包公祭"等活动为例：

2012年1月16日，以"弘扬临水文化，两岸共享平安"为主题的第

---

① 北京市文化局：《2012年北京市喜迎中秋节传统文化活动》，首都之窗，2012年9月26日（http://www.beijing.gov.cn/rwbj/rwbjsy/whkb/t1242024.htm）。
② 孙中山故居纪念馆：《中山市2012年中秋国庆期间文化活动专题》，中山文化信息网，2012年9月24日（http://www.wh3351.com/column/20121001/#4）。
③ 北京民俗博物馆：《北京民俗博物馆成功举办"二月二首届高碑店龙抬头节"》，北京文化热线，2012年2月23日（http://www.bjwh.gov.cn/64/2012_3_7/3_64_66767_0_0_1331077139765.html）。

五届陈靖姑民俗文化节在闽江公园举行。来自海峡两岸47座临水夫人宫观的2000余名信众齐聚闽江畔，共祭临水夫人陈靖姑，祈求平安，林浦安南伬、三十六婆官送平安、连江拉线狮、琅岐肩头戏等21支民俗文艺团体献上了精彩的文艺表演。①

4月13日，一年一度的天津皇会开始。整个祭典仪式分为3个阶段：献礼前的准备活动；献礼仪式；天后出巡活动。其中献礼仪式是祭典的中心环节，包括迎神礼、盥洗礼、上香礼、问讯礼、读祝礼、进献礼等9项内容。献礼仪式进行一个小时以后，由宝辇、旌旗等组成的仪仗和各道花会依序出天后宫进行天后出巡散福的民俗活动。参加2012年皇会出巡和展演的花会有法鼓、飞镲、高跷、舞狮等共计12道花会，1000多名民间艺人参加了巡游展演。②

4月18日，香港举办了传统民俗活动"包山嘉年华2012"，并于28日晚在长洲北帝庙游乐场足球场举行压轴项目"抢包山"比赛。"抢包山"是香港独具特色的传统节庆活动长洲太平清醮的一项重点节目。活动主办方香港长洲太平清醮值理会和特区政府康乐及文化事务署为庆贺长洲太平清醮于2011年成功列入第三批国家级非物质文化遗产名录，特别为本届赛事设立以这项殊荣命名的奖杯，颁赠予获奖的选手和队伍。③

8月18日（农历七月初二），辽宁省阜新蒙古族自治县举行了盛大的敖包公祭活动。当地的蒙古族同胞从四面八方步行来到大巴镇的关山顶峰，在18.5米高的关山旗敖包前，拉起彩旗，摆放供品，点燃香烛，并跳起安代舞。县长海景春当场宣读了祭文，祈愿"风调雨顺，国泰民安；经济跨越，文化繁荣；民族团结，和谐共进"，随后人们步行绕着敖包祈福，并分食供品、肉粥。④

---

① 林凯：《第五届（福州）陈靖姑民俗文化节启动》，新华网福建频道，2012年1月16日（http://www.fj.xinhuanet.com/nnews/2012-01/16/content_24552952.htm）。
② 桂慕梅：《天津皇会：壮观气势非一般庙会能比颇有皇家气势》，《中国文化报》2012年4月30日第8版。
③ 曾繁娟：《香港传统民俗活动"抢包山" 28日决出"包山王"》，新华网，2012年4月18日（http://news.xinhuanet.com/gangao/2012-04/18/c_111803378.htm）。
④ 石庆伟：《蒙古族敖包祭祀文化在传承中丰富》，新华网，2012年8月19日（http://news.xinhuanet.com/local/2012-08/19/c_112770423.htm）。

2. 跨境交流活动

2012年民俗类非物质文化遗产跨境交流日趋频繁，不仅表现在两岸三地共同举办民俗节庆活动，而且表现中国民俗文化到国外展示交流。如第二届海峡两岸春节民俗庙会、第二十六届江苏·秦淮灯会亮灯仪式、首届琼台民间文化专题展演、泰山东岳庙会暨海峡两岸民俗文化交流周、贝宁中国春季民俗艺术展等。

1月24日至26日，台中文化创意产业园举办了"品味陕西——第二届海峡两岸春节民俗庙会"活动。庙会主要通过民俗文化表演、传统手工技艺、陕西小吃品鉴、今昔陕西展示等四大板块，通过现场表演、图文展现、书画展、赏玩品鉴等表现形式，进一步挖掘传统节日的文化内涵，引导两岸民众继承和弘扬中华民俗传统文化。①

1月31日，第二十六届江苏·秦淮灯会亮灯仪式在南京中华门瓮城广场举行，来自台湾的巨型灯组"神龙腾跃"出席了本次灯会，带来了台湾同胞的祝福。②

4月2日至7日，山东举办了2012泰山东岳庙会暨海峡两岸民俗文化交流周。在展示泰山传统民俗文化的同时，还邀请台湾的民间民俗、文化艺术进行展示、交流。举办了台湾民俗庙会图片展、台湾优人神鼓表演、台湾八家将巡游表演、台湾禅茶表演、台湾南部地区东岳大帝信众及乡镇里长泰山行系列进香祭祀活动。③

2月22日至28日，贝宁中国文化中心在贝宁Adjadi艺术空间举行"中国春节民俗艺术展"，旨在让中国民俗文化科托努社区，让更多普通民众了解中国春节习俗，共同分享节日的快乐。对此项目，贝宁宪法法院主席罗贝尔·多苏给予高度评价："文化是国家发展的基石，中国不仅传承发展自己的民族文化，而且吸收借鉴其他国家的文化，并与本国文化融会贯通。"④

---

① 浏玮:《品味陕西——第二届海峡两岸春节民俗庙会开幕》，中国新闻网，2012年1月26日 (http://www.chinanews.com/tw/2012/01-26/3623836.shtml)。
② 王炜:《南京：花灯绽放过大年民俗馆内过大年》，《中国文化报》2012年1月31日第2版。
③ 钱荣、王志:《台湾民俗文化将在泰山集中展示》，《中国文化报》2012年4月2日第8版。
④ 魏军、江嵘:《贝宁举办"中国春节民俗艺术展"》，《中国文化报》2012年2月22日第4版。

(三) 影视宣传

1. 摄制纪录片

随着各地优秀的、代表着地域特色、民族特色的民俗活动成功申遗，大众传媒越来越多地与民俗类非物质文化遗产项目进行合作，以优秀民俗文化为主要内容的纪录片在2012年里大放异彩。这些纪录片宣传展示了中国优秀民俗文化，对推动中国民俗文化的发展，对民俗文化保护和传承将起到积极的作用。陕西渭南《正月里》、湖北黄石《龙舟和龙文化》、湖南的土家民俗、浙江畲族婚俗最有代表性。

由陕西省渭南市人民政府主办、渭南市文广局和华山景区管委会共同承办的大型民俗节目《正月里》，于2月11日在凤凰卫视中文台首播。渭南市是华夏文明源头"华胥古国"的"华胥之州"（古称"华州"）所在地，是陕西省和西北地区的东大门。《正月里》剧组转战28个拍摄点，行程1000多公里，拍摄了观社火、赏花馍、放河灯、华山拜山祈福、观老腔、书法抒怀拜大年等活动，参加表演的民间艺人有3000多人，年龄最小的只有8岁，最大的83岁。[①]

湖北省黄石市的西塞神舟会从每年农历四月初八扎神舟开工仪式开始，到农历五月十八神舟入江结束，会期长达40天。7月6日上午，西塞神舟会进入高潮。受联合国教科文卫组织委托，日本NHK电视台2012年专程来黄石拍摄西塞神舟会，以制作《龙舟和龙文化》纪录片，并将译成178种语言，在世界各地播出。[②]

10月8日，中央电视台科教中心摄制组应邀来到永定区王家坪镇拍摄土家民俗纪录片。该摄制组以"合八字""写婚书""坐花轿"等原汁原味的土家婚俗为切入点，全程记录了一对土家新人的传统土家婚礼流程，并通过专题纪录片对土家吊脚楼、土家民俗风情等土家族传统文化进行了深入挖掘和全方位展示。[③]

[①] 任学武、马辉志：《〈正月里〉展现渭南民俗》，《中国文化报》2012年2月7日第2版。
[②] 国务院新闻办公室：《联合国摄制龙文化纪录片荆楚两大民俗推向全球》，国务院新闻办公室门户网站，2012年7月19日（http://www.scio.gov.cn/dfbd/dfbd/201207/t1190157.htm）。
[③] 田贵学、张爱众、周擎：《中央电视台科教中心摄制组走进永定区拍摄土家民俗纪录片》，张家界在线，2012年10月8日（http://www.zjjzx.cn）。

10月31日,景宁县非物质文化遗产保护中心联合县电视台前往鹤溪街道东弄村拍摄以省级非物质文化遗产项目畲族婚俗为内容的纪录片。景宁的畲族婚俗是畲民世代相传的习俗,分布在畲民生息繁衍的畲村畲寨,尤以畲族聚居的鹤溪、澄照、东坑等乡镇为主,同时畲族子孙后代又星移四散,畲族婚俗也由景宁辐射至各地。畲族婚俗实行一夫一妻制,初时实行族内远房成婚,对歌找恋人,自许终身,后来逐渐演变为经媒人介绍,双方同意后聘礼成婚。婚礼仪式,女嫁男方一般要经过相亲、定亲、送糯米、选亲家、选行郎、送彩礼、拦路、借镬、杀鸡、劝酒、对歌等环节。2007年,畲族婚俗被浙江省政府列入第二批省级非物质文化遗产代表作名录。①

2. 制作电影作品

除了为民俗类非物质文化遗产项目拍摄纪录片外,一些影视作品中,也大量加入了民俗类非物质文化遗产项目元素,以彰显影视作品所需传达出的地域、民族的特有文化气质。1月10日,民俗题材电影《行歌坐月》在北京点映,获得观众们的好评。"行歌坐月"指的是贵州侗族男女的交往恋爱风俗:姑娘们晚上聚在一起纺棉花、做针线活,小伙子与姑娘们对歌,互诉衷情。电影以这一风俗为名,表现了侗族青年男女对美好爱情的追求。影片聚焦于那些消失的美好,道出现代文明给故土带来的沉痛代价。②

二 学术研究情况

下面将从学术机构、学术研讨会、学术讲座、科研项目、学术论文等方面来呈现2012年度民俗类非物质文化遗产的学术研究成果。

(一)学术机构

在2011年基础上,各地成立了一些新的学术机构,为民俗类非物质文

---

① 郑迪:《景宁非物质文化遗产中心组织拍摄畲族婚俗纪录片》,福客民俗网,2012年11月5日(http://news.folkw.com/www/qqfs/093316129.html)。
② 张炜:《民俗题材电影〈行歌坐月〉点映获得观众好评》,人民网,2012年1月10日(http://media.people.com.cn/GB/16847393.html)。

化遗产研究搭建了新的平台，从而增强了学术研究的力量。

2012年5月5日，山东大学成立了山东大学文化遗产研究院。该院依托考古学和民俗学，以国际化、开放式的科学研究和人才培养重镇为发展目标，开展文化遗产的调查、发掘、研究工作。民俗类非物质文化遗产是该机构重要的研究内容。①

6月18日，漳州师范学院成立闽南文化研究院。该院整合了海峡两岸研究力量，下设东南海疆文化研究所、闽南方言研究所、闽南民间信仰研究所和闽南家族文化研究所四个研究所，以全方位、多层次的视角挖掘闽南文化的丰富内涵，保护、传承、弘扬、创新闽南文化，是两岸开展闽南文化交流的高端平台。②

8月7日，莱州市民俗研究会成立，③ 该研究会旨在为深入莱州民间挖掘整理地域民俗素材，推动民俗文化旅游、文化产业发展提供平台。同时为莱州市民俗研究工作建立起法定的组织机构，使莱州民俗文化研究从零散无依走向形成学术合力的发展之路。

（二）学术研讨会

2012年各地举办许多有关民俗类非物质文化遗产的学术研讨会，其中最有代表的是凯里苗族文化论坛与萨满文化论坛等。

5月27日至28日，2012"中国·贵州·凯里苗族文化论坛"在贵州黔东南苗族侗族自治州凯里市举办。来自贵州、北京、云南、四川等多个省市的110名苗族文化专家学者，围绕苗族文化发展、传统文化、历史文化、生态文化等多个主题进行了交流讨论并达成"凯里共识"。④

9月2日，第三届中国长春·东北亚文化艺术周文化研讨板块的重

---

① 陈灏、张晶：《山东大学成立文化遗产研究院》，新华网，2012年5月7日（http://news.xinhuanet.com/city/2012-05/07/c_123086156.htm）。
② 陈群、戴江海：《漳州师院闽南文化研究院成立》，《海峡都市报》2012年6月19日第A10版。
③ 董克洋、徐英桦、刘景艳、宋坤之：《莱州市民俗研究会成立》，人民网，2012年8月14日（http://hsj.people.com.cn/n/2012/0814/c218311-17356148.html）。
④ 赵毫、周恒：《为苗族文化发展支招 众学者达成"凯里共识"》，中国民俗学网，2012年6月8日（http://www.chinesefolklore.org.cn/web/index.php?NewsID=10254）。

要活动之一——第三届中国（吉林）国际萨满文化论坛，在长春宾馆举行。国际萨满学会主席霍柏尔，中国民协副主席、吉林省民协主席曹保明，奥地利医学人类学会会长达格玛艾格尼等30余位国内外萨满文化及民俗文化专家就萨满文化的研究、挖掘、传承和利用进行深入交流和探讨。①

（三）学术讲座

民俗类非物质文化遗产方面的学术讲座内容主要集中于中国传统节日的生成、风俗和人文关怀等方面，主要有北京联合大学北京学研究所副教授张勃的"但愿人长久，千里共婵娟——中秋节的俗与情"、北京师范大学教授萧放的"年节礼俗的传承与重建"、清华大学教授刘晓峰的"东亚时间文化背景下的冬至"②、吉林省民俗协会理事长施立学的"端午节的由来及端午风俗"③、北京师范大学教授萧放的"传统节日与非物质文化遗产"④等。

（四）立项情况

国家社科基金项目作为我国社会科学研究领域的风向标，一直备受关注。2012年度国家社科基金获准立项的3291项课题中，与民俗类非物质文化遗产相关的课题共有12项（表21），涵盖社会学、民族问题研究、法学等学科⑤，具体项目见表21。

从表21可见，在2012年获审批立项的国家社科基金项目中，民俗类非物质文化遗产中民族类节日节庆受到的关注度较高。

同时，2012年度备受关注的由文化部民族民间文艺发展中心于2010年3月启动的国家社科基金重点委托项目《中国节日志》进入结项阶段，

---

① 毕馨月、苑激刚：《国际萨满文化论坛举行》，《长春日报》2012年9月3日第4版。
② 2012年下半年北京学讲堂讲座系列安排，民俗学论坛网，2012年9月22日（http://www.chinesefolklore.org.cn/forum/viewthread.php?tid=31988&extra=page%3D3）。
③ 蒋淑媛：《23日到文庙听端午由来》，《长春晚报》2012年6月22日第14版。
④ 光明网讯：《2012年非物质文化遗产保护讲座周安排公布》，中国民俗学网，2012年6月6日（http://www.chinesefolklore.org.cn/web/index.php?NewsID=10271）。
⑤ 全国哲学社会科学规划办公室：《2012年度国家社科基金项目评审结果公布》，全国哲学社会科学规划办公室官网，2012年5月21日（http://www.npopss-cn.gov.cn/GB/219469/17942372.html）。

截至 2012 年 6 月底，在立项的 117 个子项目中，已结项 2 个，正在结项的 28 个。①

表 21　2012 年度国家社科基金项目民俗类非物质文化遗产相关课题

序号	项目类别	项目名称	负责人	学科
1	一般项目	民族传统节日象征符号与文化品牌建设研究	林继富	社会学
2	一般项目	非物质文化遗产文化生态及其保护模式研究	丁永祥	社会学
3	一般项目	蒙古族信仰民俗的生态人类学研究	哈斯巴特尔	民族问题研究
4	青年项目	北部湾地区中越京族海洋民俗研究	黄安辉	民族问题研究
5	青年项目	新疆回族民间仪式的民族志研究	杨婷婷	民族问题研究
6	青年项目	黄河上游与长江下游傩文化遗产保护传承的比较研究	刘目斌	民族问题研究
7	青年项目	武陵地区传统聚落保护与民族文化传承研究	黄东升	民族问题研究
8	一般项目	壮族传统节日的文化创新研究	黄润柏	民族问题研究
9	一般项目	青海少数民族传统节日文化传承与创新研究	贺喜焱	民族问题研究
10	一般项目	西南跨境少数民族传统节日、民间仪式的文化传承与创新研究	石裕祖	民族问题研究
11	一般项目	武陵山区民间传统节庆资料库系统化、数字化建设研究	向延桃	民族问题研究
12	重点项目	蒙古族传统节庆文化的传承与创新研究	巴·布和朝鲁	民族问题研究

（五）论文情况

2012 年关于民俗类非物质文化遗产项目的学术论文，总体情况如下：

在中国知网全文数据库中，跨库高级检索，以文章摘要为检索项，"民俗类"并"非物质文化遗产"为检索词，2012 年共有记录 8 条，有刘明阁的《论民俗类非物质文化遗产的传承、保护和利用》、林凤群的《非物质文化遗产保护与当代和谐社会建设——从国家级非物质文化遗产名录项目小榄菊花会说起》、赵心宪的《民俗类国家级"非物质文化遗产"再分类确认的必要

---

① 钟哲、刘宁：《〈中国节日志〉：完整记录传统节日》，《中国社会科学报》2012 年 8 月 6 日，第 339 期。

性与紧迫性——"秀山花灯保护"问题系列理论思考之一》① 等。

以文章关键词为检索项，如"传统节庆""传统节日""礼仪""文化空间""生产、生活习俗"为第一关键词，以"非物质文化遗产"为第二关键词进行检索，记录较多，但其中真正涉及民俗类非物质文化遗产的记录较少。以"传统节日"并"非物质文化遗产"为检索词的有萧放的《传统节日与非物质文化遗产》②和《北京端午礼俗与城市节日特性》③、田兆元的《城市化过程中的民间信仰遗产保护研究》④及刘晓峰的《端午节俗的内在逻辑结构》⑤等。

目前中国非物质文化遗产及民俗文化方面的重要期刊，如《民俗研究》《文化遗产》等，在2012年刊登的有关民俗类非物质文化遗产的论文，主要有徐哲娜的《信俗、日常生活与社会空间——以漳州市区妈祖信俗的田野调查为例》、王霄冰的《民俗文化的遗产化、本真性和传承主体问题——以浙江衢州"九华立春祭"为中心的考察》、毛巧晖的《非物质文化遗产视域下的民族传统文化的保护与发展——以海南黎族苗族"三月三"节为例》、张勃的《探求传统节日的真与善——评萧放教授〈传统节日与非物质文化遗产〉》、王程太的《深圳民间祭祀文化探析——以"下沙祭祖"等三个非物质文化遗产项目为例》、谢荔的《端午节仪式活动传承主体的社会变化——以中国嘉兴市端午民俗文化节与日本相模原市儿童节为例》⑥等。

---

① 刘明阁：《论民俗类非物质文化遗产的传承、保护和利用》，《江汉论坛》2012年第10期；林凤群：《非物质文化遗产保护与当代和谐社会建设——从国家级非物质文化遗产名录项目小榄菊花会说起》，《神州民俗》2012年第2期；赵心宪：《民俗类国家级"非物质文化遗产"再分类确认的必要性与紧迫性——"秀山花灯保护"问题系列理论思考之一》，《重庆教育学院学报》2012年第4期。
② 萧放：《传统节日与非物质文化遗产》，《艺术评论》2012年第7期。
③ 萧放：《北京端午礼俗与城市节日特性》，《华中师范大学学报》（人文社会科学版）2012年第1期。
④ 田兆元：《城市化过程中的民间信仰遗产保护研究》，《华东师范大学学报》（哲学社会科学版）2012年第4期。
⑤ 刘晓峰：《端午节俗的内在逻辑结构》，《神州民俗（学术版）》2012年第3期。
⑥ 徐哲娜：《信俗、日常生活与社会空间——以漳州市区妈祖信俗的田野调查为例》，《民俗研究》2012年第5期；王霄冰：《民俗文化的遗产化、本真性和传承主体问题——以浙江衢州"九华立春祭"为中心的考察》，《民俗研究》2012年第6期；毛巧晖：《非物质文化遗产视域下的民族传统文化的保护与发展——以海南黎族苗族"三月三"节为例》，《文化遗产》2012年第4期；张勃的《探求传统节日的真与善——评萧放教授〈传统节日与非物质文化遗产〉》，《民俗研究》2012年3期；王程太：《深圳民间祭祀文化探析——以"下沙祭祖"等三个非物质文化遗产项目为例》，《文化遗产》2012年第3期；谢荔：《端午节仪式活动传承主体的社会变化——以中国嘉兴市端午民俗文化节与日本相模原市儿童节为例》，《文化遗产》2012年第3期。

1. 以中国传统节日为切入点，研究非物质文化遗产保护和民众生活间的关系

2012年，很多学者都以中国传统节日为出发点，反观成为非物质文化遗产的传统节日的保护和传承，以及这些节日对于现代生活的影响等。

如萧放的《北京端午礼俗与城市节日特性》指出，北京作为元明以来的都城，传统节日形态完整，其中作为夏季重节的端午，其礼俗在北京有着生动表现。辽金元时期，端午节俗以国家拜天仪式为中心，同时又具有演武性质的射柳、击球竞技，是一种国家主导的节俗形态。明清以后北京的端午节强调的是家庭形态，家庭性节日民俗居主导地位，节日日益世俗化，成为城市社会居民生活的节点。从北京端午节俗来看，城市节日有如下特征：城市节日习俗的仪式性明显；城市节日信仰氛围浓郁；城市节日娱乐功能突出。①

萧放在其另一篇文章《传统节日与非物质文化遗产》中，从传统节日遗产体系的构成要素、传统节日的资源开掘与文化价值分析及传统节日文化遗产与当代社会等方面，提出了传统节日在和谐社会建设中的三点作用：首先，传统节日适应人们定期精神调整的需要，通过祭祀娱乐的节俗进行精神调剂与休闲，以积蓄未来生产生活的心理能量。其次，传统节日能有效协调家庭关系与社会关系。最后，传统节日以其独有的传统魅力，为协调社会经济发展提供了机会，② 并重申了保护作为非物质文化遗产的传统节日的意义。

同时，一些论文为民俗类非物质文化遗产项目中的节庆类项目保护、传承的现状进行把脉，就现今保护、传承和发展过程中存在的问题，提出了切实可行的建议对策。

如毛巧晖的《非物质文化遗产视域下的民族传统文化的保护与发展——以海南黎族苗族"三月三"节为例》③，就是从海南黎族苗族"三月三"节从民间生存空间被抽离出来后，在国家话语语境中进行展示展演

---

① 萧放：《北京端午礼俗与城市节日特性》，《华中师范大学学报》（人文社会科学版）2012年第1期。
② 萧放：《传统节日与非物质文化遗产》，《艺术评论》2012年第7期。
③ 毛巧晖：《非物质文化遗产视域下的民族传统文化的保护与发展——以海南黎族苗族"三月三"节为例》，《文化遗产》2012年第4期。

中所存在的问题，如信仰文化成分的丢失，本真性的缺失，民间节日逐渐演变成"舞台展演"等。毛巧晖并在论文最后指出，政府主导的非物质文化遗产保护中，各民族的文化形式在重构与发展中，一些文化元素得到彰显，并在重构体系中处于核心位置，相反，有些文化元素，在这一过程中逐步隐匿，而相关的传承人由于得不到应有的重视与补助，会造成文化断层，今后的文化传承中，可能原有的文化形式会出现一定的变异，但在这种文化选择中，人为因素影响较大。①

2. 从国外民俗类非物质文化遗产保护经验中，探讨中国民俗类非物质文化遗产的保护、传承及发展问题

由于民俗类非物质文化遗产项目包含礼仪、节庆等方面的内容，与日、韩两国此类非物质文化遗产项目有很多相似之处，2012年很多研究论文是从国外相似的民俗类非物质文化遗产的保护实践出发，结合我国民俗类非物质文化遗产保护和传承的相关问题进行深入探讨和分析。

如王霄冰在《国家祀典类遗产的当代传承——以中日韩近代以来的祭孔实践为例》指出，作为仪式政治的重要手段，朝廷对这些祀典在时空、祭器、祭品、仪程、服饰、乐舞等各方面都有着详尽的规定。这些"繁文缛节"，一方面象征着专制国家等级森严的社会秩序，但在另一方面，也具有极高的文化含量，是中华民族几千年来礼乐文明的结晶。包括祭祀本身，也不单纯为了宣传封建宗法观念和维护皇权统治而存在。其中反映出的阴阳五行观念和对于天人合一境界的追求等，不仅是中华民族自然观与世界观的典型体现，而且有很大一部分也与现代意识合拍。正因为此，1911年辛亥革命之后，各类国家祀典虽被一律废止，然而部分国人却又模糊地意识到，将这批遗产完全和过去的政治体制一同埋葬，是件十分令人惋惜的事。为此，一百年来总有人不断地想要恢复其中的部分仪礼。前人的尝试，有的失败有的成功；今人的摸索则仍在进行当中，就像今天遍及各地的公祭民族先祖先贤的活动。由于公祭的形式五花八门，近年来也引发了来自社会各界的批评。国家祀典类遗产到底该如何得到继承和发展？是应保存其国礼的形式，还是应尽量选择一条民间化的道路？本文以中国大陆、台湾地区以及日本、韩国近代以来的祭孔礼仪为例，探讨该类遗产

---

① 毛巧晖：《非物质文化遗产视域下的民族传统文化的保护与发展——以海南黎族苗族"三月三"节为例》，《文化遗产》2012年第4期。

在当代社会的传承模式问题。①

再有，徐赣丽和耿瑞芹的论文《韩国法圣浦端午节的政府保护与民间参与——兼与中国传统节日进行比较》。此篇论文根据2006年到2008年，作者在韩国法圣浦亲历其公众场合里举行的各种节日活动及所搜集的相关文献资料，论述法圣浦端午节主要活动内容，从节日活动中的政府作用和民众参与角度探讨其传承至今的原因，并与中国端午节做简单比较，以探索作为文化遗产的节日文化的保护之道。农历五月初五端午节是韩国五大传统节日之一，每年这时候都会举行各种各样的民俗活动。在朝鲜李氏王朝时代，端午节是韩国的一个大节，现在，随着韩国工业化、城市化的实现，很多地方已经没有端午节活动了。只有江陵端午和法圣浦端午作为东、西端午祭继承了这种传统文化的脉络。江陵端午保留着独特的祭祀仪式，成为韩国的"无形文化财"，受到国家的重视，2005年11月在学者的支持下，成为联合国教科文组织"人类口头和非物质文化遗产"代表作，广为人知。韩国端午庆典活动，越往北越隆重兴盛，越往南越衰弱；位于韩国南部的法圣浦延续了端午文化，这可以说是一个特例。法圣浦端午祭作为韩国西海岸最大的民俗盛事，具有浓厚的地域特色，从朝鲜中期至今已有400多年的传统，并仍显示出其传承活力，这是值得关注的。②

白莉和Angela Marie Lloyd的《商品化的风险与机会——以土耳其科尼亚的毛拉维教派塞玛仪式为例》中提到，土耳其科尼亚的毛拉维教派塞玛（旋转舞）仪式在2005年被列入联合国教科文组织《急需保护的非物质文化遗产名录》。此举旨在提高旋转舞知名度，增强民众与社会对其认识，促进该文化遗产的持续实践及传播。关于毛拉维教派塞玛的一个重要问题是，我们今天的仪式是否真实，是否反映了其监护者毛拉维教团的意图。非物质文化习俗不是静止不变的，而是随着其实践者生活的改变而不断变化。他们是文化遗产的"拥有者"，因此仪式不宜完全等同于800年前所信奉的做法。然而，变化必定源自内部文化的自我

---

① 王霄冰：《国家祀典类遗产的当代传承——以中日韩近代以来的祭孔实践为例》，《山东社会科学》2012年第5期。
② 徐赣丽、耿瑞芹：《韩国法圣浦端午节的政府保护与民间参与——兼与中国传统节日进行比较》，《民族学刊》2012年第4期。

调节和演变，并不仅仅是来自外界的干扰和误解。如果仅是基于后者，不论仪式知名度有多高，实践范围有多广，我们也有理由担心文化遗产的本质正处于风险当中。①

3. 与其他非物质文化遗产类别比较，民俗类非物质文化遗产研究文章呈现多元化

由于民俗类非物质文化遗产项目的特殊性，文化时空的特定性成为其最大的特点。2012年一些研究文章都是围绕民俗类非物质文化遗产项目特定的文化空间和特定的时间节点主题进行深入探讨的。

如田兆元的《城市化过程中的民间信仰遗产保护研究》中，通过城市化进程中对于民间信仰生存空间的挤压，来探讨民间信仰作为一种文化遗产，如何提高民众及政策决策者们关于民间信仰对于城市文化建设功能的认识。文章认为，使政府部门等意识到保护民间信仰的物理空间、保护拆迁居民的社区结构，将是保护城市民间信仰、促进城市民间信仰健康发展的基本途径。②

娜仁高娃在《试论蒙古族敖包祭祀及其文化空间保护》一文中指出敖包祭祀作为一种文化空间，包含了蒙古族的许多传统文化和习俗，所以，保护敖包这一文化遗产不应仅保护敖包本身，而是要保护敖包其生存与传承的文化空间，这样才能达到真正意义上的遗产保护。③ 蒋长春和李聪颖在《基于文化空间理念的妈祖文化旅游产品开发研究——以湄洲妈祖文化旅游为例》④ 中，点明了文化空间和旅游之间的关系，文化空间是非物质文化遗产中最集中、最典型、最生动的表达，其存在的核心价值和理论依据在于它完整地、综合地、生态地、生活地呈现了非物质文化遗产，为文化旅游产品开发提供了科学的范式和全新的视角。⑤

在民俗类非物质文化遗产项目研究的论文中，一些研究者从女性视角

---

① 白莉、Angela Marie Lloyd:《商品化的风险与机会——以土耳其科尼亚的毛拉维教派塞玛仪式为例》，《中国社会科学报》2012年2月13日。
② 田兆元:《城市化过程中的民间信仰遗产保护研究》，《华东师范大学学报（哲学社会科学版）》2012年第4期。
③ 娜仁高娃:《试论蒙古族敖包祭祀及其文化空间保护》，《丝绸之路》2012年第8期。
④ 蒋长春、李聪颖:《基于文化空间理念的妈祖文化旅游产品开发研究——以湄洲妈祖文化旅游为例》，《北京第二外国语学院学报》2012年第5期。
⑤ 蒋长春、李聪颖:《基于文化空间理念的妈祖文化旅游产品开发研究——以湄洲妈祖文化旅游为例》，《北京第二外国语学院学报》2012年第5期。

出发，研究在民俗类非物质文化遗产项目中，女性传承人或者是女性艺人所处的优势和劣势，以及她们在传承、保护、发展民俗类非物质文化遗产项目中所起到的作用。如王敏在《马街书会女性艺人的演艺活动方式——以河南坠子女艺人王巧珍、王剑侠为例》一文中，探讨了马街书会作为一个以民间说唱艺人卖艺为特色的庙会型民间曲艺盛会，女性艺人在这场盛会中占有很大一部分，并具有重要的地位。她们在演艺活动中，由于性别的原因，有其自身不同于男性艺人的独特之处。①

再如，田素庆在其博士学位论文《"原生态"的幻象——作为国家非物质文化遗产的剑川石宝山歌会研究》中，指出作为国家级非物质文化遗产的石宝山歌会，要想在生活场和生活流中"活态传承"，对"原生态"的认识及价值维度的发掘就需要更为本土的、客观务实的学术态度，需要充分尊重文化主体的文化意愿。由是，作为知识生产者，才有参与社会文化发展进程的力量。② 文章特别强调了，在"原生态神话"中，文化持有者所起到的主体作用，以及尊重文化持有者的文化选择的重要意义。

三 问题与展望

2012年，对民俗类非物质文化遗产保护、发展来说是可喜的一年，首先是第四批国家级民俗类非物质文化遗产项目代表性传承人比例大幅提高，其次是各类展示、展演活动办得风生水起，再次是专家学者对于相关保护、发展理论的积极建言。无论是实际保护工作，还是学术研究，都稳步向前推进，但仍存在需要进一步探讨的问题。

（一）探讨建立民俗类非物质文化遗产群体传承人制度

就目前已公布的四批国家级非物质文化遗产项目代表性传承人中，民俗类非物质文化遗产传承人仅有61人，占传承人综述的比例只有3%。虽然国家在第四批国家级非物质文化遗产项目代表性传承人认定中加大了对

---

① 王敏：《马街书会女性艺人的演艺活动方式——以河南坠子女艺人王巧珍、王剑侠为例》，《大家》2012年第8期。
② 田素庆：《"原生态"的幻象——作为国家非物质文化遗产的剑川石宝山歌会研究》，华东师范大学博士学位论文，2012年5月。

于民俗类非物质文化遗产传承人的比例，但相对于其他门类的传承人数量还是不足的。同时，在已公布的省（自治区、直辖市）级的非物质文化遗产民俗类项目代表性传承人数量相对于民俗类项目数量也是呈现不均衡的情况。而且，在公布的地方非物质文化遗产保护法律法规中，对于非物质文化遗产传承人的保护条文较少，这在一定程度上就影响了传承人保护工作的有力开展。

非物质文化遗产的传承主体、保护主体都是传承人，而"人亡艺绝"是开始开展非物质文化遗产保护工作的时候就被反复提及的关键问题。以2012年公布的第四批国家级非物质文化遗产项目代表性传承人为例，31位民俗类非物质文化遗产项目代表性传承人平均年龄为61岁，其中70岁以上的传承人有11位，所占比例达35.5%。而新疆维吾尔族麦西热甫（维吾尔族却日库木麦西热甫）的艾力·依布拉音、民间社火（洋县悬台社火）的李俊芳作为刚刚评选上的第四批国家级非物质文化遗产项目代表性传承人，都已经是85岁高龄的老人了。可以想见，如果不抓紧对这些掌握民俗类非物质文化遗产核心技艺的传承人加以保护，使其技艺顺利传承，那么当这些传承人离世后，这些技艺也将一起随之消失。面对着民俗类非物质文化遗产项目代表性传承人少、普遍年事已高的紧迫局面，亟须建立有效、长效的民俗类非物质文化遗产传承人的保护机制。

同时，在非物质文化遗产项目代表性传承人的认定工作中，应考虑到民俗类非物质文化遗产项目的特殊性，即群体共同参与传承某一民俗活动，建立民俗类非物质文化遗产项目代表性群体传承人制度。民俗类非物质文化遗产项目很难像其他类非物质文化遗产项目那样评定一位技艺高超、品行高尚的传承人就可以维系项目的存续和发展的，所以在评选认定民俗类非物质文化遗产项目传承人的过程中应该对民俗类非物质文化遗产项目有所倾斜，并尽可能采取群体传承人选拔制度。就以瑶族盘王节为例，盘王节是瑶族民众共同的节日。节日期间，每位瑶族人都会参与其中，男女老少穿上节日盛装，汇集一起，唱盘王歌，跳黄泥鼓舞和长鼓舞，追念先祖功德，歌颂先祖英勇奋斗精神。可以说每位参与盘王节的瑶族人都是瑶族盘王节的文化持有者，他们共同完成着对于瑶族盘王节的传承和保护，他们每一个人都拥有文化记忆和掌握部分核心技艺，如果只评选一位掌握技艺全面的传承人是不可能完成瑶族盘王节的保护与传承的。民俗类非物质文化遗产项目是根植于民众生活中的群体性质的文化展演，如果只选择一名文化持有者享有传承人的资格，享有传承人的待遇，这样不仅容易造成不必要的文化持有者之间的矛盾，更重要的是，这样也不利于民俗类非物质文化遗产项目的传承和发展。

（二）加强对少数民族传统仪式、仪礼的保护与研究

我国少数民族众多，而各民族都有其独特的仪式、仪礼民俗文化，如传统婚俗、传统寿礼等文化，这些优秀的，代表着民族精神、民族特色的民俗文化在成为民俗类非物质文化遗产后，由于其自身的一些特点，如不适于展示展演等，一直没有受到如其他民俗类非物质文化遗产同等的重视程度，这就大大地影响了其保护和发展的步伐。

就目前情况来看，一些地区积极申报传统仪式、仪礼的非物质文化遗产项目，而申报成功后，后续的保护、传承工作并没有紧锣密鼓地跟上，始终没能给予足够的重视。一些地区的此类非物质文化遗产保护工作甚至已经陷入了"重申报、轻保护"的尴尬境地。同时，学界相关的理论研究、保护等方面的论文也鲜见发表。这些原因都使此类民俗类非物质文化遗产保护工作相对滞后。

在已公布的三批国家级非物质文化遗产项目名录中，少数民族传统仪式、仪礼项目只有婚俗（朝鲜族回婚礼、达斡尔族传统婚俗、彝族传统婚俗、裕固族传统婚俗、回族传统婚俗、哈萨克族传统婚俗、锡伯族传统婚俗）、朝鲜族花甲礼、朝鲜族传统婚俗、塔吉克族婚俗、蒙古族婚礼（阿日奔苏木婚礼、乌珠穆沁婚礼、蒙古族婚俗）、鄂尔多斯婚礼、土族婚礼、撒拉族婚礼等8个项目，相对于1219项国家级非物质文化遗产项目，及183项（包括扩展项目）国家级民俗类非物质文化遗产项目，少数民族传统仪式、仪礼项目所占比例是很小的。

与此同时，在已公布的四批国家级民俗类非物质文化遗产项目代表性传承人名录中，只在2012年公布的第四批国家级非物质文化遗产项目代表性传承人中有少数民族传统仪式、仪礼的传承人，分别是土族婚礼的董思明、撒拉族婚礼的韩占祥、塔吉克族婚俗的艾克木山·马达力汗及婚俗（裕固族传统婚俗）的安福成。相对于1986位国家级非物质文化遗产项目代表性传承人，及61位国家级民俗类非物质文化遗产项目代表性传承人，只有4人为少数民族传统仪式、仪礼项目的传承人，这个比例是很小的。

无论是从已公布的国家级非物质文化遗产项目名录的数量来看，还是

从已公布的国家级非物质文化遗产项目代表性传承人的数量来看,民俗类非物质文化遗产中的少数民族传统仪式、仪礼项目所占比例都是微小的。这对少数民族的传统仪式、仪礼非物质文化遗产项目的发展是不利的。少数民族的传统仪式、仪礼,是对民族文化的一次微缩且集中的展示,其中少数民族文化符号,祈吉求祥、禳灾避祸的文化心理等都通过传统民族服饰、传统仪式规程等进行淋漓尽致地展示。而随着时代的快速发展,一些少数民族的传统仪式、仪礼在渐渐被简化甚至有被取代的趋势,如果不能通过非物质文化遗产保护工作对其加以保护、传承,可以想象在不久的未来,随着少数民族传统的婚俗、寿礼的文化主体的老去、去世,这些承载着民族文化、传统文化的婚俗、寿礼将消失于现代化、快节奏的生活中。如何使这些少数民族传统的婚俗、寿礼在非物质文化遗产保护工作中更好地被保护、传承和发展,更为重要的是,使这类民俗类非物质文化遗产可以真正回归民众的生活,少数民族的传统文化、民族文化重新焕发生命力,实现真正意义上的传承。这些问题都是值得政府相关职能部门、学者专家思考的。

(三) 还俗于民

近年来,国家对于民俗类非物质文化遗产项目的保护和传承日益重视,各种保护力量纷至沓来,政府、相关职能部门、学界,甚至包括商界,这些力量共同作用于传统节日的保护、传承和发展上。面对这种形势喜人的发展趋势,民俗类非物质文化遗产的保护和传承还应保有一份清醒的认识。这些曾经是日常生活重要组成部分的民俗文化在成为非物质文化遗产之后,已经渐渐脱离了原有的生存空间,不同的保护力量都想从传统节日的保护和传承中获得利益。这就造成了民俗类非物质文化遗产项目与传统渐行渐远,使这些传统民俗文化越发"异化""空洞化"和"物化"。[①]

经过几年来的保护经验,越来越多的人认识到民俗类非物质文化遗产项目只有被交还到文化持有者的手中,即还俗于民,才能真正实现民俗类非物质文化遗产项目保护的意义和价值。而要真正做到还俗于民,最重要的就是对主体性、本真性等的恪守。

---

① 应妮:《中国节远离传统学者批"异化、物化、空洞化"》,中国新闻网,2013年2月24日(http://www.chinanews.com/cul/2013/02-24/4590614.shtml)。

1. "主体性"原则

所谓主体性,是指尊重文化持有者即文化主体的文化选择,尊重他们对文化的持有权利。非物质文化遗产作为脱离了原有生存时空的民俗文化,在一定程度上,一些地区对于非物质文化遗产的保护演变成了机械性地为了保护传承而进行保护传承。这样做的最大后果就是,不顾及作为保护主体、传承主体的传承人的心理感受,对传承和保护肆意干预,并一味追求保护成果的利益最大化。

就以在民俗类非物质文化遗产中所占比例最大的传统节日为例来阐释尊重主体性的重要作用,传统节日所承载的文化内涵和社会文化功能及意义是其被传承和保护的精髓,文化主体对这些内涵有其自己的理解。而现在的保护工作很大程度上流于表面形式,不注重传统节日的文化内涵,不顾及甚至误导文化主体对于传统节日内涵的理解。如在2012年的七夕节,众多城市举办了接吻大赛。① 这就间接导致了一些年轻人即潜在的文化主体对七夕节产生了误读,如牛郎织女传说中的鹊桥变成了奈何桥,鹊鸟换成了仙鹤,七月初七上弦月改成十五满月等。②

而如何在民俗类非物质文化遗产项目保护和传承过程中实现主体性,很多学者都提出了观点,其中杨正文提出,整个民族文化资源的开发方面,都应该注意主体性原则,要尊重人民的文化解释权和文化基础。一是尊重文化传承规律,不强行干预、中断或过度添加;二是始终用保护的眼光看待传统与发展、文化与经济的关系;三是利益共享,确保文化传承人拥有文化上的权利。只有这样,文化才能够持续下去。③

2. "本真性"原则

虽然"本真性"很难用准确的语言进行表达,但作为非物质文化遗产保护过程中一个重要的概念,被反复提及,是有其原因的,一方面强调作为历史文化传统的非物质文化遗产具有其独特的地方性,并且每一种非物质文化遗产都有一个真实的本原,真实的、本原的非物质文化遗产往往处

---

① 张环泽、王红军:《民俗学家:传统节日的内涵形式可以借用但不能乱用》,中国经济网,2012年9月10日(http://www.ce.cn/culture/gd/201209/10/t20120910_23665188.shtml)。

② 张环泽、王红军:《民俗学家:传统节日的内涵形式可以借用但不能乱用》,中国经济网,2012年9月10日(http://www.ce.cn/culture/gd/201209/10/t20120910_23665188.shtml)。

③ 钟哲、刘宁:《〈中国节日志〉:完整记录传统节日》,《中国社会科学报》2012年8月6日,第339期。

于濒危状态,需要保护的正是这些原生态的非物质文化遗产。另一方面主要表现为地方政府、学者、媒体以及以商业资本为主导的社会力量共同参与的行为,试图将具有悠久历史传统、依然鲜活地存在于日常生活的民俗文化"遗产化",将其从日常生活的语境中抽离出来,塑造成为超越地方的文化遗产,代表着地方的文化形象。①

可以看出,"原生态神话"和"遗产化"是我国非物质文化遗产保护过程中存在的问题,这更是民俗类非物质文化遗产项目保护过程中存在的问题,这也就使得"本真性"对于民俗类非物质文化遗产项目越发重要。民俗类非物质文化遗产包括传统节日、传统仪式、文化空间及生产、生活习俗等方面,在日本被称之为无形民俗文化资料,1954年6月22日文委企第50号《有关文化遗产保护法部分修正的说明》有明确的表述:无形民俗文化资料,如果按照其原貌加以保护的话,违背了自然发生、自然消亡的民俗资料的性质。是没有意义的。例如"正月节庆"这样的活动保存原样既不可能也无意义。只要采取记录保存的措施就足够了。② 这正是对于追求"原生态神话"的反对。而"遗产化"过程,应本着理性和负责态度看待民俗类非物质文化遗产项目,因为民俗类非物质文化遗产项目作为生活文化的一部分,它有其自然的生命规律。况且,生活文化中的艺术、祭礼、年节仪礼等活动,都植根于历史形成的生产方式、生活方式、信仰体系。③ 如果一味地将民俗类非物质文化遗产项目进行"遗产化"过程,不仅大大地破坏了其本真性,更关键的在于,这种完全违背民俗类非物质文化遗产项目生存演变的行为将不利于其保护和传承,也就丧失掉了非物质文化遗产保护的初衷。

民俗类非物质文化遗产保护最为理想的效果是,这些原本属于民众的民间文化被交还到民众的手中,而这些非物质文化遗产在没有回归民众生活之前已经被外界保护得"体无完肤",何谈去实现将这些宝贵的财富完整地交还到真正的主人手中呢!

---

① 刘晓春:《谁的原生态?为何本真性——非物质文化遗产语境下的原生态现象分析》,《学术研究》2008年第2期。
② 王晓葵:《日本非物质文化遗产保护法规的演变及相关问题》,《文化遗产》2008年第2期。
③ 王晓葵:《日本非物质文化遗产保护法规的演变及相关问题》,《文化遗产》2008年第2期。

年度热点

非物质文化遗产保护与文化产业开发

撰稿：钱永平　潘博成　审稿：高小康*

一　2012 年概况：非物质文化遗产保护的新发展与新问题

距离 2001 年昆曲成功申报"人类口头和非物质遗产代表作"已经过去整整 11 年了，"非物质文化遗产"一词也在这段时间内从一个拗口的术语转变为全民熟知的文化热词。随着各界对非物质文化遗产关注度的不断上升，关于非物质文化遗产开发利用的讨论与实践也在增多。究竟非物质文化遗产的开发需要走向何方，它与非物质文化遗产保护又有着怎样的关系，非物质文化遗产与文化产业之间到底存在着何种交集？一系列富有时代性的话题也正在成为非物质文化遗产研究和实践应用的焦点。

但非物质文化遗产产业的蓬勃发展却不是孤立发展的文化现象，他还受到其他环节的深刻影响，包括监督、教育和传承人保护均对于非物质文化遗产产业有着重要意义，这些构成了非物质文化遗产产业的基本背景。

（一）非物质文化遗产监督机制取得较大进展

我国针对非物质文化遗产的申报和认定业已形成初步体系：从纵向划分，包括了世界级、国家级、省级和市县级四级名录；从横向而言，主要

---

* 钱永平，女，1977 年生，晋中学院文化生态研究中心讲师，文学博士（非物质文化遗产学专业）；潘博成，男，中山大学中文系非物质文化遗产学（MCA）2012 级硕士研究生；高小康，男，1954 年生，中山大学中文系教授、博士生导师（文艺学、非物质文化遗产学），中山大学中国非物质文化遗产研究中心副主任。

包括了非物质文化遗产项目、传承人、文化生态保护区和生产性保护基地等（表1）。在这一阶段中，"申遗"是整个非物质文化遗产保护和开发中的关键词，能否被认定为某一级别的非物质文化遗产项目，往往是非物质文化遗产讨论的重点话题。但在"后申遗时代"，情况渐趋发生了转变，各界将更多的目光投向了成功申报的非物质文化遗产将如何得到更好地保护、传承和利用，其中针对非物质文化遗产项目的监督机制便是在这一现实语境中孕育和提出的①。同时，监督机制的出现也与当前非物质文化遗产保护和开发领域问题频出的现状密不可分，多年以来"重开发，轻保护"屡见不鲜，非物质文化遗产一旦成功"申遗"便意味着死亡，非物质文化遗产各类经费难以用到实处等现象层出不穷。

表1 我国现行非物质文化遗产申报和认定体系②

级别	项目	实施时间（年）	实施机构
世界级	人类非物质文化遗产代表作名录	2001	UNESCO
	急需保护的非物质文化遗产名录	2009	
	优秀实践名册	2009	
国家级	国家级非物质文化遗产代表作名录	2006	文化部
	国家级非物质文化遗产项目代表性传承人	2007	
	国家级非物质文化遗产生产性保护示范基地	2011	
	国家级文化生态保护区	2007	
省、市县级	省、市县级非物质文化遗产代表作名录	—	各级文化厅、局等机构
	省、市县级非物质文化遗产项目代表性传承人	—	

因此要求加强非物质文化遗产保护监督机制的呼声越来越强，主要包括了对非物质文化遗产项目及其传承人等角色的监督，而监督机制的存在，首先是以政府为实施主体的。《中华人民共和国非物质文化遗产法》第二十七条规定"国务院文化主管部门和省、自治区、直辖市人民政府文化主管部门应当对非物质文化遗产代表性项目保护规划的实施情况进行监督检查"。这是非物质文化遗产监督机制首次以国家大法的形式被确立。

---

① 高小康：《走向"后申遗时期"的传统文化保护》，《江苏行政学院学报》2012年第2期。
② 本表根据联合国教科文组织网站、中华人民共和国文化部网站整理。

在此前只有《国务院办公厅关于加强我国非物质文化遗产保护工作的意见》等少数文件基于专家和部级联席会议等层面对非物质文化遗产监督机制做出过规定。2012年是《非物质文化遗产法》贯彻实施的第一年，山西、广东、湖北和重庆等地陆续出台了当地的《非物质文化遗产保护条例》，其中均提及到了监督问题。

伴随着法律法规的陆续出台，非物质文化遗产监督机制在2012年开始得到了一定落实。2012年9月，文化部首次对黑龙江省民族研究所和凤凰县龙玉年苗医药诊所两家履职不力的国家级非物质文化遗产代表性项目保护单位提出批评和限期整改，并对河西区挂甲寺街道办事处、内蒙古自治区群众艺术馆和长沙市文学艺术界联合会六家予以了撤销处分①。这是我国在"后申遗时代"首次真正落实了监督机制，并体现出了对实施退出机制的坚定决心。

但当前的监督机制基本上围绕着政府的官方监督而展开，诸如社会组织、公众和媒体的监督尚未得到充分落实。在未来，丰富和完善监督者来源应成为非物质文化遗产监督机制的发展趋势，并最终形成类似"全民监督"的结果。

强化对非物质文化遗产的监督机制，无疑为其在文化产业开发的过程中构筑了一道保护墙。文化产业要求商业化的导向，并且重视赢利效果，但非物质文化遗产的文化产业开发应当严格纳入政府调控范围，确保市场功能的发挥与"非物质文化遗产传承与保护"能够取得协调和平衡②。亦即是说，非物质文化遗产监督是非物质文化遗产产业发展的必备条件，唯有在完善的监督机制之下，非物质文化遗产的文化产业才能在规范的轨道上得到可持续性更强的发展与延续。

（二）多方力量推动各种形式的非物质文化遗产教育

《非物质文化遗产法》第三十四条规定："学校应当按照国务院教育主管部门的规定，开展相关的非物质文化遗产教育。"这已经从法理层面规

---

① 《文化部：我国调整撤销105个国家级非物质文化遗产保护单位》，中央政府门户网站，2012年10月17日（http：//www.gov.cn/gzdt/2012-10/17/content_2245607.htm）。
② 蒋多：《再谈"非物质文化遗产"走出去——兼论生产性保护的理念与方式》，《中国社会科学报》2013年1月7日。

定了非物质文化遗产教育的必要性，同时，学术界和非物质文化遗产业界也对非物质文化遗产教育投以了更多的关注。在2012年，围绕着非物质文化遗产教育，产生了非常多的新现象和新发展，这些创新和变化无不影响着非物质文化遗产的文化产业发展。

首先，非物质文化遗产的学历教育呈现出了井喷式的发展。在2012年中国戏曲学院表演系的高招中，首次设立了黄梅戏、粤剧、梨园戏和闽剧四个戏剧类非物质文化遗产专业，2012年最终招录学生人数多达118人[1]，一些港澳地区的学生甚至也前来报考京剧[2]。北京城市学院更是直接开设了本科视觉传达设计（非物质文化遗产方向）专业，试图将工艺美术类非物质文化遗产引入高校本科教学，并采取师傅带徒的工坊式教学方式培养人才[3]。在2012年岁末，安徽省行知学校更是牵头发起23家企业与行业协会，共同创立非物质文化遗产教育集团，并计划成立国内首所非物质文化遗产学院，以打造国内的"非物质文化遗产高端教育"[4]。

此外，检索2013年我国硕士专业招生目录可知，当前开设非物质文化遗产相关专业研究生教育的院校已经为数不少（表2），这说明我国的非物质文化遗产学历教育已经步入更高的发展水平，而且这些专业当中，有相当部分与文化产业密切结合，由此也可证明文化产业与非物质文化遗产保护之间的勾连脉络。

表2 国内高校开设的部分非物质文化遗产专业

省份	院校	专业名称
湖北	武汉工业学院	文化产业管理（文化遗产资源保护与利用）
福建	漳州师范学院	闽南民俗文化与民间文艺
青海	青海民族大学	民族文化传播（非物质文化遗产保护与传播）
云南	云南大学	民族文化产业（少数民族非物质文化遗产保护）
广东	中山大学	非物质文化遗产学
北京	中国艺术研究院	非物质文化遗产学
湖北	湖北美术学院	艺术学理论（文化遗产学研究）

---

[1] 《今年高招艺考青睐非物质文化遗产专业》，《北京日报》2012年1月4日第5版。
[2] 《2.5万考生网报北京电影学院》，《北京日报》2012年2月9日第6版。
[3] 视觉传达设计专业（非物质文化遗产方向）介绍，北京城市学院首都文化艺术学院，http://dep.bcu.edu.cn/webwhys/2jnews.asp?id=7。
[4] 《打造非物质文化遗产教育高端品牌》，《中国教育报》2013年2月8日第3版。

其次,非物质文化遗产的公众教育也是非物质文化遗产教育的重要构成。在2012年,非物质文化遗产的公众教育也出现了一些全新的发展情况。如太原在其《关于深化文化体制改革加快建设文化强市的实施意见》中要求以非物质文化遗产展示教育基地的方式推动非物质文化遗产公众教育[1]。厦门市则通过发布《厦门市公民文化手册》来鼓励大众了解、关心和认知文化生态保护区等非物质文化遗产重要事项,以提升大众对于非物质文化遗产的文化自觉意识[2]。深圳职业学院经济学院成立了"非物质文化遗产"文化志愿者服务基地,通过向大学生传承和教育鱼灯舞、麒麟舞和客家山歌等非物质文化遗产项目,以其促进非物质文化遗产在大学生和周边社区的教育传承[3]。

非物质文化遗产学历化教育强调专业化传承方式,公众教育则重在促使广大民众渐趋形成一种对于非物质文化遗产的文化自觉意识,前者专业传承方式的实现与否,往往离不开后者所奠定的传承沃土,假若全社会都能够意识到保护非物质文化遗产的必要性,则最终非物质文化遗产的教育与发展将得到更好地落实。

最后,公益化教育事业也正在成为非物质文化遗产教育中渐渐受到关注的一种形式。如佳能(中国)公司自2009年起便连续开展公益项目对彝族、傣族和羌族等五个少数民族之非物质文化遗产加以支持,并希望以此推动非物质文化遗产的公众教育[4]。随着《非物质文化遗产法》的逐步落实,以及民众"非物质文化遗产观"的渐趋树立,这类来自非官方的非物质文化遗产教育努力在未来还将继续发展和壮大。

此外,非物质文化遗产教育也是非物质文化遗产产业化发展的必要步骤。文化产业的最终振兴必须依赖足够的消费受众方能实现,如果广大民众能够在青少年乃至更早的阶段,产生了对待非物质文化遗产的文化自觉理念,则无疑已经孵化出了一代非物质文化遗产潜在消费者。因

---

[1] 《太原如何从文化资源大市跨越为文化强市?》,《太原晚报》2012年1月18日第6版。
[2] 《文化保护,从娃娃抓起:〈厦门市公民文化手册〉力争列入义务教育乡土教材》,《厦门晚报》2012年12月12日A9版。
[3] 《我市首座"非物质文化遗产"文化志愿者服务基地揭牌》,《深圳特区报》2012年3月22日A18版。
[4] 《佳能(中国)非物质文化遗产文化保护——苗族文化保护》,佳能(中国)网站(http://www.canon.com.cn/corp/csr/delightedimage/culture/miao/intro.html)。

此，非物质文化遗产教育不仅需要政府的公益性投入参与，也需要得到非物质文化遗产产业者的积极参与，方能实现非物质文化遗产教育的进一步发展。

（三）传承人问题备受各方所重视

2012年12月25日，文化部发文正式公布了第四批国家级非物质文化遗产项目代表性传承人名单，此次名单共包含498人，较之第三批的711人已经进行了较大幅度的缩减，这也表明了在"后申遗时代"，国家对于各类评选活动的态度日趋慎重和谨慎。至此，我国已经评选出国家级非物质文化遗产项目代表性传承人1986位。若外加包括省级和市县级评选的非物质文化遗产项目传承人，这将是一个数量庞大的群体。更为重要的是，还有更多的非物质文化遗产传承人并未入选上述任何名单，但他们却以非物质文化遗产传承人的实际身份开展着各项事业。

由此便产生了一系列蓄积已久的问题，如传承人的扶持经费如何得到保障和落实？传承人的传承事业如何更好地得到保证？面对商业化的冲击，传承人如何定位？等等。这些问题也渐渐得到了学术界、政府和传承人的重视，并在2012年有了一定的突破。

6月30日，第四届中国非物质文化遗产保护·苏州论坛正式召开，此次论坛的主题为非物质文化遗产传承人保护与传承机制建设。与会的专家学者从非物质文化遗产传承人的义务和权利、名录认定、保护和退出机制等方面对传承人问题展开了讨论[①]。这也成为2012年对非物质文化遗产传承人问题讨论的一次关键会议。

而传承人的技艺传承在2012年也有了重大突破。12月4日，联合国教科文组织正式将"福建木偶戏人才培养计划"列入非物质文化遗产优秀实践名册[②]，这也成为我国首项列入该名册的项目。由此也证明，我国在非物质文化遗产的世代传承方面经过多年努力，已经取得了一定成效。但对于更多的传承人而言，人才传继依旧是一大难题，尤其是在尚未被列入

---

① 《第四届中国非物质文化遗产保护·苏州论坛开幕》，中国新闻网，2012年6月30日（http://www.chinanews.com/cul/2012/06-30/3998561.shtml）。

② Strategy for Training Coming Generations of Fujian Puppetry Practitioners, UNESCO Culture Sector（http://www.unesco.org/culture/ich/en/Art18/00624.）.

各级名录的传承人中，传艺无门的现象频频出现。如首批入选国家级非物质文化遗产名录的榆林小曲正由于缺乏固定经费投入、传承人年老体衰和缺少传承场所而面临着传承窘境[①]。

对此，一些地方也陆续采取了措施，希望改善传承人传艺的困难。如北京在6月出台了《关于加强非物质文化遗产保护传承的扶持办法》，为学徒学艺、提供场地和文化创意产品开发等方面对传承人予以支持[②]。在此办法出台之前，北京建立了北京皮影剧团皮影传习所，供传承人表演、传习和展示之用，这也成为了北京天桥演艺区整体规划的一个重要部分[③]。同期，三亚市也陆续建起了黎族原始制陶技艺传习所和黎族传统纺染织绣技艺传习所两个非物质文化遗产传习所，这两所传习所将成为传承人传承和展示技艺的重要场所，同时也肩负着拓宽传承人生存空间，改善其生活条件的重要使命[④]。

此外，关于传承人的评选机制也变得日趋多元化。如由中国非物质文化遗产保护中心发起的首届"中华非物质文化遗产传承人薪传奖"在6月6日正式颁奖，包括梅葆玖、朱乐耕和文干刚在内的60位传承人荣获此殊荣，这也标志着更多用以激励非物质文化遗产传承人的社会机制正在形成[⑤]。由此，非物质文化遗产传承人也将得到更多重视，无论在社会美誉度、生活条件和传承环境等方面均会得到进一步改善。

上述2012年出现的非物质文化遗产保护新动向，是非物质文化遗产产业发展的必要基础，但2012年非物质文化遗产保护的热点是以生产性保护为契机，社会各界均在思考如何促进非物质文化遗产的产业化，以实现自我发展。

---

① 《非物质文化遗产项目榆林小曲传承后继无人 现状不容乐观》，榆林新闻网，2012年2月25日（http://www.xyl.gov.cn/news/wtyl/2012/225/122258373543G794JDJ3HBBJ5D58EE.html）。
② 《关于加强非物质文化遗产保护传承的扶持办法》政策解读，北京文化热线，http://www.bjwh.gov.cn/461/2012_6_20/3_461_71283_0_0_1340177713703.html。
③ 《500年北京皮影有了传习所》，《北京日报》2012年5月18日A16版。
④ 《三亚两所省级非物质文化遗产技艺传习所成立 传承传统技艺》，南海网，2012年11月8日，http://www.hinews.cn/news/system/2012/11/08/015125328.shtml。
⑤ 《"中华非物质文化遗产传承人薪传奖"颁奖》，《民族论坛》2012年第12期。

二 文化产业开发作为热点的理由

2005年联合国教科文组织通过的《保护和促进文化表现形式多样性公约》把文化产业（Cultural industries）与商业市场联系起来加以界定，在阐释文化活动、产品与服务上的基础上给出了文化产业的内涵：

(1) 文化活动、产品与服务（Culural activities, goods and services）：是指从其具有的特殊属性、用途或目的考虑时，体现或传达文化表现形式的活动、产品与服务，无论他们是否具有商业价值。文化活动可能以自身为目的，也可能是为文化产品与服务的生产提供帮助。

(2) 文化产业（Cultural industries）：指生产和销售上述第（1）项所述的文化产品或服务的产业。

按照上述文化产业的定义，结合我国实际，我们首先需要了解具有公共文化服务性质的文化事业和文化产业是不同的，文化事业是国家应当提供给公众的文化服务，如各种级别的图书馆、文化遗产保护事业，资助文化价值高但市场赢利能力不高的艺术团体等。这些公共事业，出发点不在考虑赚钱，而是为着公众应享有的文化权而着眼的。后者是能够在市场产生交换价值，既有出版发行、影视制作、印刷、广告、演艺、娱乐、会展等传统文化产业领域，也有文化创意、数字出版、移动多媒体和动漫游戏等新兴文化产业。

（一）文化产业时代的到来

长期以来，文化和市场在价值层面是壁垒分明的两个世界。以艺术为代表的文化充满了美学趣味、对世俗的反思观照。而产业世界谈论的是市场占有率、商品开发和营销。文化世界鼓励个性的自由独立，不媚俗。而产业市场则竭力强调应提供消费者所想所需的产品。但在当代全球化进程中，商业扩展到社会的各个领域，渗入文化领域已成事实。市场网络和信息技术能力的提升，为文化的发展奠定了雄厚的经济基础。非物质文化遗产正在或已经成为地方文化产业的重要文化资源。

全球化所导致的最明显现象之一——挑起了关于全球消费者生活品位的激烈竞争。随着全球大众受教育程度的提高，大众开始形成自己独特的生活品位，并投注到消费行为中，商品变成了一个表达个人价值观的方法。产品本身所具有的物理特性和服务已经不一定使产品在市场上大行其道,产品数量、更新速度、信息爆炸的社会不仅对产品本身质量提出了更高要求,也使产品取得成功的原因变得多元化,一种生活方式,一种态度、一种情绪,一种特有设计,一段故事,都可成为产品成功的决定性因素,这些因素使得产品含有人的某种体验,若要增强消费者的感官体验,文化成为至关重要的因素。事实证明,加入体验的产品能产生更高的经济价值。

而当代社会个体已经不是大工业机器生产体系中的一个部件,而是对自身权利、个性提出了更多要求。某种程度上,非物质文化遗产具有的"身心合一"特性,使传承者做出的非物质文化遗产作品充满了生命力和独特性,因此会更受人们欣赏。因此,思考丰富的非物质文化遗产在当代如何转换成产业竞争优势是必然,尽管我国的非物质文化遗产产业目前处于起步阶段。

(二) 国家文化产业战略对非物质文化遗产的影响

自 2005 年我国政府正式展开非物质文化遗产保护至 2011 年党中央通过《中共中央关于深化文化体制改革推动社会主义文化大发展大繁荣若干重大问题的决定》(以下简称《决定》)前,从国家各部门下发的有关文化的政策文件[①]我们可以看出,我国政府对非物质文化遗产的施政重点是组织各级政府展开非物质文化遗产调查,建立非物质文化遗产四级名录体系,对濒危非物质文化遗产实施抢救性保护,指定国家级非物质文化遗产代表性项目的传承人,这些主要是着眼于非物质文化遗产在塑造地方社会凝聚力,民族认同所具有的影响,在国家层面承认了非物质文化遗产对我国社会发展的重要性。

在 2012 年即将到来前,2011 年 10 月 18 日中国共产党第十七届中央委员会第六次全体会议通过《决定》。这一决定的至关重要性在于我国会在国家制度层面,鼓励创作优秀文化作品,推动文化产业成为国民经济支柱性产业,追求文化产业整体实力和国际竞争力的显著增强。文化作为一种产业形态,将成为新的经济增长点。文化部部长蔡武指出:"十七届六

---

① 《中华人民共和国文化部政府公开目录》,http://59.252.212.6/? classInfoId=21。

中全会的召开为文化产业发展注入了强大的动力,文化产业已经进入到经济建设的主战场。"① 这意味着,文化将与农业、工业等一样,以商业化、组织化和规模化的产业形态,成为国民经济和国民日常生活中最重要的组成部分。

在此基础上,《决定》在以下方面涉及非物质文化遗产:

第一,抓好非物质文化遗产保护、传承是建设优秀传统文化传承体系的重要内容;

第二,重视发现和培养扎根基层的乡土文化能人、民族民间文化传承人特别是非物质文化遗产项目代表性传承人,能为文化大发展提供人才支撑;

第三,在完善政策保障机制方面,对非物质文化遗产项目经营实行税收优惠;

第四,促进非物质文化遗产保护传承与旅游相结合,以扩大文化消费。

在支持、鼓励非物质文化遗产与经济产业相结合的政府文件主要有《关于保护和促进老字号发展的若干意见》(商改发〔2008〕104号)和《文化部国家旅游局关于促进文化与旅游结合发展的指导意见》(文市发〔2009〕34号)。在2011年10月,文化部下发《文化部关于公布第一批国家级非物质文化遗产生产性保护示范基地名单的通知》,授予全国18个组织团体为"国家级非物质文化遗产生产性保护示范基地"。

在党中央通过《决定》后,以文化部为主的文化密集出台了一系列文化产业发展的文件,许多都涉及非物质文化遗产:

2012年2月2日,文化部下发《文化部关于加强非物质文化遗产生产性保护的指导意见》(文非物质文化遗产发〔2012〕4号),配合此文件的出台,2012年2月5日至15日,由文化部主办,在北京全国农业展览馆举行了"中国非物质文化遗产生产性保护成果大展"。

2012年2月23日,文化部发布《文化部"十二五"时期文化产业倍增计划》(文产发〔2012〕7号),把非物质文化遗产作为提升旅游文化品位、拓宽市场的手段之一。

---

① 蔡武:《在2012年国家级文化产业园区基地命名授牌会议上讲话》,中国文化传媒网,http://www.ccdy.cn/zhuanti/2012zt/chanyejidi/quanwei/201209/t20120925_408658.htm。

2012年5月3日，文化部办公厅下发《中国杂技艺术振兴规划（2011—2015）》（办艺函〔2012〕149号），就杂技行业如何发展给出了指导性意见。

2012年5月8日，文化部出台《文化部"十二五"时期文化改革发展规划》（文政法发〔2012〕13号），提出在有效保护的基础上，积极推动非物质文化遗产的合理利用，推进非物质文化遗产生产性保护，命名一批非物质文化遗产生产性保护示范基地，开展非物质文化遗产保护利用设施建设。在文化经济政策层面，对非物质文化遗产项目经营实行税收优惠。

2012年6月28日，文化部出台《关于鼓励和引导民间资本进入文化领域的实施意见》（文产发〔2012〕17号），就民间资本加入非物质文化遗产传承做了具体规定[①]。

2012年11月8日，中国共产党第十八次全国代表大会召开，大会报告《坚定不移沿着中国特色社会主义道路前进，为全面建成小康社会而奋斗》中，也提出增加文化软实力，需要推动文化产业的加速发展，使文化产业成国民经济支柱性产业。文化产业是满足人民多层次、多方面、多样化精神文化需求的重要途径，是充分发挥市场在文化资源配置中的积极作用，激发全社会文化创造活力的必然要求。

在实际行动上，从2007年到2012年，文化部先后命名了四批国家级文化产业示范园区，见表3，不少产业园区的运营内容都包含了非物质文化遗产，有的产业园区中，非物质文化遗产甚至占了很大比例：

---

① 五、鼓励民间资本投入非物质文化遗产传承保护

（十）鼓励民间资本积极投入非物质文化遗产基础设施建设，支持民间资本结合文化旅游、民俗节庆活动等建设非物质文化遗产博物馆、展示馆、传习所等基础设施，开展保护、展示、传承、宣传活动。

（十一）鼓励和引导民间资本利用现有优惠政策，参与非物质文化遗产生产性保护。积极协调有关部门，研究制定非物质文化遗产生产性保护税收、信贷、融资、土地使用等方面的扶持办法，为民间资本参与非物质文化遗产生产性保护营造有利环境。

（十二）鼓励民间资本建立信息平台和社会中介组织，为非物质文化遗产生产性保护搭建桥梁和纽带。鼓励民间资本支持非物质文化遗产代表性传承人开展传统技艺与题材的创新和发展，推动传统产品的功能转型和审美价值提升。鼓励民间资本支持技艺展示、产品销售等活动，宣传非物质文化遗产及其产品的文化内涵和审美价值。鼓励民间资本通过设立公益性基金等方式参与非物质文化遗产保护，如对濒危的非物质文化遗产进行抢救性保护，对代表性传承人及学艺者予以资助等。

表3 文化部国家级文化产业示范园区

时间	文件	文号	类型	园区名
2007	文化部关于命名首批国家级文化产业示范园区的通知	文产发〔2007〕24号	示范园区	西安曲江新区和华侨城集团公司
2008	文化部关于命名第二批国家级文化产业示范园区的通知	文产发〔2008〕19号	示范园区	山东省曲阜新区文化产业园
				辽宁省沈阳棋盘山开发区
2011	文化部关于命名第三批国家级文化产业示范园区的决定	—	试验园区	开封宋都古城文化产业园区
				张江文化产业园区
				广州北岸文化码头
				黑龙江（大庆）文化创意产业园
				长沙天心文化产业园区
				中国曲阳雕塑文化产业园
2012	文化部关于命名第四批国家级文化产业示范（试验）园区的决定	文产发〔2012〕29号	示范园区	湖南省长沙天心文化产业园区
				四川省成都青羊绿舟文化产业园区
			试验园区	福建省闽台文化产业园
				山东省台儿庄古城文化产业园
				吉林省东北亚文化创意科技园
				宁夏回族自治区石嘴山市星海湖文化产业园区

上述国家级文化产业示范园区都多少涵盖了非物质文化遗产的内容。曲江新区的春节期间灯会、社火等传统民俗活动，曲阜新区文化产业园的一年一度的祭孔大典，长沙天心文化产业园区拥有火宫殿庙会、湘剧、湖南花鼓戏、长沙弹词等四项国家级非物质文化遗产，创建了非官方的"中国映山红戏剧节"。台儿庄古城文化产业园则挖掘"鲁南花鼓""渔灯秧歌"等非物质文化遗产融入当地文化旅游中。

成都青羊绿舟文化产业园区内则有国际非物质文化遗产博览园，2009年8月，文化部正式批复"非物质文化遗产节"永久落户四川，举办地点就在"成都国际非物质文化遗产博览园"内。成都国际非物质文化遗产博览园旨在满足持续举办非物质文化遗产节的基础上，通过广泛集聚国内外非物质文化遗产，打造一个非物质文化遗产文化展示、展演、展销、休闲、体验、娱乐、科普教育为一体的开放式博览园、经典文化旅游目的地和非物质文化遗产生产性保护及可持续发展基地。园区通过持续举办非物质文化遗产节、巡展、剧场演出等活态展演，搭建非物质文化遗产特色文化商品专业化市场平台，深入挖掘非物质文化遗产资源，延伸文化产业链，实现了非物质文化遗产保护和园区持续发展有机统一。2011年第三届非物质文化遗产节期间，直接参加各类节会活动的人数达570余万，拉动成都各类消费达61.5亿元，其中博览园入园人次达180.7万。非物质文化遗产节后，借助博览园场馆设施举办的第八届国际美食节及龙狮新春大庙会共接待游客100万人次，间接拉动社会消费4.3亿元。园区核心区与外围层联动发展，带动青羊区实现文博旅游产业增加值116.63亿元，占地区GDP比重达20%[①]。

据不完全统计，自2004年起，文化部每两年命名的国家文化产业示范基地中，也涉及非非物质文化遗产产业经营主体。如表4。

表4 与非物质文化遗产有关的文化部命名的国家文化产业示范基地

批次（年）	名　　称	涉及的非物质文化遗产项目
第一批（2004）		
1	河北吴桥杂技文化经营集团公司	民间杂技
2	辽宁民间艺术团	东北二人转
3	华宝斋富翰文化有限公司	富阳竹纸制作技艺、雕版木刻水印
4	佛山市民间艺术研究社	佛山非物质文化遗产：狮舞等
5	四川自贡中国彩灯文化发展园区	自贡灯会
合计5，占总数的11%		
第二批（2006）		
1	河北易水砚有限公司	易水砚传统制作技艺
2	吉林省东北风二人转艺术团	东北二人转
3	苏州苏绣文化产业群	苏绣
4	景德镇陶瓷文化博览区	景德镇手工制瓷技艺

---

① 资料来源：http://www.ccdy.cn/zhuanti/2012zt/chanyejidi/disipi/201209/t20120925_408067.htm。

续表

批次(年)	名　称	涉及的非物质文化遗产项目
第二批（2006）		
5	重庆市綦江农民版画产业发展有限公司	綦江农民版画艺术
6	多彩贵州文化艺术有限公司	贵州各少数民族舞蹈
7	安塞县黄土文化产业开发有限公司	安塞腰鼓、农民画、陕北剪纸艺术
8	吾屯热贡文化艺术村	热贡艺术
合计8，占总数的24%		
第三批（2008）		
1	衡水习三内画艺术有限公司	衡水内画
2	曲阳宏州大理石工艺品有限公司	曲阳石雕
3	大同市广灵剪纸文化产业园区	剪纸
4	沈阳杂技演艺集团有限公司	杂技
5	中筝文化集团长春光明艺术学校	古筝艺术
6	显顺琵琶学校	琵琶艺术
7	江苏省演艺集团有限公司	昆剧、锡剧、扬州评话等
8	江苏爱涛艺术精品有限公司	江苏工艺美术、民间艺术和传统手工艺
9	扬州工艺美术集团有限公司	扬州漆器、扬州玉器、扬州刺绣、扬州剪纸
10	西泠印社集团有限公司	书法、篆刻、国画
11	厦门市优必德工贸有限公司	厦门漆线雕技艺
12	嘉祥石雕文化产业园	嘉祥石雕
13	湖北三峡非博园发展有限公司	非物质文化遗产展示
14	肇庆市端砚文化旅游村开发有限公司	端砚制作技艺
15	海口市大致坡镇琼剧文化产业群	琼剧
16	华县皮影文化产业群	皮影戏
17	庆阳香包民俗文化产业群	庆阳香包绣制、剪纸、洮砚
18	宁夏回乡文化实业有限公司	西北花儿及回族非物质文化遗产
合计18，占总数的31%		
第四批（2010）		
1	北京钧天坊古琴文化艺术传播有限公司	古琴艺术
2	蔚县圆通文化创意有限责任公司	蔚县剪纸
3	山西晋阳嫦娥文化艺术有限公司	晋剧

续表

批次（年）	名　　称	涉及的非物质文化遗产项目
第四批（2010）		
4	吉林省宇平工艺品制造有限公司	宇平人形
5	黑龙江冰尚杂技舞蹈演艺制作有限公司	杂技
6	衢州醉根艺品有限公司	开化根雕
7	桐城市佛光铜质工艺品有限公司	铸胎掐丝珐琅
8	中国宣纸集团	中国宣纸
9	福安市珍华工艺品有限公司	银饰锻制技艺
10	潍坊杨家埠民俗艺术有限公司	风筝制作技艺
11	镇平石佛寺珠宝玉雕有限公司	镇平玉雕工艺
12	项城市汝阳刘笔业有限公司	汝阳刘笔制作技艺
13	广西钦州坭兴陶艺有限公司	坭兴陶烧制技艺
14	拉萨市城关区古艺建筑美术公司	藏族矿植物颜料制作技艺

合计14，占总数的21%

第五批（2012）		
1	中国木偶艺术剧院有限责任公司	木偶戏
2	平定古窑陶艺有限公司	平定刻花瓷
3	南京云锦研究所股份有限公司	南京云锦
4	龙泉市金宏瓷厂	浙江龙泉青瓷
5	台州市绣都服饰有限公司	台州刺绣
6	安徽演艺集团有限责任公司	黄梅戏、杂技
7	禹州市神后镇孔家钧窑有限公司	钧瓷烧制技艺
8	河南安绣文化产业有限公司	安阳刺绣
9	湖南金霞湘绣有限公司	湘绣
10	揭阳市阳美宝玉石有限公司	阳美翡翠玉雕
11	重庆演艺集团有限责任公司	杂技曲艺
12	云南民族村有限责任公司	传统节庆
13	陕西演艺集团有限公司	戏曲、杂技、木偶、皮影
14	肃南裕固族自治县祁连玉文化产业开发有限公司	夜光杯雕

合计14，占总数的20%

除上述的国家授牌的示范基地,各省的非物质文化遗产生产性保护基地不断建立起来,如江苏无锡惠山泥人①,浙江青瓷文化园②,贵州苗族丹寨地区③,山西非物质文化遗产生产性保护基地④等以生意的眼光来看非物质文化遗产,带来的益处显而易见。以目前主要活跃在农村的唱戏为例,在短短的数天内,为诸多流动餐饮、廉价出租车、果农及其他流动零售商带来了较高的营业额,这是非物质文化遗产产业的雏形表现。在这里,作为非物质文化遗产的戏剧是一项隐性投资,其经济回报也是隐性的,因为准确的经济数字很难统计。而以文化的眼光来看,跟着这些看不到的经济隐性回报,诸如戏剧等非物质文化遗产已在包括上述从业人员在内的地方社区中发挥着地方认同感的重要作用。

因此上述以非物质文化遗产为核心内容的文化产业示范基地,表明我国在政策层面不是排斥、舍弃市场因素只顾纯粹的文化艺术,而是鼓励把非物质文化遗产和商业组合起来,会带来以下积极影响:

首先,2012年党的十八大报告提出今后我国将加速城镇化进程,伴随这一转型,都市经济占到越来越重的比例,而都市经济除了实业产业外,其发展和良性循环将对满足市民生活和精神需求的休闲产业产生极大的依赖性。而这一过程中我国民众社会阶层结构的变化,尤其是具有一定经济实力的中产阶层的形成,也会使国民对休闲娱乐的要求越来越高,文化消费成为经济的重要构成亦是必然。剧院、电影院、美术馆、书店、各类影像传媒、主题公园、音乐厅、艺术中心等,以这类基础设施为配套展开的电影、各类艺术表演制作、文化节、文化活动、文化观光旅游等文化活动,会形成文化产品的服务和消费经济,由此产生了与之相关的各类不同的经济组织,反过来也带动了实业和交通运输业的发展,这类文化产业的发展活力,也是城市和地区文化性格的象征,当提及某一文化,人们会随

---

① 《走进五彩泥人世界》,http://www.ccdy.cn/lvyou/jingguan/201207/t20120726_340595.htm,2012年7月26日。
② 披云:《"青瓷文化园"入选浙江省非物质文化遗产旅游经典景区》,http://www.ccdy.cn/lvyou/wanle/201109/t20110927_131285.htm,2010年3月23日。
③ 施娟、汪志球、侯露露:《贵州丹寨对古法造纸等非物质文化遗产进行生产性保护》,http://www.ccdy.cn/xinwen/difang/xinwen/201206/t20120623_316718.htm,2012年6月23日。
④ 王燕君:《山西授牌首批"非物质文化遗产生产性保护示范基地"》,http://www.ccdy.cn/xinwen/wenhua/xinwen/201206/t20120610_308005.htm,2012年6月10日。

之联想到这一文化的发源地。非物质文化遗产在国民文化消费过程角色越来越吃重。

其次,通过非物质文化遗产传递出的美感、故事,使人们获得更多人文、精神的满足,这样可以更为贴近民众,以类似于商标的文化品牌,塑造出当下民众的文化认同感,地方归属感。

最后,以市场为媒介,在不断开发受众的过程中,非物质文化遗产可以改善乃至提升地方的生活风貌。因为从非物质文化遗产生产到外围服务行业形成的产业链,不仅创造了经济效益,还可有效转移劳动力,重构新的附加产业和经济产值,激发地方生活活力。

非物质文化遗产不仅是突出地方文化特色和文化竞争力的重要资源,也是吸引劳动力、游客和资金的重要工具。尽管现在我们也看到,包括非物质文化遗产在内的文化对区域发展的直接经济效益有限,但长期、非直接的经济效益非常可观。尤其在人们越来重视依赖文化养成的社会氛围时,文化产业发展良好、充满活力有助于打造一个蓬勃的具有生活美的环境,从而赋予地方城镇一个强有力的外在形象。

综合上文,自19世纪人类学提出文化囊括任何群体所共有的态度、信仰、习惯、风俗、价值、规范的概念框架后,文化与社会、国家的相互关系成为文化政治研究的重要内容。在此基础上,和许多国家一样,我国首先意识到非物质文化遗产在国家归属、文化认同方面的重要性后,在政府层面展开了非物质文化遗产保护,但在相当长的时期内忽略了包括非物质文化遗产在内的文化在经济发展中的功能、作用。而上述与非物质文化遗产有关的政府文件,把非物质文化遗产与经济联系起来,产业导向是比较清晰的。这充分表明,在意识到文化产业对经济的重要贡献时,也看到非物质文化遗产是推动文化产业必不可少的重要文化资源,从以前把非物质文化遗产纳入"文化搭台,经济唱戏"的发展框架中,逐渐过渡到当下正式承认非物质文化遗产是拉动经济增长的资源之一。

三 非物质文化遗产的产业化表现

关于非物质文化遗产的产业化讨论已经持续多年了,尤其是在文化产业、创意产业和旅游产业等领域的争论尤为激烈。前文已述的生产性保护实际上是相关争论的一种折中处理。但在实践和应用中,却出现了较为迅猛的产业化发展势头。非物质文化产业基地、非物质文化遗产研发中心和非物质文化遗产产业化发展基地等一系列让观者议论纷纷的宏大名号充斥在非物质文化遗产的各个领域。

（一）非物质文化遗产文化旅游产业发展

根据国家统计局 2004 年颁布的《文化及相关产业分类》，旅游文化服务被归为文化服务范畴[①]。在非物质文化遗产这一概念尚未被公众所熟知之前，文化旅游便早就兴起了。早在 1988 年，锦绣中华民俗村便在深圳开业了，该景区设立了包括民俗、歌舞和民间技艺等特色展示环节，尽管当时尚无非物质文化遗产之名，却已经有了非物质文化遗产之实。这也成为我国非物质文化遗产文化旅游较早的成功案例。近年来，随着生活水平的明显改善，公众对于旅游景点的需求也正在日趋强劲。因此，以非物质文化遗产为主题的文化旅游渐渐抬头，成为了不少公众的热门出游选择，自然，围绕着非物质文化遗产项目的旅游化开发，也成为不少地方对非物质文化遗产项目开发的新热点。

2012 年，蒋多、王伟凯和孙天胜三位研究者在《中国社会科学报》上围绕文化旅游展开了学术争论，蒋多认为，非物质文化遗产项目"走出去"的路径选择之一便是旅游化，其指出"以'非物质文化遗产'文化遗产作为重要的旅游资源，从而实现文化遗产经济价值的转化，并以旅游这一方式，带动相关'非物质文化遗产'的保护、传承与国际化，这一路径已经成为国际上'非物质文化遗产'资源大国的流行做法"。同时，他亦主张应当充分地在旅游产业等方面利用非物质文化遗产及其衍生资源，以提升其在系统传承中的产业化水平[②]。但蒋多的观点而后即遭到了王伟凯的否定，王氏认为"建立完备的传承人制度"才是保护非物质文化遗产的唯一选择，换而言之，只有在此基础上，才能实现非物质文化遗产的开发和"走出去"的目标。对于非物质文化遗产旅游业而言更是如此，由于非物质文化遗产是极其脆弱和不稳定的，旅游尽管能够唤醒人们的非物质文

[①]《国家统计局关于印发〈文化及相关产业分类〉的通知》，国家统计局，2004 年 5 月 18 日，http://www.stats.gov.cn/tjbz/hyflbz/xgwj/t20040518_402154090.htm。

[②] 蒋多：《"非物质文化遗产"走出去的路径选择与建议》，《中国社会科学报》2012 年 8 月 20 日。

化遗产意识,却无法为非物质文化遗产保护带来真正意义。

此外,非物质文化遗产旅游往往强调对于旅游有形产品的关注,而非对工艺和手艺的重视,也会造出非物质文化遗产旅游的目的偏差①。不久之后,孙天胜对王文提出了不同看法,其认为非物质文化遗产应当适当地运用于旅游开发,这主要是因为:非物质文化遗产旅游能够增加公众了解非物质文化遗产的机会;有利于非物质文化遗产传承事业和丰富旅游文化资源②。但其也指出,在非物质文化遗产旅游开发的过程中,始终要处理好保护和利用之间的关系,这也构成其旅游开发的基本原则。换而言之,在非物质文化遗产旅游产业开发的过程中必须慎重考虑旅游产业开发和非物质文化遗产的文化生态保护之间的矛盾结构。因为非物质文化遗产旅游产业开发,可能导致非物质文化遗产脱离其原有的文化生态"孤岛化"地成为纯粹的观光对象,彻底或部分丧失其原有的文化生存环境,因而在利用非物质文化遗产项目开发旅游产业的时候,务必谨慎地考虑如何对其固有的文化生态予以保护。

首先,节庆活动作为一种被广泛利用的文化旅游方式,也时常被运用在非物质文化遗产旅游开发当中。如时任中共中央政治局常委的李长春在参观中国非物质文化遗产生产性保护成果大展即指出,在非物质文化遗产的生产性保护中必须充分利用"文化遗产日"和传统民俗节庆③。不少地方也将节庆活动作为了非物质文化遗产文化旅游开发的一条重要思路。不少地方甚至出现了"造节"现象,试图通过创造更多类型的文化节日,以利用非物质文化遗产发展自身的旅游文化产业。特别是随着"文化遗产日"和"中国旅游日"等理念越发深入人心,借力于此举办非物质文化遗产文化旅游节庆活动正在成为一种更加普遍的现象。安徽黄山是我国第二个成立的国家级文化生态保护试验区,其为了更好地保护在地的非物质文化遗产项目,陆续开发出中国黄山国际旅游节暨徽文化节、休宁状元文化节和祁门红茶节等重大节庆活动当中引入了非物质文化遗产表演和展示,

---

① 王伟凯:《"非物质文化遗产"如何走出去——兼与蒋多先生商榷》,《中国社会科学报》第372期。
② 孙天胜:《"非物质文化遗产"旅游开发的必要与可能——兼与王伟凯先生商榷》,《中国社会科学报》总第401期。
③ 《李长春参观中国非物质文化遗产生产性保护成果大展》,《人民日报》2012年2月15日第3版。

试图通过这些节庆活动,来实现非物质文化遗产旅游产业开发①。另外,事实上不少非物质文化遗产本身就是作为传统节日的形态而存在,因此一些地方也正在试图大力复兴和重振相关节气活动,通过非物质文化遗产项目在当代的文化重构,带动旅游文化的发展。鱼行醉龙节是澳门鲜鱼行业特有的一种行业节庆活动,在2011年已被列入国家级非物质文化遗产名录,其专门成立了文化体育促进会,力求带动该节庆活动的发展②。广东肇庆白石村是端砚制作技艺的发祥地,每年农历四月初八举行"五丁先师诞"仪式,在2012年其便以此为契机,举办了肇庆文化之旅③,希望借此传统节庆活动带动肇庆文化旅游的发展。

其次,非物质文化遗产与古村落、古民居和历史街区等传统文化旅游景点联袂建构文化旅游产业也正在成为一种发展趋势。一方面,历史街区、古村落和民俗村等传统形态的文化旅游景点需要引入非物质文化遗产这种崭新的文化现象作为旅游资源,另一方面非物质文化遗产也离不开一种经济成本适宜,已经具备一定影响力的文化载体以期达到文化旅游开发之目的。

浙江省在2012年公布了第二批35个非物质文化遗产旅游景区(民俗文化旅游村)④。该项目要求申报的景区(村落)同时具备良好的传统建筑、自然资源和较为丰富的非物质文化遗产资源或民俗项目,按照"一村一品、一村一韵、一村一景"进行评选工作⑤。这是一种较为典型的,利用现有旅游景区或古村落开展非物质文化遗产文化旅游项目的做法,其旨在以非物质文化遗产作为媒介,带动当地文化旅游的发展,同时寓非物质文化遗产保护于开发之中。

与此类似,历史街区与非物质文化遗产结合建设文化旅游景区也成为

---

① 《非物质文化遗产保护的"黄山方式"》,《市场星报》2012年1月9日B4版。
② 《澳门舞龙者呼吁政府加大扶持"鱼行醉龙节"》,中国新闻网,2012年2月23日,http://www.chinanews.com/ga/2012/02-23/3690668.shtml。
③ 《纪念伍丁先师宝诞·推介精品文化之旅》,肇庆市端州区黄岗街道办事处,2012年5月7日(http://www.dygx.gov.cn/newsView.php?id=1176)。
④ 《浙江省第二批非物质文化遗产旅游景区公布11个村现场授牌》,《钱江晚报》2012年11月28日,C0009版。
⑤ 《浙江省文化厅、浙江省旅游局关于开展第二批浙江省非物质文化遗产旅游景区申报工作的通知》,浙江省非物质文化遗产网,2012年10月17日(http://www.zjfeiyi.cn/xiazai/detail/1-132.html)。

一些地方的做法。桃花坞是苏州地区的历史文化片区，也是著名旅游景点。该地还聚集了包括年画、刺绣、红木雕刻、制扇、制砚和灯彩在内的50多家手工艺类非物质文化遗产工坊。桃花坞景区现在已经充分意识到了这批非物质文化遗产作为文化旅游资源的重要价值，希望通过非物质文化遗产展示区等"活"的方式保护和宣传非物质文化遗产项目，并将其作为促进旅游发展的重要契机[1]。

由以上热点事件观照，非物质文化遗产作为一种文化资源，供文化旅游开发已经粗具规模。但在这一过程中，文化生态的保护问题却始终是一个必须予以足够重视的重要构件。以全新造出的非物质文化遗产节庆活动为代表的文化旅游项目，尤为需要关注文化生态保护问题。为了形成非物质文化遗产节庆的宏大规模，必须使大量的非物质文化遗产项目短期甚至长期性地迁移出其原所在地，而移至特定的文化展示场所，使之成为被展示和被注视的文化产品，最终拉动观光客消费。这种要求非物质文化遗产项目脱离其原有文化生态的旅游开发，在充分利用非物质文化遗产的文化资源之同时，能否确实有效地保护了非物质文化遗产项目呢？这仍是一个需要时日予以观察的话题。

将非物质文化遗产与其所在地的古村落或历史街区结合开发为文化旅游项目，则能够在一定程度上较好地规避文化生态可能遇到的问题和困境，其至少能够从地理区位和文化脉络上保证非物质文化遗产文化生态的完整性，从而促使非物质文化遗产项目能够在其原生的文化生态中继续得到保护和开发。

但以上两种文化旅游开发形式对文化生态所带来的后果并不一定存在绝对的二元区分。一些非物质文化遗产项目尽管能够稳固地在其原生地生存、繁衍和发展，但却深刻地受到了商业化的侵蚀，最终仅仅沦为了一种地方性文化产业的附庸品，严重者甚至将丧失其作为非物质文化遗产而应具有的保存价值。同样，如果新设的非物质文化遗产景区能够建构出高水平的文化生态，将有可能对非物质文化遗产项目在全新文化生态环境中的保护发挥积极作用。

---

[1] 《苏州桃花坞：老城改造如何让古老文化生辉》，《光明日报》2012年4月11日。

（二）非物质文化遗产产业园区建设：园区化与非物质文化遗产生态问题

园区化是文化产业发展的显著特点，也是不少地方衡量其文化产业发展水平的量化标准之一。在非物质文化遗产的文化产业发展过程中，也出现了类似的情形，一些地方试图将非物质文化遗产置于园区的语境中进行保护、开发和利用，但这种应用和开发的思路，却备受争议，其中最主要的批评来自其对文化生态保护的破坏。

2012 年度报告将重点分析成都国际非物质文化遗产博览园、中国（合肥）非物质文化遗产园和世界非物质文化遗产（深圳）博览园，试图从以上三个非物质文化遗产园区的建构中，评析当前非物质文化遗产园区化建设之现状。以上三个园区在地理位置、建设程度和发展计划上都有所区别（表5），但它们都是希望在这园区内能够融合更多的非物质文化遗产项目，从而打造出一个全面而丰富的国家级甚至世界级的非物质文化遗产园区[①]。

表5 成都、合肥和深圳非物质文化遗产园区项目介绍

园区名称	地点	落成时间（年）	占地面积（亩）	主要规划
成都国际非物质文化遗产博览园	成都	2007	1700	五洲情、世纪舞、西城事、时空旅和百味戏
中国（合肥）非物质文化遗产园	合肥	2011	3500	非物质文化遗产产业片区、民俗文化经济片区、佛艺文化经济片区和古医药养生经济片区
世界非物质文化遗产（深圳）博览园	深圳	规划阶段	不详	茶饮文化、非物质文化遗产；饮食文化、非物质文化遗产；书画文化、非物质文化遗产；工艺文化、中华养生沐浴文化和非物质文化遗产项目孵化

---

① 资料来源：国际非物质文化遗产博览园网站，http://www.gjfybly.com/；中国（合肥）非物质文化遗产园介绍，http://www.ah.xinhua.org/2011zt/05081/2011-05/06/content_22700027.htm；世界非物质文化遗产（深圳）博览园招商手册，内部资料。

非物质文化遗产保护与文化产业开发

体量庞大是以上非物质文化遗产园区共有的特点之一，其主要体现在规模宏大和非物质文化遗产项目众多两个方面。从数据观之，以上几个非物质文化遗产园区的占地面积均相当庞大，其中合肥非物质文化遗产园占地面积高达3500亩，而曾经号称"中国最大的文化主题园区"的深圳锦绣中华园区占地仅仅约450亩①，而闻名于世的东京迪士尼游乐园的占地面积亦仅才达到717亩②。而"最大"的口号也成为非物质文化遗产园区使用频率较高的一个宣传语，济南非物质文化遗产博览园在2012年12月动工，并计划建设成为国内"国内规模最大、档次最高、项目最全"的非物质文化遗产园③。而在此之前，计划建于北京门头沟的国家非物质文化遗产保护功能区则宣称其是"全国规模最大、起点最高、水准最高"的非物质文化遗产园区④。

另外，非物质文化遗产项目数量之巨也是其共同特点。上述几个园区均将自己的涵括范围定义到了五大洲或全世界，并希望能够吸纳来自世界各个民族的非物质文化遗产项目入驻园区，形成一种"非物质文化遗产产业大景观"的发展格局⑤。按照非物质文化遗产类型分类法角度观察之，以上园区亦基本包含了国家非物质文化遗产代表作名录中的十分法的各个类别，甚至还对如佛教等宗教当中的非物质文化遗产项目予以了观照。

强调保护也是几乎所有非物质文化遗产园区对外宣传的重要办园依据。成都国际非物质文化遗产博览园用"记忆、传承、欢乐、和谐"四个关键词为其园区进行定位⑥；中国（合肥）非物质文化遗产园以"传承民族文化，弘扬民族精神"为主旨⑦；世界非物质文化遗产（深圳）博览园将"传承历史文脉，保护文化遗产，融入生活方式，守望精神家园"作为自己的原则依据⑧。显然，"保护"和"传承"成为了园区建设的一个基

---

① 深圳锦绣中华·中国民俗文化村网站，http：//www.cn5000.com.cn/Index.shtml。
② 东京迪士尼乐园网站，http：//www.tokyodisneyresort.co.jp/tc/tdl/index.html。
③ 济南非物质文化遗产博览园网站，http：//www.jncj.cn/newsinfo.asp？ID=2799。
④ 《京港洽谈会签69亿美元大单建全国最大非物质文化遗产园》，千龙网，2011年10月21日（http：//www.people.com.cn/h/2011/1021/c25408-1-1209860185.html）。
⑤ 世界非物质文化遗产（深圳）博览园招商手册，内部资料。
⑥ 国际非物质文化遗产博览园网站，http：//www.gjfybly.com/。
⑦ 《园区组织架构》，中国（合肥）非物质文化遗产园网站，http：//www.cichpark.com/info.asp？base_id=1。
⑧ 世界非物质文化遗产（深圳）博览园招商手册，内部资料。

本立足点，即通过园区化建设，实现非物质文化遗产的传承与发展成为了这类商业投资者的构想。

重视体验是当前非物质文化遗产园区化建设中另外一个比较显著的现象。如世界非物质文化遗产（深圳）博览园将"互动体验"设置为其四大板块之一，并强调其将建设成为世界非物质文化遗产深度体验旅游之中心[1]。成都国际非物质文化遗产博览园则一直试图通过节庆和巡游等各类活动，带给观光客以体验非物质文化遗产的条件[2]。

体验式旅游是文化旅游中一种比较丰富的实现形式，观光客可以通过在体验之中较为深入地了解、学习和游览某一项旅游景点。非物质文化遗产本身即是一种具有较强体验性的文化资源，而且也只有通过体验非物质文化遗产制作的过程才能最大限度地了解非物质文化遗产本身的内涵和精髓。

由此，非物质文化遗产园区建设是一种基于商业投资者的"传承—利用"构想的现实实践，国内对非物质文化遗产园区的体验度和规模化较为重视。但由此也引出了当前非物质文化遗产园区化建设中较为严重的一处难题——多地乃至多国的非物质文化遗产云集一处，人为制造的文化多样性表象背后，文化生态的孕育和保护效果到底如何呢？尤其是当大量的观光客介入景区进行文化消费之后，非物质文化遗产是否已经演化为一种纯粹的文化消费品，而脱离了其原有的文化生态呢？身处其中的传承人是否已经转身成为一个商人了，甚至已经失去了原先对文化生态的要求了呢？

换而言之，园区化的非物质文化遗产是从原有文化生态中抽出和重构的文化空间，已不再是非物质文化遗产的自然生态。在园区生态当中，非物质文化遗产的文化生态将变得愈发复杂，其不仅要思考如何使自己与新的文化生态融合，还需要考虑如何协调自己与其他非物质文化遗产项目的相处，这其中还将可能牵涉关于文化和商业等方面的竞争。当然，这实际上也是非物质文化遗产产业发展中所普遍面临的问题。在市场经济的环境中，非物质文化遗产将不再是原民自我享用的文化产品，而将可能发展成为一种供全民选择的文化商品。在非物质文化遗产商品化的走向之下，非物质文化遗产园区中维系非物质文化遗产项目文化生态的渠道将可能是通

---

[1] 世界非物质文化遗产（深圳）博览园招商手册，内部资料。
[2] 国际非物质文化遗产博览园网站，http://www.gjfybly.com/。

过体验式参与的形式来实现。与一些在原产地的非物质文化遗产产业园区不同，上述非物质文化遗产园区既是旅游观光景点，但同时也可以成为民众体验和制作非物质文化遗产的空间，在园区化当中，非物质文化遗产项目的文化生态在地理区位上几乎无法与原有文化生态相一致，但却可以通过引入体验性的活动，让非物质文化遗产园区不至于沦为单纯的展览区或生产区。这样一种新型文化生态不能等同于对非物质文化遗产文化生态的保护，但就传播非物质文化遗产的文化影响而言亦是具有一定意义的。

另一种非物质文化遗产园区建设思路是缩小对非物质文化遗产项目的数量追求，转而建设更多地方性的非物质文化遗产文化场所，重在展示和保护在地非物质文化遗产项目，从而使之原有文化生态得以在原地得到保护。迄今，我国已经建设了14个国家级文化生态保护实验区，它们以文化区位划分的方式对一定区域的非物质文化遗产连同其地理环境等内容一并予以了整体性的保护。非物质文化遗产区域化建设如果可以立足于这类文化生态保护区，将取得更好的效果，尤其是将保育非物质文化遗产文化生态议题的解决难度大大降低。但从文化产业角度分析，这种做法可能存在更大的商业风险，针对某一族群的非物质文化遗产项目能否吸引数量足够的观光客尚是一个未解之问题。因此，非物质文化遗产区域化的建设，需要在文化传承和商业收益之间取得一个较为可靠的平衡点，经此才能较好地推进非物质文化遗产区域化建设和文化生态保护的共同推进。

（三）非物质文化遗产与创意产品的开发

在非物质文化遗产利用与文化产业开发的过程中，如何在非物质文化遗产产品的时代性和传统性之间取得共赢和平衡，一直是一个不易解决的命题。但创意产品由于其固有的创意属性，将可能对这一难题提供解决方案，在保证了非物质文化遗产产品的传统手艺和技法等方面的前提下，融入创意元素，即有可能在满足消费者的当代审美需求的同时，完成非物质文化遗产的传承和传播，对传承人改善他们的生活条件也不无裨益。

同时，非物质文化遗产的创意产品化开发路线，也是促成生产性保护策略实现的重要渠道。对此，各级政府也出台了相关的政策文件加以扶持，如文化部《关于加强非物质文化遗产生产性保护的指导意见》中已经清晰说明："鼓励和支持传承人在传承传统技艺、坚守传统工艺流程和核心技艺的基础上对技艺有所创新和发展；鼓励和支持传承人在制作传统题材作品的同时创作适应当代社会需求的作品,推动传统产品功能转型和审美价值提升。"由此可见,在保护非物质文化遗产的过程中,处理好创意、创新和发展等关键词将对非物质文化遗产的传承和传播带来重要机遇。当然,必须强调的是,非物质文化遗产的创新是基于对传统的尊重而进行的,绝非是以完全市场化的思维和观念所进行的商业化操作,因此,在非物质文化遗产的创意产品开发过程中,来自政府、民众和民间组织的监督是必要的,否则这种本来可以带动非物质文化遗产传承和发展的当代文化尝试,将对非物质文化遗产保护产生适得其反的效果,这也是我们在非物质文化遗产与文化产业化的结合当中,尤须警惕的现象和潜在风险。

结合2012年的实际情况,非物质文化遗产的创意产品开发大致可以区分为:非物质文化遗产产品的创新和以非物质文化遗产为素材的文化产品创新。

前者是基于非物质文化遗产项目的原有属性,在不改变其核心技艺、工艺和内涵的情况下,通过融合新的主题、技艺、技法、表现形式和展示时空等,以期实现非物质文化遗产产品与当代社会更为密切的融合,从而顺应消费者的审美需求、消费偏好,最终达到非物质文化遗产项目开发之目的,这种是生产性保护的一种路径。

创新和创意是许多非物质文化遗产项目传承人试图努力的方向,尤其是一些"具有市场潜能和开发价值,与消费者日常文化生活相关的非物质文化遗产项目"更应当尝试以文化产业的方式开展保护工作[1]。如台湾地区自2001年起便设立了"台北陶艺奖",下设创作成就奖、技艺创新奖和主题设计奖等三个奖项,希望以此鼓励陶艺类非物质文化遗产传承人大胆创新主题、工艺以及陶瓷用途,使陶瓷产品萌发出更加多的优秀产品,推动当地文化创意产业之发展[2]。这种以奖项推动非物质文化遗产产品创新的方式,不仅可以带给非物质文化遗产项目以更大的传承可能,亦能够使非物质文化遗产项目与文化产业之间的结合更为紧密。主题创新是非物质文化遗产产品创新中受到尝试较多的一种,以粤剧为例,近年来,《孙中山与宋庆龄》《德龄与慈禧》《南海一号》和《蝴蝶公主》等创新粤剧频

---

[1] 刘金祥:《保护非物质文化遗产应走产业化道路》,《学习时报》2012年10月8日16版。
[2] 《台北陶艺奖介绍》,台北县立莺歌陶瓷博物馆网站,http://exhibition.ceramics.ntpc.gov.tw/2001fest/museum/taipeiaward.htm。

频登场,并在粤港澳地区赢得了不少"票友"的掌声。再如,台湾地区"国家"图书馆针对其馆藏的线装书,开发出了一系列文化创意产品,让消费者能够购买材料自行组装一本《三国演义》的线装小册子,最终了解线装技艺①。

但需要警惕的是,非物质文化遗产产品的创新应当是以推动非物质文化遗产的保护与传承为前提的,非物质文化遗产产品传承的关键技艺、内涵和思想不宜被任意改造、切割或取消,否则非物质文化遗产将有可能因为创新而面目全非,甚至因为创新而造成衰亡和变质。例如,近年来某些端砚制作技艺的掌握者为了更大规模地生产端砚产品,正在推广机器雕砚的工艺,这种机械化的加工方式能够大规模地提升端砚产量,但这类端砚产品可能会失去个性和传承价值②。从非物质文化遗产角度而言,制作技艺才是端砚文化需要予以重点保护之部分。

利用非物质文化遗产元素开发创意产品也正在成为文化产业中对文化资源的利用趋势。风筝制作是广泛流行于我国许多地方的一项非物质文化遗产项目。在2012年清华大学的多位研究生通过"体感交互设备"开发出一套名为"放风筝的人"的非物质文化遗产文化创意产品,该产品以数字化技术,真实模拟了风筝制作和放飞等环节,受众可以真实地感受各个环节。据了解这一产品构想已经受到不少厂商的青睐③。除了这种利用数字化技术研发非物质文化遗产元素创意产品的思路以外,更多的尝试者则将京剧等传统戏剧戏曲的脸谱服饰等非物质文化遗产项目中较为精致的元素提炼出来作为诸如书签、明信片和贺卡等文化产品。

非物质文化遗产的文化创意产品开发是活化利用和展示非物质文化遗产的一种巧妙形式,但如前文所述,这种形式尽管具有了非物质文化遗产的内容,也能够对非物质文化遗产文化的广泛传播起到较好的效果,但其却没有充分展示非物质文化遗产的传承内涵,因此只能视为一种衍生类的非物质文化遗产文化产品,并非严格意义上的非物质文化遗产保护。

---

① 《"三国手工书"介绍》,"国家"图书馆全球资讯网,http://www.ncl.edu.tw/ct.asp?xItem=17112&CtNode=1867&mp=2#work2。
② 《端砚8年涨30倍》,《羊城晚报》2012年4月7日A11版。
③ 《清华研究生开发创意产品将"非物质文化遗产"与运动健身合并》,《北京日报》2013年3月6日。

（四）非物质文化遗产会展业的发展：传播、教育与产业化

会展业既是文化产业的重要组成部分之一，也是展示文化产业发展情况的有效渠道。这无疑也带给了非物质文化遗产行业以全新的展现和传承机遇，在2012年，关于非物质文化遗产的博览会及展览会呈现出以前所不曾有过的高密度。根据不完全统计，在2012年全年，以非物质文化遗产相关的会展达多次，其中涉及的省份包括了北京、山东、广东、浙江、陕西和西藏等。此外，在诸如文化产业博览会和创意产业博览会等周边展会上，非物质文化遗产也频频出现，甚至被列出专门展区进行布展。由此可见，非物质文化遗产会展业已经形成了一定整体规模，且部分知名度较高的非物质文化遗产展会也举办多届，如由文化部等单位共同主办的"西部非物质文化遗产展"已经顺利举办三届，中国非物质文化遗产博览会也已经举办了两届。

概而言之，在2012年规模和影响力较大的非物质文化遗产会展主要有：

2月6日，中国非物质文化遗产生产性保护成果大展在北京举行。该大展着重反映了我国非物质文化遗产生产性保护所取得的成就，特别是回顾了第一批国家级非物质文化遗产生产性保护示范基地的发展情况，这对于廓清我国生产性保护现状大有好处;[①]

3月23日，第三届北京非物质文化遗产博览会在北京地坛开幕。该展会共吸引了包括骨雕、景泰蓝、木艺微缩、毛猴、皮影、空竹、料器、脸谱和篆刻在内的众多非物质文化遗产项目前来参展;[②]

4月6日，第三届"西部非物质文化遗产展演暨文化产业洽谈会"在陕西举行。据介绍，该展会共吸引了西部十二个省区的三百多位非物质文化遗产项目传承人前来参展，最终展示了西部地区世界级、国家级和省级非物质文化遗产项目约五十项，其也逐步发展成为西部地区最具代表性的非物质文化遗产博览会，产生了一定的社会影响力，对西部非物质文化遗

[①] 《中国非物质文化遗产生产性保护成果大展将于元宵节期间开展》，人民网，2012年1月31日（http://culture.people.com.cn/GB/87423/16982431.html）。

[②] 《第三届北京非物质文化遗产博览会在京开展》，中国新闻网，2012年2月28日（http://www.chinanews.com/tp/2012/03-31/3790789.shtml）。

产项目的传承与传播发挥了比较重要的作用;①

4月28日,广东省非物质文化遗产生产性保护成果展在广东中山举行,该大展对四十多项广东省各类各级非物质文化遗产项目提供了展示、推介和营销的渠道,全方位地展示了岭南文化中非物质文化遗产项目的博大精深;②

6月9日,首届西藏非物质文化遗产保护成果大展在拉萨开展,该展览以"保护传承、合理利用"为主题,共展出非物质文化遗产项目42项,是为西藏近年来规模最大、规格最高和展期最长的一次非物质文化遗产大展;③

9月6日,以"促进非物质文化遗产保护、共建精神家园"为主题的第二届中国非物质文化遗产博览会在山东枣庄举行。该展会累计展示了767项非物质文化遗产项目,并举办了学术论坛、艺术展演和各类评奖活动;④

10月21日,吉林省举办了首届非物质文化遗产生产性保护传承才艺展示博览会。其与本年度其他非物质文化遗产展会一样,均以生产性保护为主题而进行布展该展会首次大规模地活态呈现了一百多位非物质文化遗产传承人的技艺,并展示了三百余件非物质文化遗产优秀作品;⑤

12月22日,首届"两岸四地非物质文化遗产珠海精品展"在广东珠海举行。该展览着重展出了两岸四地的各类非物质文化遗产项目,并布设了非物质文化遗产项目孵化和非物质文化遗产互动体验等极具特色的非物质文化遗产展区。⑥

此外,包括第八届中国(深圳)国际文化产业博览交易会在内的众多国内重要展会都为非物质文化遗产设立了专门的展区,供非物质文化遗产传承人和企业展示自己的技艺,行销相关文化创意产品。

由此观之,非物质文化遗产会展业已经形成一定规模,并在传播力、教育性和产业价值三个层面渐渐呈现出了其所独有的重要价值。

---

① 《第三届"西部非物质文化遗产展"亮点频现》,《中国文化报》2012年4月9日第1版。
② 广东省非物质文化遗产生产性保护成果展,百度百科,http://baike.baidu.com/view/8506682.htm。
③ 《首届西藏非物质文化遗产保护成果大展拉萨开幕》,中国新闻网,2012年6月9日(http://www.chinanews.com/cul/2012/06-09/3951183.shtml)。
④ 《非物质文化遗产产品走俏凸显中国文化产业潜力》,新华网,2012年9月9日(http://news.xinhuanet.com/fortune/2012-09/09/c_113008693.htm)。
⑤ 《吉林举办首届非物质文化遗产博览会》,《中国文化报》2012年10月23日第1版。
⑥ 《首届"两岸四地非物质文化遗产珠海精品展"盛大开幕》,中国新闻网,2012年12月22日,http://www.chinanews.com/tp/2012/12-22/4430159.shtml。

传播力的强弱影响着非物质文化遗产项目的生命力,而且每一项非物质文化遗产项目能否从地方性文化走向公共性文化,往往需要依赖各种渠道的有效传播,在全球化的宏大语境下,不少非物质文化遗产项目都开始深刻地反思和研究,如何更好地将自己推广到更为广阔的空间场域当中,以此来形成更为强烈的话语权和文化资本价值。显然,参加各类展会是一种既经济又有效的实现渠道,沿着观展者、媒体和同行业者的脉络,非物质文化遗产项目往往能够得到较为广泛的传播而且传播非物质文化遗产文化也是各类非物质文化遗产展会的应有之义。

在各类非物质文化遗产展览中,出现了越来越多的互动体验项目,供参观者体验和感受。比如在2012艺术广东博览会的非物质文化遗产展区中,笔者注意到,广州市荔湾区的铜艺制作、剪纸技艺和广绣等非物质文化遗产项目,均设置了简单易行的体验环节,供参观者亲手体验。又如北京市西城区在非物质文化遗产专项展览也以互动区的形式邀请参观者在传承人的指导下,体验毛猴和传统彩蛋的制作过程[1]。这类体验项目能够更好地引导参观者深入了解某一项非物质文化遗产背后的工艺和技艺,从而达到非物质文化遗产教育的积极作用。如果从文化产业的商业化角度讨论,这种体验型的参与活动,也可以进一步拉动非物质文化遗产产业的消费空间,当参观者经过了亲身体验之后,进行非物质文化遗产文化商品消费的可能性将大为增强,此时的非物质文化遗产产品将不再是一种单纯的消费产品,其中将涵括来自消费者本身更为丰富的情感体验。

当然,各类展会提供给非物质文化遗产项目最大的实现空间仍然在于文化产品交易。一些展会甚至专门以非物质文化遗产交易作为主要业务。例如广东省南方文化产权交易所在2012年举办了第二届岭南文化艺术精品竞买会,该展会通过"保真竞买会机制",力求加速非物质文化遗产产品的"商业化进程",在此次竞买会中,单是十五方肇庆端砚的成交均价就接近万元了[2]。这种以商业贸易作为主旨的非物质文化遗产

---

[1] 《非物质文化遗产展览会 现场传手艺》,北京青年网,2012年11月17日(http://bjyouth.ynet.com/3.1/1211/17/7616161.html)。
[2] 《第二届岭南文化艺术精品竞买会正式开拍,无底价非物质文化遗产精品受热捧》,广东省南方文化产权交易所,2012年9月23日(http://www.cnscee.com/article/nxwzz/nwjsdt/201209/20120900001996.shtml)。

展会，亦展亦销，无疑拉动了非物质文化遗产传承人创作非物质文化遗产作品的积极性，也为改善非物质文化遗产产品的营销渠道开辟了更为广袤的空间。

非物质文化遗产展会在蓬勃发展，但存在的问题仍然需要警惕。同质性的危机在非物质文化遗产展会中十分突出，某些非物质文化遗产项目甚至"组团式"地频频亮相于各地的文博会和非物质文化遗产展会，但各参展商之间所展示和售卖的产品并无异样，甚至连品质和定价都几近相同。这种做法一方面看似扩大了该项非物质文化遗产在社会中的传播效度，但另一方面却造成各类展会的同质化倾向愈发严重，而且也不利于非物质文化遗产项目内部的创新与提升。再者，各项参展非物质文化遗产项目的真实性问题也是值得关注的。一些早已经严重异化，甚至存在虚构造假的"非物质文化遗产项目"也能够堂而皇之地出现在展会上。这种由于展会主办方等角色的审查或监管失责而引致的后果，其不仅是对非物质文化遗产项目本身以及相关传承人权益的一种侵害，也容易通过展会强大的传播力，在社会上毁损相关非物质文化遗产的声誉，最终对非物质文化遗产的传承造成伤害。最后，非物质文化遗产展会中过分浓厚的商业化气息是否会对非物质文化遗产的保护与传承造成不利也是值得探讨的一个问题。各类文化产业展会均设有评价指标，例如深圳文博会就非常重视展会最终的成交额，而每一位参展商由于需要上交一定参展费，亦希望能够利用展会的平台实现赢利。因此，在这种"投入—回报"的简单结构下，非物质文化遗产参展者必须考虑如何营销，这就可能导致了非物质文化遗产背离保护和利用的基本原则，沦为商业资本的附属产品，进而对非物质文化遗产项目造成根本性的损伤。因此，在文化产业大发展和大繁荣的今天，利用会展业实现非物质文化遗产的传播、教育和交易，实现非物质文化遗产项目在当代社会中的振兴是件好事，但也需要审慎处理文化传承与商业营销之间的关系。

因此，上述与非物质文化遗产有关的产业化形式对非物质文化遗产传承的影响是值得我们持续予以关注的。非物质文化遗产传承和产业结合成功的关键所在——非物质文化遗产本身，进入产业和市场体系的非物质文化遗产本身如何发展才能仍然为传承群体和其他群体所认可，是非物质文化遗产产业的相关人员需要认真思考的。我们认为："要取得非物质文化遗产传承与文化产业的良性结合，创造出受众难忘的心理体验非常重要。非物质文化遗产产业开发的起点,且不可缺少的环节仍是培养真正传承非物质文化遗产、了解非物质文化遗产的人才和文化创意方面的人才。"[1]

(五) 非物质文化遗产的知识产权保护与交易

非物质文化遗产往往以一种由传承人创造的文化形态而存活,这种文化形态的产生、演变和发展均与传承人的智慧创造密不可分,故而保护非物质文化遗产,实际上便是在保护传承人的一种文化创造。在现代社会的视阈下,这种文化创造归属在知识产权的范畴当中,故这一逻辑脉络必然会牵涉到关于非物质文化遗产的知识产权保护问题。

知识产权隶属于公民财产权中的无形财产权,按照1967年《建立世界知识产权组织公约》的约定,知识产权包括了"文学、艺术和科学著作或作品;表演艺术家的演出、唱片或录音片和广播;人类经过努力在各个领域的发明;科学发现;工业品外观设计;商标、服务标志和商号名称及标识以及所有其他在工业、科学、文学或艺术领域中的智能活动产生的产权"。随后世界知识产权组织(WIPO)于1970年成立,其成为联合国保护知识产权的专门组织,我国于1980年加入了该国际公约组织,这也成为"知识产权"概念步入我国的重要时间节点。

随着非物质文化遗产传承人、当地政府和文化部门对于非物质文化遗产价值,特别是商业价值和经济价值的重新认知,近年来以非物质文化遗产为中心而展开的知识产权纷争经常可见,较为知名的案例有曾跻身2009年山东十大经典案件的"鲁锦织造"案,原告山东鲁锦公司认为其已将"鲁锦"字样注册为商标,因此要求法院判定其他生产"鲁锦"产品的行为均为侵权,且必须去除"鲁锦"字样,法院最终以"利益均衡"和"平等保护"等原则驳回了原告请求[2]。此外,还有被部分媒体称为"非物质文化遗产第一案"的张艺谋《千里走单骑》案。由于该影片将安顺地戏误导为云南面具戏而遭到安顺文化局的起诉,法院审理认为安顺地戏是戏种而非作品,无法适用于《著作权法》,且影片中对安顺地戏的艺术虚构

---

[1] 钱永平:《非物质文化遗产的生产性保护与产业化分析》,《文化产业导刊》2012年第9期,第48页。

[2] http://ip.people.com.cn/BIG5/10822197.html。

并不违法，故该案最终以原告败诉而终①。

在 2012 年，非物质文化遗产的知识产权纠纷继续发酵。天津"泥人张"纠纷案中，"泥人张"后人的"泥人张世家绘塑老作坊"状告"泥人张彩塑工作室"侵犯了"泥人张"的企业名称权并对外进行"泥人张第六代传人"等虚假宣传②。虽然这一起案件尚无定论，但另一起始于 2005 年的北京状告天津"泥人张"不正当竞争权纠纷的案件终于在最高法院的终审裁决下判定天津"泥人张"胜诉。该案的起因是原告天津"泥人张"张明山的后人张锠认为北京张铁成及其开设的北京泥人张博古陶艺厂侵害了他们享用的名称专用权，并构成了不正当竞争。经过了一审、二审和最高院再审，最终裁定天津"泥人张"胜诉③。

非物质文化遗产的知识产权纠纷，呈现出案情多样化的特征，尽管以上案件表面看来都是围绕知识产权而产生的纠纷，但从深层结构来看，它们的触及点却大不相同：名称权使用、传承人认定、非物质文化遗产经营权等都成为了知识产权纠纷的重要内容。

但在 2012 年，围绕着非物质文化遗产知识产权而爆发的纠纷中，最为经典的案例当属"王老吉"与"加多宝"之争。事实上这已经不是王老吉第一次掀起非物质文化遗产的知识产权纠纷了。早在 2009 年，浙江一位消费者由于饮用王老吉引发胃溃疡，从而掀起了关于夏枯草成分的添加问题，同时关于以王老吉为代表的广东凉茶配方是否必须公开也产生了剧烈纷争。最终，广东以将申遗的方式保住了凉茶制作配方，从而维护了其知识产权。但显然这并不是保护凉茶配方知识产权的终点，凉茶秘方的拥有者认为凉茶配方不仅涉及企业的商业机密，同时也受到非物质文化遗产相关制度的保护，但是，部分学者和法律界人士坚持认为，为了保障消费者的合法知情权和健康权，必须对凉茶配方予以公开④。

相比"夏枯草事件"，王老吉在 2012 年所遭遇到的知识产权纷争无论在复杂度还是影响力上都严重得多。商标和品牌均是常见的知识产权，也是企业软实力的重要体现，"王老吉"这一商标已经具有 185 年的历史，

---

① 《张艺谋一审逃过"非物质文化遗产侵权门"》，《中国知识产权报》2011 年 5 月 30 日（http://www.cipnews.com.cn/showArticle.asp?articleid=19775）。
② 《争"传人"名分 俩"泥人张"闹上法庭》，《辽宁日报》2012 年 4 月 5 日第 B02 版。
③ 《"泥人张"招牌再审判归天津》，《法制晚报》2012 年 5 月 16 日第 A10 版。
④ 《王老吉背后的"非物质文化遗产"争夺战》，《南方日报》2009 年 5 月 24 日第 A09 版。

据北京名牌资产评估公司评估,王老吉品牌的市场价值已经高达 1080.15 亿元[①],甚至已经有"中国第一品牌"之称。广药集团和加多宝集团之间围绕着"王老吉"的所有权爆发了旷日持久的争斗。

2011 年 4 月,加多宝集团以王老吉固元粥和莲子绿豆爽等产品,公开声明广药集团侵犯其包装及装潢权,且认为广药集团此举有违保护王老吉品牌的原则,此也成为双方品牌争夺战的开端。王老吉对此予以反击,向中国国际经济贸易仲裁委员会提出商标仲裁请求,其主张在 2002 年和 2003 年间双方所签订的补充协议由于存在行贿和受贿行为应判处无效,这两份补充协议先后将加多宝使用"王老吉"品牌的时间从 2010 年延续至 2013 年和 2020 年。2012 年 5 月 9 日,中国国际经济贸易仲裁委员会宣布仲裁结果,判决两份补充协议均属无效,加多宝公司在 2010 年之后便无权继续使用"王老吉"品牌。而后,5 月 17 日加多宝集团向北京市第一中级法院提出撤销裁决之申请[②]。至 2012 年 7 月,北京市中院驳回加多宝集团请求,原仲裁结果依然有效。至此,围绕"王老吉"商标的诉讼暂告一段落。

但在市场当中,双方却采取了略有不同的策略。自 2011 年开始,加多宝便逐步开始了"去王老吉"的尝试。在 2011 年至 2012 年 5 月间,加多宝在红罐凉茶上补充了"加多宝出品王老吉"的内容,试图强调加多宝的存在感,并向消费者理清加多宝和"王老吉"品牌之关系。而在 2012 年 5 月加多宝仲裁被判败诉之后,其彻底将其红罐凉茶改名为"加多宝",并在其大规模投放的广告当中采取了"全国销量领先的红罐凉茶已改名加多宝"和"还是原来的配方还是熟悉的味道"等全新的宣传语,力图令消费者产生红罐凉茶即是"加多宝"的品牌效应。广药集团对此也予以了反击,其在 2012 年 5 月发布了自己的"红罐王老吉",但加多宝公司认为其违反了双方事先签订的《商标许可协议》[③],加多宝公司亦认为广药集团所用的"怕上火,喝王老吉"有侵犯知识产权之嫌。

---

① 「王老吉」に見る 弱さを見せて消費者の同情を誘う宣伝戦略,中国ビジネス ヘッドライン,2013 年 2 月 19 日,http://www.chinabusiness-headline.com/2013/02/33676/。
② 《加多宝集团重要声明》,加多宝集团,2012 年 5 月 27 日(http://www.jdbchina.com/cn/new/jdb_news_83.asp?id=605)。
③ 2012 年 8 月 3 日的《郑重声明》,加多宝集团网站,2012 年 8 月 4 日,http://www.jdbchina.com/cn/new/jdb_news_83.asp?id=701。

在2013年1月,广州市中级人民法院裁决加多宝公司须暂时停止使用"全国销量领先的红罐凉茶改名加多宝"等广告语,且要求加多宝公司利用各类媒体予以声明及收回广告①。

尽管此次知识产权争议并非围绕着凉茶制作配方而展开,但其品牌争夺战的背后,所反映的因素却与非物质文化遗产密切相关。首先是围绕品牌社会认可度的争夺,"王老吉"在社会上已有很大影响,因此其品牌价值便成为了非物质文化遗产在现实社会中的价值体现。非物质文化遗产在社会环境当中将有可能通过诸如专利和知识产权等其他载体或形式进行自我呈现和价值实现。特别是随着近年来非物质文化遗产所有者对非物质文化遗产价值有了更为清晰的认知之后,类似的争夺案例将出现更加明显的增长。

在知识产权保护意识逐渐加强的同时,必然会推动知识产权的合法化与正规化交易,其往往以文化产业交易的形态出现在包括文交所、交易会或拍卖会等场合。以南方文化产权交易所为例,包括粤剧《萧月白》《武则天》和《鸾凤和鸣》等剧本在内的各类非物质文化遗产项目均能以版权的形式登录该平台展开竞价和交易②。这种做法可以更好地推动非物质文化遗产项目知识产权的保护和合法利用,保障非物质文化遗产创作者的合法权利,同时也为诸如剧本、技艺和技法等非标准化和非物质性的标的物如何在文化产业中进行正常而便捷的交易往来提供了一种全新的发展模式。

四 关于"生产性保护"问题的观念争论

2012年2月2日,文化部下发的《文化部关于加强非物质文化遗产生产性保护的指导意见》(以下简称《意见》)中对非物质文化遗产生产性保护所做的官方定义是"非物质文化遗产生产性保护是指在具有生产性质的实践过程中,以保持非物质文化遗产的真实性、整体性和传承性为核心,以有效传承非物质文化遗产技艺为前提,借助生产、流通、销售等手

---

① 《凉茶"红罐之争"或见分晓》,《中国经济时报》2012年10月25日第A10版。
② 《广东省南方文化产权交易所版权交易信息》,http://www.cnscee.com/article/njyzz/nbq/。

段,将非物质文化遗产及其资源转化为文化产品的保护方式。目前,这一保护方式主要是在传统技艺、传统美术和传统医药药物炮制类非物质文化遗产领域实施"。

按照这一最新官方文件,把生产性保护的非物质文化遗产对象限定为三大类:①传统技艺;②传统美术;③传统医药药物炮制类。

某种程度上,这三类非物质文化遗产在历史发展过程中已经不同程度地进入流通、交换的市场体系中了。很明显,生产性保护的意图在于引入现代文化设计理念,追求非物质文化遗产传承与市场消费的结合,使非物质文化遗产传承群体凭自己掌握的非物质文化遗产生存下去,做到传承者生活品质的改善和非物质文化遗产传承的结合,从而摆脱对政府资助的依赖。简言之,非物质文化遗产的生产性保护就是将非物质文化遗产置于市场产业环境下展开保护。

目前关于非物质文化遗产的生产性保护的讨论主要集中在以下方面。

(一) 非物质文化遗产生产性保护的核心

在非物质文化遗产保护研究中,对非物质文化遗产产业开发是极为敏感和谨慎的,原因在于市场的逐利性很容易导致非物质文化遗产传承品质和内涵的丧失,在传统技艺类非物质文化遗产的研究中,邱春林曾指出,有些白族扎染生产企业,已经将原本的天然植物染料换成了化工染料,以至于生产基地内充斥着难闻的化工原料味道,让人痛心[①],因此他提出了"核心技艺"观点:"即任何被列为保护对象的传统手工艺,都有形成其特色及人文价值的'核心技艺'……非物质文化遗产保护工作时,特别要仔细甄别哪些是属于这手艺的'核心技艺'?哪些是属于应时而变的'衍生技艺'。树立'核心技艺'意识,既可以帮助我们把握每项工艺的特色,还能使保护工作的绩效考评有据可依。"[②] 基于同一理由,王海霞认为非物质文化遗产生产性保护有三个前提:材料原真、用传统技艺制作、手工加工。在她看来,这三个前提不仅是非物质文化遗产的文化价值所在,也是非

[①] 邱春林:《发现民间智慧:大理州民族扎染业考察纪实》,《民族艺术》,2008 年第 2 期。
[②] 邱春林:《守住核心技艺:以大理白族扎染为例谈传统手工技艺的生产性方式保护》,《美术观察》2009 年第 7 期。

物质文化遗产的市场价值所在。如果用得好,可以开拓出高端市场,拥有独特的竞争力;用得不好,则可能会被机械生产挤垮,彻底失去传承机会①。

上述著者的观点表明,由政府资助和监督的非物质文化遗产生产性保护需就"核心技艺"给出更为具体化的标准。2007 年,文化部颁发了《文化标准化中长期发展规划(2007—2020)》,对文化领域的标准化建设做出了全面的部署和安排。作为我国文化领域颁行的第一部文化标准化发展规划,包含了非物质的文化遗产管理技术规范的制定。文化部将成立全国非物质文化遗产保护标准化技术委员会展开此类工作,在此项大的规划下,非物质文化遗产生产性保护的细化标准值得期待。

(二)非物质文化遗产生产性保护与机器生产

非物质文化遗产生产性保护不是机器规模化生产,但现实中的非物质文化遗产产业可等同于机器规模化生产。在版画、制陶、刺绣、玉雕、石雕、木雕、纺织、制茶、剪纸、印刷、中医等领域中,都有手工工艺和机器生产方式的存在,且后者不断取代前者的趋势正日益加强。

徐艺乙指出:"生产性保护和产业化完全是两回事。产业化要求低成本、大批量的生产,这和手工技艺的生产正好相悖。传统红木家具的生产就讲究质地精良,技艺精湛,一辈人用完了,下一辈人还可以接着用。在这种生产性保护中,企业的产量虽低,却达到和现代家具生产同样的经济效益。再比如景泰蓝制作,其所需要原料紫铜是国家的战略性物资,如果真要大批量生产,让产品进入寻常百姓家,将会消耗大量紫铜,导致资源告急。还有很多手工技艺的原材料日渐稀少,已无法支持人人都能拥有的情况出现。"② 因此刘魁立认为生产性保护方式主要适用于手工技艺,并非所有非物质文化遗产类别都可以照搬。非物质文化遗产保护的核心是活态传承,而手工技艺生产恰恰没有因为大机器生产,丧失它的生存意义和空间③。

---

① 乔申颖:《非物质文化遗产生产性保护探索可持续传承之路》,《经济日报》2012 年 2 月 23 日第 11 版。
② 李洋:《产量不能作为非物质文化遗产保护标准》,http://www.ccdy.cn/xinwen/pinglun/201109/t20110926_ 37842. htm,2009 年 2 月 12 日。
③ 李洋:《产量不能作为非物质文化遗产保护标准》,http://www.ccdy.cn/xinwen/pinglun/201109/t20110926_ 37842. htm,2009 年 2 月 12 日。

传统技艺、传统美术和传统医药药物炮制类与机器生产相比,其突出特点和本质性在于它们都是"身心合一"的产物,优秀的非物质文化遗产传承人进行师徒间的传承或生产某个非物质文化遗产时,也是他们注入自身对非物质文化遗产品格、内涵及自身艺术个性的时刻。因此,传统技艺下的优秀非物质文化遗产作品总是充满了饱满的生命力。而非物质文化遗产的机器生产使人成为机器生产体系下的一个"零件",人因之失去了部分主体性,而是必须融入机器的标准化程序中,导致"新的学艺者仅仅只是某个工序、某个环节的机械操作者,缺乏对整个过程的宏观把握……不再将'全把式'作为学艺的目标"[①]。所以,通过非物质文化遗产生产性保护,确保高水准的传统技艺的世代传承,既是对民间能人创造力的致敬,也是对机器工艺缺陷的一种弥补,更能为机器工艺提供源源不绝的智慧灵感。

(三)非物质文化遗产生产性保护与产业开发的区别

文化部《意见》对非物质文化遗产生产性保护提出的三类适用对象,从保护对象上对非物质文化遗产生产性保护和产业化首先做了一个初步的划分。许多正在经历产业开发的非物质文化遗产虽与生产性保护对象属同一类型,但绝不是非物质文化遗产保护视野下的传承。兹举以下案例说明:

第一,从传统美术中提炼出某些元素加以创意而生产出的商品,如剪纸,山西有广灵剪纸文化产业园区[②]的产业发展与非物质文化遗产生产性保护是重叠在一起的,但从剪纸造型中获得灵感设计出的服饰图案、剪纸蛋糕等产品不在非物质文化遗产范畴之内,因为这类产品已在非物质文化遗产"母体"之外。

有一则报道[③]提到湖南高校师生们根据湖南省隆回县瑶族女子中流传的一种独特的手工艺——"花瑶挑花"元素设计出了130多款新产品。羊

---

① 参见段岭南《长子县西南呈村响铜乐器制作技艺与传承》,中山大学硕士学位论文,2011,转引自刘晓春《非物质文化遗产传承人的若干理论与实践问题》,《思想战线》2012年第6期。
② 详细内容见广灵剪纸文化产业园区,http://www.zggljz.com/。
③ 徐媛:《把"花瑶挑花"印在水壶上》,湖南成立非物质文化遗产研发中心,http://news.changsha.cn/h/409/20130401/1234369.html,2013年4月1日。

头纹是从花瑶元素里提炼出来的图案，现在已经加工成生活用品，印在水壶、盘子上。指出这种"生产性保护"让花瑶挑花重焕新生。当我们称赞湖南高校师生源自非物质文化遗产的创意构思时，更应清楚地明了这一做法并不是非物质文化遗产的生产性保护实践。

第二，园区式、会展式的非物质文化遗产文化体验。以观光旅游、DIY等方式吸引游客体验非物质文化遗产，是推广、传播非物质文化遗产的重要手段之一。但需注意到的，此类文化体验如果与传统技艺的核心要素如核心生产地、行业生态、文化积淀等已经剥离，也不应是非物质文化遗产生产性保护的组成内容，北京的百工坊已提供了现实的经验教训[①]。

（四）非物质文化遗产传承与市场的关系

文化部《意见》中指出："不能为追逐经济利益而忽视非物质文化遗产保护和传承，反对擅自改变非物质文化遗产的传统生产方式、传统工艺流程和核心技艺。"在2012年1月8日召开的第九届中国文化产业新年论坛上，文化部非物质文化遗产司副司长马盛德发表关于非物质文化遗产生产性保护的演讲中指出一些地方对非物质文化遗产生产性保护的错误理解，他指出，一些成本和价格低廉、工艺粗糙、加工生产又很快捷的印刷品唐卡在市场上频频出现，严重冲击了传统手工绘制、以珍贵的天然矿物质作为原料的唐卡艺术市场。

以马盛德为代表诸多非物质文化遗产保护专家的研究充分表明，适用于生产性保护的非物质文化遗产传承若是一味屈从于市场逐利的本性，结果也只能是导致真正的非物质文化遗产无立锥之地，就这点而言，与其说市场会损害非物质文化遗产品质，不如说是市场逐利目标下出现的不良现象会威胁到高品质非物质文化遗产的生存。同时，看到产业化对非物质文化遗产带来负面影响，采取的态度不是因噎废食，而是应思考成功促成文化和市场结合的相关因素。

（五）非物质文化遗产生产性保护中的文化主体的明确

在2012年11月17日至18日召开的"第三届中美非物质文化遗产论

---

① 《走马观花百工坊》，http://news.163.com/12/0330/04/7TQO84UN00014AED.html，2012年3月30日。

坛：生产性保护"国际学术研讨会中，对我国非物质文化遗产生产性保护进行了深入探讨。许多学者带着浓厚的人类学色彩，从文化主体和回归日常生活的角度讨论了非物质文化遗产生产性保护。针对非物质文化遗产保护过程中出现的政府、学者、商人、传媒和民众多方利益者的相互博弈，指出文化主体的缺位已阻碍了非物质文化遗产保护，不应一味寻求与非物质文化遗产保护主导机构的妥协或共谋，而是应当明确非物质文化遗产生产性保护中的文化主体，不仅包含人们认可的非物质文化遗产传承人，也包括享用文化遗产的地方社区。可以通过培训和教育与文化社区结为合作伙伴，培训社区成员自我记录和自我再现，增强以社区为主体的文化自主性和文化自主权，在此基础上，推动政府、学者、商人、传媒等非物质文化遗产局外人和传承者局内人的平等对话交流。

五 产业视野下参与非物质文化遗产保护各方的利益要求

识别与非物质文化遗产相关的各方人士、团体组织并非易事，判断哪些团体和个体具有与非物质文化遗产传承相关的正当性则是难上加难。宋俊华在讨论戏曲的非物质文化遗产保护[①]时，详细列出了与广东陆丰皮影戏相关的各阶层人员，实际上就是与非物质文化遗产的利益相关者，照着著者的分析思路，非物质文化遗产保护的利益相关者主要指直接从事非物质文化遗产的核心人员和经营团体，即传承主体，我们可以将其视为非物质文化遗产直接利益相关者，而介入到非物质文化遗产保护过程中的政府职能部门、学界、商界、新闻媒体、一些民间机构、博物馆或宗教团体组织等即保护主体，是与非物质文化遗产有关联的间接利益相关者。

当下提及非物质文化遗产时，经验层面上我们通常会想到非物质文化遗产传承者和政府，因此，大部分研究对此两者的角色和功能也讨论得较为深入。但是与这种直觉层面的经验认识相比，从利益相关者角度审视非物质文化遗产传承过程时，事实是它在日常生活的具体发展离不开各利益相关者的各种资源的投入和参与，而非物质文化遗产既然是民族文化的象

[①] 宋俊华：《非物质文化遗产与戏曲研究的新路向》，《文艺研究》2007年第2期。

征符号，关系到民众的文化归属，非物质文化遗产保护就应该妥当地关切到不同利益相关者的整体利益，而不只是传承者和政府的有关利益。

非物质文化遗产的传承主体作为非物质文化遗产的直接控制者和所有者，是占主导性的利益相关者，在商业化过程中，传承主体的主要利益要求是能够控制非物质文化遗产并享有相关权益，获得外界对他们文化的应有尊重，并且使非物质文化遗产的发展状态依然能够为传承群体所认同和为他们所掌握，其他利益相关者不能为追求经济利益而忽略他们的感受。

为了更好地说明这一观点，我们把非物质文化遗产暂分为群体传承和个体传承两类，传统节庆属于群体传承。在我国，在特定的节日期间发展含有非物质文化遗产内容的文化旅游日益成熟，以当地民众认可的民俗内容为基础，再设计出吸引外来游客的旅游产品，当地相关商业团体参与实施，在当地民众民俗传统、利益没有受到破坏的同时，地方民众又从旅游产业经营链条（如各类表演、展览、旅游组织、餐饮交通购物服务）中获得经济收入，满足了他们的经济诉求，有限度地取得了民俗生活真实性和商业化之间的平衡。

我国的春节是比较典型的例子，山西平遥是世界遗产地，春节是我国国家级非物质文化遗产，该县在2000年"我在平遥过大年"的活动和晋商社火节的基础上，把现代会展和传统节庆结合起来，组成了"我们的节日·春节——平遥中国年"的文化旅游产品。2013年的"平遥中国年"活动期间，外地游客不仅可以在平遥古城住客栈、吃年饭、包饺子、贴春联、赏花灯、看大戏、看杂耍、观社火，欣赏到古城各景点景区推出的县太爷迎宾、县太爷拜年、财神爷送元宝等地方特色表演，同时也因旅游需要设计出新的体验活动，如春联书法作品展，平遥中国年动漫创意作品征集大赛、DV作品大赛等新型媒体影像新技术活动等，从会展设计等方面进一步促成平遥春节文化品质的提升。这些活动不仅对旅游有着潜在影响，也丰富了当地人的文化视野和对当下春节的新思考。

相关数据统计显示，2013年"平遥中国年"期间，世界文化遗产平遥古城接待中外游客82万人次，实现旅游综合收入8800万元人民币，宾馆业相比去年增加了近1500余个床位，但客房价格相比往年提升了20%左右，但腊月二十九到正月初六城内客栈的客房出租率仍达到了95%到100%，城外的宾馆初二到初四基本爆满。古城景点接待游客88451人，同比增长75.1%，门票收入584.17万元，同比增长116%。正月十四、十五日接待量超过 15 万人次[①]。

在山西晋中地区,以平遥中国年为代表的春节旅游近年来一直呈较好发展态势。可以看到,当地民众对春节依然保持着较高的热情,主导了当地春节的民俗氛围,年前准备过程中的居室装饰、村镇街区装饰,年后的各类既定活动生动体现了当地民众生活观念[②]以及其间涉及的利益博弈。各县级地区以政府为赞助主体和组织主体,均有传统的"闹红火"活动,是当地民众春节民俗的重要内容。目前山西晋中各县市春节期间已经发展出层次内容都较高的灯展,把特色展览、游乐、戏曲表演、抽奖等活动有机结合起来,规模日益扩大,融民俗性、观赏性、参与性为一体,当地民众参与性极高,由此也加深了春节期间外地游客的体验深度。

就个人传承的非物质文化遗产而言,把它们置于商业生产进程中时,除了直接掌握非物质文化遗产核心技艺的传承者外,非物质文化遗产到达终端消费者上,还要经过创作、生产、传播宣传、展示的环节。因此,各类中间代理商是与非物质文化遗产有关的占据第二位的直接利益相关者,此类角色的职责很多时候都由非物质文化遗产的直接传承者承担起来。2008 年进入国家级非物质文化遗产名录的张一元茉莉花茶窨制工艺所在经营主体——张一元茶叶责任有限公司的董事长王秀兰,作为国家级非物质文化遗产代表性传承人,她既要接触产品也负责张一元茶所面对的市场。

而有的非物质文化遗产则是传承主体与中间代理商的合作,在主体层面则是分离经营的,并不在一个经营实体下,如戏曲行业,与之相关的舞台搭建、剧院租赁、营销、传媒音像等配套环节,剧团及传承人并没有全部承担起来。在市场体系下,中间代理商和传承者一起,其利益诉求主要是通过产品开发、市场营销、销售、打击侵权盗版等活动,获得资本投入与收益比例的最大化,使非物质文化遗产拥有在商业市场上的立足之地,并在尽可能的情况下承担起应有的社会责任。

政府相关管理部门是首要的间接利益相关者,根据我国"保护为主,

[①] 王燕君:《82 万中外游客平遥古城体验"平遥中国年"》,http://www.chinadaily.com.cn/hqgj/jryw/2013-02-26/content_ 8354334.html,2013 年 2 月 26 日。

[②] 参见钱永平《山西祁县"过年"习俗的民俗模式解读》,《晋中学院学报》2005 年第 2 期。

抢救第一，合理利用，加强管理"的非物质文化遗产保护方针，以及对非物质文化遗产保护和利用关系的理解，政府相关管理部门利益诉求正在两者间徘徊。支持非物质文化遗产传承者，服务于公众利益，以对民族文化负责的态度实现非物质文化遗产保护目标和利用之间的平衡，是政府管理部门主要的工作利益诉求，也是目前非物质文化遗产保护研究和媒体报道中较为尖锐的议题之一。

在我国，非物质文化遗产保护的相关利益者还有教育机构、热衷保护的民间组织及传媒界，这些机构和组织作为间接利益相关者，关注的是非物质文化遗产的内在价值，如非物质文化遗产的人文、文化、美学、教育等意义，由此敏感地注意到产业开发对非物质文化遗产内在价值造成的冲击，提醒人们对非物质文化遗产的产业开发保持高度的批判。非物质文化遗产保护的先行者冯骥才曾说："过分政绩化和过分商业化这两个问题如果不能解决……所有文化遗产都会被我们自己糟蹋掉。"[①]

当下，非物质文化遗产的产业化通常会得到当地政府的支持，但研究者对此抱着怀疑的态度，而非物质文化遗产传承者对现代商业经营还在学习摸索之中，非物质文化遗产的产业化由此面临的不确定因素和风险都比较高，缺乏对各方深刻认识的他们对非物质文化遗产有不同的观点和要求，由此出现了分歧。

无疑，各个非物质文化遗产与其利益相关者的关联程度是不同的，面对同一非物质文化遗产，一些利益相关者又会比其他利益相关者对非物质文化遗产有更大的控制权。如果缺乏对不同利益相关者的关注，会危及保护管理的有效建立。在保护管理规划中遗漏利益相关者，他们所关心的问题及合法利益会随着非物质文化遗产保护和产业化的持续进行更难以解决。从保护和产业化的角度出发，实现非物质文化遗产的可持续发展，运用相关机制确立非物质文化遗产相关利益者的优先次序及合法责任是比较重要的，鼓励利益相关者持续反馈信息，以协调持不同观点的利益相关者之间的冲突，使新出现的问题得到及时解决，这是非物质文化遗产保护有效展开的重要组成部分。

---

① 冯骥才：《要把"申遗"变"审遗"》，《中国日报》，http://www.chinadaily.com.cn/hqpl/zggc/2012-10-22/content_ 7303635.html。

结论：非物质文化遗产保护的内生动力与可持续发展的基础

我国政府已经意识到文化和市场的重要关联，也希望透过政府的努力，让非物质文化遗产传承者在市场上具备优越的竞争力，在市场上占有一方天地。然而无论是非物质文化遗产保护还是产业化，都面临一个至关重要的问题，非物质文化遗产世代相传的内生动力是什么？

2003年联合国教科文组织正式提出的非物质文化遗产保护是《保护非物质文化遗产公约》，是建立在《世界文化多样性宣言》基础上的，这一宣言指出了非物质文化遗产对文化多样性作出的重要贡献，2003年《保护非物质文化遗产公约》目的在于保护体现在人类实践中的不断进化的鲜活的遗产，这一公约意识到非物质文化遗产根植于地方小社会，非物质文化遗产保护成功的关键在于其传承群体，因此注重作为传统承载者的群体或团体在非物质文化遗产保护中的作用，即由这些传承群体确保非物质文化遗产的活态存在、世代相传。联合国教科文组织对此曾具体地解释道"某些形式的非物质文化遗产，不论其经济价值如何，也有可能被视为不再与它的社区相关联，对它的社区、社会不再有意义。正如公约所述，只有被社区公认是属于他们自己的，为他们提供一种认同感和延续性的非物质文化遗产，才会得到保护"①。

相比而言，意识到非物质文化遗产传承的决定性力量对进入产业环境下的非物质文化遗产更为重要。那些进入商业市场的非物质文化遗产，必须处理好非物质文化遗产传承群体在产业化过程中遭遇的困境，才能保持非物质文化遗产在市场环境下的真正生命力，实现可持续发展，反面的例子可以使我们可以更为深入地体会到它的重要性。

第一，追求速度和利润是产业目标，减少各种成本是产业思维的直接体现，这导致饮食从田地种植开始就处于减少成本投入，减少成长时间、提高产量的操控下，化肥、生长激素、人工笼养、转基因等技术手段的运用，生产出了量大标准的食物原料，加上强势的商业饮食广告宣传，使工

---

① 李楠编译《不僵化的保护》，http://www.ihchina.cn/inc/detail.jsp?info_id=3382，2011年12月3日。

业加工的食物成为高贵的象征。导致种类丰富的天然有机的传统精美小吃难觅踪迹,有关食物的传统知识消失、自己动手制作的传统食物并与亲友分享不再受追捧,渐渐地,微妙的生态系统遭到破坏,环境退化,社区人与人的亲密信任感和人与自然的关系也开始面临瓦解的危险,人的健康正不断受到损害。

第二,贫困地区的文化旅游开发,人类学的研究指出[①],这种开发导致当地民众"低人一等",仅是迎合并维持游客对他们的错觉想象,与之相关的旅游设计规划使一些非物质文化遗产被简化成一种"奇观",继之引发游客对当地民众怪异地观看、哄笑,甚至带有轻视意味的效仿,他者对于非物质文化遗产社区民众身份、社会地位的看法,容易使非物质文化遗产传承群体陷入不利境地,导致他们与非物质文化遗产一起,逐渐沦为游客消费的物品,这种物化的过程,也是当地非物质文化遗产和民众尊严不断被贬低,文化创造力丧失的过程。更有甚者,在一些地区,当地人对旅游的发展几乎没有影响力,处于利益链最底层,在地方不断被开发的过程失去了土地等资源的控制权。

第三,发展与非物质文化遗产有关的会展等观光产业,都是没有问题的。但如果仅是简单引起他者注意的表演秀,并将其视为非物质文化遗产保护的成就,这种误导带来的唯一后果就是非物质文化遗产的消失,比如有些地区在太极拳文化节上的万人太极操表演,如果不了解太极拳的年轻一代将这种形式视为是真正的太极拳,太极拳的衰落是必然。因为以调整个人内在修养和身体为本质的太极拳,讲究用意不用力等原则,并不以太极拳外在形式为终极旨归,把一些只具推广性质,注重外形的太极操表演视为是对太极拳的传承,与太极拳的宗旨是南辕北辙。

2003 年《保护非物质文化遗产公约》非物质文化遗产保护宗旨的规定中明确提出"尊重有关社区、群体和个人的非物质文化遗产"[②]。尊重的含义应得到适切的理解,当人们粗浅地认为非物质文化遗产是过时的,陈旧的,本质上已是对非物质文化遗产传承者的一种变相贬损。尊重的真正含义当是在承认非物质文化遗产社区把自身的文化创造力注入非物质文化遗

---

① 见段颖《后现代·东方主义·民族志写作——从 Louisa Schein〈少数民族准则〉谈起》,《西北民族研究》2011 年第 3 期。
② 《保护非物质文化遗产公约》第一条 (b)。

产时，也是他们作为人之主体自由实现抱负的一种作为。如果非物质文化遗产地方社区尊严和权益得不到保证，2003年《保护非物质文化遗产公约》所说的含义就是空的，实现非物质文化遗产的社区传承也是一句空话，最好的保护就是尊重。

目前我国政府及其他组织机构借助各项政策规范的出台，为非物质文化遗产传承者创造有利的产业环境，同时也注重提高非物质文化遗产传承群体的各方面能力，推动非物质文化遗产传承主体不断适应当下的市场环境和加速的社会流动。在2013年春节刚过，北京市文化局非物质文化遗产处为提升非物质文化遗产项目的市场竞争力，推进文化产品品牌化、市场化，实现非物质文化遗产项目单位社会效益和经济效益的双赢，举办了首期"非物质文化遗产市场化运作"高级研修班，北京市100项非物质文化遗产的传承人、项目单位负责人参加了这次研修班，学习如何将手中技艺推向市场，在需求扩大的形势下对非物质文化遗产技艺进行更好地活态传承。专家根据不同类型的非物质文化遗产项目进行细化培训，并增加案例讲解，使非物质文化遗产传承人们看到更多成功的例子，增加信心。[1]

这种做法的意图是值得肯定的，通过类似手段提高非物质文化遗产传承群体适应当下社会的能力，使其与外界的沟通中，更加清楚意识到自身的处境和自身知识体系的独特性，从谦卑地、不加区分地吸收转变为自身有特性的发展，增强非物质文化遗产传承者的自信和自尊，这是非物质文化遗产可持续发展的根本所在。

---

[1] 尹力：《北京百项非物质文化遗产传承人共学市场运作》，http://www.workercn.cn，2013年3月25日。

大事记

大事记*

（除文化部及其相关部门活动外按省分类，包括港、澳、台三地）

整理：文刚　林斯瑜　刘鹏昱　李杰　陈琼瑀　周璇

文化部（包括中国非物质文化遗产保护中心、中国艺术研究院等）

（与地方合办的活动详见各省区市大事记）

2月1日，由中国常驻联合国代表团、文化部艺术服务中心、中国非物质文化遗产促进会、中国少年艺术团等单位主办的第二届"文化中国·中国非物质文化遗产展演"在联合国总部举行。（《中国文化报》）

2月5日，文化部主办的"中国非物质文化遗产生产性保护成果大展"在北京全国农业展览馆新馆拉开帷幕。大展以41个第一批国家级非物质文化遗产生产性保护示范基地为主，从全国精心选取了188项在非物质文化遗产生产性保护方面取得显著成效的传统技艺、传统美术、传统医药类项目参加展览，邀请了近170名国家级非物质文化遗产项目代表性传承人和中国工艺美术大师现场展示精湛技艺，展出的珍贵实物近2000件。（《中国文化报》）

---

* 特别鸣谢广东省文化厅非物质文化遗产处、西藏自治区文化厅非物质文化遗产处、贵州省非物质文化遗产保护中心、辽宁省非物质文化遗产保护中心、新疆非物质文化遗产保护研究中心、河北省非物质文化遗产保护中心、山西省文化厅非物质文化遗产处、云南省文化厅非物质文化遗产处提供相关资料。

2月22日,联合国教科文组织亚太地区非物质文化遗产国际培训中心在北京成立。作为中国首个经国务院批准在华建立的、由联合国教科文组织支持的非物质文化遗产领域的国际机构,亚太地区非物质文化遗产国际培训中心将成为中国与联合国教科文组织以及亚太地区国家开展非物质文化遗产交流与合作的重要平台。(文化部官网)

5月18日,为规范和加强国家非物质文化遗产保护专项资金的管理,提高资金使用效益,财政部、文化部制定了《国家非物质文化遗产保护专项资金管理办法》。办法对专项资金的分类和开支范围、申报、审批拨付、管理、使用和监督做了详细的规定。(《经济日报》)

5月21日,文化部与美国史密森学会在华盛顿签署合作备忘录,确认中国将于2014年首次以国家名义参加第四十八届史密森民俗文化节。始于1967年的史密森民俗文化节由美国史密森学会主办,是美国最主要的公民民俗文化展演活动,也是世界最大的户外文化展示活动。根据协议,中方将在2014年6月下旬至7月上旬派出由近200名非物质文化遗产传承人组成的代表团,在华盛顿国家广场进行中国非物质文化遗产展示和表演活动。(《人民日报》)

6月5日,由文化部外联局主编、外文出版社出版的《联合国教科文组织〈保护非物质文化遗产公约〉基础文件汇编》正式出版。(文化部官网)

6月6日,由中国非物质文化遗产保护中心主办的"中华非物质文化遗产传承人薪传奖"在北京颁奖。全国共有60位传承人获得此奖。(贵州非物质文化遗产网)

6月30日至7月2日,第四届中国非物质文化遗产保护·苏州论坛在江苏省苏州市举行,此次论坛由文化部和江苏省人民政府主办,论坛以"非物质文化遗产传承人保护及传承机制建设"为主题,共同探讨非物质文化遗产传承机制建设、非物质文化遗产代表性传承人的责任与义务、非物质文化遗产传承人资料的收录、整理与建档,传承人的认定、保护与退出机制的规范化探析,传承人在非物质文化遗产生产性保护中的作用,非

物质文化遗产代表性项目保护单位在传承机制建设中的职责等议题。（文化部官网）

8月9日晚，2012年全国优秀剧目展演拉开帷幕，总共有119台剧目240余场演出先后进行。（文化部官网）

8月29日，由中国—东盟中心、中国非物质文化遗产保护中心和联合国教科文组织亚太地区非物质文化遗产国际培训中心联合举办的"中国—东盟非物质文化遗产保护研讨会"在北京召开。与会代表围绕中国—东盟非物质文化遗产研究和保护工作在国家层面上的进展情况以及《保护非物质文化遗产公约》相关问题两大主题展开探讨和交流。（文化部官网）

10月15日，文化部公布了国家级代表性项目保护督查工作的督查报告，对105个国家级非物质文化遗产代表性项目保护单位提出进行调整、撤销的建议。其中，对天津市红桥区回族大刀队等97个国家级非物质文化遗产代表性项目保护单位进行调整，对黑龙江省民族研究所等8个国家级非物质文化遗产代表性项目保护单位提出批评、限期整改或撤销。（文化部官网）

11月1日，工业和信息化部、文化部、人力资源社会保障部联合公布了第六届中国工艺美术大师名单，共78人入选。（湖南省工艺美术协会网）

12月4日，法国巴黎举行的联合国教科文组织保护非物质文化遗产政府间委员会（简称委员会）第七次会议审议通过，"福建木偶戏后继人才培养计划"被列入优秀实践名册，实现了我国在联合国教科文组织优秀实践名册项目零的突破。（文化部官网）

12月14日至19日，联合国教科文组织亚太地区非物质文化遗产国际培训中心在北京举办《保护非物质文化遗产公约》履约工作国际培训班，邀请联合国教科文组织认证的非物质文化遗产领域两位国际培训专家，为来自帕劳、汤加、斐济和法属新喀里多尼亚岛的文化部、教育部及相关研

究机构负责人进行相关内容的讲解。这是亚太中心正式成立以来主办的首期国际培训活动。(《中国文化报》)

(2012年) 12月19日至2013年1月30日,由文化部举办的2012年全国地方戏精粹展演在北京梅兰芳大剧院演出。(文化部官网)

12月20日,文化部公布了第四批国家级非物质文化遗产项目代表性传承人名单,共498名传承人入选。在这次公布的名单中,出现了10余位"70后"。(文化部官网)

全国各省区市

(以下各省、直辖市、自治区按地名首字母排序)

安徽

1月27日下午,合肥市第十八届新春文化庙会"梨园风采贺新春"戏曲专场演出拉开帷幕。其中,黄梅戏《天仙配·四赞》、庐剧《茶山新歌、绣罗衫》、越剧《十八相送》、葫芦丝演奏《赛江南》、舞蹈《放风筝》等深受观众好评。(安徽省文化厅官网)

2月5日至15日,安徽省的徽墨、宣纸、万安罗盘、芜湖铁画等制作、加工技艺等七项"非物质文化遗产"项目参加了北京全国农业展览馆举行的中国非物质文化遗产生产性保护成果大展。(安徽省文化厅官网)

4月4日,定远县首届民俗文化节在藕塘镇开幕。本届文化节围绕打造"三色定远"目标,再现民俗礼仪、展示特色产品、传播地方文化。(安徽省文化厅官网)

9月15日上午,芜湖铁画行业协会正式成立。该协会共有16个会员单位,总会员人数达156名,涉及铁画的设计、制作、装裱、经营以及学术研究的各方面。协会成立后,将协助有关部门搭建校企平台,将对铁画相关的工艺技术进行人员培训以及人才培养,发掘并推荐优秀的铁画设

计、制作、装裱等方面的相关技术人员积极参加工艺美术人员的各级技术资格的评审认定活动。（安徽省文化厅官网）

9月24日，德国"中国文化年·安徽周"在下萨克森州首府汉诺威市拉开帷幕，5天时间里，举办了"魅力安徽"非物质文化遗产项目、书画、摄影展和民族管弦乐团演出。（安徽省文化厅官网）

2012年，安徽省非物质文化遗产保护中心与省图书馆合作，启动了非物质文化遗产项目及传承人抢救性采录工程。本年度完成了31项非物质文化遗产项目的资料采集，明年将启动29项国家级非物质文化遗产项目的采录。该省非物质文化遗产中心已将抢救性采录工程列入中心重要工作日程，在未来5年内，有望于完成百集非物质文化遗产项目视频制作，并着手建立安徽省非物质文化遗产数据库。（安徽省文化厅官网）

11月5日，由文化部和安徽省人民政府联合主办的中国（安庆）第六届黄梅戏艺术节在安庆市开幕，本届艺术节更加注重黄梅戏传承和创新的结合、注重精品力作的打造，组织了安徽、湖北等地的21台黄梅戏集中展演。（文化部官网）

11月7日至11日，由文化部和安徽省人民政府共同主办，中国非物质文化遗产保护中心、安徽省文化厅和黄山市人民政府共同承办的首届中国（黄山）非物质文化遗产传统技艺大展在黄山市举办。活动期间开展了非物质文化遗产传统技艺展示、非物质文化遗产传统技艺作品精品展、中国非物质文化遗产保护黄山论坛和中国非物质文化遗产年度主题活动等。（安徽省文化厅官网）

11月23日至24日，由安徽省文化厅、省人力资源与社会保障厅主办、省非物质文化遗产保护中心承办的安徽省"非物质文化遗产保护与发展"高级研修班在合肥举办。专家们就《中华人民共和国非物质文化遗产法》、传统音乐的传承与创新、社会对非物质文化遗产的认知与需求、徽剧的保护、传承与创新等话题进行了专题讲解。（安徽省文化厅官网）

12月15日下午，由安徽小说评书广播主办的"第二届安徽省非物质文化遗产展演——走进肥西活动"举办。此次展演分舞台演出和手工艺展示两大环节，近30个非物质文化遗产项目在当天与广大观众见面。（安徽省文化厅官网）

北京

2月8日，正月十五京西民俗大会在永定河文化广场上举行。本次民俗大会以"践行北京精神，体验京西民俗"的主题，以民俗技艺展示、猜灯谜、展览、传统儿戏体验、原创歌曲传唱、古装服饰拜年、幡会等形式展示门头沟的民俗风情。（北京市文化局官网）

5月18日晚，在昆曲入围"人类口头与非物质文化遗产"代表作名录11周年之际，北方昆曲剧院在湖广会馆拉开了建院55周年纪念"北京昆曲周"的帷幕，北京国际曲社同时举行了成立一周年公演。（《北京青年报》）

6月9日，是我国第七个"文化遗产日"，大兴区举办了文化遗产巡回展暨"文化遗产与文化繁荣"主题宣传活动。本次文化遗产日宣传持续展出了3个月。（北京市文化局）

11月19日，由中国社会科学院民族文学研究所主办、新疆和布克赛尔蒙古自治县协办的非物质文化遗产国际圆桌会议在北京成功召开，来自美国、俄罗斯、德国、肯尼亚等22个国家的70名专家学者及中国西藏、内蒙古、青海等地20余名学者参加了会议。在"史诗研究的多样性、创造性及可持续性"的主题下，各国专家学者共同探讨史诗研究合作中所面临的挑战，论证建立史诗国际化学术组织的可行性，对口头史诗建档的方法论进行反思。（《中国日报》）

12月17日，由中国科学院大学人文学院、北京大学文化资源研究中心等联合举办的"科学传统与文化资源"学术研讨会在北京召开。研讨会邀请了海内外多名学者参与，主要围绕利用现代科技手段对非物质文化遗产进行保护与推广进行深入探讨。大家普遍认为，应当突破非物质文化遗

产保护单纯的人文视野，融合自然科学的视角，发挥不同学科的优势，构筑非物质文化遗产保护与推广的平台。(《中国文化报》)

12月28日，由北京市海淀区文化委主办，海淀区文化馆承办的"海之印"海淀区第二届非物质文化遗产文化节开幕。(《北京商报》)

重庆

1月1日，由重庆市文广局、巴南区政府主办的国家级非物质文化遗产代表性传承人学徒技艺大赛暨重庆市非物质文化遗产保护成果系列展巴南区专题展，在重庆中国三峡博物馆开展。共有20余名国家级非物质文化遗产项目代表性传承人的学徒参赛。(《中国文化报》)

1月6日，重庆演艺集团杂技公司创作的杂技剧《花木兰》和重庆三峡歌舞剧团创作的重庆方言话剧《三峡人家》喜获"2010～2011年度国家舞台艺术精品工程资助剧目"。其中杂技剧《花木兰》实现了重庆杂技在该奖项上零的突破。(重庆市文化广播电视局官网)

2月17日，《重庆市非物质文化遗产条例（征求意见稿）》讨论会召开。会议强调非物质文化遗产保护应调动各职能部门及各区县的积极性，建立健全传承奖励机制，规范各项工作程序和规范政府及部门职责等内容。(重庆市文化广播电视局官网)

4月23日以来，武隆县成功推出"印象武隆"大型山水实景演出。(重庆市文化广播电视局官网)

6月28日，重庆市经严格评审，分别命名非物质文化遗产生产性保护示范基地20个、非物质文化遗产传承教育基地27个。(重庆市文化广播电视局官网)

9月18日，重庆市文化遗产研究院正式挂牌。该院在重庆市文物考古所基础上发展壮大而成，肩负文化遗产的调查与研究，文物的勘探、发掘和修复，文物保护的规划和设计，信息咨询和培训宣传等工作使命。(重

庆市文化广播电视局官网）

11月29日，《巴渝非物质文化遗产》（省市级名录）第一辑DVD光碟正式出版发行。（重庆市文化广播电视局官网）

12月1日，经重庆市三届人大常委会第三十三次会议通过的《重庆市非物质文化遗产条例》在全市范围内施行。《重庆市非物质文化遗产条例》于2007年立项，历经五年的调研起草，2012年7月26日经重庆市第三届人民代表大会常务委员会第三十三次会议审议通过。该条例共五章四十一条，主要在政府责任、名录体系、专家评审、规划保护、整体性保护、生产性保护、展示展演、社会参与等十个方面对《中华人民共和国非物质文化遗产法》进行了细化和制度安排。（重庆市文化广播电视局官网）

12月28日，重庆市"三峡工程重庆库区后续非物质文化遗产保护工作规划课题调研可行性报告"专家结题鉴定会议在该市文化艺术研究院举行。该课题由重庆市文化艺术研究院承担，于2010年4月开题，经过两年多的研究，完成了课题预期目标。（重庆市文化广播电视局官网）

福建

1月9日，由福建省文化厅主办的"福建非物质文化遗产进三坊七巷"活动在福州启动。该活动在整合全省非物质文化遗产资源的基础上，以展演、展示、展览等多种方式向社会提供服务。（福建非物质文化遗产网）

2月4日至8日，由中国文联、中国民协、中共厦门市委宣传部、中共湖里区委、湖里区人民政府及厦门市文联联合举办的2012第二届海峡两岸民间艺术嘉年华暨厦门第八届元宵民俗文化节在厦门举办。这期间，来自海峡两岸的民间表演队伍同台亮相，民间艺人现场展现了漆线雕、影雕、剪纸、木偶、鱼骨画、农民画、木雕、铜板浮雕、皮影、中国结、陶艺、刺绣、春仔花等创作技艺。（中国文艺网）

6月9日，作为福建省2012年"文化遗产日"系列活动之一的"福建非物质文化遗产进三坊七巷之石狮非物质文化遗产展览周"系列活动在省

府南后街亮相。(福建非物质文化遗产网)

9月30日至10月7日,由福建省文化厅主办的"2012中秋国庆非物质文化遗产展演"在福州三坊七巷(非物质文化遗产博览苑和水榭戏台)开展。(福建非物质文化遗产网)

12月12日,为贯彻落实党的十八大提出的扎实推进社会主义文化强国建设精神,扎实推进"文化惠民"工程,福建省文化厅在三坊七巷的非物质文化遗产博览苑、水榭戏台主办系列非物质文化遗产展演,此次活动包括在非物质文化遗产博览苑举办的"瑰宝庆盛会·神功献风采——福建寿山石雕精品展"和在水榭戏台举办的"妙剪生辉·巧刻传情——闽冀剪纸艺术展"两个展览。(福建非物质文化遗产网)

12月22日下午,由福建省文化厅、福州市文化新闻出版局主办,福建省艺术馆、福建省非物质文化遗产保护中心、福州市群众艺术馆、福州市非物质文化遗产保护中心承办的"非物质文化遗产进社区"系列活动在福州军门社区率先展开。本次军门社区专场展演包括软木画、厦门漆线雕、柘荣剪纸、闽剧、十番音乐、福州伬艺、福州语歌曲、漳州布袋木偶戏等内容,涵盖传统技艺、美术、戏剧、曲艺、音乐、舞蹈等多个门类。(福建非物质文化遗产网)

12月28日,两岸携手创办的中华妈祖网在妈祖故乡莆田正式开通,中华妈祖手机报同时开通。中华妈祖网由中华妈祖文化研究院、湄洲妈祖祖庙、台湾北港朝天宫、鹿港天后宫、厦门博鼎智文传媒科技有限公司主办。海峡两岸首次联手创办对外传播妈祖文化的专题网站——中华妈祖网,还以民间形式在台湾设立编辑部,开创了两岸妈祖文化交流互动的新形式。(《新华澳报》)

甘肃

5月18日,由中国文联、中国民协、甘肃省委宣传部、甘肃省文联联合主办的"纪念《讲话》发表70周年花儿会采风暨研讨活动"在甘肃省和政县举行。(《中国艺术报》)

6月9日,由甘肃省文化厅、省非物质文化遗产中心等单位主办的"文化记忆——甘肃省非物质文化遗产摄影展"在省图书馆拉开帷幕。此次展览共展出了全省文化系统征集的160幅摄影作品。(《甘肃日报》)

6月22日,2012(壬辰)年甘肃省公祭中华人文始祖伏羲大典在天水隆重举行,海内外大批中华儿女、四海宾朋会聚羲皇故里,感怀伏羲功绩,为中华繁荣昌盛虔诚祈福。(《兰州晨报》)

8月20日上午,由甘肃省旅游局、白银市人民政府主办,会宁县人民政府、白银市旅游局承办的"首届红色会宁民俗文化旅游节"在会宁县红军长征胜利景园内隆重开幕。(《甘肃日报》)

8月22日,由甘肃省委宣传部、省文化厅、省旅游局、省文联、省妇联、陇南市委市政府共同主办的"第四届中国乞巧文化旅游节"在西和县隆重开幕,会期为3天。(《兰州晨报》)

9月12日至15日,由中国文联、甘肃省人民政府、中国民协共同主办的第九届中国民间艺术节暨中国·平凉崆峒文化旅游节在甘肃省平凉市举办。来自各省、自治区及甘肃省内各市州的1000余名专家学者、文艺界、企业界、旅游界代表、演职人员及50多家新闻媒体参加了此次节会,直接参与展演的艺术家、文艺工作者和文艺爱好者超过600人。两节期间,共安排了9大类18分项30多场次主题活动,其中包括第十一届中国民间文艺山花奖·民间艺术表演奖(广场歌舞)展演评奖。(《中国艺术报》)

11月1日,甘肃省农村实用文化人才高级职称评审会确认,20名农村实用文化人才获得高级职称。其中,既有从事木雕、砖雕、洮砚制作、刻葫芦、雕漆、刺绣艺术的民间艺人,也有从事书法、国画、花儿和曲艺快板的民间艺术家。(甘肃网)

11月12日,崆峒山生态文化旅游示范区在平凉市崆峒古镇揭牌。该示范区东依平凉中心城区,西靠崆峒山,按照"神奇秀美崆峒山,天下养生第一地"的目标定位,整合崆峒山、麻武十万沟原始森林景区和西郊开发区的生态、人文等文化旅游资源，并以崆峒山为基点，沿南线、中线和北线3条线进行扩展延伸，覆盖整个平凉城市西区。（甘肃网）

11月6日至13日，第六届中国西北五省区秦腔艺术节在兰州举办。来自陕西、新疆、青海、宁夏和甘肃的10台风格各异的优秀秦腔剧目轮番上演。（甘肃网）

12月13日上午，甘肃省金昌市非物质文化遗产展览在金昌市文化中心开幕。（《金昌日报》）

广东

1月6日，广东省佛山市武术协会换届暨佛山咏春总会成立大会举行。（《羊城晚报》）

1月10日，由广东省广州市南沙区横沥镇民间组织整理的《渔声——横沥咸水歌》正式出版。（《中国文化报》）

1月13日，广东省文化厅公布了第一批广东省非物质文化遗产传承基地的入选名单。其中级别为国家级的有40项，级别为省级的11项。（广东省文化厅官网）

1月，广东省文化厅批准建立客家文化（梅州）生态保护实验区、雷州文化生态保护实验区两个省级文化生态保护实验区。（广东省非物质文化遗产保护中心提供）

2月6日晚，在广东省东莞市洪梅镇举行的广东省首届花灯文化节闭幕仪式上，乐安花灯摘得本届花灯展金奖。（《珠江时报》）

2月6日，广东省深圳市2012年"我们的节日"非物质文化遗产展演展示活动举办。（《中国文化报》）

2月21日，广东省人民政府发布了《关于批准并公布广东省第四批省级非物质文化遗产名录的通知》，确定了第四批省级非物质文化遗产名录（52项）和扩展项目名录（35项）。（广东省人民政府官网）

3月23日，2012佛山祖庙三月三北帝诞庙会暨禅城区民俗文化系列活动开幕式举行。庙会连开三日，新增了祖庙历史上的"春秋谕祭"中的"春祭"仪式。（《珠江时报》）

3月5日至3月13日，广东省文化厅组织开展该省国家级非物质文化遗产代表项目检查工作。有关专家组成4个检查小组，全省分4个片区开展检查工作。（广东省非物质文化遗产保护中心提供）

3月20日至22日，由中国民协、中共广东省委宣传部、广东省文联、南方日报社、中共梅州市委、梅州市人民政府主办的全国古村落工作经验交流会暨第二届中国古村落保护与发展研讨会在广东省梅州市举行，旨在促使全社会关注古村落保护的"寻找广东十大最美古村落"评选活动同时启动。（《中国艺术报》）

广东省文化厅于3月起开展首届"广东省非物质文化遗产优秀传承人"评选活动，共评选出首批省级非遗优秀传承人33名，于5月公布。（广东省非物质文化遗产保护中心提供）

4月12日，广东省文化厅在东莞举办全省非物质文化遗产保护工作培训班。（广东省非物质文化遗产保护中心提供）

4月30日至5月3日，由广东省文化厅指导，中山市文化广电新闻出版局主办、省非物质文化遗产保护中心协办的"2012年广东（中山）文化消费节非物质文化遗产生产性保护成果展"在中山开幕。活动期间召开了2012广东省非物质文化遗产生产性保护论坛。50多名专家学者以及该省非物质文化遗产保护工作专家委员会成员及部分地级市非遗保护工作者、非遗项目代表性传承人出席论坛。（广东省非物质文化遗产保护中心提供）

由广东省潮州市文联组织编印的两部大型潮州音乐曲集《潮汕传统弦诗500首》、《潮汕民歌》出版发行。（中国网）

5月18日至21日，第八届文博会在深圳会展中心举行，4号馆非物质文化遗产馆主要从我国国家级、省级以上非物质文化遗产中选择有特点、市场潜力大、产业化程度高的传统手工技艺产品、传统美术产品等内容进行展示交易。（中国网）

广东省文化厅于5月下发了《关于推荐第三批省级非物质文化遗产项目代表性传承人的通知》，共评选出第三批省级非物质文化遗产项目代表性传承人152人，于9月公布。（广东省非物质文化遗产保护中心提供）

6月9日至6月30日，第二届"中华龙民俗文化节"暨"2012年中国文化遗产日"广东会场活动在广东东莞石龙镇举办。来自粤港澳三地的文化遗产保护工作者及非物质文化遗产传承人齐聚东莞石龙镇。（中国新闻网）

6月9日由广东省文化厅主办、省文化艺术信息中心承办、省非物质文化遗产保护中心协办的"龙舞盛世"——2012年广东龙舞网上大汇演活动闭幕式及颁奖晚会在东莞石龙镇举行。本次活动全省共有50支队伍、2000多人参赛。活动组织专家结合网民投票情况评选出金龙10条、银龙20条；评出"最佳人气奖"1名和组织奖10名。（广东省非物质文化遗产保护中心提供）

6月10日晚，中山大学首届"大学生非物质文化遗产节"的最后一场活动——"泠泠太古音——岭南古琴音乐会"在中山大学怀士堂举行。本次"非遗节"是中山大学首次举办的大型校园非遗推广活动，由中山大学中国非物质文化遗产研究中心一手策划，由该中心与中山大学校团委联合主办，得到了广东省文化厅的指导，并得到广州市文学艺术创作研究院、广州文木信息技术有限公司的支持。此次"非遗节"从4月底的"LOGO征集大赛"启动，一直延续到6月10日，包括了各种类型的数场讲座，一台"中山大学非遗社团才艺展演晚会"，一场昆曲、京剧、粤剧、黄梅戏等多个戏曲剧种参加的岭南曲会，一场高质量的古琴音乐会，此外，还有书法展览、非遗图片展等活动。（中国非物质文化遗产保护与研究网）

6月19日（农历五月初一），广东省德庆县悦城龙母祖庙举行龙母诞庙会公祭龙母典礼，同时启动了肇庆市旅游"祈福之旅"。（国际在线网站）

6月30日，"2012沙田水韵文化节"在广东省东莞市沙田镇淡水湖上开幕，历时6天。重头戏包括举办广东省第三届民间歌会（水上民歌专场）和中国首届水上民歌大赛。（《南方都市报》）

由广东省文化厅、广东省教育厅、广东省妇联联合主办的7月30日至8月3日"2012年广东省首届青少年粤剧粤曲大汇演"决赛及颁奖晚会在广州举行。本届汇演共有17个地级以上市（区）的73个节目报名参演。共有69个节目入围进入决赛，最终决出粤剧金奖12个（业余组8个，专业组4个）、粤剧银奖22个（业余组16个，专业组6个）、粤曲金奖10个、粤曲银奖25个。（广东省非物质文化遗产保护中心提供）

广东省文化厅于8月组织开展了2012广东醒狮网上争霸赛活动，并于10月22日举行决赛。全省共有137个醒狮节目参赛，其中高桩狮组35个，传统狮组102个，由网友投票及专家评分决出24强进入决赛。共评出高桩狮组"狮王"奖1个、传统狮组"狮王"奖1个、高桩狮组金奖1个、传统狮组金奖2个、高桩狮组银奖2个、传统狮组银奖4个、高桩狮组铜奖2个、传统狮组铜奖10个、特色奖2个、人气奖2个、风采奖2个、技艺奖3个、传承奖6个。（广东省非物质文化遗产保护中心提供）

广东省文化厅于8月下发了《广东省文化厅关于开展广东省非物质文化遗产研究基地评审认定工作的通知》，之后共收到全省地级以上市推荐的单位59家，经专家评审，共有14家单位列入实地考察名单。（广东省非物质文化遗产保护中心提供）

9月4日至9月10日，广东省文化厅、省非物质文化遗产保护中心组织粤绣（广绣）、广彩瓷烧制技艺等10个国家级、省级非物质文化遗产项目近百件精美展品前往山东枣庄参加"第二届中国非物质文化遗产博览会"，并获第二届中国非物质文化遗产博览会组委会颁发的"组织工作奖"。（广东省非物质文化遗产保护中心提供）

9月17日至9月20日广东省文化厅主办的"省级非物质文化遗产保护工作专家论证会暨全省廉政文化剪纸优秀作品展览"活动在汕头举办。会议期间召开了潮汕地区文化生态保护区建设论者会。本次剪纸优秀作品展共收到剪纸作品99件107幅，共评选出金奖9件、银奖15件、铜奖30件、优秀奖45件。（广东省非物质文化遗产保护中心提供）

9月19日，由中山市非物质文化遗产保护中心与中山大学中国非物质文化遗产研究中心联合发起的广东省中山市"非物质文化遗产传承人抢救性记录工程"正式启动。（《中国文化报》）

9月21日至22日，广东省文化厅在潮州市举行全省非物质文化遗产生产性保护工作培训班。（广东省非物质文化遗产保护中心提供）

9月24日，为期5天的第四届潮剧节在广东汕头举行。众多潮剧界人士倡议将潮剧申报列入联合国教科文组织人类非物质文化遗产代表作名录。（新华网）

为进一步推动广东省文化生态保护区建设工作进展，9月25日，"省级文化生态保护区建设专家论证会"在顺德区召开。（广东省非物质文化遗产保护中心提供）

9月28日至10月2日广东省文化厅、省非物质文化遗产保护中心组织该省非物质文化遗产项目玉雕、牙雕等前往天津参加第二届全国非物质文化遗产展示会。（广东省非物质文化遗产保护中心提供）

广东省文化厅于9月下发了《广东省文化厅关于开展广东省非物质文化遗产生产性保护示范基地建设工作的通知》，之后共收到全省地级以上

市推荐的单位76家，经专家评审共有48家单位列入实地考察名单。（广东省非物质文化遗产保护中心提供）

10月9日，由广州市文化馆主办的"粤韵流长"广州市非物质文化遗产音乐会在白云国际会议中心岭南大会堂举办。这是2012年广州艺术节系列展演之一，由广东音乐曲艺团、广州古琴研究会等单位共同演出。（新华报业网）

10月16日下午，"2012年珠中江民歌大赛总决赛"在江门市东湖影剧院举行。（《江门日报》）

10月19日，2012两岸城市艺术节——广东城市文化周在台北市中山堂启动。广东省250多名文化工作者带着粤剧潮剧、客家山歌、醒狮人偶、石湾陶塑、广绣剪纸等岭南文化艺术作品与台湾同胞进行交流。（新华网）

广东省于10月起举办"广东省首届非物质文化遗产麒麟舞大赛暨麒麟头制作技艺展"活动。全省共有40多支队伍报名参赛，26支队伍进入决赛，评选出传统组、创新组金奖、银奖各5名。（广东省非物质文化遗产保护中心提供）

11月1日，国家工信部、文化部等三部委公告第六届中国工艺美术大师名单，广东省潮州朱泥壶大师谢华名列其中，这是潮州传统手拉朱泥壶界评出的第一位国家级工艺美术大师。（《广州日报》）

11月2日，广东省梅州市梅江区城北镇慈云宫举行了佛教香花文化传承基地挂牌揭幕仪式。（人民网）

11月3日，广东佛山粤剧院主演的粤剧《小凤仙》作为广东省唯一入选全国优秀剧目展演"精品工程"30强的节目受文化部邀请进京汇演。（《光明日报》）

广东省文化厅、省非物质文化遗产保护中心组织潮绣、香云纱染整技艺（深圳）等项目数十件精美展品参加 11 月 7 日至 11 日在安徽省黄山市举行的"首届中国（黄山）非物质文化遗产传统技艺大展"。其中"潮绣"作品"好运来"，"香云纱染整技艺"作品"中式绣珠旗袍"获得大会精品展金奖，另外，广东省还获得了组委会颁发的"优秀组织奖"。（广东省非物质文化遗产保护中心提供）

11 月 9 日至 10 日，广东省文化厅在云浮举办全省网上申报国家级非物质文化遗产保护专项经费资金培训班。（广东省非物质文化遗产保护中心提供）

11 月 18 日至 19 日，由中国民协、广东省文联、广东省旅游局及河源市委市政府主办的中国第二届客家文化节在广东河源隆重开幕。（《中国艺术报》）

11 月 19 日至 21 日，由广东省文化厅主办、韶关市文化广电新闻出版局承办、广东省非物质文化遗产保护中心协办的"少数民族地区非物质文化遗产档案管理培训班"在韶关举办。（广东省非物质文化遗产保护中心提供）

11 月 22 日，首届广东民间工艺博览会在广州开幕，博览会为岭南民间艺术家提供工艺品展示平台，抢救濒临失传的民间工艺。（中国网）

11 月 23 日上午，由中共中央台湾工作办公室、国务院侨务办公室、广东省人民政府共同主办的首届客家文化艺术节在梅州市隆重开幕。首届客家文化艺术节以"融汇世界的客家，展示客家的世界"为主题，开展了客家文化艺术作品展示、客商产品展销、幸福导向型产业招商引资和世界客都旅游欢乐节等一系列活动。（《光明日报》）

11 月 26 日至 29 日，文化部非遗司在广州举办"急需保护的非物质文化遗产名录"项目保护工作培训班。（广东省非物质文化遗产保护中心提供）

12月9日晚，中山大学科技艺术节之全本大戏——京剧《锁麟囊》在梁銶琚堂火热上演。此次活动由校团委、非遗中心主办，由该校岭南京剧社成员演出，是中山大学岭南京剧社成立八周年以来首次排演全本大戏，共《选妆》《春秋亭》《归宁》《朱楼》《三让椅》《大团圆》六折。（中国非物质文化遗产保护与研究网）

12月11日，广东省非物质文化遗产促进会成立大会在广州召开。来自全省各地的促进会个人会员和团体会员代表共261人参加了大会。（广东省非物质文化遗产保护中心提供）

12月14日至16日，由教育部人文社会科学重点研究基地中山大学中国非物质文化遗产研究中心举办的中国非物质文化遗产法制建设学术研讨会在中山大学中文堂召开。与会者分析了当前我国非物质文化遗产保护现状与存在的问题，并从国内立法、国外非物质文化遗产法制保护经验等多个角度探讨我国非物质文化遗产保护法制建设问题。（中山大学中国非物质文化遗产研究中心提供）

12月19日，由教育部人文社会科学重点研究基地中山大学中国非物质文化遗产研究中心主持编写的《中国非物质文化遗产保护发展报告（2012）》在京发布。该报告邀请国内非物质文化遗产各领域的众多著名专家学者参与编写，总结了2011年我国非物质文化遗产保护工作所取得的成绩，分析了保护工作存在的问题。（中国新闻出版网）

12月22日，为期7天的"首届两岸四地非物质文化遗产精品展"在珠海开幕。来自港澳台和内地的逾百项非物质文化遗产展品参加，百余位国家级和省级非物质文化遗产项目的传承人地现场演示和演绎了传统技艺。（新华网）

广西

1月8日上午，由广西壮族自治区百色学院和平果县人民政府主办的"国家级非物质文化遗产《壮族嘹歌》（英文版）出版发行推介会"在南宁举行。（人民网）

2月1日，经过数位工艺大师潜心制作，历时3个月完成的一幅长18米、高2.6米的巨型贝雕壁画《高尔夫之传承史》在广西北海诞生，这是迄今为止国内单幅幅面最大的贝雕壁画。（广西新闻网）

2月6日，广西壮族自治区第二届大型民俗文化游艺展演在自治区百色市举办。（广西新闻网）

3月7日，广西壮族自治区龙胜各族自治县乐江乡宝赠侗寨迎来了一年一度的"祭萨节"，近两千余侗族同胞欢聚一堂，以侗家独特的方式祭祀侗族圣母"萨岁"。（广西壮族自治区民委网）

3月10日至3月31日，第十届恭城桃花节暨第二届恭城油茶文化节在广西壮族自治区桂林市恭城瑶族自治县举行，主题为"桃花艳、油茶香、醉美瑶乡情"。（《工人日报》）

3月16日，国家级非物质文化遗产保护名录、壮族歌圩传承基地在南宁市邕宁区新江镇团阳小学挂牌成立。（广西新闻网）

3月28日，国家级非物质文化遗产名录（彩调）传承基地揭牌仪式暨彩调展示厅开展仪式在广西南宁市举行。（新华网）

3月30日上午，《南宁市非物质文化遗产名录图典（2006—2010）》新书发布会在该市图书馆举行，该书介绍了2006年至2010年间南宁市级以上非物质文化遗产代表性八大类53个项目。（广西新闻网）

5月18日，2012年全国"5·18国际博物馆日"主场城市活动在广西南宁举办。（《广西日报》）

5月18日至20日，由广西壮族自治区文化厅主办、广西壮族自治区博物馆承办的"广西非物质文化遗产美食展"在广西博物馆民族文物苑举办。（南宁新闻网）

5月22日上午,由原南宁市粤剧团、南宁市艺术创作研究所,经资源整合后组建的具有事业法人资格的"南宁市民族文化艺术研究院"正式挂牌成立。通过同时加挂"南宁市戏剧院""南宁市非物质文化遗产保护中心"的牌子,形成以民族文化艺术考察研究为基础,以地方戏曲舞台演出、非物质文化遗产保护研究为重点的多维体系。(《南宁日报》)

5月24日上午,中国语言资源有声数据库广西库建设启动仪式在南宁举行。(广西新闻网)

5月30日,广西壮族自治区人民政府公布了第四批自治区级非物质文化遗产,共98项。(广西壮族自治区人民政府官网)

6月10日至24日,由中国对外文化集团公司运营的大型国际演出品牌"中华风韵"邀请广西南宁市艺术剧院排演的大型壮族舞剧《逐梦天涯》赴美国芝加哥、丹佛、洛杉矶三地巡演9场。(《中国文化报》)

8月16日,由8家自治区国有文艺院团整合组建的广西演艺集团有限责任公司、广西壮族自治区戏剧院在南宁正式挂牌成立。至此,广西国有文艺院团改革基本完成。(《中国文化报》)

10月11日,由广西壮族自治区文化厅、广西文联、桂林市人民政府联合主办的"第三届广西彩调艺术节"在永福县举行。(《中国文化报》)

11月15日至19日,第二届中国(南宁)国际茶业茶文化博览会在广西南宁国际会展中心正式开展。本次博览会吸引了来自印度、香港、台湾、北京、江苏等国内外300多家客商参展。(人民网)

11月22日至12月26日,第八届广西剧展大型剧目展演活动在南宁等地举办,本届剧展堪称"参演人数最多,参演剧目最大,展演时间最长",上演广西全区各文艺院团最新创作的20台大型剧目,参演人数将近3000人。(新华网)

贵州

2月21日,由中国民间文艺家协会主办、中国文学艺术基金会协办的"中国英雄史诗的重大发现——苗族英雄史诗《亚鲁王》出版成果发布会"在人民大会堂隆重举行。(贵州非物质文化遗产网)

5月,由贵州省文化厅、贵州省非物质文化遗产保护中心编辑的《山地文明的典藏·贵州省非物质文化遗产》丛书系列《民间花雨》《水族马尾绣》《苗年》《余庆花灯》《石阡木偶戏》分别出版发行。(贵州非物质文化遗产网)

5月27日上午,由贵州省苗学会主办的"2012中国·贵州·凯里苗族文化论坛"在凯里开幕。百余名来自全国各地的专家学者就苗族和苗族地区文化创新发展进行了交流和讨论。(贵州非物质文化遗产网)

5月27日至6月3日,贵州省石阡木偶戏参加第21届国际木偶联合大会,最终斩获该届木偶节"最佳传承奖"荣誉称号。(贵州非物质文化遗产网)

5月30日至31日,贵州省文化厅在美丽的花溪河畔举办《贵州省非物质文化遗产保护条例》暨非物质文化遗产保护工作培训班,来自全省9个市、州和88个县、市、区的120余名非物质文化遗产工作者参加培训。(贵州非物质文化遗产网)

6月13日至14日,由贵州省文化厅、黔东南州政府共同主办的侗族大歌保护工作经验交流会暨专家论坛会在侗乡黎平举行,与会代表70余人就侗族大歌的保护传承所取的经验和今后的工作方向进行交流,共同探讨保护的最佳方式及传承的最优途径。(贵州非物质文化遗产网)

6月15日至16日,由贵州省非物质文化遗产保护中心、贵州省文化艺术研究所、黎平县委、黎平县政府、贵州民族音乐研究会联合主办的黎平侗族大歌暨贵州民族文化音乐研讨会在黎平举行。知名音乐专家学者60

余人出席会议，就侗族大歌的传承与创新和贵州民族音乐的发展进行研讨。（贵州非物质文化遗产网）

7月30日至8月2日，由贵州省文化厅和省民委共同主办的贵州省西部苗语暨苗族英雄史诗《亚鲁王》田野工作培训班在紫云举行，60多名学员参加了培训。（贵州非物质文化遗产网）

8月6日至9日，由贵州省文化厅和黔西南州人民政府共同主办的非物质文化遗产保护与传承工作座谈会暨"布依族查白歌节"论坛会在贵州省兴义市召开。（贵州非物质文化遗产网）

9月15日，"中国少数民族音乐学会三十周年庆典暨十四届学术年会"筹备会在贵州省文化厅举行。会议研究了如何宣传贵州丰富多彩的民族民间音乐和展示三十年来贵州民族音乐发展和研究所取得的成果。（贵州非物质文化遗产网）

10月24日，贵州省文化厅开展了第三批省级非物质文化遗产项目代表性传承人评审工作会，初评出第三批省级非物质文化遗产项目代表性传承人推荐名单，共105名。（贵州非物质文化遗产网）

10月25日至10月27日，锦屏县九寨北部侗族社区平秋举行"鞍瓦"民族节。（贵州非物质文化遗产网）

10月26日，全省2012年非物质文化遗产保护重点项目工作会议在贵州省政府召开，会议部署了《中国工艺美术大全（贵州卷）》的编撰和贵州省民族民间音乐、民族民间习俗节庆、民族民间典籍传承等工作。（贵州非物质文化遗产网）

11月3日，贵州省苗学会2012年学术年会暨苗族文化产业发展研讨会在黔西南州兴义开幕，会议主要研究苗族文化产业发展，促进苗族文化产业成为苗族和苗族地区经济社会发展新的支柱产业等议题。（贵州非物质文化遗产网）

11月5日，由贵州省文化厅、黔东南苗族侗族自治州人民政府共同申报的《黔东南民族文化生态保护实验区规划纲要》在北京顺利通过专家评审。（贵州非物质文化遗产网）

11月10日，一年一度的谷陇芦笙会在黄平县谷陇镇举办，五万苗族同胞参加了这一盛会。（贵州非物质文化遗产网）

11月18日至22日，第五届中国凯里原生态民族文化旅游节暨2012中国凯里银饰刺绣博览会（"一节一会"）在凯里市举行。（贵州非物质文化遗产网）

11月25日至29日，贵州省雷山县16万苗族同胞载歌载舞欢庆一年一度苗年和十三年一次的鼓藏节，这届苗年逢苗族13年一次的鼓藏节送鼓年。（贵州非物质文化遗产网）

12月3日，贵州省商务厅、贵州省文化厅、贵州省农业委员会、贵州省广播电视局、贵州省中小企业局在意大利米兰国际会展中心会场组织了"贵州在这里"——贵州经济、文化、旅游与手工艺品专场推介会，侗族大歌、苗族飞歌、锦鸡舞及苗族银饰、蜡染、刺绣等贵州非物质文化遗产到现场展演。（贵州非物质文化遗产网）

12月4日，由国家教育部和贵州省人民政府主办，贵州大学承办的"中国—东盟少数民族非物质文化遗产保护与传承研讨会"在贵阳举行，此次研讨会专门为东盟少数民族非物质文化遗产保护传承而举办。（贵州非物质文化遗产网）

12月5日晚，"2012中国·贵州丹寨祭尤文化节"开幕，这期间举行了公祭大典、"唱响云上丹寨"大型原创音乐演唱会、蚩尤历史文化研究基地授牌签约仪式、蚩尤文化高峰论坛、民族文化展示等活动，时间从6日持续到8日。（贵州非物质文化遗产网）

12月18日，2012"中国·榕江萨玛节"隆重开幕，进行了侗族传统

的祭萨仪式、侗年习俗、侗族大歌展示和苗族招龙节仪式,以及唱山歌、斗鸟等民间活动。(贵州非物质文化遗产网)

海南

1月5日,由中国文联、中国民协、中共海南省委宣传部主办的第十届中国民间文艺"山花奖"颁奖盛典在海南省海口市举办。首次设立"山花奖"奖金制度,支持精品创作和人才培养。本届"山花奖"共颁发了民间文学作品奖、民间艺术表演奖、民间文艺学术著作奖、民间工艺美术作品奖4个奖项。其中,《满族民间故事·辽东卷》《中国民间创世史诗集成·广西卷》《珞巴族民间故事》等13部作品获得中国民间文学作品奖;土家族穿号子《细碗莲花》、海城高跷秧歌、高原鼓韵(鼓舞鼓乐)、二龙戏珠(舞龙)、越涧穿火展英姿(高桩醒狮)等23个节目获得民间艺术表演奖;《中国宝卷研究》《中国各民族人类起源神话母题概览》《神话与神话学》等18部作品获得中国民间文艺学术著作奖;大双竹提梁壶(紫砂陶)、甬城风情图(金银彩绣)、霸王别姬(面塑)等38件作品获得中国民间工艺美术作品奖。(《中国艺术报》)

海南省非物质文化遗产保护成果展于3月份在海南陵水县举办。(中国新闻网)

3月15日,首届琼台民间文化专题展演在海南省屯昌县举行,50多位来自海南和台湾的民间艺术家参加了交流活动。3月19日,台湾戏曲学院和高雄书画家协会的艺术工作者还赴海口、五指山等地进行民间艺术交流活动。(《中国文化报》)

海南省政府5月2日公布了第四批海南省非物质文化遗产代表性项目和扩展项目名录,涉及传统音乐、传统美术、传统技艺、传统舞蹈、民俗等五大类别。其中新增代表性项目名录6项,扩展名录3项。(海南省人民政府网)

7月15日,2012年韩国丽水世博会中国馆海南活动周启幕。活动周为期三天,举行了多场具有海南地方特色文艺演出、非物质文化遗产展演和

海洋文化实物展示。(海南省人民政府网)

8月6日下午，海南省保护和开发黎族、苗族等少数民族非物质文化遗产论坛在海口开幕。来自省委党校、海南大学、海南师范大学、琼州学院等高等院校和研究机构的专家学者纷纷建言献策，热议海南少数民族非物质文化遗产的保护和开发。(《海南日报》)

11月12日，海南省文化广电出版体育厅发布了《海南省非物质文化遗产保护规划》（2012~2015年）。2004年以来，海南省认定非遗项目2万多个，建档2000多个，较为全面地了解和掌握了海南省非物质文化遗产资源的种类、数量、分布状况、生存环境、保护现状及存在的问题。预计到2015年，该省将建成系统、全面的非物质文化遗产档案和数据库，非物质文化遗产保护基础设施网络进一步完善，非物质文化遗产合理利用取得明显成效，建立起比较完备的、符合海南实际的非物质文化遗产保护体系，具有历史、文学、艺术和科学价值的非物质文化遗产得到有效保护、传承和发展，非物质文化遗产保护意识深入人心，成为全社会的自觉行动。(中国经济网)

11月27日，海南省政府发布《关于调整并公布海南省省级非物质文化遗产代表性项目名录的通知》，对2005年至2012年本省公布的4批省级非物质文化遗产代表性项目名录进行了清理和调整，调整后的省级非物质文化遗产代表性项目名录共72项。(海南省人民政府网)

河北

1月3日，河北省文化厅举办的"我们的节日"第四届河北省民俗摄影比赛正式启动。(河北省非物质文化遗产保护中心提供)

1月6日，河北省人民政府正式公布了第四批省级非物质文化遗产名录，共有111个项目入选。(《中国文化报》)

1月11日，河北省社会文化暨非物质文化遗产保护工作会议在石家庄召开。(人民网)

1月11日，河北省唐山市首届非物质文化遗产系列活动开幕，活动以"艺术传递幸福、文化改变生活"为主题，历时8天。（人民网）

1月16日，首届运河唐人街民俗文化庙会正式拉开帷幕，庙会自腊月二十三起延续至2月6日（正月十五）。（长城网）

1月19日，"红红火火过大年"河北省非物质文化遗产展演在河北大戏院举行。此次活动共包括传统手艺展示和大型非物质文化遗产专场演出两部分。（长城网）

2月5日至15日，河北省组织曲阳石雕等7个国家级非物质文化遗产项目及王习三等8名国家级及省级代表性传承人参加了文化部举办的"中国非物质文化遗产生产性保护成果大展"。（河北省非物质文化遗产保护中心提供）

2月5日上午，2012崂山非物质文化遗产节在崂山世纪广场开幕。（《大众日报》）

2月6日，由河北省委宣传部、河北省文化厅、石家庄市政府主办的"欢天喜地闹元宵"河北省非物质文化遗产展演暨第七届正定县民间艺术节举办。（《中国文化报》）

3月份，河北省文化厅开展了河北省非物质文化遗产传承示范基地评审命名工作，52个单位成为示范基地。（河北省非物质文化遗产保护中心提供）

3月至5月，河北省非物质文化遗产保护中心分赴石家庄、邢台、衡水、保定、张家口、沧州、唐山、承德及省河北梆子剧院等地开展国家级非物质文化遗产名录项目督查工作。（河北省非物质文化遗产保护中心提供）

4月1日，2012年"风和日丽过清明"我们的节日·河北省非物质文

化遗产展演在河北大戏院举办。（河北省非物质文化遗产保护中心提供）

4月26日至28日，由河北省人民政府、中国商业联合会主办，省商务厅、省文化厅、石家庄市政府承办的2012中国·石家庄（正定）国际小商品博览会在正定隆重举办。（河北省非物质文化遗产保护中心提供）

5月4日，世界纪录协会将"世界上参与人数最多的民间社火演员带妆合影世界纪录"授予河北省武安市。（邯郸新闻网）

5月25日，第十二届中国承德国际旅游文化节开幕，本届旅游文化节挖掘了河北承德的民俗文化和非物质文化遗产资源。（新华网）

5月25日上午，"三利杯"2012中国·保定国际空竹艺术节拉开帷幕。来自美国、俄罗斯、法国等60多个国家的100多名国际友人以及32个省（市、自治区）、香港、澳门、台湾地区的92个城市，203支代表队5000多名空竹爱好者参加了此次盛会。（《保定晚报》）

6月7日，河北省文化厅公布了85名第三批省级非物质文化遗产项目代表性传承人。（河北省非物质文化遗产保护中心提供）

6月9日至18日，由河北省文化厅和石家庄市政府主办的第五届河北省民俗文化节在该省博物馆举办，分为开幕式及人型演出和"燕赵手艺"河北省传统手工技艺大展两个主题板块活动。（河北省非物质文化遗产保护中心提供）

6月16日至18日，由中国文联、中国民协、河北省委宣传部、河北省文联、张家口市人民政府等单位联合主办第三届中国剪纸艺术节暨第二届蔚州国际剪纸艺术节日前在"中国剪纸艺术之乡"河北省蔚县举办，本届艺术节以"传承、创新、发展、繁荣"为主题，坚持"政府主导、社会参与、服务群众、突出特色"的原则。（《中国艺术报》）

6月24日，2012河北保定非物质文化遗产保护性开发成果邀请展暨河

北大学文化产业发展高峰论坛启幕。（中国新闻网）

6月份，河北省非物质文化遗产保护中心与杂技频道合作录制了13期非物质文化遗产特别节目，并在杂技频道播出。（河北省非物质文化遗产保护中心提供）

6月份，河北省文化厅开展了"河北省非物质文化遗产项目价值点、价值量及保护要点"课题研究工作。（河北省非物质文化遗产保护中心提供）

8月23日七夕节，河北省委宣传部、河北省文化厅联合在河北省非物质文化遗产保护网开辟专栏举办七夕节"非物质文化遗产"网络主题活动，共分"七夕传说""七夕习俗""七夕诗词""专家话七夕""七夕晚会在线欣赏"五个栏目。（河北新闻网）

9月6日至10日，河北组织曲阳石雕等10个项目参加了由文化部、山东省政府主办的第二届中国非物质文化遗产博览会。（河北省非物质文化遗产保护中心提供）

9月23日，由河北省委宣传部、省文化厅主办的中央电视台《大国人文》栏目"走进河北非物质文化遗产文化特别节目开机仪式新闻发布会"在石家庄太行国宾馆举行。（河北省非物质文化遗产保护中心提供）

9月28日至10月2日，河北组织武强木版年画等6个非物质文化遗产项目参加了由文化部非物质文化遗产司、天津市委宣传部等单位举办的第二届全国非物质文化遗产展示会。（河北省非物质文化遗产保护中心提供）

9月份，河北省非物质文化遗产保护中心组织唐山丰南渔歌号子参加了广东省渔歌精英赛暨全国渔歌邀请赛，总决赛获金奖。（河北省非物质文化遗产保护中心提供）

大事记

9月份，河北省文化厅在该省非物质文化遗产保护中心召开了省级非物质文化遗产项目专项补助资金专家评审会。（河北省非物质文化遗产保护中心提供）

10月15日，河北省文化厅研究制定了《河北省省级非物质文化遗产项目代表性传承人认定与管理办法》及《河北省省级非物质文化遗产项目代表性传承人年度审核认证实施细则》，从2012年开始，实行传承人有效期限认证制度，每两年一认证，过期不认证，证书和代表性传承人资格将自动作废。（河北省非物质文化遗产保护中心提供）

11月7日至11日，河北省非物质文化遗产中心组织吴桥石影雕等6个项目参加了由文化部和安徽省政府主办的首届中国（黄山）非物质文化遗产传统技艺大展暨非物质文化遗产保护黄山论坛。（河北省非物质文化遗产保护中心提供）

11月份，河北省编辑《河北省非物质文化遗产项目代表性传承人图志》（第二辑）正式出版。（河北省非物质文化遗产保护中心提供）

12月12日、13日，河北省非物质文化遗产保护中心与河北省社会音乐研究会主办了"优秀非物质文化遗产进校园——传统民间音乐会"活动。（河北省非物质文化遗产保护中心提供）

12月21日，首届河北省特色文化产品博览交易会开幕。展会以具"中国气派、燕赵特色"的文化产品为主，衡水内画、蔚县剪纸等数百种文化精品得以展出。（中国网）

12月21日，河北省耿村民间故事张才才、河北梆子许荷英等8个门类的15位传承人入选第四批国家级非物质文化遗产项目代表性传承人，至此河北省共有国家级代表性传承人106名。（河北省非物质文化遗产保护中心提供）

12月底，河北省文化厅举办了河北省廉政文化传统艺术作品展。展览以"参观民间艺术,感受廉政文化"为主题,共有80多个非物质文化遗产项目、300余件非物质文化遗产作品参展。(河北省非物质文化遗产保护中心提供)

12月份,河北省非物质文化遗产档案资料数据库二期进行了改进,新增网上评审、数字博物馆等软件系统功能。(河北省非物质文化遗产保护中心提供)

河南

1月6日,由河南省文化厅组织推荐、河南省豫剧一团排演的大型现代豫剧《常香玉》荣获2009~2010年度国家舞台艺术精品工程十大精品剧目第一名,实现了河南在国家舞台精品工程中的"六连冠"。(《中国文化报》)

2月4日至6日,由中国民间文艺家协会、河南省文化厅、河南省文联、鹤壁市人民政府主办的第四届中国鹤壁民俗文化节在河南省鹤壁市艺术中心举行。(中国文艺网)

2月7日,由河南省文化厅、河南省广电局主办,河南电视台承办的"薪火相传梨园情——2012年河南省地方戏曲拜师盛典晚会"在河南电视台演播厅举行,晚会上,河南省马金凤、常小玉、王秀玲、毛爱莲等13位豫剧、曲剧及越调名家现场收徒。(《中国文化报》)

2月24日,由文化部非物质文化遗产司、河南省文化厅、周口市政府主办的2012年"中原古韵——中国·淮阳非物质文化遗产展演"活动在淮阳开幕。共有近30个省级以上项目、近30个周口本地市、县级非物质文化遗产项目参加展示。(《中国文化报》)

4月1日上午,由中国文联和河南省人民政府共同主办的清明文化节开幕式在河南开封开幕,以"传承文明、拥抱春天"为主题。(《光明日报》)

4月12日，第22届河洛文化民俗庙会在河南洛阳民俗博物馆开幕，为期5天的庙会进行了河南省非物质文化遗产项目展示、南北狮舞大赛、中原地区民间传统工艺展演以及民间婚俗、服饰、匾额等专题性展览。（新华网）

5月24日上午，河南省文化厅和省政府法制办在郑州召开了《河南省非物质文化遗产条例》立法座谈会。（河南省人民政府网站）

6月9日，由国家文物局、河南省人民政府主办，河南省文化厅、文物局和郑州市政府、登封市政府承办的2012年中国文化遗产日主场城市活动在河南省郑州市举行。第四届"中国历史文化名街"授牌仪式也于文化遗产日主场城市活动期间隆重举行。（《中国文化报》）

8月23日，河南省非物质文化遗产管理干部培训班在郑州举办。主要培训对象为河南省各省辖市文广新（文化）局主管局长、科长、市非物质文化遗产保护中心主任，各省直管试点县（市）文广新（文化）局局长，河南省省级文化生态保护试验区所在地人民政府主管领导等。（河南省人民政府网站）

12月24日，由河南省文化厅、省中华文化促进会联合举办的"河南省稀有剧种抢救工程启动暨保护工作座谈会"在郑州举行，从2012年12月至2014年12月实施"河南省稀有剧种抢救工程"，通过传统剧目复排、剧本和乐谱整理出版、影像录制等活动，保护和传承该省稀有剧种。（河南省人民政府网站）

黑龙江

2月6日，黑龙江省博物馆第二届手工花灯评选揭晓暨颁奖仪式在省博物馆举办。（《中国文化报》）

2月13日，黑龙江省文化工作会议召开，会议决定2012年黑龙江文化建设将在5个方面实现新突破。其中在非物质文化遗产方面，将按照基本建成覆盖城乡、便捷高效的公共文化服务体系的目标，筹划实施黑龙江

大剧院建设计划,筹划省非物质文化遗产综合展示馆建设。(《中国文化报》)

6月15日,黑龙江省绥化市文化广电新闻出版局在市科技文化馆举办了绥化市第三次全国文物普查成果图片展暨非物质文化遗产保护成果展。(国家文物局网站)

6月22日至23日,由黑龙江省民委、省文化厅与齐齐哈尔市人民政府主办,齐齐哈尔市戏曲剧院、齐齐哈尔大学承办,齐铁老年大学、梅里斯达斡尔民族区加盟演出的大型民族音画《达斡尔人》亮相北京世纪剧院。(《中国文化报》)

8月2日,黑龙江省首批非物质文化遗产流头文化节在宁安市明星朝鲜族小镇开幕。(东北网)

8月30日下午,作为第二届"文化的力量"论坛活动的一项重要内容,非物质文化遗产保护与开发座谈会在哈尔滨举行,来自联合国教科文组织的专家学者就如何保护黑龙江省非物质文化遗产进行交流。(中国经济网)

11月22日,黑龙江省发布《关于申报第四批黑龙江省非物质文化遗产名录的通知》。(黑龙江省非物质文化遗产保护中心网)

湖北

1月16日,湖北汉阳召开"非物质文化遗产聚集地"研讨会。(中国新闻网)

3月1日,由湖北省文化厅主办,湖北省群艺馆和湖北省非物质文化遗产保护中心、湖北日报文化新闻中心承办的"湖北省首届非物质文化遗产专题艺术设计比赛"正式开始。(《中国文化报》)

3月7日上午,以"龙腾新洲、魅力花朝、佳阳春暖"为主题的新洲

6月21日，由文化部和湖北省政府共同举办的"2012届原故里端午文化节"在湖北秭归开幕。(《光明日报》)

7月6日，湖北黄石市举行纪念西塞山神舟会申世遗成功（"中国端午节"子项目）三周年暨神舟登江仪式。(中国新闻网)

7月12日，《湖北省非物质文化遗产条例（草案）》立法座谈会在武汉召开。(《湖北日报》)

8月16日，湖北省文化厅、武汉市文化局和武汉市汉阳区委、区政府等单位在汉阳区江堤街举行"武汉高龙城·非物质文化遗产传承园"开园仪式。开园仪式上，湖北省文化厅和武汉市文化局分别命名该传承园为省级和市级非物质文化遗产生产性保护示范基地。(《中国文化报》)

8月29日，湖北武汉非物质文化遗产生产性保护成果展示中心正式挂牌。(荆楚网)

10月23日，《湖北省非物质文化遗产条例》颁布实施新闻发布会在湖北省武汉市召开。会上还举行了《湖北省非物质文化遗产图典（一）》和湖北省非物质文化遗产丛书（2012）的首发式。(《中国文化报》)

10月26日，第十届中国武汉光谷国际杂技艺术节在湖北武汉杂技厅启幕。本届杂技艺术节有来自俄罗斯、澳大利亚、美国等16个国家和地区的27个节目参赛，涵盖高空、地面、魔术、滑稽和驯兽五大类别。(《中国文化报》)

12月1日，2012全国戏剧文化奖话剧金狮奖颁奖盛典在武汉举行，共颁出剧目奖、小剧场剧目奖、儿童剧奖、表演奖、导演奖、舞台美术奖、编剧奖、评论奖、经营管理奖、荣誉奖10个奖项，来自全国话剧界的160余位获奖者喜捧金狮奖杯。(文化部官网)

12月17日，《荆楚汉绣》由武汉出版社出版。(《中国文化报》)

区第十届旧街花朝文化旅游节在鄂东名镇旧街开幕。(《中国文化报》)

3月8日,"湖北省非物质文化遗产精品图文展"在该省群众艺术馆官网展出。(《湖北日报》)

3月27日下午,湖北省非物质文化遗产生产性保护专题座谈会在武汉举行。该省群艺馆馆长黄念清介绍,湖北目前有省级以上传统技艺、传统美术以及传统医药名录项目生产性保护单位70余家,近三年,地方政府直接投入省级以上名录项目生产性保护经费达3750万元,社会资金投入达132710万元。(荆楚网)

4月8日,由武汉市文化局、武汉东湖生态风景区管委会、武汉旅发投等单位联合举办的湖北武汉首届非物质文化遗产艺术节在东湖听涛景区拉开帷幕。(《长江商报》)

5月5日,由湖北省民间文艺家协会、黄石市民间文艺家协会联合主办的湖北省刺绣艺术精品展,在湖北省大冶市群众艺术馆落下帷幕。本次展览展出近百幅作品,为期8天,展览期间对观众免费开放。(《中国文化报》)

5月21日,湖北省首届非物质文化遗产专题艺术设计比赛初评在该省群众艺术馆举行,150件(套)非物质文化遗产作品成功入围。自3月1日比赛启动以来,共收到参赛作品900多件(套)。其中,非物质文化遗产元素的实物设计作品270多套。(《湖北日报》)

6月9日,为庆祝中国第七个"文化遗产日"的到来,湖北省潜江在南门河游园广场举办了以"文化遗产与文化繁荣"为主题的文化遗产示展演活动。(潜江新闻网)

6月7日晚,由马耳他中国文化中心举办的湖北省非物质文化开幕,刺绣、挑花、布贴、西兰卡普、剪纸、皮影悉数亮相。(传媒网)

湖南

1月25日至2月15日，湖南省级非物质文化遗产项目傩面具传承人梁铁共带傩面具作品十余件、凿花10个纹样40余件作品参加了台湾第二届"守望精神家园——两岸非物质文化遗产月"活动。（红网）

2月3日，湖南省汨罗市长乐镇举行"长乐镇首届民间文化艺术节"闹元宵活动。（红网）

4月25日，株洲市戏剧传承中心挂牌。（红网）

5月12日至14日，中央电视台第七频道在龙山县拍摄土家族打溜子、土家族织锦技艺、土家族摆手舞、土家族毛古斯舞、土家族梯玛歌等国家级非物质文化遗产。（红网）

5月29日，湖南电视台金鹰纪实频道《故事湖南》栏目组编导李慧等一行三人在保靖县非物质文化遗产保护中心进行了《踏湘寻歌》大型系列纪录片的采访和拍摄工作。（红网）

7月19日，湖南非物质文化遗产代表项目"云阳山南岳宫迎驾庙会"成功举行，来自全国各地的近万名群众参加了庙会。（红网）

7月22日至25日，来自海峡两岸的侗文化专家、学者100余人欢聚通道侗乡举行两岸少数民族（侗族）文化传承与创新研讨会。（华声在线网）

7月26日至28日，由中国艺术研究院曲艺研究所、湖南省文化厅、常德市人民政府共同主办的湖南省非物质文化遗产（曲艺类）项目传承研讨班在常德举办。（华声在线网）

8月7日，湖南省人民政府公布了第三批省级非物质文化遗产名录，其中新增名录50项，扩展名录20项。（湖南政府网）

8月15日上午，湖南省剪纸研究会在泸溪县举行"湖湘剪纸研究基地"挂牌仪式。(《湖南日报》)

8月16日上午，由中国傩戏学研究会、中国艺术研究院戏曲研究所、湖南省文化厅、郴州市政府主办的"中国湖南临武傩文化国际学术研讨会"在临武县开幕。中国傩戏学研究会授予临武县中国傩戏学研究会团体会员、傩文化研究基地牌匾。(《湖南日报》)

《湘西非物质文化遗产丛书》由湖南师范大学出版社出版发行。该丛书共分10部，约300万字，包括《湘西土家族毛古斯舞》《湘西土家族织锦技艺》《湘西苗族银饰锻制技艺》《湘西苗族古老歌话》等。(《湖南日报》)

9月6日，第二届湘西南（武冈）非物质文化遗产艺术节暨武冈群众性精神文明建设风采展在武冈市百姓广场举办。(红网)

9月21日上午，由湖南省委宣传部、省文化厅等单位共同主办，省收藏协会承办的首届"典藏湖湘——湖湘收藏艺术名品交易展会"在长沙曙光798城市体验馆开幕。(湖南省政府网站)

9月28日，由湖南省人民政府主办、永州市人民政府承办的壬辰年湖南省公祭舜帝大典在永州宁远县九嶷山舜帝陵举行。本次"祭舜大典"主题为"弘扬舜德精神，推进富民强省"。(中国文化传媒网)

12月17日，中国非物质文化遗产传统医药类项目传承人培训在湘西凤凰县开班，来自全国各地的80余名传统医药类项目传承人参加培训。(《团结报》)

吉林

2月11日，吉林省吉林市昌邑区土城子乡渔楼村举行了吉林省鹰猎文化保护传承基地启动仪式。(新华网)

3月,"国际木文化学会学术研讨会暨长白山之旅"在抚松县召开,其重要考察内容是漫江木屋。长白山漫江木屋村落,是满族文化的古老遗存。(《吉林日报》)

由吉林省文化厅主编,吉林大学出版社出版的《吉林省非物质文化遗产名录图典》正式出版发行。该书收录了吉林省省级非物质文化遗产190项。(中国吉林网)

5月25日,吉林省民族民俗旅游文化研究中心正式落户吉林电子信息职业技术学院,"满族说部与非物质文化遗产传承教学基地"同时落成。(吉林市人民广播电台)

7月26日,"中国琵琶之乡"辽源首届国际琵琶文化艺术节在吉林省辽源市体育场开幕。(新华网)

9月17日,吉林省村落民俗文化调查工程正式启动。(《长春晚报》)

10月21日,为迎接"十八大"胜利召开,由吉林省文学艺术界联合会、省文化厅、省民间文艺家协会主办,长春市二道区人民政府、东北亚艺术中心承办的"喜迎十八大·吉林省首届非物质文化遗产生产性保护传承才艺展示博览会"在东北亚艺术中心举行。(吉林省人民政府网站)

江苏

1月20日,以"舞动汉风、喜迎龙年"为主题的徐州市首届年俗文化节在市民俗博物馆开幕。(人民网)

1月30日至2月6日,第十届泰伯文化节于无锡举行。这次盛会推出泰伯家祭、泰伯文化节开幕式、民俗巡游、传统商贸活动、非物质文化遗产和民间绝活表演、大型焰火表演、泰伯书画院书画家作品展、拍客摄影大赛、梅里古都灯谜会、"古都之春"新年音乐会暨泰伯文化节闭幕式等十多项活动。(《江南晚报》)

1月31日，江南地区开春第一个大型文化庙会在梅村街道拉开帷幕，"梅村二胡文化园"同时揭牌正式向游客开放。（中国新闻网）

1月，丰县四平调传承基地揭牌。

4月10日，《保护世界文化和自然遗产公约》（简称《世界遗产公约》）诞生40周年之际，第七届"中国文化遗产保护无锡论坛"在江苏无锡举行。论坛主题为"世界遗产：可持续发展"。（新华社）

5月12日，第二届"中国非物质文化遗产·淮海论坛"在徐州开幕。本届会议的主题是：非物质文化遗产与当代文化建设。（中国徐州网）

5月23日，由南京市文联、南京市文广新局主办、南京市民间文艺家协会、南京云锦研究所、南京市非物质文化遗产保护中心及驻宁高校等单位共同承办的"传承与创新"系列活动之三"吉祥杯——南京云锦创意设计大赛"在南京美术馆开幕。（《扬子晚报》）

6月4日，江苏省非物质文化遗产杰出传承人和优秀传承单位（团队）评选结果公布。（《宿迁晚报》）

6月10日，江苏省音乐舞蹈类非物质文化遗产保护成果展演暨淮安市非物质文化遗产展示展演活动在淮安大运河广场举行。展演活动汇集了全省32个"非物质文化遗产"保护项目。（中国新闻网）

6月30日至7月2日，由文化部和江苏省人民政府主办的第四届中国非物质文化遗产保护·苏州论坛在江苏省苏州市举行。本次论坛以"非物质文化遗产传承人保护及传承机制建设"为主题进行了深入探讨。（千龙网）

7月8日，剪纸艺术家王桂英收徒仪式在合沟镇举行。王桂英此次新收的两位徒弟于敏和韩瑞红，都是该镇中小学的教师，多年来一直跟随她学习剪纸技艺，并在各自学校开设了剪纸班传承剪纸艺术。（新华网）

9月3日,著名苏州弹词表演艺术家、苏州弹词流派唱腔"小飞调"创始人、江苏省非物质文化遗产苏州评弹代表性传承人、国家一级演员薛小飞先生去世,享年73岁。(《姑苏晚报》)

11月18日,江苏省非物质文化遗产项目"南通红木雕刻"传承基地——"朱宇雕刻艺术馆"开馆。(南通网)

12月5日,江苏省江阴市"非物质文化遗产"数据库正式建成上线。(无锡新传媒网)

12月22日,由中国印刷技术协会、扬州市委宣传部、北京印刷学院共同主办的中国雕版印刷国际学术研讨会暨全国传统印刷产业技术创新联盟成立大会在古城扬州举行。会上,北京印刷学院与扬州广陵古籍刻印社签署了共建"中国印刷文化遗产研究中心"的协议,国家质量技术监督部门发布了《雕版印刷省级标准》。(《扬州日报》)

12月26日至27日,由江苏省徐州市文广新局主办的"迎新年徐州市非物质文化遗产项目优秀剧目展演"在淮海堂举办。(中国淮海网)

江西

1月14日到15日,由江西省文化厅主办、省非物质文化遗产研究保护中心承办的第二届江西省非物质文化遗产进商场公益展示活动于南昌天虹商场举行。(南昌新闻网)

5月19日,中国文房四宝特色区域授牌仪式在北京隆重举行,进贤县文港镇荣膺"中国毛笔之乡",文港被列为全国中小学生书法用品生产基地。(《南昌日报》)

6月9日,由江西师范大学、江西省文化厅联合主办的"全国第七个文化遗产日暨江西省非物质文化遗产进校园系列活动"在江西师范大学举行。(大江网)

6月10日，由江西师范大学、江西省文化厅联合主办的"江西省非物质文化遗产保护高层论坛"在江西师范大学举行。（大江网）

7月28日，由江西省人民政府台湾事务办公室编印的《两岸"义门"一家亲》图书日前正式出版。（新华网）

9月25日，由中国民协、江西省文联、宜春市第六届月亮文化节组委会联合主办的"共论明月——中国月亮文化研讨会"在江西省宜春市举行。（《中国艺术报》）

10月18日，2012中国景德镇国际陶瓷博览会在"瓷都"景德镇举行。（九江新闻网）

辽宁

1月28日，辽宁省非物质文化遗产保护中心在全省开展"正月看民俗·非物质文化遗产项目调研"活动。调研的项目包括本溪全堡寸跷秧歌、本溪社火、本溪县太平秧歌、朝阳社火、喀左天成观庙会、辽西朱碌科黄河阵和复州高跷秧歌等。（辽宁省非物质文化遗产保护中心提供）

2月4日，庄河举办海灯节传承非物质文化遗产。庄河海灯节在黄海之滨的石城岛举行，渔民们在夜晚来临时将亲手扎制的海灯放入大海里放海灯，祈福平安。（人民网）

2月5日，辽宁省国家级项目岫岩玉雕、阜新玛瑙雕受邀参加北京市举办的"中国非物质文化遗产生产性保护成果大展"，深受好评。（辽宁省非物质文化遗产保护中心提供）

2月5日，辽宁省喀左县举行天成观皇会，这期间上演了銮舆会、韶音会、中幡、马叉等十项展现地方特色的文武花会。（新华网）

3月2日，辽宁省非物质文化遗产保护中心对锡伯族灯官秧歌和锡伯族嫩嘎拉哈等省级非物质文化遗产项目进行实地调研。（辽宁省非物质文

化遗产保护中心提供）

3月21日，辽宁省非物质文化遗产保护中心邀请辽宁省博物馆的有关专家对锦州满族民间刺绣进行专项调研。对如何挖掘该项目的传统满族特色等问题给予专业指导，并在生产性保护方面的探索和实践提出建议。（辽宁省非物质文化遗产保护中心提供）

5月3日，辽宁省完成对全省各市2006~2010年国家级非物质文化遗产项目的保护及专项经费使用情况的督查工作。（辽宁省非物质文化遗产保护中心提供）

6月6日至6月10日，由文化部非物质文化遗产司和辽宁省文化厅主办，辽宁省非物质文化遗产保护中心承办的"2012年中国·辽宁非物质文化遗产传统技艺大展"在辽宁工业展览馆举办。此次活动包括中国·辽宁省非物质文化遗产传统技艺大展暨生产性保护成果展、省级以上非物质文化遗产名录项目图片展、互动展台表演、室外群体项目广场展演四项内容。（辽宁省人民政府网）

7月30日，以"辽海之韵"为主题的韩国丽水世博会中国馆"辽宁活动周"在中国馆海豚活力剧场隆重开幕。（辽宁省非物质文化遗产保护中心提供）

9月4日起，"2012锦州剪纸艺术大赛优秀作品巡展"在锦州市群众艺术馆正式启动。（《辽宁日报》）

9月6日至9月10日，辽宁省的10个非物质文化遗产项目应邀参加了由文化部、山东省人民政府主办的第二届中国非物质文化遗产博览会，分别荣获组委会颁发的第二届中国非物质文化遗产博览会参展项目奖、传承人展示奖和组织工作奖。（辽宁省非物质文化遗产保护中心提供）

9月17日，辽宁本溪辽砚文化节开幕式在本溪南芬辽砚文化产业园拉开帷幕，来自全国的数百名石砚文化爱好者参加了本次活动。（中国广播

网）

9月26日，由辽宁省文化厅和伊尔库茨克州文化与文献部共同主办的2012俄罗斯"中国文化节"——辽宁文化展示日活动在俄罗斯伊尔库茨克州开幕。（《中国文化报》）

9月28日，辽宁省两个国家级非物质文化遗产项目岫岩玉雕和阜新玛瑙雕应邀参加天津举办的第二届全国非物质文化遗产展示会，获得一项组织突出贡献奖和二项优秀展示奖。（辽宁省非物质文化遗产保护中心提供）

9月29日，中国首届（沈阳）庙会文化节开幕式暨辽宁非物质文化遗产展示展演活动拉开帷幕。医巫闾山满族剪纸等20个项目参展。（辽宁省非物质文化遗产保护中心提供）

10月10日，辽宁省非物质文化遗产中心分赴抚顺、锦州、盘锦、本溪、丹东等市，对传统舞蹈类项目进行了重点深入调研。（辽宁省非物质文化遗产保护中心提供）

10月23日，辽宁省非物质文化遗产保护中心正式启动"2012辽宁非物质文化遗产进校园系列活动"。（辽宁省文化厅网站）

11月23日，辽宁省非物质文化遗产保护中心对5个省级以上手工技艺类非物质文化遗产名录项目和6名传承人开展了实地调研。（辽宁省非物质文化遗产保护中心提供）

11月30日，辽宁省非物质文化遗产保护中心完成辽宁省社科联2012年度辽宁经济社会发展立项课题《辽宁非物质文化遗产的现状、保护与开发思路和对策研究》，并通过结项验收。（辽宁省非物质文化遗产保护中心提供）

内蒙古

1月8日至10日，八省区第二届"吉鲁根"祝颂词大赛暨蒙古族传统祝颂文化学术论坛在内蒙古锡林郭勒盟苏尼特右旗进行。本次大赛的初赛共征集到内蒙古、青海、新疆、甘肃、吉林、辽宁等6个省区80名参赛选手的240部书稿和吟诵视频。(新华网)

1月28日,呼和浩特2012年春节元宵节文化庙会如期进行,有脑阁、高跷、秧歌、旱船等民间社火精品项目表演和捏面人、吹糖人、泥塑编织和彩绘等民俗活动的精彩展示。(人民网)

1月30日(农历正月初八)晚18时,内蒙古敖汉旗在四家子镇牛夕河村青城寺内举办蒙古族传统"祭星"仪式,祈求五谷丰登、天地吉祥。(中国广播网)

包头市建起自治区唯一一家非物质文化遗产保护工作专家库,截至2月22日,已有入库专家74人。(《内蒙古日报》)

5月16日,乌兰察布市举办国家级非物质文化遗产项目(东路二人台)保护单位暨二人台艺术团挂牌仪式。(乌兰察布新闻网)

6月14日,包头市昆区公布了首批哈布图·哈撒儿祭祀、打拉亥村民间秧歌调、针灸三个非物质文化遗产名录项目。(《包头日报》)

6月20日至21日,内蒙古鄂尔多斯市杭锦旗民族宗教事务局主办杭锦古如歌、马头琴大赛。(《北方新报》)

6月23日,由呼伦贝尔市鄂伦春自治旗乌兰牧骑打造的大型民族歌舞剧《勇敢的鄂伦春》在内蒙古人民会堂上演。这期间鄂伦春自治旗文化部门在该人民会堂举行了鄂伦春民族非物质文化展演。(正北方网)

8月27日,"记忆·传承——中国少数民族非物质文化遗产展"在内蒙古鄂尔多斯文化艺术中心开幕。本次展览共展出展品920件、图片457张、视频近200分钟、图书110册,此外还有鄂尔多斯民舞、蒙古族手工制作工艺等现场展示。(《人民日报(海外版)》)

9月19日，通辽市非物质文化遗产保护中心成立暨揭牌仪式在科尔沁博物馆举办，中心挂靠通辽市文学艺术研究所。(《内蒙古晨报》)

9月19日，为期3天的华北五省区市（北京、天津、河北、山西、内蒙古）博物馆非物质文化遗产展示活动在北京奥林匹克中心区"北顶娘娘庙"举办。华北地区包括首都博物馆、河北民俗博物馆、内蒙古民俗博物馆在内的14家博物馆参加。(新华社网)

宁夏

4月17日至26日，宁夏回族自治区非物质文化遗产传承人王淑萍在塞舌尔开设短训班，教授刺绣技艺，50余名学员参加了培训班。(国务院新闻办公室网站)

5月13日，第四届中国（宁夏）国际文化艺术旅游博览会暨第二届感恩母亲河活动在宁夏回族自治区吴忠市开幕。(文化部网站)

6月1日至10月31日，由文化部、国家民族事务委员会、国家广播电影电视总局、国家新闻出版总署、国家旅游局、中国人民对外友好协会、宁夏回族自治区政府共同主办的第四届中国（宁夏）国际文化艺术旅游博览会宁夏回族自治区举办，该届文博会在银川市设主会场，石嘴山市、吴忠市、中卫市、固原市设分会场。(人民网)

6月9日，宁夏2012文化遗产日系列活动启动仪式在银川举行。仪式上公布了宁夏第三批自治区级非物质文化遗产代表性项目名录，对非物质文化遗产优秀传承基地和传承人进行了表彰。(《中国文化报》)

9月27日，西北地区非物质文化遗产博览会在宁夏回族自治区开幕。(宁夏电视台)

10月31日，中国宁夏非物质文化遗产图片展开幕式在毛里求斯中国文化中心举办。该展共展出40幅精美图片，5位来自宁夏的非物质文化遗产项目传承人现场演示了阿文书法、回族汤瓶八诊、回族民间乐器泥哇呜

和口弦。(中国文化传媒网)

澳门

1月18日，由文化部港澳台办特别支持，澳门特区民政总署主办，文化部民族民间文艺发展中心、浙江省文化厅、新疆维吾尔自治区文化厅、中央人民政府驻澳门联络办公室文化教育部协办"诗风弦韵谱春色"2012浙江新疆春节习俗展在澳门卢廉若公园隆重开幕。(《杭州日报》)

2月22日，澳门鲜鱼行总会成立文化体育促进会。该会的成立旨在推广国家级非物质文化遗产"鱼行醉龙节"，冀让舞醉龙技艺更好传承下去。(中国新闻网)

6月6日，关伟铭以民间信俗（鱼行醉龙节）获得"中华非物质文化遗产传承人薪传奖"。(中国新闻网)

6月9日，由国家文化部和澳门特区政府社会文化司支持，澳门特区政府文化局和内蒙古自治区文化厅联合主办的"根与魂——内蒙古非物质文化遗产展演"活动在澳门开幕。(凤凰网)

6月9日，中国文化遗产日。澳门文化局宣布，妈祖信俗、哪吒信俗、土生葡人美食烹饪技艺及土生土语话剧入选澳门非物质文化遗产名录。(中国新闻网)

7月5日，由澳门特区政府文化局筹建的"大三巴哪吒展馆"开幕，该项举措旨在展示澳门文化的多样性，丰富澳门文化旅游资源，促进澳门非物质文化遗产"哪吒信俗"的保护和发展。(新华网)

7月8日至11日，由澳门中华民族传统体育协会主办，澳门武术家协会、武汉体育学院体育运动学校协办的首届澳门国际武术节在澳门综艺馆举行。来自德国、美国、日本及我国港澳台地区113个代表队的1298名选手参加角逐。本次武术节以"崇德尚武、弘扬中华功夫文化"为宗旨，以推进国际武术文化交流，增进友谊，提高技艺为目的。本次盛会除各武术

拳种、流派的技艺、功法竞技外还增设了中国式摔跤、跆拳道等中外经典民族体育项目的竞赛。(《中国文化报》)

青海

3月13日,"莲生妙相青海唐卡艺术精品展"在青海州省博物馆开展。展览精选青海省的国家级、省级工艺美术大师和非物质文化遗产项目代表性传承人的59幅作品,包括红唐、黑唐、金唐、彩唐、刺绣唐卡、掐丝唐卡等。(新华网)

3月28日晚上,由青海省文化和新闻出版厅、省文化馆、青海师范大学主办的"春满校园"花儿音乐歌会在青海师范大学成功举行。(青海新闻网)

青海省文化新闻出版厅主编的《守望精神家园——百位青海非物质文化遗产项目代表性传承人讲述》一书正式出版。(青海新闻网)

4月14日,由中国民间文艺家协会、青海省海南藏族自治州人民政府共同主办的中国大型历史传说彩绘唐卡长卷《文成公主进藏》项目审定会在北京人民大会堂西藏厅隆重举行。中国大型历史传说彩绘唐卡长卷《文成公主进藏》总投资322万元,长约108米,用23幅不同故事情节和场景的唐卡连贯组成《文成公主进藏》唐卡长卷。(中国文艺网)

5月2日,由青海省人民政府主办、青海省工商局承办、青海省委宣传部等部门协办的青海品牌商品济南推介会在舜耕国际会展中心开幕,138家青海驰名商标、著名商标企业参展。(《济南日报》)

5月11日,青海省民俗学会在西宁召开成立大会。(青海新闻网)

5月22日,青海省文化和新闻出版厅举办玉树藏族自治州灾后重建非物质文化遗产保护工作培训班。(青海新闻网)

5月,由国家非物质文化遗产保护工作专家委员会副主任委员周小璞为组长的文化部督查组,对青海省国家级非物质文化遗产代表性项目保护情况、保护单位履责情况、中央补助专项资金使用情况、传承人义务履行情况进行了检查督导。(青海新闻网)

6月1日,"心灵归故乡·随身携带的庙宇——青海省黄南藏族自治州热贡艺术特展"在陕西历史博物馆举办,此次展览由陕西省文物局、青海省文化与新闻出版厅、青海省黄南藏族自治州人民政府主办,展出了青海省黄南藏族自治州热贡艺术馆馆藏唐卡、壁画、堆绣、雕塑、石刻等艺术珍品130件。(《中国社会科学报》)

6月11日,"薪火相传——中国文化遗产保护年度杰出人物"初评结果揭晓,青海省门源回族自治县的安宝龙入围,这是青海省唯一入围的传承人。(人民网)

6月23日,由环湖地区《格萨尔》民间说唱协会举办的首届环湖《格萨尔》民间艺人演唱会在青海湖畔举行。来自环湖地区《格萨尔》民间艺人、省内外《格萨尔》研究专家、学者和当地群众以及游客等近百人参加了演唱会。(中国民俗宗教网)

7月13日,青海省《格萨尔》工作领导小组会议暨首届青海省《格萨尔》研究成果奖颁奖会在西宁召开。会上颁发了首届青海省《格萨尔》研究成果奖,黄智的《"格萨尔"史诗概论》、完玛加的《论"格萨尔"军事战略与战术》等10项申报成果荣获本届《格萨尔》研究成果奖。(《光明日报》)

7月19日至24日,"2012中国·青海第三届老爷山花儿会"在青海省大通县举行。本届花儿会以"大通世界,花儿之乡"为主题,活动期间以大型综艺节目及央视七套"乡村大世界——走进大通"等活动为重点。(国际在线)

7月24日,中国·青海河湟地区第一届国际民间射箭邀请赛在乐都开幕,本次大赛持续3天。(新华网)

8月10日至14日，青海省人民政府主办的第五届青海国际唐卡艺术与文化遗产博览会在西宁城南国际会展中心成功举行。本届博览会以"弘扬民族文化、壮大文化产业、建设文化名省"为主题，共举办展览、演出、论坛等16项主题活动，销售金额116.1万元，订货金额107万元，签约文化产业项目11个，签约金额达2.15亿元，近10万人次参观展览、参与各项活动。（文化部官网）

9月8日，青海省黄南藏族自治州尖扎县2012年第二届"五彩神箭"国际民族射箭邀请赛开幕。开幕式结束后举行了千人达顿宴。（人民网）

经中国民协组织相关专家赴祁连县实地考察并经过论证后，决定命名祁连县为"中国藏族情歌之乡"。（《青海日报》）

10月30日，青海省文化新闻出版厅在西宁举办培训班，来自全省140余名省级非物质文化遗产项目代表性传承人在这里相互学习、相互交流、共同提高。（《青海日报》）

由青海省文化和新闻出版厅编辑的《青海省非物质文化遗产名录图典》正式出版发行，系统地介绍了迄今为止青海入选国家级、省级非物质文化遗产。（《西宁晚报》）

12月23日，由全国《格萨（斯）尔》工作领导小组、青海省格萨尔工作领导小组、青海省文联、青海果洛藏族自治州人民政府和国家社科基金重大委托项目"格萨尔抢救、保护与研究"课题组联合主办的青海·果洛《格萨尔》艺人成果展暨圆光中的格萨尔史诗艺术在北京西藏大厦举行。（《青海日报》）

山东

2月5日上午，为期5天的2012崂山非物质文化遗产节在青岛市崂山世纪广场开幕。（《大众日报》）

2月23日，第六届渔盐文化节在北海渔盐民俗文化馆举办。渔盐文化

节至今已成功举办五届。（新华网）

3月7日，山东省枣庄市女娲文化研究学会在市群众艺术馆成立。（《枣庄日报》）

4月2日至7日，2012泰山东岳庙会暨海峡两岸民俗文化交流周在山东举办，本届庙会增加了与台湾的民间民俗、文化艺术、农贸产业的深入交流。（《中国文化报》）

4月28日至29日，滨州市举行黄河三角洲（滨州）第一届非物质文化遗产展。（《滨州日报》）

5月24日，第三届中国秧歌节全国非物质文化遗产制作展在胶州市中国秧歌城民俗文化馆开展。（《青岛日报》）

5月30日晚，为庆祝国家第七个文化遗产日，由山东省文化厅、山东省民俗学会、山东省艺术研究所共同主办的"非物质文化遗产进校园"活动暨"国家级非物质文化遗产项目传承基地"授牌仪式在山东省工会管理干部学院大礼堂举行。（《齐鲁晚报》）

6月9日，由第十届中国艺术节山东省筹委会社会筹资及市场开发部主办、山东非物质文化遗产研究中心承办、《山东省老字号文化遗产名录卷》编辑部、各老字号文化遗产保护单位承办的"喜迎十艺节，弘扬老字号"中华老字号文化遗产品牌高峰论坛启动暨签约仪式在历山剧院举行，来自北京、天津、江苏、河南和山东省内的60余位老字号企业代表参加了峰会。（中国文化传媒网）

6月9日上午，山东省暨济南市庆祝第七个文化遗产日主场活动在泉城广场举办。山东省副省长张建国出席活动并宣布全省非物质文化遗产保护十个重点项目（活动）集中启动。（人民网）

7月23日，山东省文化厅在济南举行山东省"扶持1000位非物质文

化遗产传承人、民间艺人收徒传艺"活动启动仪式。（中国文化传媒网）

7月22日至24日、7月30日至8月1日，山东省级非物质文化遗产项目代表性传承人培训班分别在济南和日照举办，全省命名的262名省级非物质文化遗产代表性传承人参加了培训。（中国文化传媒网）

9月6日，由文化部和山东省人民政府主办，文化部非物质文化遗产司、中国非物质文化遗产保护中心、山东省文化厅、枣庄市人民政府承办的第二届中国非物质文化遗产博览会在枣庄市台儿庄古城开幕。博览会以"促进非物质文化遗产保护、共建精神家园"为主题，突出生产性保护特色、运河文化特色、海峡两岸交流特色和齐风鲁韵特色。（《中国文化报》）

9月10日，台儿庄国家非物质文化遗产博览园奠基仪式在台儿庄古城举行。该园分为非物质文化遗产集中展示区、非物质文化遗产会展区、非物质文化遗产创作培训传承区、非物质文化遗产生产性保护基地四大板块。（人民网）

9月10日至12日，亚洲区域非物质体育文化遗产及民族传统体育研讨会在临淄召开，研讨主题为体育非物质文化遗产研究、古代蹴鞠文化研究和民族与民俗传统体育研究，邀请大陆、中国台湾、日本、韩国文史专家和知名蹴鞠文化专家等70余人。（淄博市体育局网站）

10月18日，山东省新泰市第三批市级非物质文化遗产名录公布，共计30个项目入选。（新泰市人民政府网站）

11月22日，济南市人民政府公布了第四批市级非物质文化遗产名录（共计35项）。（《生活日报》）

12月7日至10日，第四届中国曲艺团长高峰论坛暨全国曲艺类非物质文化遗产保护成果学术交流展演在济南举行。（《生活日报》）

12月18日上午，济南非物质文化遗产博览园奠基仪式在槐荫区吴家

堡镇举行，该项目由济南市政府与深圳华强集团合作开发建设。（《济南时报》）

《城阳之光——非物质文化遗产保护专辑》出版，共辑录城阳区先后四批次公布的区级非物质文化遗产项目39项。（《半岛都市报》）

12月21日，济南市第二届非物质文化遗产手工艺技能大赛开赛。125名选手参赛，展示了剪纸、面塑、陶艺拉坯等传统手工艺。（新华网）

12月22日，山东省文化厅在滨州举办山东省传统曲艺传承成果展演暨第七届小品曲艺大赛颁奖晚会。本次展演活动的主题是："建立传承机制，繁荣曲艺事业"。全省共申报小品、曲艺类作品71件。（山东省文化厅网站）

山西

3月2日，《晋中文化生态保护区总体规划》经文化部组织的专家论证会论证通过。（山西省文化厅非物质文化遗产处提供）

3月13日，为期一周的"华夏乡宁（云丘山）中和文化节"晚落下帷幕，海内外32.8万人次来到山西临汾云丘山同沐中和文化。（中国新闻网）

5月6日，山西省印发了《山西省传统村落调查实施方案》，全省传统村落调查工作全面启动。此次调查从5月中旬持续至7月中旬，调查的内容包括对传统村落的戏曲、文化、技艺、特产等非物质文化遗产的调查。（人民网）

5月18日至22日，山西省文化厅组织（老陈醋酿制技艺、平阳木版年画、黑陶烧制技艺、五台山砚台制作技艺、繁峙晋绣、稷山螺钿漆器髹饰技艺、平定砂货烧制技艺、平遥推光漆器髹饰技艺、广灵剪纸）9个项目参加了深圳文博会，获优秀组织奖。（山西省文化厅非物质文化遗产处提供）

5月,山西省文化厅评审公布了16个省级非物质文化遗产生产性保护示范基地,分别为:太原双合成食品有限公司、山西水塔醋业股份有限公司、大同天艺昌工艺品厂、平定县张氏砂器陶艺坊、平定文亮刻花瓷砂器研究所、长子县西南呈玖兴炉响铜乐器厂、黎城县红石民间工艺有限公司、高平市凤林刺绣厂、山西杏花村汾酒集团有限公司、山西省交城县调味品厂、山西广誉远国药有限公司、山西黄河中药有限公司、薛生金大师工作室、山西唐人居古典家居文化有限公司、山西土圪垯手工布艺公司、稷山县飞凯达食品有限公司。(山西省文化厅非物质文化遗产处提供)

5月山西省在长治市召开了全省社会文化和非物质文化遗产保护工作会议,安排部署了2012年的非物质文化遗产重点工作。(山西省文化厅非物质文化遗产处提供)

6月与12月,山西省文化厅省级文化生态保护区专家论证会,经过研讨论证,设立了河曲、碛口、上党(晋城)三个省级文化生态保护区。(山西省文化厅非物质文化遗产处提供)

6月9日,联合国教科文组织专家考察组非物质文化遗产座谈会在山西省文化厅举行。(黄河新闻网)

7月15日,山西晋城市上党梆子表演艺术家张爱珍与她的团队受台湾青年国乐团邀请,参加了台湾新竹市举办的"2012竹堑国乐节"演出活动,并于19日同新竹青年国乐团合作举办"上党梆子名家张爱珍个人专场演唱会"。(山西省文化厅网站)

8月下旬,文化部非物质文化遗产司在山西省召开了全国非物质文化遗产传统技艺类项目生产性保护培训会,来自全国各地的非物质文化遗产工作者、专家和全国第一批非物质文化遗产生产性保护示范基地的代表共120余人参加了会议。(山西省文化厅非物质文化遗产处提供)

9月6日至10日,山西省文化厅组织(稷山螺钿漆器髹饰技艺、丁村棉纺织技艺、上党堆锦、繁峙刺绣、绛州澄泥砚制作技艺、柴森宫灯制作技艺、老陈醋酿制技艺、汾酒酿制技艺）8个项目参加了在山东省台儿庄举办的第二届中国非物质文化遗产博览会，获优秀组织奖。（山西省文化厅非物质文化遗产处提供）

9月19日至23日，山西省文化厅举办中国·山西非物质文化遗产成果保护展，邀请了中部五省的13个项目与山西省影响比较大的49个非物质文化遗产项目参加，并邀请了10个非物质文化遗产项目现场展演。（山西省文化厅非物质文化遗产处提供）

9月28日，山西省十一届人大常委会第三十一次会议通过《山西省非物质文化遗产保护条例》，自2013年1月1日起施行。（文化部网站）

10月14日上午，由忻州市文化广电新闻出版局、河曲县人民政府联合举办的首届西口文化民歌艺术节在西口古渡河曲县隆重开幕。艺术节主要包括"河曲民歌二人台邀请赛"及"西口文化论坛"等两项重要活动。（环球网）

11月7日至11日，山西省文化厅组织（黎侯虎、稷山螺钿漆器髹饰技艺、冠云平遥牛肉制作技艺、上党堆锦、水塔老陈醋酿造技艺、五台山砚台制作技艺、闻喜花馍、中阳剪纸）8个项目参加了黄山非物质文化遗产传统技艺大展，获优秀组织奖。（山西省文化厅非物质文化遗产处提供）

11月，山西省文化厅在晋城举办"非物质文化遗产项目保护与申报"培训班，来自全省各市（县、区）的主管非物质文化遗产的负责人及非物质文化遗产传承人共计160余人参加了培训。（山西省文化厅非物质文化遗产处提供）

12月，山西省的怀仁旺火、柳林盘子会、永济背冰、平遥社火4个项目推荐评审文化部"春节文化特色活动"。（山西省文化厅非物质文化遗产处提供）

山西省文化厅于12月向文化部推荐上报了6个保护单位（山西省广誉

远国药有限公司、山西杏花村汾酒集团有限责任公司、山西唐人居古典家居文化有限公司、长治市长子县西南呈玖兴炉响铜乐器厂、黎城县红石民间工艺有限公司、稷山县飞凯达食品有限公司）参与第二批国家级非物质文化遗产生产性保护示范基地的评审。（山西省文化厅非物质文化遗产处提供）

2012年年底，山西省文化厅组织开展了为期一个月的《山西省非物质文化遗产条例》宣传月活动。（山西省文化厅非物质文化遗产处提供）

截至2012年，山西省共有非物质文化遗产博物馆40余处、传习所（包括个人工作室）200余个，围绕非物质文化遗产项目的生产企业、经营户、作坊约3000余户，从业人员达400余万人，年产值近200亿元，涉及非物质文化遗产项目近百个。（山西省文化厅非物质文化遗产处提供）

山西省非物质文化遗产保护中心基本完成《中国非物质文化遗产普查报告》山西卷的编写工作，制定出了《非物质文化遗产数字化采集规范》，数字化博物馆正在建设中。（山西省文化厅非物质文化遗产处提供）

2012年，山西省共有34人入选第四批国家级非物质文化遗产代表性项目代表性传承人。（山西省文化厅非物质文化遗产处提供）

2012年底，山西省文化厅开展了晋中文化生态保护区课题研究工作，共研究申报四个课题，预计2014年左右完成，分别为：晋中文化生态保护区支撑体系构建、城镇化建设与非物质文化遗产保护对策研究、晋中文化生态保护区民间艺术资源整合与传承路径与方法、晋中文化生态保护区非物质文化遗产保护环境下戏曲传承与发展模式研究。（山西省文化厅非物质文化遗产处提供）

陕西

1月18日，陕西省非物质文化遗产陈列馆开馆仪式在陕西省艺术馆隆重举行。该馆也将成为该省中小学优秀传统文化教育社会实践基地。（陕西省艺术馆网站）

2月4日,以"传承·和谐"为主题的"2012年中国·陇州社火艺术节暨陇州社火创意大赛"开幕。5日下午,作为本届陇州社火艺术节的一项重要活动,陇县举行了"陇州社火与文化产业论坛"。(人民网)

2月9日,陕西省社会文化暨非物质文化遗产保护工作会议在西安召开。会上就命名陕西省非物质文化遗产生产性保护示范基地(单位)、中国民间文化艺术之乡命名结果、第三次文化馆评估定级结果等三方面工作进行了通报。(人民网)

2月17日,由陕西省文化厅、陕西省非物质文化遗产保护中心主办,陕西潇雨传媒有限公司承制的《文化陕西》电视专题节目在陕西广播电视台开播。《文化陕西》设有《陕西文化资讯》《非物质文化遗产名录展播》《非物质文化遗产传承人故事》等子栏目。(文化部网站)

4月6日,由国家文化部和陕西省政府主办、西安大唐西市文化产业投资有限公司等单位承办的第三届"西部非物质文化遗产展演暨文化产业洽谈会"于西安大唐西市举行。(人民网)

由陕西省文物局组织编著的《陕西历史文化遗产丛书》正式出版。(《三秦都市报》)

5月25日,国家级陕北文化生态保护实验区暨第六批省级文化先进县授牌大会在西安举行。(陕西省文化厅官网)

6月7日,陕西省文化厅、陕西省教育厅共同审定,决定命名"陕西省非物质文化遗产陈列馆"等34个单位为陕西省第一批中小学优秀传统文化教育社会实践基地。(人民网)

文化遗产日活动期间,陕西省文化厅向社会公布了"陕西省第三批非物质文化遗产名录",116个项目(包括140个单项)入选。(《西安日报》)

8月23日,由中国民协、陕西省文联主办,陕西省民协承办的中国七夕文化研讨会在陕西省西安市召开。(《中国艺术报》)

8月28日,商洛市人民政府批准将"仙娥湖的传说"等148个项目列入商洛市第二批非物质文化遗产名录。(陕西省文化厅官网)

8月13日上午,西安易俗社成立一百周年纪念大会在西安易俗大剧院举行。(《三秦都市报》)

9月22日至27日,第二届中国孙思邈中医药文化节在陕西省铜川市举办。9月23日下午,作为本届文化节的亮点,"药王故里·遗韵铜川"进行了非物质文化遗产展演。(中国文化传媒网)

12月2日,"2012澳大利亚中国艺术节"陕西秦腔专场音乐会在悉尼大学音乐学院举行,来自中国陕西省戏曲研究院小梅花剧团的艺术家在两个小时的表演中,为观众献上了秦腔折子戏片段、碗碗腔、唢呐演奏等精彩节目。(《中国文化报》)

12月12日至16日晚,由联合国教科文组织国际木偶联会中国中心、中国木偶皮影艺术学会、陕西省文化厅主办,陕西省演艺集团有限公司承办的金狮奖·第四届全国木偶皮影中青年技艺大赛在西安进行。从陕西、湖南、上海、广东、福建、江苏、广西、四川等省区市16支团队中选拔出的51个节目参加了本次大赛,参赛类别有杖头木偶、提线木偶、布袋木偶、软体木偶和皮影戏。(《中国文化报》)

12月19日,宝鸡民俗博物馆暨宝鸡市非物质文化遗产陈列馆举行开馆仪式。(西部网)

12月20日至23日,受文化部委托,由陕西省文化厅组织的以陕西非物质文化遗产代表项目组成的"兵马俑故乡民间艺术精品展"在土耳其首都安卡拉参加了中土建交40周年中国文化年暨土耳其第二届文化旅游高峰论坛及博览会,展演了提线木偶、杖头木偶、皮影戏及剪纸、马勺脸谱、

泥塑、刺绣、布制品、木版年画、农民画等非物质文化遗产项目。（陕西文化信息网）

上海

1月12日至13日，上海市文广影视局召开2011年区县文化（广）局分管局长年终工作会议和社文科长年终工作会议，总结2011年上海市公共文化和非物质文化遗产工作，部署2012年工作任务。（文汇报网站）

2月27日，上海市中医药发展办公室在曙光医院召开"上海市非物质文化遗产传统医药项目宣传启动会"。该市计划在两年内通过整体策划、全面宣传、收集整理、调查研究等多种方式，促进上海市地区包括石氏伤科疗法等13项非物质文化遗产传统医药项目的保护和继承工作。（文汇报网站）

3月8日，华老字号余天成堂与华氏大药房联合，在杨浦区控江路上开出"华氏余天成大药房"首家旗舰店。（《文汇报》）

4月26日，上海市非物质文化遗产进校园现场交流会在该市园南中学举行，来自上海七所学校的50多名同学在"非物质文化遗产"项目传承人和指导教师的引导下，现场施展所学。（新华网）

5月6日至8日，中国民协、中国文学艺术基金会、上海市文联主办的中国民间工艺传承人培训班在上海举行。（《中国文化报》）

6月2日至3日，上海师范大学谢晋影视艺术学院举行"从民俗表演看非物质文化遗产传承"国际研讨会新闻发布会。（东方网）

6月8日，以"活态传承 重在落实"为主题的2012年"文化遗产日"上海非物质文化遗产系列活动启动仪式暨第六届廊下莲湘文化节开幕式在廊下生态园莲湘广场举行。（文化部网站）

7月19日，作为国家级非物质文化遗产项目的上海洋泾绒绣的保护传

承基地（传习所）当天起正式启用。（人民网）

7月22日，在上海市文化广播影视管理局指导下，由上海市非物质文化遗产保护中心与上海市朵云轩拍卖有限公司合作举办的首届上海市非物质文化遗产精品拍卖会于在刘海粟美术馆举行。本次拍卖会共征集拍品114件，涵盖16项国家级、上海市级非物质文化遗产名录项目。（文化部网站）

8月28日，位于淞虹路的新泾镇民间文化艺术展示馆举行揭牌仪式。（东方网）

9月21日，2012中国海派玉雕艺术大展暨第五届神工奖在上海展览中心开幕，主题为"神工玉韵，海纳百川"。全国22个地区的400余名大师的近千件精品佳作参评参展。（东方网）

9月23日，2012中国玉雕上海论坛在上海图书馆四楼多功能厅开坛。本届论坛以"当代玉雕的价值审视"为主题展开研讨。（《上海商报》）

第九届上海青浦淀山湖文化艺术节9月29日在崧泽广场开幕。（东方网）

10月1日至3日，第五届南翔戏曲庙会在南翔老街千年古刹留云寺前搭台唱戏。第五届南翔戏曲庙会分为"非物质文化遗产展演展示"和"戏曲表演"两大板块。（《解放日报》）

10月19日到28日，第三届中国校园戏剧节在上海戏剧学院上演，本届戏剧节由中国文联、教育部、上海市人民政府主办，主题为"魅力校园·青春飞扬"。来自全国（包括台湾地区）的33台24场参赛剧目（含22个大戏和11个短剧小品）角逐"中国戏剧奖·校园戏剧奖"各个奖项。（文化部官网）

11月26日，中国现代民间绘画杨行年会开幕式在宝山电视台演播厅

举行。本届年会的主题是"与名师对话"。(中国网)

年底叶榭"非物质文化遗产"展示厅对外开放。(《东方早报》)

四川

1月31日,四川宝兴县硗碛藏乡山寨张灯结彩,藏族同胞身穿盛装欢度"上九节"。(中国新闻网)

2月4日至6日,"2012中国古蔺大寨踩山节"在泸州市古蔺县大寨乡宝佤山举行。(四川新闻网)

4月4日,由中国民协、成都市人民政府、中国非物质文化遗产保护中心、文化部非物质文化遗产司、四川省文化厅、四川省旅游局主办的2012年中国·都江堰清明放水节在都江堰隆重举行。(《中国艺术报》)

5月16日,"2012年成都市'非物质文化遗产进校园''百姓故事会'进校园"活动在成都理工大学举行。(《成都日报》)

5月27日,第21届国际木偶联会大会暨国际木偶节在四川成都非物质文化遗产博览园开幕,400余出国内外经典木偶剧在博览园内上演。(《中国文化报》)

6月9日,由四川省文化厅主办的该省首届"文殊坊杯"非物质文化遗产手工技艺精品邀请展系列活动正式启动。政府主办、企业参与共同保护、传承和展示非物质文化遗产精品,联手搭建非物质文化遗产文化交流平台,成为本届"邀请展"系列活动的显著特点。(《中国文化报》)

6月30日,四川省非物质文化遗产保护中心在成都高新区肖家河社区举办四川羌族非物质文化遗产"天府之魅成果展"。(中国新闻网)

9月18日至24日,由文化部非物质文化遗产司与四川省文化厅主办的"全国非物质文化遗产防灾救灾及灾后保护培训班"在川音绵阳艺术学

院进行了一周的音乐培训。(《四川日报》)

9月24日上午,第1079届文昌秋季庙会在"古蜀道之喉"——梓潼县七曲山风景区内开幕,吸引了近万名游客。(四川新闻网)

9月,四川省阆中市召开市政府十六届第七次常务会议,审议通过了该市第四批非物质文化遗产项目名单。(中国民俗宗教网)

12月13日,四川省文化厅在眉山市召开了"四川省非物质文化遗产保护督查工作总结暨生产性保护工作交流会议"。会议期间举行了首批四川省省级非物质文化遗产生产性保护示范基地颁牌仪式。(四川省文化厅网站)

台湾

1月27日,"品味陕西·第二届海峡两岸春节民俗庙会"在台湾台中市开幕,包括陕西传统美食、手工技艺、民俗文化表演和图片展等活动。(中国政府网)

2月8日,"保护、传承、弘扬——两岸非物质文化遗产论坛"在台中文化创意产业园区的衡道堂举行。中国艺术研究院音乐研究所所长田青、中国社会科学院民族文学研究所所长、非物质文化遗产专家朝戈金、台北艺术大学教授吴荣顺、中国篆刻艺术研究院常务副院长骆芃芃、台湾云林科技大学讲师陈志扬、中国艺术研究院戏曲研究所昆曲艺术研究中心副主任王馗等分别就各自研究领域做主题演讲。(中国文化传媒网)

2月16日至21日,由北京海峡两岸民间交流促进会和台北市文化基金会主办的2012年两岸城市文化互访系列——北京文化周在台北举办。(《中国文化报》)

3月19日至25日,"山西省世界文化遗产和非物质文化遗产摄影展"在台北台湾文创会馆举行。(中国台湾网)

4月5日至5月5日，2012传统表演艺术节在台北举办。由台湾文化主管部门组织的此次传统表演艺术节以"传艺·献丑"为主题，邀集海峡两岸戏曲界多位"丑角"名家，在台北、宜兰、桃园、新竹、台中、高雄等地，轮番上演经典戏曲"丑角"喜剧。有两岸10个剧种、15个表演团队参演。（《中国文化报》）

6月8日，由财团法人佛光山文教基金会、中国民族文化宫共同主办的"霓裳之会——中国非物质文化遗产少数民族服装展"在佛光山佛陀纪念馆揭开序幕。（凤凰网）

11月28日至12月3日，2012海峡两岸民间文学学术研讨会在台北举办。此次研讨会由台湾中国文化大学中国文学系和台湾口传文学学会共同主办，近百名专家学者参加了研讨活动。（《中国艺术报》）

天津

1月20日，天津市蓟县"千年古刹"独乐寺第九届庙会拉开帷幕。本届庙会由原来的10天延长到18天，从腊月二十七持续到正月十五结束。（新华网）

1月30日，国家级非物质文化遗产拦手门武术社区活动站在天津河东区华康里社区举办揭牌仪式。（《中国体育报》）

4月13日，妈祖诞辰祭典仪式在天津天后宫举行，整个祭典仪式分为3个阶段：献礼前的准备活动；献礼仪式；天后出巡活动。其中献礼仪式是祭典的中心环节，包括迎神礼、盥洗礼、上香礼、问讯礼、读祝礼、进献礼等9项内容。献礼仪式进行一个小时以后，由宝辇、旌旗等组成的仪仗和各道花会依序出天后宫进行天后出巡散福的民俗活动。（《中国文化报》）

5月10日，由天津市和平区非物质文化遗产保护中心主办，和平区10所小学联合承办的"和平区非物质文化遗产'大篷车'校园行"在鞍山道小学正式拉开序幕。本次活动共设四个分区，包括"非物质文化遗产成果

展演区""非物质文化遗产成果展览区""非物质文化遗产成果绝技展示区"和"民间游戏活动区"。（人民网）

5月17日始，天津中医药大学团委联合天津市文化广播影视局非物质文化遗产处、天津市非物质文化遗产保护中心、天津市青年宫举办了主题为"让非物质文化遗产不被遗忘，让文化继续传承"非物质文化遗产中医药大学行"五个一"系列活动。（人民网）

6月4日，天津首次非物质文化遗产保护工作联席会议在天津滨海新区召开。（人民网）

6月9日，由天津市文化广播影视局、天津电视台主办，天津市非物质文化遗产保护中心、天津广播电视台文艺频道承办的"薪火相传"天津市非物质文化遗产师徒同台演出传统戏剧、曲艺专场活动在中国大戏院拉开帷幕。（北方网）

6月5日，由天津市民间文艺家协会、南开区文联、南开区民间文艺家联谊会主办，泥人张美术馆承办的"'泥人张世家'津门泥塑家精品展"活动顺利举行。（凤凰网）

7月，由天津市文广局、团市委主办，天津市非物质文化遗产中心、天津青年宫承办的"非物质文化遗产·年"系列活动正式拉开帷幕。（人民网）

9月28日，主题为"手牵手保护文化遗产，心连心构建和谐社会"的第二届全国非物质文化遗产展示会在天津美术馆举行。来自全国29个省、区、市的106项国家级和省级的非物质文化遗产项目参展，百余位国家级和省级项目传承人现场演示和讲解非物质文化遗产传统绝艺。（中国政府网）

9月11日下午，天津市第二届剪纸艺术擂台赛在天津市河西区青少年宫举行。（人民网）

11月16日，由天津市精神文明建设委员会办公室、天津市教育委员会、天津音乐学院、中国艺术研究院音乐研究所、中国昆剧古琴研究会、天津市非物质文化遗产保护中心、天津市美学学会美育专业委员会主办，天津音乐学院民乐系、古琴传习室承办的"古琴古诗汇今曲"音乐会在天津音乐厅举行。（北方网）

12月26日，北塘妈祖娘娘出巡，这期间北塘花鼓、花棍、旱船等花会表演队陆续来到妈祖娘娘宫门前为妈祖娘娘出巡表演。（《天津日报》）

西藏

1月14日，由西藏自治区文化厅编创的《果谐的春天》参加了国家大剧院举办的《中国2012明星名作精品荟萃》，成为西藏历史上第一个在国家大剧院演出的歌舞类节目。（西藏自治区文化厅非物质文化遗产处提供）

2月9日至23日元宵节期间，西藏自治区藏族唐卡和日喀则地区江孜卡垫、藏香等项目参加在北京全国农业展览馆新馆举办的中国非物质文化遗产传统技艺大展系列活动。（西藏自治区文化厅非物质文化遗产处提供）

3月2日，西藏自治区文化厅公布首批30个非物质文化遗产项目传习基地。（《中国文化报》）

5月7日，电影《唐卡》在北京大学百年讲堂首映。该片是中国电影史上第一部表现唐卡艺术的电影作品。（新华网）

5月30日，西藏和平解放60年重大题材"百幅唐卡"绘画项目正式启动。（《西藏日报》）

5月31日，全国政协社会和法制委员会"非物质文化遗产的法律保护"专题调研座谈会在拉萨召开。（新华网）

6月9日，首届西藏非物质文化遗产保护成果大展在拉萨拉开帷幕。在为期7天的大展中，来自西藏各地区的近300名传承人和民间艺人集中展示了42个非物质文化遗产保护项目。同时，在拉萨龙王潭公园还开展了"非物质文化遗产展演进社区"，在拉萨外语学校开展"非物质文化遗产展演进校园"等活动。（新华网）

6月12日，西藏自治区非物质文化遗产保护中心和西藏唐卡画院共同举办了首届西藏唐卡传承人论坛会，参加论坛会的专家有国家级唐卡传承人丹巴绕单、格桑次旦、阿旺晋美等60余位唐卡专家和传承人参加。论坛主要就西藏唐卡艺术的保护、传承和发展进行了讨论。（西藏自治区文化厅非物质文化遗产处提供）

8月17日，2012中国拉萨雪顿节开幕式晚会在西藏拉萨布达拉宫广场举行。雪顿节期间举行了藏戏大赛、首届藏地音乐高峰论坛、幸福城市市长论坛、拉萨啤酒节、马术表演等活动。（《中国文化报》）

西藏非物质文化遗产系列丛书《岭国妙音》出版，这是一部以长篇民族英雄史诗格萨尔王传为基础的音乐概论。这部书以音乐形式归纳整理出108种曲调并翻译成汉文。《岭国妙音》108首唱腔，从其中38位人物的专用唱腔中精选而出，是第一部史诗音乐专辑。（人民网）

香港

2月4日，香港特区政府康乐及文化事务署在荃湾沙咀道游乐场举行元宵彩灯会，并为一连串的彩灯会揭开序幕。其余两场元宵彩灯会于2月5日及6日分别在将军澳宝翠公园和香港文化中心露天广场举行。此外，康文署也举办了相关展览，包括设置于文化中心的春节专题彩灯展览"十二生肖·童玩·同乐"和"香港非物质文化遗产——龙狮扎作展览"。（新华网）

4月22日，香港赛马会慈善信托基金宣布，捐款逾二百万元予传统节庆活动的主办单位用来举办、考察和推广四项被列为国家级非物质文化遗产的传统节庆活动，包括长洲太平清醮、大澳端午龙舟游涌、大坑舞火龙和香港潮人盂兰盛会。（《星岛日报》）

6月6日，来自香港的卢雪以剪纸技艺获得"中华非物质文化遗产传承人薪传奖"。(中国新闻网)

9月27日至10月2日，香港特区政府旅游发展局举办"香港中秋节"大型活动，在维园内将首设"中秋市集"，20个本地商户设立摊位售卖应节食品，并会展出高约18米的巨型月亮彩灯。除巨型彩灯，在中秋节当晚，维园内更会上演舞火龙表演。(《文汇报》)

新疆

1月16日，由新疆维吾尔自治区文化厅举办的"迎新春——新疆非物质文化传统美术、剪纸、刺绣"展览在新疆维吾尔自治区图书馆开展，共展出了90多幅剪纸和30多幅民族刺绣。(天山网)

2月6日，由新疆维吾尔自治区文化厅和昌吉回族自治州人民政府主办的以"展示中华民间文化·感触新疆人文历史"为主题的新疆2012大型社火（昌吉）表演赛在昌吉市隆重举行。(新疆文化网)

3月5日，由新疆维吾尔自治区政府主办的2012年"春雨工程"，全国文化志愿者边疆行之"蓝靛金箔——中国画·桑皮纸绘画作品展"在北京国家图书馆古籍馆开幕。(《中国文化报》)

3月10日，由新疆维吾尔自治区文化厅、文物局联合主办的"2012新疆文化文物公开课——新疆舞蹈"在新疆艺术剧院话剧团剧场举行，由新疆艺术研究所所长·新疆非物质文化遗产保护研究中心主任李季莲主讲。(新疆非物质文化遗产保护研究中心提供)

3月14日至22日，新疆非物质文化遗产保护研究中心赴塔什库尔干塔吉克自治县对"肖贡巴哈尔节"及相关非物质文化遗产活动进行摄录和调查工作。(新疆非物质文化遗产保护研究中心提供)

3月15日至17日，新疆非物质文化遗产保护研究中心派员随文化厅第七督察组赴吐鲁番地区对其国家级非物质文化遗产代表性项目保护情况

进行督导检查。(新疆非物质文化遗产保护研究中心提供)

3月28日,焉耆县第四届"花儿"演唱会在素有国家民间文化艺术之乡的永宁镇举行。(新疆日报网)

6月8日,新疆维吾尔自治区公布第三批自治区级非物质文化遗产名录,新增项目52项,扩展项目33项。(新疆文化网)

6月9日至11日,由新疆维吾尔自治区文化厅、新疆维吾尔自治区文物局主办,新疆非物质文化遗产保护研究中心承办的"2012新疆非物质文化遗产生产性保护成果展"在乌鲁木齐举办。全疆14个地(州、市)及相关企事业单位115名参展人员携76个参展项目参加了此次展览。(新疆非物质文化遗产保护研究中心提供)

6月9日,为庆祝全国第七个文化遗产日,新疆维吾尔自治区2012年文化遗产日系列活动之一的"新疆非物质文化遗产数字博物馆"启动仪式在乌鲁木齐举办。(新疆非物质文化遗产保护研究中心提供)

6月30日,由新疆维吾尔自治区文化厅、文物局联合主办的"2012新疆文化文物公开课"在新疆艺术剧院话剧团剧场举行,新疆艺术研究所副所长·新疆非物质文化遗产保护研究中心副主任迪力夏提·帕尔哈提受邀主讲木卡姆艺术。(新疆非物质文化遗产保护研究中心提供)

8月8日上午,由新疆文化厅、昌吉回族自治州人民政府主办的新疆"首届乡村艺术节暨呼图壁首届新疆曲子文化节"系列活动开幕。(中国广播网)

8月13日至14日,由新疆非物质文化遗产保护研究中心、伊犁哈萨克自治州文化艺术研究所共同举办的"中国·新疆·新源阿依特斯论坛"在新源县举行,与会者一致通过了旨在进一步加强阿依特斯国际间保护与研究的《新源共识》。(新疆非物质文化遗产保护研究中心提供)

8月27日至28日，由中国民俗学会、新疆阜康市联合举办新疆·阜康第二届西王母文化论坛暨中国民俗学会神话与西王母文化专业委员会第二次工作会议在新疆阜康市境内天池脚下开幕。（中国新闻网）

9月1日至9日，新疆非物质文化遗产保护研究中心组织推荐6个组合代表新疆参加了湖北省武当山举行的歌飞武当"第六届中国原生民歌大赛"，斩获了一个银奖、一个铜奖、一个优秀演唱奖。（新疆非物质文化遗产保护研究中心提供）

9月20日，乌鲁木齐市米东区首届"新疆花儿"艺术节开幕，开幕式上演出了本届艺术节首推剧目——大型回族民俗歌舞剧《花漫天山》。该艺术节为期三天，这期间还举办新疆第二届新疆花儿邀请赛、新疆花儿艺术传承保护研讨会、米东区特色美食展、米东区首届菊花节等活动。（国际在线网）

10月11日，国家西部课题《多元文化背景下的新疆曲子研究》完成文化部结项。（新疆非物质文化遗产保护研究中心提供）

10月18日，新疆莎车第二届十二木卡姆文化艺术节在十二木卡姆故乡举行。（中国新闻网）

11月13日至14日，由新疆非物质文化遗产保护研究中心、克孜勒苏柯尔克孜自治州非物质文化遗产保护（玛纳斯研究）中心共同举办的"中国·新疆·克孜勒苏玛纳斯论坛"在阿图什市举行。论坛围绕"21世纪阿依特斯的传承与发展""当代阿依特斯的社会功能与文化艺术价值""政府和社会组织在阿依特斯实践活动中的责任和作用"三项主题展开学术研讨。（新疆非物质文化遗产保护研究中心提供）

12月，新疆维吾尔自治区文化厅公布第一批自治区级文化生态保护实验区名单，共有4个文化生态保护实验区被列入其中，分别是莎车维吾尔木卡姆文化生态保护实验区、新源哈萨克族文化生态保护实验区、察布查尔锡伯族文化生态保护实验区和塔什库尔干塔吉克族文化生态保护实验

区。(天山网)

2012年,由周建国撰写的《中华文脉——新疆国家级非物质文化遗产名录项目丛书:维吾尔族达瓦孜艺术研究》由新疆青少年出版社出版。(新疆非物质文化遗产保护研究中心提供)

云南

1月5日,云南省人大教科文卫工作委员会组织召开《云南省民族民间传统文化保护条例》修订启动会,正式启动条例的修订工作。(云南非物质文化遗产保护网)

1月12日至15日,"昆明官渡第二届全国非物质文化遗产联展"在昆明市官渡古镇举办。共有来自省内外的30个项目参加。这期间还进行了昆明市非物质文化遗产传习基地授牌仪式等活动。(《光明日报》)

1月23日,由云南省文化厅主办的2012"文化强省·百艺盛会"云南文化艺术系列活动在滇池之滨的福保文化城拉开序幕。活动以"唱响高原情怀,弘扬大山精神"为主题,继续展示云南舞台艺术、文化产业、群众文化、美术书法摄影、国际标准舞、文化艺术论坛等方面取得的成果。(《中国文化报》)

1月25日至27日,屏边县举办2012年苗族花山节活动。(云南非物质文化遗产保护网)

1月25日,普洱市文化局、普洱市民族宗教事务局命名白桂英等84人为首批普洱市非物质文化遗产项目代表性传承人。(云南文化厅门户网站)

1月30日,广南县在坝美镇弄追村小组举行国家级非物质文化遗产保护项目"壮剧"传承活动点挂牌仪式。(云南非物质文化遗产保护网)

2月5日,云南双柏县法脿镇举行了一年一度的彝族虎笙节活动。(云

南非物质文化遗产保护网)

2月5日,2012中国·德宏景颇族国际目瑙纵歌节在德宏州芒市开幕。本次活动为期三天,以"弘扬民族文化、建设文化强州"为主题。这期间还举行了景颇族织锦大赛、第二届景颇水酒暨八大名菜大赛等活动。(《中国文化报》)

2月7日,由云南省文化厅主办、云南省京剧院承办的《云岭新韵——京剧交响乐专场晚会》在云南昆明上演。(《中国文化报》)

2月22日至24日,弥勒县在西一镇红万村、起飞村举办2012年"中国·云南·弥勒2012年阿细祭火节"活动。(云南非物质文化遗产保护网)

2月23日至25日,易门县举办传统民俗活动"二月二"戏会。戏会以"秉承戏会传、打造文化品牌"为主题。(云南非物质文化遗产保护网)

2月28日,云南省河口瑶族自治县桥头乡布依族传统文化保护区非物质文化遗产传习所正式挂牌成立。(中国新闻网)

3月6日至9日,由西双版纳州文化馆主办,景洪市大渡岗乡文化广播电视服务中心承办的西双版纳州第三期国家级非物质文化遗产项目"傣族织锦技艺"传承人培训班在景洪市大渡岗乡举办。(云南非物质文化遗产保护网)

3月16日,云南省京剧院与中国戏曲学院附中人才培养战略合作暨签字仪式在昆明举行。(云南文化厅门户网站)

3月18日至19日,武定县举办第三届中国罗婺国际民歌节。(云南非物质文化遗产保护网)

4月9日至13日,云南省民族传统文化保护区保护规划编制培训会议在曲靖市罗平县召开。来自全省16个州市、56个省级民族传统文化保护区所在县的文化部门负责人和非物质文化遗产基层保护工作者参加了培训。（云南非物质文化遗产保护网）

4月10日，云南省大理白族自治州一年一度的三月街民族节在大理的苍山脚下闭幕。（《中国文化报》）

4月26日，由云南省美术馆和市美术馆联合举办的非物质文化遗产画忆——非物质文化遗产美术作品（普洱）展在市美术馆开展。（新华网）

5月7日，文山壮族苗族自治州文化馆和广南县文化馆，在广南县那洒镇新挖聋村举行了国家级项目"彝族葫芦笙舞"传承保护活动示范点挂牌仪式。（云南非物质文化遗产保护网）

5月18日，元谋县正式改制挂牌成立"元谋县非物质文化遗产保护传承和展演中心"。（云南非物质文化遗产保护网）

5月21日，云南艺术学院设计学院在学院公共教学楼试听教室举行第十一期"非物质文化遗产传承人进校园"活动启动仪式。（云南非物质文化遗产保护网）

6月5日，楚雄州非物质文化遗产中心（州文化馆）和双柏县非物质文化遗产中心，在双柏县李芳村举行了彝族火把节大锣笙传习所揭牌仪式。同时，还举办了国家级保护名录"彝族火把节"代表性传承人培训班。（云南非物质文化遗产保护网）

6月7日，在景洪市勐养镇曼龙岗村国家级代表性传承人叶娟家里，举行了国家级非物质文化遗产保护名录"傣族织锦技艺"传习所挂牌仪式。（云南非物质文化遗产保护网）

6月9日，云南省文化遗产日宣传活动暨"云岭珍"云南省第三次全国文物普查成果展正式在云南省博物馆启动。（云南文化厅网站）

6月9日，云南省玉溪市非物质文化遗产保护中心在市文化馆挂牌成立。（中国民族宗教网）

6月19日至22日，楚雄州文化馆、州"非物质文化遗产"保护中心在州文化馆组织召开了全州文化馆馆长会暨省、州级民族传统文化保护区规划编制培训会。（云南非物质文化遗产保护网）

6月23日，"2012年禄丰苗族花山节"在禄丰开幕。（云南非物质文化遗产保护网）

6月27日，官渡区、空港经济区设立非物质文化遗产传承基地、民族民间文化人才培训基地。（人民网）

8月3日至4日，由云南省武术协会、昆明市武术协会和沙国政武术馆主办的云南大型武术、文艺表演晚会和国内外武术名家表演等纪念云南省著名武术家沙国政先生诞辰110周年的系列活动在昆明举行。（云南网）

8月9日至11日，2012年中国民间文化艺术之乡白路火把节活动在楚雄州武定县白路乡举办。（云南非物质文化遗产保护网）

8月11日，弥勒县举行《阿细跳月》"非物质文化遗产"书籍出版首发仪式。（云南非物质文化遗产保护网）

8月12日，楚雄州第一所彝族火把节大刀舞传习所在"高峰彝族大刀舞之乡"挂牌成立。（云南非物质文化遗产保护网）

8月20日，由云南省文化厅主办，云南美术馆、云南画院承办的"非物质文化遗产画忆——非物质文化遗产艺术作品展"开幕式暨研讨会在云南美术馆举办。（《昆明日报》）

8月26日，由云南省文化产业发展领导小组办公室和省文化厅等单位共同主办的第五届昆明泛亚国际民族民间工艺品博览会在昆明落下帷幕。

本届博览会以"壮大工艺美术产业，推动文化产业发展"为主题，涉及雕刻雕塑、编织刺绣、民间陶瓷、奇石玉器等12个门类，包括民族民间工艺品及相关产品博览交易、首届云南民族民间手工刺绣暨十字绣大赛优秀作品展、非物质文化遗产传承人现场表演等活动。（《中国文化报》）

9月4日，云南省人大教科文卫委员会在北京召开专题座谈会，就提交云南省人大常委会审议的《云南省非物质文化遗产保护条例（草案）》征求意见。（云南非物质文化遗产保护网）

9月22日至24日，第三届中国（福保）乡村文化艺术节非物质文化遗产展举行。非物质文化遗产展为15个省份选送的44个精品非物质文化遗产项目，以刺绣为主，穿插手工制作技艺项目和比赛作品展示。（云南非物质文化遗产保护网）

10月8日至12日，西双版纳州勐海县在布朗山乡乡政府举办国家级非物质文化遗产项目"布朗族弹唱"传承人培训班。参加这次培训的50余名学员均为该乡辖区七个村委会的布朗族民间歌手。（云南非物质文化遗产保护网）

10月25日，由云南省文化厅、昆明滇池国家旅游度假区管委会主办的2012首届云南民族民间手工刺绣暨十字绣大赛的近400幅参赛作品在云南民俗博物馆展出。此次展览持续至11月25日。（《中国文化报》）

10月29日，由宝马中国和华晨宝马、中国艺术研究院·中国非物质文化遗产保护中心主办，云南省文化厅、云南省非物质文化遗产保护中心，西双版纳州人民政府协办的2012"BMW中国文化之旅"西线发车暨捐赠仪式在告庄西双景大金塔集会广场正式举行。（云南房网）

11月18日，麻栗坡县文化馆在城寨彝族传统文化保护区开展传承培训活动，组织对130余人进行了传承培训。（云南非物质文化遗产保护网）

12月6日，瑞丽市文化馆在姐相乡云井小学组织了"傣族葫芦丝进校

园"传承培训活动。(云南非物质文化遗产保护网)

12月21日,玉龙县人民政府在县文化馆举行了非物质文化遗产保护中心和纳西文化研究所成立揭牌仪式。(云南非物质文化遗产保护网)

2012年度,云南省完成了《云南省财政厅、云南省文化厅关于申报2012年国家非物质文化遗产保护专项资金的请示》,争取国家级非物质文化遗产项目及代表性传承人专项补助经费、入选联合国教科文组织非物质文化遗产名录项目补助等共计3521万元,比2011年2288万元增加1233万元,增长幅度达53.88%。同时该省还向省财政申报和完成2012年度省级非物质文化遗产项目专项保护经费和省级传承人传习补助经费共计1308万元的申报工作,省级非物质文化遗产项目专项经费由2011年的500万元提高至1000万元,省级代表性传承人补助经费由3000元/人/年提高至5000元/人/年。(云南省文化厅非物质文化遗产处提供)

2012年度,云南省举办了"全省国家级非物质文化遗产保护专项资金申报业务培训",全省16个州市63名同志参加了培训,通过专家授课、现场演练、师生互动,学习《文化部关于开展2013年度国家非物质文化遗产保护专项资金申报工作的通知》(文财务函〔2012〕2085号)和《国家非物质文化遗产保护专项资金管理办法》等文件。(云南省文化厅非物质文化遗产处提供)

由云南省文化厅非物质文化遗产处组织、省非物质文化遗产保护中心参与编写的《云南省非物质文化遗产保护项目名录(第二卷)》《云南省非物质文化遗产传承人(第二卷)》正式出版发行。(云南省文化厅非物质文化遗产处提供)

云南省完成《中国非物质文化遗产普查报告·云南卷》的初稿编撰工作,预计2013年定稿。(云南省文化厅非物质文化遗产处提供)

云南省组织开展了国家级、省级非物质文化遗产项目(2006~2011)专项补助资金检查、验收工作。(云南省文化厅非物质文化遗产处提供)

浙江

1月1日,由浙东海事民俗博物馆主办,浙江宁波江东区文化馆等单位协办的2012迎春祈福会在宁波举行。(《中国文化报》)

1月5日,嘉兴市非物质文化遗产保护中心、嘉兴广播电视报联合主办的"记忆嘉兴"专栏,在《嘉兴广播电视报》风情人物版正式刊出。该专栏主要介绍嘉兴的风情习俗以及相关的非物质文化遗产项目,专栏刊出原则上每周一期,每期一个版面,全年约54期。(浙江省非物质文化遗产网)

2月2日,由浙江日报、浙江省文化厅、浙江在线、红旗出版社联手推出"非主流——浙江非物质文化遗产"海选活动,红旗出版社还推出《非主流——浙江非物质文化遗产文化笔记》。(浙江在线新闻网站)

2月8日,金华市文化广电新闻出版局正式发文公布了首批非物质文化遗产项目代表性传承人,共103人。(浙江省非物质文化遗产网)

2月22日,浙江省文化厅授予浙江师大省非物质文化遗产研究基地为浙江省非物质文化遗产优秀研究基地。(浙江省非物质文化遗产网)

3月20日,温岭市文广新局和教育局联合在市职技校设立温岭市非物质文化遗产传承基地。(浙江省非物质文化遗产网)

3月24日,第十九届"新桥竹柳"畲族"三月三"歌会在莲都区丽新畲族乡举行。该活动至今已连续举办了19届。(浙江省非物质文化遗产网)

4月1日,海宁市在海宁剧院广场举办2012年清明节民间艺术面对面暨非物质文化遗产生产性保护成果展示活动。(浙江省非物质文化遗产网)

4月9日,2012中国遂昌汤显祖文化节"班春劝农"典礼在石练镇淤

溪村举行。(浙江省非物质文化遗产网)

4月13日,农历三月廿三是妈祖诞辰1052周年纪念日。在洞头县元觉街道沙角村和北岙街道东沙村妈祖文化广场上同时举办了第三届中国·洞头妈祖平安节。(浙江省非物质文化遗产网)

4月29日至5月2日,2012中国(浙江)非物质文化遗产博览会在浙江义乌国际博览中心举行。本届博览会以"走进生活"为主题,展馆面积达7500平方米,邀请全国20个省(市)400个左右非物质文化遗产项目及其代表性传承人、工艺美术大师携其弟子和代表作品参展参演。(新华网)

5月2日至4日,嘉兴市在桐乡举办了为期三天的嘉兴市非物质文化遗产数字化建设培训班。(浙江省非物质文化遗产网)

5月5日,中华龙狮大赛(岱山站)暨2012年全国龙狮精英赛在浙江岱山举行。来自广东、天津、上海及浙江等全国11个省市的8支舞龙队、4支南狮队、4支北狮队近200名运动员参加比赛。(浙江省非物质文化遗产网)

5月8日至9日,浙江省非物质文化遗产数字化建设宁波推进会在宁波市召开。(浙江省非物质文化遗产网)

6月8日,由《浙江日报》与浙江省文化厅等共同举办的"第七届浙江省非物质文化遗产节暨浙江省非物质文化遗产进校园活动季"在浙江大学紫金港校区拉开序幕。本次非物质文化遗产进校园活动季以"传统的青春,青春的传统"为主题。(《浙江日报》)

6月8日,由海宁市文化广电新闻出版局和杭州工艺美术博物馆共同举办的"光影传奇·海宁皮影展"在杭州市工艺美术博物馆举办了开幕仪式。此次共展出海宁皮影戏影偶和道具694件。(浙江省非物质文化遗产网)

6月9日,2012年余杭非物质文化遗产保护月启动仪式暨余杭民间手艺达人会在西溪·洪园拉开帷幕。(浙江省非物质文化遗产网)

6月21日,由国家文化部、浙江省人民政府主办,以"嘉兴端午、中国味道"为主题的2012中国嘉兴端午民俗文化节开幕式暨"嘉禾万事兴"全国端午民俗歌舞展演在嘉兴大剧院登台亮相,同时也拉开了今年中国嘉兴端午民俗文化节的帷幕。(浙江省非物质文化遗产网)

6月25日,浙江省第四批非物质文化遗产名录揭晓,共202项入选。(浙江在线新闻网站)

6月28日至29日,由文化部非物质文化遗产司、浙江省文化厅、浙江省嘉兴市政府主办的"中国蚕桑丝织民俗文化论坛"在浙江嘉兴开幕,来自全国各地的200多位专家学者围绕"中国蚕桑丝织技艺及其民俗文化"这一主题进行了讨论。(《中国文化报》)

8月21日,由浙江省文化馆、金华市文化广电新闻出版局主办的浙江省"茶文化"剪纸艺术展于在金华市剪纸博物馆开展并进行颁奖。(浙江省非物质文化遗产网)

8月1日,《甬上风华——宁波市非物质文化遗产大观(慈溪卷)》出版。(浙江省非物质文化遗产网)

8月25日,首届杭州工艺美术成果展在桐庐民间剪纸艺术馆开幕,展出了83位国家、省市级工艺美术大师的300多件作品,涉及雕刻等5大类别22个艺种。(浙江省非物质文化遗产网)

9月15日,2012年"宁海平调宁海行"专场巡回演出暨荣获第十届中国"山花奖"的宁海平调耍牙颁奖仪式、《宁海平调音乐》首发式在潘天寿广场举行。(浙江省非物质文化遗产网)

10月5日至8日,"2012中国(杭州)工艺美术精品博览会"在杭州和平会展中心举行。本届工艺美术博览会汇集了国内200余位国家级和省、市级工艺美术大师的工艺美术精品、民间艺人及国内外工艺品生产企业的作品。(浙江省非物质文化遗产网)

10月19日,由中国民族医药学会、浙江省中医药管理局、浙江省丽水市人民政府联合主办的全国畲族医药学术研讨会在丽水市开幕,会议期间,中国民族医药学会畲医药分会成立,并选举产生畲医药分会第一届理事会。(中国民族宗教网)

10月24日,渔鼓传承基地在平阳县麻步镇树贤社区成立。(浙江省非物质文化遗产网)

10月25日,舟山市非物质文化遗产保护中心开始录制《舟山渔民号子》光盘。(浙江省非物质文化遗产网)

10月29日,由浙江省文化厅主办、浙江传媒学院非物质文化遗产基地承办的浙江省非物质文化遗产学科与建设研讨会在杭州举行。来自浙江省文化厅及省内8所高校非物质文化遗产研究基地的代表参加了会议。(中国文化传媒网)

10月31日,"人类非物质文化遗产——龙泉青瓷文化的传承与发展"主题新闻发布会在杭州之江饭店举行。(浙江省非物质文化遗产网)

11月4日至6日,由中国工艺美术学会、台州市人民政府主办的一代刺绣艺术宗师沈寿学术研讨会暨中国工艺美术学会刺绣专业委员会2012年年会在浙江台州举办。(《中国文化报》)

11月23日,浙江省文化厅和省旅游局联合发文公布了35家第二批浙江省非物质文化遗产旅游景区(民俗文化旅游村)名单。(《钱江晚报》)

11月23日至27日,中国第十四届根艺博览会在浙江云和县举办。(浙江省非物质文化遗产网)

11月24日,2012中国动漫万里行走进桐庐暨"潇洒桐庐"第三届文化创意节在县城中心广场举行。(浙江省非物质文化遗产网)

11月26日,由浙江省文化厅主办,桐庐县人民政府、浙江省文化馆承办的浙江省最具地域特色文化符号(民间舞蹈)网络评选部分节目展演活动在杭州市桐庐县举行。(《中国文化报》)

12月8日,2012温岭文化产品交易博览会在浙江省温岭市会展中心举办。此次文博会以"身边的文化"为主题,设展位220个,其中民间传统手工艺及古玩展示交易区共有70余个。(《中国文化报》)

12月17日,"如翠似玉——龙泉现代青瓷艺术特展"在浙江省博物馆孤山馆区拉开帷幕。(浙江在线新闻网)

12月24日,《山海古风——乐清市非物质文化遗产汇编》正式首发。该书收录了乐清市入选温州市级以上的58项非物质文化遗产名录。(浙江省非物质文化遗产网)

12月,由浙江省文化馆主办的"浙江省最具地域特色文化符号(民间故事)网络评选"揭晓,《徐文长故事》和《西施传说》两则故事被评为"浙江最具地域特色民间故事"。(浙江省非物质文化遗产网)

12月25日,由浙江省委、省政府召开的全省申报人类与国家级非物质文化遗产、杭州西湖文化景观申报世界文化遗产工作总结表彰会在杭州举行。(《中国文化报》)

后　　记

《中国非物质文化遗产保护发展报告（2013）》要付梓了。这是我们团队奉献的第三本报告，虽然它仍然不成熟，仍然有许多漏洞和缺陷，但它的进步也是实实在在的。在作第一本报告时，我们没有任何经验和指导，只是凭着对非物质文化遗产保护事业的热爱和一股做事情的热情，对非物质文化遗产保护十年的工作进行了梳理和总结。团队是在实践的磨炼中培养和成长的。2012年出版的第二期发展报告，我们邀请了国内不同行业的非物质文化遗产保护专家参与、撰稿或审稿。在即将出版的第三期发展报告中，我们吸取前两期报告的经验教训，初步形成了以本校相关专业研究生和年轻教师为基础，校内专家为中坚、国内知名专家为指导的金字塔式团队运作模式。我们相信，没有最好的报告，只有更好的报告，只要坚持做、坚持完善，我们的团队会越来越强大，我们的报告会越做越好。

在此，特别鸣谢为本期报告提供一手材料的广东省文化厅非遗处（蓝海红、朱伟）、西藏自治区文化厅非遗处（石三毛）、贵州省非物质文化遗产保护中心（李岚）、辽宁省非物质文化遗产保护中心（梁爽）、新疆非物质文化遗产保护研究中心（刘徽）、河北省非物质文化遗产保护中心（孟贵成）、山西省文化厅非遗处（李春荣、张卫东）、云南省文化厅非遗处以及文化部非遗司的屈盛瑞调研员、云南民族博物馆的谢沐华馆长、西藏民院的马宁先生、山西晋中学院文化生态研究中心的钱永平女士、贵州民族大学西南傩文化研究院的龚德全先生等对我们工作的支持和帮助。

图书在版编目(CIP)数据

中国非物质文化遗产保护发展报告.2013/康保成主编.—北京：社会科学文献出版社，2013.11
 ISBN 978-7-5097-5223-4

Ⅰ.①中… Ⅱ.①康… Ⅲ.①文化遗产-保护-研究报告-中国-2013 Ⅳ.①K203

中国版本图书馆CIP数据核字（2013）第251984号

中国非物质文化遗产保护发展报告（2013）

主　　编／康保成
执行主编／宋俊华

出 版 人／谢寿光
出 版 者／社会科学文献出版社
地　　址／北京市西城区北三环中路甲29号院3号楼华龙大厦
邮政编码／100029

责任部门／人文分社 (010) 59367215　　　　责任编辑／宋淑洁
电子信箱／renwen@ssap.cn　　　　　　　　　责任校对／师晶晶　杨　楠
项目统筹／魏小薇　黄　丹　　　　　　　　　责任印制／岳　阳
经　　销／社会科学文献出版社市场营销中心 (010) 59367081　59367089
读者服务／读者服务中心 (010) 59367028

印　　装／三河市尚艺印装有限公司
开　　本／787mm×1092mm　1/16　　　　　　印　　张／35.25
版　　次／2013年11月第1版　　　　　　　　字　　数／610千字
印　　次／2013年11月第1次印刷
书　　号／ISBN 978-7-5097-5223-4
定　　价／128.00元

本书如有破损、缺页、装订错误，请与本社读者服务中心联系更换
▲ 版权所有　翻印必究